U0627623

中华传世藏书

【图文珍藏版】

二十五史

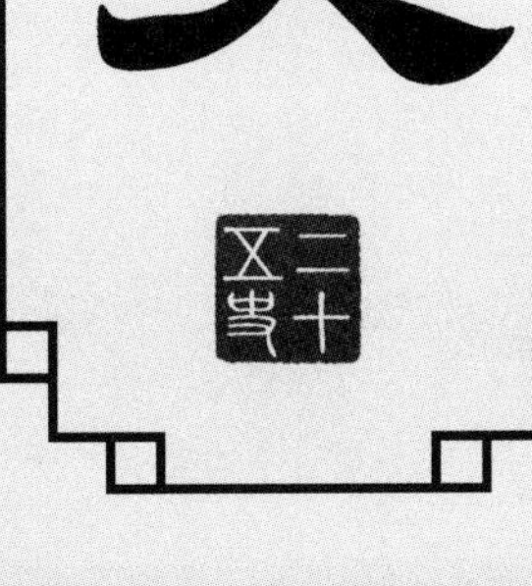

姜涛⊙主编

线装书局

叶法善传

【题解】

叶法善是初唐道士，所以不喜欢佛教，这同其他反佛的人往往出于政治因素不同。他作为道士，尚能正告皇帝弄清方士的真假，不要为他们炼丹成仙的谎言所蒙蔽，诚属不易。

【原文】

高宗时，又有叶法善者，括州括仓人。世为道士，传阴阳、占繇、符架之术，能厌劾怪鬼。帝闻之，召诣京师，欲宠以官，不拜。留内斋场，礼赐殊缛。时帝悉召方士，化黄金治丹，法善上言："丹不可遽就，徒费财与日，请核真伪。"帝许之，凡百余人皆罢。尝在东都凌空祠为坛以祭，都人悉往观，有数十人自奔火中，众大惊，救而免。法善笑曰："此为魅所冯，吾以法摄之耳。"问而信，病亦皆已。其谲幻类若此。

历高、中二宗朝五十年，往来山中，时时召入禁内。雅不喜浮屠法，常力诋毁，议者浅其好憎，然以术高，卒叵之测。睿宗立，或言阴有助力。先天中，拜鸿胪卿，员外置，封越国公，舍景龙观，追赠其父歙州刺史，宠映当世。开元八年卒。或言生隋大业丙子，死庚子，盖百七岁云。玄宗下诏褒悼，赠越州都督。

【译文】

唐高宗时，又有一个人叫叶法善，括州括苍人。世代为道士，传授阴阳、占卜、符架的方术，可以镇服鬼怪。皇帝听说后，召他来到京师，想给他官做，不接受。把他留在宫内的斋场中，对他特别优待。当时皇帝大召方士，化黄金做成丹。法善对皇上说："丹不能很快做成，白白地浪费钱财和时间，请您弄清真假。"皇帝赞许他，共有一百多人被罢免。曾在东都凌空祠建坛祭祀，都城的人都前去观看，有几十个人自己奔向火中，大伙儿非常吃惊，经抢救后才脱离危险。法善笑说："这些人是被鬼附住了，我用道法治疗他们。"问他们才相信病都已好了。他的神秘莫测都像这一类。

法善经历了高宗、中宗的时代五十年，往来于山中，时常被召到宫中。很不喜欢佛教，经常竭力批判。议论的人对他的好恶不以为然，但因为他道术高，终究不可测。睿宗即位后，有人说他暗中有人帮助。先天中，拜他为鸿胪卿，居于员外之位，封越国公，住在景龙观，追赠他父亲歙州刺史，宠爱在当时特别突出。开元八年去世。有人说他生在隋代大业丙子年，死在庚子年，大约有一百零七岁左右。玄宗下诏嘉奖哀悼，赠越州都督。

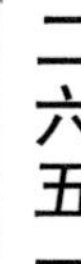

张果传

【题解】

张果是中唐道士，由于道教以道家为渊源之一，而道家之祖为李耳，与李唐王朝同姓，所以道教在唐朝颇为盛行。对张果道术的神化，也反映出对道教的推崇。

【原文】

张果者，晦乡里世系以自神，隐中条山，往来汾、晋间，世传数百岁人。武后时，遣使召之，即死，后人复见居恒州山中。

开元二十一年，刺史韦济以闻。玄宗令通事舍人裴晤往迎，见晤辄气绝仆，久乃苏。晤不敢逼，驰白状。帝更遣中书舍人徐峤赍玺书邀礼，乃至东都，舍集贤院肩舆入宫。帝亲问治道神仙事，语秘不传。果善息气，能累日不食，数御美酒。尝云："我生尧丙子岁，位侍中。"其貌实年六七十。时有邢和璞者，善夭人知寿。师夜光者，善视鬼。帝令和璞推果生死，懵然莫知其端。帝召果密坐，使夜光视之，不见果所在。

帝谓高力士曰："吾闻饮堇无苦者，奇士也。"时天寒，因取以饮果，三进，颓然曰："非佳酒也。"乃寝。顷视齿燋缩，顾左右取铁如意击堕之，藏带中，更出药傅其齿，良久，齿已生，粲然骈洁。帝益神之。欲以玉真公主降果，未言也，果忽谓秘书少监王迥质、太常少卿萧华曰："谚谓娶妇得公主，平地生公府，可畏也。"二人怪语不伦。俄有使至，传诏曰："玉真公主欲降先生。"果笑，固不奉诏。有诏图形集贤院，恳辞还山，诏可。擢银青光禄大夫，号通玄先生，赐帛三百匹，给扶侍两个。至恒山蒲吾县，未几卒，或言尸解。帝为立栖霞观其所。

【译文】

张果，隐居在中条山，往来予汾、晋之间，世上传说他是几百岁的人。武后时，派人召他，很快死了。后来有人又看到他住在恒州的山中。

开元二十一年，刺史韦济将此事报告了皇上。玄宗命令通事舍人裴晤去接他，见到晤便断气倒地，很长时间才苏醒过来。裴晤不敢逼迫他，骑马回来汇报。皇帝又派中书舍人徐峤带上皇帝的信去邀请，才到了东都，住在集贤院，人抬着进入宫中。皇上亲自向他询问神仙之事，说的什么，密而不传。张果擅长调息养气，可以好几天不吃东西，皇上多次御赐美酒。曾经说："我生在尧丙子年，当的官位是侍中。"他的样子看起来有六七十岁。当时有个人叫邢和璞，擅长知道人长寿还是短命。又有个人叫师夜光，擅长看鬼。皇帝命令和璞推断张果的生死，却糊里糊涂地不知究竟。皇帝喊张果偷偷地坐着，让夜光看他，看不到张果在哪儿。

皇帝对高力士说："我听说喝堇不苦的人是奇妙的人。"当时天冷，便拿来给张果喝，喝了三杯，扫兴地说："不是好酒。"便睡了。不一会看他的牙齿焦缩了，向左右的人要了铁如意敲掉牙，藏在带子中，又取出药搽在断牙根上，过了很长时间，牙齿长出来了，雪白整齐。皇帝更觉得他神奇了。打算把玉真公主下嫁给张果，还未提出，张果忽然对秘书少监王迥质、太常少卿萧华说："俗话说娶媳妇得个公主，平地生出是非官司，可怕。"这两人怪他说得没道理。不多会儿便有使臣来到，传达诏书说："玉真公主将要下嫁给你。"张果笑了，坚决不听从诏书。有诏书让把他的相貌画在集贤院，他恳求回到山中。下诏说可以。提升为银青光禄大夫，号为通玄先生，赐给他三百匹帛，佣人两个。到了恒山蒲吾县，不久就去世了，有的人说是尸解了。皇帝在那里为他立了座栖霞观。

列女传

【题解】

《唐书·列女传》所收的列女有不少跟《旧唐书》有许多相同之处，内容大体上与《旧唐书》类似。

【原文】

李德武妻裴，字淑英，安邑公矩之女，以孝闻乡党。德武在隋，坐事徙岭南，时嫁方逾岁，矩表离婚。德武谓裴曰："我方贬，无还理，君必俪它族，于此长决矣。"答曰："夫，天也，可背乎？愿死无它。"欲割耳誓，保姆持不许。夫姻娟，岁时朔望裴致礼惟谨。居不御薰泽。读《列女传》，见述不更嫁者，谓人曰："不践二廷，妇人之常，何异而载之书？"后十年，德武未还，矩决嫁之，断发不食，矩知不能夺，听之。德武更娶尒朱氏，遇赦还，中道闻其完节，乃遣后妻，为夫妇如初。

杨庆妻王者，世充兄之女，庆以河间王子为郇王，守荥阳，陷于世充，故世充妻之，用为管州刺史。太宗攻洛阳，庆谋与王归唐，谢曰："郑以我奉箕帚者，缀公之心，今负恩背义，自为身谋，可若何？至长安，则公家婢耳，愿送我还东都。"庆不听，王谓左右曰："唐胜则郑灭，郑安则吾夫死，若是，生何益？"乃饮药死。庆入朝，官宜州刺史。

房玄龄妻卢，失其世。玄龄微时，病且死，诿曰："吾病革，君年少，不可寡居，善事后人。"卢泣入帷中，剔一目示玄龄，明无它。会玄龄良愈，礼之终身。

王兰英者，独孤师仁之姆。师仁父武都谋归唐，王世充杀之。师仁始三岁，免死禁锢，兰英请髡钳得保养，许之。时丧乱，饿死者藉藉，游丐道路以食师仁，身啖土饮水。后诈为采薪，窃师仁归京师。高祖嘉其义，诏封兰英永寿乡君。

樊会仁母敬，蒲州河东人，字象子。笄而生会仁。夫死，事舅姑祥顺。家以其少，欲嫁之，潜约婚于里人，至期，阳为母病。使归视。敬至，知见绐，乃外为不知者，私谓会仁曰："吾孀处不死者，以母老儿幼，今舅将夺吾志，汝云何？"会仁泣，敬曰："儿毋啼！"乃伺隙遁去，家追及半道，以死自守，乃罢。会仁未冠卒，时敬母又终，既葬，谓所亲曰："母死子亡，何生为！"不食数日死，闻者怜之。

卫孝女，绛州夏人，字无忌。父为乡人卫长则所杀，无忌甫六岁，无兄弟，母改嫁。逮长，志报父仇。会从父大延客，长则在坐，无忌抵以甓，杀之。诣吏称父冤已报，请就刑。巡察使褚遂良以闻，太宗免其罪，给驿徙雍州，赐田宅。州县以礼嫁之。

郑义宗妻卢者，范阳士族也。涉书史，事舅姑恭顺。夜有盗持兵劫其家，人皆匿窜，惟姑不能去，卢冒刃立姑侧，为贼捽捶几死。贼去，人问何为不惧，答曰："人所以异鸟兽者，以其有仁义也。今邻里急难尚相赴，况姑可委弃邪？若百有一危，我不得独生。"姑曰："岁寒然后知松柏后凋，吾乃今见妇之心。"

刘寂妻夏侯，滑州胙城人，字碎金。父长去为盐城丞，丧明。时刘已生二女矣，求与刘绝，归侍父疾。又事后母以孝称。五年父亡，毁不胜丧，被发徒跣，身负土作冢，庐其左，寒不帛、日一食者三年。诏赐物二十段、粟十石，表异门闾。后其女居母丧，亦如母行，官又赐粟帛，表其门。

楚王灵龟妃上官者，下邽士族也。灵龟出继哀王后，而舅姑在，妃朝夕侍奉，谨甚，凡珍美，非经献不先尝。灵龟卒，将葬，前妃无近族，议者欲不举，妃曰："逝者有知，魂可无托乎？"乃备礼合葬。闻者嘉叹。丧除，兄弟共谕："妃少，又无子，可不有行。"泣曰："丈夫以义，妇人以节，我未能殉沟壑，尚可御妆泽、祭他胙乎？"将自劓刵，众遂不敢强。

杨绍宗妻王，华州华阴人。在褓而母亡，继母鞠爱。父征辽殁，继母又卒，王年十五，乃举二母柩而立父象，招魂以葬，庐墓左。永徽中，诏："杨氏妇在隋时，父殁辽西，能招魂克葬至祖父母茔隧队，亲服板筑，哀感行路。"因赐物段并粟，以阙表门。

樊彦琛妻魏者，扬州人。彦琛病，魏曰："公病且笃，不忍公独死。"彦琛曰："死生，常道也。幸养诸孤使成立，相从而死，非吾取也。"彦琛卒，值徐敬业难，陷兵中。闻其知音，令鼓筝，魏曰："夫亡不死，而逼我管弦，祸由我发。"引刀斩其指。军伍欲强妻之，固拒不从，乃刃拟颈曰："从我者不死。"魏厉声曰："狗盗，乃欲辱人，速死，吾志也！"乃见害，闻者伤之。

李畬母者，失其氏。有渊识。畬为监察御史，得禀米，量之三斛而赢，问于史，曰："御史米，不概也。"又问车庸有几，曰："御史不偿也。"母怒，敕归余米，偿其庸，因切责畬。畬乃劾仓官，自言状，诸御史闻之，有惭色。

汴女李者，年八岁父亡，殡于堂十年，朝夕临。及笄，母欲嫁之。断发，丐终养。居母丧，哀号过人，自庀葬具，州里送葬千余人。庐于墓，蓬头，跣而负土，以完园茔，莳松数百。武后时，按察使薛季昶表之，诏树阙门闾。

崔绘妻卢者，鸾台侍郎献之女。献有美名。绘丧，卢年少，家欲嫁之，卢称疾不许。女兄适工部侍郎李思冲，早亡。思冲方显重，表求继室，诏许，家内外姻皆然可。思冲归币三百舆，卢不可，曰："吾岂再辱于人乎？宁没身为婢。"是夕，出自窦，粪秽蔑面，还崔舍，断发自誓。思冲以闻，武后不夺也，诏为浮屠尼以终。

坚贞节妇李者，年十七，嫁为郑廉妻。未逾年，廉死，常布衣蔬食，夜忽梦男子求为妻，初不许，后数数梦之。李自疑容貌未衰丑所召也，即截发，麻衣，不薰饰，垢面尘肤，自是不复梦。刺史白大威钦其操，号坚贞节妇，表旌门阙，名所居曰节妇里。

符凤妻某氏，字玉英，尤姝美。凤以罪徙儋州，至南海，为獠贼所杀，胁玉英私之，对曰："一妇人不足事众男子，请推一长者。"贼然之。乃请更衣，有顷，盛服立于舟，骂曰："受贼辱，不如死！"自沉于海。

高睿妻秦。睿为赵州刺史，为默啜所攻。州陷，睿仰药不死，至默啜所，示以宝带异袍，曰："降我，赐尔官；不降，且死。"睿视秦，秦曰："君受天子恩，当以死报，贼一品官安足荣？"自是皆瞑目不语。默啜知不可屈，乃杀之。

王琳妻韦者，士族也。琳为眉州司功参军，俗僭侈盛饰，韦不知有簪珥。训二子坚，冰有法，后皆名闻。琳卒时，韦年二十五，家欲强嫁之，韦固拒，至不听音乐，处一室，或终日不食。卒年七十五，著《女训》行于世。

卢惟清妻徐，淄州人，世客陈留。惟清仕历校书郎。徐女兄之夫李宜得以罪斥，惟清坐僚姻，贬播川尉。徐还乡里，粝食，斥铅膏，采绨不御。会大赦，徐间关迎惟清，至荆州，闻惟清死，二髯奴将劫徐归下江，徐知之，数其罪，奴不敢逼，劫其赀去。徐倍道行至播川，足茧流血，得惟清尸，以丧还，阅岁至洛阳。既葬，以无子，终服还陈留。汴州刺史齐浣高其节，颂而诗之。

饶娥字琼真，饶州乐平人。生小家，勤织纴，颇自修整。父勣，渔于江，遇风涛，舟覆，尸不出。娥年十四，哭水上，不食三日死。俄大震电，水虫多死，父尸浮出，乡人异之，归赗具礼，葬父及娥鄱水之阴。县令魏仲光碣其墓。建中初，黜陟使郑淑则表旌其闾，河东柳宗元为立碑云。

窦伯女、仲女，京兆奉天人。永泰中，遇贼行剽，二女自匿山谷，贼迹而得之，将逼以私。行临大谷，伯曰："我岂受污于贼！"乃自投下，贼大骇。俄而仲亦跃而坠。京兆尹第五琦表其烈行，诏旌门闾，免其家繇役，官为庀葬。

高愍女名妹妹，父彦昭事李正己。及纳拒命，质其妻子，使守濮阳。建中二年，挈城归河南都统刘玄佐，纳屠其家。时女七岁，母李怜其幼，请免死为婢，许之。女不肯，曰："母兄皆不锡，何赖而生？"母兄将被刑，遍拜四方。女问故，答曰："神可祈也。"女曰："我家以忠义诛，神尚何知而拜之！"问父在所，西向哭，再拜就死。德宗骇叹，诏太常谥曰愍。诸儒争为之诔。

彦昭从玄佐救宁陵，复汴州，累功授颍州刺史。朝廷录其忠，居州二十年不徙，卒赠陕州都督。

杨烈妇者，李侃妻也。建中末，李希烈陷汴，谋袭陈州。侃为项城令，希烈分兵数千略定诸县，侃以城小贼锐，欲逃去，妇曰："寇至当守，力不足，则死焉。君而逃，尚谁守？"侃曰："兵少财乏，若何？"妇曰："县不守，则地贼地也，仓廪府库皆其积也，百姓皆其战士也，于国家何有？请重赏募死士，尚可济。"侃乃召吏民入廷中曰："令诚若主也，然满岁则去，非如吏民生此土也，坟墓存焉，宜相与死守，忍失身北面奉贼乎？"众泣，许诺。乃徇曰："以瓦石击贼者，赏千钱；以刀矢杀贼者，万钱。"得数百人。侃率以乘城，妇身自爨以享众。报贼曰："项城父老义不下贼，得吾城不足为威，宜亟去；徒失利，无益也。"贼大笑。侃中流矢，还家，妇责曰："君不在，人谁肯固？死于外，犹愈于床也。"侃遽登城。会贼将中矢死，遂引去，县卒完。诏迁侃太平令。

先是万岁通天初，契丹寇平州，邹保英为刺史，城且陷，妻奚率家僮女丁乘城，不下贼，诏封诚节夫人。默啜攻飞狐，县令古玄应妻高能固守，虏引去，诏封徇忠县君。史思明之叛，卫州女子侯、滑州女子唐、青州女子王，相与歃血赴行营讨贼，滑濮节度使许叔冀表其忠，皆补果毅。虽敢决不忘于国，然不如杨烈妇慊慊知君臣大义云。

贾直言妻董。直言坐事，贬岭南，以妻少，乃诀曰："生死不可期，吾去，可亟嫁，无须也。"董不答，引绳束发，封以帛，使直言署，曰："非君手不解。"直言贬二十年乃还，署帛宛然，及汤沐，发堕无余。

李孝女者，名妙法，瀛洲博野人。安禄山乱，被劾徒它州。闻父亡，欲间道奔丧，一子不忍去，割一乳留以行。既至，父已葬，号踊请开父墓以视，宗族不许。复持刀刺心，乃为开。见棺，舌去尘，发治拭之。结庐墓左，手植松柏，有异鸟至。后，母病，或不食饮，女终日未尝视匕箸，及亡，刺血书于母臂而葬，庐墓终身。

李湍妻某氏。湍籍吴元济军，元和中，自拔归乌重胤，妻为贼缚而脔食之，将死，犹号湍曰："善事乌仆射！"观者叹泣。重胤请以其事属史官，诏可。

王孝女，徐州人，字和子。元和中，父兄皆防秋屯泾州，吐蕃寇边，并战死。和子年十七，单身被发徒跣缞裳抵泾屯，日丐贷，护二丧还，葬于乡，植松柏，翦发坏容，庐墓所。节度使王智兴白状，诏旌其门。

段居贞妻谢，字小娥，洪州豫章人。居贞本历阳侠少年，重气决，娶岁余，与谢父同贾江湖上，并为盗所杀。小娥赴江流，伤脑折足，人救以免。转侧丐食至上元，梦父及夫告所杀主名，离析其文为十二言，持问内外姻，莫能晓。陇西李公佐隐占得其意，曰："杀若父者必申兰，若夫必申春，试以是求之。"小娥泣谢。诸申，乃名盗亡命者也。小娥诡服为男子，与佣保杂。物色岁余，得兰于江州，春于独树浦。兰与春，从兄弟也。小娥托佣兰家，日以谨信自效，兰浸倚之，虽包苴无不委。小娥见所盗段、谢服用故在，益知所梦不疑。出入二期，伺其便。它日兰尽集群偷酾酒，兰与春醉，卧庐。小娥闭户，拔佩刀斩兰首，因大呼捕贼。乡人墙救，擒春，得赃千万，其党数十。小娥悉疏其人上之官，皆抵死，乃始自言状。刺史张锡嘉其烈，白观察使，使不为请。还豫章，人争娉之，不许。祝发事浮屠道，垢衣粝饭终身。

杨含妻萧，父历，为抚州长史，以官卒，母亦亡。萧年十六，与婣皆韶淑，毁貌，载二丧还乡里，贫不能给舟庸，次宣州战鸟山，舟子委柩去。萧结庐水滨，与婢穿圹纳棺成坟，莳松柏，朝夕临，有驯乌、缟兔、菌芝之祥。长老等为立舍，岁时进粟缣。丧满不释缞，人高其行。或请昏，女曰："我弱不能北还，君诚为我致二柩葬故里，请事君子。"于是，含以高安尉罢归，聘之，且请如素。萧以亲未葬，许其载，辞其采。已葬，乃释服而归杨云。

韦雍妻萧。张弘靖镇幽州也，表雍在幕府。朱克融乱，雍被劫。萧闻难，与雍皆出，左右格之，不退。雍临刃，萧呼曰："我苟生无益，愿今日死君前。"刑者断其臂，乃杀雍。萧意象晏然，观者哀叹。是夕死。大和中，杨志诚表其烈，诏赠兰陵县君。

衡方厚妻程。大和中，方厚为邕州录事参军。招讨使董昌龄无状，方厚数争事，昌龄怒，将执付吏，辞以疾，不免，即以死告，卧棺中。昌龄知之，使阖棺甚牢。方厚闭久，以爪攫棺，爪尽乃绝。程惧并死，不敢哭。昌龄恬不疑，厚遣其丧。程徒行至阙下，叩右银台门，自刵陈冤，下御史鞫治有实，昌龄乃得罪。文宗诏封程武昌县君，赐一子九品正员官。

殷保晦妻封，敖孙也，名绚，字景文。能文章、草隶。保晦历校书郎。黄巢入长安，共匿兰陵里。明日，保晦逃。贼悦封色，欲取之，固拒。贼诱说万词，不答。贼怒，勃然曰："从则生，不然，正膏我剑！"封骂曰："我，公卿子，守正而死，犹生也，终不辱逆贼手！"遂遇害。保晦归，左右曰："夫人死矣！"保晦号而绝。

窦烈妇者，河南人，朝邑令毕某妻。初，同州军乱，逐节度使李瑭走河中，令匿望仙里，不知所舍乃仇家也。夜半盗入，捽令首，欲杀之，窦泣蔽捍，苦持贼袂，至中刀不解，令得脱走不死，贼亦去。京兆闻之，归酒帛医药，几死而愈。

李拯妻卢者，美姿，能属文。拯字昌时，咸通末擢进士，迁累考功郎中。黄巢乱，避地平阳，僖宗召为翰林学士。帝出宝鸡，陷于嗣襄王煴。煴败，拯死，卢伏尸哭。王行瑜兵逼之，不从，胁以刃，断一臂死。

山阳女赵者，父盗盐，当论死，女诣官诉曰："迫饥而盗，救死尔，情有可原，能原之邪？否则请俱死。"有司义之，许减父死。女曰："身今为官所赐，愿毁服依浮屠法以报。"即截耳自信，侍父疾，卒不嫁。

周迪妻某氏。迪善贾，往来广陵。会毕师铎乱，人相掠卖以食。迪饥将绝，妻曰："今欲归，不两全。君亲在，不可并死，愿见卖以济君行。"迪不忍，妻固与诣肆，售得数千钱以奉。迪至城门，守者谁何，疑其绐，与迪至肆问状，见妻首已在枅矣。迪裹余体归葬之。

朱延寿妻王者，当杨行密时，延寿事行密为寿州刺史，恶行密不臣，与宁国节度使田頵谋绝之以归唐。事泄，行密以计召延寿，欲与扬州，延寿信之。将行，王曰："今若得扬州，成宿志，是兴衰在时，非系家也，然愿日一介为验。"许之。及为行密所杀，介不至，王曰："事败矣。"即部家仆，授兵器。方阖扉而捕骑至，遂出私帑施民，发百燎焚牙居，呼天曰："我誓不为雠人辱！"赴火死。

【译文】

李德武的妻子裴氏，字淑英，安邑公裴矩的女儿，以孝顺闻名乡里。李德武在隋朝，因犯罪被流放岭南，当时裴氏出嫁才满一年，裴矩上表要求离婚。李德武对裴氏说："我刚遭贬斥，不可能活着回来，你一定会嫁给别人，这就永远诀别了。"她回答说："丈夫是天，怎么能背离呢？宁愿死也不改嫁。"想割下耳朵发誓，保姆抱住不让割。对丈夫的父亲妹妹，每年节日每月初一、十五裴氏都恭敬地施行礼仪。平时不用薰香涂脂。读《列女传》时，见叙述不改嫁的故事，对人说："不踏进第二户家门，是女人的正常事情，怎么惊奇而把它写进书中呢？"十年内，李德武没能回家，裴矩坚决要她改嫁，剪断头发不吃饭，裴

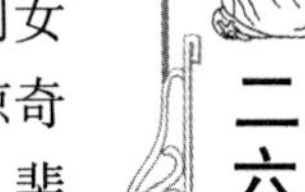

矩不能改变她的志愿，就由她。李德武又娶了汆朱氏为妻，遇到大赦回家，半路上听说她保全节操，就休了后妻，他们像当初那样成为夫妻。

杨庆的妻子姓王，是王世充哥哥的女儿。杨庆因为是河间王的儿子所以做了郇王，驻守荥阳，被王世充攻陷，因此，王世充把她嫁给他，任命为管州刺史。唐太宗进攻洛阳，杨庆跟王氏商量归顺唐朝，她拒绝说："郑国公让我到您家侍候，目的是笼络您的心，现在忘恩负义，替自己考虑，我怎么办？到长安去，就会成为您家的女仆人罢了，希望把我送回东都。"杨庆不同意，王氏对身边的人说："唐朝廷胜了郑国就灭亡，郑国安全我的丈夫就要死，像这样，活着又有什么好处？"于是服毒药死了。杨庆进唐朝后，任宜州刺史。

房玄龄的妻子卢氏，身世不详。房玄龄地位低下时，病得快要死了，对她推托说："我病得很重，你年纪还小，不要寡居，好好对待以后的丈夫。"卢氏哭着进到帷中，刺了一只眼给房玄龄看，表明没有别的志向。正好房玄龄病好了，终身都以礼待她。

王兰英是独孤师仁的保姆。师仁的父亲独孤武都图谋归附唐朝廷，王世充杀了他。师仁才三岁，免去处死但受到禁锢，兰英请求剃发钳脖去抚养，被同意了。当时局势丧乱，饿死的人很多，她到处在路上乞讨食物来喂养师仁，而自己吃土喝水。后来谎称去砍柴，把师仁偷到京师。唐高祖称赞她的义气，下诏令封兰英为永寿乡君。

樊会仁的母亲敬，蒲州河东人，字象子。成年后生了会仁。丈夫死后，侍奉公婆祥明和顺。她家里因为她还年轻，想改嫁她，悄悄地与一同里人约好婚，到了那日子，佯说母亲有病，让她回家。敬到家，知道被骗了，于是表面上装出像不明白的样子，暗地里对会仁说："我寡居不去死掉，是因为母亲年老儿子幼小，现在舅舅要把我改嫁，你说怎么办？"会仁哭了起来，敬说："儿子不要哭！"于是瞅个空隙逃了回去，家里人在半路追了上来，她用死来捍卫自己，才作罢。会仁没成年就死了，当时敬的母亲又去世了，埋葬完后，她对亲近的人说："母死子亡，活着干什么！"几天没吃饭后死了，听到的人都很同情她。

卫孝女，绛州夏人，字无忌。她父亲被同乡人卫长则杀死，无忌才六岁，没有弟兄，母亲又改嫁了。等到长大，立志报父仇。正好叔父大宴宾客，卫长则也在座，无忌用甓子砸他，将他杀死。然后去找官吏说父亲的冤仇已经报了，请求处罚她。巡察使褚遂良把这事报告了朝廷，唐太宗免除了她的罪责，拨给驿车把她迁移到雍州，赏赐给田地住宅。州县根据礼仪把她嫁了出去。

郑义宗的妻子卢氏，范阳的大家族。涉猎书籍史书，侍奉公婆恭敬孝顺。一天夜里有强盗拿着兵器抢劫她家，别人都藏匿逃走了，只有婆婆没能离开，卢氏冒着刀刃站在婆婆身边，被贼人捽打差点死去。贼人离开后，别人问她为什么不害怕，回答："人之所以区别于鸟兽，是因为有仁义之心。现在邻居有急难的事情都去帮助，更何况是婆婆，能扔下不管吗？万一有个不测，我也没法一个人活着。"婆婆说："岁寒然后知松柏之后凋，我现在才明白媳妇的心了。"

刘寂的妻子夏侯氏，滑州胙城人，字碎金。父亲夏侯长云任盐城县丞，双目失明。当时刘寂已经生了两个女儿了，她请求跟刘寂离婚，回到家里侍候父亲的疾病。并且侍奉后母以孝顺闻名。五年后父亲去世，她毁坏身体受不了哀伤，披散着头发赤着双脚，亲自背着泥土修建坟墓，在坟的左边造小屋居住，冷天不穿棉衣，一天吃一顿饭，这样过了三年。朝廷下令赏赐物品二十段、粟十石，表扬门庭。官府又赏赐粟帛，表扬门庭。

楚王灵龟的妃子上官氏，下邽的贵族。灵龟出来继哀王王位后，而公婆在家，妃子早晚侍奉，非常恭谨，所有珍美物品，不先献给公婆，决不先要。灵龟死后，准备下葬，前妃没有亲近的族人。商量的人想不给他们合葬，妃子说："死去的人是有知觉的，鬼魂怎么可以无所依托呢？"于是完全根据礼仪合葬。听说的人都赞叹。服丧期满后，弟兄一同劝她："王妃年轻，又没有孩子，可以离开他家。"她哭着说："丈夫用道义做人，妻子用节操做人，我没能死在山沟里，却要施妆涂脂、替别人上祭品吗？"想要自己割掉鼻子耳朵，众人才不敢强迫她。

杨绍宗的妻子王氏，华州华阴人。当她还在襁褓中时，母亲已经去世了，由继母抚养她。父亲出征辽时死了，不久继母又去世了，当时王氏十五岁，于是安置了两位母亲的灵柩，立了父亲的画像，招了父亲的魂来一起合葬，造小屋住在墓的左旁。永徽年间，朝廷下诏令说："杨氏的妻子在隋时，父亲死在辽西，能够招魂归葬到祖父祖母的墓地，亲自服役筑造，哀情感动了路过的人"。就赏赐物段和粟，树了牌坊来表扬门庭。

樊彦琛的妻子魏氏，扬州人。彦琛生病，魏氏说："您病得很重，我不忍心您一个人去死。"彦琛说："死生是正常规律。希望你抚养几位孩子使他们长大成人，跟着我一起死，不是我所需要的。"彦琛去世后，正值徐敬业发难，她陷落在军中。听说她懂得音乐，让她弹筝，魏氏说："丈夫去世了我没有死，却逼迫我弹奏乐曲，祸灾是因为我才发生的。"拿刀斩断了她的手指。军队里一军官想强迫她嫁给他做妻子，她坚决拒绝不答应，就用刀子架在她脖子上说："顺从我就可以不死。"魏氏厉声说："狗强盗，你想污辱人，赶快死去是我的志愿！"就被杀害了，听说的人都为她惋惜。

李畬的母亲，不知道姓什么。有深刻的见识。李畬任监察御史，得到官方供给的米，一量有三斛还多，她问官吏，说："供给御史的米，量时是不刮平斗斛的。"又问驾车的佣人，说："御史得到米是不用偿还的。"母亲愤怒了，下令把多余的米拿回去，偿还给用人，因此严厉责备李畬。李畬于是弹劾管仓库的官吏，说了自己的情况，各位御史听后，脸上有惭愧的表情。

汴梁女子李氏，八岁时父亲亡故，盛殓在堂屋里十年，她早晚去看。到成人时，母亲想嫁了她。她剪断头发，乞求终身奉养。母亲去世，守孝期间悲哀喊叫超过别人，自己准备丧葬器具，州里送葬的有一千多人。在墓旁造小屋居住，蓬乱着头发，赤脚背泥土，修建坟园，种植了数百棵松树。武则天时，按察使薛季昶表奏了她的事，朝廷诏令在她家的里巷树立牌坊。

崔绘的妻子卢氏，鸾台侍郎卢献的女儿。卢献有好的名声。崔绘死后，卢氏还年轻，她家里想再嫁了她，卢氏以有病推辞。她姐姐嫁给工部侍郎李思冲，早死。李思冲当时显赫尊贵，上书皇帝要求娶继室，诏令同意，家族内外的亲戚都赞成他。李思冲赠送钱币三百车，卢氏不答应，说："我岂能再嫁给别人而受污辱？宁愿被没收做女仆。"当晚，她从洞中钻出，大粪污秽涂满脸面，回到崔家，剪断头发表明志愿。李思冲把这事上奏，武后不剥夺她的志向，诏令为浮屠尼姑度过一辈子。

坚贞节妇李氏，十七岁，嫁作郑廉的妻子。不满一年，郑廉死去，她时常穿粗布衣服吃粗糙的饭食。有一夜忽然梦见有一男子求她做妻子，开始的时候她不答应，后来一次次地梦见。李氏怀疑是自己容貌没有衰老变丑所造成的，就剪断头发，穿上麻衣，不薰香不妆饰，垢面尘肤，从此就不再做梦了。刺史白大威钦佩她的节操，称她为坚贞节妇，上书皇帝给她家的里巷树立牌坊，把她住的地方命名为节妇里。

符凤的妻子某姓，字玉英，特别美貌。符凤因犯罪被流放到儋州，到南海时，被獠人杀死，胁迫玉英要与他私通，她回答说："一个女人不能够服侍众多男子，请推选出一名年长的人。"贼人答应了她。于是请求更衣，一会儿，穿着盛装站在船上，骂道："受贼人的污辱，不如死！"自沉在海里。

高睿的妻子秦氏。高睿任赵州刺史时，被默啜围攻，州城陷落，高睿服了毒药却没有死掉，到了默啜的地方，给他看宝带和珍奇的衣袍，说："投降我们，赏赐给你官做；不投降，只有死。"高睿看着秦氏，秦氏说："你受到天子的恩宠，应当用死来报答，贼人的一品官有什么荣耀的?"从此都闭着眼睛不说话。默啜明白不能让他们屈服，就杀了他们。

王琳的妻子韦氏，是贵族出身。王琳任眉州司功参军，当地风俗僭越奢侈服饰华丽，而韦氏竟不知道有簪子耳饰。她教导两个儿子王坚、王冰很有办法，后来都很有名气。王琳死时，韦氏二十五岁，她家里想强迫她改嫁，韦氏坚决拒绝，甚至不听音乐，住在一间屋里，有时整天都不吃饭。七十五岁去世，写了《女训》在世上流行。

卢惟清的妻子徐氏，淄州人，世代客居陈留。卢惟清曾做过校书郎。徐氏的姐姐的丈夫李宜得因为犯罪被贬斥，卢惟清因为是同僚的亲家，贬官播川县尉。徐氏回到乡里，吃粗粮做的食物，卸掉铅粉脂膏，彩色的细布都不穿。遇到大赦，徐氏悄悄地过关去迎接卢惟清，到荆州，听说卢惟清已经死了，两个多须的男仆人想劫持徐氏回到下江，徐氏知道这件事后，数落他们的罪过，奴仆不敢强迫，抢劫了她的钱财后离去。徐氏走反了方向到了播川，脚都长茧流血，得到卢惟清的尸体，扶丧而回，经过一年到了洛阳。埋葬完毕后，因为没有孩子，服丧期满后回到陈留。汴州刺史齐浣推崇她的节操，赞颂她并写成诗。

饶娥字琼真，饶州乐平县人。出生在普通人家，勤于纺织缝纫，比较能够修整自己。父亲饶勣，在江上打鱼，遇到风暴，船翻了，尸体没有出现。饶娥当时十四岁，在水上哭泣，三天没有吃饭后死去。不久，大规模地打雷，水虫死了很多，父亲的尸体浮了出来，同乡人为之惊异，回去就各人赠送礼物，在鄱水的北边埋葬了父亲和娥。县令魏仲光为坟墓树立了碑石。建中初年，黜陟使郑淑则为她的里门立了牌坊，河东人柳宗元为她立碑。

窦伯女、仲女，京兆奉天人。永泰年中，遇上贼人抢劫，两位女子藏匿在山谷里，贼人追踪后找到了她们，想强迫她们私通。走近大山谷时，伯女说："我岂能受贼人污辱！"就自己跳了下去，贼人都很惊骇。一会儿仲女也跳了下去。京兆尹第五琦赞扬她们的壮烈行为，下令为她们的里门树牌坊，免除了她们家的徭役，官府替她们埋葬。

高愍女名妹妹，父亲高彦昭侍奉李正己。等到李纳抗拒命令，把他的妻子儿女当作人质，让他驻守濮阳。建中二年，连带城市归附河南都统制刘玄佐，李纳屠杀了他的家。当时女子才七岁，母亲李氏同情她年幼，请求免死作为女仆，同意了她。女子不答应，说："母亲哥哥都不免死，我靠准活着？"母亲和哥哥快被动刑时，向四个方向拜揖。女子问什么缘故，回答说："神可以祈祷。"女子说："我家是因为忠义被诛杀，神还有什么知觉而要拜它！"问父亲在什么地方，向西哭，拜了两拜然后就死了。唐德宗骇叹，诏令太常谥"愍"，各位儒生争相为她作诔文。

高彦昭跟随玄佐援救宁陵，收复了汴州，积累功绩授颍州刺史。朝廷记录了他的忠诚，住在颍州二十年没有迁徙，死后赠陕州都督。

杨烈妇，是李侃的妻子。建中末年，李希烈攻破汴，企图袭击陈州。李侃任项城县令，李希烈分兵数千掠夺了各县，李侃因为城小贼人锐利，想要逃走，他妻子说："贼寇来了应当防守，力量不足，就死了。您都逃走了，还有谁来防守？"李侃说："兵员少，财物又贫乏，怎么办？"妻子说："县城守不住，那么地方就是贼人的地方了，仓库都成了他们的积累，百姓都成了他们的战士，对国家有什么好处？请用重赏来招募不怕死的战士，还有可能解救危难。"李侃于是召集了官吏和百姓来到办公的厅堂中说："县令的确是人们的掌管，但是年头满了就要离开，不像你们出生在这块土地上，祖上的坟墓在这里，应该一起死守，怎么能忍受丧失自己的尊严面朝北方侍奉贼人呢？"众人都哭了，同意他的要求。于是告诉大家："用瓦片石块打贼人的，赏一千钱；用刀剑杀贼人的，赏一万钱。"得到了数百人。李侃率领他们去守城，他妻子亲手做饭给大家吃。告诉贼人说："项城父老为道义是不会投降你们贼人的，得到我这座城也没什么威风的，最好还是快点回去；只会失利，没有什么好处。"贼人大笑。李侃中了乱箭，回到家里，他妻子责备他说："您不在，谁愿意坚守？死在外面，还是比死在床上好。"李侃马上登上城墙。正好贼将中箭而死，就退走了，县城终于得到保全。朝廷下诏令升李侃为太平县令。

比这稍早的万岁通天年初，契丹侵犯平州，邹保英任刺史，城快要陷落，他妻子率领家里的男仆和年轻女子上城墙，不投降贼人，被诏封为诚节夫人。默啜进攻飞狐，县令古玄应的妻子高氏能够坚守，强盗退去，诏封徇忠县君。史思明叛乱时，卫州的女子侯氏、滑州的女子唐氏、青州的女子王氏，在一起歃血为盟奔赴行营讨伐贼人，滑濮节度使许叔冀表扬她们的忠勇，都补为果毅（军队衔职）。虽然她们也勇敢果断不忘国家，但不如杨烈妇慷慨明白君臣的大道理。

贾直言的妻子董氏。贾直言犯罪，被贬到岭南，因为妻子年轻，于是诀别说："究竟是生还是死没法说，我去以后，你可以马上嫁人，没有必要等待。"董氏不答，拿了绳子来捆住头发，用布帛包起来，让贾直言在上边写上字，说："不是您的手不解开。"贾直言被贬二十年后才回家，写了字的布帛依然如旧。等到洗头时，头发全部脱落了。

李孝女，名妙法，瀛州博野人。安禄山叛乱，她被劫持到别的州。听说父亲去世，她想抄近路回家奔丧，因有一个儿子不忍心离开，便割了一只乳房留下上路。到家后，父亲已经埋葬，喊叫跳跃着请求打开父亲的坟墓看一看，同宗族的人不同意。又拿着刀子刺自己的心，只好为她打开。见到棺材，用舌头舔去尘土，用头发擦拭它。在坟墓的左旁造屋居住，亲手种植松柏，有奇异的鸟飞来。后来，母亲生病，有时候不能吃饭喝水，女儿整天都没有看一眼勺子和筷子，等到去世，刺出血来在母亲手臂上写了字才埋葬，在坟旁住了一辈子。

李湍的妻子某氏，李湍被没收在吴元济军队中，元和年间，他自己跑出去归附乌重胤，他妻子被贼人捆绑起来从身上割肉吃，临死时，还在喊着李湍说："好好跟随乌仆射！"看的人叹息哭泣。乌重胤请求把她的事迹让史官记录，诏令同意。

王孝女，徐州人，字和子。元和年中，父亲哥哥都被派往西北镇守，驻扎在泾州，吐蕃侵犯边疆，都战死了。和子十七岁，单身一人披散着头发赤脚穿着孝衣步行到了泾州驻地，每天靠乞讨借贷，护送两个死者回家，葬在家乡，种植了松柏，剪了头发毁坏面容，居住在墓旁。节度使王智兴写状报告，朝廷诏令在她家门前树牌坊。

段居贞的妻子谢氏，字小娥，洪州豫章人。段居贞本来是历阳县的侠义少年，重义气，为人果决，结婚一年多后，跟谢氏的父亲一起在江湖上做买卖，都被强盗杀害了。小娥跳进江水中，伤了头脑折断了腿，别人把她救活了。辗转要饭来到上元，梦见父亲及丈夫告诉杀他们的人的名字，把他们的名字拆成十二个字，她拿着去问远近的亲戚，没有人能明白。陇西李公佐暗中猜出了其中的意思，说："杀你父亲的一定是申兰，杀你丈夫的一定是申春，你拿这话去验证一下。"小娥哭着道谢。几名姓申的人，就是有名的不要命的强盗。小娥化装成男子，跟下等佣人混在一起。寻找了一年多，在江州找到申兰，在独树浦找到申春。申兰与申春，是堂兄弟。小娥到申兰家里做佣人，每日做事谨慎有信用，申兰慢慢地依赖他，即使是厨房里的事情也无不委托他做。小娥看见他们所盗窃的段、谢的衣服器用还在，更加明白梦见的是真的。等了两整年，等待着合适的时机。有一天申兰召集了所有的盗贼喝酒，申兰与申春都喝醉了，睡在屋里。小娥关了门，拔出佩刀斩了申兰的头，接着大喊捉贼。乡人们翻墙来支援，抓住了申春，找到赃物千万，同伙几十人。小娥把他们送进官府，都被判死刑，这才说出自己的事情来。刺史张锡赞扬她的刚烈，跟观察使说了，观察使不为她请功。她回到豫章，人们争着要娶她，都不答应。剪了头发在浮屠道做尼姑，穿着脏衣服吃着粗粝的饭食度过一生。

杨含的妻子萧氏，父亲萧历，任抚州长史，死在任上，母亲也去世了。当时萧氏十六岁，与她的妹妹都美好贤淑，毁坏形貌，载运两位死者回家乡去，穷得付不起船钱和佣人的工钱，停泊在宣州战鸟山时，驾船的人扔下棺材走了。萧氏在水边造屋居住，跟女仆一道挖坑放进棺材筑成坟墓，种了松柏，早晚看望，有驯顺的乌鸦、白色的野兔、菌类芝草等吉祥的东西出现。艄公们为她们建造房舍，按时供给粟米布匹。服丧期满后，她仍不脱下孝服，人们都尊崇她的品行。有人请求结婚，女子说："我软弱没法回到北方，您真的为我把两具灵柩埋葬在家乡，就让我侍奉您。"于是，杨含从高安县尉任上辞职回家，聘了她，并且履行前言。萧氏因为亲人没有下葬，同意坐在车上，拒绝了穿彩色的衣服。埋葬完后，才脱下孝服嫁给了杨含。

韦雍的妻子萧氏。张弘靖镇守幽州时，上表推荐韦雍到幕府做事。朱克融叛乱，韦雍被劫持。萧氏听说这一灾难，跟韦雍一起出去，旁边的人拦住他们，他们没有后退。韦雍快被杀头时，萧氏大喊说："我苟且活着没有好处，宁愿今日死在您前面。"行刑的人砍断她的手臂，就杀了韦雍。萧氏样子很安详，看的人为之哀叹。她当夜也死了。大和年中，杨志诚上表报告了她的刚烈，朝廷诏令赠她为兰陵县君。

衡方厚的妻子程氏。大和年间，衡方厚任邕州录事参军。招讨使董昌龄治理无方，衡方厚多次为事争辩，董昌龄发怒，要把他抓起来交给官吏，衡以有病推辞，不同意免除，就告诉董昌龄，衡方厚死了，躺在棺材中。董昌龄知道后，让人把棺盖牢牢地钉住。衡方厚因为封闭太久，用指甲扣挖棺材，指甲掉尽才死了。程氏害怕一起死，不敢哭泣。董昌龄一点也不怀疑她，隆重地发送了丧事。程氏步行来到宫殿下，敲右银台的门，自己割了耳朵陈述冤情，皇帝令御史调查核实，董昌龄于是算犯了罪。唐文宗诏令封程氏为武昌县君，赏赐一个儿子正九品的官。

殷保晦的妻子封氏，是封敖的孙女，名绚，字景文。会写文章、草书隶书。殷保晦曾任校书郎。黄巢攻入长安，他们一起藏身在兰陵里。第二天，殷保晦逃走了。贼人喜欢封氏的美色，想要娶她，被坚决拒绝。贼人劝诱了很多话，不答应。贼人生气，勃然大怒说："顺从就有活命，不然，只润滑了我的宝剑！"封氏骂道："我是公卿的后代，守着刚正的品德死去，跟活着一样，决不受辱在逆贼手里！"于是遇害。殷保晦回到家里，身边人说："夫人死了！"殷保晦喊叫着也死了。

窦烈妇，河南人，朝邑县令毕某的妻子。当初，同州军叛乱，把节度使李瑭赶到河中地方，县令藏在望仙居，不知道住的是他仇人的家里。半夜盗贼冲进来，扭住他的头，想杀了他，窦氏哭着保护，死死抓住贼人的衣袖，被刺进刀子还不放手，县令得以逃脱没死掉，贼人也离去了。京兆尹听说这事后，赠送酒帛医药，差点死去而被救活。

李拯的妻子卢氏，姿色美好，会写文章。李拯字昌时，咸通末年擢为进士，累次升迁到考功郎中。黄巢作乱，逃到平阳躲避，唐僖宗征召为翰林学士。皇帝从宝鸡出来，被嗣襄王熅捉住。熅失败后，李拯去世，卢氏伏在尸体上哭泣。王行瑜的士兵逼迫她，不服从，用刀子威胁她，砍断一只手臂后死去。

山阳女子姓赵的，父亲偷了盐，应该判死罪，女子到官府申诉说："被饥饿所迫去偷盗，不过是为了救死，情有可原，能原谅他吗？否则请求让我一起去死。"有关官吏认为她很有情义，答应减去她父亲的死罪。女子说："性命既然是官府所恩赐的，我愿意毁坏服饰皈依佛教以报答。"于是割了耳朵来证明，服侍父亲的疾病，最终没有嫁人。

周迪的妻子某氏。周迪善于做生意，往来于广陵。遇上毕师铎叛乱，人们互相掠夺出卖来吃。周迪快饿死时，妻子说："现在想回去，不可能两个人都活下来。你的亲人都健在，不能都死掉，希望把我卖掉来接济你以便回去。"周迪不忍心，他妻子坚持跟他一起到市场去，卖了几千钱给他。周迪来到城门，守门人盘问他是谁，怀疑他哄骗他们，跟周迪到市场上问明情况，见他妻子的头已经在案板上了。周迪包裹了其余的身体回去埋葬了。

朱延寿的妻子王氏，在杨行密时，朱延寿跟随杨行密任寿州刺史，恨杨行密不遵守做臣的道理，跟宁国节度使田頵商议与他断绝关系投降唐朝。事情泄露后，杨行密设计谋召还朱延寿，说是要给他扬州，朱延寿相信了他。准备走的时候，王氏说："现在如果得到扬州，完成向来志愿，是兴盛的好机会，不会拘囚家人的，但我希望每天派个送信的人作为证明。"他答应了她。等到被杨行密杀害，送信人没来，王氏说："事情失败了。"于是分派家里的仆人，发给兵器。刚刚关上门而巡捕的人就骑马到了，于是把自己家的钱币散给百姓，发了上百把火燎焚烧官署的房屋，呼天道："我发誓不被仇人污辱！"蹈火死了。

高力士传

【题解】

高力士，唐潘州人，冯盎曾孙，自幼被阉，由岭南进贡宫中，武则天命给事左右。宦官高延福收为养子，遂改姓高。平定韦氏集团后擢内给事。玄宗时，因诛除萧至忠、岑羲等人的功劳，得知内省事，极得宠信。四方奏请，先省后进，朝臣承风附会者不可胜计，李林甫、杨国忠、安禄山等人皆厚相结，踵至将相，肃宗在东宫时以兄事之。自建佛寺道观，与宴公卿扣钟一下，送礼十万钱。出租水磨，日得租价为粮食三百斛。安史之乱起，随玄宗入蜀。返京后，旋流配巫州。宝应元年，见到赦诏，痛哭呕血而卒。

【原文】

高力士，冯盎曾孙也。圣历初，岭南讨击使李千里上二阉儿，曰金刚，曰力士，武后以其强悟，敕给事左右。坐累逐出之，中人高延福养为子，故冒其姓。善武三思，岁余，复得入禁中，禀食司宫台。既壮，长六尺五寸，谨密，善传诏令，为宫闱丞。

玄宗在藩，力士倾心附结。已平韦氏，乃启属内坊，擢内给事。先天中，以诛萧、岑等功，为右监门卫将军，知内侍省事。于是四方奏请皆先省后进小事即专决，虽洗沐未尝出，眠息殿帷中，侥幸者愿一见如天人然。帝曰："力士当上，我寝乃安。"当是时，宇文融、李林甫、盖嘉运、韦坚、杨慎矜、王鉷、杨国忠、安禄山、安思顺、高仙芝等虽以才宠进，然皆厚结力士，故能踵至将相，自余承风附会不可计，皆得所欲。中人若黎敬仁、林昭隐、尹凤翔、韩庄、牛仙童、刘奉廷、王承恩、张道斌、李大宜、朱光辉、郭全、边令诚等，并内供奉，或外监节度军，修功德，市鸟兽，皆为之使，使还，所裒获，动巨万计，京师甲第池园、良田美产，占者什六，宠与力士略等，然悉

高力士

借力士左右轻重乃能然。肃宗在东宫，兄事力士，它王、公主呼为翁，戚里诸家尊曰爹者，帝或不名而呼将军。

力士幼与母麦相失，后岭南节度使得之泷州，迎还，不复记识。母曰："胸有七黑子在否？"力士袒示之，如言。母出金环，曰"儿所服者"，乃相持号恸。帝为封越国夫人，而追赠其父广州大都督。延福与妻，及力士贵时故在，侍养与麦均。金吾大将军程伯献约力士为兄弟，后麦亡，伯献缞绖受吊。河间男子吕玄晤吏京师，女国姝，力士娶之，玄晤擢刀笔史至少卿，子弟仕皆王傅。玄晤妻死，中外赠赙送葬，自第至墓，车徒背相望不绝。

始，李林甫、牛仙客知帝惮幸东都，而京师漕不给，乃以赋粟助漕，及用和籴法，数年国用稍充。帝斋大同殿，力士侍，帝曰："我不出长安且十年，海内无事，朕将吐纳导引，以天下事付林甫，若何？"力士对曰："天子顺动，古制也。税入有常，则人不告劳。今赋粟充漕，臣恐国无旬月蓄。和籴不止，则私藏竭，逐末者众。又天下柄不可假人，威权既振，孰敢议者！"帝不悦；力士顿首自陈"心狂易，语谬当死"。帝为置酒，左右呼万岁。由是还内宅，不复事。加累骠骑大将军，封渤海郡公。于来廷坊建佛祠，兴宁坊立道士祠，珍楼宝屋，国赀所不逮。钟成，力士宴公卿，一扣钟，纳礼钱十万，有佞悦者至二十扣，其少亦不减十。都北堰沣列五硙，日僦三百斛直。

有袁思艺者，帝亦爱幸，然骄倨甚，士大夫疏畏之，而力士阴巧得人誉。帝初置内侍省监二员，秩三品，以力士、思艺为之。帝幸蜀，思艺遂臣贼，而力士从帝，进齐国公。帝闻肃宗即位，喜曰："吾儿应天顺人，改元至德，不忘孝乎，尚何忧？"力士曰："两京失守，生人流亡，河南汉北为战区，天下痛心，而陛下以为何忧，臣不敢闻。"从上皇还，进开府仪同三司，实封户五百。

上皇徙西内，居十日，为李辅国所诬，除籍，长流巫州。力士方逃疟功臣阁下，辅国以诏召，力士趋至阁外，遣内养授谪制，因曰："臣当死已久，天子哀怜至今日。愿一见陛下颜色，死不恨。"辅国不许。

宝应元年赦还，见二帝遗诏，北向哭呕血，曰："大行升遐，不得攀梓宫，死有余恨。"恸而卒，年七十九。代宗以护卫先帝劳，还其官，赠扬州大都督，陪葬泰陵。

初，太子瑛废，武惠妃方嬖，李林甫等皆属寿王。帝以肃宗长，意未决，居忽忽不食。力士曰："大家不食，亦膳羞不具耶？"帝曰："尔，我家老，揣我何为而然？"力士曰："嗣君未定耶？推长而立，孰敢争？"帝曰："尔言是也。"储位遂定。

天宝中，边将争立功。帝尝曰："朕春秋高，朝廷细务付宰相，蕃夷不龚付诸将，宁不暇耶？"对曰："臣间至阁门，见奏事者言云南数丧师，又北兵悍且强，陛下何以制之？臣恐祸成不可禁。"其谓盖指禄山。帝曰："卿勿言，朕将图之。"十三年秋大雨，帝顾左右无人，即曰："天方灾，卿宜言之。"力士曰："自陛下以权假宰相，法令不行，阴阳失度，天下事庸可复安？臣之钳口，其时也。"帝不答。明年禄山反。

力士善揣时事势候相上下，虽亲昵，至当覆败，不肯为救力，故生平无显显大过。议者颇恨宇文融以来权利相贼，阶天下之祸，虽有补益，弗相除云。

【译文】

高力士是冯盎的曾孙。圣历初年，岭南讨击使李千里献上两个阉过的小孩，一名金刚，一名力士，由于他们非常颖悟，武后命令留在身边供职。力士因受到牵连，被赶出宫，宦官高延福收养为子，所以改姓高。高力士与武三思关系很好，一年多后，再次得以进入皇宫，由司宫台供给衣食。长大后，他身高六尺五寸，办事谨慎周密，善于传达诏令，当了宫闱丞。

玄宗在王府时，高力士一心依附。平定韦氏后，他陈请归属内坊，被提升为内给事。先天年间，由于诛灭萧至忠，岑羲等人的功劳，他担任右监门卫将军，主持内侍省事务。于是各地的奏疏请示先由他过目，然后才进献上去，小事就由他独自决定，即使沐浴，也从不出宫，每天就在殿内的帷帐里就寝歇息，侥幸求利之徒希望见他一面，就像去见天上之人。玄宗说："力士值班，我才睡得安稳。"当此时，虽然宇文融、李林甫、盖嘉运、韦坚、杨慎矜、王𫟹、杨国忠、安禄山、安思顺、高仙芝等人凭着才能和受宠才得到进用，但是都与高力士深深结纳，所以才能很快官至将相，其余承其风旨、顺从依附的人不可胜计，都达到了目的。宦官如黎敬仁、林昭隐、尹凤翔、韩庄、牛仙童、刘奉廷、王承恩、张道斌、李大宜、朱光辉、郭全、边令诚等人，都在内廷供职，或者出任节度使的监军。修功德，购鸟兽，都要让这些人担任使者，使者回来后搜刮到的财物动不动就数以万万计。京城的上等宅第、池塘园林、良田美产，被他们占了十分之六，受到的宠爱大致与高力士相等，但他们全靠高力士把握轻重，才能如此。肃宗在东宫时，把高力士当作老兄，其他诸王公主称他为高翁，皇戚各家尊称他为阿爹，玄宗有时不叫他的名字，而称他将军。

高力士幼年与母亲麦氏失散，后来岭南节度使在泷州找到她。迎接回来后，高力士记不住也认不出母亲。母亲说："你胸上是不是有七个黑点？"高力士袒胸一看，一如所言。母亲拿出金环，说"这是我儿佩带的"，便相抱放声痛哭。玄宗封他母亲为越国夫人，追赠他父亲为广州大都督。高延福和妻子在高力士显贵时仍然活着，受到的奉养与麦氏相同。金吾大将军程伯献与高力士结为兄弟，后来麦氏亡故，程伯献身穿孝服，接受吊唁。河间男子吕玄晤在京城担任吏职，儿女有国色，高力士娶了她，吕玄晤由刀笔吏被提升到少卿，子弟都官为王傅。程玄晤的妻子去世，朝廷内外赠送助丧的财物，为她送葬，从住处到墓地，车马人力前后相望，络绎不绝。

起初，李林甫、牛仙客知道玄宗怕因前往东都致使京城漕运供给不足，便采用征粮的办法佐助漕运。及至采用和籴法，几年后国家用度逐渐充实。玄宗在大同殿斋戒，高力士身边侍候。玄宗说："我将近十年没离开长安，天下太平无事，朕准备吐纳导引，把天下事务交给李林甫，你看怎样？"高力士回答："天子顺时而动，是古代的遗制。税收有常法，人民就不会诉说劳苦。现在征粮充实漕运，我担心会使国家连十天一月的积蓄都没有了。不停止和籴，私人的储存就会耗尽，追逐末业的人就会为数众多。而且天下大权不能交给别人，威势和权力把握好了，谁敢妄加评议！"玄宗不悦，高力士伏地叩头，说自己"精神失常，说的不对，该当死罪"。玄宗设宴相待，侍臣高呼万岁。从此，高力士回到内廷的住处，不再办事。高力士历经升迁，成了骠骑大将军，封为渤海郡公。他在来廷坊修建寺院，在兴宁坊设立道观，用珍宝装饰楼阁屋宇，连国家也拿不出这么多资财。钟铸成了，高力士宴请公卿，敲一下钟，要交十万贺礼钱。有些谄媚讨好的人敲钟多达二十下，敲得少的，也不少于十下。他还在京城北面的沣水上筑堰，设下五盘水磨，每天的租价为粮食三百斛。

有个叫袁思艺的，也深受玄宗的宠爱。然而，他非常傲慢，士大夫都怕他，疏远他。而高力士阴柔机巧，受人称誉。起初，玄宗设置内侍省监两员，职位三品，让高力士和袁思艺充任。玄宗逃往蜀地时，袁思艺向叛军称臣，而高力士跟随玄宗，晋升为齐国公。玄宗得知肃宗即位，高兴地说："我儿上应天意，下顺民心，改年号为至德，不忘孝顺，我还有什么可愁的！"高力士说："东西两京失守，百姓流散逃亡，黄河以南、汉水以北地区成为战场，天下人为之痛心，陛下却认为无可忧虑，臣不敢苟同。"随太上皇返回京城后，晋升为开府仪同三司，实封五百户。

太上皇搬到太极宫，才过了十天，受李辅国的诬陷，高力士被削除名籍，远远流放到巫州。高力士正在功臣阁下发疟疾，李辅国以诏书来召高力士，高力士快步来到阁外，李辅国打发内宫杂职人员把贬逐制书交给他，他便说："我早该死了，只是天子可怜我到今天。希望见陛下一面，死不遗憾。"李辅国没有允许。

宝应元年，高力士遇赦回京，见到玄宗、肃宗的遗诏，面向北方，哭得吐了血。他说："皇上去世，我不能摸一摸棺木，死有遗恨。"便痛哭而死，当时七十九岁。由于他护卫先帝的劳绩，代宗为他官复原位，追赠扬州大都督，陪葬泰陵。

起初，太子李瑛被废，武惠妃正受宠爱，李林甫等人都属意寿王，玄宗因肃宗年长，没拿定主意，平时意绪惆怅，不思进食。高力士说："陛下不吃饭，是由于没有美食吗?"玄宗说："你是我家的老人了，猜我为什么这样?"高力士说："是嗣君没有决定吧，推举长子，立为嗣君，谁敢争议！"玄宗说："你说得对。"于是决定了谁当太子。

天宝年间，边防将领争着立功，玄宗有一次说："朕年纪大了，朝廷小事交给宰相去办，异邦外族不恭交给诸将去管，难道不清闲吗！"高力士回答："我近来前往阁门，看见奏事人说云南屡次损兵折将，加之北方军队剽悍强盛，陛下拿什么去控制他们？我怕祸患酿成，难以制止。"他的意思大概说的是安禄山。玄宗说："你别说了，朕将计议此事。"天宝十三载秋天，天降大雨，玄宗见身边没人，就说："现在正在大雨成灾，你应该说说看法。"高力士说："自从陛下把权力交给宰相后，法令不行，阴阳失调，天下的事情怎会重归安宁？我闭口不言，是时代的原因。"玄宗没有答话，第二年安禄山反叛。

高力士善于揣测时运，侍奉权势，观察朝廷上下的态度。即使是自己亲昵的人，到他垮台时，也不肯出力搭救，所以一生没有明显的重大过失。议事者深惜宇文融以来权利倾轧，成为天下大祸的根由，而高力士虽有补益，却没有将他除去。

刘贞亮传

【题解】

刘贞亮，本名俱文珍，为宦官收为养子，因改姓名。唐朝与吐蕃举行平凉会盟时被俘，旋归监宣武军，自置亲兵千人。顺宗时，与宦官刘光琦等拥立宪宗，尽除王叔文等永贞革新者，累迁知内侍省事。

【原文】

刘贞亮，本俱氏，名文珍，冒所养宦父，故改焉。性忠强，识义理。平凉之盟，在浑瑊军中，会虏变，被执且西，俄而得归。出监宣武军，自置亲兵千人。贞元末，宦人领兵附顺者益众。

会顺宗立，淹痼弗能朝，惟李忠言、牛美人侍。美人以帝旨付忠言，忠言授之王叔文与柳宗元等裁定，然后下中书。然未得纵欲，遂夺神策兵以自强，即用范希朝为京西北禁军都将，收宦者权。而忠言素懦谨，每见叔文，与论事，无敢异同，唯贞亮乃与之争。又恶朋党炽结，因与中人刘光琦、薛文珍、尚衍、解玉、吕如全等同劝帝立广陵王为太子监国，帝纳其奏，贞亮召学士卫次公、郑絪、李程、王涯至金銮殿草定制诏。太子已立，尽逐叔文党，委政大臣，议者美其忠。

高崇文讨刘辟，复为监军。初，东川节度使李康为辟所破，囚之。崇文至，辟归康求雪，贞亮劾以不拒战，斩之，故以专悍见訾。迁累右卫大将军、知内侍省事。元和八年卒，赠开府仪同三司。

宪宗之立，贞亮为有功，然终身无所宠假。吕如全历内侍省内常侍、翰林使，坐擅取樟材治第，送东都狱，至阌乡自杀。又郭旻醉触夜禁，杖杀之。五坊朱超晏、王志忠纵鹰人入民家，榜二百，夺职，由是莫不慑畏。

【译文】

刘贞亮，本来姓俱，名文珍，冒充收养他的宦官父亲的姓氏，所以改姓换名。刘贞亮生性忠诚强干，懂得义理。平凉会盟时，他在浑瑊军中，赶上吐蕃制造变故，被捉住后即将西行，不久得以返回。他被外放为宣武监军，私置亲兵一千人。贞元末年，宦官领兵依附他的人越来越多了。

适逢顺宗即位，痼疾缠身，不能上朝，只有李忠言、牛美人侍奉。牛美人将顺宗的旨意交给李忠言，李忠言交给王叔文，王叔文与柳宗元等人裁定后，才下达到中书省。然而王叔文等人未能为所欲为，因而夺取神策军的兵权来加强自己的力量，任用范希朝为京西北禁军都将，收宦官的权力。而李忠言一向谨慎怕事，每次见到王叔文，与他议事都不敢提出异议，只有刘贞亮敢与王叔文争论，又憎恨朋党纷纷纠结，便与宦官刘光琦、薛文珍、尚衍、解玉、吕如全等人共同劝顺宗立广陵王为太子，代理国政，顺帝采纳了上奏的主张。刘贞亮将学士卫次公、郑絪、李程、王涯召到金銮殿，起草好诏书。太子已立，把王叔文一党全部驱逐，将朝政交给大臣处理，议政者赞美刘贞亮的忠心。

高崇文讨伐刘辟，刘贞亮又去担任监军。起初，东川节度使李康被刘辟攻破，遭到囚禁。高崇文来到后，刘辟交还李康，李康要求为他雪耻，刘贞亮弹劾李康不能抵御贼人，将李康杀死，所以刘贞亮以专横凶悍遭到非议。刘贞亮历经升迁，当了右卫大将军、知内侍省事。元和八年死去，赠开府仪同三司。

宪宗被立为太子，刘贞亮有功，但是宪宗对他终生不加恩宠。吕如全当过内侍省内常侍、翰林使，因擅自占用樟木原材建造府第罪，被送往东都监狱。来到阌乡，吕如全自杀。还有郭旻，因醉酒触犯宵禁，被杖打而死。五坊小儿朱超晏、王志忠放纵鹰人擅入民宅，被笞打二百下，削去职务，从此无不畏服。

马存亮传

【题解】

马存亮，字季明，唐河中人。起初侍奉德宗，宪宗时擢知内侍省事，进左神策军护军中尉。敬宗时，染署工匠张韶与卜者苏玄明阴结百余人入宫行刺，马存亮将敬宗背入左神策军，发兵讨杀张、苏等人。旋监淮南军，还任飞龙使，文宗时致仕而卒。

【原文】

马存亮，字季明，河中人。元和时，累擢左神策军副使、左监门卫将军、知内侍省事，进左神策中尉。军所籍凡十余万，存亮料柬尤精，伍无罢士，部无冗员。

敬宗初，染署工张韶与卜者苏玄明善，玄明曰："我尝为子卜，子当御殿食，我与焉。吾闻上昼夜猎，出入无度，可图也。"韶每输染材入宫，卫士不呵也。乃阴结诸工百余人，匿兵车中若输材者，入右银台门，约黄昏为变。有诘其载者，韶谓谋觉，杀其人，出兵大呼成列，浴堂门闭。时帝击球清思殿，惊，将幸右神策。或曰："贼入宫，不知众寡，道远可虞，不如入左军，近且速。"从之。

初，帝常宠右军中尉梁守谦，每游幸，两军角戏，帝多欲右胜，而左军以为望。至是，存亮出迎，捧帝足泣，负而入。以五百骑往迎二太后，比至，而贼已斩关入清思殿，升御座，盗乘舆余膳，揖玄明偶食，且曰"如占"。玄明惊曰："止此乎！"韶恶之，悉以宝器赐其徒，攻弓箭库，仗士拒之，不胜。存亮遣左神策大将军康艺全、将军何文哲、宋叔夜、孟文亮，右神策大将军康志睦、将军李泳、尚国忠，率骑兵讨贼，日暮，射韶及玄明皆死。

始，贼入，中人仓卒，由望仙门出奔，内外不知行在。迟明，尽捕乱党，左、右军清宫，车驾还。群臣诣延英门见天子，然至者不十一二，坐贼所入阑不禁者数十人，杖而不诛，赐存亮实封户二百，梁守谦进开府仪同三司，它论功赏有差。

存亮于一时功最高，乃推委权势，求监淮南军。代还，为内飞龙使。大和中，以右领军卫上将军致仕，封岐国公，卒赠扬州大都督。

存亮逮事德宗，更六朝，资端畏，善训士，始去禁卫，众皆泣。唐世中人以忠谨称者，唯存亮、西门季玄、严遵美三人而已。

【译文】

马有亮，字季明，河中人。元和年间，历经升迁，任左神策军副使、左监门卫将军、知内侍省事，晋升左神策军中尉。在籍军人计有十多万人，马存亮选用人才特别精到，使军队中没有行为不端的人，没有冗员。

敬宗在位初年，染署的工匠张韶与占卜者苏玄明友善。苏玄明说："我曾经为你占卜，你会在御殿上进餐，我也有一份儿。我听说皇上日夜打猎，出入没有节制，有机可图。"张韶每次把染材运送到宫中时，卫士都不加盘问。张韶便暗中纠结众工匠一百多人，把兵器藏在车中，像运送染材一样，进入右银台门，约定傍晚发动变乱。有人来盘问车里载的东西，张韶以为阴谋被人觉察，就杀了那人，拿出兵器，大声呐喊，排成队列，关了浴堂门。当时，敬宗在清思殿击球，闻讯大惊，准备前往右神策军。有人说："贼人进宫，不知多少，右神策军路远，值得忧虑，不如前往左神策军，路很近，去得快。"敬宗依言而行。

起初，敬宗通常宠爱右神策军梁守谦，每次亲临观看，左、右神策两军进行角抵表演，敬宗往往希望右神策军获胜，左神策军因此心怀怨恨。到这时，马存亮出来迎接，捧着敬宗的脚哭泣，把敬宗背进左神策军，并派五百骑兵前去迎接两位太后。等两位太后来到时，贼人已经砍开门，进了清思殿。张韶登上御坐，盗用敬宗吃剩的膳食，请苏玄明在自己对面进餐，而且说："你的占卜应验了。"苏玄明吃惊地说："到此为止吗？"张韶厌恶此言，把珍贵的器物全部赏给同伙，去攻打弓箭库，仪仗卫士予以抵抗，不能取胜。马存亮派左神策大将军康艺全、将军何文哲、宋叔夜、孟文亮、右神策大将军康志睦、将军李泳、尚国忠，率领骑兵讨伐贼人，日暮时分，将张韶和苏玄明都射死了。

起初，贼人进宫，宦官由望仙门仓促出逃，朝廷内外的人们都不知道敬宗到了哪里。黎明时分，左、右神策军捉住所有的乱党，肃清内宫，敬宗乘车返回。群臣到延英殿去见敬宗，但前来的人不到十分之一二。因没有禁止贼人在过晚的时间里进宫而得罪的有数十人，敬宗只加杖责，没有处斩。赏赐马存亮实封二百户，梁守谦晋升开府仪同三司，其余的人论功行赏，多少不等。

马存亮在当时功劳最高，却不愿意因此获得权势，请求出任淮南监军。由人接任回京后，马存亮担任内飞龙使。大和年间，以右领军卫上将军的职衔辞官归居，封为岐国公，死后追赠扬州大都督。

马存亮最早赶上侍奉德宗，历经六朝，资性正直，戒惧为怀，善于训导将士，刚离开禁军时，大家都为之哭泣。唐朝宦官以忠诚恭谨知名的，只有马存亮、西门季玄、严遵美三人而已。

杨复光传

【题解】

杨复光，闽人，本姓乔，内常侍杨玄价的养子，自幼入内侍省供职。僖宗时，一度说降起义军领袖王仙芝，为宋威中沮。周岌、秦宗权归降农民军，均被杨复光劝回。进攻荆襄地区时，兼并秦宗权部将王淑的军队，进攻南阳，打败朱温等人。旋任天下兵马都监，总辖各军，进军关中农民军，诱使朱温归降，后引李克用沙陀兵，终攻破长安。不久死于河中。

【原文】

杨复光，闽人也，本乔氏。有武力，少养于内常侍杨玄价家，颇以节谊自奋，玄价奇之。宣宗时，玄价监盐州军，诬杀刺史刘皋。皋有威名者，世讼其冤。稍迁左神策军中尉，谮去宰相杨收，权宠震时。复光有谋略，累监诸镇军。

乾符初，佐平卢节度使曾元裕击贼王仙芝，败之。招讨使宋威击仙芝于江西，复光在军，请判官吴彦宏约贼降，仙芝遣将尚君长自缚如约。威疾其功，密请僖宗诛之，故仙芝怨，复引兵叛。后天子寤威阶祸，罢之，以兵与复光，乃进禽徐唐莒。王铎为招讨，复光仍监军。

铎之弃荆南也，山南东道节度使刘巨容定其地，以忠武别将宋浩领荆南，泰宁将段彦谟佐之。复光父尝监忠武军，而浩已为大将，见复光，少之，不为礼，彦谟亦耻居浩下，遂有隙。复光曰："胡不杀之?"彦谟引慓士击杀浩，复光以客常滋假留后，而奏浩罪，荐彦谟为朗州刺史。诏郑绍业为荆南节度使，以复光监忠武军，屯邓州，遏贼右冲。帝西幸，召绍业见行在，复光更引彦谟为荆南节度使。彦谟给行边，诣复光，以黄金数百两为谢。

其后，忠武周岌受贼命，尝夜宴，召复光，左右曰："彼既附贼，必不利公，不如毋行。"复光固往。酒所语时事，复光泣曰："丈夫所感，独恩与义耳，彼不顾恩义、规利害，何丈夫哉！公奋匹夫封侯，乃捐十八叶天子，北面臣贼，何恩义利害昧昧耶!"岌流涕曰："吾力不足，阳合而阴离之，故召公计。"因持杯盟曰："有如酒!"即遣子守亮斩贼使于传舍。

秦宗权据蔡州叛，岌、复光以忠武兵三千人入见之。宗权即遣部将王淑持兵万人从。复光定荆、襄，师次邓，淑逗留，复光斩之，并其军为八，以鹿宴弘、晋晖、张造、李师泰、王建、韩建等为之将，进攻南阳。贼将朱温、何勤逆战，大败，遂收邓州，追北蓝桥。会母表，班师。

俄起为天下兵马都监，总诸军，与东面招讨使王重荣并力定关中。朱温守同州，复光遣使镌谕，温以所部降。

方贼之强，重荣忧不知所出，谓复光曰："臣贼邪，且负国；拒战邪，则兵寡，奈何？"复光曰："李克用与我世共患难，其为人，奋不顾身，比数召未即至者，由太原道不通耳，非忍祸者。若谕上意，彼宜必来。"重荣曰："善。"白王铎以诏使至太原，克用兵乃出。

京师平，以功加开府仪同三司、同华制置使，封弘农郡公，赐号"资忠辉武匡国平难功臣"。卒河中，赠观军容使，谥曰忠肃。

复光御下有恩，军中闻其死，皆恸哭，而麾下多立功者。诸子为将帅数十人，守宗亦为忠武节度使。

【译文】

杨复光，闽地人，本姓乔。其人勇武有力，小时收养在内常侍杨玄价家里，颇以节义激励自己，杨玄价认为他人才出众。宣宗时，杨玄价担任盐州监军，以不实之词杀害了刺史刘皋。刘皋素有声威，其家世代分辨蒙受的冤屈。杨玄价逐渐升任左神策军中尉，诬陷宰相杨收，使之去位，掌握的权力和蒙受的恩宠震撼当世。杨复光足智多谋，多次担任各镇监军。

乾符初年，杨复光佐助平、卢节度使曾元裕进击贼寇王仙芝，将他打败。招讨使宋威在江西进攻王仙芝，这时杨复光也在军中。杨复光请判官吴彦宏约王仙芝投降，王仙芝派将领尚君长绑了自己，按约宅来降。宋威嫉妒杨复光的功劳，暗中请求僖宗杀死尚君长，所以王仙芝心怀怨恨，又领兵反叛。后来，僖宗醒悟到宋威是招致祸乱的根源，免去他的职务，把军队交给杨复光，于是杨复光进军擒获徐唐莒。这时王铎担任招讨使，杨复光仍然监军。

王铎放弃荆南后，山南东道节度使刘巨容平定其地，派忠武军别将宋浩统领荆南，让泰宁将领段彦谟佐助他。杨复光的父亲曾经在忠武军监军，而这时宋浩已经成了大将，见到杨复光，瞧不起他，不以礼相待，段彦谟也以位居宋浩之下为耻，于是结下嫌隙。杨复光说："何不把他杀了！"段彦谟率领剽悍的壮士击杀宋浩，杨复光派宾客常滋代理留后职务，同时奏述宋浩的罪责，推荐段彦谟担任朗州刺史。僖宗下诏任命郑绍业为荆南节度使，委派杨复光担任忠武军的监军，驻兵邓州，遏制贼军右路的交通要冲。僖宗西逃后，叫郑绍业到行在见面，杨复光又引荐段彦谟担任荆南节度使。及至段彦谟临行时，去见杨复光，送给他黄金数百两，表示谢意。

后来，忠武军周岌接受贼军的任命，有一次在夜间设宴，叫杨复光前往。身边的人说："他已经降附贼军，必然要害您，不如别去。"杨复光坚持前往。在酒宴上，两人谈起时事，杨复光流下眼泪，说："大丈夫感念的，只有恩义。有人不顾恩义，不衡量利害关系，算什么大丈夫！您由一介平民奋起，被封为侯，却抛开传承十八代的天子，向贼寇北面称臣，也太认不清恩义与利害了！"周岌流着眼泪说："我的力量不足，与他们貌合神离，所以才叫您来商量。"于是拿起酒杯起誓说："有如此酒！"杨复光立即派养子杨守亮把贼寇的使者杀死在驿站的房舍里。

秦宗权占据蔡州反叛，周岌和杨复光率忠武军三千人马到蔡州去见秦宗权。秦宗权立刻派部将于淑带领一万军队跟随杨复光去平定荆襄地区。驻兵邓州时，王淑逗留不前，杨复光将他杀死，吞并了他的军队，分成八部分，让鹿宴弘、晋晖、张造、李师泰、王建、韩建等人担任将领，进攻南阳。贼将朱温、何勤迎战，结果大败。杨复光随即收复邓州，追赶败军，进抵蓝桥。适逢杨复光的母亲去世，便撤军返回。

不久，杨复光被起用为天下兵马都监，总辖各军，与东面招讨使王重荣合力平定关中。朱温防守同州，杨复光派使者前去劝导，朱温率本部归降。

当时贼军强盛，王重荣深为忧虑，不知所措，对杨复光说："向贼寇称臣呢，对不起国家；抵抗贼寇呢，兵力却又太少，如何是好？"杨复光说："李克用与我世代共患难，他为人奋不顾身，近来多次召他，他未能马上赶到，是由于太原道路不通，不是幸灾乐祸。如果向他晓示皇上的意旨，他一定能来。"王重荣说："好吧。"便禀告王铎，派使者携带诏书前往太原，李克用于是出兵。

收复京城后，杨复光因功加授开府仪同三司、同华二州制置使，封为弘农郡公，赐号为"资忠辉武匡国平难功臣"。杨复光死在河中，赠授观军容使，谥号为忠肃。

杨复光统御部下，颇施恩惠，军中将士听到他的死讯，都伤心痛哭，他的部下立功的也较多。他的众养子有数十人担任将帅，杨守宗也当了忠武军节度使。

刘克明传

【题解】

刘克明，敬宗宠幸的宦官。敬宗召神策军隶卒与里巷顽劣少年入宫共为戏乐，多所责辱。刘克明与苏佐明、石定宽趁敬宗酒酣更衣时行弑得遂，矫诏拥立绛王。宦官王守澄、梁守谦等与宰相裴度共迎文宗，发兵讨伐，乃投井而死。

【原文】

刘克明，亦亡所来，得幸敬宗。

敬宗善击球，于是陶元皓、靳遂良、赵士则、李公定、石定宽以球工得见便殿，内籍宣徽院或教坊，然皆出神策隶卒或里闾恶少年，帝与狎息殿中为戏乐。四方闻之，争以趫勇进于帝。尝阅角觝三殿，有碎首断臂，流血廷中，帝欢甚，厚赐之，夜分罢。所亲近既皆凶不逞，又小过必责辱，自是怨望。

帝夜艾自捕狐狸为乐，谓之"打夜狐"。中人许遂振、李少端、鱼志弘侍从不及，皆削秩。帝猎夜还，与克明、田务澄、许文端、石定宽、苏佐明、王嘉宪、阎惟直等二十有八人群饮，既酣，帝更衣，烛忽灭，克明与佐明、定宽弑帝更衣室，矫诏召翰林学士路隋作诏书，命绛王领军国事。明日，下遗诏，绛王即位。克明等恃功，将易置左右，自引支党颛兵柄。

于时，枢密使王守澄、杨承和、中尉梁守谦、魏从简与宰相裴度共迎江王，发左、右神策及六军飞龙兵讨之，克明投井死，出其尸戮之。务澄等皆斩首以徇，籍入家赀，又杀其党数十人。

始，克明谋逆，母禁不许。文宗立，嘉母忠，赐钱千缗、绢五百匹，给婢二人。

【译文】

刘克明，也不知由来，得到敬宗的宠爱。

敬宗善于打球，于是陶元皓、靳遂良、赵士则、李公定、石定宽等人以击球手的身份在便殿受到召见，将他们编入宣徽院或教坊的名籍中。然而，他们原来都是神策军的仆隶士卒，或里巷的顽劣少年，敬宗与他们亲昵地歇息在殿中，游玩取乐，各地得知后，争先恐后地向敬宗进献矫捷勇健的人。有一次，敬宗在麟德殿观看互相角力的技艺，有的头碎裂了，有的臂折断了，血流在殿堂上。敬宗非常喜欢，赏赐给他们许多东西，直到半夜才停下来。这些被亲近的人本来是些凶顽的不逞之徒，敬宗对他们的微小过失又必加责备羞辱，因此这些人怨恨不满。

敬宗在宵尽时分自己捉狐狸癖取乐，称作“打夜狐。”宦官许遂振、李少端、鱼志弘侍候得不够及时，都被削减俸禄。敬宗打猎后夜间返回，与刘克明、田务澄、许文端、石定宽、苏佐明、王嘉宪、闫惟直等二十八人聚在一起喝酒，酒兴酣畅后，敬宗更衣，灯烛忽然熄灭，刘克明与苏佐明、石定宽把敬宗杀死在更衣室里，以诏令的名义召翰林学士路隋来起草诏书，命绛王总领军国事务。第二天，遗诏颁布，绛王即位。刘克明等人仗着有功，准备改置亲信，延用自己一派的党羽，专擅兵权。

这时，枢密使王守澄、杨承和、中尉梁守谦、魏从简与宰相裴度共同迎接江王，派左、右神策军和六军飞龙兵前去讨伐，刘克明投井而死，被捞出来斩尸。田务澄等人都被斩首示众，没收家产，还杀了他们的党羽数十人。

起初，刘克明阴谋杀害敬宗，母亲加以阻止。文宗即位，嘉许他母亲的忠心，赐给钱一千缗、绢五百匹，赏给婢女二人。

田令孜传

【题解】

田令孜，字仲则，蜀人，本姓陈。僖宗即位后升任左神策军中尉，专权横暴，卖官鬻爵，致使朝无贤人，同时有意引导僖宗耽于逸乐。黄巢军攻陷洛阳后，奉僖宗逃至成都，逼反“黄头军”，贬杀直言极谏者孟昭图。回长安后，与河中节度使王重荣不和，王荣重联合李克用进逼长安，乃劫持僖宗外逃至兴元，不得已自署剑南监军使赴成都。昭宗即位后，王建割据西川，进围成都，将他杀死。

【原文】

田令孜，字仲则，蜀人也，本陈氏。咸通时，历小马坊使。僖宗即位，擢令孜左神策军中尉，是时西门匡范位右中尉，世号“东军”“西军”。

帝冲呆，喜斗鹅走马，数幸六王宅、兴庆池与诸王斗鹅，一鹅至五十万钱。与内园小儿尤昵狎，倚宠暴横。始，帝为王时，与令孜同卧起。至是，以其知书，能处事，又帝资狂昏，故政事一委之，呼为“父”。而荒酣无检，发左藏、齐天诸库金币，赐伎子歌儿者日巨万，国用耗尽。令孜语内园小儿尹希复、王士成等，劝帝籍京师两市蕃旅、华商宝货，举送内库，使者监阓柜坊茶阁，有来诉者，皆杖死京兆府。

令孜知帝不足惮，则贩鬻官爵，除拜不待旨，假赐绯紫不以闻。百度崩弛，内外垢玩。既所在盗起，上下相掩匿，帝不及知。是时贤人无在者，惟佞鄙沓贪相与备员，偷安噤默而已。左拾遗侯昌蒙不胜愤，指言竖尹用权乱天下，疏入，赐死内侍省。

宰相卢携素事令孜，每建白，必阿邑倡和。初，黄巢求广州，愿罢兵，携欲宠高骈，使有功，不听贼。因又易置关东诸节度，贼乘之，陷东都。令孜急，归罪携，奉帝西幸，步出金光门，至咸阳沙野，军十余骑呼曰：“巢为陛下除奸臣，乘舆今西，秦中父老何望？愿还宫。”令孜叱之，以羽林骑驰斩，即以羽林白马载帝，昼夜驰，舍骆谷。时陈敬瑄方节度西川，令孜兄也，故请帝幸蜀。有诏以令孜为十军十二卫观军容制置左右神策护驾使。至成都，进左金吾卫上将军，兼判四卫事，封晋国公。帝见蜀狭陋，稍郁郁，日与嫔侍博饮，时时攘袂北望，悒然流涕。令孜伺间开释，呼万岁，帝为怡悦，因盛称郑畋、王铎、程宗楚、李铤、敬瑄方并力，贼不足虞。帝曰：“善。”

初，成都募陈许兵三千，服黄帽，名“黄头军”，以捍蛮。帝至，大劳将士，扈从者已赐，而不及黄头军，皆窃怨令孜。令孜置酒会诸将，以黄金樽行酒，即赐之。黄头将郭琪不肯饮，曰：“军容能易偏惠，均众士，诚大愿也。”令孜目曰：“君有功耶？”答曰：“战党项，薄契丹，数十战，此琪之功。”令孜嘻怒曰：“知之。”密以鸩注酒中琪饮已，驰归，杀一婢，吮血得解。因夜烧营，剽城邑，敬瑄讨败之，奔广都，遂走高骈所。

帝闻变，与令孜保东城自守，群臣不得见。左拾遗孟昭图请对，不召，因上疏极陈：“君与臣一体相成，安则同宁，危则共难。昔日西幸，不告南司，故宰相、御史中丞、京兆尹悉碎于贼，唯两军中尉以扈乘舆得全。今百官之在者，率冒重险出百死者也。昨昔黄头乱，火照前殿，陛下惟与令孜闭城自守，不召宰相，不谋群臣，欲入不得，求对不许。且天下者，高祖、太宗之天下，非北司之天下；陛下固九州天子，非北司之天子。北司岂悉忠于南司？廷臣岂无用于敕使？文宗时，宫中灾，左右巡使不到，皆被显责，安有天子播越，而宰相无所豫，群司百官弃若路人？已事诚不足谏，而来者冀可追也。”疏入，令孜匿不奏，矫诏贬昭图嘉州司户参军，使人沉于蟆颐津。初，昭图知正言必见害，谓家隶曰：“大盗未殄，宦竖离间君臣，吾以谏为官，不可坐观覆亡。疏入必死，而能收吾骸乎？”隶许诺，卒葬其尸。朝廷痛之。

贼平，令孜以王铎为儒臣，且无功，而首谋召沙陀者，杨复光也，欲归重北司，故罢铎都统，以复光功第一。又忌复光且逼己，故薄其赏。自谓帷幄决胜，系王室轻重，出入倨甚。会复光死，大喜，即罢复恭枢密使。中人曹知悫者，富家子，颇沉鸷。贼在长安，知悫以清、浊二谷之人倚山为屯，不屈贼。阴教士卒变衣服、言语与贼类者，夜入长安攻贼营，贼大惧。帝闻，赐金紫，擢内常侍。闻帝将还，因大言："我且拥众大散关下，阅群臣可归者纳之。"令孜谓然，密令王行瑜以邠州兵度嵯峨山，袭杀其众。由是益自肆，禁制天子，不得有所主断。帝以其专，语左右辄流涕。

复光部将鹿晏弘、王建等，以八都众二万取金、洋等州，进攻兴元，节度使牛顼奔龙州，晏弘自为留后，以建及张造、韩建等为部刺史。帝还，惧见讨，引兵走许州。王建率义勇四军迎帝西县，复以建及韩建等主之，号"随驾五都"。令孜以复光故，才授诸卫将军，皆养为子。别募神策新军，以千人为都，凡五十四都，分左右为十军统之。又遣亲信觇诸镇，不附己者，以罪除徙。

养子匡佑宣慰河中，王重荣厚为礼，匡佑傲甚，举军怒。重荣因数令孜罪，责其无礼，监军和解，乃去。匡佑还，诉令孜，且劝图之。令孜白以两盐池归盐铁使，即自兼两池榷盐使。重荣不奉召，表暴令孜十罪。令孜自将讨重荣，率邠宁朱玫、凤翔李昌符，合鄜、延、灵、夏等兵凡三万，壁沙苑。重荣说太原李克用连和，克用上书请诛令孜、玫，帝和之不从。大战沙苑，王师败。玫走还邠州，与昌符皆耻为令孜用，还，与重荣合。神策兵溃还，略所过皆尽。克用逼京师，令孜计穷，乃焚坊市，劫帝，夜启开远门出奔。自贼破长安，火宫室、舍庐十七，后京兆王徽葺复粗完。至是，令孜唱曰："王重荣反。"命火宫城，唯昭阳、蓬莱三宫仅存。

王建以义勇四军扈帝，夜乱牢水，遂次陈仓。克用还河中，玫畏克用且逼，与重荣连章请诛令孜，而驻凤翔。令孜请帝幸兴元，帝不从。令孜以兵入寝，逼帝夜出，群臣无知者，宰相萧遘等皆不及从。玫劝兴元节度使石君涉焚阁道，绝帝西意。遘恶令孜劫质天子，生方镇之难，使玫进迎乘舆。玫引兵追行在，败兴凤杨晟军。帝次梁、洋，稍引而南，玫兵及中营，左右被剽戮者不胜计。令孜惧人图己，蒙面以行。使王建长剑五百清道，囊传国玺授之。次大散关，道险涩，帝危及难数矣。分军守灵璧，亢追兵。玫长驱蹑帝，帝以阁道毁，走它道，困甚，枕王建膝，且寐，觉而饭，仅能至兴元。

玫、重荣表诛令孜，安慰群臣。诏以令孜为剑南监军使，留不去。重荣请幸河中，令孜沮而止。宰相遘率群臣在凤翔者，表令孜颛国煽祸，惑小人计，交乱群帅，请诛之。帝不及省，且诏重荣饷粮十五万斛给行在，重荣以令孜在，不奉命。玫乃奉嗣襄王煴即伪位。玫败，帝乃得还京师。

始，帝入蜀，诸王徒步以从。寿王至斜谷，不能进，令孜驱使前。王谢足且拘，得马可济。令孜怒抶王，强之行，王耻之。及帝病，中外属寿王。令孜入候帝曰："陛下记臣否？"帝直视，不能语。令孜自署剑南监军使，阅拱宸奉銮军自卫，昼夜驰入成都，固表解官求医药，诏可。俄削官爵，长流儋州，然优依敬瑄不行。

王即位，是为昭宗。杨复恭代为观军容使，出王建为壁州刺史。建取利州，自署防御使，因略定阆、邛、蜀、黎、雅等州，诏即置永平军，拜建节度使。令孜谋与建连衡亢朝廷，且曰“吾子也”,书召之。建喜,将至,复却之。建怒,进围成都。令孜登城,谢建曰:“老夫久相厚,何见困?”答曰:“父子恩,何敢忘!顾父自绝朝廷,苟改图,则父子如初。”令孜曰:“吾欲面计事。”建然许,令孜夜负印节授建。明日入成都,囚令孜碧鸡坊。

始,右神策统军宋文通为诸军所疾,令孜因事召见,欲杀之。既见,乃欣然更养为子,名彦宾,即李茂贞也,故独上书雪其罪,诏为湖南监军。凡二岁,与敬瑄同日死。临刑,裂帛为绖,授行刑者曰:“吾尝位十军容,杀我庸有礼!”因教缢人法。既死,而色不变。乾宁中,诏复官爵。

【译文】

田令孜,字仲则,蜀地人,原来姓陈。咸通年间,历任小马坊使。僖宗即位,提升田令孜为左神策军中尉,这时西门匡范位居右神策军中尉,世称“东军”“西军”。

僖宗从小是个白痴,喜欢斗鹅骑马,屡次前往六王宅、兴庆池,与诸王斗鹅,一只鹅贵到五十万钱。他与内官园圃的杂役尤其亲近,这些人便恃宠横行霸道。起初,僖宗为王时,与田令孜同起同卧。到这时,由于田令孜识文断字,会办事,加之僖宗癫狂昏惑,所以把所有政务都交给他去办,喊他为“父”。同时,僖宗荒淫贪杯,毫不检点,拨用左藏、齐天各库的钱财赐给艺人歌手,每天数以万万计,国家的资财消耗一空。田令孜告诉内宫园圃的杂役尹希复、王士成等人,劝僖宗向京城尔西两市国内外客商的宝物资财征税,送交内宫府库,派使者监督闼柜坊的茶楼,如有前来审诉的,都用棍棒打死在京兆府。

田令孜知道僖宗无足忌惮,就卖官鬻爵,任命官员不等圣旨下达,赐给绯紫等色朝服不用上报僖宗,所有的法度为之败坏松弛,内外污浊,玩忽职守。各地盗贼蜂起后,上下互相遮掩隐瞒,僖宗全然不知。这时没有贤人在朝,只有一群奸佞卑下、猥琐贪婪的人聚在一起充数,苟且偷安,闭口无所建言。左拾遗侯昌蒙不胜愤怒,指斥小臣的头目滥用权力,乱了天下,奏疏报上后,命令他在内侍省自杀。

宰相卢携一向侍奉田令孜,每次陈述己见时,总是阿谀逢迎,一味附和。起初,黄巢要求得到广州,愿意停止用兵。卢携打算使高骈受宠,建立功勋,不肯接受黄巢的建议。于是卢携改任关东诸节度使,黄巢军乘机攻破东都洛阳。田令孜急了,把罪过推给卢携,拥奉僖宗西行。走出金光门,来到咸阳沙野时,军中有十多名骑兵高呼说:“黄巢为陛下铲除奸臣,如今车驾西行,秦巾父老还有什么指望!希望陛下回宫。”田令孜大声呵斥,派羽林骑兵赶紧把他们杀掉,便让僖宗骑在羽林军的一匹白马上,昼夜急驰,赶到骆谷住下。当时,陈敬瑄正担任西川节度使,他是田令孜的哥哥,所以田令孜才请僖宗前往蜀地。有诏书任命田令孜为十军十二卫观军容制置左右神策护驾使。抵达成都后,田令孜晋升为左金吾卫上将军,兼判四卫事,封为晋国公。僖宗见蜀地狭窄荒僻,渐觉郁闷,每天与嫔妃侍女赌博喝酒,经常捋袖奋起,远望北方,怅然流泪。田令孜找机会慰解僖宗,大呼万岁,僖宗这才高兴起来。于是田令孜极力称许郑畋、王铎、程宗楚、李铤、陈敬瑄正专力对付黄巢,贼寇不足挂虑。

起初,成都招募陈许地区的三千士兵,戴黄色的帽子,称作“黄头军”,用来抵御蛮人。

僖宗来列成都，对将士大加慰劳，随从出走的将士已加赏赐，却没有沾润到黄头军，黄头军都暗中怨恨田令孜。田令孜摆下酒宴，招待诸将，用黄金酒杯巡行劝酒，当即把酒杯赏给喝酒的人。黄头军将领郭琪不肯喝酒，说："假如军容使能把不公正的恩惠均给众将士，就是我最大的心愿了。"田令孜看着他说："你有功吗?"郭琪回答说："征战党项，进逼契丹，历经数十次战斗，这就是我的功劳。"田令孜用嬉笑掩饰住怒气说："我知道。"便暗中把毒药洒到酒里。郭琪喝完酒，急忙骑马赶回，杀了一个婢女喝了她的血，终于得救，便连夜烧毁军营，抢劫城邑，陈敬瑄将他打败，他奔赴广都，于是逃到高骈那里。

傅宗听说事变发生，与田令孜守卫东城自保，群臣无法来见。左拾遗孟昭图请求陈述对策，僖宗不肯召见，他便上疏极力陈述："君臣一体，互相补充，安定时同享安宁，危险时共度祸难。前些日子陛下西行，没有告诉南衙，所以宰相、御史中丞、京兆尹都死在敌军手里，只有神策左右两军中尉因随从陛下得以活命。如今在朝的百官都是甘冒重重危险，百死一生之人。不久前黄头军变乱，火光照亮前殿，陛下只跟田令孜闭城自守，没有召见宰相，没有跟群臣商量，群臣打算进城已不可能，要求陈述意见又不许可。况且天下是高祖、太宗的天下，不是北司的天下；陛下本来是九州的天子，不是北司的天子。难道北司人人都比南衙忠诚？难道朝臣比敕使还要无用？文宗时，宫中发生火灾，左右巡使没有赶到，都受到严厉的责备。哪有天子流亡，宰相事先毫无准备，丢开各部门百官，就像路人一般的？诚然往事已不可改变，但希望将来的事情还能补救。"奏疏进呈后，田令孜隐瞒不奏，以诏书的名义将孟昭图贬为嘉州司户参军，派人把他投入蟆颐津淹死。起初，孟昭图知道据理直言准遭杀害，对家仆说："大盗还没消灭，宦官离间君臣。我担任谏官，不能坐观国家灭亡。我的奏疏进呈后死定了，你能为我收尸吗?"家仆答应下来，后来安葬了他的尸首，朝廷为之痛心。

黄巢平定后，田令孜因王铎是一介书生，并且没有功劳，而第一个策划召用沙陀兵的是杨复光，便打算推重北司，所以免去王铎的都统职务，让杨复光的功劳排在首位，又怕杨复光将会胁迫自己，所以减少对他的奖赏，认为自己在宫廷的帷帐里决策取胜，维系着王室的命运，因此出入往来非常傲慢。适逢杨复光死去，田令孜大喜，立即免去杨复恭枢密使的职务。宦官曹知悫是富家子弟，颇为深沉勇猛。黄巢在长安时，曹知悫率清、浊二谷居民依山屯驻，不向黄巢军屈服。他暗中让口音与黄巢军近似的士兵变换服装，在夜间进入长安，攻打黄巢军的营房，黄巢军大为恐惧。僖宗得知后，赐给他紫色的朝服和金鱼袋，提升为内常侍。他听说僖宗准备回京，就夸口说："我将率兵开进到大散关下，挑选可以回京的群臣，护送他们回去。"田令孜口说同意，却密令王行瑜率邠州军队翻过嵯峨山，实行偷袭，杀死他的部众。从此，田令孜更加为所欲为，不允许天子做出任何裁断。由于田令孜专横，僖宗与侍臣交谈时总是流泪。

杨复光的部将鹿晏弘、王建等人，率领八都部众两万人占领金、洋等州，进攻兴元，节度使牛顼逃往龙州，鹿晏弘自任为留后，任命王建以及张造、韩建等人为部下刺史。僖宗回京后，害怕遭到征讨，领兵逃到许州。王建率领四支义勇军在西县迎接僖宗，又使王建以及韩建等人主军，号称"随驾五都"。田令孜因杨复光的缘故，才任命他们为各卫将军，都收为养子，同时另外募集神策新军，以一千人组成一都，共有五十四都，分左右建成十军，由自己统领。他还派亲信刺探各军镇的情况，对不依附自己的人加以罪名，或免官，或调离。

养子田匡佑担任河中宣慰使，王重荣厚加礼遇，田匡佑非常傲慢，惹得全军恼怒。王重荣乘机历数田令孜的罪行，指责他待人无礼，监军从中和解，田匡佑离开河中。田匡佑回去告诉了田令孜，并且劝田令孜打王重荣的主意。田令孜建议把两处盐池划归盐铁使管理，便亲自兼任两盐池的榷盐使。王重荣不肯接受诏命，上表揭露田令孜的十条罪状。田令孜亲自领兵讨伐王重荣，率领邠宁朱玫、凤翔李昌符，汇合鄜、延、灵、夏各州军队共三万人，在沙苑起营垒。王重荣劝说太原李克用与自己联合起来，李克用上书要求诛杀田令孜和朱玫，僖宗为双方和解。王重荣不肯接受，双方在沙苑交战，结果朝廷军队战败，朱玫逃回邠州。他与李昌符都把受田令孜的调遣视为耻辱，回来后反而与王重荣联合。神策军的士兵溃逃而回，把经过的地方抢劫一空。李克用进逼京城，田令孜无计可施，便烧了坊市，劫持僖宗，连夜打开开远门出逃。自从黄巢军攻破长安，烧掉宫室、房屋的十分之七，后来京兆尹王徽大致修复完备。到这时，田令孜带头说："王重荣反了。"命令火烧宫城，只有昭阳、蓬莱等三宫仅存。

王建率领义勇四军跟随僖宗出走，夜间在牢水乱了一阵，于是在陈仓住下。李克用回到河中，朱玫害怕李克用即将进逼陈仓，与王重荣联名上奏，请求杀死田令孜，驻兵凤翔。田令孜请僖宗前往兴元，僖宗不肯听从。田令孜率兵进入寝室，逼迫僖宗连夜出走，群臣无人知道，宰相萧遘等人都来不及随行。朱玫进军，劝兴元节度使石君涉烧毁栈道，断去僖宗西行的想法。萧遘憎恶田令孜劫持天子为人质，引发方镇的祸难，让朱玫去迎接僖宗。朱玫领兵追赶行在，打败兴凤杨晟的军队。僖宗在梁州、洋州一带住下，逐渐向南退去。朱玫军赶上了僖宗的中营，被抢劫、被杀害的侍臣不计其数。田令孜害怕别人打自己的主意，便蒙着脸赶路。他派王建部下五百人手握长剑开道，把传国玺印放在袋子里交给他。在大散关停留时，由于道路崎岖难行，僖宗已经屡经危难了。田令孜分兵防守灵壁，抵抗追兵。朱玫长驱直入，追踪僖宗。由于栈道已毁，僖宗改走其他道路，途中非常困倦，枕在王建的膝头打瞌睡，到醒来吃饭时，只抵达兴元。

朱玫、王重荣上表要求杀死田令孜，安慰群臣，僖宗颁诏任命田令孜为剑南监军使，仍然留下，不用离去。王重荣请求僖宗前往河中，田令孜从中阻止，没有成行。宰相萧遘率领跟在凤翔的群臣上表揭露田令孜专擅国政，促成祸难，以小人之计惑人，引起各军主帅间的纷乱，请求将他杀掉。僖宗没有看到奏表，还颁诏命令王重荣供给行在军饷五十万斛。王重荣因田令孜尚在，没有接受命令。于是朱玫拥立嗣襄王李煴即伪皇帝位，朱玫垮台后，僖宗才得以返回京城。

起初，僖宗入蜀，诸王徒步跟随。抵达斜谷时，寿王走不动了，田令孜驱赶寿王往前走，寿下说脚快抽筋厂，骑马才能上路。田令孜大怒，鞭打寿王，强迫寿王赶路，寿王深以为耻。及至僖宗得病后，朝廷内外归心寿王。田令孜进宫看望僖宗说："陛下还记得我吗？"僖宗两眼直视，不能说话。于是田令孜自任剑南监军使，拣选拱宸奉銮军自卫，昼夜急驰，进入成都，再三上表要求解除官职，求医治病，有诏应允。不久，田令孜被削去官职爵位，远远流放到儋州，但是他仍然住在陈敬瑄那里，没有前去。

寿王即位，这就是昭宗。杨复恭取代田令孜担任观军容使，王建被外放为壁州刺史。王建占领利州，自任防御使，就势攻占阆、邛、蜀、黎、雅等州，有诏命令就地设置永平军，任命王建为节度使。田令孜阴谋与王建联合抗拒朝廷，还说，"王建是我儿"，便写信去召王建，王建大喜。王建即将到来时，田令孜又让王建撤退。王建大怒，进兵围困成都。田令孜登上城头向王建道歉，还说："老夫历来待你不薄，你为什么使我陷入困境?"王建回答说："父子之恩，怎敢忘怀！但是父亲自绝于朝廷。如能改弦更张，我们就仍然是父子。"田令孜说："我想和你当面议事。"王建许诺。田令孜在夜间背上印信符节，交给王建。第二天，王建进入成都，把田令孜囚禁在碧鸡坊。

起初，右神策统军宋文通为各军所痛恨，田令孜通过别的事召见宋文通，打算杀他。见面后，田令孜却欣然把他收为养子，起名田彦宾，这就是后来的李茂贞。所以只有他上书为昭雪田令孜的罪行辩护，有诏任命他为湖南监军。一共过了两年，他与陈敬瑄同日死去。临刑时，田令孜撕裂丝绸，拧成粗绳，交给行刑人说："我曾经位居十军观军容使，哪有杀我的礼法！"便教那人勒人的方法。田令孜死后，面色不改。乾宁年间，昭宗下诏恢复他的官职爵位。

杨复恭传

【题解】

杨复恭，字子恪，闽人。本姓林，为宦官杨云翼的养子，杨复光的堂兄。懿宗时，与庞勋作战有功，升为枢密使。僖宗时，代田令孜任左神策军中尉、六军十二卫观军容使。昭宗时，因拥立功得赐铁券，渐专权横行。诸子多任刺史、节度使，号称"外宅郎君"，养子六百人率多监军。昭宗用其养子杨守立(赐名李顺节)以均其势，随后收其兵权。旋为李顺节等率军相攻，出走兴元。继为李茂贞等率军讨伐，逃至阆州。后欲北趋商山，在乾元被俘，送至京城枭首。

【原文】

杨复恭，字子恪，本林氏子，杨复光从兄也。宦父玄翼，咸通中领枢密，世为权家。复恭略涉学术，监诸镇兵。庞勋乱，战有功，自河阳监军入拜宣徽使，擢枢密使。黄巢盗京师，令孜颛威福，斫丧天下，中外莫敢亢，惟复恭屡与争得失，令孜怒，下迁飞龙使，复恭乃卧疾蓝田。僖宗出居兴元，复为枢密使，制置经略，多更其手。车驾还，遂代令孜为左神策中尉、六军十二卫观军容使，封魏国公，实户八百，赐号"忠贞启圣定国功臣"。

帝崩，定册立昭宗，赐铁券，加金吾上将军，稍攘取朝政。帝尝曰："朕不德，尔援立我矣，当减省侈长示天下。我见故事，尚衣上御服日一袭，太常新曲日一解，今可禁止。"复恭顿首称善。帝遂问游幸费，对曰："闻懿宗以来，每行幸，无虑用钱十万，金帛五车，十部乐工五百，犊车、红網朱網画香车百乘，诸卫士三千。凡曲江、温汤，若畋猎曰大行从，宫中、苑中曰小行从。"帝乃诏类减半。

于是宰相韦昭度、张浚、杜让能等为帝言大中故事，抑宦官不假借，帝亦稍厌复恭横恣。王瑰者，惠安太后弟，求节度使。帝问复恭，对曰："产、禄倾汉，三思危唐，后族不可封拜。陛下诚爱瑰，任以它职可也，不宜假节外藩，恐负势颛地不可制。"帝乃止。瑰闻，怒甚，至禁中见复恭诟辱之，遂居中任事。复恭不欲分己权，白为黔南节度使，道兴元，而兄子守亮方领节度，阴勒利州刺史覆瑰舟于江，宗属宾客皆死，以舟自败闻。帝知复恭谋，由是深衔之。

复恭以诸子为州刺史，号"外宅郎君"，又养子六百人，监诸道军，天下威势，举归其门。守立为天威军使，本胡弘立也，勇武冠军，人畏之。帝欲斥复恭，惧为乱，乃好谓曰："卿家胡子安在？吾欲令卫没内。"复恭以守立见帝，赐姓李，名顺节，使掌六军管钥，光宠甚。既势均，遂与复恭争恨相中伤，暴发其私。

复恭常肩舆抵太极殿。宰相对延英，论叛臣事，孔纬曰："陛下左右有将反者。"帝矍然。纬指复恭，复恭曰："臣岂负陛下者？"纬曰："复恭，陛下家奴，而肩舆至前殿。广树不逞皆姓杨，非反邪？"复恭曰："欲收士心辅天子。"帝曰："诚欲收士心，胡不假李姓乎？"复恭无以对。会纬出守江陵，乃使人劫之长乐坡，斩其旌节，赀贮皆尽，纬仅免。

复恭子守贞为龙剑节度使，守忠洋州节度使，皆自擅贡赋，上书讪薄朝政。大顺二年，罢复恭兵，出为凤翔监军，不肯行，因丐致仕。诏可，迁上将军，赐几杖。使者还，遣心腹杀使者于道，遁居商山。俄入居昭化坊第，第近玉山营，而子守信为军使，数省候出入。或告父子且谋乱，时顺节遥领镇海军节度使、同中书门下平章事，诏与神策军使李守节率卫兵攻复恭，治杀使者罪，帝御延喜楼须之。家人拒战，守信亦率兵至昌化里，阵以待。会日入，复恭与守信举族出奔，遂走兴元。

顺节已斥复恭，则横暴，出入以兵从，两军中尉刘宣景、西门重遂察其意非常，以状闻。有诏召顺节，辄以甲士三百入，至银台门，何止之，景宣引顺节坐殿庑，部将嗣光审出斩之，从者大噪，出延喜门，剽永宁里，尽夕止。贾德晟与顺节皆为天威军使，顺节诛，颇嗟愤，重遂亦奏诛之。

于是凤翔李茂贞、邠州王行瑜、华州韩建、同州王行约、秦州李茂庄同劾守亮纳叛臣，请出兵讨罪，军饷不仰度支。茂贞请假山南招讨使。宦尹惜类，执不可，帝亦谓茂贞得山南必难制，诏两解之。茂贞劾复恭自谓隋诸孙，以恭帝禅唐，故名复恭，逆状明白，且请削守亮官爵。遂擅与行瑜出讨，自号兴元节度使，诒宰相书，慢悖不臣。帝为下诏，令茂贞、行瑜讨之。景福元年，破其城，复恭、守亮、守信奔阆州，茂贞以子继密守兴元。诏吏部尚书徐彦若为凤翔节度使，而以茂贞帅兴元，不拜，请继密为留后。帝不得已，授以节度使，自是茂贞始强大。

复恭与守亮自阆州将北奔太原，趋商山，至乾元，为韩建逻士所禽，即斩复恭、守信，槛车送守亮京师，枭首长安市。茂贞上复恭与守亮书曰：“承天门者，隋家旧业也，儿但积粟训兵，何进奉为？吾披荆榛，立天子，既得位，乃废定策国老，奈负心门生何！”门生谓天子也，其不臣类此。假子彦博奔太原，收葬其尸，李克用为申雪，诏复官爵。

【译文】

杨复恭，字子恪，原来是林姓的后人，杨复光的堂兄。他的宦官养父杨玄翼在咸通年间兼任枢密使，世代都是权贵。杨复恭对学问稍有涉猎，先后担任各军镇的监军。庞勋作乱，杨复恭作战有功，由河阳监军进京担任宣徽使，提升为枢密使。黄巢占领京城后，田令孜恃势弄权，伤耗天下，朝廷内外没有人敢反抗，只有杨复恭屡次与他争论得失。田令孜大怒，把杨复恭降为飞龙使，他便在蓝田卧病不起。僖宗出居兴元时，杨复恭再次担任枢密使，朝廷的经营谋划多经其手。僖宗回京后，杨复恭便取代田令孜担任左神策中尉、六军十二卫观军容使，被封为魏国公，实封八百户，得赐“忠贞启圣定国功臣”的称号。

僖宗去世，杨恭复决策拥立昭宗，得赐铁券，晋升金吾上将军，逐渐窃取朝政。昭宗曾经说：“朕没有什么德行，是你扶立了我，我应该永远省除奢侈，昭示天下。我见惯例，尚衣局每天进献御服一套，太常寺每天进献新曲一叠，从今可以禁止。”杨复恭叩头称善。于是昭宗询问出游的费用，杨复恭回答：“听说懿宗以来每次出行大概花销十万钱，金银丝绸五车，十部乐工五百人，犊车、红绸朱绸画香车一百辆，诸卫士三千人。凡是前往曲江、温泉，如果打猎，就叫‘大行从’，在宫中、园林中游玩叫‘小行从’。”昭宗便颁诏各类费用一律减半。

这时，宰相韦昭度、张浚、杜让能等为昭宗陈述大中年间的旧事，说那时抑制宦官，从不宽容，昭宗也逐渐厌恨杨复恭肆意专横。王瑰是惠安太后的弟弟，他请求担任节度使，昭宗去问杨复恭的意见，杨复恭回答说：“吕产、吕禄倾覆汉朝，武三思危害唐室，所以皇后宗族人员不能授任此职。如果陛下喜欢王瑰，任命别的职务就行了，不应该让他持节前往藩镇，恐怕这会使他凭借地势，专擅一方，难以控制。”昭宗这才没任命王瑰。王瑰听了非常恼怒，到宫中去见杨复恭，把他辱骂了一顿，于是在朝中任职办事。杨复恭不想让他分去自己的权力，提请王瑰担任黔南节度使。就任此职须途经兴元，而这时杨复光哥哥的儿子杨守亮正在兼任节度使，他暗中集合利州刺史将王瑰的船只翻在江中，使其宗族宾客全部死去，却以船只自毁上报。昭宗知道这是杨复恭策划的，由此对他深为怀恨。

杨复恭让儿子们担任各州刺史，号称“外宅郎君”，还让养子六百人，担任各道监军，天下的权势统统归于他的门下。杨守立担任天威军使，他原来名叫胡弘立，勇猛有力，全军第一，人们都害怕他。昭宗打算排斥杨复恭，又怕他作乱，便好言对他说：“你家那姓胡的儿子在哪里？我想让他护卫宫殿。”杨复恭带杨守立去见昭宗，昭宗赐他名叫李顺节，让他掌管六军锁钥，非常荣宠。势力平分后，李顺节便与杨复恭争狠斗气，互相中伤，揭发对方的隐私。

有一次，杨复恭坐轿抵达太极殿，当时宰相在廷英殿与昭宗议事，谈论叛臣问题。孔纬说：“陛下身边有准备造反的人。”昭宗惊慌扫视，孔纬指了指杨复恭。杨复恭说：“臣岂是辜负陛下的人!”孔纬说:“杨复恭,你是陛下的家奴,却坐轿来到前殿。你多方扶植不逞之徒,这些人一概姓杨,这不是谋反吗!”杨复恭说:“我打算收揽人心,辅佐天子。”昭宗说:“如果你想收揽人心,为什么不让他们姓李?”杨复恭无言以对。适逢孔纬离京守卫江陵,杨复恭便让人在长乐坡劫掠孔纬,砍断他的旌节,抢光财物积蓄,孔纬仅仅没有被杀。

杨复恭的儿子杨守贞担任龙剑节度使,杨守忠担任洋州节度使,都专擅贡赋,上书诽谤朝政。大顺二年,昭宗免去杨复恭的兵权,将他外放为凤翔监军。杨复恭不肯前去,便请求解官归居,昭宗颁诏许可,改任他为上将军,赐给几案和手杖。使者返回时,杨恭复打发心腹半途杀死使者,自己逃到商山居住。不久,杨复恭入京住进昭化坊的宅第里,住宅临近玉山营,其子杨守信担任该营军使,多次前来探望问候,出入其宅,有人告发杨氏父子即将策划作乱。当时,李顺节遥兼镇海军节度使、同平中书门下平章事,有诏命令他与神策军使李守节率领卫兵攻打杨复恭,惩治杀害使者的罪行,昭宗前往延喜楼等候消息。杨复恭的家人作战抵抗,杨守信也率领军队赶到昌化里,列阵以待。时值太阳落山时分,杨复恭与杨守信全族出逃,于是逃至兴元。

李顺节排斥杨复恭后,就蛮横残暴起来,出出进进时都率兵相随。神策左右两军中尉刘景宣、西门重遂察觉他的意向不同寻常,便把情况上报。有诏书召见李顺节,李顺节就率领三百名甲士进宫。来到银台门时,甲士被喝令止步,刘景宣领着李顺节来到大殿廊房中坐下,部将嗣光审站出来将李顺节杀死。随从前来的甲士大声喧嚷,出了延喜门,抢劫永宁里,天亮时才归止息。贾德晟与李顺节都是天威军使,李顺节被杀后,颇有感叹愤怒地表示,西门重遂也上奏将他杀死。

这时,凤翔李茂贞、邠州王行瑜、华州韩建、同州王行约、秦州李茂庄共同弹劾杨守亮收容叛臣,请求出兵讨伐他的罪行,不需要度支供给军饷,李茂贞请求暂署山南招讨使。宦官首领怜惜同类,坚持不肯答应,昭宗也认为李茂贞拥有山南地区,必然难以控制,便颁诏使双方和解。李茂贞弹劾杨复恭认为自己是隋朝的后人,因隋恭帝向唐朝禅让帝位,所以起名复恭,叛逆的情形很明白,同时请求削去杨守亮的官职爵位。于是李茂贞擅自与王行瑜出兵征讨,自称兴元节度使,写信给宰相,傲慢狂悖,不守臣礼,昭宗为此颁诏,命令李茂贞、王行瑜讨伐杨守亮。景福元年,攻破兴元,杨复恭、杨守亮、杨守信逃往阆州,李茂贞派儿子李继密守卫兴元。有诏任命吏部尚书徐彦若为凤翔节度使,李茂贞为兴元节度使,李茂贞不接受任命,却请求任命李继密为留后。昭宗不得已,任命李继密为节度使,从此李茂贞开始强大起来。

杨复恭与杨守亮等人准备从阆州向北逃往太原,奔赴商山,来到乾元时,被韩建的巡逻将士捉获。韩建立即杀死杨复恭和杨守信,用囚车把杨守亮押送到京城,杨守亮被杀,在长安街市上悬首示众。李茂贞献上杨复恭写给杨守亮的书信,内云:“承天门是隋朝旧日的基业,我儿只需积粮练兵,何必进献!我披荆斩棘,扶立天子,他得了帝位后却废黜决策拥奉自己的国家元老,对负心的门生真没办法!”门生指天子,他不守臣礼的行为都与此类似。养子杨彦博赶往太原收葬饧复恭的尸首,李克用为他申诉昭雪,有诏书命令恢复他的官职爵位。

刘季述传

【题解】

刘季述，宦官。僖宗、昭宗间升为枢密使。专国宦官景务修、宋诞弼流死后，得任神策军中尉。怀疑昭宗对宦官不利，乃囚昭宗，立太子监国。宰相崔胤外联朱全忠，内使孙德昭等伏兵捕杀神策两军中尉，刘季述被用木棒打死。

【原文】

刘季述者，本微单，稍显于僖、昭间，擢累枢密使。杨复恭之斥，帝以西门重遂为右神策军中尉、观军容使。时李茂贞得兴元，愈跋扈不轨。宰相杜让能与内枢密使李周谴及重遂谋诛之，乃兴师，以嗣覃王戒丕为京西招讨使，神策大将军李铋副之。茂贞引兵迎壁盩厔，薄兴平，王师溃。遂逼临皋以阵，暴言让能等罪，京师震恐，帝坐安福门，斩重遂、周潼以谢茂贞，更以骆全瓘、刘景宣代为两中尉。

乾宁二年，茂贞与王行瑜、韩建以兵入朝，李克用率师讨茂贞，次渭北。同州节度使王行实奔京师，谓景宣等曰："沙陀十万至矣，请奉天子出幸，避其锋。"景宣方与茂贞睦，故全瓘与凤翔卫将阎圭共胁帝狩岐。王行实及景宣子继晟纵火剽东市，帝登承天门，矢著楼阖。帝惧，暮出莎城，士民从者数十万。至谷口，人暍死十三，夜为盗掠，哭声殷山。徙驻石门，茂贞恐，乃杀全瓘、景宣及圭自解。

天子还京师，以景务修、宋道弼代之，俄专国。宰相崔胤恶之。徐彦若、王抟惧祸不解，稍抑胤以和北军。胤怒，劾抟党宦竖，不忠，罢去，俄赐死。流道弼欢州，务修爱州，并死灞桥。逐彦若于南海。乃以季述、王仲先为左、右中尉，疾胤尤甚。

时帝嗜酒，怒责左右不常，季述等愈自危。先是，王子病，季述引内医工车让、谢筠，久不出，季述等共白帝，宫中不可妄处人。帝不纳，诏著籍不禁。由是疑帝与有谋，乃外约朱全忠为兄弟，遣从子希正与汴邸官程岩谋废帝。会全忠遣天平节度副使李振上计京师，岩因曰："主上严急，内外惴恐，左军中尉欲废昏立明，若何？"振曰："百岁奴事三岁郎主，常也。乱国不义，废君不祥，非吾敢闻。"希正大沮。

帝夜猎苑中，醉杀侍女三人。明日午漏上，门不启。季述见胤曰："宫中殆不测。"与仲先率王彦范、薛齐偓、李师虔、徐彦回总卫士千人，毁关入，谋所立，未决。是夜，宫监窃取太子以入，季述等因矫皇后令曰："车让、谢筠劝上杀人，禳塞灾咎，皆大不道。两军军容知之，今立皇太子，以主社稷。"迟明，陈兵廷中，谓宰相曰："上所为如此，非社稷主。今当以太子见群臣。"即召百官署奏，胤不得对。季述卫皇太子至紫廷院，左右军及十道邸官俞潭、程岩等诣思玄门请对，士皆呼万岁。入思政殿，遇者辄杀。

帝方坐乞巧楼，见兵入，惊堕于床，将走。季述、仲先持帝坐，以所持钔杖画地，责帝曰："某日某事，尔不从我，罪一也。"至数十未止。皇后出，遍拜曰："护宅家，勿使怖。若有罪，惟军容议。"季述出百官奏，曰："陛下瞀，倦于勤，愿奉太子监国，陛下自颐东宫。"帝曰："昨与尔等饮甚乐，何至是？"后曰："陛下如军容语。"宫监掖帝出思政殿，后倡言曰："军容一心辅持，请上养疾。"帝亦曰："朕久疾，令太子监国。"岩等皆呼万岁。后以传国宝授季述，就帝辇，左右十余人，入囚少阳院。季述液金以完锸，师虔以兵守。

太子即位于武德殿，帝号太上皇，皇后太上皇后，大赦天下，东宫官属三品赐爵一级，四品以下一阶，天下为父后者爵一级，群臣加爵秩厚赐，欲媚附上下。改东宫为问安宫。

季述等皆先诛戮以立威，夜鞭笞，昼出尸十辇，凡有宠于帝，悉榜杀之。杀帝弟睦王。师虔尤苛察，左右出入搜索，天子动静，辄白季述。帝衣昼服夜浣，食自窦进，下至笔纸铜铁，疑作诏书、兵器，皆不与。方寒，公主嫔御无衾纩，哀闻外廷。

胤告难于朱全忠，使以兵除君侧，全忠封胤书与季述曰："彼翻覆，宜图之。"季述以责胤。胤曰："奸人伪书，从古有之。必以为罪，请诛不及族。"季述易之，乃与盟。胤谢全忠曰："左军与胤盟，不相害，然仆归心于公，并送二侍儿。"全忠得书，恚曰："季述使我为两面人。"自是始离。季述子希度至汴，言废立本计，又遣李奉本赍示太上皇诰，全忠狐疑不决。李振入见曰："竖刁、伊戾之乱，以资霸者。今阉奴幽劫天子，公不讨，无以令诸侯。"乃囚希度、奉本，遣振至京师与胤谋。

是时，季述欲尽诛百官，乃杀帝，挟太子令天下。都将孙德昭、董从实盗没钱五千缗，仲先众辱之，督其偿，株连甚众。胤间其不逞，曰："能杀两中尉，迎太上皇，而立大功，何小罪足羞！"又遣客密告德昭，割带内蜜丸通意。德昭邀别将周承诲，期十二月晦，伏士安福门待旦。仲先乘肩舆造朝，德昭等劫之，斩东宫门外，叩少阳院呼曰："逆贼斩矣！"帝疑未信，皇后曰："可献贼首。"德昭掷仲先头以进。宫人毁扉，出御长乐门，群臣称贺。承诲驰入左军，执季述、彦范至楼前，胤先戒京兆尹郑元规集万人持大梃，帝诘季述，未已，万梃皆进，二人同死梃下，遂尸之。两军支党死者数十人。中官奉太子遁入左军，收传国玺。齐偓死井中，出其尸斩之。全忠槛送岩京师，斩于市。季述等夷三族。以德昭检校太保、静海军节度使，从实检校司徒、容管节度使，并同中书门下平章事，赐氏李，曰继昭、曰彦弼。承诲亦检校司徒、邕管节度使，视宰相秩。皆号"扶倾济难忠烈功臣"，图形凌烟阁，留宿卫，凡十日乃休，竭内库珍宝赐之。当时号"三使相"，内臣无比。

初，延英宰相奏事，帝平可否，枢密使立侍，得与闻，及出，或矫上旨谓未然，数改易桡权。至是，诏如大中故事，对延英，两中尉先降，枢密使候旨殿西，宰相奏事已毕，案前受事。师虔请于屏风后录宰相所奏，帝以侵官，不许，下诏与徐彦回同诛。

【译文】

刘季述本来人微势单，在僖宗、昭宗在位期间逐渐显露头角，历经升迁，担任了枢密使。杨复恭遭到贬斥后，昭宗任命西门重遂为右神策军中尉、观军容使。当时，李茂贞得到兴元，更加骄横不法，宰相杜让能与内枢密使李周谙以及西门重遂策划杀他，便调发军队，任命嗣覃王李戒丕为京西招讨使，由神策大将军李锣担任副职。李茂贞领兵迎来，在盩厔筑起营垒，进逼兴平，朝廷军队溃败。于是李茂贞逼近临皋列阵，揭露杜让能等人的罪过，京城震惊恐惧。昭宗坐在安福门，杀死西门重遂、李周谨，来向李茂贞道歉，改任骆全瓘、刘景宣为神策左右两军中尉。

乾宁二年，李茂贞与王行瑜、韩建领兵入朝，李克用率军讨伐李茂贞，驻扎在渭北。同州节度使王行实逃到京城，对刘景宣等人说："十万沙陀大军到了，请拥奉天子出走，避其锋芒。"刘景宣正好与李茂贞关系和睦，所以骆全瓘与凤翔卫将阎圭一起胁迫昭宗出走岐州。王行实以及刘景宣的儿子刘继晟放火抢劫长安东市，昭宗登上承天门，乱箭射到楼门上。昭宗为之恐惧，傍晚出了莎城，随行的士绅百姓有数十万人。来到谷口时，中暑而死的人有十分之三。人们在夜间偷盗抢劫，哭声满山。昭宗移至石门驻扎，李茂贞害怕了，便杀死骆全瓘、刘景宣以及阎圭，为自己开脱。

昭宗返回京城，任命景务修、宋道弼取代骆、刘二人的职务，不久景、宋二人也专擅国政。宰相崔胤憎恶二人。徐彦若、王抟害怕祸难难以解消，对崔胤渐加抑制，以便与北衙禁军和解。崔胤大怒，弹劾王抟勾结宦官，没有忠心。王抟免职，不久赐死。宋道弼流放欢州，景修务流放爱州，两人都死在霸桥。徐彦若被斥逐到南海，于是昭宗任命刘季述、王仲先为神策军左右中尉，刘、王二人对崔胤尤为痛恨。

当时，昭宗嗜酒，怒责左右，没有定准，刘季述等人愈加自危。在此之前，王子生病，刘季述领来内宫的医师车让和谢筠，两人在王子处长时间没有出来。刘季述等人一起禀告昭宗，说是不应该在宫中任意与别人相处。昭宗没有接受，还下诏规定与登记在册的内宫人员相处不加禁止。从此，刘季述等人怀疑昭宗与内宫医师有所密谋，便在朝外与朱全忠结为兄弟，派遣堂侄刘希正与汴州官邸官员程岩策划废黜昭宗。适逢朱全忠派遣天平节度副使李振前往京城上报人口钱粮等项，于是程岩说："主上严苛急躁，朝廷内外恐惧不安，左军中尉打算废黜昏君，另立明主，你看怎样？"李振说："百岁的老奴侍奉作为三岁娃娃的少主，也是常情。搅乱国家，不合大义，废黜君主，不会吉利，你们的打算，我不敢领教。"刘希正大失所望。

昭宗夜间在宫苑中打猎，醉醺醺地杀了三名侍女。第二天，已到正午时分，门还没开。刘季述去见崔胤说："恐怕宫中发生意外了。"便与王仲先带着王彦范、薛齐偓、李师虔、徐彦回，统领一千名卫士毁门而入，计议扶立新帝的人选，但没决定下来。当天夜里，宫监暗中把太子带进宫来，刘季述等便以皇后的名义下令说："车让、谢筠怂恿皇上杀人，来驱除灾祸，都极为无道，神策两军观军容使了解内情。现在决定立皇太子为皇帝，以便主持社稷。"黎明时分，他们在朝廷上布好兵力，对宰相说："皇上做出这样的事来，不是社稷的主宰。现在应该请太子会见群臣。"便叫百官在奏疏上署名，崔胤无法与昭宗见面议事。刘季述护卫太子来到紫廷院，神策左右两军以及十道驻京官员俞潭、程岩等人前往思玄门请求见太子议事，卫士们都高呼万岁。他们进入思政殿，见人就杀。

昭宗正坐乞巧楼中，看见卫兵进来，吓得掉下床来，准备逃走。刘季述、王仲先抓住昭宗，让他坐下，用拿在手里的钔杖划着地，责备昭宗说："某日某事，你不听我的，这是罪状一条。"数落了几十条，还没说完。皇后出来向众人一一施礼说："你们要保护皇上，别让他害怕。如果有罪，但凭观军容使议定。”刘季述拿出百官的奏疏说：“陛下昏乱，不愿勤勉地处理政务，希望拥奉太子监国，让陛下到东宫自行休养。”昭宗说：“不久前与你们喝酒，喝得十分快活，何至如此？”皇后说：“陛下就听观军容使的吧。”宫监把昭帝拉出思政殿。皇后提议说：“观军容使一心辅助，请皇上养病。”昭宗也说：“我长期生病，让太子监国吧。”程岩等人都高呼万岁。皇后把传国玺印交给刘季述，上了昭宗坐的车子，跟着十多个侍从，进了少阳院，接受囚禁。刘季述融化金属，灌封门锁，李师虔领兵把守。

太子在武德殿即位，称昭宗为太上皇，皇后为太上皇后，大赦天下罪囚，对东宫三品属官赐爵位一级，四品以下的赐爵位一阶，天下当父亲的，如果爵位低于儿子，就加爵一级，对群臣也提升爵位，增加俸禄，厚加赏赐，企图取媚上下，使之归附，还把东宫改称为问安宫。

刘季述等人都通过先行诛杀来树立威严，夜间用鞭子进行拷打，白天运出十车尸体，凡是受昭宗宠爱的人，一律抽死，还杀了昭宗的弟弟睦王。李师虔为了显示精明，尤其苛刻，让身边的人出出进进地到处搜索，一得到天子情况就报告刘季述。昭宗的衣服白天穿，夜间洗，吃的食物由孔洞中送进来，就连笔纸和铜铁物件都怀疑可以写诏书，当兵器，一律不给。当时正是严寒时节，公主和宫女没有棉被，悲伤叫苦的声音一直传到外廷。

崔胤向朱全忠通报发生的祸难，让他率兵清除群王身旁的奸人。朱全忠把崔胤的书信封好，交给刘季述说：“那人反复无常，应该设法对付。”刘季述拿着信去责备崔胤，崔胤说：“奸人伪造书信，自古就有。如果认为我有罪，请在杀我时不要牵连我的宗族。”刘季述轻视崔胤，便与崔胤结盟。崔胤向朱全忠表示感谢说：“左军中尉与我结盟，表示不会害我。然而我从内心里归附您，连同这封信再送给你两个侍儿。”朱全忠接到书信。愤怒地说：“刘季述使我成了两面人。”从此开始背离刘季述。刘季述的儿子刘希度前往汴州，说了废立国君的本来打算，又派李奉本带来太上皇的诰书给朱全忠看，朱全忠犹豫不决。李振来见朱全忠说：“朝廷发生竖刁、伊戾之乱，有助于霸业。如今阉奴劫持并囚禁天子，如果您不加讨伐，就无法号令诸侯。”朱全忠便将刘希度和李奉本囚禁起来，派李振前往京城，与崔胤商量。

这时，刘季述打算把百官全部杀死，进而杀害昭宗，挟持太子，号令天下。都将孙德昭、董从实盗用侵吞了五千缗钱，王仲先当众加以羞辱，督促他们偿还，还株连了许多人。崔胤乘他们不满之机离间说：“如果能杀掉神策左右两军中尉，迎接太上皇反位，你们就立了大功，不值得为一点小罪感到羞耻！”又派门客秘密通告孙德昭，割开藏在衣带里的蜜丸传达此意。李德昭约集别将周承诲，定在十二月最后一天，在安福门埋伏兵力，等候天亮。王仲先坐轿前往朝廷，孙德昭等人劫持了他，在东宫门外斩首。他们敲着少阳院的大门高呼说：“已经把逆贼杀了。”昭宗仍有疑虑，还不相信。皇后说：“可以把逆贼的首级献上。”孙德昭把王仲先的头颅投进去。宫人毁了门，昭宗走出来，前往长乐门，群臣祝贺。

周承诲骑马奔入左神策军，把刘季述、王彦范捉到楼前。崔胤事先命令京兆尹郑元规召集了一万人，人人手持大棒，昭宗责问刘季述，还没说完，万棒齐下，刘季述、王彦范二人同时死在大棒之下，于是将他们陈尸示众。神策左右两军支属党羽死了几十人，宦官拥奉太子逃进神策左军，收起传国玺印。薛齐偓死在井中，被捞上来斩尸。朱全忠用囚车把程岩送往京城，在街市上杀掉。刘季述等人诛灭三族。昭宗任命孙德昭为检校太保、静海军节度使，董从实为检校司徒、容管节度使，两人都同中书门下平章事，赐姓李，一名继昭，一名彦弼。周承诲也成了检校司徒、邕管节度使，比照宰相给予俸禄。三个人都号称“扶倾济难忠烈功臣”，在凌烟阁中供奉画像。他们留下来值宿护卫了十天才算了事，昭宗倾尽内库的珍宝赏赐他们，当时被称为“三使相”，群臣无法与他们相比。

起初，宰相在延英殿奏事，由皇上表示认可与否，枢密使站在一旁侍候，得以听取奏事，及至出来后，有时就托称皇上的旨意并非如此，屡次改变圣旨，削弱宰相的权力。到这时，昭宗诏令采用大中年间的惯例，在延英殿议事时，神策军两中尉先下去，枢密使在殿西听圣旨，宰相奏事结束后，再到案前受命办事。李师虔请求在屏风后面记录宰相上奏的内容，昭宗认为此举越官侵职，没有答应，下诏将他与徐彦回一起杀掉。

韩全诲、张彦弘传

【题解】

韩全诲、张彦弘，宦官，均监凤翔军。刘季述被杀后，得任左右神策军中尉，引李茂贞为外援，以知书女子刺探昭宗的行动，将盐铁、度支、户部三司割隶神策军。宰相崔胤引朱全忠率军计伐，仍逼迫昭宗至李茂贞处，旋居凤翔。朱全忠攻凤翔日紧，李茂贞不再支持宦官，昭宗乃命人杀韩、张等人，崔胤与朱全忠屠杀宦官殆尽。

【原文】

韩全诲、张彦弘者，皆不知所来，并监凤翔军。全诲入为内枢密使。

刘季述之诛，崔胤、陆扆风武德殿右庑，胤曰：“自中人典兵，王室愈乱。臣请主神策左军，以扆主右，则四方藩臣不敢谋。”昭宗意不决。李茂贞语人曰：“崔胤夺军权未及手，志灭藩镇矣。”帝闻，如李继昭等，问以胤所请奈何，对曰：“臣世世在军，不闻书生主卫兵。且罪人已得，持军还北司便。”帝谓胤曰：“议者不同，勿庸主军。”乃以全诲为左神策中尉，彦红为右，皆拜骠骑大将军，袁易简、周敬容为枢密使。胤怒，约京兆郑元规遣人狙杀之，不克。全诲等知胤必除己乃已，因讽茂贞留选士四千宿卫，以李继筠、继徽总之。胤亦讽朱全忠内兵三千居南司，以娄敬思领之。韩偓闻岐、汴交戍，数谏止胤，胤曰：“兵不肯去耳。”偓曰：“初何为召邪？”胤不对。议者知京师不复安矣。

全诲、彦弘及彦弼合势恣暴，中官倚以自骄，帝不平。有斥逐者，皆不肯行，胤固请尽诛之。全诲、彦弘见帝祈哀，帝知左右漏言，始诏囊封奏事。宦人更求丽姝知书者数十人待帝，为内诇，由是胤计多露。

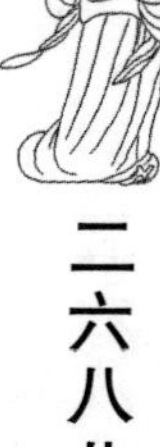

始，张滂判度支，杨复恭以军赀乏，奏假盐麹一岁入以济用度，遂不复还。至胤乃白："度支财尽，无以禀百官，请如旧制。"全诲擿李继筠诉军中匮甚，请割三司隶神策。帝不能却，诏罢胤领盐铁，胤衔之。

全诲等惧帝诛已，与继诲、彦弼、继筠交通谋乱。帝问令狐涣，涣请召胤及全诲等宴内殿和解之。韩偓谓："不如显斥一二柄臣，许余人自新，妄谋必息。不然皆自疑，祸且速，虽和解之，凶焰益肆。"帝乃止。

是时，全忠并河中，胤为急诏，令入朝，又诒书曰："上反正，公之力，而凤翔入朝，引功自归。今若后至，必先见讨。"全忠得诏还汴，悉师讨全诲。帝以为忠，又欲其与茂贞同功，即诏并力令胤诒二镇书，示帝意。全忠取同州，汴兵凡七万，威震关中。全诲等泣奏曰："全忠且至，欲胁陛下幸关东，将谋传禅。臣不忍见高祖天下移他姓，愿至凤翔，合义兵，讨元恶。"帝未许。方在乞巧楼，全诲急，即火其下，帝降楼，乃决西幸。彦弼等以帝未即轻，愈诗，宫中禁索苛亟。帝与后相视泣，宫人私逃出都，民崩沸。或奔开化坊，依胤第自固，闬无留家。凤翔军与左神策兵阵大衢，长乐门外若丘墟然。于是日南至，百官不朝，帝坐思政殿。时彦弼先入凤翔，全诲逼帝了，惟皇后、诸王数百骑为卫。帝绣袍、涂金帽，以右神策军从，实天复元年十一月壬子。全诲等遂火宫城，继诲、彦弼欲劫百官从天子，李德昭等按兵卫之，乃得免。茂贞以帝居盩厔。

全忠取华州，下令自释曰："吾被诏及得宰相书，令入朝，既至，皆伪也。逆臣全诲震惊天子，胁乘舆出迁，暴露草莽，吾当入对言状。"时公卿皆在长安，数日不闻朝廷敕画。胤使王溥见全忠曰："上犹在盩厔，公宜亟进。"群臣卢知猷等凑记全忠，请西迎天子，答曰："进则似胁君，退则负国，然敢不勉？"胤率百官迎全忠灞桥，入舍长安一昔而西。

茂贞闻全忠至，以帝入凤翔，从臣才三四人。全忠遣杨达、裴铸入凤翔，奉表天子。汴部将康怀英袭破李继昭于武功，禽馘六千级。全诲惧，请救于李克用。克用遗全忠书，劝执崔胤，洗海内谤。全忠不答，进屯凤翔东偏。茂贞登城隃语曰："天子厌灾于此，谗人误公来，公当入觐。"全忠曰："宦官胁惊乘舆，我以兵问罪，迎上东还。王非同谋者，尚何所言？"明日，围凤翔，茂贞不出。帝遣中人诏全忠班师，不奉诏。使者再往，全忠听命，引兵攻邠州。李继徽婴城三日乃降。质其妻，复使继徽守，回壁三原。胤与郑元规至三原，邀说全忠，全忠亦自闻茂贞将战，徙营渭北，据高原，战不胜。全忠夜入盩厔，拔蓝田，复屯三原。

时李克用攻慈、隰，救凤翔，全忠还河中。克用部将李嗣昭战数不利，全忠取晋、汾二州，嗣昭遁还河东。全忠曰："此茂贞所倚，今败矣，何能久乎？"胤复说全忠曰："宦竖谋拥帝入蜀。"且泣。全忠执其手，乃定计迎天子。会朱友宁败岐兵于莫父，居人皆入保。全忠以精甲五万与茂贞决战，岐兵败，仆尸万余，茂贞帐下八百人就缚，乃婴城。自夏讫冬，兵连不能解，胜败略相偿。援军十余壁，数为全忠扰袭，不得进，城中日困。全忠由是取凤、鄜、坊、成、陇等州，间劫钞以佐军饷故能不乏。

茂贞疑帝与全忠有密约，增甲士守宫殿。初，帝至凤翔，有鸦数万栖殿树，谓之神鸦。俄而鸦不来，人以为恐。全诲等小人既势窘，更相怨疾，不复远虑。时财用窭短，帝辍所御膳赐全诲等，三让，帝曰："难得时欲同味耳。"茂贞食鲊美，帝曰："此后池鱼。"茂贞曰："臣养鱼以候天子。"闻者皆骇。

于是全忠军攻东城，焚桥鏖战，部将李继宠出降。茂贞惧，密图诛中官以纾难，先遗书曰："祸乱之生，全诲首之。变兴仓卒，故迎天子至此。且公未至，惧它盗冯陵。公既志辅社稷，请奉乘舆还宫，仆愿以敝赋从。"全忠然许，然军稍薄城，大呼者三，岐军皆投堑，无斗意。

帝召茂贞、全诲、彦弼及宰相苏检、李继岌、继忠议和已决，中官复沮罢。

它日，帝召茂贞等曰："十六宅诸王日奏馁死者十三，王、公主、夫人皆间日食，今又将竭，奈何？"皆不敢对。有卫士十余人叩左银台门，遮全诲骂曰："破一州，饿死者十万，徒以军容数人耳！"全诲诣茂贞，叩头诉，茂贞谢曰："士伍亦何知？"复诉于帝，帝不许。李继昭见全诲曰："昔杨军容破杨守亮一族，今骠骑复破吾族乎？"骂之，乃出降。宦竖数传援军至，皆相贺，百姓笔曰："给我乎！"

是时，全忠合四镇兵十余万，营垒相属，昼夜攻。外兵诟守城者曰"劫天子贼"，守者亦诟外曰"夺天子贼"。诸镇见崔胤檄，皆狐疑，不出师，唯青州节度使王师范取兖州，袭华州，李克用攻晋州以为援。全忠惧，围益急。全诲等素谲险，常为全忠、胤所惮，乃请先杀之，以迎天子。帝既恶宦人胁迁，而茂贞又其党，全忠虽外示顺，终悖逆，皆不可倚。欲狩襄、汉，依赵匡凝，然不得去，乃定计归全忠，以纾近祸。

三年正月，茂贞请遣使谕全忠军，诏崔构挟中人郭遵诲往。既行，又命宫人宠颜驰见全忠，谕密旨，乃以蒋玄晖入卫。二日，茂贞独见，至日旰。全诲、彦弘恨甚，逮食，不能捉匕。自见势去，计无所用，垂头丧气。帝召韩偓见东横门，执手涕泗。帝曰："今先去四大恶，余以次诛矣。"于是内养八辈候廷中授命，每二辈以卫士十人取一首。俄而全诲、彦弘、易简、敬容皆死。即诏第五可范为左军都尉，王知古、扬虔朗为枢密使，知古领上院，虔朗领下院。继筠、继诲、彦弼皆伏诛，茂贞取其辎重。是夜，诛内诸司使韦处廷等二十二人，悉以首内布囊，诏蒋玄晖、学士薛贻矩送全忠，曰："是皆不肯使乘舆东者，既斩之矣。"全忠大喜，遍告军中，以姚洎为岐、汴通和使。全忠诒茂贞书曰："宦者乘障，詈不已，曰'禀王旨'，是乎？"茂贞惧，复诛小使李继彝等十人，于是开垒门。全忠犹攻北垒，帝遣宠颜赐御巾箱宝器，使罢兵，又捕杀中官七十人，全忠亦使京兆诛党与百余人。

天子入全忠军，全忠泥首素服，待罪客省。传呼彻三仗，有诏释全忠罪，使朝服见。全忠伏地泣曰："老臣位将相，勤王无状，使陛下及此，臣之罪也。"帝亦呜咽，命韩偓起之，解玉带以赐，召之食。帝顾卫兵，或有愤发者，因履系解，目全忠："为吾系之。"全忠跪结履，汗浃于背，而左右莫敢动。是夜，帝三召，皆辞。

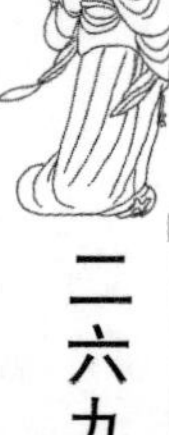

朱友伦以兵卫帝，李克用引军去，帝还京师。胤、全忠议尽诛第五可范等八百余人于内侍省，哀号之声闻于路，留单弱数十人，备宫中洒扫。胤以镇人性谨厚，即诏王镕择五千人为敕使，内诸司宦官主领者皆罢。于是追诸道监军，所在赐死，其财产籍入之。诏以中官胁迁状及全忠迎乘舆本末告方镇；罢监军院，咸视国初故事，以三十人为员，衣黄衣，不得养子；内诸司皆归省若寺，两军内外八镇兵悉属六军。全忠还汴州。帝以第五可范等无辜，颇悼之，为文以祭。自是宣传诏命，皆以宫人。

始，刘季述专废立，中人皆与闻。帝反正，诛季述及薛齐偓数族而已，余贷不问。又诲之，后稍稍诛夷，群宦浸不安。时帝惩幽辱，能励心庶政，数召见群臣问治道，有志中兴。而全诲、胤争权，外召强臣，劫本朝以相吞噬，卒用关东军穷讨暴诛，君侧虽清，而全忠势遂张，帝卒弑死，唐室以亡，其祸本于全诲、彦弘云。

【译文】

韩全诲和张彦弘，都不知出处，两人都是凤翔监军。韩全诲进京当了内枢密使。

刘季述被杀时，崔胤、陆扆在武德殿右廊房里进见昭宗，崔胤说："自从宦官掌管军事，皇室越来越混乱。请让我主管神策左军。让陆展主管神策右军，各地的藩镇将领就不敢有所图谋了。"昭宗没拿定主意。李茂贞对人说："崔胤夺取军权没得手，他有心消灭藩镇啦。"昭宗听了，就召见李继昭等人，询问崔胤的请求怎么样，李继昭回答说："臣世代提任军职，没听说书生主管卫兵的。况且罪人已经捉获，把军队交还北司，于事方便。"昭宗对崔胤说："诉事人的意见不同，你们不用去主管军队。"便任命韩全诲为大臣神策军中尉，张彦弘为右神策军中尉，两人都封为骠骑大将军，让袁易简、周敬容提任枢密使，崔胤大怒，要求京兆尹郑元规派人阻击，杀死他们，但没有实现。韩全诲知道崔胤一定要除掉自己才肯罢休，就暗示李茂贞把四千名选士留下来值宿护卫，使李继筠、李继徽总领其军。崔胤也暗示朱全忠收纳三千名士兵住在南衙，使娄敬思总领其军。韩偓听说岐州、汴州双方互相派兵防守，多次劝阻崔胤，崔胤说："只是军队不肯离开"。韩偓说："为什么当初要召集军队？"崔胤无言以对，议事人知道京城不再安宁了。

韩全诲、张彦弘以及李彦弼把势力联合起来，肆为暴虐，宦官依靠他们骄横起来，昭宗愤慨不满。遇有人遭到斥逐，都不肯前去，崔胤再三请求把他们全部杀掉。韩全诲、张彦弘去见昭宗，乞求哀怜，昭宗知道侍臣说的话已经泄露，开始颁诏命令奏事时用袋子封好奏疏。宦官还来找来几十个识文断字的美女，侍候昭宗，充当内部的密探，因此崔胤的计划多半泄露。

起初，张浚判度支，杨复恭因军需财物匮乏，奏请借用一年盐税酒税的收入来接济军用开支，随后不再归还，到崔胤判度支时，便禀告说："度支部门的财物已经用光，无法支付百官的薪俸，请求恢复原来制度。"韩全诲指使李继筠申诉军中物资非常匮乏，请求将盐铁、度支、户部三司划归神策军统属。昭宗无法推却，颁诏停止崔胤兼领盐铁，崔胤怀恨在心。

韩全诲等人害怕昭宗诛杀自己，与李继海、李彦弼、李继筠勾结起来，阴谋作乱。昭宗征求令狐涣的意见，令狐涣请求召见崔胤和韩全诲等人到内殿参加宴会，促使他们和解。韩偓认为："不如明确贬斥一两个权臣，允许其余的人改过自新，不轨的阴谋一事实上能平息。否则，人人心怀疑忌，祸乱将来得更快，即使促使他们和解，恶人的气焰也会愈加嚣张。"昭宗于是作罢。

这时，朱全忠吞并了河中，崔胤写了一道紧急诏书，让他进京朝见，写信给他说："皇上复位，是你的功劳。便是凤翔方面进朝，把功劳揽给自己。如果现在来晚了，准会先受征讨。”朱全忠接到诏书，返回汴州，调集所有的军队声讨韩全诲。昭宗认为他有忠心，又想使他与李茂贞功相等，就颁诏命令二人齐心协力，让崔胤写信给两镇，说明昭宗的意图。朱全忠占领同州，汴州军共七万人，威震关中，韩全诲等人哭着上奏说：“朱全忠就要到了，他打算胁陛下到关东去，准备谋求禅让传位。臣不忍心眼见高祖的天下转移到他姓人的手里，希望前往凤翔，集合义军，讨伐首恶。”昭宗没有答应。当时昭宗正在乞巧楼上，韩全诲急了，就在楼下放火。昭宗下了楼，便决定西行。由于昭宗没有立刻起驾，李彦弼等人更加狂悖，对宫中的限制极为苛刻，昭宗和皇后相互看着，流下眼泪，宫女私自逃出都城，百姓动荡不安，犹如沸汤。有些人跑到开化坊，投奔崔胤的府第，准备自卫，崔胤关闭里门，不让人们留在自己家中。凤翔军和左神策军在大道上布阵，长乐门外就像荒丘废墟。在这种情况下，日至正南时，百官还没上朝，昭宗坐在思政殿里。当时，李彦弼率先进入凤翔，韩全诲逼迫昭宗出行，只有皇后和诸王数百人骑马护卫。昭宗穿着绣袍，戴着涂金帽，让右神策军随行，这时是天复元年十一月壬子日。韩全诲等人随即烧了宫城，李继诲、李彦弼打算劫持百官，跟昭宗同行，李德昭等人按兵保卫，才免遭此难，李茂贞让昭宗住在盩厔。

朱全忠占领华州，下令为自己解释说：“我收到诏书和宰相的书信，说是让我进朝，来到后才知道全是假的。逆臣韩全诲震惊天子，胁迫天子出走，让天子暴露在荒草野地之中，我要前去上奏，说明情况。”当时公卿都在长安，一连几天没听到朝廷作何打算。崔胤让王溥去见朱全忠说：“皇上还在盩厔，您应该急速进军。”卢知猷等群臣向朱全忠上书，请他西去迎接天子，朱全忠回答说：“进兵像是胁迫国君，退兵又对不起国家，然而我怎敢不尽力而为！”崔胤率领百官在灞桥迎接朱全忠，朱全忠在长安住了一夜，便率军西进。

李茂贞得知朱全忠来了，就把昭宗带进凤翔，跟随前去的臣僚只有三四个人。朱全忠派遣杨达、裴铸进入凤翔，向昭宗上表。汴州方面的部将康怀英在武功突然袭击，打败李继如，斩首六行级。韩全诲为之恐惧，向李克用求救。李克用写信给朱全忠，劝朱全忠逮捕崔胤，洗刷国内的毁谤。朱全忠不做答复，进军到凤翔东部边境驻扎。李茂贞登上城来，远远对朱全忠说：“天子到这里来消解灾难，谗人使你受惑前来，你应该前来觐见皇上。”朱全忠说：“宦官胁迫皇上出走，使皇上受到惊动，我率兵前来问罪，迎接皇上东归。如果你不是同谋者，还有什么可说的？”第二天，朱全忠包围凤翔，李茂贞不肯出战。昭宗打发宦官颁诏让朱全忠率军返回，朱全忠不肯接受诏命。使者再次前往，朱全忠服从命令，便领兵攻打邠州。李继徽环城防守，历时三天，终于投降。朱全忠以李继徽的妻子为人质，让他仍然防守邠州，自己回军到三原扎下营垒。崔胤和郑元规前往三原邀结劝说朱全忠，朱全忠也得知李茂贞准备出战，便把营垒迁移到渭水北岸，占据高原，但是作战未能取胜。朱全忠在夜间进入盩厔，攻克蓝田，重新在三原驻兵。

当时，李克用攻打慈州、隰州。营救凤翔，朱全忠返回河中。李克用的部将李嗣昭屡战不利，朱全忠占领晋、汾二州，李嗣昭逃回河东。朱全忠说：“这是李茂贞依赖的军队，现在败了，他怎能长久！”崔胤再度劝朱全忠说：“宦官图谋拥奉皇上入蜀。”边说边流泪。

朱全忠握着他的手，于是拿定主意，迎接昭宗。适值朱友宁在莫父打败岐州军，居民纷纷进城防守。朱全忠率令五万精兵与李茂贞决战。岐州军战败，留下尸体一万多具，李茂贞帐下八百人就擒，便环城自守。从夏天到冬天，战事连绵，无从止息，双方胜负大致相当。岐州方面的十多营援军屡次遭到朱全忠的骚扰和袭击，无法前进，城中日益艰难。朱全忠因此占领凤、鄜、坊、成、陇等州，间或实行抢劫来佐助军饷，所以能使军需不致匮乏。

李茂贞怀疑昭宗与朱全忠订了密约，便增派甲士，看守宫殿。起初，昭宗抵达凤翔，有数万只乌鸦在殿外的树上栖息，被称作神鸦。没过多久，乌鸦不再飞来，人们为此恐惧不安，韩全诲等小人在处境困难后，就互相怨恨，不再有长远的打算。当时财物开支不足，昭宗停止进餐，把食物赐给韩全诲等人，韩全诲等人推让了三次，昭宗说："难得时常与你们吃同样的东西啦。"李茂贞吃的鱼味道很好，昭宗说："这是后池的鱼。"李茂贞说："臣养这些鱼，就是为了等候天子到来。"听到这话的人都为之惊骇。

这时，朱全忠军进攻东城，桥被烧毁，战斗激烈，部将李继宠出城投降。李茂贞感到恐惧，暗中谋划诛杀宦官来缓解祸难，事先写信给朱全忠说："酿成祸乱，韩全诲是罪魁。变故仓促发生，所以我把天子迎到此地。况且当时你还没到，我怕皇上受到别的强盗欺凌。既然你有志辅助社稷，请求拥奉皇上回宫，我愿意率敝军相随。"朱全忠应允了，但他的军队逐渐逼近城下，有人大呼三声，岐州军都掉进壕沟，毫无斗志。

昭宗召见李茂贞、韩全诲、李彦弼以及宰相苏检、李继岌、李继忠商量议和，已经决定下来，宦官又从中阻止，没有实施。后来，昭宗召见李茂贞等人说："十六宅诸王每天奏称饿死的人有十分之三，诸王、公主、夫人都隔日进餐。现在又快没吃的了，如何是好？"众人都不敢答话。有十多名卫士去敲左银台门，拉住韩全诲骂道："毁了全州，饿死十万人，只因军容等几个人！"韩全诲到李茂贞那里叩头陈诉，李茂贞说："士兵懂得什么！"韩全诲又向昭宗诉说，昭宗不许妄动，李继昭去见韩全诲说："过去杨复恭观军容使使杨守亮全族覆灭，现在你也要让我宗族覆灭吗！"便骂他一顿，出城投降。宦官多次散布说援军来了，都互相祝贺，百姓笑道："骗我们哩！"

这时朱全忠汇集四镇十多万军队，营垒相连，昼夜攻城。城外的军队骂守城的军队是"劫天子贼"，守城的军队也骂城处的军队是"夺天子贼"。各军镇见到崔胤发布的檄文，都犹豫不定，不肯出兵，只有青州节度使王师范占领兖州，袭击华州，李克用攻打晋州作为声援。朱全忠为之恐惧，围城越发急切。韩全诲等人平素诡诈阴险，一向为朱全忠、崔胤忌惮，朱全忠便要求先杀了韩全诲，来迎接昭宗。昭宗既憎恶宦官胁迫自己出走，但又顾忌李茂贞是宦官的同党。虽然朱全忠表面表示顺从朝廷，终究狂悖忤逆，都不可依赖，昭宗打算逃往襄、汉一带，去依靠赵匡凝，但是无法离开，于是决计归向朱全忠，以便缓解眼前的祸难。

天复三年正月，李茂贞请求派遣使者谕示朱全忠军，昭宗命崔构带着宦官郭遵海前往。二人出发后，昭宗又命宫人宠颜赶快去见朱全忠，谕示密旨，朱全忠派蒋玄晖入朝护卫。二日，李茂贞单独进见昭宗，一直谈到日晚。韩全诲、张彦弘非常恼恨，及到进餐，气得拿不住羹匙。他们看到自己大势已去，无计可施，垂头丧气。昭宗叫韩偓到东横门进见，握着他的手泪水横流。昭宗说："如今先去四大恶人，其他人依次诛杀吧。"于是八名内侍在朝廷中等候，昭宗传令每两内侍带领十个卫士去取一人的首级。没过多久，韩全诲、张彦弘、袁易简、周敬容全部死去。昭宗便命第五可范担任左军都尉，王知古、杨虔朗担任枢密使，王知古总领上院，扬虔朗总领下院。李继筠、李继诲、李彦弼都伏法被杀，李茂贞占有了他们的军用物资，当天夜里杀了内诸司使韦处廷等二十二人，把人头都装在布袋里。命蒋玄晖和学士薛贻矩送交朱全忠说："这些人都是不肯让皇上东归的，已经杀了。"朱全忠大喜，遍告军中将士，任命姚洎为岐、汴能和使。朱全忠写信给李茂贞说："宦官在女墙上大骂不止，说是秉承大王的意旨，有这事吗?"李茂贞为之恐惧，又杀了小使李继彝使等十人，于是打开营垒大门。朱全忠仍在攻打北边的营垒，昭宗打发宠颜赐御用巾箱宝器，让朱全忠停止用兵，又捕杀宦官七十人，朱全忠也指使京兆府诛杀宦官党羽一百多人。

昭宗进入朱全忠军，朱一忠以泥涂面，身穿平民服装，在客省等候治罪。传呼声响彻三部仪仗，传来诏书宣布朱全忠免罪，让他穿上朝服，前来进见。朱全忠伏在地上，流着眼泪说："老臣位居将相，勤王失礼，使陛下到了这般地步，这是臣的罪守。"昭宗也呜咽哭泣，让韩偓扶直朱全忠，解下玉带赐给他，叫他一起进餐。昭宗环顾卫兵，似乎有奋发振作的意愿，趁鞋带开了，看着朱全忠说："给我系上。"朱全忠跪下去系鞋带，汗流浃背，他身边的人都没敢动。当天夜里，昭宗三次去召朱全忠，朱全忠都推脱了。

朱友伦率兵护卫昭宗，李克用领兵离去，昭宗回到京城。崔胤、朱全忠提议把第五可范等八百多人全部杀死在内待省，号啕哀哭的声音路人可闻。只留下几十名单薄无力的宦官，充当洒扫宫廷的人员。崔胤认为镇人生性谨慎忠厚，就拟诏命王镕选五十人担任皇帝的使者，内诸司的主事宦官一律免职。于是追各道监军，就地赐死，其财产没收充公。昭宗下诏命令将宦官胁迫自己出去的情况和朱全忠迎接自己的经过布告方镇；撤销监军院，一切比照建国初年的例惯，宦官的名额为三十人，穿黄色的衣服，不得收养儿子；内诸司一律归属于省，建置比于各寺，神策左右两军在京城内外八镇的军队统统归属六军。朱全忠返回汴州。昭宗认为第五可范等人无罪，颇为悼念，便写文予以祭奠。从此，宣读传达诏命，全由宫女承担。

起初，刘季述专擅废立，宦官都参与其事。昭宗复位，杀了刘季述以及薛齐偓几族了事，宽恕了其余的人，不加追究。但昭宗又后悔了，后来渐加诛灭，群宦渐感不安。当时昭宗吸取遭受囚禁之辱的教训，能够勉励自己一心办好各项政备，多次召见君宦，询问治理天下的方法，有中兴的志向。但是，韩全诲与崔胤争权，外召强臣，劫持本朝人员，使之互相吞噬，最终由于关东军一味攻讨，残酷屠杀，虽然清除了国君身边的奸人，但是朱全忠的势力逐渐扩张，昭宗终究遭到杀害，唐朝因此灭亡，这场祸难就是由韩全诲、张彦弘引发的。

来俊臣传

【题解】

来俊臣(651~697),京兆府万年县(今陕西西安)人。因告密,受到武则天的信任,历任侍御史、左台御吏中丞等职。他撰《罗织经》一篇,教门徒如何罗织罪名,使被告人无法自辩。后代的"罗织"一词即起源于此。又制造多种可怕刑具,使本来无罪的被告因忍受不住酷刑而宁愿自认有罪。来俊臣前后杀灭一千余家,个人品质也极为恶劣,是武则天一朝为害时间最长、民愤最大的一个酷吏。

【原文】

来俊臣,京兆万年人。父操,博徒也,与里人蔡本善。本负博数十万不能偿,操因纳其妻,先已娠而生俊臣,冒其姓。

天资残忍,喜反覆,不事产。客和州为奸盗,捕送狱,狱中上变,刺史东平王续按讯无状,杖之百。天授中,续以罪诛,俊臣上书得召见,自陈前上琅邪王冲反状,为续所抑。武后以为谅,擢累侍御史,按诏狱,数称旨。后阴纵其惨,胁制群臣,前后夷千余族。生平有纤介,皆入于死。拜左御史中丞,中外累息,至以目语。

来俊臣

俊臣乃引侯思止、王弘义、郭弘霸、李仁敬、康暐、卫遂忠等,阴啸不逞百辈,使飞语诬蔑公卿,上急变,每擿一事,千里同时辄发,契验不差,时号为"罗织",牒左署曰:"请付来俊臣或侯思止推实必得。"后信之,诏于丽号门别置狱,敕俊臣等颛按事,百不一贷。弘义戏谓丽景门为"例竟",谓入者例皆尽也。俊臣与其属朱南山、万国俊作《罗织经》一篇,具为支脉纲由,咸有首末,按以从事。俊臣鞫囚,不问轻重皆注醯于鼻,掘地为牢,或寝以匽溺,或绝其粮,囚至啮衣絮以食,大抵非死终不得出。每赦令下,必先杀重囚乃宣诏。又作大枷,各为号:一、定百脉,二、喘不得,三、突地吼,四、著即臣,五、失魂胆,六、实同反,七、反是实,八、死猪愁,九、求即死,十、求破家。后以铁为冒头,被枷者宛转地上,少选而绝。凡囚至,先布械于前示囚,莫不震惧,皆自诬服。

如意初,诬告大臣狄仁杰、任令晖、李游道、袁智弘、崔神基、卢献等下狱。俊臣颛以夷诛大臣为功,乃奏囚降制,一问而服者同首,法得减死。仁杰等已论死,待日而决,稍挺之,仁杰乃遣子持帛书称枉。后见愕然,责谓俊臣,对曰:"是囚不褫巾服,何肯服罪?"后遣通事舍人周綝往视,遽假仁杰袨带立西厢,綝惧俊臣,东视唯唯去,莫敢闻。先是,宰相乐思晦为俊臣夷其家，有子九岁隶司农，上变，得召见，言："俊臣凶惨，罔上不道，若陛下假条反状付之，无大小皆如诏。臣父死族夷，不求生，但惜陛下法为俊臣所弄耳！"后意寤，由是仁杰六族皆免。又按大将军张虔勖、内侍范云仙，虔勖不堪枉，讼于大理徐有功，俊臣使卫士乱斫之，云仙自陈事先帝，命截其舌，皆即死，人人胁息。

久之，俊臣纳贾人金，为御史纪履忠所劾，下狱当死。后忠其上变，得不诛，免为民。长寿中，还授殿中丞，坐赃贬同州参军事，暴纵自如，夺同僚妻，又辱其母。俄召为合宫尉，擢洛阳令，进司仆少卿，赐司农奴婢十人。以官户无面首，闻吐蕃酋阿史那斛瑟罗有婢善歌舞，令其党告以谋反，而求其婢，诸蕃长数十人，割耳剺面讼冤，仅得解。綦连耀等有异谋，吉顼以白俊臣，杀数十族。既欲擅发奸功，即中顼以法，顼大惧，求见后自直，乃免。俊臣诬司刑史樊戬，以谋反诛，其子诉阙下，有司无敢治，因自刳腹。秋官侍郎刘如璇为流涕，俊臣奏与同恶，如璇自诉年老而涕，吏论以绞，后为宥死，流汉州。万岁通天中，上巳，与其党集龙门，题搢绅名于石，抵而仆者先告，抵李昭德不能中。或以告昭德，昭德谋绳其恶，未发。卫遂忠虽无行，颇有辞辩，素与俊臣善。始王庆诜女适段简而美，俊臣娇诏强娶之。它日，会妻族，酒酣，遂忠诣之，阍者不肯通，遂忠直入嫚骂，俊臣耻妻见辱，已命驱而缚于廷，既乃释之，自此有隙，妻亦惭，自杀。简有妾美，俊臣遣人示风旨，简惧，以妾归之。

俊臣知群臣不敢斥己，乃有异图，常自比石勒，欲告皇嗣及庐陵王与南北衙谋反，因得骋志。遂忠发其谋。初，俊臣屡掎摭诸武、太平公主、张昌宗等过咎，后不发。至是诸武怨，共证其罪。有诏斩于西市，年四十七，人皆相庆，曰："今得背著床瞑矣！"争抉目、擿肝、醢其肉，须臾尽，以马践其骨，无孑馀，家属籍没。

方俊臣用事，托天官得选者二百余员，及败，有司自首，后责之，对曰："臣乱陛下法，身受戮；忤俊臣，覆臣家。"后赦其罪。

【译文】

来俊臣，京兆府万年县人。父亲来操是个赌徒，与同乡蔡本要好。蔡本欠来操赌债数十万钱无法偿还，来操于是就娶了蔡本的妻子，她到来家以前先已怀孕，生下了俊臣，所以俊臣冒用来操的姓。

来俊臣天性残忍，喜好反复无常，不从事生产。客居和州干违法犯禁的偷盗勾当，被逮捕入狱，在狱中向朝廷密告谋反叛乱事件，经和州刺史东平王李续审查讯问没有事实根据，李续于是用刑杖打了来俊臣一百下。武则天天授年间，李续因犯罪被杀，来俊臣上书受到武则天的召见，他在武则天面前自称从前向朝廷密告琅邪王李冲谋反的实情，受到了李续的压制。武后认为他的话可信，经多次提拔让他当了侍御史，负责审问奉诏令特设的监狱里的囚犯，多次审讯都符合武后的旨意。武后暗中放任来俊臣的残酷，以威力控制群臣，他前后杀灭了一千多家。有生以来与他有细微仇恨的人，全被他杀害。来俊臣被提拔为左台御史中丞，朝廷内外官吏都吓得不敢呼吸，以至于在路上相遇时不敢交谈，只用眼睛示意。

来俊臣于是带领侯思止、王弘义、郭弘霸、李仁敬、康暐、卫遂忠等人,暗中招集为非作歹之徒百人,指使他们用流言蜚语诬蔑公卿大夫,向朝廷上密告有关谋反叛乱紧急情况的文书。每揭发一件事,总是在千里范围内几处同时告发,一查验几处说法都一样,当时人称为"罗织",又都在告密文书的左边写道:"请交给来俊臣或者侯思止追问,一定能得到实情。"武后相信他们的话,下诏在丽景门另外设置监狱,命令来俊臣等人专门审查谋反事件,一百人中也没有一个人能得到宽赦。王弘义戏称丽景门为"例竟门",意思是说进入这门的人照例都得死。来俊臣同他的部属朱南山、万国俊编写《罗织经》一篇,教自己的门徒如何罗织罪名,文中陈述主脉支脉、大纲由来,全有头有尾,门徒可依此行事。来俊臣审问囚犯,不问轻罪重罪都用醋灌鼻,挖地为牢关押囚犯,或者让囚犯睡在满是屎尿的地方,或者不给囚犯饭吃,囚犯甚至啃衣服里的棉絮充饥,大概不是死亡就终究无法出狱门。每次武后发布赦令,来俊臣必定先杀掉重罪囚犯然后才传达赦令。来俊臣又制造大枷,各有名称:一叫"定百脉",二叫"喘不得",三叫"突地吼",四叫"著即臣",五叫"失魂胆",六叫"实同反",七叫"反是实",八叫"死猪愁",九叫"求即死",十叫"求破家"。后来又在枷上加一个用铁做的盖头,披上枷戴上铁盖头的人直在地上打滚,一会儿便被闷死了。凡囚犯到监狱,都先在他面前陈列各种刑具,囚犯见了无不震惊恐惧,全都无罪而自动认罪。

武则天如意初年,来俊臣诬告朝廷大臣狄仁杰、任令晖、李游道、袁智弘、崔神基、卢献等人,将他们关进监狱。来俊臣专门把杀戮大臣当成功劳,于是奏请武则天为囚犯的事而下诏,一问就服罪的人同自首一样,依法可减罪免死。狄仁杰等人已判处死刑,等待日子执行刑罚,来俊臣等人对他们的看管略微放松一些,狄仁杰于是派自己的儿子拿着自己写在丝织物上的书信到武后那里诉说冤枉。武则天见信后很惊讶,责问来俊臣,来俊臣回答说:"没有剥夺这个囚犯的官帽官服,如果不是确实有罪,为什么肯服罪?"武则天派通事舍人周綝到监狱里看狄仁杰,来俊臣马上借给狄仁杰帽子腰带命他穿戴好站立于西厢,周綝畏惧来俊臣,只往东看了看便唯唯诺诺地退下,不敢有所见闻。在这以前,宰相乐思晦被来俊臣杀灭全家,有个儿子九岁没入官府为奴,隶属于司农寺,他向朝廷说有非常情况要报告,得到了武则天的召见,对武则天说道:"来俊臣凶恶狠毒,欺骗君上,大逆不道,如果陛下虚假地逐条列出谋反罪状交给来俊臣审理,事无大小全会弄假成真按照陛下列出的罪状结案。臣父死家灭,不求活命,只可惜陛下的法律被来俊臣所玩弄!"武则天醒悟,因此狄仁杰等六家都得以免死。来俊臣又审问大将军张虔勖、内侍范云仙,张虔勖受不住冤枉向大理寺徐有功告状,来俊臣让卫士用乱刀砍张虔勖,范云仙自述曾侍奉先帝,来俊臣下令割掉他的舌头,两人都当即死亡,人人吓得不敢喘气。

过了很久,来俊臣接受商人的金银,被御史纪履忠弹劾,关进监狱,罪该处死。武则天认为他向朝廷密告谋反叛乱事件很忠诚,没有处死他,而将他免职为民。武则天长寿年间,来俊臣被召回朝廷,授殿中丞职务。又因犯贪污罪被贬为同州参军事,在同州暴虐放肆,不受拘束,强夺同僚的妻子,又侮辱他的母亲。不久被召回任合宫县尉,又提拔为洛阳县令,升任司仆少卿,武后赐给他司农寺的官奴婢十人。来俊臣认为司农寺的官奴婢没有长得漂亮的，听说西突厥（原误作“吐蕃”）酋长阿史那斛瑟罗有个婢女擅长歌舞，便让自己的党羽诬告阿史那斛瑟罗谋反，以求得到他家的婢女，各族酋长数十人，到皇宫门前用刀割耳划脸替阿史那斛瑟罗诉冤，阿史那斛瑟罗才得以免罪。綦连耀等人有反叛的图谋，吉顼把这事告诉来俊臣，于是杀灭了数十家。来俊臣想要独占揭发坏人的功劳，就借助法律来陷害吉顼，吉顼非常害怕，请求见武则天为自己申冤，才得以免罪。来俊臣诬告司刑史樊戬，樊戬以谋反罪被杀，他的儿子到皇宫前诉冤，有关官吏无人敢于受理，于是自己剖腹而死。秋官侍郎刘如璇看见后为他而流泪，来俊臣上奏说刘如璇偏袒、同情坏人，刘如璇申诉说自己是因年老而流泪，官吏判处刘如璇绞刑，武则天赦免他的死罪，将他流放到汉州。武后万岁通天年间，三月三日上巳节，来俊臣和他的党羽一起聚集于龙门，分别把士大夫的名字写在许多立着的石板上，然后从远处扔石块打这些石板，谁的石板先被击倒就先告发谁，他们掷打写有李昭德名字的石板没有击中。有人把这事告诉李昭德，李昭德谋划检举来俊臣的罪恶，但还没有付诸实行。卫遂忠虽然行为不端，但是能言善辩，一向同来俊臣要好。起初王庆诜的女儿嫁给段简，她长得很美，来俊臣诈称皇帝的命令强娶她为妻。有一天来俊臣同妻子娘家的人在自己家里聚会，酒正喝得高兴，卫遂忠来看来俊臣，看门的人不肯替他通报，卫遂忠直接闯进屋里肆意辱骂，来俊臣因妻子被侮辱而感到羞耻，命人将卫遂忠赶出屋，绑在院子里，最后又放了他，从此两人结下怨仇，来俊臣的妻子也感到惭愧，自杀身亡。段简有一个妾长得漂亮，来俊臣想要，派人向他暗示，段简害怕，把妾送给了来俊臣。

来俊臣知道群臣不敢指责自己，于是有了反叛的图谋，常常把自己比成石勒，准备诬告皇嗣（唐睿宗）和庐陵王（唐中宗）与南衙各卫及北衙禁军一起图谋造反，希望因此得以展露自己的心志。卫遂忠揭发了来俊臣的阴谋。起初，来俊臣多次指摘武氏诸王、武后的女儿太平公主、张昌宗等人的过错，武后不采取行动。到这时候武氏诸王怨恨来俊臣，一起证实他的罪恶。武后下令在西市将来俊臣处斩，当时他四十七岁，人们都相互庆贺，说道：“现在能够背挨着床睡觉了！”大家争着挖他的眼睛、摘他的肝、将他的肉剁成肉酱，一会儿工夫肉都被割尽，又用马踩他的骨头，最后什么也没剩下。他的家属被没入官府为奴。

来俊臣正当权的时候，嘱托吏部选授了二百多名官员，等到来俊臣败亡，有关官员都向朝廷自首，武后责备他们，他们回答说：“我们违犯了陛下的法令，自身被杀；如果违背了来俊臣的意思，就得全家覆灭。”武后赦免了他们的罪过。

周兴传

【题解】

《来俊臣传》之后附录了来子珣和周兴的传记,所以文章一开头就是"时有来子珣、周兴者"。现在把它分开独立,以清眉目。周兴也是名声很大的酷吏,之所以附在《来俊臣传》之后,是因为他在做尽了坏事以后又被武则天当成了平息臣民愤慨的替死鬼,而审讯周兴的人恰恰就是来俊臣。"请君入瓮"的故事就见于这篇传记中。

周兴(? ~691),京兆万年人。历任秋宫侍郎、尚书左丞等职。多次奉命审问有关谋反的案件,先后被他陷害而死的有几千人。

【原文】

周兴,少习法律,自尚书史积迁秋官侍郎,屡决制狱,文深峭,妄杀数千人。武后夺政,拜尚书左丞,上疏请去唐宗正属籍。是时左史江融有美名,兴指融与徐敬业同谋,斩于市。临刑,请得召见,兴不许,融叱曰:"吾死无状,不赦汝。"遂斩之,尸奋而行,刑者蹴之,三仆三作。天授中,人告子珣、兴与丘神勣谋反,诏来俊臣鞫状。初,兴未知被告,方对俊臣食,俊臣曰:"囚多不服,奈何?"兴曰:"易耳,内之大瓮,炽炭周之,何事不承。"俊臣曰:"善。"命取瓮且炽火,徐谓兴曰:"有诏按君,请尝之。"兴骇汗,叩头服罪。诏诛神勣而宥兴岭表,在道为仇人所杀。

【译文】

周兴,年轻时熟悉法律,由尚书史经多次升迁当上了秋官侍郎,屡次奉命判决奉诏令特设的监狱里的囚犯,援用法律条文严峻苛刻,乱杀了数千人。武则天夺取政权,任命周兴为尚书左丞,周兴上书请求废除宗正寺中的李唐皇族名册。当时左史江融有好名声,周兴指责江融与徐敬业一起谋划反叛,将他在闹市上处斩。江融临刑时请求得到武则天的召见,周兴不允许,江融大声呵斥周兴说:"我死无罪状,不会放过你。"于是将江融斩首,尸体猛然立起来行走,执行死刑的人踢他,三次倒下又三次立起。武则天天授年间,有人告发来子珣、周兴与丘神勣图谋造反,武则天下诏让来俊臣查问实情。起初,周兴不知道自己被人告发,正和来俊臣一起吃饭,来俊臣说:"囚犯多不服罪,怎么办?"周兴说:"这容易对付,把囚犯装进大瓮里,四周用木炭烧烤,什么事不会承认!"来俊臣说:"好办法。"命人拿来大瓮并烧上火,慢慢对周兴说:"天子下令审问你,请你入瓮尝尝味道。"周兴吓得直出冷汗,跪下叩头服罪。武后下令杀丘神勣而宽免周兴的死罪,将他流放到岭南,周兴在赴岭南的路上,被仇人杀死。

黄巢传

【题解】

黄巢(?~884),曹州冤句(今山东菏泽市西南)人,唐末农民起义领袖。家中世代贩卖私盐,富有资产。看到唐朝廷极度腐朽和民众普遍反唐,于乾符二年(875)聚众数千人响应王仙芝起义。乾符五年(878),王仙芝败死,其残部归附黄巢,众人推举黄巢为王,号冲天将军。不久黄巢率军南下,先后攻陷虔州、吉州、建州、福州、广州,起义军力量得到了很大发展。乾符六年(879),黄巢率军北上,转战各地。广明元年(880),攻陷东都洛阳,接着进入长安,唐僖宗逃往成都,黄巢在长安即皇帝位,建立大齐政权。由于起义军始终采取流动作战方式,所经之地,不曾留兵防守,所以进入长安后不久,即陷入唐军的四面包围之中。中和三年(883),沙陀族李克用军联合唐各方镇军队攻入长安,黄巢率军逃往河南,第二年兵败自杀。

黄巢

作为起义军领袖的黄巢,几次想放弃起义旗帜,与唐朝廷妥协,没有在政治上采取任何争取广大民众拥护的革新措施,不知乘起义军力量强大的时候攻占州县,建立后方,加上称帝后追求享乐,内部分裂,终于把轰轰烈烈的农民大起义引上了败亡的道路。但是,在农民大起义的冲击下,腐朽的唐王朝崩溃加速,没过多久便灭亡了。

【原文】

黄巢,曹州冤句人。世鬻盐,富于赀。善击剑骑射,稍通书记,辩给,喜养亡命。

咸通末,仍岁饥,盗兴河南。乾符二年,濮名贼王仙芝乱长垣,有众三千,残曹、濮二州,俘万人,势遂张。仙芝妄号大将军,檄诸道,言吏贪沓,赋重,赏罚不平。宰相耻之,僖宗不知也。其票帅尚君长、柴存、毕师铎、曹师雄、柳彦璋、刘汉宏、李重霸等十余辈,所在肆掠。而巢喜乱,即与群从八人,募众得数千人以应仙芝,转寇河南十五州,众遂数万。

帝使平卢节度使宋威与其副曹全晸数击贼,败之,拜诸道行营招讨使,给卫兵三千、骑五百,诏河南诸镇皆受节度,以左散骑常侍曾元裕副焉。仙芝略沂州,威败贼城下,仙芝亡去。威因奏大渠死,擅纵麾下兵还青州;群臣皆入贺。居三日,州县奏贼故在。时兵始休,有诏复遣,士皆忿,思乱。贼间之,趣郏城,不十日破八县。帝忧迫近东都,督诸道兵检遏,于是凤翔、邠宁、泾原兵守陕、潼关,元裕守东都,义成、昭义以兵卫宫。

仙芝去攻汝州，杀其将，刺史走，东都大震，百官脱身出奔。贼破阳武，围郑州，不克，蚁聚邓、汝间。关以东州县，大抵皆畏贼，婴城守，故贼放兵四略，残郢、复二州，所过焚剽，生人几尽。官军急追，则遗赀布路，士争取之，率逗挠不前。贼转入申、光，残隋州，执刺史，据安州自如，分奇兵围舒，击卢、寿、光等州。

时威老且暗，不任军。阴与元裕谋曰："昔庞勋灭，康承训即得罪。吾属虽成功，其免祸乎？不如留贼，不幸为天子，我不失作功臣。"故蹑贼一舍，完军顾望。帝亦知之，更以陈许节度使崔安潜为行营都统，以前鸿胪卿李琢代威，右威卫上将军张自勉代元裕。

贼出入蕲、黄，蕲州刺史裴渥为贼求官，约罢兵。仙芝与巢等诣渥饮。未几，诏拜仙芝左神策军押衙，遣中人慰抚。仙芝喜，巢恨赏不及己，询曰："君降，独得官，五千众且奈何？丐我兵，无留。"因击仙芝，伤首。仙芝惮众怒，即不受命，劫州兵，渥、中人亡去。贼分其众：尚君长入陈、蔡；巢北掠齐、鲁，众万人，入郓州，杀节度使薛崇，进陷沂州，遂至数万，繇颍、蔡保嵖岈山。

是时柳彦璋又取江州，执刺史陶祥。巢引兵复与仙芝合，围宋州。会自勉救兵至，斩贼二千级，仙芝解而南，度汉，攻荆南。于是节度使杨知温婴城守，贼纵火焚楼堞，知温不出，有诏以高骈代之。骈以蜀兵万五千赍糒粮，期三十日至，而城已陷，知温走，贼不能守。于是诏左武卫将军刘秉仁为江州刺史，勒兵乘单舟入贼栅，贼大骇，相率迎降，遂斩彦璋。

巢攻和州，未克。仙芝自围洪州，取之，使徐唐莒守。进破朗、岳，遂围潭州，观察使崔瑾拒却之，乃向浙西，扰宣、润，不能得所欲，身留江西，趣别部还入河南。

帝诏崔安潜归忠武，复起宋威、曹元裕，以招讨使还之，而杨复光监军。复光遣其属吴彦宏以诏谕贼。仙芝乃遣蔡温球、楚彦威、尚君长来降，欲诣阙请罪，又遗威书求节度。威阳许之，上言"与君长战，禽之"。复光固言其降。命侍御史与中人驰驿即讯，不能明。卒斩君长等于狗脊岭。仙芝怒，还攻洪州，入其郛。威自将往救，败仙芝于黄梅，斩贼五万级，获仙芝，传首京师。

当此时，巢方围亳州未下，君长弟让率仙芝溃党归巢，推巢为王，号"冲天大将军"，署拜官属，驱河南、山南之民十余万掠淮南，建元王霸。

曾元裕败贼于申州，死者万人。帝以威杀尚君长非是，且讨贼无功，诏还青州，以元裕为招讨使，张自勉为副。巢破考城，取濮州，元裕军荆、襄，援兵阻，更拜自勉东北面行营招讨使，督诸军急捕。巢方掠襄邑、雍丘，诏滑州节度使李峄壁原武。巢寇叶、阳翟，欲窥东都。会左神武大将军刘景仁以兵五千援东都，河阳节度使郑延休兵三千壁河阴。巢兵在江西者，为镇海节度使高骈所破；寇新郑、郏、襄城、阳翟者，为崔安潜逐走；在浙西者，为节度使裴璩斩二长，死者甚众。巢大沮畏，乃诣天平军乞降，诏授巢右卫将军。巢度藩镇不一，未足制己，即叛去，转寇浙东，执观察使崔璆。于是高骈遣将张潾、梁缵攻贼，破之。贼收众逾江西，破虔、吉、饶、信等州，因刊山开道七百里，直趋建州。

初，军中谣曰："逢儒则肉，师必覆。"巢入闽，俘民绐称儒者，皆释，时六年三月也。俛路围福州，观察使韦岫战不胜，弃城遁，贼入之，焚室庐，杀人如爇。过崇文馆校书郎黄璞家，令曰："此儒者，灭炬弗焚。"又求处士周朴，得之，谓曰："能从我乎？"答曰："我尚不仕天子，安能从贼？"巢怒斩朴。是时闽地诸州皆没，有诏高骈为诸道行营都统以拒贼。

巢陷桂管，进寇广州，诒节度使李迢书，求表为天平节度，又胁崔璆言于朝，宰相郑畋欲许之，卢携、田令孜执不可。巢又丐安南都护、广州节度使，书闻，右仆射于琮议："南海市舶利不赀，贼得益富，而国用屈。"乃拜巢率府率。巢见诏大诟，急攻广州，执李迢，自号"义军都统"，露表告将入关，因诋宦竖柄朝，垢蠹纪纲，指诸臣与中人赂遗交构状，铨贡失才，禁刺史殖财产，县令犯赃者族，皆当时极敝。

天子既惩宋威失计，罢之，而宰相王铎请自行，乃拜铎荆南节度使、南面行营招讨都统，率诸道兵进讨。铎屯江陵，表泰宁节度使李系为招讨副使、湖南观察使，以先锋屯潭州，两屯烽驿相望。曾贼中大疫，众死什四，遂引北还。自桂编大桴，沿湘下衡、永，破潭州，李系走朗州，兵十余万谶焉，投胔蔽江。进逼江陵，号五十万。铎兵寡，即乘城。先此，刘汉宏已略地，焚庐屋，人皆窜山谷。俄而系败问至，铎弃城走襄阳，官军乘乱纵掠，会雨雪，人多死沟壑。

其十月，巢据荆南，胁李迢草表报天子，迢曰："吾腕可断，表不可为。"巢怒，杀之。欲进蹑铎，会江西招讨使曹全晸与山南东道节度使刘巨容壁荆门，使沙陀以五百骑钌辔藻鞯望贼阵纵而遁，贼以为怯。明日，诸将乘以战，而马识沙陀语，呼之辄奔还，莫能禁。官兵伏于林，斗而北，贼急追，伏发，大败之，执贼渠十二辈。巢惧，度江东走，师促之，俘什八。铎招汉宏降之。或劝巨容穷追，答曰："国家多负人，危难不吝赏，事平则得罪，不如留贼冀后福。"止不追，故巢得复整，攻鄂州，入之。全会将度江，会有诏以段彦謩代其使，乃止。

巢畏袭，转掠江西，再入饶、信、杭州，众至二十万。攻临安，戍将董昌兵寡，不敢战，伏数十骑莽中，贼至，伏弩射杀贼将，下皆走。昌进屯八百里，见舍媪曰："有追至，告以临安兵屯八百里矣。"贼骇曰："向数骑能困我，况军八百里乎！"乃还，残宣、歙等十五州。

广明元年，淮南高骈遣将张潾度江败王重霸，降之。巢数却，乃保饶州。众多疫。别部常宏以众数万降，所在戮死。诸军屡奏破贼，皆不实，朝廷信之，稍自安。巢得计，破杀张潾，陷睦、婺二州，又取宣州，而汉宏残众复奋，寇宋州，掠申、光，来与巢合，济采石，侵扬州。高骈按兵不出。诏兖海节度使齐克让屯汝州。拜全晸天平节度使兼东面副都统。贼方守滁、和，全晸以天平兵败于淮上。宰相豆卢瑑计："救师未至，请假巢天平节度使，使无得西，以精兵戍宣武，塞汝、郑路，贼首可致矣。"卢携执不可，请"召诸道兵壁泗上，以宣武节度统之，则巢且还寇东南，徘徊山浙，救死而已。"诏可。前此已诏天下兵屯溵水，禁贼北走。于是徐兵三千道许，其帅薛能馆徐众城中，许人惊谓见袭，部将周岌自溵水还，杀能，自称留后。徐军闻乱，列将时溥亦引归，囚其帅支详。兖海齐克让惧下叛，引军还兖州，溵水屯皆散。

巢闻，悉众度淮，妄称"率土大将军"，整众不剽掠，所过惟取丁壮益兵。李罕之犯申、光、颍、宋、徐、兖等州，吏皆亡。巢自将攻汝州，欲薄东都。当是时，天子冲弱，怖而流泪，宰相更共建言，悉神策并关内诸节度兵十五万守潼关。田令孜请自将而东，然内震扰，前说帝以幸蜀事。帝自幸神策军，擢左军骑将张承范为先锋，右军步将王师会督粮道，以飞龙使杨复恭副令孜。于是募兵京师，得数千人。

当是时，巢已陷东都，留守刘允章以百官迎贼，巢入，劳问而已，里闾晏然。帝饯令孜章信门，赉遗丰优。然卫兵皆长安高赀，世籍两军，得禀赐，侈服怒马以诧权豪，初不知战，闻料选，皆哭于家，阴出赀雇贩区病坊以备行阵，不能持兵，观者寒毛以慄。承范以强弩三千防关，辞曰："禄山率兵五万陷东都，今贼众六十万，过禄山远甚，恐不足守。"帝不许。贼进取陕、虢，檄关戍曰："吾道淮南，逐高骈，如鼠走穴，尔无拒我！"神策兵过华，裹三日粮，不能饱，无斗志。

十二月，巢攻关，齐克让以其军战关外，贼少却。俄而巢至，师大呼，川谷皆震。时士饥甚，潜烧克让营，克让走入关。承范出金谕军中曰："诸君勉报国，救且至。"士感泣，拒战。贼见师不继，急攻关，王师矢尽，飞石以射，巢驱民内堑，火关楼皆尽。始，关左有大谷，禁行人，号"禁谷"。贼至，令孜屯关，而忘谷之可入。尚让引众趋谷，承范惶遽，使师会以劲弩八百邀之，比至，而贼已入。明日，夹攻关，王师溃。师欲自杀，承范曰："吾二人死，孰当辨者？不如见天子以实闻，死未晚。"乃羸服逃。始，博野、军过渭桥，见募军服鲜燠，怒曰："是等何功，遽然至是！"更为贼乡导，前贼归，焚西市。帝类郊祈哀。会承范至，具言不守状，帝黜宰相卢携。方朝，而传言贼至，百官奔，令孜以神策兵五百奉帝趋咸阳，惟福、穆、潭、寿四王与妃御一二从，中人西门匡范统右军以殿。

巢以尚让为平唐大将军。盖洪、费全古副之。贼众皆被发锦衣，大抵辎重自东都抵京师，千里相属。金吾大将军张直方与群臣迎贼灞上，巢乘黄金舆，卫者皆绣袍、华帻，其党乘铜舆以从，骑士凡数十万先后之。陷京师，入自春明门，升太极殿，宫女数千迎拜，称黄王。巢喜曰："殆天意欤！"巢舍田令孜第。贼见穷民，抵金帛与之。尚让即妄晓人曰："黄王非如唐家不惜而辈，各安毋恐。"甫数日，因大掠，缚箠居人索财，号"淘物"。富家皆跣而驱，贼酋阅甲第以处，争取人妻女乱之，捕得官吏悉斩之，火庐舍不可赀，宗室侯王屠之无类矣。

巢斋太清宫，卜日舍含元殿，僭即位，号大齐。求衮冕不得，绘弋绨为之；无金石乐，击大鼓数百，列长剑大刀为卫。大赦，建元为金统。王官三品以上停，四品以下还之。因自陈符命，取"广明"字，判其文曰："唐去丑口而著黄，明黄当代唐，又黄为土，金所生，盖天启"云。其徒上巢号承天应运启圣睿文宣武皇帝，以妻曹为皇后，以尚让、赵璋、崔璆、杨希古为宰相，郑汉璋御史中丞，李俦、黄谔、尚儒为尚书，方特谏议大夫，皮日休、沈云翔、裴渥翰林学士，孟楷、盖洪尚书左右仆射兼军容使，费传古枢密使，张直方检校左仆射，马祥右散骑常侍，王璠京兆尹，许建、米实、刘瑭、朱温、张全、彭攒、李逵等为诸将军、游弈使，其余以次封拜。取趫伟五百人号"功臣"，以林言为之使，比控鹤府。下令军中。禁妄杀人，悉输兵于官。然其下本盗贼，皆不从。召王官，无有至者，乃大索里闾。豆卢瑑、崔沆等匿永宁里张直方家。直方者，素豪桀，故士多依之。或告贼纳亡命者，巢攻之，夷其家，瑑、沆及大臣刘邺、裴谂、赵濛、李溥、李汤死者百余人。将作监郑綦、郎官郑系举族缢。

是时，乘舆次兴元，诏促诸道兵收京师，遂至成都。巢使朱温攻邓州，陷之，以扰荆、襄。遣林言、尚让寇凤翔，为郑畋将宋文通所破，不得前。畋乃传檄召天下兵，于是诏泾原节度使程宗楚为诸军行营副都统，前朔方节度使唐弘夫为行营司马。数攻贼，斩万级。邠将朱玫阳为贼将王玫裒兵，俄而杀玫，引军入于王师。弘夫进屯渭北，河中王重荣营沙苑，易定王处存次渭桥，鄜延李孝昌、夏州拓拔思恭壁武功。弘夫拔咸阳，梲渭水，破尚让军，乘胜入京师。巢窃出，至石井。宗楚入自延秋门，弘夫傅城舍，都人共譟曰："王师至！"处存选锐卒五千以白䌸自志，夜入杀贼，都人传言巢已走，邠、泾军争入京师，诸军亦解甲休，竞掠货财子女，市少年亦冒作䌸，肆为剽。

巢伏野，使觇城中弛备，则遣孟楷率贼数百掩邠、泾军，都人犹谓王师，欢迎之。时军士得珍贿，不胜载，闻贼至，重负不能走，是以甚败。贼执弘夫害之，处存走营。始，王璠破奉天，引众数千随弘夫，及诸将败，独一军战尤力。巢复入京师，怒民迎王师，纵击杀八万人，血流于路可涉也，谓之"洗城"。诸军退保武功，于是中和二年二月也。

其五月，昭义高浔攻华州，王重荣与并力，克之。朱玫以泾、岐、麟、夏兵八万营兴平，巢亦遣王璠营黑水，玫战未能胜。郑畋将窦玫夜率士燔都门，杀逻卒，贼震惧。于时畿民栅山谷自保，不得耕，米斗钱三十千，屑树皮以食，有执栅民鬻贼以为粮，人获数十万钱。士人或卖饼自业，举奔河中。

李孝昌、拓拔思恭徙壁赤渭桥，收水北垒。数月，贼帅朱温、尚让涉渭败孝昌等军。高浔击贼李详，不胜，贼复取华州，巢即授华州刺史，以温为同州刺史。贼又袭孝昌，二军引去。贼破陈敬瑄兵，走南山。齐克俭营兴平，为贼所围，决河灌之，不克。有题尚书省户讥贼且亡，尚让怒，杀吏，辄剔目悬之，诛郎官门阑卒凡数千人，百司逃，无在者。

天子更以王铎为诸道行营都统，崔安潜副之，周岌、王重荣为左右司马，诸葛爽、康实为左右先锋，平师儒为后军，时溥督漕赋，王处存、李孝章、拓拔思恭为京畿都统，处存直左，孝章在北，思恭直右。西门思恭为铎都监，杨复光监行营，中书舍人卢胤征为克复制置副使。于是铎以山南、剑南军营灵感祠，朱玫以岐、夏军营与平，重荣、处存营渭北，复光以寿、沧、荆南军合岌营武功，孝章合拓拔思恭营渭桥，程宗楚营京右。

朱温以兵三千掠丹、延南鄙，趋同州，刺史米逢出奔，温据州以守。六月，尚让寇河中，使朱温攻西关，败诸葛爽，破重荣数千骑于河上，爽闭关不出，让遂拔郃阳，攻宜君垒，大雨雪盈尺，兵死什三。

七月，贼攻凤翔，败节度李昌言于涝水，又遣强武攻武功、槐里，泾、邠兵却，独凤翔兵固壁。拓拔思恭以锐士万八千赴难，逗留不进。河中粮艘三十道夏阳，朱温使兵夺艘，重荣以甲士三万救之，温惧，凿沉其舟，兵遂围温。温数困，又度巢势蹙，且败，而孟楷方专国，温丐师，楷沮不报，即斩贼大将马恭，降重荣。帝进拓拔思恭为京四面都统，敕朱玫军马嵬。温既降，重荣遇之厚，故李详亦献款，贼觉，斩之于赤水，更以黄思邺为刺史。

十月，铎浚壕于兴平，左抵马嵬，使将薛韬董之；由马嵬、武功入斜谷，以通盩厔，列屯十四，使将梁璩主之。置关于沮水、七盘、三溪、木皮岭，以遮秦、陇。京左行营都统东方逵禽贼锐将李公迪，破堡三十。华卒逐黄思邺，巢以王遇为刺史，遇降河中。

明年正月，王铎使雁门节度使李克用破贼于渭南，承制拜东北行营都统。会铎与安潜皆罢，克用独引军自岚、石出夏阳，屯沙苑，破黄揆军，遂营乾坑。二月，合河中、易定、忠武等兵击巢。巢命王璠、林言军居左，赵璋、尚让军居右，众凡十万，与王师大战梁田陂。贼败，执俘数万，僵胔三十里，敛为京观。璠与黄揆袭华州，据之，遇亡去。克用掘堑环州，分骑屯渭北，命薛志勤、康君立夜袭京师，火屋聚，俘贼而还。

巢战数不利，军食竭，下不用命，阴有遁谋，即发兵三万搤蓝田道，使尚让援华州。克用率重荣迎战零口，破之，遂拔其城，揆引众出走。泾原节度使张钧说蕃、浑与盟，共讨贼。是时，诸镇兵四面至。四月，克用遣部将杨守宗率河中将白志迁、忠武将庞从等最先进，击贼渭桥，三战，贼三北。于是诸节度兵皆奋，无敢后，入自光泰门。克用身决战，呼声动天，贼崩溃，逐北至望春，入升阳殿闼。巢夜奔，众犹十五万，声趋徐州，出蓝田，入商山，委辎重珍赀于道，诸军争取之，不复追，故贼得整军去。

自禄山陷长安，宫阙完雄；吐蕃所燔，唯衢弄庐舍；朱泚乱定百余年，治缮神丽如开元时。至巢败，方镇兵互入虏掠，火大内，惟含元殿独存；火所不及者，止西内、南内及光启宫而已。杨复光献捷行在，帝诏陈许、延州、凤翔、博野军合东西神策二万人屯京师，命大明宫留守王徽卫诸门，抚定居人。诏尚书右仆射裴璩修复宫省，购辇辂、仗卫、旧章、秘籍。豫败巢者：神策将横冲军使杨守亮、蹑云都将高周彝、忠顺都将胡真、天德将顾彦朗七十人。

巢已东，使孟楷攻蔡州，节度使秦宗权迎战，大败，即臣贼，与连和。楷击陈州，败死，巢自围之，略邓、许、孟、洛，东入徐、兖数十州。人大饥，倚死墙堑，贼俘以食，日数千人，乃办列百巨碓，糜骨皮于臼，并啖之。时朱全忠为宣武节度使，与周岌、时溥帅师救陈，赵犨亦乞兵太原。巢遣宗权攻许州，未克。于是粮竭，木皮草根皆尽。

四年二月，李克用率山西兵由陕济河而东，会关东诸镇壁汝州。全忠击贼瓦子堡，斩万余级，诸军破尚让于太康，亦万级，获械铠马羊万计，又败黄邺于西华，邺夜遁。巢大恐，居三日，军中相惊，弃壁走，巢退营故阳里。其五月，大雨震电，川谿皆暴溢，贼垒尽坏，众溃，巢解而去。全忠进戍尉氏。克用追巢，全忠还汴州。

巢取尉氏，攻中牟，兵度水半，克用击之，贼多溺死。巢引残众走封丘，克用追败之，还营郑州。巢涉汴北引，夜复大雨，贼惊溃，克用闻之，急击巢河濒。巢度河攻汴州，全忠拒守，克用救之，斩贼骁将李周、杨景彪等。巢夜走胙城，入冤句。克用悉军穷蹑，贼将李谠、杨能、霍存、葛从周、张归霸、张归厚往降全忠，而尚让以万人归时溥。巢愈猜忿，屡杀大将，引众奔衮州。克用追至曹，巢兄弟拒战，不胜，走兖、郓间，获男女牛马万余、乘舆器服等，禽巢爱子。克用军昼夜驰，粮尽不能得巢，乃还。巢众仅千人，走保太山。

六月，时溥遣将陈景瑜与尚让追战狼虎谷，巢计蹙，谓林言曰："我欲讨国奸臣，洗涤朝廷，事成不退，亦误矣。若取吾首献天子，可得富贵，毋为他人利。"言，巢出也，不忍。巢乃自刎，不殊，言因斩之，及兄存、弟邺、揆、钦、秉、万通、思厚，并杀其妻子，悉函首，将诣溥。而太原博野军杀言，与巢首俱上溥，献于行在，诏以首献于庙。徐州小吏李师悦得巢伪符玺，上之，拜湖州刺史。

巢从子浩众七千,为盗江湖间,自号“浪荡军”。天复初,欲据湖南,陷浏阳,杀略甚众。湘阴强家邓进思率壮士伏山中,击杀浩。

【译文】

黄巢是曹州冤句县人。家中世代卖盐,富有资财。他擅长击剑和骑马射箭,略通文书,能言善辩,喜欢收养逃亡的人。

唐懿宗咸通末年,连年饥荒,盗贼在河南兴起。唐僖宗乾符二年,濮州有名的盗贼王仙芝在长垣发动叛乱,有徒众三千人,残害曹、濮二州,他们抓走上万人,势力于是逐渐扩大。王仙芝自己妄称大将军,传送檄文到各道,说官吏贪得无厌,赋税繁重,赏罚不公。宰相为此感到耻辱,而僖宗则根本不知道王仙芝起兵的事。王仙芝的剽悍将领尚君长、柴存、毕师铎、曹师雄、柳彦璋、刘汉宏、李重霸等十余人,到处肆意抢掠。而黄巢喜欢天下大乱,便与兄弟八人,招募部众得到数千人,起兵响应王仙芝,黄巢辗转攻掠河南十五个州,部下于是达到数万人。

唐僖宗指派平卢节度使宋威和他的副使曹全晸多次攻打贼寇,击败了他们,任命宋威为诸道行营招讨使,给他禁卫军三千名、骑兵五百名,下诏令河南各镇都接受他的指挥调度,又任命左散骑常侍曾元裕为招讨副使。王仙芝攻打沂州,宋威在沂州城下击败贼寇,王仙芝逃走。宋威于是上奏朝廷说大头目王仙芝已死,擅自放部下的士兵回青州;群臣都入朝贺喜。过了三天,州县上奏说王仙芝还在。当时士兵刚开始休整,天子又下诏派他们出征,士兵们都感到愤怒,有谋乱之心。贼寇钻这个空子,奔赴郏城,不到十天就攻陷了八个县。皇帝担心贼寇逼近东都,督促各道军队阻遏贼寇,于是命凤翔、邠宁、泾原三镇军队防守陕州、潼关,曾元裕守卫东都,义成、昭义两镇派兵保卫东都皇宫。

王仙芝攻打汝州,杀死汝州守将,汝州刺史逃走,东都洛阳非常震动,百官多离城出逃。贼寇攻陷阳武,包围郑州,没有攻下,聚集于邓州、汝州之间。潼关以东的州县,大致都畏惧贼寇,各自环城据守,因此贼寇便纵兵四出掠夺,残害郢、复二州,所过之地,焚烧房屋,抢劫财物,百姓几乎逃光。官军迅速追击他们,他们就将许多财物扔在路上,官军士兵争相夺取财物,一般都逗留不前。贼寇辗转进入申州、光州,残害隋州,捉住隋州刺史,占据安州,行动自如,又出奇兵包围舒州,攻打庐、寿、光等州。

当时宋威既年老又昏庸,担负不了军事重任,私下同曾元裕商议道:“从前庞勋灭亡,康承训便获罪。我们即使成功,能免除灾祸吗?不如留下贼寇,不幸贼寇当了天子,我们也还能作功臣。”所以宋威紧随贼寇之后,总是保持三十里的距离,力求保全自己的军队,常常观望不前。皇帝也知道他无意讨贼,于是另外任命陈许节度使崔安潜为行营都统,任命原鸿胪卿李琢替代宋威为诸道行营招讨使,右威卫上将军张自勉替代曾元裕为招讨副使。

贼寇出入于蕲州、黄州,蕲州刺史裴渥替贼寇向朝廷求官,双方约定停战。王仙芝和黄巢等人到裴渥那里喝酒。没多久,天子下诏任命王仙芝为左神策军押衙,又派宦官前来安抚慰问。王仙芝很高兴,黄巢怨恨朝廷没赏赐自己,骂王仙芝说:“你投降,独自得官，五千名将士将怎么办？把士兵给我，你不要留下他们。”于是殴打王仙芝，击伤了他的头。王仙芝害怕引起大家发怒，便不接受朝廷的任命，带领贼寇劫夺蕲州的士兵，裴渥和宦官都逃走。贼寇将他们的军队分为两部：尚君长进入陈、蔡一带；黄巢北上劫掠齐、鲁一带，率部众万人，进入郓州，杀死节度使薛崇，又攻陷沂州，部队于是发展到数万人，接着率众经由颍州、蔡州而至嵖岈山据守。

这时柳彦璋夺取江州，捉住江州刺史陶祥。黄巢领兵又与王仙芝会合，一起围攻宋州。正好张自勉带领救援部队到达宋州，杀死贼寇两千人，王仙芝于是解除对宋州的包围率部南下，渡过汉水，进攻荆南。荆南节度使杨知温环城自守，贼寇纵火焚烧城楼，杨知温不出战，天子下诏任命高骈替代杨知温为节度使。高骈率领蜀兵一万五千人携带干粮，约定三十天到达荆南，而等到达时荆南城已被贼寇攻陷，杨知温逃走，但贼寇也未能守住荆南城。天子下诏任命左武卫将军刘秉仁为江州刺史，刘秉仁带兵乘一只大船进入贼寇的营寨，贼寇大惊，一起出迎并向刘秉仁投降，于是柳彦璋被处斩。

黄巢进攻和州，没有攻下。王仙芝自己围攻洪州，拿下了它，派徐唐莒守卫。又进兵攻陷朗州、岳州，于是包围潭州，潭州观察使崔瑾抵御并击退了王仙芝，于是王仙芝率众奔向浙西，骚扰宣州、润州，但没能得到想得到的东西，于是自己留在江西，催促手下的另一支部队返回河南。

皇帝命令崔安潜回忠武镇，又起用宋威、曾元裕，仍让他们担任招讨使与招讨副使，而派杨复光任监军。杨复光派他的部属吴彦宏用皇帝的命令告谕贼寇，王仙芝于是派蔡温球、楚彦威、尚君长前来投降，准备到朝廷请罪，又给宋威写信要求当节度使。宋威假装答应他，但上报朝廷说“同尚君长作战，抓到了他”。杨复光坚持说尚君长等人是自己前来投降的。天子命侍御史与宦官速乘驿车前去审问，但竟然弄不清楚谁对谁错。最后在狗脊岭将尚君长等人斩首。王仙芝大怒，再次进攻洪州，进入洪州外城。宋威亲自带兵援救洪州，在黄梅击败王仙芝，杀死贼寇五万人，俘获王仙芝，将他的首级传送到长安。

存这个时候，黄巢正包围亳州还没有攻下，尚君长的弟弟尚让率领王仙芝的残余部队归附黄巢，推举黄巢为王，号称“冲天大将军”，设置并任命属官，驱使河南、山东的百姓十多万人侵掠淮南，设立王霸的年号。

曾元裕在申州击败贼寇，杀死的人有一万。皇帝认为宋威杀死尚君长不对，而且讨伐贼寇无功，命令他回青州，而任用曾元裕为招讨使，张自勉为招讨副使。黄巢攻陷考城，夺取濮州，曾元裕驻扎在荆州、襄州，派兵救援的道路遥远、阻隔，因此朝廷另外任命张自勉为东北面行营招讨使，督促各军迅速追捕黄巢。黄巢正夺取襄邑、雍丘，皇帝命滑州节度使李峄在原武扎营。黄巢进犯叶县、阳翟，想窥伺东都。恰巧左神武大将军刘景仁领兵五千救援东都，河阳节度使郑延休的三千军队驻扎在河阴。黄巢在江西的军队，被镇海节度使高骈击破；进犯新郑、郏城、襄城、阳翟的部队，被崔安潜赶跑；在浙西的军队，被浙西节度使裴璩杀掉两个头目，死的人很多。黄巢非常沮丧和惶恐，于是向唐天平军求降，朝廷授给黄巢右卫将军的官号。黄巢考虑藩镇不齐心，不足以制服自己，便又叛离朝廷，转而进犯浙东，捉住浙东观察使崔璆，于是高骈派将领张潾、梁缵进攻贼寇，打败了他们。黄巢收聚部众越过江西，攻陷虔、吉、饶、信等州，于是凿山开路七百里，直趋建州。

起初，黄巢军中有谚语说："遇儒生便杀，军队必定覆灭。"黄巢进入闽地，俘获百姓而骗人说是儒生，都加以释放，当时是乾符六年三月。黄巢走捷径围攻福州，福州观察使韦岫迎战失败，弃城逃走，贼寇进入福州，焚烧居民住宅，杀人犹如割草一般。经过崇文馆校书郎黄璞的家，黄巢下令说："这是儒者，熄灭火炬不许焚烧。"又寻找处士周朴，得到了他，黄巢对他说："你能追随我吗？"周朴回答说："我尚且不做天子的官，怎么能追随贼寇？"黄巢发怒，杀掉周朴。当时闽地各州全部沦陷，天子下诏任命高骈为诸道行营都统以抵御贼寇。

黄巢攻陷桂管，进犯广州，给节度使李迢写信，要求他上表朝廷让自己当天平节度使，又胁迫浙东观察使崔璆将这事向朝廷报告，宰相郑畋打算同意，卢携、田令孜坚决不赞成。黄巢又请求当安南都护、广州节度使，他的上书进呈天子后，尚书右仆射于琮议论道："南海的对外通商之利极大，贼寇得到这样的利益会更富，而国家的费用将枯竭。"于是任命黄巢为率府率。黄巢见到任命他为率府率的诏令后大骂，马上进攻广州，抓住李迢，自称"义军都统"，上公开的表章，宣告自己将进入潼关，接着表中诋毁宦官执掌朝政，污染、败坏国家法度，指出朝臣与宦官彼此赠送财物相互勾结的情况，又说铨选、贡举制度埋没人才，必须禁止刺史繁殖资产，县令犯贪污罪的应杀灭全家，这些都是当时的最大弊端。

天子既已责罚宋威的失策，免去了他的招讨使职务，宰相王铎于是自己请求率军出征，天子任命王铎为荆南节度使、南面行营招讨都统，带领各道军队进兵讨伐贼寇。王铎驻守江陵，上表推荐泰宁节度使李系为招讨副使、湖南观察使，充任先锋驻守潭州，江陵、潭州间用烽火、驿站相互联络。恰巧贼寇的部队中发生大瘟疫，十分之四的士兵死亡，黄巢于是自岭南领兵北返。他们在桂州编大木筏，沿湘江顺流而下攻陷衡州、永州，又攻陷潭州，李系逃往朗州，官军十多万被消灭，扔进江中的死尸遮蔽江面。贼寇进逼江陵，号称五十万人。王铎军队少，便登城防守。在这以前，刘汉宏已在江陵夺取土地，焚烧房屋，百姓都逃窜列山谷中。没多久李系失败的消息传来，王铎便弃城逃往襄阳，官军乘乱肆意抢掠，恰巧下大雪，百姓多冻死在山沟里。

乾符六年十月，黄巢占据荆南，胁迫李迢草拟表章上报天子，李迢说："我的手腕可砍断，表章不能写。"黄巢发怒，杀死李迢。黄巢想进兵追击王铎，恰巧江西招讨使曹全晸与山南东道节度使刘巨容驻扎于荆门，让沙陀兵将五百匹配有装饰华丽的辔头和坐垫的马往贼阵里放然后逃走，贼寇以为官军胆怯。第二天，贼军将领们骑上这些马作战，这些马能听懂沙陀语，沙陀兵一喊它们，就都跑回官军这边，贼寇无法禁止。官军先在树林里布下伏兵，与贼寇作战假装败逃，贼寇迅速追击，伏兵突然出现，大败贼寇，捉住贼将十二名。黄巢害怕，渡过长江往东逃跑，官军逼近黄巢的部队，俘虏了它的十分之八的士兵。王铎招抚刘汉宏，刘汉宏投降了王铎。有人劝说刘巨容穷追贼寇，刘巨容回答说："国家多辜负人，有危难时不吝惜赏赐，变故平定后则往往获罪，不如且留下贼寇以期望日后的幸福。”停下来不追击，所以黄巢能够再次整顿队伍，进攻鄂州，进入鄂州城。曹全晸正要渡江追击，恰巧天子下诏让段彦謩替代他任招讨使，于是也停止进兵。

黄巢害怕官军袭击，转而侵掠江西，再次进入饶州、信州、杭州，部众达到二十万人。董昌进攻临安，临安守将董昌兵少，不敢与黄巢作战，埋伏数十名骑兵于丛生的草木中，贼寇来到，暗藏的弩弓放箭射死贼将，贼将手下的人都逃走。黄巢进驻八百里这个地方，见到旅馆的一个老妇说道："有追兵来到，告诉他们临安的军队已屯驻八百里了。"贼寇听了老妇的话后吃惊地说道："过去几名骑兵尚且能让我们受挫，更何况军队屯驻八百里呢！"于是撤回去，残害宣、歙等十五州。

僖宗广明元年，淮南高骈派将领张潾渡过长江击败王重霸，逼使他投降。黄巢多次败退，于是据守饶州，士兵多染上瘟疫。贼寇的另一支部队的首领常宏率领数万人投降唐朝，投降的人到处被杀戮。唐朝各军多次上报击败贼寇，都不符合事实，但朝廷相信他们的话，自己稍微觉得平安。黄巢如愿以偿，乘机击败和杀死张潾，攻陷睦、婺二州，又夺取宣州，而刘汉宏的残部又兴起，他们进犯宋州，侵掠申州、光州，前来与黄巢会合，一起在采石渡江，侵犯扬州。高骈按兵不出。天子下诏命兖海节度使齐克让驻守汝州，任命曹全晸为天平节度使兼东面副都统。贼寇正守卫滁州、和州，曹全晸率天平镇兵在淮河边与贼寇作战，被击败。宰相豆卢瑑计议道："救兵未到，请给黄巢天乎节度使的官职，让他不能西进，然后派精兵守卫宣武，堵住汝州、郑州的道路，贼寇的首级就能得到了。"卢携坚决不赞成，请求："调集各道的军队驻扎泗水之上，让宣武节度使统领这些军队，那么黄巢就将回去劫掠东南一带，徘徊于会稽山、浙江，只能挽救自己的死亡而已。"天子赞成他的意见。在这以前天子已命令全国的军队驻守溵水，制止贼寇北行。于是徐州的士兵三千路过许州，许州的统帅薛能安排徐州的士兵住进城里，许州入吃惊地以为受到袭击，薛能的部将周岌自溵水回到许州，杀死薛能，自称节度使留后。徐州的军队见许州内乱，部将时溥也领兵回徐州。囚禁了徐州的统帅支详。兖海节度使齐克让害怕部下反叛，也领兵回兖州，溵水的驻军于是全部散去。

黄巢听到消息后，带领全部人马渡过淮河，自己妄称"率土大将军"，整顿部队不许抢劫，所经之地只选取少壮男子以扩充军队。李罕之进犯申、光、颍、宋、徐、兖等州，官吏都逃亡。黄巢自己率领部队进攻汝州，想进逼东都。这时候，天子年幼，吓得直流眼泪，宰相们一起建议，全部调集神策军和关内各节度使的兵马共十五万守卫潼关。田令孜请求由自己统领军队赴潼关，但内心惊恐慌乱，上前劝说皇帝到蜀地避难。皇帝亲自到神策军中，提拔左军骑将张承范为先锋，右军步将王师会负责督察运粮通道，命令飞龙使杨复恭辅助田令孜。于是在京师招募兵士，得到数千人。

这时候，黄巢已攻陷东都，唐东都留守刘允章率领百官迎接贼寇，黄巢进入东都，只是慰问官吏百姓而已，街市里巷平安。皇帝在章信门为田令孜饯行，给予他的赏赐很丰厚。但禁卫军都是长安富家子弟，世代入左右神策军籍，得到朝廷丰厚的赏赐，便着奢华的服饰纵马疾驰，以向权贵豪门夸耀，本来并不懂得作战，等到得知被选进出征的队伍，都在家中啼哭，他们私下出钱雇用市场上的小贩和病坊里的贫民，以代替他们凑足军队之数，这些人有的拿不住兵器，看到的人都感到吃惊，全身寒毛竖起。张承范率强弩手三千人防守潼关，辞别天子说："安禄山率领五万军队攻陷东都，现在贼寇的部队有六十万，大大超过安禄山的军队，潼关恐怕守不住。"皇帝不同意他的话。贼寇进兵夺取陕州、虢州，发檄文给潼关守军说："我路过淮南，追赶高骈，他就像老鼠逃入地洞一样，你们不要抵抗我！"神策军经过华州，带了三天的粮食，士兵们吃不饱饭，没有斗志。

十二月，黄巢进攻潼关，齐克让带领他的军队在关外作战，贼寇略微后退。一会儿黄巢到关下，贼寇全军大声呼喊，川谷都为之震动。当时齐克让的士兵肚子都很饿，暗地里放火焚烧齐克让的营地后逃散，齐克让逃入关内。张承范拿出金子告谕军中士兵说："各位努力报效国家，救兵即将到达。"士兵无不感动流泪，于是阻击贼寇。贼寇见官军没有后援，急速攻关，官军的箭已全用尽，就扔石块打击贼寇，黄巢驱赶百姓进入关外的壕沟，让他们挖土填平壕沟，又放火将关楼全部烧光。起初，潼关左边有一条大谷，禁止行人来往，称为"禁谷"。贼寇到来，田令孜驻守潼关，却忘记由禁谷也能进入关内。尚让领兵奔往禁谷，张承范非常惊慌，急忙派王师会带领八百名强弩手到禁谷阻截贼寇，等到王师会抵达禁谷，贼寇已进入禁谷。第二天，贼寇前后夹攻潼关，官军溃败。王师会想自杀，张承范说："我们两人死了，谁承担辨别是非的事情？不如见了天子以实情相告，再死不迟。"于是换上穷人的衣着逃跑。起初，博野、凤翔镇的军队经过渭桥，见从京师招募来的新军衣服漂亮暖和，发怒道："这些人有什么功劳，一下子就到了这样！"反过来给贼寇当向导，走在贼寇前面返回长安，焚毁了长安西市。皇帝在郊外祭天祈求上天怜悯。恰巧张承范到长安，向天子一一陈述了潼关失守的情况，天子罢免了卢携的宰相职务。群臣正在上朝，传说贼寇已经到来，官吏们争着逃跑，田令孜率领神策军五百士兵侍奉皇帝奔赴咸阳，只有福王、穆王、潭王、寿王和妃嫔一二人跟随，宦官西门匡范统率右军殿后。

黄巢任命尚让为为平唐大将军，盖洪、费全古辅助他。贼寇部众都散发着锦衣，装载物资的车辆自东都抵长安，千里不绝，唐金吾大将军张直方和群臣在灞上迎接贼寇，黄巢乘以黄金为饰的车子，卫士都着绣袍、华丽的头巾，他的党羽乘以铜为饰的车子跟随，有数十万骑兵在黄巢的前后护卫。黄巢攻陷京师，由春明门进入长安，登上太极殿，有数千名宫女跪迎黄巢，称他为黄王。黄巢高兴地说："这大概是天意吧！"黄巢住在田令孜的宅第里。贼寇见到穷苦百姓，就扔钱和丝织物给他们。尚让当即妄自晓喻百姓说："黄王不像唐家不爱惜你们，大家各自安居，不要害怕。"刚过了几天，贼寇便大肆劫掠，捆绑、鞭打居民索取财物，号称"淘物"。富家都光着脚被赶出家门，贼寇头目察看头等宅第居住，争相夺取百姓的妻女与她们淫乱，抓到官吏全部处斩，焚烧的房屋数量很大，损失无法用钱计算，在长安的李唐宗室侯王都被屠戮，无一幸存。

黄巢在太清宫斋戒，择日入居含元殿，越分即皇帝位，国号大齐。即位时没找到皇帝的礼服礼帽，便在黑色丝织物上画各种图案制成皇帝的礼服；没有钟磬等乐器的演奏，用敲击数百面大鼓代替，又陈列长剑大刀作为仪仗。发布大赦令，立年号为金统。投降的唐官凡三品以上都停职，四品以下留任原职。于是黄巢自述得天命的符瑞，拿唐僖宗的年号"广明"两字分析判断说："唐字去掉丑口而加黄字为广，表明黄应当替代唐，又黄就是土，金生于土，这大概是上天的启示吧”等等。黄巢的同伙进上黄巢的尊号为承天应运启圣睿文宣武皇帝。黄巢立妻子曹氏为皇后，任命尚让、赵璋、崔璆、杨希古为宰相，郑汉璋为御史中丞，李俦、黄谔、尚儒为尚书，方特为谏议大夫，皮日休、沈云翔、裴渥为翰林学士，孟楷、盖洪为尚书左右仆射兼军容使，费传古为枢密使，张直方为检校左仆射，马祥为右散骑常侍，王璠为京兆尹，许建、米实、刘瑭、朱温、张全、彭攒、李逵等人为诸卫将军、游奕使，其余的人也按等级封官。又选取勇健魁梧的人五百名，称为“功臣”，派林言作他们的长官，犹如武则天时的控鹤府。黄巢下令军中，禁止乱杀人，兵器都交给官府。但黄巢的部下原是盗贼，都不从命。黄巢招引唐朝的官吏，没有人前来，于是在长安的街市里巷进行大搜索，豆卢瑑、崔沆等人藏于永宁里张直方家。张直方一向是个豪杰，所以士人多依附于他。有人向贼寇告发张直方收纳逃亡的人，黄巢进攻张直方的住宅，杀死他全家人，豆卢瑑、崔沆及唐朝大臣刘邺、裴谂、赵濛、李溥、李汤等一百多人被杀。唐将作监郑綦、郎官郑系全家自缢而死。

这时候，唐僖宗停留于兴元，下诏催促各道军队收复京师，接着到达成都。黄巢派朱温进攻邓州，打下了它，依靠这里来骚扰荆州、襄州。又派林言、尚让侵犯凤翔，被郑畋的将领宋文通击败，不能前进。郑畋于是传送文书征召全国的军队，命令泾原节度使程宗楚为诸军行营副都统，原朔方节度使唐弘夫为行营司马。他们多次进攻贼寇，杀敌一万人。邠宁将领朱玫假装为贼将王玫搜罗兵士，没多久杀掉王玫，带领部队加入官军。唐弘夫进驻渭北，河中王重荣扎营沙苑，易定王处存留驻渭桥，鄜延李孝昌、夏州拓拨思恭驻守武功。唐弘夫攻下咸阳，在渭水编木筏，击败尚让的军队，乘胜进入长安。黄巢暗中出城，到了石井。程宗楚自延秋门进入长安，唐弘夫接近京城的房屋，长安人一起喊叫道：“官军到了！”王处存挑选精锐士兵五千人用白巾束发作为标志，晚上进入长安杀贼，长安人传说黄巢已逃走，邠宁、泾原的军队争相进入长安，官军各部队都脱下铠甲休息，竞相劫掠财物、女子，长安坊市少年也用白巾束发假冒官军，肆意进行抢劫。

黄巢潜伏在野外，派人侦察到长安城中放松戒备，就派孟楷率领贼寇数百人突袭邠宁、泾原的军队，长安人仍以为是官军，高兴地迎接他们。当时官军士兵抢到贵重财物，多得承载不了，听见贼寇到来，因身上背的东西太重无法逃跑，因此大败。贼寇捉住弘夫并杀害了他，处存逃回营中。起初，王璠攻陷奉天，带领部下数千人跟随唐弘夫，等到诸位将领战败，唯独王璠一军作战特别尽力。黄巢又进入长安，对百姓迎接官军感到很生气，放纵部下杀死八万百姓，血流到路上成为河流，称为“洗城”。各军退守武功，这时是唐僖宗中和二年二月。

这年五月，昭义镇高浔攻打华州，王重荣与他合力进击，打下了华州。朱玫率泾州、岐州、麟州、夏州的军队八万屯驻兴平，黄巢也派王璠屯驻黑水，朱玫与王璠作战未能取胜。郑畋的将领窦玫每夜带领士兵放火焚烧长安城门，杀死巡逻的敌兵，贼寇震惊。这时候京城附近地区的百姓，都在山谷中立寨栅自保，不能种地，米每斗三十千钱，百姓把树皮捣碎了当饭吃，有人捕捉山寨居民卖给贼寇当食粮，一人可卖得几十万钱。士人有的以卖饼为职业，都奔赴河中。

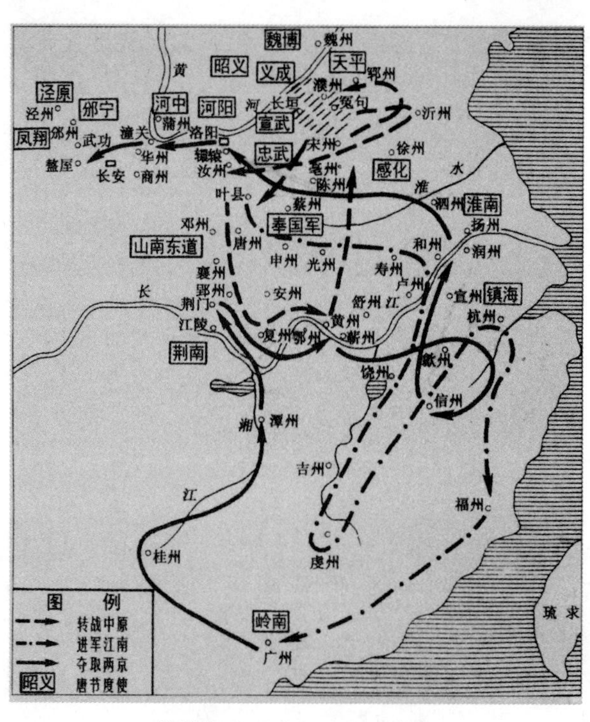

黄巢起义军进军路线示意图

李孝昌、拓拔思恭移驻东渭桥，夺取了渭水北边的营垒。几个月后，贼帅朱温、尚让领兵趟过渭水击败李孝昌等人的军队。高浔袭击贼寇李详，没有取胜，贼寇又夺取了华州，黄巢当即任命李详为华州刺史，任命朱温为同州刺史。贼寇又袭击李孝昌，李孝昌、拓拔思恭两支军队退走。贼寇击败陈敬瑄的军队，败兵逃往终南山。齐克俭屯驻兴平，被贼寇包围，克俭决开堤岸引河水淹贼寇，贼寇未能攻下兴平。有人在尚书省门上题诗讥讽贼寇即将灭亡，尚让发怒，杀害官也，都挖去眼珠倒吊而死，共杀郎官和看门士兵数千人，各部门官吏都逃走，没有在衙门办公的。

唐天子另外任命王铎为诸道行营都统，崔安潜为副都统，周岌、王重荣为左右司马，诸葛爽、康实为左右先锋，平师儒为后军统领，时溥负责督察漕运租赋，王处存、李孝章、拓拔思恭为京畿都统，王处存任东面都统，李孝章任北面都统，拓拔思恭任西面都统。西门思恭为王铎的行营都监，杨复光为行营监军，中书舍人卢胤征为克复制置副使。于是王铎率领山南、剑南的军队屯驻灵感祠，朱玫率领岐州、夏州的军队屯驻兴平，王重荣、王处存屯驻滑北，杨复光率领寿州、沧州、荆南的军队与周岌一起屯驻武功，李孝章与拓拔思恭一起屯驻渭桥，程宗楚屯驻京西。

朱温领兵三千侵掠丹州、延州南部边境，趋赴同州，同州刺史米逢出逃，朱温据守同州。同年六月，尚让进犯河中，派朱温攻河中西门，击败诸葛爽，又在黄河边击败王重荣的数千骑兵，诸葛爽闭门不出，尚让于是拿下郃阳，又进攻宜君的营寨，恰巧下大雪，有一尺厚，贼兵冻死十分之三。

七月，贼寇进攻凤翔，在涝水击败凤翔节度使李昌言，又派强武进攻武功、槐里，泾原、邠宁的军队退却，只有凤翔的军队坚守营垒。拓拔思恭带领精锐士兵一万八千趋救凤翔的危难，但逗留不前。河中镇的粮船三十艘路过夏阳，朱温派兵夺取粮船，王重荣率士兵三万前来解救，朱温害怕，凿沉粮船，官军于是包围朱温，朱温多次被困，又估量黄巢势力缩减，即将失败，而孟楷正独揽国家大权，朱温请求增派军队，孟楷加以阻止，不报告黄巢，于是便杀死贼寇大将马恭，投降了王重荣。唐僖宗晋升拓拔思恭为京城四面都统，命令朱玫驻扎于马嵬。朱温投降后，王重荣厚待他，所以李详也表露归顺之意，贼寇发觉，在赤水将他杀死，另外任命黄思邺为华州刺史。十月，王铎在兴平疏通壕沟，左方到达马嵬，派将领薛韬督察这项工程，由马嵬、武功进入斜谷，与盩厔(周至)相通，其间并列军营十四处，派将领梁璩主持这项工程。在沮水、七盘、三溪、木皮岭设关，以遏制秦陇之地。京东行营都统东方逵擒获贼寇的猛将李公迪，攻破城堡三十个。华州士兵驱逐黄思邺，黄巢任命王遇为华州刺史，王遇投降了河中镇。

僖宗中和三年正月，王铎派雁门节度使李克用在渭南击败贼寇，王铎奉诏任命李克用为东北面行营都统。恰巧王铎与崔安潜都被免去行营都统和副都统的职务，李克用便独自领兵自岚州、石州出夏阳，屯驻沙苑，击败黄揆的军队，接着进驻乾坑。二月，李克用联合河中、易定、忠武等镇的军队攻打黄巢。黄巢命令王璠、林言的军队居左方，赵璋、尚让的军队居右方，共十万人，与官军在梁田陂大战。贼寇战败，被俘数万人，死尸布满三十里地，后尸体被收集到一块，封土筑成京观。王璠与黄揆袭击华州，占领了它，王遇逃走。李克用在华州四周挖壕沟，分派骑兵屯驻渭北，命令薛志勤、康君立夜袭长安，放火烧仓库，俘获贼寇而回。

黄巢作战多次失利，军粮用尽，部下不服从命令，于是暗中有逃跑的计划，立即调兵三万控制蓝田的通道，派尚让援救华州。李克用率王重荣领兵在零口迎战尚让，击败了他，于是攻下华州，黄揆带领部下逃走。泾原节度使张钧劝说异族人参与订盟，共同讨贼。这时候，各镇的军队从四面八方到达关中。四月，李克用派部将杨守宗率领河中将领白志迁、忠武将领庞从等人冲在最前面，到渭桥攻击贼寇，三战三捷。于是各节度使的军队无不振奋，不敢落后，争相从光泰门进入长安。李克用亲自参加决战，喊声震天，贼寇崩溃，官军追赶败逃的敌人，到瞭望春宫，进入升阳殿门。黄巢连夜逃走，部众仍有十五万，声称趋赴徐州，实际出蓝田，进入商山，贼寇将各种财宝物资扔在路上，官军争相夺取，不再追击，所以贼寇得以整顿军队从容离去。

自安禄山攻陷长安后，宫阙仍完整雄伟；吐蕃所焚毁的，只是大街小巷的房舍；朱泚之乱平定后一百余年，宫阙经修缮已像开元时那样神奇壮丽。到黄巢失败，方镇军队交相进入长安抢掠，放火烧毁大明宫，只有含元殿还保存下来；没有被焚烧的，只有太极宫、兴庆宫和光启宫罢了。杨复光向天子报捷，天子下诏命陈许、延州、凤翔、博野镇的军队加上东西神策军共两万人驻守京师，命大明宫留守王徽守卫各门，安抚京师居民。命令尚书右仆射裴璩修复宫殿，购置御辇、仪仗、典章、秘籍。参与击败黄巢的人还有：神策军将领横冲军使杨守亮、蹑云都将领高周彝、忠顺都将领胡真、天德镇将领顾彦朗等七十人。

黄巢东行后，派孟楷进攻蔡州，蔡州节度使秦宗权领兵迎战，被贼寇打得大败，便向贼寇称臣，与贼寇联合、讲和。孟楷攻打陈州，失败被杀，黄巢亲自包围陈州，劫掠邓州、许州、孟州、洛州，向东进入徐、兖等数十州。这时百姓极为饥饿，身倚墙壁堑壕而死，贼寇取走这些死人当食粮，每天有数千人，于是准备数百个大石碓，把死人放在石碓中捣碎，连骨头带皮肉一起吃。当时朱全忠（朱温）任宣武节度使，与周岌、时溥一起领兵援救陈州，陈州刺史赵犨也向太原求派援兵。黄巢派秦宗权攻打许州，没有攻下。这时粮食用尽，树皮草根全吃光。

中和四年二月，李克用率领山西的军队自陕州渡过黄河东行，与关东各镇的军队会合驻扎于汝州。朱全忠在瓦子堡进攻贼寇，杀死一万多人，各军联合在太康击败尚让，也杀死一万多人，缴获贼寇的兵器、铠甲、马、羊以万计算，又在西华击败黄邺，黄邺连夜逃走。黄巢非常害怕，过了三天，贼寇军中惊恐，士兵弃营而走，黄巢于是退兵驻守陈州城北的故阳里。这年五月，暴雨雷电交加，河流暴涨，贼寇的营垒全被水冲坏，徒众溃散，黄巢于是解除对陈州的包围率兵离去。朱全忠进驻尉氏。李克用追击黄巢，朱全忠领兵回到汴州。

黄巢夺取尉氏，进攻中牟，有一天黄巢的军队正渡河，刚渡过一半，李克用乘机进击，贼寇士兵多被水淹死。黄巢带领残余部队逃往封丘，李克用追赶并击败了黄巢，然后回师驻守郑州。黄巢越过汴河北去，刚好晚上又下大雨，贼寇惊散，李克用得到消息，迅速到汴河边攻打黄巢。黄巢渡过汴河进攻汴州，朱全忠守卫汴州，李克用领兵援救他，杀死贼寇的骁将李周、杨景彪等人。黄巢连夜逃往胙城，进入冤句。李克用率全军紧追不舍，贼将李谠、杨能、霍存、葛从周、张归霸、张归厚前往汴州投降朱全忠，而尚让率领一万人归顺时溥。黄巢愈加猜疑和愤怒，屡次杀死大将，带领部下奔往兖州。李克用追击黄巢到了曹州，黄巢兄弟抵抗，没有打胜，逃往兖州、郓州之间，李克用得到贼寇的男女、牛马一万余以及皇帝用的器物衣服等，并捉住黄巢的爱子。李克用的军队日夜驰驱，粮食用尽尚未能抓到黄巢，于是回师。黄巢的部下只剩下一千人，逃入太山据守。

六月，时溥派将领陈景瑜与尚让追击黄巢于狼虎谷，黄巢无计可施，对林言说："我想讨伐国家的奸臣，清除朝廷的污垢，但事成不引退，这也错了。你拿走我的首级献给天子，可获取富贵，不要让他人得利。"林言是黄巢的外甥，不忍心杀黄巢。黄巢于是自刎，还没有死，林言便接着杀了他，又杀黄巢的哥哥黄存，弟弟黄邺、黄揆、黄钦、黄秉、黄万通、黄思厚，连他们的妻子儿女也一起杀死，全部把首级装进匣里，准备到时溥那里进献。而太原博野军又杀了林言，将他的首级与黄巢的首级一起献给时溥，时溥又将这些首级献给住在成都的天子，天子下诏将这些首级献到太庙。徐州小吏李师悦得到黄巢的伪皇帝印信，献给天子，被任命为湖州刺史。

黄巢的侄儿黄浩有徒众七千，在江湖间当盗贼，自称"浪荡军"。唐昭宗天复初年，黄浩想占据湖南，攻陷了浏阳，杀死和劫掠了很多人。湘阴豪强邓进思率领壮士埋伏于山中，杀死了黄浩。

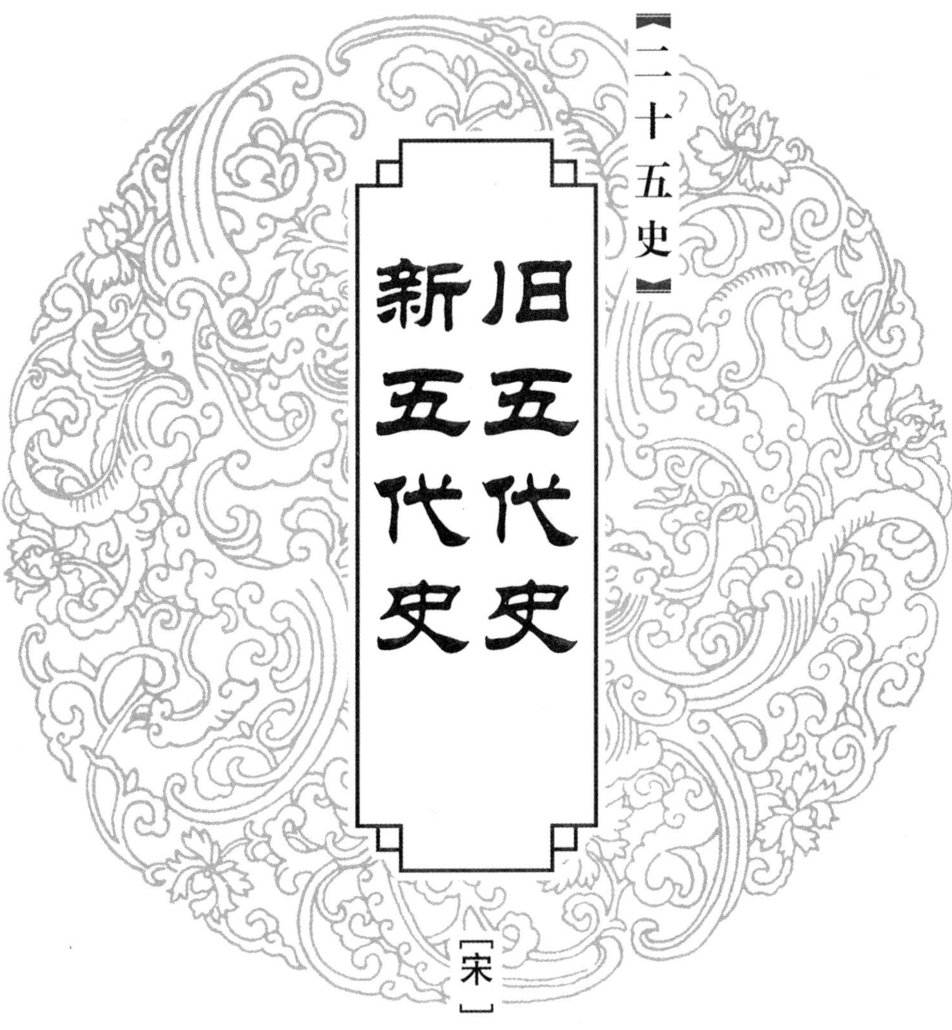

［宋］薛居正　欧阳修◎原著

导 读

《旧五代史》是由宋太祖诏令编纂的官修史书，全书共一百五十卷，包括本纪六十一卷，列传七十七卷，志十二卷。它原名《五代史》，又称《梁唐晋汉周书》，后来为了区别于《新五代史》，前面冠一“旧”字。

唐哀帝天祐四年(907年)，朱温夺取了最高统治权，建立了后梁。以后五十多年间，中原地区相继出现了后唐、后晋、后汉、后周几朝封建政权。中原以外有吴、南唐、吴越、楚、闽、南汉、前蜀、后蜀、南平、北汉等十个割据政权，史称“五代十国”。《旧五代史》记载了这段历史的演变。

《旧五代史》按五代断代为书，梁书二十四卷，唐书五十卷，晋书二十四卷，汉书十一卷，周书二十二卷。五书的后面，有《世袭列传》二卷，记载李茂贞、马殷、钱镠等人。他们割据一方，但名义上仍向中原称臣，所以特地给他们创立《世袭列传》。另外，还有《僭伪列传》三卷，记载杨行密、李升、王审知等人。他们独霸一方，称王称帝，不用中原正朔，作者认为这是“僭伪”政权，把他们列入《僭伪列传》。

《旧五代史》在整理史料和文字润色方面，没有下过多少功力。但与《新五代史》相比，它又独具长处。薛居正经历了梁、唐、晋、汉、周，熟悉当时的历史，搜集史料有许多便利条件。所以《旧五代史》叙事比较确切详尽，史料相当丰富。

《新五代史》，原名《五代史记》，是唐代设馆修史以后唯一的私修正史，北宋欧阳修撰，全书共七十四卷，包括本纪十二卷，列传四十五卷，考三卷，世家及年谱十一卷，四夷附录三卷。

《新五代史》与《旧五代史》体例不同，后者取法《三国志》，一朝一史，自成体系；前者则学习《南史》《北史》，打破朝代界限，把五朝的纪、传综合在一起，按时间先后编排。列传部分一律采用类传，分立《家人》《臣》《死节》《死事》《一行》《唐六臣》《义儿》《伶官》《宦者》等传，历官数朝的人，编在《杂传》。这与各史列传大不相同。

《新五代史》有《司天考》《职方考》，实际上就是《旧五代史》的《天文志》和《郡县志》。本来《旧五代史》有《礼》《乐》《食货》《刑法》《选举》《职官》等志，虽然内容比较单薄，但毕竟反映了五代时期社会生活的各个侧面，《新五代史》却全部删去。

书中的《世家》，专记十国政权的兴衰。《十国世家年谱》，表列各国政权建立和传袭的年代，极为粗疏。《四夷附录》主要叙述我国契丹等民族的历史。这些例目，都是《旧五代史》所没有的。

欧阳修写《新五代史》，非常注意“褒贬义例”，大搞什么“春秋笔法”，用规定有特定含义的一二字表示对人和事的抑扬，如两个地位平行的封建国家或政治集团互相作战叫“攻”，皇帝亲自率节作战叫“征”，无罪被杀叫“杀”，有罪当杀称“伏诛”，“讨”某某表示被讨伐的一方有罪。欧阳修企图以此宣扬儒家思想，维护“君君、臣臣、父父、子子”的封建秩序。这是《新五代史》最不可取的地方。但是，经过欧阳修的笔削加工，《新五代史》的文笔确实在《旧五代史》之上。徐无党的注，侧重解释书法义例，旨趣与《新五代史》相同，对读者帮助不大。

葛从周传

【题解】

葛从周(?~916),五代时期后梁大将。字通美,濮州鄄城(今属山东)人。最初参加黄巢起义军,累至军校。唐中和四年(884),率部归降朱温。历任怀州刺史、徐州两使留后、兖州节度使、左金吾上将军、太子太师等职。末帝继位后,又授他为潞州节度使、检校太师、兼侍中,封陈留郡王。贞明初年病卒。

【原文】

葛从周,字通美,濮州鄄城人也。曾祖阮,祖遇贤,父简,累赠兵部尚书。从周少豁达,有智略,初入黄巢军,渐至军校。唐中和四年三月,太祖大破巢军于王满渡,从周与霍存、张归霸昆弟相率来降。七月,从太祖屯兵于西华,破蔡贼王夏寨。太祖临阵马踣,贼众来追甚急,从周扶太祖上马,与贼军格斗,伤面,矢中于肱,身被数枪,奋命以卫太祖。赖张延寿回马转斗,从周与太祖俱免。退军溵水,诸将并削职,唯擢从周、延寿为大校。其从入长葛、灵井,大败蔡贼,至斤沟、淝河,杀铁林三千人,获九寨虞侯王涓。

太祖遣郭言募兵于陕州,有黄花子贼据于温谷,从周击破之。又破秦贤之众于荥阳,寻佐朱珍收兵于淄、青间。时兖州齐克让军于任城,从周败之,擒其将吕全真。淄人不受制,复与之战,获其骁将巩约。会青州以步骑万余人列三寨于金岭,以厄要害,从周与朱珍大歼其众,掳其将杨昭范五人而还。至大梁,不解甲,径至板桥击蔡贼,破卢瑭寨,瑭自溺而死。又于赤堈杀蔡军二万余人。从讨谢殷于亳州,擒之。回袭曹州,掳刺史丘弘礼以归。与兖、郓军遇于临濮之刘桥,杀数万人,朱瑄、朱瑾仅以身免,擒都将邹务卿已下五十人。从太祖至范县,复与朱瑄战,掳尹万荣等三人,遂平濮州。未几,与朱珍击蔡贼于陈、亳间,获都将石璠。

文德元年,魏博军乱,乐从训来告急,从太祖渡河,拔黎阳、李固、临河等镇,至内黄,破魏军万余众,获其将周儒等十人。李罕之引并人围张全义于河阳,从周与丁会、张存敬、牛存节率兵赴援,大破并军,杀蕃汉二万人,解河阳之围,以功表授检校工部尚书。从朱珍讨徐州,拔丰县,败时溥于吴康,得其辎重,加检校刑部尚书。佐庞师古讨孙儒于淮南,略地至庐、寿、滁等州,下天长、高邮,破邵伯堰。回军攻濠州,杀刺史魏勋,得饷船十艘。

大顺元年八月,并帅围潞州,太祖遣从周率敢死之士,夜衔枚犯围而入,会王师不利于马牢川,即弃上党而归。其年十二月,与丁会诸将讨魏州,连收十邑。明年正月,大破魏军于永定桥,魏军五败,斩首万余级。十月,佐丁会攻宿州,从周壅水灌其城,刺史张筠以郡降。从讨兖州,破朱瑾之军于马沟。景福二年二月,与诸将大破徐、兖之兵于石佛山。八月，与庞师古同攻衮州。

乾宁元年三月，军至新太县，朱瑾令都将张约、李胡椒率三千人来拒战，师古遣从周、张存敬掩袭，生擒张约、李胡椒等都将数十人。二年十月，围兖州，兖人不出，从周诈扬言并人、郓人来救，即引军趋高吴，夜半却潜归寨。朱瑾果出兵攻外壕，我军士突出，掩杀千余人，生擒都将孙汉筠。从周累立战功，自怀州刺史历曹、宿二州刺史，累迁检校左仆射。

三年五月，并帅以大军侵魏，遣其子落落率二千骑屯洹水，从周以马步两千人击之，杀戮殆尽，擒落落于阵，并帅号泣而去。遂自洹水与庞师古渡河击郓。四年正月，下之。从周乘胜伐兖，会朱瑾出师在徐境，其将康怀英以城降，以功授兖州留后、检校司空。复领兵万余人渡淮讨杨行密，至濠州，闻庞师古清口之败，遽班师。光化元年四月，率师经略山东，时并帅以大军屯邢、三名，从周至钜鹿与并军遇，大破之，并帅遁走。我军追袭至青山口，数日之内，邢、三名、磁三州连下，斩首二万级，获将吏一百五十人，即以从周兼领邢州留后。十月，复破并军五千骑于张公桥。晋将李嗣昭急攻邢州，阵于城门外，从周大破之，擒番将贲金铁、慕容腾百余人。

二年春，幽州刘仁恭率军十万寇魏州，屠贝郡。从周自邢台驰入魏州，燕军突上水关，攻馆陶门。从周与贺德伦率五百骑出战，谓门者曰："前有敌，不可返顾！"命阖其门。从周等极力死战，大败燕人，擒都将薛突厥、王郐郎等。翊日，破其八寨，追击至临清，刘仁恭走沧州，从周授宣义军行军司马。五月，并人讨李罕之于潞州，太祖以丁会代罕之，令从周驰入上党。七月，并人陷泽州，太祖召从周，令贺德伦守潞州，德伦等寻弃城而归。三年四月，领军讨沧州，先攻德州，下之。及进攻浮阳，幽州刘仁恭大举来援，时都监蒋玄晖谓诸将曰："吾王命我护军，志在攻取，今燕帅来赴，不可外战，当纵其入壁，聚食囷廪，力屈粮尽，必可取也。"从周对曰："兵在机，机在上将，非督护所言也。"乃令张存敬、氏叔琮守其寨，从周逆战于乾宁军老鸦堤，大破燕军，斩首三万，获将佐马慎交已下百余人，夺马三千匹。八月，并人攻邢、三名，从太祖破之，从周追袭至青山口，斩首五千级，获其将王郃郎、杨师悦等，得马千匹，表授检校太保兼徐州两使留后，寻为兖州节度使。

天复元年三月，与氏叔琮讨太原，从周以衮、郓之众，自土门路入，与诸军会于晋阳城下，以粮运不给，班师。顷之，从周染疾，会青州将刘鄩陷兖州，太祖命讨之，遂力疾临戎。三年十一月，鄩举城降，以功授检校太傅。太祖以从周抱疾既久，命康怀英代之，授左金吾上将军，以风恙不任朝谒，改右卫上将军致仕，养疾偃师县亳邑乡之别墅。顷之，授太子太师，依前致仕。末帝即位，制授潞州节度使，令坐食其俸，加开府仪同三司、检校太师、兼侍中，封陈留郡王，累食邑至七千户，命近臣赍旌节就别墅以赐之。贞明初，卒于家。册赠太尉。

【译文】

葛从周，字通美，濮州鄄城人。曾祖父葛阮、祖父葛遇贤、父亲葛简，都先后被追赠为兵部尚书。从周少年时代性情豁达，富有智谋。最初参加黄巢军队，逐渐升到军校。唐中和四年三月，梁太祖在王满渡大破黄巢军队，从周与霍存、张归霸兄弟相继前来投降。

七月，跟随太祖屯兵于西华，击破蔡州贼军王夏寨。太祖亲临阵地时战马跌倒，贼众趁机赶来，万分危急。从周扶太祖上马，与贼军拼死格斗，脸受了伤，胳膊被箭射中，身上被刺了好几枪，但他仍然奋不顾身地保卫太祖。幸好张延寿回马赶来厮杀，从周和太祖才幸免于难。部队撤退到溵水附近，其他将领均被削职，唯独擢升葛从周和张延寿为大校。随后，他跟随太祖进军长葛、灵井一带，大败蔡州贼军，到斤沟、淝河时，杀死铁林三千人，活捉了九寨都虞候王涓。

太祖派郭言去陕州招兵，有一股称作黄花子的土匪盘踞在温谷，从周打败了他们。又在荥阳击败了秦贤的队伍。不久帮助朱珍在淄、青一带募集兵员。这时兖州的齐克让驻扎在任城，从周击败了他，生擒其将领吕全真。淄州人不服从管制，于是从周同他们重新开战，俘获了他们的猛将巩约。正好青州人把一万多步兵、骑兵分成三寨列阵于金岭，用来扼守要害之处，从周与朱珍将其歼灭大半，俘虏了杨昭范等五个将领，随后班师。回到大梁，连盔甲都没有解开，直接奔赴板桥攻击蔡州贼军，攻破卢瑭营寨，卢瑭自己投水而死。又在赤埛消灭蔡军两万多人。跟着从太祖在亳州讨伐谢殷，将其擒获。然后又迂回袭击曹州，抓住了刺史丘弘礼而回师。途中与兖、郓军队遭遇于临濮的刘桥，歼灭他们数万人，朱瑄、朱瑾只身逃脱，活捉都将邹务卿以下五十人。又随太祖进军范县，又一次与朱瑄交战，生俘尹万荣等三人，于是平定了濮州。没过多久，与朱珍一起出兵进击蔡州贼军于陈州、亳州之间，俘获敌军都将石璠。

葛从周

文德元年，魏博镇军队兵变，乐从训前来告急求援，葛从周跟随太祖渡过黄河，接连攻克黎阳、李固、临河等镇，进至内黄，击败魏博军一万多人，俘获其将领周儒等十人。李罕之带领并州军把张全义围困在河阳，从周与丁会、张存敬、牛存节率领部队赶去增援，大败并州军，杀死蕃汉兵两万人，解了河阳之围。由于这次战功，从周被授为检校工部尚书。后又随同朱珍讨伐徐州，攻克丰县，大败时溥于吴康，缴获了他的辎重，又被加官为检校刑部尚书。辅助庞师古在淮南讨伐孙儒，攻入庐州、寿州、滁州等地，攻克天长、高邮，毁坏了邵伯堰。回师攻打濠州，击毙刺史魏勋，并缴获饷船十艘。

大顺元年八月，并州军主帅发兵围攻潞州，梁太祖派葛从周率领敢死队员深夜偃旗息鼓地突破敌人包围圈进入潞州。这时正赶上梁军在马牢川失利，从周随即放弃上党回师。这年的十二月，与丁会等将讨伐魏州，连续收复十座城邑。第二年正月，在永定桥大败魏军，魏军五战五败，被斩首一万余级。十月，协助丁会攻打宿州，从周蓄水灌城，迫使刺史张筠下令全州投降。随从征讨兖州，在马沟击败了朱瑾的部队。景福二年二月，与

其他将领一起大败徐州、兖州军队于石佛山。八月，与庞师古会同进攻兖州。

乾宁元年三月，进军至新太县，朱瑾命令都将张约、李胡椒率兵三千人前来阻击，庞师古派葛从周、张存敬乘其不备，突然袭击，生擒了张约、李胡椒等都将数十人。二年十月，围攻兖州，兖州守军拒不击战，从周故意散布并州军、郓州军前来救援的消息，然后率军奔赴高吴，半夜却又秘密返回营寨。朱瑾果然派出军队攻打外壕，从周指挥士兵突然出击，乘势歼灭敌军一千余人，生擒敌都将孙汉筠。从周多次立下赫赫战功，自怀州刺史起，历任曹、宿二州刺史，逐渐升迁至检校左仆射。

乾宁三年五月，并州军主帅率领大批人马侵犯魏博镇，派他的儿子落落率二千名骑兵驻扎在洹水，从周指挥二千骑兵和步兵进击敌军，几乎全歼敌人，在阵前生擒落落，并州帅号啕大哭而去。于是与庞师古从洹水渡过黄河出击郓州，四年正月，攻下来了，跟着，从周乘胜讨伐兖，恰遇朱瑾出兵在徐州境内，他的部将康怀英献城出降。从周以此功劳被授为兖州留后、检校司空。又领兵一万余人渡过淮河讨伐杨行密，进至濠州，得知庞师古在清口战败，于是火速回师。光化元年四月，率军建设巩固山东地区，这时并州军主帅正统领大军屯聚于邢、三名一带，从周进至巨鹿时与并州军遭遇，大败敌军，并州军主帅逃去。梁军追赶至青山口，几天之内，连续攻克邢、三名、磁三州，斩敌军首级两万，俘获敌将吏一百五十人。随后，从周被任命兼领邢州留后。十月，再次于张公桥击败并州军五千骑兵。晋将李嗣昭猛烈反攻邢州，在城门外摆下战阵，从周又大败了来敌，生擒番将贲金铁、慕容腾等一百多人。

光化二年春，幽州的刘仁恭率卜万大军侵犯魏州，屠灭了贝郡。从周自邢台火速援救魏州，燕军突破上水关，攻打馆陶门，从周与贺德伦率五百名骑兵出战，对把守城门的军兵说："只要前面还有敌人，就绝不能让我们的人退回城门！"下令将城门关闭。从周等人拼力死战，大败燕军，生擒敌都将薛突厥、王郃郎等。第二天，攻破燕军八座营寨，一直追击到临清，刘仁恭逃向沧州。从周因功被授为宣义军行军司马。五月，并州军进攻潞州的李罕之，太祖用丁会代替李罕之，命令从周迅速援救上党。七月，并州军攻陷泽州，太祖召回从周，命令贺德伦守卫潞州，德伦等人不久弃城而归。三年四月，从周率军讨伐沧州，首先攻打德州，拿下了该城。等到进攻浮阳时，幽州刘仁恭出兵大举来援。这时都监蒋玄晖对众位将领说："梁王命令我来监军，意图在于攻取沧州，现在燕军主帅赶来支援，我们不能与他们在外面作战，应当放他们进入我军的壁垒，消耗他们的粮仓，等他们力疲粮尽时，一定能够取得胜利。"从周回答说："战争的奥秘在于及时抓住战机，而能否抓住战机则在于主将，并不是像督护你所说的那样。"于是命令张存敬、氏叔琮留守营寨，从周率军迎战于乾宁军老鸦堤，大败燕军，斩首三万级，俘获敌军部将马慎交以下一百多人，夺得战马三千匹。八月，并州军进攻邢州、三名州，从周随太祖击败敌军，一直追击到青山口，斩首五千级，俘获敌军将领王郃郎、杨师悦等，缴获战马一千匹，被授为检校太保兼徐州两使留后，不久任兖州节度使。

天复元年三月，同氏叔综讨伐太原。从周率领兖、郓二州的部队，从土门路进发，与各路人马会师于晋阳城下，因粮供应不上而撤回。不久，从周患病，正好青州军将领刘鄩攻陷兖州，太祖命令从周前去征讨，于是抱病出征。三年十一月，刘鄩率全城投降，从周因功授检校太傅。太祖考虑到从周患病已久，便命康怀英接替他的职务，授他为左金吾上将军，又因他得了中风病不能上朝，又改授为右卫上将军，让他退休养病于偃师县亳邑乡的别墅。不久，授为太子太师，依旧退休。末帝继位后，又授他为潞州节度使，享受此职的俸禄，加官开府仪同三司、检校太师，兼侍中，封为陈留郡王，多次封给他的食邑达到七千户。皇帝还命令近臣捧着节度使的旌节到他居住的别墅赐给他。贞明初年，病逝于家，朝廷追赠他为太尉。

王彦章传

【题解】

王彦章(863～923)，五代时期后梁大将。字贤明，郓州寿张(今属山东阳谷、河南范县)人。少年从军，跟随梁太祖朱全忠征讨，屡立战功，军中号称"王铁枪"。历任行军先锋马军使、检校司空、汝州防御使、匡国军节度使、北面行营招讨使，封开国侯。龙德三年(923)十月，唐军大举攻梁，王彦章领数千保銮骑士防守东路，在中都战败被俘。后不屈被杀。

【原文】

王彦章，字贤明，郓州寿张县人也。祖秀，父庆宗，俱不仕，以彦章贵，秀赠左散骑常侍，庆宗赠右武卫将军。彦章少从军，隶太祖帐下，以骁勇闻。稍迁军职，累典禁兵。从太祖征讨，所至有功，常持失枪冲坚陷阵。开平二年十月，自开封府押牙、左亲从指挥使授左龙骧军使。三年，转左监门卫上将军，依前左龙骧军使。乾化元年，改行营左先锋马军使，又加金紫光禄大夫、检校司空，依前左监门卫上将军。二年，庶人友珪篡位，加检校司徒。三年正月，授濮州刺史、本州马步军都指挥使，依前左先锋马军使。未几，改先锋步军都指挥使。四年，为澶州刺史，进封开国伯。

五年三月，朝廷议割魏州为两镇，虑魏人不从，遣彦章率精骑五百屯邺城，驻于金波亭，以备非常。是月二十九日夜，魏军作乱，首攻彦章于馆舍，彦章南奔。七月，晋人攻陷澶州，彦章举家陷没。晋王迁其家于晋阳，待之甚厚，遣细人间行诱之，彦章即斩其使以绝之。后数年，其家被害。九月，授汝州防御使、检校太保，依前行营先锋步军都指挥使。贞明二年四月，改郑州防御使。三年十二月，授西面行营马军都指挥使，加检校太傅，依前郑州防御使。顷之，授行营诸军左厢马军都指挥使。五年五月，迁许州两使留后，军职如故。六年正月，正授许州匡国军节度使，充散指挥都头都军使，进封开国侯。未几，授北面行营副招讨使。七年正月，移领滑州。

龙德三年四月晦，晋师陷郓州，中外大恐。五月，以彦章代戴思远为北面招讨使。拜

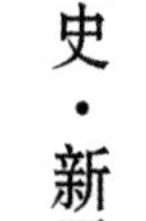

王彦章

命之日，促装以赴滑台，遂自杨村砦浮河而下，水陆俱进，断晋人德胜之浮梁，攻南城，拔之，晋人遂弃北城，并军保杨刘。彦章以舟师沿流而下，晋人尽撤北城，析屋木编筏，置步军于其上，与彦章各行一岸，每遇转滩水汇，即中流交斗，流矢雨集，或舟筏覆没，比及杨刘，凡百余战。彦章急攻杨刘，昼夜不息，晋人极力固守，垂陷者数四。六月，晋王亲援其城，彦章之军，重壕复垒，晋人不能入。晋王乃于博州东岸筑垒，以应郓州。彦章闻之，驰军而至，急攻其栅，自旦及午，其城将拔，会晋王以大军来援，彦章乃退。七月，晋王至杨刘，彦章军不利，遂罢彦章兵权，诏令归阙，以段凝为招讨使。

先是，赵、张二族扰乱朝政，彦章深恶之，性复刚直，不能缄忍。及授招讨之命，因谓所亲曰："待我立功之后，回军之日，当尽诛奸臣，以谢天下。"赵、张闻之，私相谓曰："我辈宁死于沙陀之手，不当为彦章所杀。"因协力以倾之。时段凝以贿赂交结，自求兵柄，素与彦章不协，潜害其功，阴行逗挠，遂至王师不利，竟退彦章而用段凝，未及十旬，国以之亡矣。

是岁秋九月，朝廷闻晋人将自兖州路出师，末帝急遣彦章领保銮骑士数千于东路守捉，且以郓州为敌人所据，因图进取，令张汉杰为监军。一日，彦章渡汶，以略郓境，至递坊镇，为晋人所袭，彦章退保中都。十月四日，晋王以大军至，彦章以众拒战，兵败，为晋将夏鲁奇所擒。鲁奇尝事太祖，与彦章素善，及彦章败，识其语音，曰："此王铁枪也。"挥稍刺之，彦章重伤，马踣，遂就擒。

晋王见彦章，谓之曰："尔常以孺子待我，今日服未？"又问："我素闻尔善将，何不保守兖州？此邑素无城垒，何以自固？"彦章对曰："大事已去，非臣智力所及。"晋王恻然，亲赐药以封其创。晋王素闻其勇悍，欲全活之，令中使慰抚，以诱其意。彦章曰："比是匹夫，本朝擢居方面，与皇帝十五年抗衡，今日兵败力穷，死有常分，皇帝纵垂矜宥，何面目见人！岂有为臣为将，朝事梁而暮事晋乎！得死幸矣。"晋王又谓李嗣源曰："尔宜亲往谕之，庶可全活。"时彦章以重伤不能兴，嗣源至卧内以见之，谓嗣源曰："汝非邈佶烈乎？"邈佶烈，盖嗣源小字也，彦章素轻嗣源，故以小字呼之。既而晋王命肩舆随军至任城，彦章以所伤痛楚，坚乞迟留，遂遇害，时年六十一。

彦章性忠勇，有膂力，临阵对敌，奋不顾身。居尝谓人曰："李亚子斗鸡小儿，何足畏！"初，晋王闻彦章授招讨使，自魏州急赴河上，以备冲突，至则德胜南城已为所拔。晋王尝曰："此人可畏，当避其锋。"一日，晋王领兵迫潘张寨。大军隔河，未能赴援，彦章援枪登船，叱舟人解缆，招讨使贺瑰止之，不可。晋王闻彦章至，抽军而退，其骁勇如此。及晋高祖迁都夷门，嘉彦章之忠款，诏赠太师，搜访子孙录用。

【译文】

王彦章，字贤明，郓州寿张县人。他的祖父王秀、父亲王庆宗，都没有做官。后来因为王彦章显贵，朝廷追赠王秀为左散骑常侍，追赠王庆宗为右武卫将军。王彦章少年时投身军旅，隶属梁太祖朱全忠帐下，以骁勇善战闻名。在军队中逐渐升迁职务，多次主管皇帝的亲兵。跟随梁太祖征战讨伐，所到之处都立有战功。经常手持铁枪冲锋陷阵。开平二年十月，王彦章从开封府押牙、左亲从指挥使迁至左龙骧军使。开平三年，升任左监门卫上将军，仍然担任左龙骧军使。乾化元年，改任行营左先锋马军使，加封为金紫光禄大夫、检校司空，兼任左监门卫上将军。乾化二年，梁太祖的儿子朱友珪杀父篡位，加授王彦章为检校司徒。乾化三年正月，又被授为濮州刺史、濮州马步军都指挥使，仍然兼任左先锋马军使。不久，改任先锋步军都指挥使。乾化四年，又被任命为澶州刺史，晋封为开国伯。

乾化五年三月，朝廷决定将魏州划分为两镇，担心魏州人不从命，派遣王彦章率精锐骑兵五百人防守邺城，驻扎在金波亭，以备万一。这个月二十九日夜里，魏州军队举行兵变，首先围攻王彦章的寓所，王彦章向南急走而逃脱。七月，晋人攻陷澶州，王彦章全家人均落入晋人之手。晋王把他家迁移到晋阳，给予非常优厚的待遇，同时派遣密使偷偷地前来劝诱王彦章，王彦章当即斩杀使者，断绝了晋人的招降企图。几年以后，王彦章全家被杀害。乾化五年九月，王彦章被授为汝州防御使、检校太保，兼领行营先锋步军都指挥使。贞明二年四月，改任郑州防御使。三年十二月，任西面行营马军都指挥使，加封检校太傅，同时兼任郑州防御使。随后，又被任命为行营诸军左厢马军都指挥使。五年五月，调任许州两使留后，其军职未变。六年正月，正式被授为许州匡国军节度使，充散指挥都头都军使，晋封为开国侯。不久，任北面行营副招讨使。七年正月，移防滑州。

龙德三年四月的最后一天，晋王军队攻陷郓州，朝野上下惊恐不安。五月，朝廷派王彦章取代戴思远出任北面招讨使。受命就职的当天，就匆忙整理行装赶赴滑台。于是从杨村砦出发，顺黄河飘浮而下，水陆两军同时进击，截断了晋人在德胜架设的浮桥，攻打南城并占领了它。晋人于是放弃北城，收拢兵力保守杨刘。王彦章督率水军顺流而下。这时，全部撤离北城的晋人，拆房劈木编造成许多大木筏，让步兵站在上面，与王彦章的水军在黄河中各沿一侧齐头并行，每当遇到转折的水滩和水流会合之处，双方就在水上交战厮杀，飞箭像下雨一样密集，有的舟筏就此沉没。等到双方船队抵达杨刘，已经打了一百多次仗。王彦章指挥军队猛攻杨刘，昼夜不停，晋人竭力固守，差一点就被攻克的危急局面达四次之多。六月，晋王亲自率军支援杨刘，王彦章的军队设置了重重的壕沟和营垒，使晋王军队始终无法越过防线。晋王于是下令在博州东岸修筑高墙，以策应郓州。王彦章听到此讯，率军飞驰而来，猛攻晋人的寨墙，从清晨到中午，眼看就要攻克，正好晋王率大军赶来增援，王彦章不得已而后退。七月，王晋王赶到杨刘，王彦章的军队失利，梁末帝于是罢免了彦章的兵权，下诏命令他回朝，任命段凝为招讨使。

在此之前，赵岩、张汉杰两个家族扰乱朝政，王彦章对他俩深恶痛绝，加上生性刚正

直率，遇事不能沉默和忍耐，等到受任招讨使之际，就对身边亲近之人说："待我立功以后，班师回朝之日，一定杀尽奸臣，答谢天下。"赵岩、张汉杰两人听说后，私下里互相说："我们宁可死在沙陀人之手，也不能被王彦章所杀。"因此合谋陷害王彦章。这时，段凝用贿赂手段交结朝中权贵，为自己谋求军权，平日与王彦章不和，背地里忌妒他的功劳，暗中多行阻挠之事，以至于后梁军队失利。终于使末帝罢免了王彦章的兵权而起用段凝，然而还不到十个月，国家就因此而灭亡了。

这年秋天九月，朝廷探知晋人将要从兖州路出兵，末帝急忙派遣王彦章率领，保銮骑士几千人去东路驻防把守。而且认为郓州被敌人占据，计划趁此机会进兵攻取，命令张汉杰为监军。一天，王彦章率领军队横渡汶水，攻略郓州疆界，部队行进到递坊镇，被晋人偷袭，彦章退守中都。十月四日，晋王率大军来到，彦章率众应战，不幸失败，被晋军将领夏鲁奇擒获。夏鲁奇曾经在梁太祖手下供职，与王彦章十分要好。彦章兵败时，夏鲁奇在乱军中听出了他的说话声音，说："这是王铁枪啊！"挥矛便刺，彦章被刺成重伤，战马跌倒，于是被俘获。

晋王看到王彦章，对他说："你经常把我比做小孩子，今天服不服？"又问："我早听说你是一员良将，为什么不守住兖州？这座城本来就没有城墙，用什么才能固守呢？"王彦章答道："大势已去，这不是我的智慧和能力所办到的。"晋王听罢，面露同情之色。亲自赐给他药来敷住伤口。晋王久闻王彦章勇猛强悍的大名，想保全他的性命，便派宦官安抚他，以试探他的想法。王彦章说："你这个宫中服役的微贱之人，我们朝廷提升我为独当一面的封疆大吏，同你们皇帝抗衡相争了十五年，今天兵败力穷，死也是常份，纵使皇帝怜悯宽恕了我，我还有什么脸面见人！哪里有做大臣、当大将的，早晨为梁做事，晚上就为晋效劳的呢？我能以死报国是很幸运的事。"晋王又对李嗣源说："你应该亲自去告诉他，还有保全性命的可能。"当时，王彦章因为伤势过重已经不能起床，李嗣源径直走进他的卧室内才见到他。王彦章对李嗣源说："你不是邈佶烈吗？"邈佶烈，是李嗣源的小名，王彦章一贯轻视李嗣源，所以故意用小名来称呼他。不久，晋王下令用肩舆抬着王彦章跟随军队到任城去，王彦章以伤势痛苦难忍为由，坚持要留下，于是被杀害。这年他六十一岁。

王彦章天性忠诚、勇敢，体力过人。每当临阵对敌，奋勇向前，不惜生命。平日曾经对别人讲："李亚子不过是个只会斗鸡的小孩子，对他有什么顾忌和害怕的？"当初，晋王听说王彦章担任招讨使，便从魏州急忙赶赴河上，以防备王彦章的军队向前突击。等到赶到时德胜南城已被王彦章攻克。晋王曾经说："这个人令人害怕，应当避开他的锋芒。"有一天，晋王指挥部队逼近潘张寨，梁军主力隔着黄河无法赶赴支援，王彦章手持铁枪登上战船，喝令船工解开缆绳开船，招讨使贺瑰阻止他，他也不听。晋王听说王彦章赶到，慌忙抽兵撤退。他的骁勇善战达到了这种地步。后来晋高祖把国都迁到夷门，为嘉奖王彦章的忠心与赤诚，下诏追赠他为太师，查访他的子孙录用为官。

贞简曹太后传

【题解】

曹氏，生卒年不详，是后唐庄宗的母亲。她能做好内助，又能在危乱时把握政局，教诲庄宗，是五代时较突出的后妃。

【原文】

武皇帝贞简皇后曹氏，庄宗之母也。太原人，以良家子嫔于武皇。姿质闲丽，性谦退而明辨，雅为秦国夫人所重。常从容谓武皇曰："妾观曹姬非常妇人，王其厚待之。"武皇多内宠，乾宁初，平燕蓟，得李匡俦妻张氏，姿色绝代，嬖幸无双。时姬侍盈室，罕得进御，唯太后恩顾不衰。武皇性严急，左右有过，必峻于谴罚，无敢言者，唯太后从容救谏，即为解颜。及庄宗载诞，体貌奇杰，武皇异而怜之，太后益宠贵，诸夫人咸出其下，后亦恭勤内助，左右称之。

武皇薨，庄宗嗣晋王位。时李克宁、李存颢谋变，人情危惧。太后召监军张承业，指庄宗谓之曰："先人把臂授公此儿，如闻外谋，欲孤付托，公等但置予母子有地，毋令乞食于汴，幸矣。"承业因诛存颢、克宁，以清内难。庄宗善音律，喜伶人谑浪，太后尝提耳诲之。天祐七年，镇、定求援，庄宗促命治兵，太后曰："予齿渐衰，儿但不坠先人之业为幸矣。何事栉风沐雨，离我晨昏?"庄宗曰："禀先王遗旨，须灭仇雠。山东之事，机不可失。"及发，太后饯于汾桥，悲不自胜。庄宗平定赵、魏，驻于邺城，每一岁之内，驰驾归宁者数四，民士服其仁孝。

太后初封晋国夫人。庄宗即位，命宰臣卢损奉册书上皇太后尊号。其年平定河南，西幸洛阳，令皇弟存渥、皇子继岌就太原迎奉。庄宗亲至怀州，迎归长寿宫。太后素与刘太妃善，分诀之后，悒然不乐。俄闻太妃寝疾，尚医中使，问讯结辙。既而谓庄宗曰："吾与太妃恩如伯仲，彼经年抱疾，但见吾面，差足慰心。吾暂至晋阳，旬朔与之俱来。"庄宗曰："时方暑毒，山路崎岖，无烦往复。可令存渥辈迎侍太妃。"乃止。及凶问至，太后恸哭累旬，由是不豫，寻崩于长寿宫。同光三年冬十月，上谥曰贞简皇太后，葬于寿安陵。

【译文】

后唐武皇帝的贞简皇后曹氏，是后唐庄宗的母亲。太原人。她以良家子女的身份嫁给武皇帝作嫔妃。曹氏体态安闲容貌秀丽，性情谦虚，又能明辨事理，深得秦国夫人看重。秦国夫人经常在谈话中不慌不忙地告诉武皇帝："我看曹氏不是平常的妇女，请您厚待她。"武皇帝宠爱的女子很多，乾宁初年，平定燕蓟后，获得了李匡俦的妻子张氏。张氏姿色举世无双，武皇帝对她的宠幸无人可以相比。当时满屋子中都是姬妾，很少有人能和武皇帝同房，只有对曹皇后的恩情没有衰减。武皇帝的性情严厉急躁，身边的侍从有了过错，一定要给以严峻的斥责和惩罚，没有人敢替犯错误的人讲话，只有曹皇后能从容地来劝谏排解，武皇帝当时就转怒为喜了。到了庄宗生下来后，容貌体格特别突出，武皇帝感到她与众不同，很爱她。曹皇后更加受宠，地位更尊贵，各个夫人全都排在她下面。曹皇后也恭敬勤恳地做好内助，周围的人都称赞她。

武皇帝去世后，庄宗继承了晋王王位。当时李克宁、李存颢谋划叛乱，人们都感到危险和恐惧。曹太后把监军张承业召来，指着庄宗对他说："先人握着你的手臂，把这个孩子交给你。如果一听到外面有阴谋，就想要辜负先人的委托，那么你们只要有个地方安置我们母子，不要让我们到汴梁去要饭，我们就很幸运了。"张承业因此诛杀了李存颢和李克宁，平定了内部的危难。唐庄宗喜好音乐，喜欢与戏子们调笑打闹。太后曾经揪着他的耳朵教训他。天祐七年，镇、定地区求援。庄宗急忙命令集合军队出征。曹太后说："我年纪渐渐老了。儿子只要不把先人的基业丧失掉就万幸了。何必要栉风沐雨，离开我，不得早晚相见呢？"庄宗说："我领受了先王临终的遗嘱，必须消灭仇敌。山东的战事，机不可失。"到出发时，曹太后在汾桥饯行，悲痛得难以承受。庄宗平定了赵州、魏州，驻在邺城，每年里面，都多次奔驰回来探望母亲。士人百姓都被庄宗的仁义孝敬所感动。

曹太后当初被封为晋国夫人。庄宗即位后，命令宰相卢损送上册书，给曹氏加上皇太后的尊号。当年庄宗平定了河南，向西到了洛阳，命令皇弟李存渥、皇子李继岌到太原去迎接太后。庄宗亲自到怀州，把太后迎接回长寿宫。太后一向和刘太妃交好，分手以后一直闷闷不乐。不久听到太妃卧病的消息，派去的医生和宫中使节，车马不断，接连问讯。而后太后又对庄宗说："我和太妃有像姐妹一样的恩情。她连年患病，只要见到我的面，还多少可以得到些安慰。我暂时到晋阳去，过十几天和她一齐回来。"唐庄宗说："这时正是暑热酷毒的时候，山路崎岖，不要麻烦您来回跑了。可以让李存渥他们去迎接太妃。"太后这才停止出发。听到太妃去世的凶信传来，太后痛哭了几十天，从此身体不适，无法痊愈，不久在长寿宫去世。同光三年冬季十月，皇帝给她赠谥号为贞简皇太后，葬在寿安陵。

周德威传

【题解】

周德威（？~918）五代时期后唐大将。字镇远，朔州马邑（今山西朔县）人。初事李克用，为帐下骑督，英勇善战，胆智过人。多次率领部队战胜后梁军队，以勇闻天下。历任代州刺史、内外蕃汉马步军都指挥使、振武节度使、同中书门下平章事、蕃汉马步总管、卢龙节度使。贞明四年（918），与后梁军大战，战死于阵。

【原文】

周德威，字镇远，小字阳五，朔州马邑人也。初事武皇为帐中骑督，骁勇便骑射，胆气智数皆过人，久在云中，谙熟边事，望烟尘之警，悬知兵势。乾宁中，为铁林军使，从武皇讨王行瑜，以功加检校左仆射，移内衙军副。光化二年三月，汴将氏叔琮率众逼太原，有陈章者，以虓勇知名，众谓之“夜叉”，言于叔琮曰：“晋人所恃者周陌五，愿擒之，请赏以郡。”陈章尝乘骢马朱甲以自异。武皇戒德威曰：“我闻陈夜叉欲取尔求郡，宜善备之。”德威曰：“陈章大言，未知鹿死谁手。”他日致师，戒部下曰：“如阵上见陈夜叉，尔等但走。”德威微服挑战，部下伪退，陈章纵马追之，德威背挥铁楇击堕马，生获以献，由是知名。

周德威

天复中，我师不利于蒲县，汴将朱友宁、氏叔琮来逼晋阳。时诸军未集，城中大恐，德威与李嗣昭选募锐兵出诸门，攻其垒，擒生斩馘，汴人枝梧不暇，乃退。天祐三年，与李嗣昭合燕军攻潞州，降丁会，以功加检校太保、代州刺史，代嗣昭为蕃汉都将。李思安之寇潞州也，德威军于余吾。时汴军十万筑夹城，围潞州，内外断绝，德威以精骑薄之，屡败汴人，进营高河，令游骑邀其刍牧。汴军闭壁不出，乃自东南山口筑甬道树栅以通夹城，德威之骑军，倒墙堙堑，日数十战，前后俘馘，不可胜纪。梁有骁将黄角鹰、方骨仑，皆生致之。

五年正月，武皇疾笃，德威退营乱柳。武皇厌代，四月，命德威班师。时庄宗初立，德威外握兵柄，颇有浮议，内外忧之。德威既至，单骑入谒，伏灵柩哭，哀不自胜，由是群情释然。是月二十四日，从庄宗再援潞州。二十九日，德威前军营横碾，距潞四十五里。五月朔，晨雾晦暝，王师伏于三垂岗下，翌日，直趋夹城，斩关破垒，梁人大败，解潞州之围。初，德威与李嗣昭有私憾，武皇临终顾渭庄宗曰：“进通忠孝不负我，重围累年，似与德威有隙，以吾命谕之，若不解重围，殁有遗恨。”庄宗达遗旨，德威感泣，由是励力坚战，竟破强敌，与嗣昭欢爱如初。以功加检校太保、同平章事、振武节度使。

六年，岐人攻灵夏，遣使来求助，德威渡河以应之，师还，授蕃汉马步总管。七年十一月，汴人据深、冀，汴将王景仁军八万次柏乡，镇州节度使王镕来告难，帝遣德威率前军出井陉，屯于赵州。十二月，帝亲征，二十五日，进薄汴营，距柏乡五里，营于野河上。汴将韩勍率精兵三万，铠甲皆被缯绮，金银炫曜，望之森然。我军惧形于色。德威谓李存璋

曰："贼结阵而来，观其形势，志不在战，欲以兵甲耀威耳。我军人乍见其来，谓其锋不可当，此时不挫其锐，吾军不振矣！"乃遣存璋谕诸军曰："尔见此贼军否？是汴州天武健儿，皆屠沽佣贩，虚有表耳，纵被精甲，十不当一，擒获足以为资。"德威自率精骑击其两偏，左驰右决，出没数四。是日，获贼百余人，贼渡河而退。德威谓庄宗曰："贼骄气充盛，宜按兵以待其衰。"庄宗曰："我提孤军，救难解纷，三镇乌合之众，利在速战，卿欲持重，吾惧其不可使也。"德威曰："镇、定之士，长于守城，列阵野战，素非便习。我师破贼，唯恃骑军，平田广野，易为施功。今压贼营，令彼见我虚实，则胜负未可必也。"庄宗不悦，退卧帐中。德威患之，谓监军张承业曰："王欲速战，将乌合之徒，欲当剧贼，所谓不量力也。去贼咫尺，限此一渠水，彼若早夜以略彴渡之，吾族其为俘矣。若退军鄗邑，引贼离营，彼出则归，复以轻骑掠其刍饷，不逾月，败贼必矣。"承业入言，庄宗乃释然。德威得降人问之，曰："景仁下令造浮桥数日"，果如德威所料。二十七日，乃退军保鄗邑。

八年正月二日，德威率骑军致师于柏乡，设伏于村坞间，令三百骑以压汴营。王景仁悉其众结阵而来，德威转战而退，汴军因而乘之，至于鄗邑南。时步军未成列，德威阵骑河上以抗之。亭午，两军皆阵，庄宗问战时，德威曰："汴军气盛，可以劳逸制之，造次较力，殆难与敌。古者师行不逾一舍，盖虑粮饷不给，士有饥色。今贼远来决战，纵挟糗糒，亦不遑食。晡晚之后，饥渴内侵，战阵外迫，士心既倦，将必求退。乘其劳弊，以生兵制之，纵不大败，偏师必丧。以臣所筹，利在晡晚。"诸将皆然之。时汴军以魏、博之人为右广，宋、汴之人为左广，自未至申，阵势稍却，德威麾军呼曰："汴军走矣！"尘埃涨天，魏人收军渐退，庄宗与史建瑭、安金全等因冲其阵，夹攻之，大败汴军，杀戮殆尽，王景仁、李思安仅以身免，获将校二百八十人。八月，刘守光僭称大燕皇帝。十二月，遣德威率步骑三万出飞狐，与镇州将王德明、定州将程严等军进讨。九年正月，收涿州，降刺史刘知温。五月七日，刘守光令骁将单廷珪督精甲万人出战，德威遇于龙头岗。初，廷珪谓左右曰："今日擒周阳五。"既临阵，见德威，廷珪单骑持枪躬追德威，垂及，德威侧身避之。廷珪少退，德威奋楇击坠其马，生获廷珪，贼党大败，斩首三千级，获大将李山海等五十二人。十二日，德威自涿州进军良乡、大城。守光既失廷珪，自是夺气。德威之师，屡收诸郡，降者相继。十年十一月，擒守光父子，幽州平。十二月，授德威检校侍中、幽州卢龙等军节度使。

德威性忠孝，感武皇奖遇，尝思临难忘身。十二年，汴将刘鄩自洹水乘虚将寇太原，德威在幽州闻之，径以五百骑驰入土门，闻鄩军至乐平不进，德威径至南宫以候汴军。初，刘鄩欲据临清以扼镇、定转饷之路；行次陈宋口，德威遣将擒数十人，皆剸刃于背，縶而遣之。既至，谓刘鄩曰："周侍中已据宗城矣！"德威其夜急骑扼临清，刘鄩乃入贝州。是时德威若不至，则胜负未可知也。

十四年三月，契丹寇新州，德威不利，退保范阳。敌众攻城仅二百日，外援未至，德威抚循士众，昼夜乘城，竟获保守。十五年，我师营麻口渡，将大举以定汴州。德威自幽州率本军至，十二月二十三日，军次胡柳陂。诘旦，骑报曰："汴军至矣！"庄宗使问战备，德威奏曰："贼倍道而来，未成营垒，我营栅已固，守备有余，既深入贼疆，须决万全之策。此去大梁信宿，贼之家属，尽在其间，人之常情，孰不以家国为念？以我深入之众，抗彼激愤之军，不以方略制之，恐难必胜。王但按军保栅，臣以骑军疲之，使彼不得下营，际晚，粮饷不给，进退无据，因以乘之，破贼之道也。”庄宗曰：“河上终日挑战，恨不遇贼，今款门不战，非壮夫也。”乃率亲军成列而出，德威不获已，从之。谓其子曰：“吾不知其死所矣！”庄宗与汴将王彦章接战，大败之。德威之军在东偏，汴之游军入我辎重，众骇，奔入德威军，因纷扰无行列。德威兵少，不能解，父子俱战殁。先是，镇星犯上将，星占者云，不利大将。是夜收军，德威不至，庄宗恸哭谓诸将曰：“丧我良将，吾之咎也。”

德威身长面黑，笑不改容，凡对敌列阵，凛凛然有肃杀之风，中兴之朝，号为名将。及其殁也，人皆惜之。同光初，追赠太师。天成中，诏与李嗣昭、符存审配飨庄宗庙廷。晋高祖即位，追封燕王。

子光辅，历汾、汝州刺史。

【译文】

周德威，字镇远，小字阳五，朔州马邑人。起初在武皇李克用手下任帐中骑督，骁勇善战，尤其擅长骑马射箭，胆量、气魄、智慧和计谋都有过人之处。由于长期居住在云中地区，十分熟悉边境一带的事情。望见烟尘升起，便能料算到兵力多少。乾宁年间，担任铁林军使，跟随武皇征讨王行瑜，因功加官为检校左仆射，移任内衙军副。光化二年三月，汴将氏叔琮率军进逼太原，有一个名叫陈章的人，号称像猛虎一样凶猛，大家都称他“夜叉”。他对叔琮说：“晋军所依恃的人是周阳五，我愿生擒他，请赏给我刺史的官职。”陈章经常骑着一匹青白色的战马，披挂着鲜红色的铠甲来显示自己与众不同。武皇告诫周德威说：“我听说陈夜叉想活捉你来谋得刺史的官做，应当好生提防他。”周德威说：“陈章净说大话，还不知鹿死谁手呢。”隔几天来到部队，他叮嘱部下说：“如果在阵上看见陈夜叉，你们尽管跑开好了。”周德威穿着普通士兵的服装出马挑战，他的部下佯装退却，陈章拍马追来，周德威从背后挥动铁锤把他击落马下，活捉了陈章并将其献于武皇帐下。通过这一仗，周德威的名声大振。

天复年间，晋王军队在蒲县失利，汴将朱友宁、氏叔琮率军迫近晋阳。当时各支部队还没有集结，晋阳城中十分惊恐。周德威与李嗣昭仔细选拔了精锐士兵从几个城门同时出击，攻打敌军的营垒，抓住敌人就割下左耳，汴军招架不迭，就撤退了。天祐三年，周德威与李嗣昭会同燕军攻打潞州，梁将丁会投降，周德威因功加授检校太保，代州刺史，接替李嗣昭担任蕃汉都将。李思安侵犯潞州的时候，周德威的军队正驻扎在余吾。当时汴军十万人沿城筑起长围，围困潞州，断绝了城内城外的联系。周德威用精锐的骑兵逼近敌人，屡次打败汴梁军队。随后进至高河安营，命令游动的骑兵阻截出来割草放牧的敌人，于是汴军紧闭营门，拒不出战。又从东南山口修筑了一条两侧是墙并竖立栅栏的通道通往环城长围。周德威的骑兵推倒墙壁，填平壕沟，一天之内战斗几十次，前后活捉的俘虏和从敌尸上割下的耳朵，多得数不过来，梁军的猛将黄角鹰、方骨仑都被活捉。

五年正月，武皇病重，周德威退兵驻守在乱柳。武皇去世。四月，命周德威班师回朝。这时，庄宗刚刚即位，周德威在外地掌握兵权，招来许多流言和议论，朝廷上下对此十分担忧。周德威来到之后，一个人进朝拜谒，趴在武皇李克用的棺材上放声痛哭，控制不住自己的悲哀之情。于是大家的情绪才安稳下来。这个月二十四日，周德威跟随庄宗再度增援潞州。二十九日，周德威率领前锋部队进驻横碾，距离潞州有四十五里的路程。五月初一清晨，大雾弥漫、朦胧不清，庄宗的军队埋伏在三垂岗下面。第二天，直奔环城长围，砍开关门，摧毁营壁，梁军大败，终于解除了潞州之围。当初，周德威与李嗣昭有个人私怨，武皇临终前对庄宗说："进通（嗣昭字）是个忠孝之人，不会背叛我，他身处重围中一年多了，好像与周德威有矛盾，你要把我的命令告诉周德威，倘若不解除重围，我死有遗恨。"庄宗转达了这一遗旨，周德威感动地流下了眼泪，因此奋勇作战，终于打败了强敌，与李嗣昭彼此和好如初。因功升任检校太保、同平章事、振武节度使。

六年，岐人进攻灵夏，派遣使者来请求援助。周德威渡过黄河去策应他们。部队回来，被授为蕃汉马步总管。七年十一月，汴军占据深、冀，他们的将领王景仁率领八万人马兵临柏乡，镇州节度使王镕赶来告急。庄宗派周德威率领先头部队从井陉出发，屯驻于赵州。十二月，庄宗亲自出征。二十五日，部队向前接近汴军营地，离柏乡五里安营扎寨于野河北面。汴军将领韩勍率精兵三万人，盔甲上都披挂着丝绸、金银装饰来炫耀军威，远远望去十分整齐森严，晋军见之害怕的变了脸色。周德威对李存璋说："贼军布下阵势前来，看他们的样子，意图不在交战，只是想用兵甲来炫耀武力罢了。我军士兵刚刚看到他们来到，就说其兵锋不可阻挡，现在如果不挫败他们的锐气，我军就无法振作起来啦。"于是派李存璋通告全军说："你们看见这些贼军了吗？这些所谓的汴州天武健儿，都是杀猪、卖酒、走卒、小贩之流，只有虚假的外表而已，尽管他们穿着精美的铠甲，十个人也赶不上我军一个人，捉住他们足以满足我们的费用。"周德威亲率精锐骑兵攻击梁军的两侧，左冲右突，出入敌军阵地四次。这一天，俘获敌人一百多人，敌军渡河撤退。周德威对庄宗说："贼军骄傲的气势非常充沛强盛，应当按兵不动来等待他们的衰弱。"庄宗说："我统领一支孤军来挽救危难解除纷乱，三镇之兵都是乌合之众，利在速战速决，你想要稳重行事，我却担心你的计策不能使用啊。"周德威说："镇州、定州的人，擅长坚守城池，而布阵野战，本来他们就不习惯，我军击败敌军，只有依靠骑兵，平旷的田地和宽广的野外，正容易施展我们的长处。现在去逼近敌营，让他们知道我军的虚实情况，这样一来胜负就不一定了。"庄宗听了很不高兴，回身去帐中躺下。周德威对此十分着急，对监军张承业说："大王想要速战，率领乌合之众，去面对厉害的贼军，这是不能正确估计自己的力量啊。离贼这么近，又仅有这么一条河水为阻隔，他们如果早晚造桥渡河过来，我们这些人就都成为他们的俘虏了。假如我们把部队撤退到鄗邑，引诱敌人离开营寨，他们出击我们则返回来，再用轻骑兵抢掠他们的粮草军需，不超过一个月，打败敌军是必然的。"张承业进去向庄宗陈述了周德威的意见，庄宗才高兴起来。周德威审问一个投降过来的人，这人回答："王景仁下令建造浮桥已经几天了。"果然像周德威预料的一样。二十七日，撤军保卫鄗邑。

八年正月二日，周德威率骑兵进至柏乡，预先在村落中设置了埋伏，命令三百个骑兵

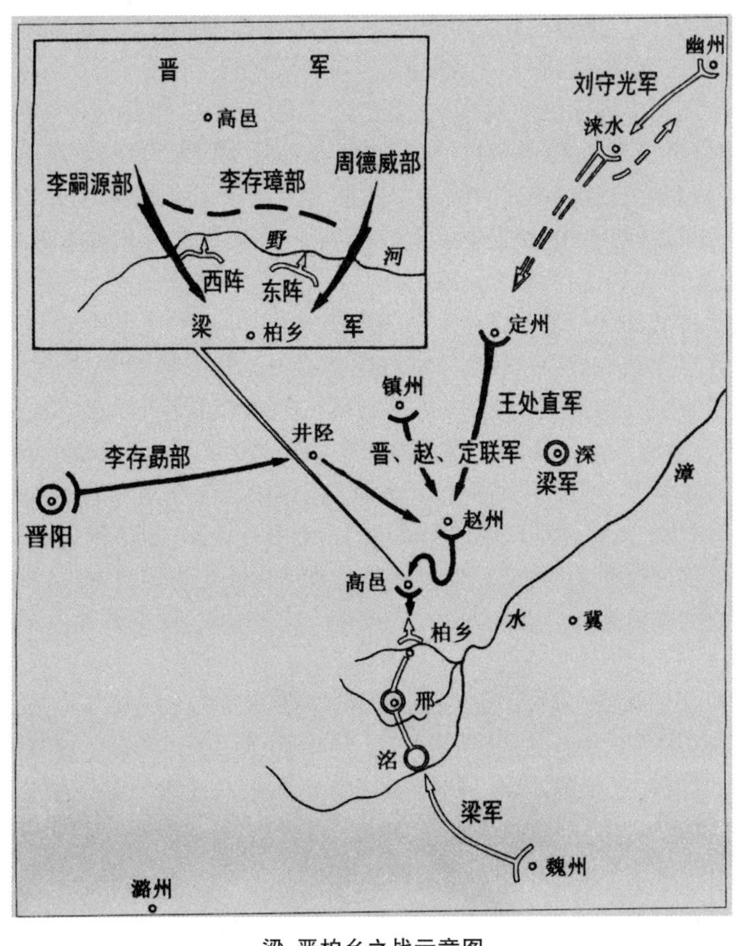

梁、晋柏乡之战示意图

迫近汴梁军营寨。王景仁率全部人马列阵应战，周德威且战且退，汴梁军趁机追赶。到了鄗邑城南，这时步兵还没有摆好队形，周德威把骑兵列阵于河边高地抵抗敌人。正午，两军各自摆好阵势，庄宗问出战的时机，周德威答道："汴梁军气势昂盛，只能以逸待劳才能制服他们，轻易地与他们比试力量，几乎很难取胜。古时候军队行军一次不超过三十里，就是怕粮饷接应不上，战士们有饥饿的脸色。现在贼军自远方前来决战，纵使携带着干粮也没有空吃，从中午到晚上后，饥饿和干渴在内部侵袭，战阵又在外部施以压力，战士的士气既然懈怠，其将领一定谋划撤兵，趁着他们疲劳困苦，用我们的生力军去压制他们，敌人纵然不会溃败，也要丧失一部分部队。以我之见，最好的出战时机在傍晚。"众将都赞同这个看法。当时，汴梁军以魏、博的部队为右军，宋、汴的部队为左军，从未时到申时，阵势渐退。周德威指挥部下大声叫道："汴梁军逃走了！"尘土扬天，魏人收缩兵力逐渐退却。庄宗与史进瑭、安金全等人趁机冲击他们的阵地，两下夹攻，汴梁军大败，几乎被全歼，王景仁、李思安仅以身免，俘获了将校二百八十人。

八月，刘守光自称大燕皇帝。十二月，庄宗派周德威率步骑三万人出飞狐，与德州将

领王德明、定州将领程严进军讨伐。九年正月，收复涿州，刺史刘知温投降。五月七日，刘守光命令骁将单廷珪统领精兵一万出战，与周德威遭遇于龙头岗。开始，单廷珪对部下说："今天一定要活捉周阳五。"随即来到阵前，看见周德威，单廷珪单枪匹马躬身来追周德威，等他接近时，周德威侧身避过，单廷珪稍微后退，周德威举起马鞭把他击落下马，生擒了单廷珪，贼众大败，斩首三千级，俘获大将李山海等五十二人。十二月，周德威自涿州进军良乡、大城；刘守光既然损失了单廷珪，从此丧失了勇气。周德威的军队接连收复了几个郡，投降的人相继不断。十年十一月，抓获了刘守光父子，平定了幽州。十二月，周德威被授为检校侍中、幽州卢龙等军节度使。

周德威天性忠心耿耿，崇尚孝义，感怀武皇李克用的奖掖与恩遇，常常想着一旦国家有难就奋不顾身。十二年，汴梁军将领刘鄩打算从洹水乘虚进犯太原，德威在幽州闻听此讯，立刻率五百名骑兵径直奔向土门，听说刘鄩的部队到了乐平就停止不前，周德威直接赶到南宫等候汴梁军。开始，刘鄩打算占据临清以扼守镇、定二州转运饷银的道路。行进至陈宋口，周德威派将领抓获了汴梁军几十人，用刀剑插入他们的后背，然后用绳子捆绑上放他们回去。这些人回去后，对刘鄩说："周侍中已经占领宗城了！"周德威这天晚上率骑兵急速赶往临清扼守，刘鄩只得退入贝州。这个时候，周德威如果不来，那么胜败就很难预料了。

十四年三月，契丹进犯新州，周德威的军队失利，退守范阳。敌人攻城近二百天，援兵仍然未到，周德威安抚将士，昼夜上城督战，终于坚守住了范阳城。十五年，晋军屯驻麻口渡，即将大举进攻以平定汴州。周德威从幽州率部下赶到。十二月二十三日，部队在胡柳陂宿营。次日早晨，哨骑报告说："汴梁军到了！"庄宗派人来问战斗准备情况，周德威回答说："汴梁军日夜兼程而来，还没有来得及修筑营垒，而我军的营栅却已固立，坚守防备已经够用。既然深入到敌境，必须决定一个万全的计策。这里离大梁只有一天一夜的路程，敌军的家属全在城里，人之常情，谁不牵挂自己的家园和国家？用我们这些深入到敌境的部众，来对抗他们群情激愤的军队，如果不用计谋遏制敌人，恐怕难于必胜。晋王您只管按兵不动，保守营寨，我用骑兵骚扰他们，使其无法立下营寨，到了晚上，敌粮草供给不上，进不得，退不得，乘势出击，这是打败敌人的途径。"庄宗说："我们在大河岸上整天挑战，遗憾的是没有遇上敌人，现在敲响敌人的大门却不出击，这不是壮士的行为！"然后就率领亲军排队出战，周德威没办法只好从命。对他儿子说；"我不知道将死在哪里呀。"庄宗与汴梁军将领王彦章交战，彦章大败。周德威的部队在东边，汴梁军的游动部队进入晋军的辎重中，晋军士兵惊恐万状，飞跑入周德威的部队中，所以纷纷扰扰不成队形，德威的兵力少，不能解救危急，父子二人都战死。在此之前，土星触犯了上将星，星象家说，这种天象不利于大将。这天夜里收兵，周德威没回来，庄宗悲哀已极，哭着对众将说："损失了我的良将，这是我的过错啊。"

周德威身材魁伟，面目黝黑，笑起来容貌不改，每当临阵对敌，威风凛凛有一种肃杀的气度。在朝廷中兴时期，号称名将，他死后，人们都痛惜不已。同光初年，朝廷追赠周德威为太师。天成年间，下诏把周德威和李嗣昭、符存审的灵牌放入庄宗庙内。晋高祖即位后，又追封周德威为燕王。

周德威的儿子周光辅，历任汾、汝州刺史。

刘昫传

【题解】

刘昫（888～947），字耀远，涿州归义县（今河北雄县西北）人。后晋天福六年，高祖命张昭远、贾纬等人修撰唐史，由宰相赵莹监修。出帝开运二年，《唐书》撰成，因此时刘昫为监修宰相，所以此书由刘昫奏上，题为"刘昫等撰"。后来北宋欧阳修、宋祁撰《新唐书》，为与之区别，改名为《旧唐书》。

《旧唐书》二百卷，本纪二十卷，志三十卷，列传一百五十卷。记载了上起唐高祖武德元年（618），下迄哀帝天祐四年（907）唐代二百九十年的历史。宪宗以前主要依据唐代国史和实录。取舍较为得当，文字也简洁明了。而宪宗以后，则无本可据，皆由编者依搜集到的材料纂辑而成，内容较芜杂，也多有讹误。《旧唐书》的食货、礼仪、音乐、职官、刑法数志较好，这和唐一代注重典章制度的总结有关。尤其值得注意的是，《旧唐书》对国内外少数民族的记载，超过以前各正史，而且史料可靠，对研究少数民族史和中外关系史都有重要的史料价值。正因为《旧唐书》有这些长处，故《新唐书》问世，也不能取代它，两《唐书》并存。

【原文】

刘昫，字耀远，涿州归义人也。祖乘，幽府左司马；父因，幽州巡官。昫神彩秀拔，文学优赡，与兄暄、弟皞，俱有乡曲之誉。唐天祐中，契丹陷其郡，昫被俘至新州，逃而获免。后居上国大宁山，与吕梦奇、张麟结庵共处，以吟诵自娱。

会定州连帅王处直以其子都为易州刺史，署昫为军事衙推。及都去任，乞假还乡，都招昫至中山。会其兄暄自本郡至，都荐于其父，寻署为节度衙推，不逾岁，命为观察推官。历二年，都篡父位。时都有客和少微素嫉暄，构而杀之，昫越境而去，寓居浮阳，节度使李存审辟为从事。庄宗即位，授太常博士，寻擢为翰林学士，继改膳部员外郎，赐绯；比部郎中，赐紫。丁母忧，服阕，授库部郎中，依旧充职。明宗即位，拜中书舍人，历户部侍郎、端明殿学士。明宗重其风仪，爱其温厚。长兴中，拜中书侍部兼刑部尚书、平章事。时昫入谢，遇大祠，明宗不御中兴殿，阁门曰："旧礼，宰相谢恩，须正殿通唤，请候来日。"枢密使赵延寿曰："命相之制，下已数日，中谢无宜后时。"因即奏之，遂谢于端明殿。昫自端明殿学士拜相，而谢于本殿，士子荣之。

清泰初，兼判三司，加吏部尚书、门下侍郎，监修国史。时与同列李愚不协，动至忿争，时论非之。未几，俱罢知政事，昫守右仆射，以张延朗代判三司。初，唐末帝自凤翔至，切于军用，时王玫判三司，诏问钱谷，玫具奏其数，及命赏军，甚愆于素。末帝怒，用昫代玫，昫乃搜索簿书，命判官高延赏计穷诘勾，及积年残租，或场务贩负，皆虚系赈籍，条奏其事，请可征者急督之，无以偿官者蠲除之。吏民相与歌咏，唯主典怨沮。及罢相之日，群吏相贺，昫归，无一人从之者，盖憎其太察故也。

天福初，张从宾作乱于洛阳，害皇子重乂，诏为东都留守，判河南府事，寻以本官判盐铁。未几，奉使入契丹，还迁太子太保兼左仆射，封谯国公，俄改太子太傅。开运初，授司空、平章事，监修国史，复判三司。契丹主至，不改其职。昫以眼疾乞休致，契丹主降伪命授昫守太保。契丹主北去，留于东京。其年夏，以病卒，年六十。汉高祖登极，赠太保。

初，昫避难河朔，匿于北山兰若，有贾少瑜者为僧，辍衾袍以温燠之。及昫官达，致少瑜进士及第，拜监察御史，闻者义之。

【译文】

刘昫，字耀远，涿州归义县人。祖父刘乘，为幽陵都督府左司马；父亲刘因，任幽州巡官，刘昫神采优秀而出色，文学造诣深厚，和哥哥刘暄、弟弟刘皞，都在乡里有好名声。唐天祐年间，契丹攻陷了涿州，刘昫被俘虏到新州，逃出而获得自由。后来住在上国大宁山，和吕梦奇、张麟构筑草屋住在一起，以吟诵诗文自得其乐。

适逢定州连帅王处直以他的儿子王都为易州刺史，王都让刘昫代理军事衙推。到王都卸任，刘昫请假回乡，王都又招刘昫到中山。正好他哥哥刘暄从本郡到此，王都把刘暄举荐给他的父亲，不久代理节度衙推，不到一年，命他为观察推官。过两年，王都篡夺了父亲的位置。当时王都有个门客叫和少微，一向嫉妒刘暄，结怨而杀刘暄，刘暄逃出此地，寄居在浮阳节度使李存审征辟刘昫为从事。庄宗即位，授予太常博士，不久升为翰林学士，继而任膳部员外郎，赐绯红袍；任比部郎中，赐紫袍。遭母丧，服丧期满，授予库部郎中，依旧任职。明宗即位，拜为中书舍人，历任户部侍郎、端明殿学士。明宗看重刘昫的风度仪态，喜爱他的温和敦厚。长兴年间，拜为中书侍郎兼刑部尚书、平章事。于是刘昫入朝谢恩，赶上最隆重的祭祀，明宗不御临中兴殿，阁门使告诉说："按旧礼，宰相谢恩，须在正殿通报传唤，请等到明天。"枢密使赵延寿说："任命宰相的制书，颁下已经好几天了，入朝谢恩不宜推后。"因此立即上奏明宗，于是在端明殿谢恩。刘昫从端明殿学士拜为宰相，而且又在本殿谢恩，士子以此为荣耀。

清泰初年，刘昫兼判三司，又加官吏部尚书、门下侍郎，监修国史。当时与同班的李愚不睦，一有事就争吵，当时的议论非难刘昫。不久。刘昫、李愚都免知政事，刘昫守右仆射，让张延郎代判三司。当初，唐末帝从凤翔来，急迫地需要军费，此时王玫判三司，朝廷下诏问他钱谷状况，王玫把钱谷的数目都奏于朝廷，到命令他出钱谷犒赏军队，却严重地失于空虚。末帝发怒，用刘昫取代王攻，刘昫就搜索记财物收支的账簿，命令判官高延赏仔细计款算查，连多年的残租，或者是市场的交易，都是虚付账籍，刘昫将这些情况具条成章上奏，请求对可以征收的人抓紧督收，没有能力偿还官府的人就免除，对此吏与百姓相与唱歌欢庆，只有主管的人怨恨沮丧。到刘昫罢相的时候，众官吏相庆贺，刘昫还乡，没有一个跟从他的人，大概憎恨他太苛察的缘故。

晋天福初年，张从宾在洛阳作乱，害皇子重乂，朝廷诏令刘昫为东都留守，判河南府事，不久以本官职判盐铁。没有多久，又奉命出使到契丹，回来任太子太保兼左仆射，封谯国公，不久改为太子太傅。开运初年，除授司空、平章事，监修国史，又判三司。契丹主太宗到洛阳，不改刘昫的官职，刘昫以眼病乞求退休，契丹太宗颁降伪命，授刘昫守太保。契丹太宗退回北方，刘昫留在东京。这年夏季，因病去世，终年六十。汉高祖登极，赠刘昫太保。

当初，刘昫在河朔避难，藏在北山的寺院里，有个叫贾少瑜的僧人，脱下自己的衾袍用来温暖刘昫。到刘昫官运通达，给予贾少瑜进士及第，拜监察御史，听说此事的人都认为刘昫仁义。

杨凝式传

【题解】

杨凝式（公元 873~954），字景度，号虚白、希维居士，或称癸巳人、关西老农，华阴（今陕西属县）人。唐相杨涉之子。杨凝式于唐昭宗时中进士，后历仕五代梁、唐、晋、汉、周五朝。在唐、后梁易代之际，杨凝式恐招祸，佯装疯癫，因此人称之为“杨疯子”。他虽然历仕五代，但并未受到重用，且不时以“心疾”免官。因他有才气声望，又善于以疯病保护自己，虽然处于政局动荡、政权不断易手的政局中，却能免祸寿终。

杨凝式雕像

杨凝式是五代时期最著名的书法家。他的书法，远学二王，近师欧阳询、颜真卿，形成自己遒劲纵逸的书风，在当时就影响很大，洛阳的僧寺道观，杨凝式题壁殆遍，他的片语只字，人们都加以珍藏。当时人把他与颜真卿并列，称为“颜、杨”。他的书法，对后世影响很大，特别是宋元名家。明人董其昌以为，“宋四大家（苏、黄、米、蔡）并从杨少师津逮以造鲁公之室”。其中黄庭坚曾作诗称颂杨的书法：“谷书只识兰亭面，欲换凡骨无金丹，谁知洛阳杨风子，下笔便到乌丝阑。”他传世的书法作品有《韭花帖》《夏热帖》《神仙起居法》等。

【原文】

杨凝式，华阴人也。父涉，唐末梁初，再登台席，罢相守左仆射卒。凝式体虽蕞眇，而精神颖悟，富有文藻，大为时辈所推。唐昭宗朝，登进士第，解褐授度支巡官，再迁秘书郎，直史馆。梁开平中，为殿中侍御史、礼部员外郎、三川守，齐王张宗奭见而嘉之，请以本官充留守巡官。梁相赵光裔素重其才，奏为集贤殿直学士，改考功员外郎。

唐同光初，授比部郎中、知制诰。寻以心疾罢去，改给事中、史馆修撰，判馆事。明宗即位，拜中书舍人，复以心疾不朝而罢。长兴中，历右常侍、工户二部侍郎，以旧恙免，改秘书监。清泰初，迁兵部侍郎。唐末帝按兵于怀覃，凝式在扈从之列，颇以心恙喧哗于军砦，末帝以其才名，优容之，诏遣归洛。

晋天福初，改太子宾客，寻以礼部尚书致仕，闲居伊、洛之间，恣其狂逸，多所干忤，自居守以降，咸以俊才耆德，莫之责也。晋开运中，宰相桑维翰知其绝俸，艰于家食，奏除太子少保，分司于洛。汉乾祐中，历少傅、少师。太祖总政，凝式候于军门，且以年老不任庶事上诉，太祖特为奏免之。广顺中，表求致政，寻以右仆射得请。显德初，改左仆射，又改太子太保，并悬车。元年冬，卒于洛阳，年八十五。诏赠太子太傅。

凝式长于歌侍，善于笔札，洛川寺观蓝墙粉壁之上，题纪殆遍，时人以其纵诞，有"风子"之号焉。

【译文】

杨凝式，华阴县人。他的父亲杨涉，在唐朝末年梁代初年，曾两次为台阁大臣，罢相后任为仆射，死于任上。杨凝式身体瘦小，却非常精神，非仕被任为度支巡官，又升为秘书郎，任职史馆。后梁开平年间，任殿中侍御史、礼部员外郎，三川太守，齐王张宗奭一见到他就满口嘉赏，请他的原职充任留守巡官。后梁丞相赵光裔一向重视杨凝式的才华，推荐他任集贤殿直学士，后改为考功员外郎。

后唐同光初年，任他为比部郎中、知制诰。不久因他神经有毛病，改任为给事中、史馆修撰，掌管史馆事务。后唐明宗即位，任他为中书舍人，又因犯神经病不能上朝而罢官。长兴年间，历任右常侍、工户二部侍郎，仍以旧病被免官，改任秘书监。清泰初年，升任兵部侍郎。后唐末帝率军驻扎在怀覃，杨凝式跟随在皇帝身边，不时因神经病复发在军营中大吵大闹，末帝因他有才有名，原谅了他，把他送回洛阳。

后晋天福初年，改任他为太子宾客，不久以礼部尚书的官衔退休，在伊水、洛水之间闲住，任意发疯发癫，得罪了不少人，从郡太守以下，人们因他有高才又是老资格，没人去责备他。后晋开运年间，宰相桑维翰知道他没有薪俸收入，吃饭也成了问题，上奏朝廷，任他为太子太保，在洛阳设立分支机构。后汉乾祐年间，历任少傅、少师。后周太祖郭威专擅军政，杨凝式在军营外等候郭威接见，诉说年岁已老不能再管日常事务，郭威为此上奏皇帝，免去他的日常杂务。后周广顺年间，上书请求去任，不久以右仆射的官衔准予退休。显德初年，改任左仆射，又改任太子太保，二任都是闲居在家，不管政事。显德元年冬天,杨凝式死于洛阳,时年八十五岁。朝廷赠给他太子太傅的荣衔。

杨凝式擅长作诗,又长于书法,洛川寺观的蓝墙红壁之上,遍是他的题字。当时人因他放纵怪诞,称之为“疯子”。

冯道传

【题解】

冯道(882~954),字可道,瀛洲景城(今河北献县东北)人,好学能文,生性廉洁。自从在后唐明宗时担任宰相以后,冯道历任后唐闵帝、末帝,后晋高祖、出帝,后汉高祖、隐帝,后周太祖、世宗朝宰相,居相位二十余年,自称“长乐老”。冯道处世“持重镇俗”,不干涉地方诸侯事务,因此得以长久为相。在后唐明宗时,冯道能陈述民间疾苦;在后晋末能劝阻契丹王屠杀中原士民。特别是后唐明宗长兴三年(932),他组织人力,将《九经》雕版印行,成为中国古代官府刻印书籍的开端。宋初史学家对冯道毁誉参半,但到北宋中叶以后,史学家对冯道历事四朝、不忠于一姓一君的行为大多持批判态度。

【原文】

冯道,字可道,瀛洲景城人。其先为农为儒,不恒其业。道少纯厚,好学能文,不耻恶衣食。负米奉亲之外,唯以披诵吟讽为事,虽大雪拥户,凝尘满席,湛如也。天祐中,刘守光署为幽州掾。守光引兵伐中山,访于僚属,道常以利害箴之,守光怒,置于狱中,寻为人所救免。守光败,遁归太原,监军使张承业辟为本院巡官。承业重其文章履行,甚见待遇。时有周玄豹者,善人伦鉴,与道不洽,谓承业曰:“冯生无前程,公不可过用。”时河东记室卢质闻之曰:“我曾见杜黄裳司空写真图,道之状貌酷类焉,将来必副大用,玄豹之言不足信也。”承业寻荐为霸府从事,俄署太原掌书记。时庄宗并有河北,文翰甚繁,一以委之。

“官场不倒翁”冯道

庄宗与梁军夹河对垒。一日,郭崇韬以诸校伴食数多,主者不办,请少罢减。庄宗怒曰:“孤为效命者设食,都不自由,其河北三镇,令三军别择一人为帅,孤请归太原以避贤路。”遽命道对面草词,将示其众。道执笔久之,庄宗正色促焉。道徐起对曰:“道所掌笔砚,敢不供职。今大王屡集大功,方平南寇,崇韬所谏,未至过当,阻拒之则可,不可以向来之言,喧动群议,敌人若知,谓大王君臣之不和矣。幸熟而思之,则天下幸甚也。”俄而崇韬入谢,因道之解焉,人始重其胆

量。庄宗即位邺宫，除省郎，充翰林学士，自绿衣赐紫。梁平，迁中书舍人、户部侍郎。丁父忧，持服于景城。遇岁俭，所得俸余，悉赈于乡里，道之所居，唯蓬茨而已，凡牧宰馈遗，斗粟匹帛，无所受焉。时契丹方盛，素闻道名，欲掠而取之，会边人有备，获免。

明宗入洛，遽谓近臣安重诲曰："先帝时冯道郎中何在？"重诲曰："近除翰林学士，"明宗曰："此人朕素谙悉，是好宰相。"俄拜端明殿学士。端明之号，自道始也。未几，迁中书侍郎、刑部尚书平章事。凡孤寒士子，抱才业、素知识者，皆与引用，唐末衣冠，履行浮躁者，必抑而置之。有工部侍郎任赞，因班退，与同列戏道于后曰："若急行，必遗下《兔园册》。"道知之，召赞谓曰："《兔园册》皆名儒所集，道能讽之。中朝士子止看文场秀句，便为举业，皆窃取公卿，何浅狭之甚耶！"赞大愧焉。复有梁朝宰臣李琪，每以文章自擅，曾进《贺平中山王都表》，云"复真定之逆城"。道让琪曰："昨来收复定州，非真定也。"琪昧于地理，顿至折角。其后百僚上明宗徽号凡三章，道自为之，其文浑然，非流俗之体，举朝服焉。道尤长于篇咏，秉笔则成，典丽之外，义含古道，必为远近传写，故渐畏其高深，由是班行肃然，无浇醨之态。继改门下侍郎、户部吏部尚书、集贤殿弘文馆大学士，加尚书左仆射，封始平郡公。一日，道因上谒既退，明宗顾谓侍臣曰："冯道性纯俭，顷在德胜寨居一茅庵，与从人同器食，卧则刍藁一束，其心晏如也。及以父忧退归乡里，自耕樵采，与农夫杂处，略不以素贵介怀，真士大夫也。"

天成、长兴中，天下屡稔，朝廷无事。明宗每御延英，留道访以外事，道曰："陛下以至德承天，天以有年表瑞，更在日慎一日，以答天心。臣每记在先皇霸府日，曾奉使中山，经井陉之险，忧马有蹶失，不敢怠于衔辔。及至平地，则无复持控，果为马所颠仆，几至于损。臣所陈虽小，可以喻大。陛下勿以清晏丰熟，便纵逸乐，兢兢业业，臣之望也。"明宗深然之。佗日又问道曰："天下虽熟，百姓得济否？"道曰："谷贵饿农，谷贱伤农，此常理也。臣忆得近代有举子聂夷中《伤田家诗》云：'二月卖新丝，五月粜秋谷，医得眼下疮，剜却心头肉。我愿君王心，化作光明烛，不照绮罗筵，偏照逃亡屋。'"明宗曰："此诗甚好。"遽命侍臣录下，每自讽之。道之发言简正，善于裨益，非常人所能及也。时以诸经舛缪，与同列李愚委学官田敏等，取西京郑覃所刊石经，雕为印版，流布天下，后进赖之。明宗崩，唐末帝嗣位，以道为山陵使，礼毕，出镇同州，循故事也。道为政闲淡，狱市无挠。一日，有上介胡饶，本出军吏，性粗犷，因事诟道于牙门，左右数报不应。道曰："此必醉耳！"因召入，开尊设食，尽夕而起，无挠愠之色。未几，入为司空。

及晋祖入洛，以道为首相。二年，契丹遣使加徽号于晋祖，晋祖亦献徽号于契丹，谓道曰："此行非卿不可。"道无难色。晋祖又曰："卿官崇德重，不可深入沙漠。"道曰："陛下受北朝恩，臣受陛下恩，何有不可！"及行，将达西楼，契丹主欲效迎，其臣曰："天子无迎宰相之礼。"因止焉，其名动殊俗也如此。及还，朝廷废枢密使，依唐朝故事，并归中书，其院印付道，事无巨细，悉以归之。寻加司徒、兼侍中，进封鲁国公。晋祖曾以用兵事问道，道曰："陛下历试诸艰，创成大业，神武睿略，为天下所知，讨伐不庭，须从独断。臣本自书生，为陛下在中书，守历代成规，不敢有一毫之失也。臣在明宗朝，曾以戎事问臣，臣亦以斯言答之。"晋祖颇可其说。道尝上表求退，晋祖不之览，先遣郑王就省，谓曰："卿来日不出，朕当亲行请卿。”道不得已出焉。当时宠遇，无与为比。

晋少帝即位，加守太尉，进封燕国公。道尝问朝中熟客曰：“道之在政事堂，人有何说？”客曰：“是非相半。”道曰：“凡人同者为是，不同为非，而非道者，十恐有九。昔仲尼圣人也，犹为叔孙武叔所毁，况道之虚薄者乎！”然道之所持，始终不易。后有人间道于少帝曰：“道好平时宰相，无以济其艰难，如禅僧不可呼鹰耳。”由是出道为同州节度使。岁余，移镇南阳，加中书令。

契丹入汴，道自襄、邓召入，戎王因从容问曰：“天下百姓，如何可救？”道曰：“此时百姓，佛再出救不得，唯皇帝救得。”其后衣寇不至伤夷，皆道与赵延寿阴护之所至也。是岁三月，随契丹北行，与晋室公卿俱抵常山。俄而戎王卒，永康王代统其众。及北去，留其族解里以据常山。时汉军愤激，因共逐出解里，寻复其城。道率同列，四出按抚，因事从宜，各安其所。人或推其功，道曰：“儒臣何能为，皆诸将之力也。”道以德重，人所取则，乃为众择诸将之勤宿者，以骑校白再荣权为其帅，军民由是帖然，道首有力焉。道在常山，见有中国士女为契丹所俘者，出橐装以赎之，皆寄予高尼精舍，后相次访其家以归之。又，契丹先留道与李崧、和凝及文武官等在常山，是岁闰七月二十九日，契丹有伪诏追崧，令选朝士十人赴木叶山行事。契丹麻答召道等至帐所，欲谕之，崧偶先至，知其旨，惧形于色。麻答将以明日与朝士齐遣之，崧乃不俟道，与凝先出，既而相遇于帐门之外，因与分手俱归。俄而李筠等纵火与契丹交斗，鼓槊相及。是日若齐至，与麻答相见，稍或踌躇，则悉为俘矣。时论者以道布衣有至行，立公朝有重望，其阴报昭感，多此类也。

及自常出入觐，汉祖嘉之，拜守太师。乾祐中，道奉朝请外，平居自适。一日，著《长乐老自叙》云：

余世家宗族，本始平、长乐二郡，历代之名实，具载于国史家牒。余先自燕亡归晋，事庄宗、明宗、闵帝、清泰帝，又事晋高祖皇帝、少帝。契丹据汴京，为戎主所制，自镇州与文武臣僚、马步将士归汉朝，事高祖皇帝、今上。顾以久叨禄位，备历艰危，上显祖宗，下光亲戚。亡曾祖讳凑，累赠至太傅，亡曾祖母崔氏，追封梁国太夫人；亡祖讳炯，累赠至太师，亡祖母褚氏，追封吴国太夫人；亡父讳良建，秘书少监致仕，累赠至尚书令，母张氏，追封魏国太夫人。

余阶自将仕郎，转朝议郎、朝散大夫、银青光禄大夫、金紫光禄大夫、特进、开府仪同三司。职自幽州节度巡官、河东节度巡官、掌书记，再为翰林学士，改授端明殿学士、集贤殿大学士、太微宫使，再为弘文馆大学士，又充诸道盐铁转运使、南郊大礼使、明宗皇帝晋高祖皇帝山陵使，再授定国军节度、同州管内观察处置等使，一为长春宫使，又授武胜军节度、邓随均房等州管内观察处置等使。官自摄幽府参军、试大理评事、检校尚书祠部郎中兼侍御史、检校吏部郎中兼御史中丞、检校太尉、同中书门下平章事、检校太师、兼侍中，又授检校太师、兼中书令。正官自行台中书舍人，再为户部侍郎，转兵部侍郎、中书侍郎，再为门下侍郎、刑部吏部尚书、右仆射，三为司空，两在中书，一守本官，又授司徒、兼侍中，赐私门十六戟，又授太尉、兼侍中，又授戎太傅，又授汉太师。爵自开国男至开国公、鲁国公，再封秦国公、梁国公、燕国公、齐国公。食邑自三百户至一万一千户，食实封自一百户至一千八百户。勋自柱国至上柱国。功臣名自经邦致理翊赞功臣至守正崇德保邦致理功臣、安时处顺守义崇静功臣、崇仁保德宁邦翊圣功臣。

先娶故德州户掾褚讳溃女，早亡；后娶故景州弓高县孙明府讳师礼女，累封蜀国夫人。亡长子平，自秘书郎授右拾遗、工部度支员外郎；次子吉，自秘书省校书郎授膳部金部职方员外郎、屯田郎中；第三亡子可，自秘书省正字授殿中丞、工部户部员外郎；第四子幼亡；第五子义，自秘书郎改授银青光禄大夫、检校国子祭酒兼御史中丞，充定国军衙内都指挥使，职罢改授朝散大夫、左春坊太子司议郎，授太常丞；第六子正，自协律郎改授银青光禄大夫、检校国子祭酒兼御史中丞，充定国军节度使，职罢，改授朝散大夫、太仆丞。长女适故兵部崔侍郎讳衍子太仆少卿名绚，封万年县君；三女子早亡。二孩幼亡。唐长兴二年敕，瀛州景城县庄来苏乡改为元辅乡，朝汉里为孝行里。洛南庄贯河南府洛阳县三州乡灵台里，奉晋天福五年敕，三州乡改为上相乡，灵台里改为中台里，时守司徒、兼侍中；又奉八年敕，上相乡改为太尉乡，中台里改为侍中里，时守太尉、兼侍中。

静思本末，庆及存亡，盖自国恩，尽从家法，承训诲之旨，关教化之源，在孝于家，在忠于国，口无不道之言，门无不义之货。所愿者下不欺于地，中不欺于人，上不欺于天，以三不欺为素。贱如是，贵如是，长如是，老如是，事亲、事君、事长、临人之道，旷蒙天恕，累经难而获多福，曾陷蕃而归中华，非人之谋，是天之祐。六合之内有幸者，百岁之后有归所，无以珠玉含，当以时服敛，以籧篨葬，及择不食之地而葬焉，以不及于古人故。祭以特羊，戒杀生也，当以不害命之物祭。无立神道碑，以三代坟前不获立碑故。无请谥号，以无德故。又念自宾佐至王佐及领藩镇时，或有微益于国之事节，皆形于公籍。所著文章篇咏，因多事散失外，收拾得者，编于家集，其间见其志。知之者，罪之者，未知众寡矣。有庄、有宅、有群书，有二子可以袭其业。于此日五盥，日三省，尚犹日知其所亡，月无忘其所能。为子、为弟、为人臣、为师长、为夫、为父，有子、有犹子、有孙，奉身即有余矣。为时乃不足，不足者何？不能为大君致一统、定八方，诚有愧于历职历官，何以答乾坤之施。时开一卷，时饮一杯，食味别声被色，老安于当代耶！老而自乐，何乐如之！时乾祐三年朱明月长乐老序云。

及太祖平内难，议立徐州节度使刘赟为汉嗣，遣道与秘书监赵上交、枢密直学士王度等往迎之。道寻与赟自徐赴汴，行至宋州，会澶州军变。枢密使王峻遣郭崇领兵至，屯于衙门外，时道与上交等宿于衙内。是日，赟率左右甲士阖门登楼，诘崇所自，崇言太祖已副推戴。左右知其事变，以为道所卖，皆欲杀道等以自快。赵上交与王度闻之，皆惶怖不知所为，唯道偃仰自适，略无惧色，寻亦获免焉。道微时尝赋诗云："终闻海岳归明主，未省乾坤陷吉人。"至是，其言验矣。广顺初，复拜太师、中书令，太祖甚重之，每进对不以名呼。及太祖崩，世宗以道为山陵使。会河东刘崇入寇，世宗召大臣议欲亲征，道谏止之，世宗因言："唐初，天下草寇蜂起，并是太宗亲平之。"道奏曰："陛下得如太宗否?"世宗怒曰："冯道何相少也。"乃罢。及世宗亲征，不令扈从，留道奉太祖山陵。时道已抱疾。及山陵礼毕，奉神主归旧宫，未及祔庙，一夕薨于其第，时显德元年四月十七日也，享年七十有三。世宗闻之，辍视朝三日，册赠尚书令，追封瀛王，谥曰文懿。

道历任四朝，三入中书，在相位二十余年，以持重镇俗为己任，未尝以片简扰于诸侯。平生甚廉俭，逮至末年，闺庭之内，稍徇奢靡。其子吉，尤恣狂荡，道不能制，识者以其不终令誉，咸叹惜之。

【译文】

冯道，字可道，瀛洲景城人。他家先祖曾务农或为儒，没有一定职业。冯道年少时，性情纯朴厚道，好学能文，不以衣食粗陋为耻，除奉养父母外，只是读书吟诗，即使大雪封门、尘垢满席，也依旧兴致盎然。天祐年间，刘守光任他为幽州掾。刘守光领兵讨伐中山，向僚属咨询，冯道常以利害规劝他。刘守光恼怒，把他投入牢狱，不久被人搭救，免遭不测。刘守光败亡，冯道逃归太原。监军使张承业用他做本院巡官。张承业看重他的文章道德，待他十分优厚。当时有个叫周玄豹的人，擅长给人看相，与冯道不和睦，便对张承业说："冯生没有前途，公不可以太重用他。"河东记室卢质得知后说："我曾见到过杜黄裳司空的画像，冯道的相貌酷似他，将来一定是做大事的，周玄豹的话不足为信。"张承业不久举荐他做了霸府从事，稍后又任太原掌书记。其时庄宗据有河北，文牍事务繁忙，统由冯道掌管。

庄宗军队与梁军隔黄河相对峙。一天，郭宗韬以诸将校会餐人数过多，主管人供应不起，请稍减员，庄宗发怒说："我想给那些为我效力的人管几顿饭，自己都做不得主，那么河北三镇就请三军另外选择一人任主帅，我请求回太原，以避贤让路。"随即命冯道当面草拟文书，以向部下宣告。冯道持笔呆了很久，庄宗严厉催促他，他缓缓起身答道："我的职责就是掌管笔墨文书，岂敢不奉命从事。如今大王您屡建大功，刚刚平定南方寇乱，崇韬所谏，未必失当，拒绝他可以，却不可用刚才那番话挑起众议。敌人若是得知，便会说大王您这里君臣不和了。希望再三考虑，那便是天下的万幸。"不久郭崇韬入朝致谢，因为冯道替他解了围。人们开始敬重冯道的胆识。庄宗在邺宫继位，授冯道省郎，充翰林学士，从绿衣（低品官）赐紫（高品官）。平定梁朝后，又升中书舍人、户部侍郎。后因父亲亡故，在景城守丧。时逢年景不好，他把节余的俸禄，全部用来振济乡里百姓，他的住所不过是茅屋陋室。凡地方官的赠物，即便是一斗谷、一匹帛也不受纳。其时正当契丹国势强盛，他们久闻冯道声名，预谋要把他劫走，因边地民众已有防备，冯道才得以免祸。

明宗入主洛阳后，立刻问近臣安重诲说："先帝在位时的冯道郎中在什么地方？"安重诲回答："不久前授翰林学士。"明宗说："此人我久已熟知，是好宰相。"很快便拜冯道为端明殿学士。"端明"之号就是从冯道开始设立的。不久冯道迁中书侍郎、刑部尚书平章事。凡贫困微贱无所依恃却有才干、有抱负、又与他素来相知的士人，他一律拨用；唐朝末年世族中行为浮躁的人，他必定贬抑不用。有位工部侍郎名叫任赞，退朝时，和同僚在后面嘲笑冯道说："他若快走，一定会掉下《免园册》。"冯道听说此事，招来任赞对他说："《免园册》的文章都是名儒编集的，我可以背诵。旧朝廷一些士子，不过读了些考场上的华丽辞藻，就去应试，都是窃取公卿的名位，真是何等浅薄、狭隘。"任赞十分惭愧。又有梁朝宰相李琪,常以文章自诩。曾进呈《贺平中山王都表》,文中有“复真定之逆城”一句,冯道批评他说:“昨日收复的是定州,而非真定。”李琪不通地理,顿受挫辱。其后百官上明宗徽号的奏文共有三章,都由冯道一人写成,文笔浑然天成,绝非一般文体,满朝文武都心悦诚服。冯道尤其长于诗文,提笔一挥而就,不仅文词典丽,而且内蕴古义,必定为远近传抄。时人因此逐渐敬畏他才学高深,从此朝廷间也风气肃然,不再有浅薄放肆的举止。继而冯道改任门下侍郎、户部、吏部尚书、集贤殿弘文馆大学士,又加尚书左仆射,封始平郡公。一天冯道上朝退下后,明宗望着他对侍臣说:“冯道生性纯厚俭朴,最近在德胜寨住一处草房,与随从同器吃饭,睡则是刍藁一捆,但他却心安理得。及至为守父丧退居乡里,他自己种田、砍柴、采集,与农夫们杂处,并不介意自己往日的高贵身份,这才真是士大夫啊。”

天成、长兴年间,天下连年丰收,朝廷无事。明宗坐朝廷英殿,留冯道向他询问朝廷外面的事。冯道说:“陛下以至上的道德承受天命,上天以丰年昭示祥瑞,陛下更要日日谨慎,以酬答上天之心。臣常忆起在先帝霸府任职时,曾奉命出使中山,过井陉险地时,唯恐马匹失蹄,不敢放松缰绳,等到平地,便不再控制,结果被马摔下,几乎致残。臣所说的这件事虽小,却可以比喻大事。陛下不要因为天下清明安定,连年丰收,便无节制地享乐。兢兢业业,是臣对陛下的希望。”明宗非常赞同。改日明宗又问冯道:“天下虽然丰收,但百姓是否就能获益?”冯道回答:“粮食太贵农民挨饿,粮食太贱农民受损害,这是普通的道理。臣记得近世有位举子叫聂夷中,做了一首《伤田家诗》,诗中写道:‘二月卖新丝,五月粜秋谷,医得眼下疮,剜却心头肉。我愿君王心,化作光明烛,不照绮罗筵,偏照逃亡屋。’”明宗说:“这首诗非常好。”即刻令侍臣抄下,时常自己背诵。冯道讲话简练切题,善于使听者获益,这方面一般人难以与他相比。当时各部经书谬误甚多,为此冯道和同僚李愚一起,委派学官田敏等人,取西京长安郑覃刊刻的石经,雕刻成印版,使经书得以流行于天下,后辈学者都仰赖这些书籍。明宗去世后,唐末帝继位,任命冯道为山陵使。丧礼结束,又遵循旧例,派他出镇同州。冯道执政清静淡泊,不干预狱讼,不扰乱市易。有个叫胡饶的州府属官,军吏出身,性格粗犷,一天因事在官署门口谩骂冯道。手下人屡次向冯道通报,他都不予理睬,说“此人一定醉了。”后把他召入官署,摆酒设宴,款待了一个晚上才起身离去,没有一点儿怒色。不久,冯道入朝任司空。

及至晋祖入主洛阳,任冯道为首相。次年,契丹派遣使臣给晋祖加徽号,晋祖也要给契丹献徽号,对冯道说:“此行非你不可。”冯道没有为难。晋祖又说:“你官高德崇,不可以深入沙漠。”冯道回答:“陛下受北方契丹朝廷的恩泽,臣受陛下的恩泽,有什么不可以呢!”上路后,快行至西楼时,契丹国主要到郊外迎接,手下大臣说:“哪有天子迎接宰相的礼节。”于是未去。冯道的名声就这样,大到影响异邦礼俗的地步。还朝后,朝廷废除枢密使,援照唐朝成例,把它归并到中书,枢密院官印交付冯道,大小事务也全部由他掌管。不久,冯道加官司徒、兼侍中,晋封为鲁国公。晋祖曾就如何用兵征询冯道的意见。冯道回答:“陛下历经磨难,创成大业,雄才大略闻名天下。讨伐不义,必须听从一人决断。臣本是一介书生,为了陛下才在中书省效力,恪守历代成规,不敢有丝毫差池。臣在明宗朝时，明宗也曾问过臣军事，臣也是以这番话作答的。”晋祖十分赞同他的话。冯道曾七表请求引退，晋祖不看，而是先派郑王去探望他，并对他说：“你明日若不复出，朕就会亲自前去请你。”冯道不得已而复出。当时受皇帝的恩宠，没有人能与冯道相比。

晋少帝继位，加冯道守太尉，晋封为燕国公。冯道曾问朝廷中一位熟悉的门客说：“我在政事堂，人们对我有什么议论？”门客说：“是非参半。”冯道说：“一般人都是对与自己意见相同的人就加以肯定，不同的就加以否定。否定我的恐怕十人中有九人。古昔的孔仲尼是圣人，尚且要被叔孙武叔诋毁，更何况我这样微小的人物呢！”尽管如此，冯道仍坚持自己的处世之道，始终不改。而后有人离间冯道和少帝的关系，在少帝面前说：“冯道不过是太平时的好宰相，遇到时世艰难就无济于事了。就像坐禅的僧人不可以用他来呼鹰一样。”由此少帝让冯道离开朝廷出任同州节度使，经过一年多，又改任南阳节度使，加中书令。

契丹进入汴京，冯道自襄、邓奉召入汴，契丹王从容问道：“天下百姓，怎样才能得救？”冯道回答：“现在的百姓，即使佛祖再世也救不了，只有皇帝能救他们。”其后官宦士绅没有受到伤害，这都是冯道和赵延寿暗地保护的结果。当年三月，冯道随契丹王北上，与晋室公卿一同到达常山。不久契丹王死，永康王代替他统率部众。到永康王北上之后，留下同族人解里据守常山。这时后汉军队愤激，与城内配合，一同赶走了解里。不久收复常山城。冯道率同僚四出巡查抚慰，处事得当，百姓各安其所。有人将功劳推许冯道，他说：“我一介儒臣有什么作为，都是各位将士的功劳。”冯道以德高望重作众人表率，于是为众人从诸将中挑选勤谨老成的将领，以骑校白再荣暂做他们的统率。军民由此安定，冯道最有功劳。冯道在常山，见有中原士女被契丹俘获的，便出珠玉宝物把她们赎回，都安置在僧尼庵院寄居，尔后又寻找到她们的家人，使她们回到家里。再有，契丹人先前留下冯道、李崧、和凝，以及文武官员在常山，当年闰七月二十九日，契丹下伪诏追叫李崧，命令他挑选朝廷大臣十人，到木叶山参加葬礼。契丹麻答召冯道等人到他的营帐，要告诉他们。李崧偶尔先到一步，得知契丹麻答的命令，面露惧色。麻答想让他们明日与朝廷大臣一齐去，李崧于是不等冯道，与和凝先出营帐，继而在帐门外遇见冯道，于是同他分手后都返回住所。不一会儿，李筠等人纵火与契丹交战，鼓声相闻，兵器相接。当日几个人若一齐列营帐与麻答相见，或稍有迟疑，就会悉数被俘获了。当时人认为冯道做平民时有至善的德行，在朝做官又有众望，因此时常会有像这样的阴间之助和好报应。

待到从常山回京朝觐，后汉高祖对他十分赞赏，拜为守太师。乾祐年间，冯道除了上朝之外，安居自乐。一天，作《长乐老自叙》说：

我的宗族家世，源于始平、长乐二郡。历代先人的姓名和作为都记载在国史和家谱中。我先从燕逃归晋，侍奉庄宗、明宗、闵帝、清泰帝，又侍奉晋高祖皇帝、少帝。契丹占据汴京后，我被契丹国主辖制，从镇州与文武臣僚、马军步兵将士一起回归汉朝，侍奉高祖皇帝和当今皇上。因久居禄位，历尽艰危，而得以对上显扬祖宗，对下光耀亲戚。已故曾祖父的名讳是凑，屡经升迁官至太傅，已故曾祖母崔氏，追封为梁国太夫人；已故祖父的名讳是炯，累进官至太师，已故祖母褚氏，追封为吴国太夫人，亡父名讳良建，以秘书少

监退休，追赠官至尚书令；母亲张氏，追封为魏国太夫人。

我的阶位从将仕郎开始，转升朝议郎、朝散大夫、银青光禄大夫、金紫光禄大夫、特进、开府仪同三司。"职"从幽州节度巡官、河东节度巡官、掌书记开始，再迁翰林学士、改授端明殿学士，集贤殿大学士、太微宫使，再迁弘文馆大学士，又充任诸道盐铁转运使、南郊大礼使、明宗皇帝晋高祖皇帝山陵使，再任定国军节度、同州管内观察处置等使，一任长春宫使，又授武胜军节度、邓、随、均、房等州管内观察处置等使。"官"自代理幽府参军开始，任试大理评事、检校尚书祠部郎中兼侍御史、检校吏部郎中兼御史中丞、检校太尉、同中书门下平章事、检校太师、兼侍中，又授检校太师、兼中书令。"正官"从行台中书舍人开始，任户部侍郎，转任兵部侍郎、中书侍郎，再转为门下侍郎、刑部、吏部尚书、右仆射，三次任司空，两次任中书，一次守本官，又授司徒、兼侍中，赐私家门前立十六支戟，再授太尉、兼侍中，任契丹太傅，任后汉太师。爵位自开国男至开国公、鲁国公，再封秦国公、梁国公、燕国公、齐国公。封邑自三百户至一万一千户，实封自一百户至一千八百户。勋位自柱国至上柱国。功臣名从经邦致理翊赞功臣到守正崇德保邦致理功臣、安时处顺守义崇敬功臣、崇仁保德宁邦翊圣功臣。

我先娶原德州户掾褚湏女儿为妻，妻子早亡；又娶原景州弓高县孙明府师礼女儿为妻。妻子累封蜀国夫人。已故长子冯平，先任秘书郎，后授右拾遗、工部度支员外郎；次子冯吉，先任秘书省校书郎，后授膳部金部职方员外郎、屯田郎中；已故三子冯可，先任秘书省正字，后授殿中丞、工部户部员外郎；第四子幼年夭折；第五子冯义，先任秘书郎，改授银青光禄大夫、检校国子祭酒兼御史中丞，充定国军衙内都指挥使，职务停罢后，改授朝散大夫、左春坊太子司议郎，又授太常丞；第六子冯正，先任协律郎，改授银青光禄大夫、检校国子祭酒兼御史中丞，充定国军节度使，职务停罢后，改授朝散大夫、太仆丞。长女嫁给前兵部侍郎崔衎的儿子、太仆少卿崔绚，封为万年县君。三个女儿早亡，两个孙子幼年夭折。奉后唐长兴二年敕令，瀛洲景城县庄所属来苏乡改称元辅乡，朝汉里改称孝行里。洛南庄原属于河南府洛阳县三州乡灵台里，奉后晋天福五年敕令，三州乡改称上相乡，灵台里改称中台里，当时我任守司徒、兼侍中。又奉天福八年敕令，上相乡改为太尉乡，中台里改为侍中里，当时我任守太尉、兼侍中。

静思我的一生，庆幸能够生存至今而没有死亡，这都是因为有来自国家的恩惠，也因为完全依从家法、仰承训导教诲的意旨，领悟教化的本源。于是在家尽孝，在国尽忠，口不讲不合乎道统的言论，家门内没有不义之财。我所希望的是下不欺于地，中不欺于人，上不欺于天。以这三不欺作为一贯的准则，贫贱如此，富贵如此，年壮如此，年老也如此。这种侍奉父母、侍奉君王、侍奉上级、对待下级的处世之道，蒙受上天莫大的宽恕，虽屡经危难而能多次获福，曾身陷番邦而终又回归中华，这些都非人尽力谋救所能达到的，而是上天的佑助。普天之下我是幸运的，百年之后我有葬身之地，不要在我口中含珠玉，只当用平常的衣物装殓，以粗席裹尸，选荒芜的地方下葬，因为我比不上古人。以牛羊祭礼，不要宰杀生灵，应以无生命之物祭祀。不要立神道碑，因为祖上三代均未能立碑。不请求加赠谥号，因为没有德行的缘故。又想到从幕府僚佐到帝王臣僚、及至任藩镇节度使时，或许稍有对国家有益的事情、操行，都记载在国家文书中。所写文章诗篇，除去在事故变迁中散失掉之外，收拾其余还可以得到的，编在自家文集中，那里面表现了我的志向。理解它与责难它的人，我不知哪个多，哪个少。家有庄田、有宅屋、有藏书，有两个儿子可以继承这些家业。在这里每日王次盥洗，三次反省，还能每日知道失掉的是什么，每月不忘自己有什么才能。身为人子、兄弟、人臣、师长、丈夫、父亲，有子、有侄、有孙，奉养自身已绰绰有余。但现在也有不足，不足的是什么呢？未能为国君统一天下、平定八方，实在有愧于担当的职务和官位，该拿什么来答谢天地的惠施呢？只是时而披阅一卷书，时而浅酌一盅酒，品尝美味，辨别声乐，环拥美色，年老而安然度日于当代呀！人虽老而自得其乐，还有什么快乐能与它相比！

乾祐三年夏月长乐老自序。

待到后周太祖平定内乱，提议立徐州节度使刘赟为后汉嗣君，派冯道与秘书监赵上交以及枢密直学士王度等人前去迎接。冯道不久便和刘赟从徐州赴汴京。走到宋州时，正值澶州兵变，枢密使王峻派郭崇率兵赶到，驻扎在衙门外。当时冯道和赵上交等一起住在衙门内。当天，刘赟带领随从卫士关闭衙门登上门楼，盘问郭崇从什么地方来。郭崇回答说："后周太祖已受拥戴登基。"刘赟身边的人明白发生了事变，以为他们被冯道出卖，都想杀掉冯道以图心头痛快。赵上交和王度知道后，都惶恐不知所措，只有冯道行为自如，毫无恐惧之色，不久也就得以免祸。冯道尚未闻达时曾写一首诗："终闻海岳归明主，未省乾坤陷吉人。"至此，诗中的话真正得到应验。广顺初年，冯道再次被拜为太师、中书令。太祖对他十分器重，每次他入朝应对，都不称呼他的名字。太祖去世时，世宗任冯道为山陵使。恰逢河东刘崇进犯，世宗要率军亲征，召集大臣讨论，冯道加以劝阻。世宗因此说："唐朝初年，天下草寇蜂拥而起，都是唐太宗亲自扫平的。"冯道上奏说："陛下能比得上唐太宗吗？"世宗恼怒地说："冯道你为什么小看我！"冯道于是不再进言。待到世宗亲征时，没有让冯道扈行，留他奉祭太祖陵，这时他已患病。祭山陵礼仪完毕后，冯道护送太祖神像回旧时宫殿，还未等到送进太庙附祭，当晚便在家中去世，时间是显德元年四月十七日，享年七十三岁。世宗得知，三日不上朝，册书赠冯道为尚书令，追封瀛王，加谥号文懿。

冯道历仕四朝，三次做中书令，在宰相位前后二十余年，以行为持重、镇抚风俗为自己的责任，从未以一纸一字扰乱诸侯。平生十分廉洁俭朴，一直到他晚年，家中才稍见奢侈。他的儿子冯吉非常狂放不羁，他管束不住。有见识的人都因他未能把美好的声誉保持到底而感叹惋惜。

太祖母文惠皇后王氏传

【题解】

王氏（？~891 年），出身贫困，生后梁太祖朱温，在后梁建国后被追尊为皇后。她能劝诫朱温少行杀戮，尚不失平民本色。传中反映了朱温的一些情况。

【原文】

梁太祖母曰文惠皇后王氏，单州单父人也。其生三子：长曰广王全昱，次曰朗王存，其次太祖。

朱温

后少寡，携其三子佣食萧县人刘崇家。太祖壮而无赖，县中皆厌苦之。崇患太祖慵堕不作业，数加笞责。独崇母怜之，时时自为栉沐，戒家人曰："朱三非常人也，宜善遇之。"黄巢起，太祖与存俱亡为盗，从黄巢攻广州，存战死。居数岁，太祖背巢降唐，反以破巢，遂镇宣武。乃遣人以车马之萧县，迎后于崇家。使者至门，后惶恐走避，谓刘氏曰："朱三落魄无行，作贼死矣，何以至此邪！"使者具道太祖所以然，后乃惊喜泣下，与崇母俱载以归，封晋国太夫人。

太祖置酒太夫人前，举觞为寿，欢甚。太祖启曰："朱五经平生读书，不登一第。有子为节度使，无忝于先人也。"后恻然良久，曰："汝能至此，可谓英特，然行义未必得如先人也。"太祖莫知其故。后曰："朱二与汝俱从黄巢，独死蛮岭，其孤皆在午沟。汝今富贵，独不念之乎？"太祖泣涕谢罪，乃悉召存诸子以归。太祖刚暴多杀戮，后每诫之，多赖以全活。

大顺二年秋，后疾。卜者曰："宜还故乡。"乃归，卒于午沟。太祖即位，立四庙，追尊皇考为穆皇帝，后曰文惠皇后。

【译文】

梁太祖朱温的母亲就是文惠皇后王氏。王氏是单州单父县（今山东省单县）人。她生有三个儿子，长子是广王朱全昱，二子是朗王朱存，三子就是太祖。

王氏年轻时守寡，带着三个儿子在萧县一个叫刘崇的人家作佣人。朱温长大后变成无赖，萧县的人都吃过他的苦头，很讨厌他。刘崇担心朱温好吃懒做、不务正业，屡次打骂教训他。唯有刘崇的母亲怜悯朱温，常亲自为他梳头洗澡；还告诫家人："朱三不是一个平常人，要好好对待他！"黄巢起义，朱温和朱存都跑去参加了起义军，跟随黄巢攻打广州，朱存战死。过了几年，朱温背叛黄巢投降了唐王朝。反过来又打败了黄巢起义军，驻守在宣武城。于是派人带车马到萧县刘崇家去接他母亲王氏。使者到了家门，王氏惊慌地避开，对刘崇说："朱三丧失德行，造反死了，怎么还会来接我呢？"使者详细地讲了太祖的经历。王氏听后惊喜交加，老泪纵横，这样，王氏和刘崇的母亲一块被接回去。太祖封王氏为晋国太夫人。

一天，太祖置备酒宴为太夫人祝寿，举杯祝酒，十分欢乐。太祖先开口说："我爸朱五经读了一辈子书，从没考中过一次。有我这个儿子当了节度使，也不辱没祖宗了。"太夫人听后黯然伤神，很久才说："你能有今天，可以说是个英雄奇才。然而你做事行仁义未必能跟你祖先一样。"太祖莫名其妙。太夫人又说："朱二与你一同跟随黄巢，单单他死在岭南。现在他的孩子都还在老家午沟，你今天富贵了，难道不想念他们吗？"太祖哭着向母亲赔罪，就把朱存所有的孩子都接了来。太祖性格刚烈残暴，动辄杀人。太夫人经常告诫他，因此挽救了许多人。

唐昭宗大顺二年（公元891）秋天，太夫人病了。算命先生说："最好送回老家。"于是太夫人回乡，死在老家午沟。太祖当皇帝后，建立了四座祖庙，追封他父亲为穆皇帝，母亲为文惠皇后。

庄宗神闵敬皇后刘氏传

【题解】

刘氏，生卒年不详，是后唐庄宗李存勖的皇后。她幼年时与父母失散，被掠入宫中，又被贞简太后赐给庄宗，专宠后宫。为人贪婪，不顾军民死活，导致败亡。从传中记载的她为了争地位而不认亲生父亲一事，就可了解她的为人。

【原文】

庄宗神闵敬皇后刘氏，魏州成安人也。庄宗正室曰卫国夫人韩氏；其次燕国夫人尹氏；其次后也，初封魏国夫人。

后父刘叟，黄须，善医卜，自号刘山人。后生五、六岁，晋王攻魏，掠成安。裨将袁建丰得后，纳之晋宫。贞简太后教以吹笙歌舞。既笄，甚有色，庄宗见而悦之。庄宗已为晋王，太后幸其宫。置酒为寿，自起歌舞。太后欢甚，命刘氏吹笙佐酒，酒罢去，留刘氏以赐庄宗。先时，庄宗攻梁军于夹城，得符道昭妻侯氏，宠专诸宫，宫中谓之"夹寨夫人"。庄宗出兵四方，常以侯氏从军。其后，刘氏生子继岌，庄宗以为类已，爱之，由是刘氏宠益专。自下魏博、战河上十余年，独以刘氏从。刘氏多智，善迎意承旨，其他嫔御莫得进见。

其父闻刘氏已贵，诣魏宫上谒。庄宗召袁建丰问之。建丰曰："臣始得刘氏于成安北坞，时有黄须丈人护之。"及出刘叟示建丰，建丰曰："是也。"然刘氏方与诸夫人争宠，以门望相高，因大怒曰："妾去乡时，略可记忆。妾父不幸死于乱兵，妾时环尸恸哭而去。此田舍翁安得至此！"因命笞刘叟于宫门。

庄宗已既皇帝位，欲立刘氏为皇后，而韩夫人正室也。伊夫人位次在刘氏上，以故难其事而未发。宰相豆卢革、枢密使郭崇韬希旨，上章言刘氏当立，庄宗大悦。同光二年癸未，皇帝御文明殿，遣使册刘氏为皇后。皇后受册，乘翟车，卤簿、鼓吹，见于太庙。韩夫人等皆不平之，仍封韩氏为淑妃，伊氏为德妃。

庄宗自灭梁，志意骄怠。宦官、伶人乱政。后特用事于中。自以出于贱微，逾次得立，以为佛力。又好聚敛，分遣人为商贾，至于市肆之间，薪刍果茹，皆称中宫所卖。四方贡献，必分为二，一以上天子，一以入中宫，宫中货贿山积。惟写佛书，馈赂僧尼，而庄宗由此亦佞佛。

有胡僧自于阗来。庄宗率皇后及诸子迎拜之。僧游五台山，遣中使供顿，所至倾动城邑。又有僧诚惠，自言能降龙。尝过镇州，王熔不为之礼，诚惠怒曰："吾有毒龙五百，当遣一龙揭片石，常山之人，皆鱼鳖也。"会明年滹沱河大水，坏镇州关城，人皆以为神。庄宗及后率诸子、诸妃拜之，诚惠端坐不起，由是士无贵贱皆拜之，独郭崇韬不拜也。

是时，皇太后及皇后交通藩镇，太后称"诰令"，皇后称"教命"，两宫使者旁午于道。许州节度使温韬以后佞佛，因请以私第为佛寺，为后荐福。庄宗数幸郭崇韬、元行钦等私第，常与后俱。其后，幸张全义第，酒酣，命后拜全义为养父。全义日遣姬妾出入中宫，问遗不绝。

庄宗有爱姬，甚有色而生子，后心患之。庄宗燕居宫中，元行钦侍侧。庄宗问曰："尔新丧妇，其复娶乎？吾助尔聘。"后指爱姬请曰："帝怜行钦，何不赐之。"庄宗不得已，阳诺之。后趣行钦拜谢。行钦再拜，起顾爱姬，肩舆已出宫矣。庄宗不乐，称疾不食者累日。

同光三年秋，大水。两河之民，流徙道路。京师赋调不充。六军之士，往往殍踣。乃预借明年夏、秋租税。百姓愁苦，号泣于路。庄宗方与后荒于畋游。十二月己卯腊，畋于白沙。后率皇子、后宫毕从，历伊阙，宿龛涧，癸未乃还。是时大雪，军士寒冻。金枪卫兵万骑，所至责民供给，坏什器，彻庐舍而焚之。县吏畏惧，亡窜山谷。

明年三月，客星犯天库，有星流于天棓。占星者言："御前当有急兵，宜散积聚以禳之。"宰相请出库物以给军。庄宗许之，后不肯，曰："吾夫妇得天下，虽因武功，盖亦有天命。命既在天，人如我何？"宰相论于延英。后于屏间耳属之，因取汝奁及皇幼子满喜置帝前曰："诸侯所贡，给赐已尽，宫中所有惟此耳，请鬻以给军。"宰相惶恐而退。及赵在礼作乱，出兵讨魏，始出物以赉军。军士负而诟曰："吾妻子已饿死，得此何为？"

庄宗东幸汴州，从驾兵二万五千，及至万胜，不得进而还。军士离散，所亡太半。至罂子谷，道路隘狭。庄宗见从官执兵仗者，皆以好言劳之曰："适报魏王平蜀，得蜀金银五十万，当悉给尔等。"对曰："陛下与之太晚，得者亦不感恩。"庄宗泣下，因顾内库使张容哥索袍带以赐之。容哥对曰："尽矣。"军士叱容哥曰："致吾君至此，皆由尔辈！"因抽刀逐之。左右救之而免。容哥曰："皇后惜物，不以给军，而归罪于我。事若不测，吾身万段矣。"乃投水而死。

郭从谦反。庄宗中流矢，伤甚，卧绛霄殿廊下，渴欲得饮。后令宦官进飧酪，不自省视。庄宗崩，后与李存渥等焚嘉庆殿，拥百骑出师子门。后于马上以囊盛金器宝带，欲于太原造寺为尼。在道与存渥奸，及至太原，乃削发为尼。明宗入立，遣人赐后死。晋天福五年，追谥曰神闵敬皇后。

【译文】

唐庄宗李存勖的神闵敬皇后刘氏，是魏州成安县人。庄宗的元配是卫国夫人韩氏，第二个妻子是燕国夫人伊氏，刘氏是第三个妻子，最初被封为魏国夫人。

唐庄宗李存勖

刘氏的父亲叫刘叟，长着黄胡子，能治病，会算命，自称刘山人。刘氏五六岁时，晋王攻打魏州，抢掠成安城，刘氏被晋军偏将袁建丰抢去，送进了晋王宫。晋王的贞简太后就教她吹笙、唱歌、跳舞。刘氏长到十五岁，成了一个很漂亮的姑娘，庄宗见了非常喜欢。庄宗当了晋王后，太后到他宫中，庄宗为太后摆宴祝寿，亲自唱歌跳舞。太后十分高兴，又命刘氏吹笙助酒。酒宴结束离去时，太后留下刘氏赐给了庄宗。早先，庄宗在夹城攻打梁朝军队，得到了梁将符道昭的妻子侯氏。侯氏受到庄宗的专宠，宫里的人就把她叫“夹寨夫人”。庄宗带兵四处征战，也常常带着侯氏。后来，刘氏生了儿子叫继岌，庄宗认为他长得很像自己，就特别喜欢他，这样刘氏就越来越受到庄宗的专宠。从打下魏博城，在黄河边战斗的十余年间，庄宗总是只带着刘氏。刘氏很聪明，善于迎合庄宗的旨意，其他嫔妃就见不到皇帝了。

刘氏的父亲听说女儿成了贵人，就到魏宫来求见。庄宗召见袁建丰询问情况，袁建丰说：“臣最初在成安城北的一个洼地见到刘氏，那时有个黄胡子老头保护着她。”等叫出刘叟让袁建丰看，袁建丰说：“就是他。”然而刘氏正与几个夫人在争宠，互相攀比门望高低，就大怒说：“我离开家乡的情景，还略记得一点。当时我父亲不幸死于乱兵，我抱尸痛哭后才走了。这个种田老头怎么到这里来了！”于是叫人在宫门外把刘叟痛打了一顿。

庄宗当了皇帝后，想立刘氏为皇后。但韩夫人是他的原配，伊夫人的地位也在刘氏之上，觉得此事难办就没正式公布。宰相豆卢革、枢密使郭崇韬迎合皇帝的旨意，上书说应当立刘氏当皇后，庄宗很高兴。同光二年（公元924）癸未日，庄宗临朝文明殿，派使者正式册封刘氏为皇后。皇后受封以后，乘着羽毛装饰的皇后专车（翟车），在皇后专用仪仗（卤簿）和乐队的簇拥下，到太庙祭祖。韩夫人等都对此极不满意。于是又封韩夫人为淑妃，伊夫人为德妃。

庄宗自从灭了后梁，逐渐心高气傲起来，致使宦官、戏子乱政，皇后刘氏在后宫中独

掌大权。她以为自己出身低贱,现在越过次序当上皇后,是得力于佛力的缘故。同时,他又喜欢聚敛财物。还派人各处去做生意。以至于市场上的柴草果蔬都说成是后宫拿来卖的。连各地的贡品也要一分为二,皇帝和皇后一家一份。因此,后宫财物堆积如山。皇后整天不是抄写佛经,就是施舍僧尼。而庄宗也由此迷信起佛来。

从于阗来了个胡人僧侣,庄宗带领皇后和皇子们去迎接拜见。这个僧人游五台山,庄宗又派宦官安排食宿,所到之处闹得满城不安。又有一个叫诚惠的和尚,自称能降龙。经过镇州时,守将王熔不以礼相待,诚惠气愤地叫骂:“我有五百条毒龙,要放一条出来揭起一片大石,常山的人都会变成鱼鳖。”正好第二年滹沱河发大水,冲坏了镇州关城,于是人们都说这个和尚是神仙。庄宗同皇后又带着皇子嫔妃拜见诚惠,诚惠端坐不起,从此士大夫见了诚惠不论官职高低部要跪拜他,只有枢密使郭崇韬不拜。

那时,皇太后和皇后与各地藩镇官吏联络,太后的旨意称为“诰令”,皇后的旨意称为“教命”,两宫的使者频繁地往来于各地之间。许州节度使温韬看到皇后如此信佛,请求在自己的家里建佛寺,为皇后祈福。庄宗常常与皇后一起,到郭崇韬、元行钦等大臣家去。后来,又到张全义家去拜佛。在张家喝酒喝到高兴时,还叫皇后拜张全义为养父。张全必也每天派妻妾到后宫问安、不断赠送礼品。

庄宗有一个爱妾,长得很漂亮,而且为皇上生有儿子。她成了皇后的心腹之患。一次,庄宗在宫里休息,大臣元行钦在旁侍候。庄宗问他:“你夫人死后又娶了没有？我可以帮你做个媒。”皇后马上指着皇帝的爱妾说:“皇帝怜悯元行钦,何不把她赐给他呢!”庄宗不得已,就假装答应下来。皇后催促元行钦快拜谢皇上。元行钦拜谢完毕,起身看那位爱妾,已经被送上轿子出宫去了。庄宗很不高兴,好几天都称病不吃饭。

同光三年(公元925)秋天发大水,伊洛两河地区的人民流离失所。朝廷的赋税锐减,全军将士往往成为饿殍。朝廷就要预借老百姓第二年夏秋的租税。百姓愁苦,到处是一片哭喊声。庄宗皇帝却正同皇后沉溺于打猎游乐。到了十二月初八,正值腊月时节,皇帝又要到白沙去打猎,皇后带着皇子和后宫全都跟着去了。过了伊阙,住宿在龛涧,两天后才回去。这时正赶上下大雪,兵士们挨冻受冷。保驾的一万名金枪军骑兵,全部责成当地老百姓供给。他们所到之处,毁坏家什用品,甚至拆毁茅庐房舍来生火,以致连县里官吏都害怕地跑到山里躲起来了。

第二年三月,外来的星宿进入天库这部分星空,还有流星飞过天棒星空。观察星相的官吏说:“皇上将会有兵难,应该散发宫中的财物来避祸。”宰相请求拿出库藏供给军队,庄宗皇帝同意,但皇后不肯给。还说:“我们夫妇能得天下,尽管是由于武功,但也全靠有天命。命既在天,人能把我们怎么样？”宰相又在延英殿商量,皇后躲在屏风后偷听,然后拿出脂粉盒和皇幼子李满喜放到皇帝面前说:“诸侯的贡品,都赏赐完了。现在宫里就剩这些,你把它们卖成钱作军饷吧!”宰相惊慌不安地退下去了。后来,赵在礼反叛,要出兵攻打魏城,皇后才拿出宫中的财物赏赐军队。兵士们把赏赐的东西扔了,口里还骂道:“我们妻子儿女已经饿死,还要这些有何用!”

庄宗往东亲征汴州的叛军,带着兵马二万五千人,等走到万胜镇,往前去不了,就返回来。兵士们纷纷逃散，损失一大半。退到一个道路狭窄的罂子谷山口，庄宗看到随从官员拿着武器的人，就好言好语地抚慰他们："刚才得报说魏王平定了蜀国，得到蜀国的金银五十万两，我要全部赏赐给你们。"对方回答："陛下赏赐得太晚了，得到的人也不会感恩。"庄宗听后哭了。又让管内库的张容哥找出官服玉带赏赐给他们，张容哥说："全给完了。"军士们大声斥责张容哥说："让我们的君王到这个地步，都是由你们这些人造成的。"拔出刀来就要砍张容哥，被左右的人给挡住。张容哥说："皇后吝啬，不愿意给养军队。你们把罪责归于我，假如有什么不测之事，我岂不是要粉身碎骨吗？"说完投河而死。

郭从谦反叛，庄宗中了飞箭，伤得很厉害，躺在绛霄殿的廊下，口渴想喝水，皇后只让宦官给拿一点奶酪去，自己不亲自去看望。庄宗死后，皇后与李存渥等人烧毁了嘉庆殿，在百骑簇拥下出了师子门。皇后在马匹上带着装满金银财宝的口袋，打算到太原建造佛寺，去当尼姑。在路上皇后又与李存渥通奸。到了太原，就削发为尼。唐明宗继位以后，派人赐刘氏皇后死。晋天福五年(940)，追谥她为神闵敬皇后。

高祖皇后李氏传

【题解】

李氏，生卒年不详，是后汉高祖刘知远的皇后。她虽然出身农家，却颇有见识，为后汉高祖、隐帝提了不少好建议，而隐帝不肯听从，终致败亡。

【原文】

高祖皇后李氏，晋阳人也，其父为农。高祖少为军卒，牧马晋阳，夜入其家劫取之。高祖已贵，封魏国夫人，生隐帝。

开运四年，高祖起兵太原，赏军士，帑藏不足充，欲敛于民。后谏曰："方今起事，号为义兵。民未知惠而先夺其财，殆非新天子所以救民之意也。今后宫所有，请悉出之，虽其不足，士亦不以为怨也。"高祖为改容谢之。高祖即位，立为皇后。高祖崩，隐帝册尊为皇太后。

帝年少，数与小人郭允明、后赞、李业等游戏宫中，后数切责之。帝曰："国家之事，外有朝廷，非太后所宜言也。"太常卿张昭闻之，上疏谏帝，请："亲近师博，延问正人，以开聪明。"帝益不省。其后，帝卒与允明等谋议，遂至于亡。

初，帝与允明等谋诛杨邠、史弘肇等，议已定，入白太后。太后曰："此大事也，当与宰相议之。"李业从旁对曰："先皇帝平生言，朝廷大事，勿问书生。"太后深以为不可，帝拂衣而去，曰："何必谋于闺门！"邠等死，周太祖起兵向京师，慕容彦超败于刘子陂，帝欲出自临兵，太后止之曰："郭威本吾家人，非其危疑，何肯至此！今若按兵无动，以诏谕威，威必有说，则君臣之际，庶几尚全。"帝不从以出，遂及于难。

周太祖入京师，举事皆称太后诰。已而议立湘阴公赟为天子，赟未至，太祖乃请太后临朝。已而太祖出征契丹，军士拥之以还。太祖请事太后为母。太后诰曰："侍中功烈崇高，德声昭著，剪除祸乱，安定邦家，讴歌有归，历数攸属，所以军民推戴，亿兆同欢。老身未终残年，属此多难，唯以衰朽，托于始终。载省来笺，如母见待，感认深意，涕泗横流。"于是迁后于太平宫，上尊号曰昭圣皇太后。显德元年春崩。

后汉高祖刘知远

【译文】

汉高祖的皇后李氏是晋阳人，她父亲是农民。高祖年轻时当兵，在晋阳放马，晚上偷偷到李氏家带她出走。后来高祖成了贵人，封她为魏国夫人，生了隐帝。

开运四年，高祖从太原起兵反叛后晋。要犒赏军队，但库藏的钱不够，想从老百姓处征集。李氏劝阻说："我们现在刚刚起义，号称仁义之师。老百姓还没有得到我们的恩惠，就先抢他们的钱，这不符合新天子起义救民的本意。请把后宫里所有的钱财全拿出来。虽然不多，士兵们也不会有什么怨言。"高祖为此恭敬地感谢李氏。高祖当皇帝后，封李氏为皇后。高祖死后，隐帝又尊封皇后为皇太后。

隐帝年幼，经常同郭允明、后赞、李业等势利小人在宫中游戏玩耍，李氏多次严厉地责备他。隐帝回答说："国家大事有朝廷管理，不是太后可以随便干涉的。"主管宗教礼仪的官吏张昭听说后，上书给隐帝，说："亲近师傅，不断请教正直的人，可以启发聪明才智。"隐帝还是不觉悟。后来，始终与郭允明等人商议朝事，终于导致后汉灭亡。

起初，隐帝同郭允明等人密谋杀害杨邠、史弘肇一伙人。计划商定后，就告诉了李太后。太后说;"这是件大事，应该同宰相商量一下。"李业在旁边对答："先皇帝在世时总是说，朝廷大事不要同读书人商量。"李太后深感不应该这样做，隐帝不高兴地离去，还说："何必同妇人家商量！"杨邠等人被害死后，周太祖郭威起义，带兵来打京师，在刘子坡打败了慕容彦超，稳帝要亲自领兵出击，李太后劝阻他说："郭威本来是我们一家人，他如果不是到了危难之际，怎么会这么干呢？现在你如果按兵不动，下诏晓谕郭威，他肯定会来申诉的，这样你们君臣之间的关系，差不多就可以保住了。"隐帝不听从李太后的劝告，仍然要出击，因此有了死难。

周太祖进入京城，凡事都说是太后的命令。后来商议要立湘阴公刘赟当皇帝，刘赟还没有到来，太祖就请李太后临朝听政。以后，太祖又出兵征讨契丹，取胜后被将士簇拥着凯旋而归。太祖请求把李太后当母亲侍奉。太后下诏说："郭侍中功劳崇高，美名传扬。铲除祸乱,使国泰民安。载誉而归,始终称臣。因此军民拥护,举国同欢。我人已老,生未死,在此多难之秋,只有始终依靠你。你不是亲自来看望,就是写信来问候,对待我像对待母亲一样。深感你的好意,让我高兴得老泪横流。”于是太祖把李太后迁到了太平宫,还尊封为昭圣皇太后。显德元年春天,李太后去世。

宣懿皇后符氏传

【题解】

符氏,生卒年不详,是后周世宗柴荣的皇后。她祖父是秦王符存审,父亲符彦卿,为魏王。符氏有胆识,能在兵乱中保存自己性命,对政事也有匡助。

【原文】

宣懿皇后符氏,其祖秦王存审,父魏王彦卿。后世王家,出于将相之贵,为人明果有大志。初适李守贞子崇训。守贞事汉为河中节度使,已挟异志。有术者善听人声以知吉凶,守贞出其家人使听之,术者闻后声,惊曰:“此天下之母也!”守贞益自负,曰:“吾妇犹为天下母,吾取天下复何疑哉!”于是决反。而汉遣周太祖讨之,逾年,攻破其城。崇训知不免,手自杀其家人,次以及后,后走匿,以帷幔自蔽,崇训惶遽求后不得,遂自杀。汉兵入其家,后俨然坐堂上,顾军士曰:“郭公与吾父有旧,汝辈无犯我。”军士见之,不敢迫。太祖闻之,以谓一女子能使乱兵不敢犯,奇之,为加慰勉,以归彦卿。后感太祖不杀,拜太祖为父。其母以后夫家灭亡,而独脱死兵刃之间,以为天幸,欲使削发为尼。后不肯,曰:“死生有命,天也。何必妄毁形发为?”太祖于后有恩,而世宗性特英锐,闻后如此,益奇之。及刘夫人卒,遂纳以为继室。世宗即位,册为皇后。世宗卞急多暴怒,而后尝追悔。每怒左右,后必从容伺颜色,渐为解说,世宗意亦随解,由是益重之。世宗征淮,后以帝不宜亲行,切谏止之,世宗不听。师久无功,遭大暑雨,后以忧成疾而崩。议者以方用兵,请杀丧礼。于是百官朝临于西宫,三日而释服,帝亦七日而释,葬于新郑,陵曰懿陵。后立皇后符氏,后妹也。国初,迁西宫,号周太后。

【译文】

符氏出身帝王之家,出于将相的贵族。她为人精明果断,心怀大志。最初嫁给了李守贞的儿子李崇训。李守贞是后汉的河中节度使,早有谋反之心。有一个会巫术的人善于以人的声音来判断吉凶,李守贞就叫家里的人出来让他听听,巫师一听符氏的声音,就惊叫道:“这是天下之母!”李守贞就更加自信起来,说:“我媳妇都是天下之母,我夺取天下又有什么问题呢!”于是坚决反叛了后汉。后汉朝廷派后来成为周太祖的郭威将军带兵征讨,第二年,攻破了李守贞的守城。李崇训知道自己也难以逃避,就亲手杀了家人,轮到杀符氏时,符氏跑去藏了起来,躲在窗帘后面。李崇训慌忙之中找不到符氏,就自杀了。后汉的兵进了李家,符氏严肃地坐在正厅里,看着士兵说:“郭将军与我父亲素有交情,你们不要侵犯我!”士兵们就不敢动她了。郭威听说后,认为一个弱女子能让乱兵不敢动,真是太稀奇了。为了勉励符氏,就把她交给了符彦卿。符氏感激郭威不杀之恩,拜郭威为父亲。郭威的母亲看到符氏的夫家全被杀死了,只有她一个人能逃脱死难,认为是老天爷保佑,想让她削发为尼。符氏不愿意,说:“生死有命,全在天意。何必要随便剪掉头发让人变形呢?”郭威对符氏有恩。世宗柴荣生性敏锐,聪明过人,听说符氏是这样一个人,也更加认为她与众不同。等到世宗的刘夫人死后,就娶符氏为继室。世宗当皇帝后,册封符氏为皇后。世宗性情急躁,经常发脾气,过后又后悔。每当他对左右的人发脾气时,皇后必定从容地看他的脸色,慢慢劝解说服他,世宗的气也就消了。这样,世宗更加器重符氏。世宗要到淮南去征讨,皇后认为皇帝不宜亲征,极力劝阻,但世宗不听。军队出征很久,也不能取胜,又碰上大热天和大雨,皇后忧伤过度而病死。议论的人认为正在用兵,请求减少丧礼。于是百官到西宫来朝拜,三天以后就去掉了丧服,皇帝也在七天后去掉了丧服,把符皇后葬在新郑,陵墓叫作懿陵。以后再立的皇后符氏,是符皇后的妹妹。宋朝初年,把她迁移到西宫去,称为周太后。

宣懿皇后符氏

景延广传

【题解】

景延广(892~947),五代时期后晋将领。字航川,陕州(今河南陕县)人。初事梁,入晋,累官至马步军都指挥使。出帝时,独自反对向契丹称臣,为契丹所痛恨。后出任河南尹、西京留守。开运三年(946)冬,契丹军灭后晋时被生俘,押解契丹途中自杀身亡。

【原文】

景延广字航川,陕州人也。父建善射,尝教延广曰:“射不入铁,不如不发。”由是延广以挽强见称。事梁邵王友诲,友诲谋反被幽,延广亡去。后从王彦章战中都,彦章败,延广身被数创,仅以身免。

明宗时,朱守殷以汴州反,晋高祖为六军副使,主诛从守殷反者。延广为汴州军校当诛,高祖惜其才,阴纵之使亡,后录以为客将。高祖即位,以为侍卫步军都指挥使,领果州团练使,徙领宁江军节度使。天福四年,出镇义成,又徙保义,复召为侍卫马步军都虞候,徙镇河阳三城,迁马步军都指挥使,领天平。

高祖崩,出帝立,延广有力,颇伐其功。初,出帝立,晋大臣议告契丹,致表称臣,延广独不肯,但致书称孙而已,大臣皆知其不可而不能夺。契丹果怒,数以责晋,延广谓契丹使者乔莹曰:"先皇帝北朝所立,今天子中国自册,可以为孙,而不可为臣。且晋有横磨大剑十万口,翁要战,则来,佗日不禁孙子,取笑天下。"莹知其言必起两国之争,惧后无以取信也,因请载于纸,以备遗忘。延广敕吏具载以授莹,莹藏其书衣领中以归,具以延广语告契丹,契丹益怒。

天福八年秋,出帝幸大年庄还,置酒延广第。延广所进器服、鞍马、茶床、椅榻皆裹金银,饰以龙凤。又进帛五千匹,绵一千四百两,马二十二匹,玉鞍、衣袭、犀玉、金带等,请赐从官,自皇弟重睿,下至伴食刺史、重睿从者各有差。帝亦赐延广及其母、妻、从事、押衙、孔目官等称是。时天下旱、蝗,民饿死者岁十数万,而君臣穷极奢侈以相夸尚如此。

明年春,契丹入寇,延广从出帝北征为御营使,相拒澶、魏之间。先锋石公霸遇虏于戚城。高行周、符彦卿兵少不能救,驰骑促延广益兵,延广按兵不动。三将被围数重,帝自御军救之,三将得出,皆泣诉。然延广方握亲兵,恃功恣横,诸将皆由其节度,帝亦不能制也。契丹尝呼晋人曰:"景延广唤我来,何不速战?"是时,诸将皆力战,而延广未尝见敌。契丹已去,延广独闭壁不敢出。自延广一言而契丹与晋交恶,凡号令征伐一出延广,晋大臣皆不得与,故契丹凡所书檄,未尝不以延广为言。契丹去,出帝还京师,乃出延广为河南尹,留守西京。明年,出帝幸澶渊,以延广从,皆无功。

延广居洛阳,郁郁不得志。见晋日削,度必不能支契丹,乃为长夜之饮,大治第宅,园置妓乐,惟意所为。后帝亦追悔,遣供奉官张晖奉表称臣以求和,德光报曰:"使桑维翰、景延广来,而割镇、定与我,乃可和。"晋知其不可,乃止。契丹至中渡,延广屯河阳,闻杜重威降,乃还。

德光犯京师,行至相州,遣骑兵数千杂晋军渡河趋洛,以取延广,戒曰:"延广南奔吴,西走蜀,必追而取之。"而延广顾虑其家,未能引决,虏骑奄至,乃与从事阎丕驰骑见德光于封丘,并丕见锁。延广曰:"丕,臣从事也,以职相随,何罪而见锁?"丕乃得释。德光责延广曰:"南北失欢,皆因尔也。"召乔莹质其前言,延广初不服,莹从衣领中出所藏书,延广乃服。因以十事责延广,每服一事,授一牙筹,授至八筹,延广以面伏地,不能仰视,遂叱而锁之。将送之北行,至陈桥,止民家。夜分,延广伺守者殆,引手扼吭而死,时年五十六。汉高祖时,赠侍中。

【译文】

景延广字航川,陕州人。他的父亲景建擅长射箭,曾经教导景延广说:"射箭如果射不进铁里,就不如不发箭。"因此延景广以善于力挽强弓而见称于世。在后梁邵王朱友诲手下做事,朱友诲图谋反叛被囚禁,景延广逃走。后来跟从王彦章在中都作战,王彦章兵

败，景延广身负数伤，勉强逃脱一死。

后唐明宗时，朱守殷率汴州反叛，晋高祖石敬瑭担任六军副使，主持诛杀参加朱守殷叛乱的人员。景延广是汴州军校，理应被杀，但高祖怜惜他的才干，暗中放了他使他逃去。后来录用他为客将。晋高祖即位后，又任命他担任侍卫步军都指挥使，兼领果州团练使，调任宁江军节度使。天福四年，出京镇守义成，又调任保义，重新被召回担任侍卫马步军都虞候，调往镇守河阳三城，升任马步军都指挥使，兼领天平。

高祖去世，出帝继承王位，景延广出了不少力，所以总是夸耀自己的这份功劳。起初，出帝立为皇帝时，后晋大臣们商议报告契丹，送表向他们称臣，景延广独自不肯，仅仅在信上自称为孙子，大臣们都知道这样做不行但又无法使他改变主意。契丹果然大怒，屡次以此事谴责后晋。景延广对契丹的使者乔莹说："先皇帝是你们契丹所拥立的，现在的天子是中国自己册立的，可以做你们的孙子，但不能做你们的臣子。况且晋朝有横磨大剑十万口，老爷子要开战，那就来吧，他日约束不住孙子，一定会受到天下人的取笑。"乔莹知道他的这番话势必要挑起两国的争端，担心以后没有凭据，就请求他把这些话记录在纸上，以防备遗忘。景延广命令属吏全部记录下后交给乔莹，乔莹将文书藏在衣领中带回去了，将景延广所说的话报告了契丹主，契丹主更加生气。

天福八年秋天，出帝巡幸大年庄返回，在景延广的府第摆置酒宴。景延广进献的器皿服装、鞍马、茶床、椅榻全包裹上了金银，雕饰着龙凤。还进献了帛五千匹，绵一千四百两，马二十二匹，以及玉鞍、衣袭、犀玉、金带等，请出帝将这些东西赐给随行的官员，上自皇弟重睿，下至一起吃饭的刺史、重睿的随从都有分别不等的赏赐。出帝也向景延广及其母亲、妻子、从事、押衙、孔目官等赏赐了相应的物品。当时天下旱灾、蝗灾并起，百姓饿死的一年有十几万，然而，他们君臣穷奢极欲来相互夸耀财富竟达如此地步。

第二年春天，契丹入侵，景延广跟随出帝北征担任御营使，与敌对峙于澶州、魏州之间。先锋石公霸与契丹遭遇于戚城，高行周、符彦卿兵力单薄不能赴援解救，飞骑前来催促景延广增加兵力，景延广却按兵不动。三位将领被敌军包围了好几层，出帝亲自率领部队去救他们，三位将领才得以冲出重围，一起向出帝哭诉。然而这时景延广正手握禁军，恃功恣意横行，众将都由他节制调度，出帝也无法制止他。契丹曾向晋军呼喊道："景景延广叫我们来，为何不赶快出战？"当时，各位将领都拼力死战，然而景延广却连敌人都未曾见到。契丹已经撤走，只有景延广紧闭营门不敢出来。自从景延广一句话而使契丹与后晋交恶以后，凡是号令征伐都出自景延广一人，后晋大臣都无法参与，所以契丹的所有文书檄告，没有不针对景延广而说的。契丹离去，出帝回到京师，就调景延广出京担任河南尹，留守西京。第二年，出帝出巡澶渊，带着景延广随行，都没有立功。

景延广居住在洛阳，郁郁不得志。看到后晋日益衰落，估计无法抵挡住契丹，于是就整夜地饮酒，大兴土木，修治自家宅院，在花园里设置妓乐，为所欲为。后来，出帝也很后悔，派遣供奉官张晖带着表章向契丹称臣求和。契丹主耶律德光回答道："让桑维翰、景景延广前来，并割让镇州、定州给我们，才可以议和。"后晋知道他们不肯答应，就停止了这个行动。契丹军队进至中渡，景延广屯守河阳，听到杜重威投降的消息，就返了回来。

耶律德光进犯京师，行至相州，派数千名骑兵混杂在晋军中度过黄河直奔洛阳，前去捉拿景延广，告诫道："景延广无论是南奔吴或西逃蜀，一定要追上捉拿到。"然而景延广始终顾虑其家小，未能自杀。契丹骑兵突然赶到，就与从事阎丕驰马去封丘进见德光。连同阎丕一同上了枷锁，景延广说："阎丕是我的从事，按着他的职责跟随我来，他有什么罪而上枷锁？"阎丕这才被释放。耶律德光斥责景延广说："南北失知，都是因为你。"召乔莹前来，与他对质以前说的那些话，延广开始时不承认，乔莹从衣领中取出所藏文书，景延广才承认。然后又以十件事指责景延广，每承认一件事就给他一个象牙制的筹码，当给他第八个筹码时，延广把脸伏在地下，无法抬头仰视，于是喝令手下将他锁起来，准备把他送到契丹。走到陈桥，停宿于一百姓家中，夜半时分，景延广趁看守的人疲倦，伸手掐自己的喉咙而死，这年他五十六岁。后汉高祖时，追赠他为侍中。

史弘肇传

【题解】

史弘肇（？～950），五代时期后汉将领。字化元，郑州荥泽（今郑州西北）人。梁末，入选禁军，在刘知远麾下任军校。其后，跟随汉高祖讨平代州王晖叛乱，因功授为忠武军节度使、侍卫步军都指挥使。他治军严峻，刚愎自用。隐帝时，权倾一时。后因李业等人陷害，被杀。

【原文】

史弘肇字化元，郑州荥泽人。为人骁勇，走及奔马。梁末，调民七户出一兵，弘肇为兵，隶开道指挥，选为禁兵。汉高祖典禁兵，弘肇为军校。其后，汉高祖镇太原，使将武节左右指挥，领雷州刺史。高祖建号于太原，代州王晖拒命，弘肇攻破之，以功拜忠武军节度使、侍卫步军都指挥使。

是时契丹北归，留耿崇美攻王守恩于潞州。高祖遣弘肇前行击之，崇美败走，守恩以城归汉。而河阳武行德、泽州翟令奇等，皆迎弘肇自归。弘肇入河阳，高祖从后至，逐入京师。

弘肇为将，严毅寡言，麾下尝少忤意，立挝杀之，军中为股栗，以故高祖起义之初，弘肇行兵所至，秋毫无犯，两京帖然。迁侍卫亲军马步军都指挥使，领归德军节度使，同中书门下平章事。高祖疾大渐，与杨邠、苏逢吉等同授顾命。

隐帝时，河中李守贞、凤翔王景崇、永兴赵思绾等皆反，关西用兵，人情恐惧，京师之民，流言以相惊恐。弘肇出兵警察，务行杀戮，罪无大小皆死。是时太白昼见，民有仰观者，辄腰斩于市。市有醉者忤一军卒，诬其讹言，坐弃市。凡民抵罪，吏以白弘肇，但以三指示之，吏即腰斩之。又为断舌，决口、斮筋、折足之刑。李崧坐奴告变族诛，弘肇取其幼女以为婢。于是前资故将失职之家，姑息僮奴，而厮养之辈，往往胁制其主。侍卫孔目官解晖狡酷，因缘为奸，民抵罪者，莫敢告诉。燕人何福进有玉枕，直钱十四万，遣僮卖之淮南以鬻茶。僮隐其钱，福进笞责之，僮乃诬告福进得赵延寿玉枕，以遗吴人。弘肇捕治，福进弃市，帐下分取其妻子，而籍其家财。

弘肇不喜宾客，尝言："文人难耐，呼我为卒。"

弘肇领归德，其副使等月率私钱千缗为献。颍州麹场官麹温与军将何拯争官务，讼之三司，三司直温。拯诉之弘肇，弘肇以谓颍己属州，而温不先白己，乃追温杀之，连坐者数十人。

周太祖平李守贞，推功群臣，弘肇拜中书令。隐帝自关西罢兵，渐近小人，与后赞、李业等嬉游无度，而太后亲族颇行干托，弘肇与杨邠稍裁抑之。太后有故人子求补军职，弘肇辄斩之。帝始听乐，赐教坊使等玉带、锦袍，往谢弘肇，弘肇怒曰："健儿为国征行者未有偏赐，尔曹何功，敢当此乎！"悉取所赐还官。

周太祖出镇魏州，弘肇议带枢密行，苏逢吉、杨邠以为不可，弘肇恨之。明日，会饮窦贞固第，弘肇厉声举爵属太祖曰："昨日廷论，何为异同？今日与公饮此。"逢吉与邠亦举大爵曰："此国家事也，何必介意乎！"逐俱饮釂。弘肇曰："安朝廷，定祸乱，直须长枪大剑，若'毛锥子'安足用哉？"三司使王章曰："无'毛锥子'，军赋何从集乎？""毛锥子"，盖言笔也。弘肇默然。他日，会饮章第，酒酣，为手势令，弘肇不能为，客省使阎晋卿坐次弘肇，屡教之。苏逢吉戏曰："坐有姓阎人，何忧罚爵！"弘肇妻阎氏，酒家倡，以为讥己，大怒，以丑语诟逢吉，逢吉不校。弘肇欲殴之，逢吉先出。弘肇起索剑欲追之，杨邠泣曰："苏公，汉宰相，公若杀之，致天子何地乎？"弘肇驰马去，邠送至第而还。由是将相如水火。隐帝遣王峻置酒公子亭和解之。

是时，李业、郭允明、后赞、聂文进等用事，不喜执政。而隐帝春秋渐长，为大臣所制，数有忿言，业等乘间谮之，以谓弘肇威震人主，不除必为乱。隐帝颇欲除之。夜闻作坊锻甲声，以为兵至，达旦不寐。由是与业等密谋禁中。乾祐三年冬十月十三日，弘肇与杨邠、王章等入朝，坐广政殿东庑，甲士数十人自内出，擒弘肇、邠、章斩之，并族其三家。

弘肇已死，帝坐崇元殿召群臣，告以弘肇等谋反，群臣莫能对。又召诸军校见于万岁殿，帝曰："弘肇等专权，使汝曹常忧横死，今日吾得为汝主矣！"军校皆拜。周太祖即位，追封弘肇郑王，以礼归葬。

【译文】

史弘肇，字化元，郑州荥泽人。生来勇猛敏捷，跑起来能追上飞奔的骏马。梁末，从每七户人家征调一个士兵，弘肇当了兵，隶属开道指挥，被选入禁军。汉高祖刘知远统率禁军时，弘肇担任军校。后来，汉高祖镇守太原，让弘肇担任武节左右指挥，遥领雷州刺史。高祖在太原建立国号，代州的王晖拒不从命，弘肇率兵进攻并打败了他。因功升任忠武军节度使、侍卫步军都指挥使。

这时契丹返回北方，留下耿崇美进攻潞州的王守恩。高祖派弘肇前去攻打他，崇美战败逃走，守恩率全城归顺了汉。同时，河阳的武行德，泽州的翟令奇等人，都迎接弘肇而自动归附。弘肇进入河阳，高祖随后赶到，于是进入京师。

弘肇身为将领，严肃刚毅且寡言少语，他的部下曾经稍微违反了他的旨意，当即被用马鞭活活抽死，军中人人为此吓得双腿直颤。因此，在高祖起兵举事的一开始，弘肇率兵所到之处，都秋毫无犯，两京得以秩序井然。升任侍卫亲军马步军都指挥使，兼任归德军节度使、同中书门下平章事。高祖病情加剧，弘肇与杨邠、苏逢吉等人一同接受了临终遗诏。

隐帝时，河中李守贞、凤翔的王景崇、永兴的赵思绾等相继反叛，关西一带兵连祸结，人们非常恐惧不安，在京师里的平民百姓中流传着各种消息互相惊扰。弘肇发兵警戒巡察，专门进行杀戮，罪过不分大小轻重一律处死。当时太白星在白日出现，老百姓有抬头仰观的立刻被当街腰斩。集市中有一个喝醉酒的人触犯了一名士兵，便诬陷他谣言惑众，定罪为死刑。凡有百姓否认犯罪，官吏向弘肇报告，只要他伸出三个手指示意，官吏立刻腰斩他们。还规定了割断舌头、撕裂嘴巴、切断筋、削掉脚等等酷刑。李崧被仆人告发要叛乱，全家人被杀，弘肇留下他的小女儿作自己的婢女。从此以后，那些功臣、宿将和被削职的仕宦人家，无不宽容迁就他们的奴仆，而那些干粗活的仆役之人，往往胁迫、挟制他们的主人。侍卫孔目官解晖性情狡猾、冷酷，趁势无恶不做，犯罪的老百姓没有人敢向上申诉。燕人何福进有一只玉枕，价值十四万钱，派他的仆人去淮南卖掉，买回茶叶。仆人隐瞒了他的钱数，福进用竹板责打了他，于是仆人就诬告福进，说他得到了赵延寿的玉枕，把它赠给了吴人。弘肇逮捕并审讯他，福进被判死刑，弘肇的部下分别强占了福进的妻子女儿，同时没收了他的家产。

弘肇不喜欢宾客，曾经说过："文人令人难以忍受，呼唤我就像叫士卒似的。"

弘肇任归德军节度使，他的副使每月拿私钱一千串进献给他。颍州麴场官麴温和军将陈拯在公务问题上相争，二人争论到三司，三司判定麴温正确。陈拯向弘肇投诉，弘肇认为颍州是自己管辖的州，但麴温却不事先告诉自己，就派人追杀了麴温，并株连了几十个人。

周太祖郭威平定了李守贞，在群臣中评比功劳，弘肇被任命为中书令。隐帝自从关西结束战争以后，逐渐亲近小人，与后赞、李业等人嬉闹游乐无度，而且太后的亲戚们又经常干预政事，弘肇与杨邠渐渐地抑制住了他们。有一个太后老熟人的儿子来谋求补任军职，弘肇立即斩杀了他。隐帝刚听完音乐，赏赐给教坊使等人玉带、锦袍，去向弘肇致谢，弘肇大怒道："好男儿为国家出征远行尚未全都受赏，你们有什么功劳，竟敢担当这份赏赐！"全部收取所赐之物送回官库。

周太祖郭威外出镇守魏州，弘肇想让他兼任枢密使的官职前去赴任，苏逢吉、杨邠都认为不妥，弘肇怀恨在心。第二天，在窦贞固家中聚会饮酒，弘肇举起酒杯高声对郭威说道："昨天在朝中议论，不知怎么搞得意见不一致，今天与您干了这杯酒。"逢吉与杨邠也举起大酒杯说："这是国家的大事，你何必耿耿于怀呢？"于是一起喝酒。弘肇又说："安定国家，平定祸乱，只需要长枪大剑，像'毛锥子'有什么用呀？"三司使王章说："没有'毛锥

子’，军队的费用如何征集来？”“毛锥子”就是指毛笔。弘肇哑口无言。另有一天，在王章家中聚饮，酒喝到十分畅快之际，划拳行酒令。弘肇不会划拳，客省使阎晋卿坐在弘肇旁边，屡屡教给他。苏逢吉打趣地说：“身旁坐着姓阎的人，还怕什么罚酒呀！”弘肇的妻子姓阎，原本是酒家的歌妓，弘肇认为他讥笑自己，勃然大怒，用丑话大骂逢吉，逢吉毫不在意，弘肇又想殴打他，逢吉只得先出去了。弘肇起身找出宝剑想追上去，杨邠哭着说：“苏公，是汉的宰相，您若杀了他，把天子放在什么位置啊？”弘肇骑马飞驰而去，杨邠一直陪送他到家才返回。从此以后，将相二人势同水火。隐帝派王峻在公子亭摆宴劝两人和解。

这时，李业、郭允明、后赞、聂文进等人弄权用事，不喜欢执掌政柄的弘肇等人。而且隐帝年龄渐渐长大，对身受大臣摆布、节制的处境，多次说过愤愤不平的话。李业等人乘机陷害弘肇，说弘肇的声望震慑人主，不除掉他将来必会谋反作乱。隐帝于是想除掉他。夜里听见外面作坊锻造兵甲的声音，便以为是来了士兵，到天亮也未睡着。于是与李业等人在宫中密谋。乾祐三年冬十月十三日，弘肇与杨邠、王章等人入朝，坐在广政殿东侧走廊，几十个甲士从殿内冲出，擒拿了弘肇、杨邠、王章并杀了他们，同时诛灭了他们三家。

弘肇已经死了，隐帝坐在崇元殿召集群臣，告知他们弘肇等人谋反，群臣不能应对。又召见众军校于万岁殿，隐帝说：“史弘肇等人专权独断，使你们这些人常常担心招来横祸而死，今天我总算成为你们的主人啦。”军校们都拜伏于地。周太祖即位后，追封弘肇为郑王，用他应享的礼节安葬。

张承业传

【题解】

张承业，字继元，唐僖宗时的宦官。本姓康，幼年被阉，为宦官张泰的养子。崔胤杀宦官时，被李克用藏在寺院里得免于死。李克用临终嘱以后事，李存勖兄事之，军国大事皆由他处理。李存勖称帝时，谏立唐后不听，绝食而死。

【原文】

张承业，字继元，唐僖宗时宦者也。本姓康，幼阉，为内常侍张泰养子。晋王兵击王行瑜，承业数往来兵间，晋王喜其为人。及昭宗为李茂贞所迫，将出奔太原，乃先遣承业使晋以道意，因以为河东监军。其后，崔胤诛宦官，宦官在外者，悉诏所在杀之。晋王怜承业，不忍杀，匿之斛律寺。昭宗崩，乃出承业，复为监军。

晋王病且革，以庄宗属承业曰：“以亚子累公等！”庄宗常兄事承业，岁时升堂拜母，甚亲重之。庄宗在魏，与梁战河上十余年，军国之事，皆委承业，承业亦尽心不懈。凡所以

唐僖宗

畜积金粟，收市兵马，劝课农桑，而成庄宗之业者，承业之功为多。自贞简太后、韩德妃、伊淑妃及诸公子在晋阳者，承业一切以法绳之，权贵皆敛手畏承业。

庄宗岁时自魏归省亲，须钱蒲博、赏赐伶人，而承业主藏，钱不可得。庄宗乃置酒库中，酒酣，使子继岌为承业起舞，舞罢，承业出宝带、币、马为赠，庄宗指钱积呼继岌小字以语承业曰："和哥乏钱，可与钱一积，何用带、马为也！"承业谢曰："国家钱，非臣所得私也。"庄宗以语侵之，承业怒曰："臣，老敕使，非为子孙计，惜此库钱，佐王成霸业尔。若欲用之，何必问臣？财尽兵散，岂独臣受祸也？"庄宗顾元行钦曰："取剑来！"承业起，持庄宗衣而泣曰："臣受先王顾托之命，誓雪家国之仇。今日为王惜库物而死，死不愧于先王矣！"阎宝从旁解承业手，令去，承业奋拳殴宝踣，骂曰："阎宝，朱温之贼，蒙晋厚恩，不能有一言之忠，而反谄谀自容邪！"太后闻之，使召庄宗。庄宗性至孝，闻太后召，甚惧，乃酌两卮谢承业曰："吾杯酒之失，且得罪太后。愿公饮此，为吾分过！"承业不肯饮。庄宗入内，太后使人谢承业曰："小儿忤公，已笞之矣。"明日，太后与庄宗俱过承业第，慰劳之。

卢质嗜酒傲忽，自庄宗及诸公子多见侮慢，庄宗深嫉之。承业乘间请曰："卢质嗜酒无礼，臣请为王杀之。"庄宗曰："吾方招纳贤才，以就功业，公何言之过也！"承业起，贺曰："王能如此，天下不足平也！"质因此获免。

天祐十八年，庄宗已诺诸将即皇帝位。承业方卧病，闻之，自太原肩舆至魏，谏曰："大王父子与梁血战三十年，本欲雪家国之仇，而复唐之社稷。今元凶未灭，而遽以尊名自居，非王父子之初心，且失天下望，不可！"庄宗谢曰："此诸将之所欲也。"承业曰："不然，梁，唐，晋之仇贼，而天下所共恶也。今王诚能为天下去大恶，复列圣之深仇，然后求唐后而立之。使唐之子孙在，孰敢当之！使唐无子孙，天下之士，谁可与王争者？臣，唐家一老奴耳，诚愿见大王之成功，然后退身田里，使百官送出洛东门，而令路人指而叹曰'此本朝敕使，先王时监军也'，岂不臣主俱荣哉！"庄宗不听。承业知不可谏，乃仰天哭曰："吾王自取之！误老奴矣。"肩舆归太原，不食而卒，年七十七。同光元年，赠左武卫上将军，谥曰正宪。

【译文】

张承业，字继元，唐僖宗时的宦官。原来姓康，幼年被阉，成为内常侍张泰的养子。晋王的军队进击王行瑜，张承业多次在军队中往来，晋王喜欢他的为人。及至唐昭宗受到李茂贞的逼迫，准备出逃到太原，便先派张承业出使晋王处去说明意图，于是晋王让他担任河东监军。之后，崔胤诛杀宦官，在外地的宦官，一律下诏命令就地杀死。晋王可怜张承业，不忍心杀他，把他藏在斛律寺里。唐昭宗去世，晋王才让张承业露面，又当了监军。

晋王病得快死时，把庄宗托付给张承业说："让亚子拖累您了！"庄宗通常以老兄的礼数待他，每年按四季时令登堂拜望他的母亲，对他非常亲近器重。庄宗在魏州，与后梁在黄河边作战十余年，军队和国家大事，都交给张承业。张承业也毫不懈怠，尽心办事。太凡积蓄钱粮，收购兵器战马，劝民从事农桑，成就庄宗的基业，张承业出力最多。由贞简太后、韩德妃、伊淑妃以至留在晋阳的各位公子，张承业一律以法令加以约束，权贵都敬畏张承业。

庄宗每年按时令从魏州回来省亲，需要用钱赌博和赏赐伶人，却由于张承业掌管库存，因而得不到钱。于是庄宗在库房中摆下酒席，酒兴正浓时，让儿子李继岌为张承业起身演练武艺。表演完了，张承业拿出宝带、币、马相赠。庄宗手指钱堆，喊着李继岌的小名对张承业说："和哥缺钱，给他一堆钱就行了，宝带和币马有什用！"张承业谢罪说："国家的钱，不是臣能私用的！"庄宗出语冒犯，张承业生气地说："臣是唐朝的敕使，不想为子孙后代打算。珍惜这库中的钱，是要帮助大王成就霸业。如果大王想用这些钱，何必问臣？钱财一光，军队散伙，难道只有臣才遭受灾祸！"庄宗看着元行钦说："拿剑来！"张承业站起身来，拉着庄宗的衣服哭泣说："臣受先王的顾命属托，立誓为家国报仇。今天为大王珍惜钱库而死，对先王也问心无愧了！"阎宝从旁边拉开张承业的手，让张承业离开，张承业奋力举拳将阎宝打倒，骂道："阎宝，你是朱温属下的贼寇，蒙受晋国的厚恩，不能进一句忠言，反而献媚逢迎，以求容身吗！"太后闻讯，派人来叫庄宗。庄宗天性非常孝顺，听说太后来召，十分害怕，便斟了两杯酒，向张承业道歉说："我酒后有失，而且惹恼了太后，希望你喝下这杯酒，为我分担过错。"张承业不肯喝酒。庄宗进了内宫，太后派人向张承业谢罪说："小孩子家冒犯了您，我已把他打了。"第二天，太后与庄宗一起到张承业的住处去表示慰问。

卢质喜欢喝酒，目空一切，从庄宗到各位公子大多受到侮慢，庄宗深深恨他。张承业乘机请示说："卢质饮酒贪杯，傲慢无礼，请让臣为大王把他杀死。"庄宗说："我正在招揽贤才，以成就功业，您说得太过分了！"张承起身祝贺说："大王能这样做，天下不难平定！"卢质因此得以不死。

天祐十八年，庄宗已经答应诸将即位称帝。张承业正卧床生病，闻讯后，从太原坐骄来魏州，进谏说："大王父子与梁国血战三十年，本想为家为国报仇，恢复唐朝的社稷江山。现在元凶尚未消灭，却遽然自称皇帝，这不是大王父子当初的心愿，而且使天下失望，使不得！"庄宗歉然说："诸将想要这样。"张承业说："不然。梁国是唐、晋两国的仇敌，为天下人共同痛恨。现在，如果大王能为天下除去这一大元凶，去报列位先帝的大仇，应该找唐室的后人立为皇帝。只要唐朝的后人在位，谁敢称帝！假如唐室没有后人，天下之士有谁可以与大王相争？臣是唐室的一个老奴，的确愿意见到大王获得成功，然后臣就引退乡里。"如果百官把臣送出洛阳东门，让路上的行人指着臣称赞说："这人是本朝的敕使，先王在世时的监军，岂不是主上与臣下都很光彩吗！”庄宗不听。张承业知道无法谏阻，便仰天大哭说：“我王自己称帝去吧，误了老奴了。”坐轿返回太原，绝食而死，当时七十七岁。同光元年，庄宗追赠张承业为左武卫上将军，谥号为正宪。

张居翰传

【题解】

张居翰，字德卿。唐昭宗时，大诛宦官，被刘仁恭藏在大安山北，得免于死。后仕于后唐，任枢密使。

【原文】

张居翰，字德卿，故唐掖廷令张从玫之养子。昭宗时，为范阳军监军，与节度使刘仁恭相善。天复中，大诛宦官，仁恭匿居翰大安山之北谿以免。其后，梁兵攻仁恭，仁恭遣居翰从晋王攻梁潞州，以牵其兵。晋遂取潞州，以居翰为昭义监军。

庄宗即位，与郭崇韬并为枢密使。庄宗灭梁而骄，宦官因以用事，郭崇韬又专任政，居翰默默，苟免而已。

魏王破蜀，王衍朝京师，行至秦川，而明宗军变于魏。庄宗东征，虑衍有变，遣人驰诏魏王杀之。诏书已印画，而居翰发视之，诏书言“诛衍一行”，居翰以谓杀降不祥，乃以诏傅柱，揩去“行”字，改为一“家”。时蜀降人与衍俱东者千余人，皆获免。

庄宗遇弑，居翰见明宗于至德宫，求归田里。天成三年，卒于长安，年七十一。

【译文】

张居翰，字德卿，原先唐朝掖廷令张从玫的养子。

唐昭宗时，任范阳军监军，与节度使刘仁恭友善。天复年间，大杀宦官，刘仁恭把张居翰藏在大安山北面的谿谷里，得以不死。后来，后梁军攻打刘仁恭，刘仁恭派张居翰跟随晋王进攻后梁的潞州城，以牵制梁军。晋王随即占领潞州，任命张居翰为昭义监军。

后唐庄宗即位，张居翰与郭崇韬一起担任枢密使。庄宗消灭后梁后骄傲起来，宦官乘机用事，郭崇韬又专擅朝政，张居翰保持沉默，苟且求生而已。

魏王李继岌攻破前蜀，王衍到京城朝见，走到秦川时，李嗣源在魏州发动兵变。庄宗东征，担心王衍有变，派人火速下达诏书命令李继岌杀死王衍。诏书签发加印后，张居翰打开一看，看到诏书上说‘杀死王衍一行’。张居翰认为诛杀降人不祥，便把诏书贴在柱子上，揩去“行”字，改为一个“家”字。当时与王衍一同东行的前蜀降民有一千多人，这些人都得以不死。

庄宗被杀害后，张居翰在至德宫进见明宗，要求返回乡里。天成三年，张居翰死在长

安，当时七十一岁。

刘词传

【题解】

刘词（891～955），五代时期后周将领。字好谦，元城（今河北大名）人。前后经历了后梁、后唐、后晋、后汉、后周五朝。他志向高迈，勇猛强悍，战功累累。显德初年，跟从周世宗柴荣征伐后汉，因功授永兴军节度使。后病卒。

【原文】

刘词字好谦，大名元城人也。少事杨师厚，以勇悍知名。唐庄宗下魏博，与梁战夹河，词以军功为效节军使，迁长剑指挥使，坐事，左迁汝州十余年。

废帝时，诏诸州镇选骁勇者充禁军，词得选为禁军校。从破张从宾、杨光远，以功迁奉国第一军都虞候。从马全节破安州，以功迁指挥使。从杜重威破镇州，以先登功拜泌州刺史。晋军讨安从进，为襄州行营都虞候，以功迁泌州团练使。徙房州，岁余，为政不苛挠，人颇使之。词居暇日，常被甲枕戈而卧，谓人曰："我以此取富贵，岂可一日辄忘之，且人情易习，若一堕其筋力，有事何以报国！"

汉高祖时，复为奉国右厢都指挥使。汉军讨李守贞于河中，词以侍卫步军都指挥使领宁江军节度使，为行营都虞候，以功拜镇国军节度使。

周太祖入立，加同中书门下平章事。历镇安国、河阳三城。世宗战高平，樊爱能等军败南走，遇词而止之曰："军败矣，可无前也。"词不听，辄趣兵以进，世宗嘉之，以为随驾都部署。及班师，以为河东行营副都部署，徙镇永兴。明年卒于镇，年六十五，赠侍中，谥忠惠。

【译文】

刘词，字好谦，大名元城人。年轻时在杨师厚手下做事，以勇敢强悍而名扬四方。唐庄宗攻陷魏博州的时候，与梁军激战于夹河，刘词因为战功卓著被任命为效节军使，升任长剑指挥使。后来因事犯罪，降职在汝州达十余年。

唐废帝时，诏令各州镇选拔勇猛敏捷的人充任宫中卫士，刘词被选为禁军校。随军击败张从宾、杨光远，因功升任奉国第一军都虞候。跟随马全节攻克安州，因功升任指挥使。跟随杜重威攻克镇州，以首先登城之功官拜泌州刺史。晋军讨伐安从进时，担任襄州行营都虞候，因功升任泌州团练使。转任房州。在一年多的时间里，他主持政务不以苛刻之事扰民，人们对他的施政方式颇感方便。刘词在闲暇之日，经常身披铠甲枕着武器伏在小桌子上睡觉，对别人说："我以这些东西获得了富贵荣华，哪怕一天也不能忘了它们,况且人的性情容易成为习惯,假如一旦松懈了筋骨气力,有事时用什么来报答国家!”

汉高祖时,刘词又被任命为奉国右厢都指挥使。汉军在河中地区讨伐李守贞,刘词以侍卫步军都指挥使兼任宁江军节度使,担任行营都虞候,因功授镇国军节度使。

周太祖即位,加任刘词为同中书门下平章事,先后镇守安国、河阳三城。周世宗在高平作战,樊爱能等部队兵败南逃,正好遇上刘词所率部队,劝他说:“我军已经失败了,你可以别向前走了。”刘词不听劝阻,立刻催促部队向前跃进,世宗对此大加赞赏,任命他为随驾都部署。等到班师回朝,又任命他为河东行营副都部署,后来调任永兴军节度使。第二年病逝于镇守的地方,终年六十五岁。朝廷追赠他为侍中,给他的谥号是忠惠。

马重绩传

【题解】

马重绩(880~944),其祖先为北方少数民族,后从军定居太原。后唐庄宗时开始在朝做官,石晋时担任司天监。由于战争,致使司天监漏刻制度发生混乱,规定太阳中午时,才作为午时的开始(午初)。马重绩发现这种算法不合中国传统的计时原则,于天福三年(938)上报朝廷,重新将日中改为午正。

天福四年(939),又造新历,进呈给石晋政府,经过考校后,于第二年颁行,定名为《调元历》。经近年研究发现,《调元历》源于曹士蒍著的《符天历》,受到西域天文学的影响。马重绩原为北方少数民族,可能受到西域文化的影响,他将西域系统的《符天历》进献给朝廷,也是事出有因的。近世历法史家朱文鑫在《历法通志》中曾严厉地批评刘羲叟在《司天考》中囿于成见,不加细祭而弃之,任其淹没,并肯定《调元历》《宣明历》,《崇元历》三家之长,尤具特识,未必不如王朴的《钦天历》。

【原文】

马重绩字洞微,其先出于北狄,而世事军中。重绩少学数术,明太一、五纪、八象、《三统大历》,居于太原。唐庄宗镇太原,每用兵征伐,必以问之,重绩所言无不中,拜大理司直。明宗时,废不用。

晋高祖以太原拒命,废帝遣兵围之,势甚危急,命重绩筮之,遇《同人》,曰:“天火之象,乾健而离明。健者君之德也,明者南面而向之,所以治天下也。同人者人所同也,必有同我者焉。《易》曰:‘战乎乾。’乾,西北也。又曰:‘相见乎离。’离,南方也。其同我者自北而南乎?乾,西北也,战而胜,其九月十月之交乎?”是岁九月,契丹助晋击败唐军,晋遂有天下。拜重绩太子右赞善大夫,迁司天监。明年,张从宾反,命重绩筮之,遇《随》,曰:“南瞻析木,木不自续,虚而动之,动随其覆。岁将秋矣,无能为也!”七月而从宾败。

高祖大喜，赐以良马、器、币。

天福三年，重绩上言："历象，王者所以正一气之元，宣万邦之命。而古今所纪，考审多差，《宣明》气朔正而星度不验，《崇玄》五星得而岁差一日，以《宣明》之气朔，合《崇玄》之五星，二历相参，然后符合。自前世诸历，皆起天正十一月为岁首，用太古甲子为上元，积岁愈多，差阔愈甚。臣辄合二历，创为新法，以唐天宝十四载乙未为上元，雨水正月中气为气首。"诏下司天监赵仁锜、张文皓等考覆得失。仁琦等言："明年庚子正月朔，用重绩历考之，皆合无舛。"乃下诏班行之，号《调元历》。行之数岁辄差，遂不用。

重绩又言："漏刻之法，以中星考昼夜为一百刻，八刻六十分刻之二十为一时，时以四刻十分为正，此自古所用也。今失其传，以午正为时始，下侵未四刻十分而为午。由是昼夜昏晓，皆失其正，请依古改正。"从之。

重绩卒年六十四。

【译文】

马重绩，字洞微，他的祖先原来是北狄人，历代在军队里服务。马重绩年轻时学习天文历术，熟悉太一、五纪、八象、《三统历》，居住在太原。后唐庄宗(李存勖)镇守太原时，每次用兵征讨的时候，都必定询问他出兵的吉凶状况，马重绩每次所答的话都没有不中的，所以让他做大理司直的官。后唐明宗孝嗣原的时候，罢免了他的官职，而不重用。

后晋高祖石敬瑭占据太原，反抗后唐的统治，后唐的末代皇帝派兵围困他，形势很危急，他就让马重绩占卜，卜到《同人》这一卦，说："天火之象，乾健而离明。'健'的意思指君子的德行，'明'的意思是面向着南面的意思，这些都是治理天下的象征。'同人'的意思是人心相同，所以必定有与我有同心的人。《易经》又说：'战乎乾。''乾'指西北方，又说：'相见乎离。''离'指南方。这个与我同道的人难道是从北面往南而来吗？'乾'是西北方，作战而取得胜利，是九月和十月之间吗？"这一年九月，契丹人帮助后晋打败后唐的军队，于是后晋就取得了统治地位，并授予马重绩太子右赞善大夫这个官职，又任命为司天监。第二年，张从宾叛乱，皇帝又让马重绩占卜，占卜到《随》这一卦，说："向南边看到析木这个星次，木不能自己延续下去，空虚而动，动了之后就倾覆。节气快到秋天了，无所作为了。"到七月的时候张从宾就失败了。高祖非常高兴，赏赐给他好马、用具和钱币。

在天福三年的时候，马重绩上书说："历法和天象，是国君树立一气的原始，显示对万邦的命令的。但是自古至今所记载的，对其进行考核审查，多有差误：《宣明历》的节气和朔望是与天象相符合的，但所推五星的行度却与测验不合；《崇玄历》所推得的五星行度与天相合，但所推节气却有一日之差。如果以《宣明历》推气朔的方法，配合《崇玄历》的步五星原理，二种历法相参考，就都与天象相符合。以前的各种历法，都以天正十一月为岁首，以远古甲子为上元，积年越来越多，而误差却越来越大。我当臣子的参考这两种历法，创造出一种新法，以大唐天宝十四年乙未为上元，正月中气雨水为气首。"皇帝就下诏书到钦天监，让赵仁琦、张文皓等检测符合的情况。赵仁锜等上复说："第二年庚子正月朔，用重绩的历法检测，都与天象相合无差。"于是便颁布诏书使用新历，并定名为《调元历》。颁行了数年因出现了误差,就废而不用。

马重绩又说:“漏刻的使用方法,以中星考定,以一昼夜为一百刻。以八又六十分之二十刻为一个时辰。每个时辰又以四刻十分以后为时正的开始。这是自古以来一直所用的方法,但现在却失传了,以午正为一个时辰的开始,直到未四刻十分还仍然为午时。由于这个原因,昼夜昏晓,都偏离了正确的时辰,请求依古法改正过来。”政府听从了他的意见。

马重绩去世时享年六十四岁。

李煜传

【题解】

李煜(937~978),五代词人,南唐国君。字重光,初名从嘉。徐州(今属江苏)人,一说湖州(今属浙江)人。建隆二年(961)继位,史称李后主。后宋军攻克金陵,南唐灭亡,李煜被俘至汴京,后被毒死。

李煜

李煜工书法,善绘画,精通音律,诗文均有一定造诣,词的成就尤高。其前期作品多写宫廷生活,风格柔靡,后期作品写亡国之憾;带有浓重感伤情绪,形象鲜明,语言生动,在题材与意境上突破了唐五代词以艳情为主的窠臼。

后人将李煜词与其父中主李景词合编为《南唐二主词》。

【原文】

煜字重光,初名从嘉,景第六子也。煜为人仁孝,善属文,工书画,而丰额、骈齿,一目重瞳子。自太子冀已上,五子皆早亡,煜以次封吴王。建隆二年,景迁南都,立煜为太子,留监国。景卒,煜嗣立于金陵。母锺氏,父名泰章。煜尊母曰“圣尊后”;立妃周氏为国后;封弟从善韩王,从益郑王,从谦宜春王,从度昭平郡公,从信文阳郡公。大赦境内。遣中书侍郎冯延鲁修贡于朝廷,令诸司四品已下无职事者,日二员待制于内殿。

三年,泉州留从效卒。景之称臣于周也,从效亦奉表贡献于京师,世宗以景故,不纳。从效闻景迁洪州,惧以为袭己,遣其子绍基纳贡于金陵,而从效病卒,泉人因并送其族于

金陵，推立副使张汉思。汉思老不任事，州人陈洪进逐之，自称留后，煜即以洪进为节度使。乾德二年，始用铁钱，民间多藏匿旧钱，旧钱益少，商贾多以十铁钱易一铜钱出境，官不可禁，煜因下令以一当十。拜韩熙载中书侍郎、勤政殿学士。封长子仲遇清源公，次子仲仪宣城公。

五年，命两省侍郎、给事中、中书舍人、集贤勤政殿学士，分夕于光政殿宿直，煜引与谈论。煜尝以熙载尽忠，能直言，欲用为相，而熙载后房妓妾数十人，多出外舍私侍宾客，煜以此难之，左授熙载右庶子，分司南都。熙载尽斥诸妓，单车上道，煜喜留之，复其位。已而诸妓稍稍复还，煜曰："吾无如之何矣！"是岁，熙载卒，煜叹曰："吾终不得熙载为相也。"欲以平章事赠之，问前世有此比否？群臣对曰："昔刘穆之赠开府仪同三司。"遂赠熙载平章事。熙载，北海将家子也，初与李谷相善。明宗时，熙载南奔吴，谷送至正阳，酒酣临诀，熙载谓谷曰："江左用吾为相，当长驱以定中原。"谷曰："中国用吾为相，取江南如探囊中物尔。"及周师之征淮也，命谷为将，以取淮南，而熙载不能有所为也。

开宝四年，煜遣其弟韩王从善朝京师，遂留不遣。煜手疏求从善还国，太祖皇帝不许。煜尝怏怏以国蹙为忧，日与臣下酣宴，愁思悲歌不已。

五年，煜下令贬损制度。下书称教，改中书、门下省为左、右内史府，尚书省为司会府，御史台为司宪府，翰林为文馆，枢密院为光政院，诸王皆为国公，以尊朝廷。煜性骄侈，好声色，又喜浮图，为高谈，不恤政事。

六年，内史舍人潘佑上书极谏，煜收下狱，佑自缢死。

七年，太祖皇帝遣使诏煜赴阙，煜称疾不行，王师南征，煜遣徐铉、周惟简等奉表朝廷求缓师，不答。八年十二月，王师克金陵。九年，煜俘至京师，太祖赦之，封煜违命侯，拜左千牛卫将军。其后事具国史。

【译文】

李煜，字重光，初名从嘉，是李景的第六个儿子。李煜为人仁而且孝，善于做诗文，又善于写字作画。他额头很宽，前齿两个并成一个，有一只眼睛两个瞳仁。从太子李冀以上五个哥哥都早死，李煜按顺序被封为吴王。宋建隆二年(961)，李景迁于南都(今江苏南京)，立李煜为太子，留京监国。李景死，李煜继帝位于金陵。母亲钟氏，其父名泰章。李煜尊他母亲为"圣尊后"；立他的妃子周氏为皇后；封他的弟弟李从善为韩王，李从益为郑王，李从谦为宜春王，李从度为昭平郡公，李从信为文阳郡公。大赦境内。派中书侍郎冯延鲁准备贡礼送给宋朝廷，令各司四品以下的官员没有任务的，每日二人奉陪于内殿。

建隆三年(962)，泉州(今属福建)留从效死。李景向周朝称臣的时候，留从效也奏表章贡品献到京师，宋世宗因为李景的缘故，不接受。留从效听说李景迁到洪州(今江西南昌)，怕李景来袭击，于是派他儿子留绍基到金陵(今江苏南京)去纳贡，而留从效已病死，泉州人于是将他的族人一并送到金陵，另推立副使张汉思。张汉思年岁大了，不能胜任职务之事，泉州人陈洪进把他赶走，自己称"留后"，李煜便以陈洪进为节度使。乾德二年(964)，开始使用铁钱，民间多私藏旧钱，旧钱更加少了，商人很多用十个铁钱换一个铜钱带出州境，官家无法禁止，李煜因此下令以一枚铜钱当十枚铁钱用。李煜任韩熙载为中书侍郎、勤政殿学士，封其长子韩仲遇为清源公，封其次子韩仲仪为宣城公。

建隆五年(964)，李煜命令两省侍郎、给事中、中书舍人、集贤殿勤政殿学士，分批于光政殿值夜班，和他们谈论。李煜曾因韩熙载尽忠，能率直说真话，想起用为宰相，而韩熙载后房有妓女侍妾数十人，多到外舍私陪宾客，李煜因此觉得难以为相，于是降而授予韩熙载右庶子之职，分司南都。韩熙载将众妓女尽行斥逐，自己单车上路，李煜很高兴，把他留下来，恢复他的职位。不久，众妓女又渐渐回来了，李煜说："我真是无可奈何啊！"这一年，韩熙载死了，李煜感叹地说："吾始终不得让韩熙载为宰相啊。"他想以平章事追赠，问前代可有这样的事例？群臣答道："以前刘穆之曾追赠开府仪同三司。"遂追赠韩熙载为平章事。韩熙载，是北海(今山东益都)武将之家的孩子，初时和李谷相友善。后唐明宗时，韩熙载南奔吴地，李谷送他到正阳(今河南汝阳)，酒酣话别，韩熙载对李谷说："江左如果任用我为宰相，我一定长驱北上，以平定中原。"李谷说："中原如果用我为宰相，我直取江南，就像探囊取物而已。"及至周朝之师南征淮河一带，任命李谷为将，率军以攻取淮南，而韩熙载却不能有所作为。

开宝四年(971)，李煜派他弟弟韩王李从善入朝宋京，李从善被扣留不让回去。李煜亲手写信求宋朝让他弟弟从善回南唐，宋太祖还是不允许他回去。李煜因为国家日益困窘而怏怏不乐，满怀忧愁，成天和臣下饮酒，愁思悲歌，不能自已。开宝五年(972)，李煜下令贬损国家制度的规格，下书称为"教"，改中书、门下省为左、右内史府，尚书省为司会府，御史台为司宪府，翰林院为文馆，枢密院为光政院，诸王为国公，以尊于宋朝。李煜性骄矜奢侈，喜爱声色，又喜奉佛教，爱高谈阔论，不理政事。

开宝六年(974)，内史舍人潘佑上书进谏，李煜把他抓起来，投入狱中。潘佑自缢身死。

开宝七年(973)，宋太祖派使者持诏书宣李煜赴宋京，李煜推托有病，不肯入宋京。宋朝大军南征，李煜派徐铉、周惟简等人奉表向宋朝请求暂缓军事进攻，宋太祖不答复，开宝八年(975)十二月，宋师攻克金陵(今江苏南京)。开宝九年(976)，李煜被俘至宋京，宋太祖赦免他，封他为"违命侯"，官拜左千牛卫将军。他的后事均见于《宋史》。

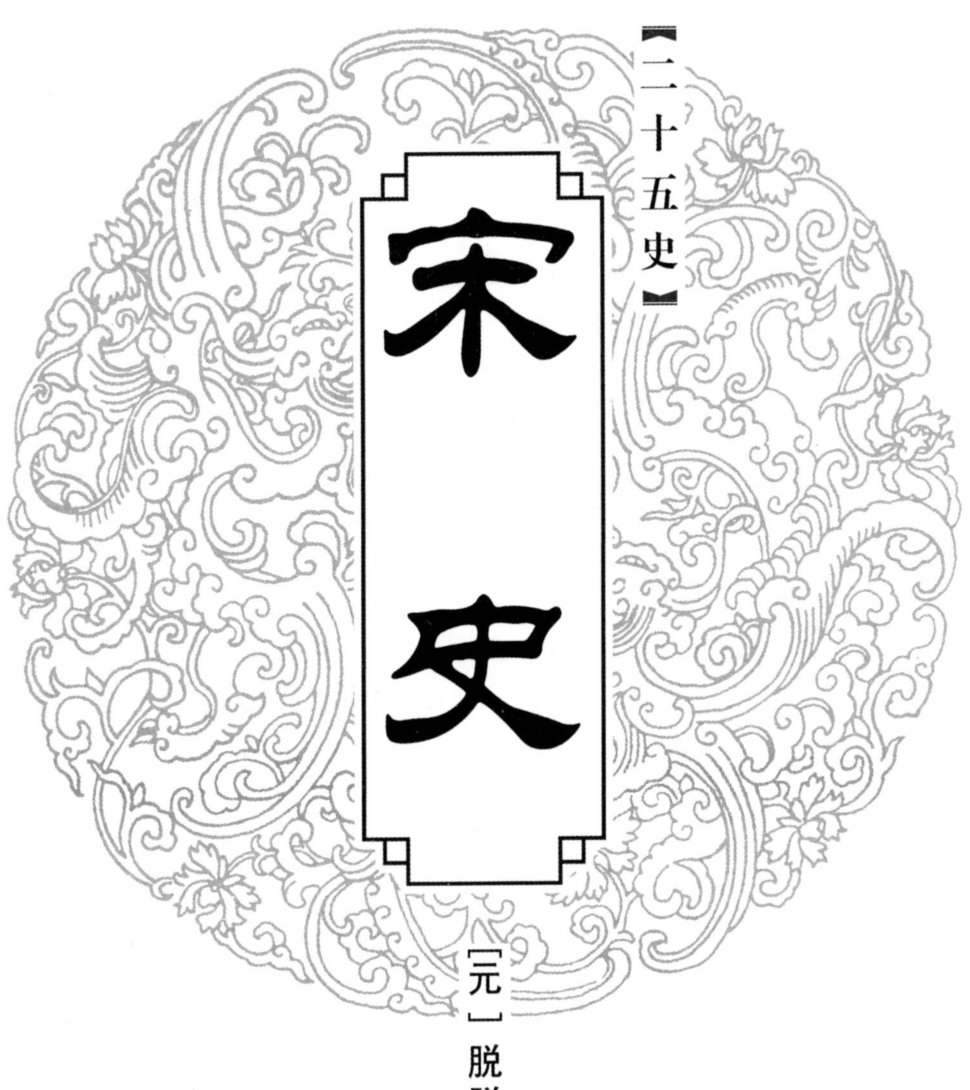

二十五史

宋史

[元] 脱脱 等⊙原著

导　读

《宋史》是一部记载中国宋史事的纪传体史书，全书共四百九十六卷，包括本纪四十七卷，志一百六十二卷，表三十二卷，列传二百五十五卷。记载了宋朝赵匡胤建隆元年(960 年)至赵昺祥兴二年(1279 年)共三百多年的历史。

元世祖至元十六年(1279 年)，曾下令撰写宋、辽、金三史，后来仁宗、文宗也曾下诏，但各史都没确修成。当时朝廷内部对修史体例分为两派，一派主张"以宋为世纪，辽、金为载记"；一派坚持"以辽、金为北史，宋太祖至靖康为宋史，建炎以后为南宋史。"这场有关王朝正统的论战，影响了三史的编写工作。到元顺帝至正三年(1343 年)，决定宋、辽、金三朝各为一史，命执政大臣脱脱为都总裁，铁木儿塔识、贺惟一、张起岩、欧阳玄、吕思诚、揭奚斯等为总裁官，主持修史，实际上的总负责人是欧阳玄。当时元政权已处于风雨飘摇之中，不允许各史的编写旷日持久，加上宋代史料极为繁富，又有前人的书稿为基础，所以只用了两年多的时间就完成了《宋史》。

《宋史》是《二十五史》中篇幅最多的一史。这是因为赵宋政权存在的三百多年间，经济、文化有所发展，政治制度日臻完备。雕版印刷已被广泛采用，活字版的发明，又大大促进了书籍的印制和广泛流传。元朝编修《宋史》时存世的有关史料，如编年体的历朝实录、纪传体国史和宋人文集、笔记等又相当丰富。所以，《宋史》才有可能撰成鸿篇巨制。据粗略统计，列传中有传的达二千余人，仅《食货志》就有十四卷之多，《礼志》二十八卷，相当于《二十五史》中其他各史《礼志》的总和。

在《宋史》中，志的分量庞大，占全书的三分之一。它系统而又详细地叙述了赵宋一代的典章制度，如《食货志》按经济类别叙述了宋朝的农业、盐业、茶业、手工业概貌和货币制度、赋役制度，我们可以从中看到宋代劳动人民创造物质财富的丰功伟绩和他们所遭受的封建剥削，《选举志》《职官志》系统地记载了宋朝官僚的选拔考课制度和官僚机构的组织情况。《兵志》分述了宋朝军队种类和招募、拣选、廪给、训练、屯戍、器甲等制度。从这三篇志中，我们可以了解到为了加强对劳动人民的统治，地主阶级的封建国家机器是多么严密而庞大。

宋朝统治阶级提倡道学，作为统治人民的精神枷锁。《宋史》创立了《道学传》，并置于《儒林传》之前。对道学的代表人物，如周敦颐、程颢、程颐、邵雍、朱熹等都立了专传，加以颂扬。《宋史》全书，把道学奉为判断是非的标准，这反映了地主阶级意识形态的日益没落和封建统治的腐朽性。

宋太祖纪

【题解】

宋太祖赵匡胤(927~976),涿州(今河北涿州市)人,后唐天成二年(927)生于洛阳(今河南洛阳市)夹马营。后汉乾祐元年(948),枢密使郭威征讨李守真,应募从军。后周显德元年(953),高平之战有功,拜殿前都虞候,三年,任殿前都指挥使,不久,拜定国军节度使。四年,拜义成军节度使。五年,改忠武军节度使。六年,升任殿前都点检,掌握禁军。恭帝七岁即位,"主少国疑",而赵匡胤自殿前都虞候至殿前都点检,掌管禁军大权六年,引人注目。七年正月元旦,镇州(今河北正定)、定州(今河北定县)边报,契丹与北汉联合入侵,奉命率领禁军御敌,至开封东北四十里的陈桥驿,发动兵变,取代后周,因曾任宋州归德军节度使,定国号为宋,改元建隆。同年平定后周旧臣李筠、李重进叛乱,稳定了政局。赵匡胤君臣有统一天下的志向,制定了统一天下的先南后北、先易后难的策略,先后消灭了荆南、后蜀、南汉、南唐等割据政权,基本上结束了五代十国五十多年的混乱局面。在从事统一战争的同时,采取各种措施强化中央集权。设参知政事为副相,以枢密使掌兵,三司使主财,以分宰相之权。废除殿前都点检之职,将禁军分统于三帅,而发兵权归枢密院,又以"杯酒释兵权"的方法,解除了禁军高级将领的兵权。选拔地方厢军中的精壮士兵充当禁军,以削弱地方兵力。立更戍法,使兵将不能互知,以防武将拥兵自重。京城内外驻军大体相当,使内外相维。州设通判,与知州相牵制,又派文臣京朝官出任知县、知州,罢黜支郡,扭转了五代时期军人控制州县的局面。设转运使掌管地方财权,并以监司身份监察地方官员。颁布《宋刑统》,整顿并加强司法权。重视兴修水利,奖励农桑,鼓励垦荒,整治以开封为中心的河道。这一系列政策、制度的实施,加强了专制主义中央集权的统治,为宋王朝的长期统治奠定了基础。开宝九年(976)去世,终年五十岁,在位十七年。

【原文】

太祖启运立极英武睿文神德圣功至明大孝皇帝,讳匡胤,姓赵氏,涿郡人也。高祖朓,是为僖祖,仕唐历永清、文安、幽都令。朓生珽,是为顺祖,历藩镇从事,累官兼御史中丞。珽生敬,是为翼祖,历营、蓟、涿三州刺史。敬生弘殷,是为宣祖。周显德中,宣祖贵,赠敬左骁骑卫上将军。

宣祖少骁勇,善骑射,事赵王王镕,为镕将五百骑援唐庄宗于河上有功。庄宗爱其勇,留典禁军。汉乾祐中,讨王景於凤翔,会蜀兵来援,战于陈仓。始合,矢集左目,气弥盛,奋击大败之,以功迁护圣都指挥使。周广顺末,改铁骑第一军都指挥使,转右厢都指挥,领岳州防御使,从征淮南,前军却,吴人来乘,宣祖邀击,败之。显德三年,督军平扬州，与世宗会寿春。寿春卖饼家饼薄小，世宗怒，执十余辈将诛之，宣祖固谏得释。累官检校司徒、天水县男，与太祖分典禁兵，一时荣之。卒，赠武清军节度使、太尉。

太祖，宣祖仲子也，母杜氏。后唐天成二年，生於洛阳夹马营，赤光绕室，异香经宿不散，体有金色，三日不变。既长，容貌雄伟，气度豁如，识者知其非常人。学骑射，辄出人上，尝试恶马，不施衔勒，马逸上城斜道，额触门楣坠地，人以为首必碎，太祖徐起，更追马腾上，一无所伤。又尝与韩令坤博土室中，雀斗户外，因竞起掩雀，而室随坏。

汉初，漫游无所遇，舍襄阳僧寺，有老僧善术数，顾曰："吾厚赆汝，北往则有遇矣。"会周祖以枢密使征李守真，应募居帐下。广顺初，补东西班行首，拜滑州副指挥。世宗尹京，转开封府马直军使。

世宗即位，复典禁兵。北汉来寇，世宗率师御之，战于高平。将合，指挥樊爱能等先遁，军危，太祖麾同列驰马冲其锋，汉兵大溃。乘胜攻河东城，焚其门，左臂中流矢，世宗止之。还，拜殿前都虞侯，领严州刺史。

三年春，从征淮南，首败万众于涡口，斩兵马都监何延锡等。南唐节度皇甫晖、姚凤众号十五万，塞清流关，击走之。追至城下，晖曰："人各为其主，愿成列以决胜负。"太祖笑而许之。晖整阵出，太祖拥马项直入，手刃晖中脑，并姚凤禽之。宣祖率兵夜半至城下，传呼开门，太祖曰："父子固亲，启闭，王事也。"诘旦，乃得入。韩令坤平扬州，南唐来援，令坤议退，世宗命太祖率兵二千趋六合。太祖下令曰："扬州兵敢有过六合者，断其足。"令坤始固守。太祖寻败齐王景达于六合东，斩首万余级。还，拜殿前都指挥使，寻拜定国军节度使。

四年春，从征寿春，拔连珠砦，遂下寿州。还，拜义成军节度、检校太保，仍殿前都指挥使。冬，从征濠、泗，为前锋。时南唐砦于十八里滩，世宗方议以橐驼济师，而太祖独跃马截流先渡，麾下骑随之，遂破其砦。因其战舰乘胜攻泗州，下之。南唐屯清口，太祖从世宗翼淮东下，夜追至山阳，俘唐节度使陈承昭以献，遂拔楚州。进破唐人于迎銮江口，直抵南岸，焚其营栅，又破之于瓜步，淮南平。唐主畏太祖威名，用间于世宗，遣使遗太祖书，馈白金三千两，太祖悉输之内府，间乃不行。五年，改忠武军节度使。

六年，世宗北征，为水陆都部署。及莫州，先至瓦桥关，降其守将姚内斌，战却数千骑，关南平。世宗在道，阅四方文书，得韦囊，中有木三尺余，题云"点检作天子"，异之。时张永德为点检，世宗不豫，还京师，拜太祖检校太傅、殿前都点检，以代永德。恭帝即位，改归德军节度、检校太尉。

七年春，北汉结契丹入寇，命出师御之。次陈桥驿，军中知星者苗训引门吏楚昭辅视日下复有一日，黑光摩荡者久之。夜五鼓，军士集驿门，宣言策点检为天子，或止之，众不听。迟明，逼寝所，太宗入白，太祖起。诸校露刃列于庭，曰："诸军无主，愿策太尉为天子。"未及对，有以黄衣加太祖身，众皆罗拜，呼万岁，即掖太祖乘马。太祖揽辔谓诸将曰："我有号令，尔能从乎？"皆下马曰："唯命。"太祖曰："太后、主上，吾皆北面事之，汝辈不得惊犯；大臣皆我比肩，不得侵凌；朝庭府库、士庶之家，不得侵掠。用令有重赏，违即孥戮汝。"诸将皆载拜，肃队以入。副都指挥使韩通谋御之，王彦升遽杀通於其第。

太祖进登明德门，令甲士归营，乃退居公署。有顷，诸将拥宰相范质等至，太祖见之，呜咽流涕曰："违负天地，今至于此！"质等未及对，列校罗彦瑰按剑厉声谓质等曰："我辈无主，今日须得天子。"质等相顾，计无从出，乃降阶列拜。召文武百僚，至晡，班定。翰林承旨陶谷出周恭帝禅位制书于袖中，宣徽使引太祖就庭，北面拜受已，乃掖太祖升崇元殿，服衮冕，即皇帝位。迁恭帝及符后于西宫，易其帝号曰郑王，而尊符后为周太后。

建隆元年春正月乙巳，大赦，改元，定有天下之号曰宋。赐内外百官军士爵赏，贬降者叙复，流配者释放，父母该恩者封赠。遣使遍告郡国。丙午，诏谕诸镇将帅。戊申，赐书南唐，赠韩通中书令，命以礼收葬。己酉，遣官告祭天地社稷。复安州、华州、兖州为节度。辛亥，论翊戴功，以周义成军节度使、殿前都指挥使石守信为归德军节度使、侍卫亲军马步军副都指挥使，江宁军节度使、侍卫亲军马军都指挥使高怀德为义成军节度使、殿前副都点检，武信军节度使、侍卫亲军步军都指挥使张令铎为镇安军节度使、侍卫亲军马步军都虞候，殿前都虞候王审琦为泰宁军节度使、殿前都指挥使，虎捷右厢都虞候张光翰为江宁军节度使、侍卫亲军马军都指挥使，龙捷右厢都指挥使赵彦徽为武信军节度使、余领军者并进爵。壬子，赐宰相、枢密、诸军校袭衣、犀玉带、鞍马有差。癸丑，放南唐降将周成等归国。乙卯，遣使分振诸州。丁巳，命周宗正郭玘祀周陵庙，仍以时祭享。己未，宰相表请以二月十六日为长春节。癸亥，以周天雄军节度使、魏王符彦卿守太师，雄武军节度使王景守太保、太原郡王，定难军节度使、守太傅、西平王李彝殷守太尉，荆南节度使高保融守太傅，余领节镇者并进爵。甲子，赐皇弟殿前都虞候匡义名光义。己巳，立太庙。镇州郭崇报契丹与北汉军皆遁。

二月乙亥，尊母南阳郡夫人杜氏为皇太后。以周宰相范质依前守司徒、兼侍中，王溥守司空、兼门下侍郎、同中书门下平章事，魏仁浦为尚书右仆射、兼中书侍郎、同中书门下平章事，枢密使吴廷祚同中书门下二品。丙戌，长春节，赐群臣衣各一袭。

三月乙巳，改天下郡县之犯御名、庙讳者。丙辰，南唐主李景、吴越王钱俶遣使以御服、锦绮、金帛来贺。宿州火，遣使恤灾。壬戌，定国运以火德王，色尚赤，腊用戌。癸亥，命武胜军节度使宋延渥等率舟师巡江徼。是春，均、房、商、洛鼠食苗。

夏四目癸酉，窦俨上二舞十二乐曲名、乐章。乙酉，幸玉津园。遣使分诣京城门，赐饥民粥。丙戌，浚蔡河。癸巳，昭义军节度使李筠叛，遣归德军节度使石守信讨之。

五月己亥朔，日有食之。庚子，遣昭化军节度使慕容延钊、彰德军节度使王全斌将兵出东道，与守信会讨李筠。壬寅，窦俨上太庙舞曲名。癸卯，石守信败李筠于长平。甲辰，命诸道进讨。丙午，幸魏仁浦第视疾。己酉，西京作周六庙成，遣官奉迁。丁巳，诏亲征，以枢密使吴廷祚留守上都，都虞候光义为大内都点检，命天平军节度使韩令坤屯兵河阳。己未，发京师。丁卯，石守信、高怀德破筠众于泽州，禽伪节度范守图，杀北汉援兵之降者数千人，筠遁入泽州。戊辰，王师围之。

六月癸酉，有星赤色出心。辛未，拔泽州，筠赴火死。命埋胔骼，释河东相卫融，禁剽掠。甲申，免泽州今年租。有星赤色出太微垣，历上相。乙酉，伐上党。丁亥，筠子守节以城降，赦之。上如潞。辛卯，大赦，减死罪，免附潞三十里今年租，録阵殁将校子孙，丁夫给复三年。甲午,永安军节度使折德扆破北汉沙谷砦。

秋七月戊申,上至自潞。壬子,幸范质第视疾。甲子,遣工部侍郎艾颖拜嵩、庆陵。乙丑,南唐进白金,贺平泽、潞。丁卯,南唐进乘舆御服物。

八月戊辰朔,御崇元殿,行入阁仪。辛未,遣郭玘飨周庙。壬申,复贝州为永清军节度。甲戌,命宰相祷雨。辛巳,以周武胜军节度使侯章为太子太师。壬午,以光义领泰宁军节度,依前殿前都虞候。甲申,立琅邪郡夫人王氏为皇后。戊子,南唐进贺平泽潞金银器,罗绮以千计。

九月壬寅,昭义军节度使李继勋焚北汉平遥县。癸卯,三佛齐国遣使贡方物。丙午,奉玉册谥高祖曰文献皇帝,庙号僖祖,高祖妣崔氏曰文懿皇后;曾祖曰惠元皇帝,庙号顺祖,曾祖妣桑氏曰惠明皇后;祖曰简恭皇帝,庙号翼祖,祖妣刘氏曰简穆皇后;皇考曰武昭皇帝,庙号宣祖。己酉,幸宜春苑。中书舍人赵逢坐从征避难,贬房州司户参军。己未,淮南节度李重进以扬州叛,遣石守信等讨之。甲子,归太原俘。

冬十月丁卯朔,赐内外文武官冬衣有差。壬申,定县为望、紧、上、中、下,令三年一注。壬午,河决厌次。乙酉,晋州兵马钤辖荆罕儒袭北汉汾州,死之;龙捷指挥石进二十九人坐不救弃市。丁亥、诏亲征扬州,以都虞候光义为大内都部署,枢密使吴廷祚权上都留守。戊子,诏诸道长贰有异政,众举留请立碑者,委参军验实以闻。庚寅,发京师。

十一月丁未,师傅扬州城,拔之,重进尽室自焚。戊申,诛重进党,扬州平。命诸军习战舰于迎銮,南唐主惧甚。其臣杜著、薛良因诡迹来奔,帝疾其不忠,斩著下蜀市、配良庐州牙校。己酉,振扬州城中民人米一斛,十岁以下者半之。胁隶为军者,赐衣屦遣还。庚戌,给攻城役夫死者绢三匹,复三年。乙卯,南唐主遣使来犒师。庚申,遣其子从镒来朝。

十二月己巳,驾还。丁亥,上至自扬。辛卯,泉州节度使留从效称藩。

二年春正月丙申朔,上诣太后宫门称庆。庚子,占城国王遣使来朝。壬寅,幸造船务,观习水战。戊申,以扬州行宫为建隆寺。太仆少卿王承哲坐举官失实,责授殿中丞。壬子,商州鼠食苗,诏免赋。谓宰臣曰:“比命使度田,多邀功弊民,当慎其选,以见朕意。丁巳,导蔡水入颍。己未,遣郭飨周庙。灵武节度使冯继业献马五百、橐驼百、野马二。甲子,泽州刺史张崇诂坐党李重进弃市。”

二月丙寅,幸飞山营阅砲车。壬申,疏五丈河。癸酉,有司奏进士合格者十一人。荆南高保勖进黄金什器。甲戌,幸城南,观修水匮。丁丑,南唐进长春节御衣、金带及金银器。己卯,赐天雄军节度符彦卿粟。禁春夏捕鱼射鸟。己丑,定窃盗律。

三月丙申,内酒坊火,酒工死者三十余人,乘火为盗者五十人,擒斩三十八人,余以宰臣谏获免。酒坊使左承规、副使田处严以酒工为盗,坐弃市。

闰月己巳,幸玉津园,谓侍臣曰:“沉湎非令仪,朕宴偶醉,恒悔之。”壬辰,南唐进谢赐生辰金器、罗绮。丁丑,金、商、房三州饥,振之。癸未,幸迎春苑宴射。

夏四月癸巳朔,日有食之。壬寅,诏郡国置前代帝王、贤臣陵冢户。己酉,无棣男子赵遇诈称皇弟,伏诛。己未,商河县令李瑶坐赃杖死,左赞善大夫申文纬坐失觉察除藉。庚申,班私鍊货易盐及货造酒麴律。

五月癸亥朔，以皇太后疾，赦杂犯死罪已下。乙丑，天狗坠西南。丙寅，三佛齐国来献方物。丁丑，以安邑、解两池盐给徐、宿、郓、济。庚寅，供奉官李继昭坐盗卖官船弃市。诏诸道邮传以军卒递。

六月甲午，皇太后崩于滋德殿。乙丑，群臣请听政，从之。庚子，以太后丧，权停时享。辛丑，见百官於紫宸殿门。壬子，祈雨。庚申，释服。

秋七月壬戌，以皇太后殡，不受朝。辛未，晋州神山县谷水泛出铁，方园二丈三尺，重七千斤。壬申，以光义为开封府尹，光美行兴元尹。己卯，陇州进黄鹦鹉。

八月壬辰朔，不视朝。壬寅，诏诸大辟送所属州军决判。甲辰，南唐主李景死，子煜嗣，遣使请追属帝号，从之。己酉，执易定节度使、同平章事孙行友，削官勒归私第。辛亥，幸崇夏寺，观修二门。女直国遣使来朝献。大名府永济主薄郭颉坐赃弃市。庚申，《周世宗实录》成。

九月壬戌朔，不御殿。南唐遣使来进金银、缯綵。甲子，契丹解利来降。荆南节度使高保勖遣其弟保寅来朝。戊子，遣使南唐赙祭。

冬十月癸巳，南唐遣其臣韩熙载、田霖来会皇太后葬。丙申，遣枢密承旨王仁赡赐南唐礼物。戊戌，禁边民盗塞外马。辛丑，丹州大雨雹。丙午，葬明宪皇太后于安陵。

十一月辛酉朔，不视朝。甲子，太后祔庙。己巳，幸相国寺，遂幸国子监。癸酉，沙州节度使曹元忠、瓜州团练使曹延继等遣使献玉鞍勒马。

十二月壬申，回鹘可汗景琼遣使来献方物。乙未，李继勋败北汉军，俘辽州刺史傅廷彦，弟勋来献。辛丑，幸新修河仓。庚戌，畋于近郊。癸丑，遣使赐南唐吴越马、羊、橐驼有差。

三年春正月庚申朔，以丧不受朝贺。己巳，淮南饥，振之。庚午，幸迎春苑宴射。甲戌，广皇城。诏郡国长吏劝民播种。丙子，瓜沙归义节度使曹元忠献马。庚辰，女直国遣使只骨来献。诏郡国不得役道路居民。癸未，幸国子监。

二月丙辰，复幸国子监，遂如迎春苑宴从官。庚寅，诏文班官举堪为宾佐、令录者各一人，不当者比事连坐。甲午，诏自今百官朝对，须陈时政利病，无以触讳为惧。乙未，滑州节度使张建丰坐失火免官。巳亥，更定窃盗律。壬午，上谓侍臣曰："朕欲武臣尽读书以通治道，何如？"左右不知所对。甲寅，北汉寇潞、晋，守将击走之。

三月戊午朔，厌次霄霜杀桑。壬戌，三佛齐国遣使来献。癸亥，祷雨。丁卯，幸太清观，遂使开封尹后园宴射。己巳，大雨。诏申律文谕郡国，犯大辟者刑部审覆。乙亥，遣使赐南唐主生辰礼物。丁丑，女直国遣使来献。丁亥，命徙北汉降人于邢、洺夏四月乙未，延州大雨雪，赵、卫二州旱。丙申，宁州大雨雪，沟洫冰。戊戌，幸太清观。庚子，回鹘阿督等来献方物。壬寅，丹州雪二尺。乙巳，赠兄光济为邕王，弟光赞为夔王，追册夫人贺氏为皇后。

五月甲子，幸相国寺祷雨，遂幸迎春苑宴射。乙亥，海州火。开太行运路。癸未，命使检河北诸州旱。甲申，诏均户役，敢蔽占者有罪。复幸相国寺祷雨。乙酉，广大内。齐、博、德、相、霸五州自春不雨，以旱减膳彻乐。

六月辛卯，振宿州饥。癸巳，吴廷祚以雄武军节度使罢。乙未，赐酒国子监。丁酉，幸太清观。己亥，减京畿、河北死罪以下。壬寅，京师雨。壬子，蕃部尚波于等争采造务，以兵犯渭北，知秦州高防击走之。乙卯，一幸迎春苑宴射。黄陂县有象自南来食稼。

秋七月庚申，南唐遣其臣翟如璧谢赐生辰礼，贡金银、锦绮千万。壬戌，放南唐降卒弱者数千人归国。乙丑，免舒州菰蒲新税。丁卯，潞州大雨雹。索内外军不律者配沙门岛。己卯，北汉捉生指挥使路贵等来降。辛巳，遣从臣十人检河北旱。癸未，兖、济、德、磁、洺五州蝝。

八月癸巳，蔡河务纲官王训等四人坐以糠土杂军粮，磔于市。乙未，用知制诰高锡言，诸行赂获荐者许告讦，奴婢邻亲能告者赏。诏注诸道司法参军皆以律疏试判。诏尚书吏部举书判拔萃科。

九月庚午，吐蕃尚波于等归伏羌县地。壬申，修武成王庙。丙子，占城国来献。禁伐桑枣。

冬十月乙酉朔，赐百官冬服有差。丙戌，幸太清观，遂幸造船务，观习水战。己亥，幸岳台，命诸军习骑射，复幸玉津园。辛丑，以枢密副使赵普为枢密使。辛亥，畋近郊。

十一月癸亥，禁奉使请托。县令考课以户口增减为黜陟。丙寅，南唐遣其臣顾彝来朝。丙子，三佛齐国遣使李丽林等来献，高丽国遣李兴祐等来朝。己卯，畋于近郊。壬午，赐南唐建隆四年历。

十二月丙戌，诏县置尉一员，理盗讼；置弓手，视县户为差。戊戌，蒲、晋、慈、隰、相、卫六州饥，振之。庚子，班捕盗令。甲辰，衡州刺史张文表叛。

是岁，周郑王出居房州。

乾德元年春正月甲寅朔，不御殿。乙卯，发关西乡兵赴庆州。丁巳，修畿内河隄。己未，遣使赐南唐吴越马、橐驼、羊有差。庚申，遣山南东道节度使慕容延钊率十州兵以讨张文表。乙丑，幸造船务，观造战船。甲戌，诏荆南发水卒三千应延钊于潭。己卯，女直国遣使来献。

二月壬辰，周保权将杨师璠枭文表于朗陵市。甲午，慕容延钊入荆南，高继冲请归朝，得州三，县十七。乙未，克潭州。辛亥，澶、滑、卫、魏、晋、绛、蒲、孟八州饥，命发廪振之。

三月辛未，幸金凤园习射，七发皆中。符彦卿等进马称贺，乃遍赐从臣名马、银器有差。壬申，高继冲籍其钱帛刍粟来上。癸酉，班新定律。戊寅，慕容延钊破三江口，下岳州，克复朗州，湖南平，得州十四，监一，县六十六。

夏四月，旱。甲申，遍祷京城祠庙，夕雨。减荆南朗州、潭州管内死罪一等，卤掠者给主。乙酉，遣使祭南岳。丁亥，幸国子监，遂幸武成王庙，宴射玉津园。庚寅，出内钱募诸军子弟凿习战池。辛卯，《建隆应天历》成，御制序。壬辰，赏湖南立功将士。癸巳，幸玉津园。丙申，兵部郎中曹匪躬弃市，海陵、盐城屯田副使张蔼除名，并坐不法。庚子，荆南节度使高继冲进助宴金银、罗纨、柱衣、屏风等物。癸卯，辰、锦、叙等州归顺。甲辰，诏疏凿三门。禁泾、原、邠、庆等州补蕃人为边镇将。夏西平王李彝兴献犛牛一。乙巳，幸玉津园,阅诸军骑射。丙午,免湖南茶税,禁峡州盐井。辛庆,贷澶州及种食。

五月壬子朔,祷雨京城。甲寅,遣使祷雨岳渎。乙丑,广大内。庚午,给荆南管内符印。癸酉,幸玉津园。

六月乙酉,免潭州诸县无名配敛。壬辰,暑,罢营造,赐匠衫履。乙未,诏:荆南兵愿归农者听。丙申,诏历代帝王三年一飨,立汉光武、唐太宗庙。乙亥,澶、濮、曹、绛蝗,命以牢祭。庚子,百官三上表请举乐,从之。减左右仗千牛员。丙午,雨。诏蜡祀、庙、社皆用戌腊一日。己酉,命习水战于新池。

秋七月辛亥朔,定州县所置杂职、承符、厅子等名数。甲寅,以湖湘殁王事靳彦朗男承勋等三十人补殿直。丙辰,幸新池,赐役夫钱,遂幸玉津园。丁巳,安国军节度使王全斌等率兵入太原境,以俘来献,给钱米以释之。己未,诏民有疾而亲属遗去者罪之。癸亥,湖南疫,赐行营将校药。丁卯,幸武成王庙,遂幸新池,观习水战。己巳,朗州贼将汪端寇州城,都监尹重睿击走之。诏免荆南管内夏税之半。甲戌,释周保权罪。乙亥,诏缮朗州城,免其管内夏税。丁丑,分命近臣祷雨。己卯,班《重定刑统》等书。

八月壬午,殿前都虞候张琼以陵侮军校史珪、石汉卿等,为所诬谮,下吏,琼自杀。丙戌,遣给事中刘载朝拜安陵。丁亥,王全斌攻北汉乐平县,降之。辛卯,以乐平县为平晋军,降卒千八百人为效顺军,人赐钱帛。壬辰,诏《九经》举人下第者再试。癸巳,女直国遣使献名马。蠲登州沙门岛民税,令专治船渡马。丙申,北汉静阳十八砦首领来降。泉州陈洪进遣使来朝贡。齐州河决。京师雨。己亥,契丹幽州歧沟关使柴廷翰等来降。癸卯,宰相质率百官上尊号,不允。

九月甲寅,三上表请,从之。丙寅,宴广政殿,始用乐。丁卯,责宣徽南院使兼枢密副使李处耘为淄州刺史。戊辰,女直国遣使献海东青名鹰。丙子,禁朝臣公荐贡举人。赐南唐羊万口。磔汪端于朗州。戊寅,北汉引契丹兵攻平晋,遣洺州防御使郭进等救之。

冬十月庚辰,诏州县征科置簿籍。己亥,畋近郊。丁未,吴越国王进郊祀礼金银、珠器、犀象、香药万计。

十一月乙卯,荆南节度使高继冲进郊祀银万两。甲子,有事南郊,大赦,改元乾德。百官奉玉册上尊号曰应天广运仁圣文武至德皇帝。丙寅,南唐进贺南郊、尊号银绢万计。丁卯,赐近臣袭衣、金带、器币、鞍马有差。乙亥,畋近郊。

十二月庚辰,殿前祗候李璘以父雠杀员僚陈友,王璘自首,义而释之。辛巳,开封府尹光义、兴元尹光美各益食邑,赐功臣号;宰相质、溥、仁浦并特进,易封,益食邑;枢密使普加光禄大夫,易功臣号;文武臣僚各进阶、勋、爵、邑。甲申,皇后王氏崩。辛卯,罢登州都督。己亥,泉州陈洪进遣使贡白金千两,乳香、茶药皆万计。己巳,南唐主上表乞呼名,诏不允。

闰月己酉朔,校医官,黜其艺不精者二十二人。甲寅,命近臣祈雪。丁卯,覆试拔萃科,田可封、宋白、谭利用等称旨,赐予有差。辛未,卜安陵于巩县。乙亥,折德扆败北汉军于府州城下,禽其将杨璘。以太常议,奉赤帝为感生帝。

二年春正月辛巳,谕郡国长吏劝农耕作。有象入南阳,虞人杀之,以齿革来献。京师雨雪，雷。癸未，幸迎春园宴射。甲申，诏著四时听选式。回鹘遣使献方物。戊手，质以太子太傅、溥以太子太保、仁浦仍尚书左仆射罢。庚寅，以赵普为门下侍郎、同中书门下平章事，李崇矩枢密使。壬辰，诏亲试制举三科，不限官庶，许直诣阁门进状。甲辰，诏诸道狱词令大理、刑部检详，或淹留差失致中书门下改正者，重其罪。乙巳，幸玉津园宴射。丁未，诏县令、簿、尉非公事毋至村落。令、录、簿、尉诸职官有耄耋笃疾者举劾之。

二月戊申朔，北汉辽州刺史杜延韬以城来降。癸丑，遣使振陕州饥。导湨水入京。丁巳，治安陵，隧坏，役兵压死者二百人，命有司瘗恤。庚午，府州俘北汉卫州刺史杨璘来献。甲戌，南唐进改葬安陵银绫绢各万计。浚汴河。

三月辛巳，幸教船池，赐水军将士衣有差，还幸玉津园宴射。乙未，北汉耀州团练使周审玉等来降。丁酉，遣使祈雨于五岳。禁臣僚往来假官军部送。辛丑，遣摄太尉光义奉册宝上明宪皇太后谥曰昭宪，皇后贺氏谥曰孝惠，王代谥曰孝明。

夏四月丁未朔，策贤良方正直言极谏科，博州判官颖贽中第。戊申，振河中饥。己酉，免诸道今年夏税之无苗者。乙卯，葬昭宪皇太后、孝明皇后于安陵。乙丑，始置参知政事，以兵部侍郎薛居正、吕余庆为之。己巳，灵武饥，转泾粟以饷。壬申，祔二后于别庙。徙永州诸县民之畜蛊者三百二十六家于县之僻处，不得复齿於乡。

五月己卯，知制诰高锡坐受藩镇赂，贬莱州司马。辛巳，宗正卿赵砺坐赃杖、除籍。癸未，幸玉津园宴射。

六月己酉，以光义为中书令，光美同中书门下平章事，子德昭贵州防御使。庚申，幸相国寺，遂幸教船池、玉津园。辛未，河南北及秦诸州蝗，惟赵州不食稼。

秋七月乙亥，春州暴水溺民。庚辰，郃阳雨雹。辛巳，幸玉津园，还幸新池，观习水战。辛卯，诏翰林学士陶谷、窦仪等举堪为藩郡通判者各一人，不当者连坐。

九月甲戌朔，《周易》博士奚屿责乾州司户，库部员外王贻孙责左赞善大夫，并坐试任子不公。戊子，延州雨雹。乙未，幸北郊观稼。辛丑，太子太傅质薨。壬寅，潘美等克郴州。

冬十月戊申，周纪王熙谨薨，辍视朝。

十一月甲戌，命忠武军节度使王全斌为西川行营前军兵马都部署，武信军节度崔彦进副之，将步骑三万出凤州道；江宁军节度使刘光义为西川行营前军兵马副都部署，枢密承旨曹、彬副之，将步骑两万出归州道以伐蜀。乙亥，宴西川行营将校于崇德殿，示川峡地图，授攻取方略，赐金玉带、衣物各有差。壬辰，畋近郊。

十二月乙巳，释广南郴州都监陈瑁等二百人。戊申，刘光义拔夔州，蜀节度高彦俦自焚。丁巳，蠲归、峡秋税。辛酉，王全斌克万仞、燕子二砦，下兴州，连拔石 镡等二十余砦。甲子，光义拔巫山等砦，斩蜀将南光海等八千级，禽其战櫂都指挥袁德宏等千二百人。全斌先锋史进德败蜀人于三泉砦，禽其节度使韩保正、李进等。南唐进银两万两、金银器皿数百事。庚午，诏招复山林聚匿。辛未，畋北郊。

三年春正月癸酉朔，以出师不御殿。甲戌，王全斌克剑门，斩首万余级，禽蜀枢密使王昭远、泽州节度赵崇韬。乙亥，诏瘗征蜀战死士卒，被伤者给缯帛。壬午，全斌取利州。

乙酉,蜀主孟昶降。得州四十五、县一百九十八、户五十三万四千三十有九。高丽国王遣使来朝献。戊子,吏部郎中邓守中坐试吏不当,责本曹员外郎。癸巳,刘光义取万、施、开、忠四州,遂州守臣陈愈降。乙未,诏抚西川将吏百姓。丙申,赦蜀,归俘获,除管内逋赋,免夏税及沿征物色之半。

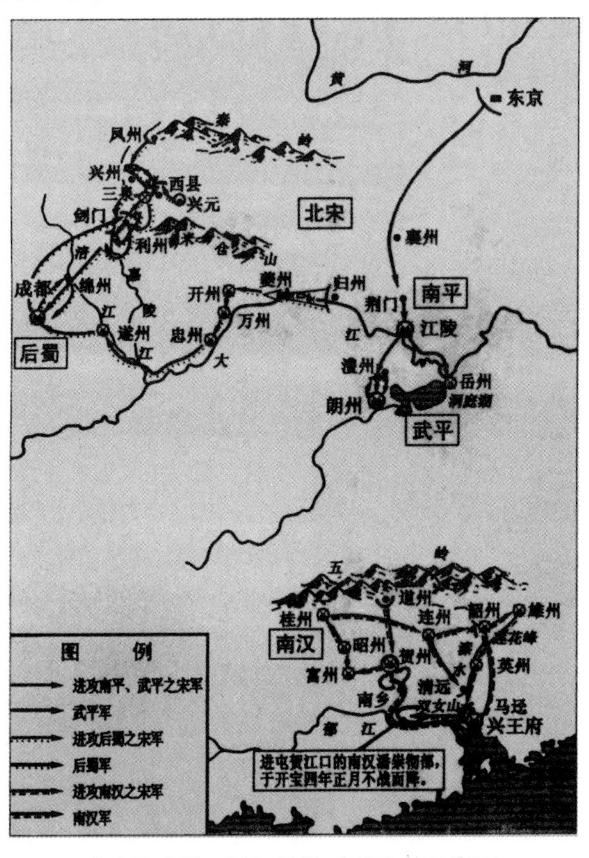

北宋灭南平、武平、后蜀、南汉作战示意图

二月癸卯,南唐、吴越进长春节御衣、金银器、锦绮以千计。甲辰,遣皇城使窦思俨迎劳孟昶。丁未,全州大水。庚申,王全斌杀蜀降兵二万七千人於成都。

三月癸酉,诏置义仓。是月,两川贼群起,先锋都指挥使高彦晖死之,诏所在攻讨。

夏四月乙巳,回鹘遣使献方物。癸丑,职方员外郎李岳坐赃弃市。南唐进贺收蜀银绢以万计。戊午,遣中使给蜀臣鞍马、车乘于江陵。癸亥,募诸军子弟导五丈河,通皇城为池。

五月辛未朔,诏还诸道幕职、令录经引对者,以涉途远近,差减其选。壬申,幸迎春苑宴射。乙亥,遣开封尹光义劳孟昶於玉津园。丙戌,见孟昶於崇元殿,宴昶等於大明殿。丁亥,赐将士衣服钱帛。戊子,大赦,减死罪一等。壬辰,宴孟昶及其子弟於大明殿。

六月甲辰,以孟昶为中书令、秦国公,昶子弟诸臣锡爵有差。庚戌,孟昶薨。

秋七月,珍州刺史田景迁内附。壬辰,追封孟昶为楚王。丁酉,幸教船池,遂幸玉津园宴射。

八月戊戌朔，诏籍郡国骁勇兵送阙下。癸卯，河决阳武县。庚戌，诏王全斌等廪蜀亡命兵士家。乙卯，河溢河阳，坏民居。戊午，殿直成德钧坐赃弃市。己未，郓州河水溢，没田。辛酉，寿星见。

九月己巳，阅诸道兵，以骑军为骁雄，步军为雄武，并隶亲军。壬申，诏蜀诸郡各置克宁军五百人。辛巳，河决澶州。戊子，幸西水硙。

十月丁酉朔，大雾。己未，太子中舍王治坐受赃杀人，弃市。丙寅，济水溢邹平。

十一月丙子，甘州回鹘可汗遣僧献佛牙、宝器。乙未，剑州刺史张仁谦坐杀降，贬宋州教练。

十二月丁酉朔，诏妇为舅姑丧者齐、斩。己亥，诏西川管内监军、巡检毋预州县事。戊午，甘州回鹘可汗、于阗国王等遣使来朝，进马千匹、橐驼五百头、玉五百团、琥珀五百斤。

四年春正月丙子，遣使分诣江陵、凤翔，赐蜀群臣家钱帛。丁亥，命丁德裕等率兵巡抚西川。己丑，幸迎春苑宴射。

二月癸卯，视皇城役。丙辰，于阗国王遣其子德从来献。安国军节度使罗彦瑰等败北汉於静阳，擒其将鹿英。辛酉，试下第举人。甲子，免西川今年夏税及诸征之半，田不得耕者尽除之。岳州火。

三月癸酉，罢义仓。甲戌，占城国遣使来献。癸未，僧行勤等一百五十七人，各赐钱三万，游西域。

夏四月丁酉，占城遣使来献。丙午，潭州火。壬子，罢光州鹰鹞。丁巳，契丹天德军节度使于延超与其子来降。进士李蔼坐毁释氏，辞不逊，黥杖，配沙门岛。庚申，幸燕国长公主第视疾。

五月，南唐贺文明殿成，进银万两。甲戌，光禄少卿郭玘坐赃弃市。乙亥，阅蜀法物、图书。丁丑，诏蜀郡敢有不省父母疾者罪之。辛巳，潭州火。壬午，澶州进麦两歧至六歧者百六十五本。辛卯，荧惑犯轩辕。

六月甲午，东阿河溢。甲辰，河决观城。月犯心前星。丙午，澧州刺史白全绍坐纵纪网规财部内，免官。诏：人臣家不得私养宦者，内侍年三十以上方许养一子，士庶敢有阉童男者不赦。己酉，果州贡禾，一茎十三穗。

秋七月丙寅，诏：蜀官将吏及姻属疾者，所在给医药钱帛。戊辰，西南夷首领董皓等内附。己巳，幸造船务，又幸开封尹北园宴射。癸酉，赐西川行营将士钱帛有差。庚辰，罢剑南蜀米麦征。华州旱，免今年租。给州县官奉户。

八月丁酉，诏除蜀倍息。庚子，水坏高苑县城。壬寅，诏宪臣及吏、刑部官三周岁满日，即转授加恩。庚戌，枢密直学士冯瓒、绫锦副使李美、殿中侍御史李檝为宰相赵普陷，以赃论死；会赦，流沙门岛，逢恩不还。辛亥，幸玉津园宴射。京兆府贡野蚕茧。壬子，衡州火，乙卯，录囚。丙辰，河决滑州，坏灵河大堤。普州兔食稼。

闰月乙丑，河溢入南华县。己巳，衡州火。乙亥，诏：民能树艺、开垦者不加征，令佐能劝来者受赏。

九月壬辰朔,水。虎捷指挥使孙进、龙卫指挥使吴瑰等二十七人,坐党吕翰乱伏诛,夷进族。庚子,占城献训象。乙巳,幸教船池,遂幸玉津园观卫士骑射。丙午,诏吴越立禹庙于会稽。

冬十月辛酉朔,命太常复二舞。癸亥,诏诸郡立古帝王陵庙,置户有差。己巳,禁吏卒以巡察扰民。

十二月庚辰,妖人张龙儿等二十四人伏诛,夷龙儿、李玉、杨密、聂赟族。

五年春正月戊戌,治河隄。丁未,合州汉初县上青樛木,中有文曰"大连宋"。甲寅,王全斌等坐伐蜀黩货杀降,全斌责崇义军节度使,崔彦进责昭化军节度使,王仁赡责右卫大将军。丙辰,诏伐蜀将校有受蜀人钱物者,并即还主。丁巳,赏伐蜀功,曹彬、刘光义等进爵有差。

二月庚申朔,幸造船务,遂幸城西观卫士骑射。甲子,薛居正、吕余庆并为吏部侍郎,依、前参知政事。己丑,幸教船池。

三月甲辰,诏翰林学士、常参官於幕职、州县及京官内各举堪任常参官者一人,不当者连坐。乙巳,诏诸道举部内官吏才德优异者。丙午,以普为尚书左仆射兼门下侍郎、同中书门下平章事,崇矩检校太傅。是日,幸教船池,又幸玉津园宴射。丙辰,北汉石盆砦招收指挥使阎章以砦来降。五星聚奎。

夏五月乙巳,赐京城贫民衣。北汉鸿唐砦招收指挥使樊晖以砦来降。甲寅,王溥为太子太傅。

六月戊午朔,日有食之。辛巳,幸建隆观,遂幸飞龙院。丁亥,牂牁顺化王子等来献方物。

七月丁酉,禁毁铜佛像。己酉,免水旱灾户今年租。

八月甲申,河溢入卫州城,民溺死者数百。

九月壬辰,仓部员外郎陈郾坐赃弃市。甲午,西南蕃顺化王子部才等遣使献方物。己酉,畋近郊。

十一月乙酉朔,工部侍郎毋守素坐居丧娶妾免。供奉武仁海坐枉杀人弃市。

十二月丙辰,禁新小铁镴等钱、疏恶布帛入粉药者。癸酉,升麟州为建宁军节度。赵普以母忧去位,丙子,起复。

开宝元年春正月甲午,增治京城。陕之集津、绛之垣曲、怀之武陟饥,振之。己亥,北汉偏城砦招收指挥使任恩等来降。

三月庚寅,班县令、尉捕盗令。癸巳,幸玉津园。乙巳,有驯象自至京师。

夏四月乙卯,幸节度使赵彦征第视疾。

五月丁未,赐南唐米麦十万斛。

六月癸丑朔,诏民田为霖雨、河水坏者,免今年夏税及沿征物。癸亥,诏:荆蜀民祖父母、父母在者,子孙不得别财异居。丁丑,太白昼见;戊寅,复见。龙出单父民家井中,大风雨,漂民舍四百区,死者数十人。

秋七月丙申，幸铁骑营，赐军钱羊酒有差。北汉颖州砦主胡遇等来降。丙午，幸铁骑营，遂幸玉津园。戊申，坊州刺史李怀节坐强市部民物，责左卫率府率。北汉主刘钧卒，养子继恩立。

八月乙卯，按鹘于近郊，还幸相国寺。戊午，又按鹘于北郊，还幸飞龙院。丙寅，遣客省使卢怀忠等二十二人率禁军会潞州。戊辰，命昭义军节度使李继勋等征北汉。

九月辛巳朔，禁铁出塞。癸未，监察御史杨士达坐鞠狱滥杀弃市。庚子，李继勋败北汉於铜温河。己酉，北汉供奉官侯霸荣弑其主继恩，继元立。

冬十月己未，畋近郊，还幸飞龙院。丙子，吴越王遣其子惟浚来朝贡。

十一月癸卯，日南至，有事南郊，改元开宝，大赦，十恶、杀人、官吏受赃者不原。宰相普等奉玉册、宝，上尊号曰应天广运大圣神武明道至德仁孝皇帝。

十二月甲子，行庆，自开封兴元尹、宰相、枢密使及诸道蕃侯，并加勋爵有差。乙丑，大食国遣使献方物。

二年春正月己卯朔，以出师，不御殿。

二月乙卯，命昭义军节度使李继勋为河东行营前军都部署，侍卫步军指挥使党进副之，宣徽南院使曹彬为都监，棣州防御使何继筠为石岭关部署，建雄军节度使赵赞为汾州路部署，以伐北汉。宴长春殿。命彰德军节度使韩仲赟为北面都部署，彰义军节度使郭延义副之，以防契丹。戊午，诏亲征。己酉，以开封尹光义为上都留守，枢密副使沈义伦为大内部署、判留司三司事。甲子，发京师。乙亥，雨，驻潞州。

三月壬辰，发潞州。乙未，李继勋败北汉军於太原城下。戊戌，驾傅城下。庚子，观兵城南，筑长连城。辛丑，幸汾河，作新桥。发太原诸县丁数万集城下。癸卯，北汉史昭文以宪州来降。乙巳，临城南，谓汾水可以灌其城，命筑长隄壅之。决晋祠水注之。遂砦城四面，继勋军於南，赞军於西，景军於北，进军於东，乃北引汾水灌城。辛亥，遣海州刺史孙方进率兵围汾州。

四月戊申，幸城东观筑隄。壬子，复幸城东。己未，何继筠败契丹於阳曲，斩首数千级，俘武州刺史王彦符以献，命陈示所获首级、铠甲于城下。壬戌，幸汾河观造船。戊辰，幸城西上生院。丙子，复幸城西。

五月癸未，韩仲赟败契丹於定州北。自戊子至庚寅，命水军载弩环攻，横州团练使王廷义、殿前都虞候石汉卿死之。甲午，北汉赵文度以岚州来降。甲辰，都虞候赵廷翰奏，诸军欲登城以死攻，上愍之，不允。

闰月戊申，雉圮，水注城中，上遽登堤观。己酉，右仆射魏仁浦薨。壬子，以太常博士李光赞言，议班师。己未，命兵士迁河东民万户于山东。庚申，分命使臣率兵赴镇、潞。壬戌，驾还。戊辰，驻跸於镇州。

六月丙子朔，发镇州。癸巳，至自太原。曲赦京城囚。

秋七月丁巳，幸封禅寺。诏镇、深、赵、邢、洺五州管内镇、砦、县悉城之。甲子、大宴。赐宰相、枢密使、翰林学士、节度、观察使袭衣金带。戊辰，西南夷顺化王子武才等来献方物。癸酉，幸新水硙。汴决下邑。乙亥，寿星见。

八月丁亥，诏川峡诸州察民有父母在而别籍异财者，论死。

九月乙巳朔，幸武成王庙。壬戌，幸玉津园宴射。

冬十月戊子，畋近郊。庚寅，散指挥都知杜延进等谋反伏诛，夷其族。诏：相、深、赵三州丁夫死太原城下者，复其家。庚子，以王溥为太子太师，武衡德为太子太傅。癸卯，西川兵马都监张延通、内臣张屿、引进副使王珏为丁德裕所潜，延通坐不逊诛，屿、珏并杖配。

十一月丙午，幸镇宁军节度使张令铎第视疾。甲寅，畋近郊，还幸金凤园。庚申，回鹘、于阗遣使来献方物。

十二月癸未，幸中书视宰相赵普疾。己亥，右赞善大夫王昭坐监大盈仓，其子与仓吏为奸赃，夺两任，配隶汝州。丁德裕诬奏西川转运使李铉指斥，事既直，犹坐酒失，责授右赞善大夫。

三年春正月癸卯朔，雨雪，不御殿。癸丑，增河堤。辛酉，诏：民五千户举孝弟彰闻、德行纯茂者一人，奇才异行不拘此限，里闾郡国递审连署以闻，仍为治装诣阙。

二月庚寅，幸西茶库，遂幸建隆观。

三月庚戌，诏阅进士十五举以上司马浦等百六人，并赐本科出身。辛亥，赐处士王昭素国子博士致仕。丙辰，殿中丞张颙坐先知颍州政不平，免官。己未，幸宰相赵普第视疾。

夏四月辛未朔，日有食之。丁亥，幸寺观祷雨。辛卯，雨。甲午，幸教船池。己亥，罢河北诸州盐禁。诏郡国非其土产者勿贡。

五月丁未，禁京城民畜兵器。癸丑，幸城北观水硙。癸亥，赐诸班营舍为雨坏者钱有差。

六月乙未，禁诸州长吏亲随人掌厢镇局务。

秋七月乙巳，立报水旱期式。壬子，诏蜀州县官以户口差第省员加禄，寻诏诸路亦如之。戊辰，章教船池，又幸玉津园宴射。

八月戊子，幸教船池，又幸玉津园。

九月己亥朔，命潭州防御使潘美为贺州道兵马行营都部署，朗州团练使尹崇珂副之。遣使发十州兵会贺州，以伐南汉。甲辰，诏：西京、凤翔、雄耀等州，周文、成、康三王，秦始皇，汉高、文、景、武、元、成、哀七帝，后魏孝文，西魏文帝，后周太祖，唐高祖、太宗、中宗、肃宗、代宗、德、顺、文、武、宣、懿、僖、昭诸帝，凡二十七陵，尝被盗发者，有司备法服、常服各一袭，具棺椁重葬，所在长吏致祭。己酉，幸开宝寺观新钟。丙辰，女直国遣使赍定安国王烈万华表，献方物。丁卯，潘美等败南汉军万众於富州，下之。

十月庚辰，克贺州。

十一月壬寅，下昭、桂二州。乙巳，减桂阳岁贡白金额。癸丑，右领军卫将军石延祚坐监仓与吏为奸赃弃市。癸亥，定州驻泊都监田钦祚败契丹於遂城。丙寅，以曹州举德行孔蟾为章丘主薄。

十二月壬申，潘美等下连州。辛卯，大败南汉军万余於韶州，下之。癸巳，增河隄。

春正月戊戌朔，以出师，不视朝。丙午，罢诸道州县摄官。丁未，右千牛卫大将军桑赃弃市。癸丑，潘美等取英州、雄州。

丁亥，南汉刘𬬮遣其左仆射萧辒等以表来上。己丑，潘美克广州，俘刘𬬮，广南平。得州、十、县二百十四、户十七万二百六十三。辛卯，大赦广南，免二税，伪署官仍旧。

三月乙未，幸飞龙院，赐从臣马。丙申，诏：广南有买人男女为奴婢转佣利者，并放免；伪政有害于民者具以闻，除之。增前代帝王守陵户二。

夏四月丙寅朔，前左监门卫将军赵玭诉宰相赵普，坐诬毁大臣，汝州安置。丁卯，三佛齐国遣使献方物。己巳，诏禁岭南商税、盐、麴，如荆湖法。辛未，幸永兴军节度使吴廷祚第视疾。癸未，幸开宝寺。辛卯，南唐遣其弟从谏来朝贡。发厢军千人修前代陵寝之在秦者。壬辰，监察御史闾丘舜卿坐前任盗用官钱，弃市。

五月乙未朔，御明德门受刘𬬮俘，释之；斩其柄臣龚澄枢、李托、恭崇誉。大宴於大明殿，𬬮预焉。丁酉，赏伐广南功，潘美、尹崇珂等进爵有差。

六月癸酉，遣使祀南海。丁丑，命翰林试南汉官，取书判稍优者，授令、录、簿、尉。壬午，以孝子罗居通为延州主薄。封刘𬬮为恩赦侯。乙酉，罢贺州银场。赐刘𬬮月奉外钱五万、米麦五十斛。河决原武，汴决谷熟。

秋七月戊戌，赐开封尹光义门戟十四。庚子，幸新修水硙，赐役人钱帛有差。戊午，复著内侍养子令。癸亥，幸建武军节度使何继筠第视疾。汴决宋城。

八月壬申，文武百官上尊号，不允。辛卯，景星见。

冬十月癸亥朔，曰有食之。己巳，诏伪作黄金者弃市。庚午，太子洗马王元吉坐赃弃市。辛巳，除广南旧无名配敛。甲申，诏十月后犯强窃盗者郊赦不原。戊戌，放广南民驱充军者。

十一月癸巳朔，南唐遣其弟从善，吴越国王遣其子惟浚，以郊祀来朝贡。南唐主煜表乞去国号呼名，从之。庚戌，诏诸道所罢摄官三任无遣阙者以闻。河决澶州，通判姚恕坐不即上闻弃市。己未，日南至，有事南郊，大赦，十恶、故劫杀、官吏受赃者不原。诏置诸州幕职官奉户。壬戌，蜀班内殿直四十人，援御马直例乞尝，遂挝登闻鼓，命各杖二十；翌日，悉斩于营，都指挥单斌等皆杖、降。

十二月癸亥朔，赐南郊执事官器币有差。丁卯，行庆，开封尹光义、兴元尹光美、贵州防御使德昭、宰相赵普并益食邑。己巳，内外文武官递进勋爵。辛未，赐九经李符本科出身。壬午，畋近郊。

五年春正月壬辰朔，雨雪，不御殿。禁铁铸浮屠及佛像。庚子，前卢氏县尉鄢陵许永年七十有五，自言父琼年九十九，两兄皆八十余，乞一官以便养。因召琼厚赐之，授永鄢陵令。壬寅，省州县小吏及直力人。乙巳，罢襄州岁贡鱼。

二月丙子，诏沿河十七州各置河隄判官一员。庚辰，以凤州七房银冶为开宝监。庚寅，以兵部侍郎刘熙古参知政事。

闰月壬辰，礼部试进士安守亮等诸科共三十八人，召对讲武殿，始放榜。庚戌，升密州为安化军节度。

三月庚午，赐颍州龙骑指挥使仇兴及兵士钱。辛未，占城国王波美税遣使来献方物。壬申，幸教船池习战。乙酉，殿中侍御史张穆坐赃弃市。

夏四月庚寅朔，三佛齐国主释利乌耶遣使来献方物。丙午，遣使检视水灾田。丙寅，遣使诸州捕虎。

五月庚申，赐恩赦侯刘𬬮钱一百五十万。乙丑，命近臣祈晴。并广南州十三、县三十九。丙寅，罢岭南采珠媚川都卒为静江军。辛未，河决濮阳，命颍州团练使曹翰往塞之。甲戌，以霖雨，出后宫五十余人，赐予以遣之。丁亥，河南、北淫雨，澶、滑、济、郓、曹、濮六州大水。

六月己丑，河决阳武，汴决谷熟。丁酉，诏：淫雨河决，沿河民田有为水害者，有司具闻除租。戊申，修阳武隄。

秋七月己未，右拾遗张恂坐赃弃市。癸未，邕、容等州獠人作乱。

八月庚寅，高丽国王王昭遣使献方物。己亥，广州行营都监朱宪大破獠贼於容州。癸卯，升宿州为保静军节度，罢密州仍为防御。

九月丁巳朔，曰有食之。癸酉，李崇矩以镇国军节度使罢。

冬十月庚子，幸河阳节度使张仁超第视疾。甲辰，试道流，不才者勒归俗。

十一月己未，李继明、药继清大破獠贼於英州。癸亥，禁僧道习天文地理。己巳，禁举人寄应。庚辰，命参知政事薛居正、吕余庆兼淮、湖、岭、蜀转运使。

十二目乙酉朔，祈雪。己亥，畋近郊。开封尹光义暴疾，遂如其第视之。甲寅，内班董延谔坐监务盗刍粟，杖杀之。诏合入令录者引见后方注。乙卯，大雨雪。

是岁，大饥。

六年春正月丙辰朔，不御殿。置蜀水陆转运计度使。癸酉，修魏县河。

二月丙戌朔，棣州兵马监押、殿直傅延翰谋反伏诛。丙申，曹州饥，漕太仓米两万石振之。己亥，吴越国进银装花舫、金香师子。

三月乙卯朔，周郑王殂于房州，上素服发哀，辍朝十日，谥曰恭帝，命还葬庆陵之侧，陵曰顺陵。己未，复密州为安化军节度。庚申，复试进士於讲武殿，赐宋准及下第徐士廉等诸科百二十七人及第。乙亥，赐宋准等宴钱二十万。大食国遣使来献。翰林学士、知贡举李昉坐试人失当，责授太常少卿。试朝臣死王事者子陆坦等，赐进士出身。丙子，幸相国寺观新修塔。

夏四月丁亥，召开封尹光义、天平军节度使石守信等赏花习射於苑中。辛丑，遣卢多逊为江南国信使。甲辰，占城国王悉利陀盘印茶遣使来献方物。丙午，黎州保塞蛮来归。戊申，诏修《五代史》。

五月庚申，刘熙古以户部尚书致仕。诏：中书吏擅权多奸赃，兼用流内州县官。己巳，交州丁琏遣使贡方物。幸玉津园观刈麦。辛巳，杀右拾遣马适。

六月辛卯，阅在京百司吏，黜为农者四百人，癸巳，占城国遣使献方物。隰州巡检使李谦溥拔北汉七砦。癸卯，雷有邻告宰相赵普党堂吏胡赞等不法，赞及李可度并杖、籍没。庚戌，诏参知政事与宰相赵普分知印押班奏事。

秋七月壬子朔，诏诸州府置司寇参军，以进士、明经者为之。丙辰，减广南无名率钱。

八月乙酉，罢成都府伪蜀嫁装税。辛卯，赐布衣王泽方同学究出身。丁酉，泗州推官侯济坐试判假手，杖、除名。甲辰，赵普罢为河阳三城节度使、同平章事。辛酉，幸都亭驿。

九月丁卯，余庆以尚书左丞罢。己巳，封光义为晋王、兼侍中，德昭同中啼门下平章事，薛居正为门下侍郎、同平章政事，户部侍郎、枢密副使沈义伦为中书侍郎、同平章事，石守信兼侍中，卢多逊中书舍人、参知政事。壬申，诏晋王光义班宰相上。

冬十月甲申，葬周恭帝，不视朝。丁亥，幸玉津园观稼。戊子，流星出文昌、北斗。甲辰，特赦诸官吏奸赃。

十一月癸丑，诏常参官进士及第者各举文学一人。

十二月壬午，命近臣祈雪。丙午，前中书舍人，参知政事多逊起复视事。行《开宝通礼》。限度僧法，诸州僧帐及百人岁许度一人。

七年春正月庚戌，不御殿。庚申，占城国王波美税遣使献方物。齐州野蚕成茧。癸亥，左拾遗秦亶，太子中允吕鹄并坐赃，宥死，杖、除名。

二月庚辰朔，日有食之。丙戌，日有二黑子。癸卯，命近臣祈雨。诏：《诗》《书》《易》三经学究，依《三经》《三传》资叙入官。乙巳，太子中舍胡德冲坐认官钱，弃市。

三月乙丑，三佛齐国王遣使献方物。

夏四月丙午，遣使检岭南民田。

五月戊申朔，殿中侍御史李莹坐受南唐馈遗，责授右赞善大夫。甲寅，以布衣齐得一为章丘主簿。乙丑，诏市二价者以枉法论。丙寅，幸讲武池观习水战。丙子，又幸讲武池，遂幸玉津园。

六月丙申，河中府饥，发粟三万石振之。己亥，淮溢入泗州城；壬寅、安阳河溢，皆坏民居。

秋七月壬子，幸讲武池观习水战，遂幸玉津园。丙辰，南丹州溪洞酋帅莫洪燕内附。诏减成都盐钱。庚午，太子中允李仁友坐不法，弃市。

八月戊寅，吴越国王遣使来朝贡。丁亥，谕吴越伐江南。戊子，陈州贡芝草，一本四十九茎。己丑，幸讲武池，赐习水战军士钱。戊戌，殿中丞赵象坐擅税，除名。甲辰，幸讲武池观习水战，遂幸玉津园。

九月癸亥，命宣策南院使、义成军节度使曹彬为西南路行营马步军战棹都部署、山南东道节度使潘美为都监，颍州团练使曹翰为先锋都指挥使，将兵十万出荆南，以伐江南。将行，召曹彬、潘美戒之曰："城陷之日，慎无杀戮；设若困斗，则李煜一门，不可加害。"丁卯，以知制诰李穆为江南国信使。

冬十月甲申，幸迎春苑，登汴隄观战舰东下。丙戌，又幸迎春苑，登汴隄观诸军习战，遂幸东水门，发战铯东下。江南进绢数万，御衣、金带、器用数百事。壬辰，曹彬等将舟师步骑发江陵，水陆并进。丁酉，命吴赵王钱俶为升州东南行营招抚制置使。己亥，曹彬收下峡口。获指挥使王仁震、王宴、钱兴。

闰月己酉，克池州。丁巳，败江南军于铜陵。庚申，命宰相、参知政事更知日历。壬戌，彬等拔芜湖、当涂两县，驻军采石。癸亥，诏减湖南新制茶。甲子，薛居正等上新编五代史，赐器币有差。丁卯，彬败江南军于采石，擒兵马部署杨收、都监孙震等千人，为浮梁以济。

十一月癸未，黥李从善部下及江南水军一千三百九十人为归化军。甲申，诏省剑南、山南等道属县主簿。丁亥，秦、晋旱，免蒲、陕、晋、绛、同、解六州逋赋，关西诸州免其半。己丑，知汉阳军李恕败江南水军于鄂。甲午，曹彬败江南军於新林砦。辛丑，命知雄州孙全兴答涿州修好书。壬寅，大食国遣使献方物。

十二月己酉，彬败江南军於白鹭洲。辛亥，命近臣祈雪。甲子，吴越王帅兵围常州，获其人马，寻拔利城砦。丙寅，彬败江南军於新林港。己巳，左拾遗刘祺坐受赂，黥面、杖配沙门岛。庚午，北汉寇晋州，守臣武守琦败之於洪洞。壬申，吴越王败江南军於常州北界。

八年春正月甲戌朔，以出师，不御殿。丙子，知池州樊若水败江南军於州界；田钦祚败江南军於溧水，斩其都统使李雄。乙酉，御长春殿，谓宰相曰："朕观为臣者比多不能有终，岂忠孝薄而无以享厚福耶？"宰相居正等顿首谢。庚寅，曹彬拔升州城南水砦。

二月癸丑，彬败江南军於白鹭洲。乙卯，拔升州关城。丁巳，太子中允徐昭文坐抑人售物，除籍。甲子，知扬州侯陟败江南军於宣化镇。戊辰，复试进士於讲武殿，赐王嗣宗等三十一人，诸科纪自成等三十四人及第。

三月乙酉，赐王嗣宗等宴钱二十万。己丑，命祈雨。庚寅，彬败江南军於江中。己亥，契丹遣使克沙骨慎思以书来讲和。知潞州药继能拔北汉鹰涧堡。辛丑，召契丹使於讲武殿观习射。壬寅，遣内侍王继恩领兵赴升州。大食国遣使来朝献。

夏四月乙巳，幸东水硙。癸丑，幸都亭驿阅新战船。丁巳，吴越王拔常州。壬戌，彬等败江南军於秦淮北。戊辰，幸玉津园观种稻，遂幸讲武池观习水战。庚午，诏岭南盗赃满十贯以上者死。幸西水硙。

五月壬申朔，以吴越国王钱俶守太师、尚书令，益食邑。知桂阳监张侃发前官隐没羡银，追罪兵部郎中董枢、右赞善大夫孔璘，杀之，太子洗马赵瑜杖配海岛；侃受赏，迁屯田员外郎。辛巳，祈晴。甲申，江南宁远军及沿江砦并降。乙酉，诏武冈、长沙等十县民为贼卤掠者蠲其逋租，仍给复一年。甲午，安南都护丁琏遣使来贡。辛丑，河决濮州。

六月壬寅，曹彬等遣使言，败江南军於其城下。丁未，宋州观察判官崔绚、录事参军马德休并坐赃弃市。辛亥，河决澶州顿丘。甲子，彗出柳，长四丈，辰见东方。

秋七月辛未朔，日有食之。庚辰，遣阁门使郝崇信、太常丞吕端使契丹。癸未，西天东印土王子穰结说啰来朝献。甲申，诏吴越王班师。己亥，山后两林鬼主、怀化将军勿尼等来朝献。

八月乙卯，幸东水硙观鱼，遂幸北园。辛酉，诏权停今年贡举。壬戌，契丹遣左卫大将军耶律霸德等致御衣、玉带、名马。西南蕃顺化王子若废等来献名马。癸亥，丁德裕败润州兵於城下。

宋代科举考试图

九月壬申，狩近郊，逐兔、马蹶坠地，因引佩刀刺马杀之。既而悔之，曰："吾为天下主，轻事畋猎，又何罪马哉！"自是遂不复猎。戊寅，润州降。

冬十月己亥朔，江南主遣徐铉、周惟简来乞缓师。辛亥，诏郡国令佐察民有孝悌力田、奇才异行或文武可用者遣诣阙。丁巳，修西京宫阙。江南主贡银五万两、绢五万匹，乞缓师。戊午，改润州镇海军节度为镇江军节度。幸晋王北园。己未，曹彬遣都虞候刘遇破江南军於皖口，擒其将朱令赟、王晖。

十一月辛未，江南主遣徐铉等再奉表乞缓师，不报。甲申，曹彬夜败江南军於城下。丙戌，以校书郎宋准、殿直邢文庆充贺契丹正旦使。乙未，曹彬克升州，俘其国主煜，江南平，凡得州十九、军三、县一百八十、户六十五万五千六十。临视新龙兴寺。

十二月庚子，幸惠民河观筑堰。辛丑，赦江南，复一岁；兵戈所经，二岁。戊申，三佛齐遣使来献方物。己酉，幸龙兴寺。辛亥，免开封府诸县今年秋租十之三。己未，以恩赦侯刘鋹为彭城郡公。甲子，契丹遣使耶律乌正来贺正旦。丁卯，吴越国王乞以长春节朝觐，从之。

九年春正月辛未，御明德门，见李煜于楼下，不用献俘仪。壬申，大赦，减死罪一等。乙亥，封李煜为违命侯，子弟臣僚班爵有差。己卯，江南昭武军节度使留后卢绛焚掠州县。庚辰，诏郊西京。癸巳，晋王率文武上尊号，不允。

二月癸卯，三上表，不允。庚戌，以曹彬为枢密使。辛亥，命德昭迎劳吴越国王钱俶

於宋州。契丹遣使耶律延领以御衣、玉带、名马、散马、白鹘来贺长春节。乙卯，吴越国王奏内客省使丁德裕贪很，贬房州刺史。丁巳，观礼贤宅。戊午，以卢多逊为吏部侍郎，仍参知政事。己未，吴越国王钱俶偕子惟浚等朝於崇德殿，进银绢以万计。赐俶衣带鞍马，遂以礼贤宅居之，宴於长安殿。壬俶进贺平升州银绢、乳香、吴绫、绌绵、钱茶、犀象、香药，皆亿万计。甲子，召晋王、吴越国王并其子等射於苑中，俶进御衣、寿星、通犀带及金器。丁卯，幸礼贤宅，赐俶金器及银绢倍万。

三月己巳，俶进助南郊银绢、乳香以万计。庚午，赐俶剑履上殿，诏书不名。癸酉，以皇子德芳为检校太保、贵州防御使，中书侍郎，同平章事沈义伦为大内都部署，右卫大将军王仁赡权判留司、三司兼知开封府事。丙子，幸西京。己卯，次巩县，拜安陵，号恸陨绝者久之。庚辰，赐河南府民今年田租之半，奉陵户复一年。辛巳，至洛阳。庚寅，大雨，分命近臣诣诸祠庙祈晴。辛卯，幸广化寺，开无畏三藏塔。

夏四月己亥，雨霁。庚子，有事圜丘，回御五凤楼大赦，十恶、故杀者不原，贬降责免者量移叙用，诸流配及逋欠悉放，诸官未赠恩者悉覃赏。壬寅，大宴，赐亲王、近臣、列校袭衣金带鞍马器币有差。丙午，驾还。辛亥，上至自洛。丁巳，曹翰拔江州，屠之，擒牙校宋德明、胡则等。诏益晋王食邑，光美、德昭并加开府仪同三司，德芳益食邑，薛居正、沈义伦加光禄大夫，枢密使曹彬、宣徽北院使潘美加特进，吴越国王钱俶益食邑，内外文武臣僚咸进阶封。己未，著令旬假为休沐。丙寅，大食国王珂黎拂遣使蒲希密来献方物。

五月己巳，幸东水硙，遂幸飞龙院，观渔金水河。甲戌，遣司勋员外郎和岘往江南路采访。杀卢绛。庚辰，幸讲武池，遂幸玉津园观稼。宋州大风，坏城楼官民舍几五千间。甲申，以阁门副使田守奇等充贺契丹生辰使。晋州以北汉岚、石、宪三州巡检使王洪武等来献。

六月庚子，步至晋王邸，命作机轮，挽金水河注邸中为池。癸卯，吴越王进银、绢、绵以倍万计。乙卯，荧惑入南斗。

秋七月戊辰，幸晋王第观新池。丙子，幸京兆尹光美第视疾。戊寅，再幸光美第。泉州节度使陈洪进乞朝觐。丙戌，命近臣祈晴。丁亥，命修先代帝王及五岳四渎祠庙。庚寅，幸光美第。

八月乙未朔，吴越国王进射火箭军士。己亥，幸新龙兴寺。辛丑，太子中允郭思齐坐赃弃市。乙巳，幸等觉院，遂幸东染院，赐工人钱。又幸控鹤营观习射，赐帛有差。又幸开宝寺观藏经。丁未，遣侍卫马军都指挥使党进、宣徽北院使潘美伐北汉。丙辰，遣使率兵分五道入太原。

九月甲子，幸绫锦院。庚午，权高丽国事王伷遣使来朝献。党进败北汉军於太原城北。辛巳，俩忻、代行营都监郭进迁山后诸州民。庚寅，幸城南池亭，遂幸礼贤宅，又幸晋王第。

冬十月甲午朔旦，赐文武百官衣有差。丁酉，兵马监押马继恩率兵入河东界，焚荡四十余砦。己亥，幸西教场。庚子，镇州巡检郭进焚寿阳县，俘九千人。辛丑，晋、隰巡检穆彦璋入河东，俘二千余人。党进败北汉军於太原城北。己酉吴越王献驯象。癸丑夕，帝崩於万岁殿，年五十，殡于殿西阶，谥曰英武圣文神德皇帝，庙号太祖。太平兴国二年四月乙卯，葬永昌陵。大中祥符元年，加上尊谥曰启运立极英武睿文神德圣功至明大孝皇帝。

帝性孝友节俭，质任自然，不事矫饰。受禅之初，颇好微行，或谏其轻出。曰："帝王之兴，自有天命，周世宗见诸将方面大耳者皆杀之，我终日侍侧，不能害也。"既而微行愈数，有谏，辄语之曰："有天命者任自为之，不汝禁也。"

一日，罢朝，坐便殿，不乐者久之。左右请其故。曰："尔谓为天子容易耶？早作乘快误决一事，故不乐耳。"汴京新宫成，御正殿坐，令洞开诸门，谓左右曰："此如我心，少有邪曲，人皆见之。"

吴越钱俶来朝，自宰相以下咸请留俶而取其地，帝不听，遣俶归国。及辞，取群臣留俶章疏数十轴，封识遗俶，戒以涂中密观，俶届途启视，皆留己不遣之章也。俶自是感惧，江南平，遂乞纳土。南汉刘鋹在其国，好置酖以毒臣下，既归朝，从幸讲武池，帝酌卮酒赐鋹，鋹疑有毒，捧杯泣曰："臣罪在不赦，陛下既待臣以不死，愿为大梁布衣，观太平之盛，未敢饮此酒。"帝笑而谓之曰："朕推赤心於人腹中，宁肯尔耶？"即取鋹酒自饮，别酌以赐鋹。

王彦升擅杀韩通，虽预佐命，终身不与节钺。王全斌入蜀，贪恣杀降，虽有大功，即加贬绌。

宫中苇帘，缘用青布；常服之衣，浣濯至再。魏国长公主襦饰翠羽，戒勿复用，又教之曰："汝生长富贵，当念惜福。"见孟昶宝装溺器，撞而碎之，曰："汝以七宝饰此，当以何器贮食？所为如是不亡何待？"

晚好读书，尝读二典，叹曰："尧、舜之罪四凶，止从投窜，何近代法网之密乎！"谓宰相曰："五代诸侯跋扈，有枉法杀人者，朝廷置而不问。人命至重，姑息藩镇，当若是耶？自今诸州决大辟，录案闻奏，付刑部复视之。"遂著为令。

乾德改元，先谕宰相曰："年号须择前代所未有者。"三年，蜀平，蜀宫人入内，帝见其镜背有志'乾德四年铸'者，召窦仪等诘之。仪对曰："此必蜀物，蜀主尝有此号。"乃大喜曰："作相须读书人。"由是大重儒者。

受命杜太后，传位太宗。太宗尝病亟，帝往视之，亲为灼艾，太宗觉病，帝亦取艾自灸。每对近臣言：太宗龙行虎步，生时有异，他日必为太平天子，福德吾所不及云。

【译文】

太祖启运立极英武睿文神德圣功至明大孝皇帝，名匡胤，姓赵氏，涿郡人。高祖赵朓，就是赵匡胤称帝后尊加庙号的僖祖，在唐朝做官时历任永清、文安、幽都三县的县令。赵朓的儿子赵珽，就是后来追加庙号的顺祖，历官藩镇从事，累官兼御史中丞。赵珽的儿子赵敬，就是后来追加庙号的翼祖，历任营州、蓟州、涿州三州刺史。赵敬的儿子赵弘殷，就是后来追加庙号的宣祖。后周显德年间，宣祖显贵之际，后周皇帝追赠他的父亲赵敬为左骁骑卫上将军。

宣祖年轻时十分骁勇，擅长骑马射箭，在赵王王朓帐下供职，为王镕率领五百名骑兵在黄河沿岸增援后唐庄宗立有战功。庄宗喜爱他勇猛善战，留他掌管禁军。后汉乾祐年间，宣祖前往凤翔征讨王景，恰逢后蜀军队来援救王景，在陈仓大战。刚刚交兵，宣祖左眼中箭，但他的气势更旺盛，奋勇攻击，把敌军打得大败，因功升任护圣都指挥使。后周太祖广顺末年，改任铁骑第一军都指挥使，转任右厢都指挥，遥领岳州防御使。跟随后周世宗柴荣出征淮南，前军战斗不力而退却，吴兵乘机进攻，宣祖率领军队拦腰攻击吴兵，把他们打败。显德三年，统率军队攻打扬州，与周世宗在寿春会合。寿春卖饼店的饼既薄又小，世宗大怒，捉拿了十几个卖饼人将要处死他们，宣祖坚持进谏才获得释放。累官至检校司徒、天水县男，和儿子赵匡胤分别执掌禁军，是当时荣耀的事情。宣祖逝世，后周朝廷追赠他为武清军节度使、太尉。

赵匡胤

太祖，是宣祖的二儿子，母亲杜氏。后唐天成二年，出生在洛阳夹马营，当时红光绕室，奇异的香气一夜没有消散，身体上有金黄颜色，三天没有变。长大后，太祖相貌雄伟，气度豁达自如，有见识的人知道他绝非一般人。学习骑马射箭，则在常人之上。曾经试骑一匹脾气凶恶的烈马，不用嚼口马鞍，烈马奔上登城楼的坡道，太祖的额头撞在门框的横木而从马上摔到地下，人们都认为太祖的脑袋一定撞碎了，只见太祖慢慢站起来，再次追赶烈马飞身跳上，一处也没受伤。又曾经和韩令坤在一间土屋中赌博，麻雀在屋子外面互相啄斗，因此二人争着起身到屋子外捕捉麻雀，而土屋随即坍塌了。

后汉初年，太祖四处漫游却没有获得机遇，在襄阳寺庙中借住，有位老和尚擅长看相算命，看了太祖后说："我给你足够的旅费，你朝北走就会有机遇了。"正好周太祖以后汉枢密使的身份征讨李守真，太祖应募在周太祖军帐下供职。后周广顺初年，太祖补为禁军东西班行首，任滑州副指挥。周世宗任开封尹时，太祖转任开封府马直军使。

周世宗即位当了皇帝，太祖又执掌禁兵。北汉来侵犯，周世宗率领军队抵御来犯之敌，在高平摆开战场。战斗将要展开的时候，指挥樊爱能等人首先逃跑，周军十分危急。太祖指挥自己的同伴催马迅速冲向敌人前锋，北汉军队大败溃逃。太祖乘胜进攻河东城，焚烧城门，左臂被流箭射中，周世宗制止他再攻城。回到京城后，太祖被任命为殿前都虞候、遥领严州刺史。

显德三年春天，太祖跟随周世宗征伐淮南，首战在涡口打败南唐军万余人，斩杀南唐兵马都监何延锡等人。南唐节度使皇甫晖、姚凤率领号称十五万的军队，驻扎在清流关，太祖率领军队把他们打走了。太祖追到城下，皇甫晖说："我们各自为了自己的主人，我希望双方布好阵式以决胜负。"太祖笑着回答说可以。皇甫晖摆好阵式出来迎战，太祖抱着马脖子一直冲入敌军阵内，手中兵刃砍中皇甫晖的脑袋，并把姚凤一起擒获。宣祖率领军队半夜时来到城下，传呼开门，太祖说："父子诚然是至亲，但是城门开关，却是国家的事情。"等到天亮，宣祖才得以进城。韩令坤攻下扬州，南唐派军队来取，韩令坤主张退兵，周世宗命令太祖率兵二千赶往六合。太祖下令说："扬州兵敢有过六合的，砍断他们的脚。"韩令坤才固守扬州。太祖不久在六合东面打败南唐齐王李景达，斩杀一万多人。回来后，太祖被任命为殿前都指挥使，不久又被委任为定国军节度使。

显德四年春天，跟随周世宗出征寿春，攻克连珠寨，乘势攻下寿州。还军后，太祖拜义成军节度使、检校太保，仍旧担任殿前都指挥使。这年冬天，跟随周世宗征伐濠州，泗州，充当前锋。当时南唐在十八里滩扎寨，周世宗刚刚商议用骆驼摆渡军队时，而太祖已率先独自单骑横渡而过，他的部下骑兵也紧随他渡过了河，因而攻破南唐军寨。又用缴获的南唐战舰乘胜进攻泗州，攻克了泗州。南唐在清口驻屯军队，太祖跟世宗两翼分兵沿淮河东下，连夜追到山阳，俘虏南唐节度使陈承昭献给周世宗，因而攻下楚州。乘胜进军，在迎銮江口打败南唐军，直抵南岸，烧毁敌军营寨，又在瓜步攻破南唐军，淮南平定。南唐主畏惧太祖的威名，在周世宗那里使用离间计，派遣使臣送给太祖一封信，馈赠三千两白金，太祖把白金全部送到内府，南唐的离间计失败。显德五年，太祖改任忠武军节度使。

显德六年，周世宗北伐，太祖担任水陆都部署。到达莫州，先到瓦桥关，守将姚内斌投降，打退几千名敌军骑兵，关南平定。周世宗在行军路上，审阅各地所上文书，得到一只皮口袋，袋中有一块三尺多长的木板，上面写着"点检作天子"，周世宗感到这件事十分奇怪。当时张永德任点检，世宗卧病，回到京城，任命太祖为检校太傅、殿前都点检，用来代替张永德。周恭帝即位当皇帝，太祖改任归德军节度使、检校太尉。

显德七年春天，北汉勾结契丹进犯后周，朝廷命令太祖率领军队抵御敌人。大军到达陈桥驿，军中懂得天文的苗训招呼门吏楚昭辅看太阳下面还有一个太阳，黑光来回摇动了很长时间。这天下半夜，军中将士集中在驿门前，传布策立点检做皇帝的话给人们，有人劝阻将士，大家也不听。天快亮的时候，将士们来到太祖寝室外，太宗进入房间向太祖报告外面发生的事情，太祖起身。军校们手里拿着兵器排列在庭院中，说："现在军队没有主人，我们愿意策立太尉当皇帝。"太祖还没有来得及答话，就有人把黄袍加在太祖身上，大家围着他下拜，高喊万岁，立即扶太祖上马。太祖拉住马缰绳对将领们说："我的号令，你们能够听从吗？"众将下马答道："一定听从命令。"太祖说："太后、皇帝，我都北面侍奉他们，你们这些人不能惊扰冒犯；各位大臣都是我的平辈同事，你们不得侵犯凌侮；朝廷的府库、官宦百姓的家庭，不得侵犯掠夺。听从命令有重赏，违抗命令就杀你们的头。”将领们都再次下拜，严整队伍返回开封城。后周副都指挥使韩通计划抵抗，王彦升情急之下把韩通杀死在他家中。

太祖进城登上明德门，命令将士回到军营去，自己也回到官署。过了不久，将领们拥着宰相范质等人前来，太祖见了他们，低声哭泣着说：“我违背天地，今天到了这种地步！”范质等人还没有来得及答话，列校罗彦瑰手按宝剑高声对范质等人说：“我们这些人没有主人，今天一定要有天子。”范质等人互相看看，没有什么办法可想，于是退到台阶下列队下拜。太祖召集文武百官，到了黄昏时，文武官员已排定了位置。翰林承旨陶谷从袍袖中拿出周恭帝的禅位制书，宣徽使引导太祖到了殿前庭里，北面下拜接受制书后，又扶着太祖登上崇元殿，换上皇帝的衣帽，登上皇帝宝座。把周恭帝和符太后迁到西宫，把恭帝改为郑王，而尊奉符太后为周太后。

建隆元年春正月乙巳，大赦天下，改用新纪元，定国号为宋。赐给朝廷内外文武百官和军士爵位与奖赏，贬官降职的人恢复原职，发配流放的人一律释放，文武百官的父母亲按照应该得到的恩典加以封赠。派遣使臣通告全国各地州郡。丙午，太祖下诏告知各地将帅。戊申，赐给南唐书信。追赠韩通为中书令，下令按照礼仪收殓安葬。己酉，派遣官员祭告天地社稷。恢复安州、华州、兖州为节度州。辛亥，论定拥戴太祖为皇帝的有功人员，任命后周义成军节度使、殿前都指挥使石守信为归德军节度使、侍卫亲军马步军副都指挥使，江宁军节度使、侍卫亲军马军都指挥使高怀德为义成军节度使、殿前副都点检，武信军节度使、侍卫亲军步军都指挥使张令铎为镇安军节度使、侍卫亲军马步军都虞候，殿前都虞候王审琦为泰宁军节度使、殿前都指挥使，虎捷右厢都虞候张光翰为江宁军节度使、侍卫亲军马军都指挥使，龙捷右厢都指挥使赵彦徽为武信军节度使，其余统兵将领也一律提升爵位。壬子，赐给宰相、枢密使、禁军各部将领整套衣服、用犀玉带、配好马鞍的骏马多少不等。癸丑，释放南唐投降的将领周成等人回国。乙卯，派遣使臣分别赈济各地州县。丁巳，命令后周宗正少卿郭玘祭祀后周的皇陵和太庙，仍旧和后周一样按时祭祀供献。己未，宰相上表请以二月十六日为长春节。癸亥，任命后周天雄军节度使、魏王符彦卿守太师，雄武军节度使王景守太保、太原郡王，定难军节度使、守太傅、西平王李彝殷守太尉，荆南节度使高保融守太傅，其余领节度使的人一律提升了爵位。甲子，赐皇弟殿前都虞候赵匡义改名为光义。己巳，建立太庙。镇州郭崇报告契丹和北汉军队都退回去了。

二月乙亥，太祖尊奉母亲南阳郡夫人杜氏为皇太后。任命后周宰相范质和从前一样守司徒、兼侍中，王溥守司空、兼门下侍郎、同中书门下平章事，魏仁浦为尚书右仆射、兼中书侍郎、同中书门下平章事，枢密使吴廷祚同中书门下二品。丙戌，长春节，太祖赐给大臣们衣服各一套。

三月乙巳，修改全国触犯太祖名字、已死皇帝名字的州县名称。丙辰，南唐主李景、吴越王钱俶派遣使臣送来皇帝衣服、锦绮、金帛表示祝贺。宿州发生火灾，太祖派遣使者抚恤灾区。壬戌，决定国运以火德王，颜色崇尚红色，年终岁末祭祀百神的腊日用戌这一天。癸亥，太祖命令武胜军节度使宋延渥等人率领水军在长江巡查。这年春天，均州、房州、商州、洛阳田鼠吃庄稼幼苗。

夏四月癸酉，窦俨进上两种舞蹈十二种乐曲的名称、乐章。乙酉，太祖亲临玉津园。派遣使臣分别到京城各门，赐给饥民粥。丙戌，疏浚蔡河。癸巳，昭义军节度使李筠叛乱，太祖派遣归德军节度使石守信讨伐他。

五月己亥初一，日食。庚子，太祖派遣昭化军节度使慕容延钊、彰德军节度使王全斌率领军队从东路出兵，和石守信会合讨伐李筠。壬寅，窦俨进上太庙舞曲名称。癸卯，石守信在长平打败李筠。甲辰，太祖下令各路兵马进军讨伐李筠。丙午，太祖亲临魏仁浦的府第探视他的病情。己酉，西京洛阳建成后周六祖的宗庙，太祖派官员把后周六祖的神位由京城开封迁往西京安奉。丁巳，太祖下诏亲征，派枢密使吴廷祚留守京城，都虞候赵光义任大内都点检，命令天平军节度使韩令坤屯兵河阳。己未，太祖从京城出发。丁卯，石守信、高怀德在泽州打败李筠军队，擒获李筠所部节度范守图，杀掉北汉援救李筠而降宋的士兵几千人。李筠逃入泽州城。戊辰，宋军包围泽州城。

六月癸酉，有一颗红色星从心宿处出现。辛未，攻克泽州，李筠自焚而死。太祖下令掩埋死尸，释放北汉宰相卫融，禁止士兵抢劫掠夺。甲申，免征泽州今年的田租。有一颗红色星从太微垣星处出现，经过上相星。乙酉，讨伐上党。丁亥，李筠的儿子李守节在上党投降，太祖赦免了他的罪过。太祖到潞州。辛卯，大赦天下，死罪犯人减刑，免除潞州城附近三十里内地区今年的田租，录用阵亡将士的子孙，随军丁夫免除三年徭役。甲午，永安军节度使折德扆攻下北汉沙谷寨。

秋七月戊申，太祖自潞州回到京城开封。壬子，太祖亲临范质府第探视他的病情。甲子，派遣工部侍郎艾颖朝拜嵩陵、庆陵。乙丑，南唐进贡白金，祝贺平定泽州、潞州叛乱。丁卯，南唐进贡皇帝乘坐的车子、衣服等物。

八月戊辰初一，太祖到崇元殿，举行入阁仪式。辛未，太祖派遣郭玘祭祀后周的太庙。壬申，恢复贝州为永清军节度。甲戌，命令宰相祈祷降雨。辛巳，任命后周武胜军节度使侯章为太子太师。壬午，任命赵光义领泰宁军节度，仍旧担任殿前都虞候。甲申，太祖立琅琊郡夫人王氏为皇后。戊子，南唐进贡数以千计的金银器具、罗绮祝贺平定泽州、潞州叛乱。

九月壬寅，昭义军节度使李继勋火烧北汉平遥县。癸卯，三佛齐国派遣使臣进贡当地特产。丙午，太祖手捧玉册给祖先加谥号，高祖被尊为文献皇帝，庙号僖祖，高祖母崔氏被尊为文懿皇后；曾祖父被尊为惠元皇帝，庙号顺祖，曾祖母桑氏被尊为惠明皇后；祖父被尊为简恭皇帝，庙号翼祖，祖母刘氏被尊为简穆皇后；父亲被尊为武昭皇帝，庙号宣祖。己酉，太祖亲临宜春苑。中书舍人赵逢因跟随太祖征讨李筠时逃避艰险，被贬为房州司户参军。己未，淮南节度使李重进占据扬州发动叛乱，太祖派遣石守信等人率军讨伐他。甲子，归还北汉俘虏。

冬十月丁卯初一，太祖赏赐朝廷内外文武官员冬衣多少不等。壬申，决定县分为望、紧、上、中，下几个等级，规定每三年注册一次。壬午，黄河在厌次决口。乙酉，晋州兵马钤辖荆罕儒袭击北汉汾州，他死于这次战斗；龙捷指挥使石进等二十九人因没有去援救荆罕儒而在闹市被斩首示众。丁亥，太祖下诏亲征扬州，派都虞候赵光义为大内都部署，枢密使吴廷祚权上都留守。戊子太祖下诏各个道的正副长官有优异政绩，百姓公举请求留任而立碑的人，由参军考察查实后上报朝廷。庚寅，太祖率军从京城出发。

十一月丁未，宋军到达扬州城下，攻克扬州，李重进全家自焚而死。戊申，处死李重进的同党，扬州平定。太祖命令各军在迎銮操练战舰，南唐主十分恐惧。南唐臣僚杜著、薛良也因恐惧而用欺骗手段逃离南唐来投奔，太祖憎恨他们没有忠义之心，在下蜀闹市把杜著斩首，流放薛良为庐州牙校。己酉，赈济扬州城里百姓每人米一斛，十岁以下的儿童减少一半。被李重进胁迫而当兵的人，太祖赐给他们衣服鞋子遣散回家。庚戌，给因攻城服役而死的丁夫每人绢三匹，死者家属免除三年徭役。乙卯，南唐主派遣使臣来慰劳征伐扬州的宋军。庚申，南唐主派遣儿子李从镒来朝拜太祖。

十二月己巳，太祖起驾回京城。丁亥，太祖从扬州回到京城开封。辛卯，泉州节度使留从效归宋称臣。

建隆二年春正月丙申初一，太祖到杜太后居住的宫门祝贺新春。庚子，占城国王派遣使臣来朝拜。壬寅，太祖到造船务，检阅水军作战演习。戊申，将扬州行宫改为建隆寺。太仆少卿王承哲因举荐官员失实，贬为殿中丞。壬子，商州田鼠吃庄稼幼苗，下诏免征赋税。太祖对宰相说："每次派遣使臣查看庄稼受灾程度，多数使臣只为自己邀功而使百姓受害，今后应当慎重选用使臣，以便让百姓了解我的爱民之意。"丁巳，疏蔡水流入颖河。己未，派遣郭玘祭祀后周太庙。灵武节度使冯继业进献五百匹马、一百头骆驼、二匹野马。甲子，泽州刺史张崇诂因是李重进同党在闹市被斩首示众。

二月丙寅，太祖到飞山营检阅炮车。壬申，疏浚五丈河。癸酉，经办部门报告有十一人进士合格。荆南高保勖进贡黄金器皿。甲戌，太祖到城南，视察修建水匮。丁丑，南唐进祝贺长春节的皇帝衣服、金带以及金银器皿。己卯，太祖赐给天雄军节度使符彦卿粮食。禁止春夏两季捕鱼射鸟。已丑，制定窃盗律。

三月丙申，内酒坊失火，酒工三十多人被烧死，乘火灾之机进行偷盗的五十人，被抓住斩首的有三十八人，其余人因宰相进谏而免于死刑。酒坊使左承规、副使田处岩因酒工行盗在闹市被斩首示众。

闰三月己巳，太祖到玉津园，对侍从大臣说："沉湎于酒不是好榜样，我在宴席上偶然醉倒，常常为之后悔。"壬辰，南唐进奉金器、罗绮用来回谢对他生日的赏赐。丁丑，金、商、房三州发生饥荒，救济那里的百姓。癸未，太祖到迎春苑举行宴会射箭。

夏四月癸巳初一，日食。壬寅，诏令州县设置看守前代帝王、贤臣陵墓的陵冢户。己酉，无棣县男子赵遇谎说自己是皇帝的弟弟，被处死刑。己未，商河县令李瑶因罪杖死，左赞善大夫申文纬因没能觉察李瑶赃罪被削官为民。庚申，颁布私自炼盐贸易盐及私自贩酒造酒曲的法律。

五月癸亥初一，因皇太后病，赦免杂犯死罪以下囚犯。乙丑，天狗星在西南方向堕落。丙寅，三佛齐国来进贡当地土产。丁丑，用解州安邑、解县两池盐供给徐州、宿州、郓州、济州。庚寅，供奉官李继昭因盗卖官船罪在闹市被斩首示众。诏令各道的邮传用军卒递送。

六月甲午，皇太后在滋德殿逝世。己亥，大臣们请求太祖治理国事，太祖听从了他们的请求。庚子，因太后逝世，暂停祭祀太庙。辛丑，太祖在紫宸殿门接见百官。壬子，祈求降雨。庚申，太祖脱去丧服。

秋七月壬戌，因为杜太后殡，太祖不受朝拜。辛未，晋州神山县山谷水中流出铁块，方圆二丈三尺，重七千斤。壬申，太祖任命赵光义为开封府尹，赵光美任兴元府尹。己卯，陇州进贡黄鹦鹉。

八月壬辰初一，太祖不上殿处理政事。壬寅，太祖下诏罪至死刑的重犯送所属州军决判。甲辰，南唐主李景逝世，儿子李煜继位当皇帝，派遣使臣请求太祖追尊李景皇帝称号，太祖同意了他的请求。己酉，拘捕易定节度使、同平章事孙行友，削去官爵，押回私宅。辛亥，太祖到崇夏寺，参观修建三门。女真国派遣使臣来朝拜献礼物。大名府永济县主簿郭颢因贪赃罪在闹市被斩首示众。庚申，《周世宗实录》撰修完成。

九月壬戌初一，太祖不上殿处理政事。南唐派遣使者来进贡金银、缯彩。甲子，契丹解利来投降。荆南节度使高保勖派遣他的弟弟高保寅来朝拜太祖。戊子，太祖派遣使者去南唐赠送财物以助办丧事并祭奠李景。

冬十月癸巳，南唐派遣使臣韩熙载、田霖来参加皇太后的葬礼。丙申，太祖派遣枢密承旨王仁赡去南唐赏赐礼物。戊戌，禁止边境地区的百姓偷盗塞外马匹。辛丑，丹州下大雨冰雹。丙午，将明宪皇太后安葬在安陵。

十一月辛酉初一，太祖不上朝处理政事。甲子，把皇太后的神主牌位送入太庙祭祀。己巳，太祖到相国寺，于是又到了国子监。癸酉，沙州节度使曹元忠、瓜州团练使曹延继等人派遣使者进献戴着用玉镶嵌的马鞍、马笼头的骏马。

十二月王申，回鹘可汗景琼派遣使者来进贡当地土产。乙未，李继勋打败北汉军队，俘虏辽州刺史傅廷彦、他的弟弟傅勋献给朝廷。辛丑，太祖到新修河仓视察。庚戌，太祖在近郊打猎。癸丑，太祖派遣使者赐给南唐、吴越马匹、羊只、骆驼多少不等。

建隆三年春正月庚申初一，因皇太后丧不受百官朝贺新春。己巳，淮南发生饥荒，救济那里的灾民。庚午，太祖到迎春苑宴会射箭。甲戌，扩建皇城。太祖诏令地方官员劝说百姓春天播种。丙子，瓜沙归义节度使曹元忠进献马匹。庚辰，女直国派遣使者只骨来献礼物。诏令各地不得役使道路居民。癸未，太祖到国子监视察。

二月丙辰，太祖再次视察国子监，于是又到迎春苑设宴款待陪从官员。庚寅，诏令文班官员推荐可以担任宾佐、令录官各一名，举荐不当者比拟被推荐人所犯过失一并治罪。甲午，太祖下诏从现在起百官上朝奏对，必须讲述时政的对与错，不要因为触犯忌讳而惧怕。乙未，滑州节度使张建丰因失火罪被免官。己亥，改定窃盗律。壬午，太祖对侍臣说："我希望武将们都读书以懂得治理国家的道理，怎么样？"左右侍臣不知如何答对。甲寅，北汉军队进犯潞州、晋州，守城将领把他们打走。

三月戊午初一，厌次县下霜冻死桑树。壬戌，三佛齐国派遣使者来贡献礼物。癸亥，祈祷降雨。丁卯，太祖亲临太清观，于是又到开封府尹赵光义的后园举行宴会射箭。己巳,大雨。太祖下诏申明法律条文通告各地州郡,犯有死罪的人送刑部复审。乙亥,太祖派遣使臣赐给南唐主李煜生日礼物。丁丑,女直国派遣使臣来贡献礼品。丁亥,太祖下令把北汉投降的人迁徙到邢州、洺州。

夏四月乙未,延州下大雨夹雪,赵州、卫州发生旱灾。丙申,宁州下大雨夹雪,沟渠水都结成冰。戊戌,太祖亲临太清观。庚子,回鹘阿督等人来进贡当地土产。壬寅,丹州降雪深达二尺。乙巳,太祖追赠哥哥赵光济为邕王,弟弟赵光赞为夔王,追册夫人贺氏为皇后。

五月甲子,太祖亲自到相国寺祈祷降雨,于是又到迎春苑举行宴会射箭。乙亥,海州发生火灾。在太行山开辟运送物资的道路,癸未,命令使者检查河北各州的旱情。甲申,太祖下诏均衡户役,敢于蔽占的人有罪。太祖再次亲自到相国寺祈祷降雨。乙酉,扩建皇宫。齐、博、德、相、霸五州从春天至今没有下雨,太祖因为旱灾减少肴馔和停奏音乐。

六月辛卯,赈济宿州饥荒。癸巳,任命吴廷祚为雄武军节度使,免去他的枢密使职务。乙未,太祖赐酒给国子监。丁酉,太祖亲临太清观。己亥,京城附近、河北地区犯有死罪以下罪行的囚犯减刑。壬寅,京城下雨。壬子,蕃部尚波于等人来争采造务,用军队进犯渭北,秦州知州高防把他们打败赶走。乙卯,太祖亲临迎春苑举行宴会射箭。黄陂县有大象从南面来吃庄稼。

秋七月庚申,南唐派遣大臣翟如璧谢太祖赐给南唐主李煜的生辰礼物,进贡金银、锦绮以千万计。壬戌,释放南唐投降士兵中几千名体弱的人回国。乙丑,免征舒州茭白香蒲新税。丁卯,潞州下大雨夹冰雹。搜索京城内外军队中不守法的人流放到沙门岛。己卯,北汉捉生指挥使路贵等人来投降。辛巳,太祖派遣十名从臣检查河北旱情。癸未,兖、济、德、磁、洺五州没有生翅膀的小蝗虫吃庄稼。

八月癸巳,蔡河务纲官王训等四人因将糠土掺杂进军粮中,在闹市被分尸。乙未,采用知制诰高锡建议,凡是行贿获得推荐的人允许知情者揭发检举,奴婢邻居亲属能揭发检举的给予奖赏。太祖下诏凡按资叙授各道司法参军时都先要用正律和疏出题考试判案。诏令尚书吏部奏上恢复书判拔萃科的条文。

九月庚午,吐蕃尚波于等人归还伏羌县土地。壬申,修建武成王庙。丙子,占城国来进献礼物。禁止砍伐桑树、枣树。

冬十月乙酉初一,太祖赐给百官冬天衣服多少不等。丙戌,太祖亲临太清观,于是又去造船务,检阅水战演习。己亥,太祖到岳台,命令各军操练骑马射箭,又亲临玉津园。辛丑,任用枢密副使赵普为枢密使。辛亥,太祖到近郊打猎。

十一月癸亥,禁止奉命出使各道时私相嘱托。考核县令政绩以辖区百姓户口增减为升降依据。丙寅,南唐派遣使臣顾彝来朝拜。丙子,三佛齐国派遣使臣李丽林等人来进献礼物,高丽国派遣李兴祐等人来朝拜。己卯,太祖在近郊打猎。壬午,赐给南唐建隆四年历。

十二月丙戌,太祖下诏让各县设置县尉一名,主管盗窃诉讼;设置弓手,弓手的数量根据各县户数多少不等。戊戌,蒲、晋、慈、隰、相、卫六州发生饥荒,救济灾区百姓。庚子，颁布捕盗令。甲辰，衡州刺史张文表叛乱。

这一年，周郑王离开京城去房州居住。

乾德元年春正月甲寅初一，太祖不上殿听政。乙卯，征发关西乡兵前往庆州。丁巳，修筑京城开封辖区内的黄河河堤。己未，派遣使臣赐给南唐、吴越马匹、骆驼、羊多少不等。庚申，太祖派遣山南东道节度使慕容延钊率领十州军队去讨伐张文表。乙丑，太祖亲临造船务，视察建造战船。甲戌，太祖诏令荆南发三千名水兵往潭州接应慕容延钊。己卯，女直国派遣使者来进献礼物。

二月壬辰，周保权的将领杨师璠在朗陵闹市把张文表斩首示众。甲午，慕容延钊进入荆南，高继冲请求归顺朝廷，得到三个州、十七个县。乙未，攻克潭州。辛亥，澶、滑、卫、魏、晋、绛、蒲、孟八州发生饥荒，太祖命令开仓救济灾民。

三月辛未，太祖到金凤园练习射箭，七箭都中靶子。符彦卿等人进献马匹表示祝贺，太祖于是遍赏随从大臣名马、银器多少不等。壬申，高继冲登记荆南所有的钱财丝帛、粮食草料来上报给太祖。癸酉，颁布新定的法律。戊寅，慕容延钊攻破三江口，攻克岳州，收复朗州，湖南平定，得到十四个州，一个监，六十六个县。

夏四月，发生旱灾。甲申，在京城所有的祠观庙宇祈祷降雨，傍晚时分下雨。荆南朗州、潭州管辖内的死罪囚犯减刑一等，抢劫掠夺的财物归还原主。乙酉，太祖派遣使者祭祀南岳衡山。丁亥，太祖亲临国子监，于是又去了武成王庙，在玉津园设宴射箭。庚寅，太祖拿出内库钱币招募各军的子弟挖凿练习水战的池塘。辛卯，《建隆应天历》编成，太祖亲自作序。壬辰，赏赐平定湖南的立功将士。癸巳，太祖到玉津园。丙申，兵部郎中曹匪躬在闹市被斩首示众，海陵、盐城屯田副使张蔼除去官籍，都是因为违法犯罪。庚子，荆南节度使高继冲进贡助宴的金银、罗绮、柱衣、屏风等物品。癸卯，辰、锦、叙等州归顺宋朝。甲辰，太祖下诏开凿疏浚黄河三门。禁止泾、原、庆等州补充少数民族人担任镇守边境的将领。夏西平王李彝兴进献一头牦牛。乙巳，太祖亲临玉津园，检阅各军骑马射箭。丙午，免征湖南的茶税，禁止峡州盐井。辛亥，借贷种子粮食给澶州百姓。

五月壬子初一，太祖在京城祈祷降雨。甲寅，太祖派遣使臣到五岳四渎祈祷降雨。乙丑，扩建皇宫。庚午，把符印发给荆南管辖内的官吏。癸酉，太祖到玉津园。

六月乙酉，免除潭州所属各各县的无名摊派聚敛。壬辰，天气大热，停止营造工程，赐给工匠衣衫鞋子。乙未，太祖下诏，原荆南兵愿意回乡务农的可以回去。丙申，诏历代帝王每三年祭献一次，建立汉光武帝、唐太宗庙。己亥，澶州、濮州、曹州、绛州发生蝗灾，太祖命令用牛羊猪三牲祭祀。庚子，百官三次上表请求太祖同意奏乐，太祖同意了他们的请求。太祖减少左右的禁卫官员。丙午，下雨。太祖下诏年终祭祀百神的腊祭、庙祭、社祭都在举行腊祭的戌这一天进行。己酉，太祖命令在新挖成的水池中演习水战。

秋七月辛亥初一，规定州县所设置的杂职、承符、厅子等人数。甲寅，将平定湖湘时死于公事的靳彦朗的儿子靳承勋等三十人补为殿直。丙辰，太祖到新挖成的水池，赐给役夫钱，于是又到玉津园。丁巳，安国军节度使王全斌等人率领军队进入太原境内，把俘虏献给朝廷，太祖赐给俘虏钱和米后释放他们。己未，太祖下诏百姓如生病而亲属把他抛弃以犯罪论处。癸亥，湖南发生瘟疫，太祖赐药给行营将校。丁卯，太祖亲临武成王庙，于是又去了新挖的水池，检阅水战演习。己巳，朗州贼将汪端进犯州城，都监尹重睿把他们打败赶走。太祖下诏免征荆南一境的一半夏税。甲戌，免究周保权的罪行。乙亥，诏命修缮朗州城，免征朗州全境的夏税。丁丑，太祖分别命令身边亲近大臣祈祷降雨。己卯，颁布《重定刑统》等书。

八月壬午，殿前都虞候张琼因欺侮军校史珪、石汉卿等人，被他们所诬陷，交法官审讯，张琼自杀。丙戌，太祖派遣给事中刘载朝拜安陵。丁亥，王全斌攻打北汉乐平县，降伏了它。辛卯，把乐平县改为平晋军，一千八百名投降士兵编为效顺军，赐给每个人钱帛。壬辰，诏《九经》举人落榜以后允许再次参加考试。癸巳，女直国派遣使者进献名马。免去登州沙门岛百姓赋税，命令他们专门治理船只渡送马匹。丙申，北汉静阳十八寨首领来投降。泉州陈洪进派遣使者来朝拜进贡。黄河在齐州决口。京城下雨。己亥，契丹幽州岐沟关使柴廷翰等人来投降。癸卯，宰相范质率领文武百官给太祖上尊号，太祖不接受。

九月甲寅，文武百官三次上表请求太祖接受尊号，太祖答应了他们的请求。丙寅，太祖在广政殿设宴，开始演奏音乐。丁卯，贬责宣徽南院使兼枢密副使李处耘为淄州刺史。戊辰，女直国派遣使者来进献名鹰海东青。丙子，禁止知举官将去贡院时大臣们向他保荐人。赐给南唐羊一万只。在朗州把汪端分尸。戊寅，北汉引诱契丹军队进攻平晋军，太祖派遣洺州防御使郭进等人援救平晋军。

冬十月庚辰，太祖下诏州县征收赋税要造册登记。己亥，太祖在近郊打猎。丁未，吴越国进贡南郊大礼的礼物金银、珍珠器皿、犀象、香药等都以万计。

十一月乙卯，荆南节度使高继冲进贡南郊大礼的银子一万两。甲子，太祖在南郊祭祀天地，大赦天下，改年号为乾德。文武百官奉玉册进上尊号为应天广运仁圣文武至德皇帝。丙寅，南唐进贡祝贺南郊、尊号的礼物银绢以万计。丁卯，太祖赐给左右亲近大臣衣服、金带、器币、带鞍的马匹多少不等。乙亥，太祖在近郊打猎。

十二月庚辰，殿前祇候李璘因为父仇杀死员僚陈友，李璘自首，太祖被他的孝义所感动而释放了他。辛巳，开封府尹赵光义、兴元府尹赵光美分别增加封地，赐给功臣号；宰相范质、王溥、魏仁浦都升为特进，易换封号，增加食邑；枢密使赵普加官为光禄大夫，易换功臣号；文武臣僚分别提升官阶、勋位、封爵、增加食邑户数。甲申，皇后王氏逝世。辛卯，废除登州都督。己亥，泉州陈洪进派遣使者进贡白金一千两，乳香、茶药都以万计算。己巳，南唐主李煜上表请求直呼其名，太祖下诏不同意。

闰十二月己酉初一，考核医官，退去其中医术不精的二十二人。甲寅，太祖命令左右近臣祈祷降雪。丁卯，拔萃科举行复试，田可封、宋白、谭利用等人符合太祖旨意，太祖赏赐他们多少不等。辛未，安陵选择在巩县。乙亥，折德扆在府州城下打败北汉军队，擒获北汉军队将领杨璘，因为太常建议，奉赤帝为感生帝。

乾德二年春正月辛巳，太祖诏谕州县地方长官劝勉农民及时耕作播种。有大象进入南阳，掌管山泽田猎的官员杀死了大象，把大象皮和象牙拿来献给太祖。京城下雨夹雪，打雷。癸未，太祖到迎春苑设宴射箭。甲申，太祖下诏编著四时听选式。回鹘派遣使者进献当地土产。戊子，范质为太子太傅、王溥为太子太保、魏仁浦仍为尚书左仆射，三人同时被免去了宰相职务。庚寅，任命赵普为门下侍郎、同中书门下平章事，李崇矩为枢密使。壬辰，太祖下诏亲自考试制举的三个科目，不限官员百姓，都可以直接到阁门投进书札自荐。甲辰，太祖下诏各道所上狱词令大理寺检断、刑部详复，如有滞留差错失误以致中书门下省加以改正的案件，从重处罚两个机构的责任者。乙巳，太祖到玉津园设宴射箭。丁未，太祖下诏命令县令、主簿、尉没有公事不得下乡。令、录、簿、尉等职官有年老病重的人允许检举弹劾。

二月戊申初一，北汉辽州刺史杜延韬以辽州来降。癸丑，太祖派遣使臣赈济陕州饥荒。疏导㳂水流入京城。丁巳，修建安陵时，隧道坍落，压死役夫士兵二百人，太祖命令有关机构掩埋死尸并抚恤死者家庭。庚午，府州俘虏北汉卫州刺史杨璘来献给朝廷。甲戌，南唐进贡改葬安陵的银绫绢各以万计。疏浚汴河。

三月辛巳，太祖到教船池，赐给水军将士衣服多少不等，回宫时到玉津园设宴射箭。乙未，北汉耀州团练使周审玉等人来投降，丁酉，太祖派使者去五岳祈祷降雨。禁止臣僚出外或返京时借官军按部护送。辛丑，太祖派遣摄太尉赵光义手捧宝册上明宪皇太后的谥号为昭宪、皇后贺氏谥号为孝惠，王氏谥号为孝明。

夏四月丁未初一，贤良方正直言极谏科考试策问，博州判官颖贽中第。戊申，赈济河中地区饥荒。己酉，免征各道播种而无禾苗地区的今年夏税。乙卯，在安陵安葬昭宪皇太后、孝明皇后。乙丑，开始设置参知政事，任命兵部侍郎薛居正、吕余庆担任这个职位。己巳，灵武发生饥荒，转运泾州粮食进行救济。壬申，把两位皇后的神主牌位安奉在一个宗庙的两个室中。迁徙永州各县百姓中发生牲畜蛊毒的三百二十六家到县所在的僻静地区，不得再在乡里饲养牲畜。

五月己卯，知制诰高锡因接受藩镇贿赂，贬为莱州司马。辛巳，宗正卿赵砺因贪赃受杖刑、官籍除名。癸未，太祖到玉津园设宴射箭。

六月己酉，任命弟赵光义为中书令，弟赵光美为同中书门下平章事，儿子赵德昭为贵州防御使。庚申，太祖到相国寺，于是又去了教船池、玉津园。辛未，黄河南北以及陕西各州发生蝗灾，只有赵州蝗虫不吃庄稼。

秋七月乙亥，春州突然发生的大水淹死了百姓。庚辰，郃阳下冰雹。辛巳，太祖到玉津园，回宫时去了新池，视察水战训练。辛卯，太祖下诏让翰林学士陶谷、窦仪等人各自推荐一名能够胜任州郡通判职务的人，推荐不当的连同获罪。

九月甲戌初一，《周易》博士奚屿贬为乾州司户，库部员外郎王贻孙贬为左赞善大夫，都是因为考试品官子弟时不公正。戊子，延州下冰雹。乙未，太祖到京城北郊视察庄稼。辛丑，太子太傅范质逝世。壬寅，潘美等人攻克郴州。

冬十月戊申，周纪王柴熙谨逝世，太祖停止上朝处理政事。

十一月甲戌，太祖命令忠武军节度使王全斌为西川行营前军兵马都部署，武信军节度使崔彦进任他的副手，率领步兵骑兵三万人从凤州道出发；江宁军节度使刘光义为西川行营前军兵马副都部署，枢密承旨曹彬任他的副手，率领步兵骑兵两万人从归州道出发讨伐后蜀。乙亥，太祖在崇德殿设宴招待西川行营将校，出示川峡地图，传授将领们攻取后蜀的措施方法，赐给每人金带、玉带、衣物多少不等。壬辰，太祖在近郊打猎。

十二月乙巳，释放广南郴州都监陈瑂等二百人。戊申，刘光义攻克夔州，后蜀节度使高彦俦自焚。丁巳，免征归州、峡州秋税。辛酉，王全斌攻克万仞、燕子两寨，攻下兴州，接连攻克石圌等二十几个营寨。甲子，刘光义攻克巫山等营寨，斩杀后蜀将领南光海等八千人，擒获后蜀战棹都指挥袁德宏等一千二百人。王全斌的先锋史进德在三泉寨打败后蜀军队，擒获后蜀节度使韩保正、李进等人。南唐进贡白银二万两、金银器皿几百件。庚午，太祖下诏招抚在山林中聚集藏匿的人。辛未，太祖在北郊打猎。

乾德三年春正月癸酉初一，因为军队出征太祖不上殿听政。甲戌，王全斌攻克剑门，杀死后蜀军一万多人，擒获后蜀枢密使王昭远、泽州节度使赵崇韬。乙亥，太祖下诏埋葬出征后蜀战死的士兵，受伤的士兵赐给丝帛。壬午，王全斌攻取利州。乙酉，后蜀皇帝孟昶投降，得到四十五个州、一百九十八个县、百姓五十三万四千零三十九户。高丽国王派遣使臣来朝奉献礼品。戊子，吏部郎中邓守中因考试吏员不当而获罪，贬为吏部员外郎。癸巳，刘光义攻取万、施、开、忠四州，遂州守臣陈愈投降。乙未，太祖下诏抚恤西川将士官吏百姓。丙申，赦免后蜀全境，虏获的牲口归还原来主人，免除原后蜀管辖地区内拖欠的赋税，免征一半夏税和沿纳征收物品。

二月癸卯，南唐、吴越进贡长春节御衣、金银器皿、锦绮一千多件。甲辰，派遣皇城使窦思俨迎接慰问孟昶。丁未，全州发大水。庚申，王全斌在成都杀死后蜀投降的士兵二万七千人。

三月癸酉，太祖下诏设置义仓。这个月，两川地区盗贼群起，先锋都指挥使高彦晖被盗贼杀死，太祖下诏所在地区攻击讨伐盗贼。

夏四月乙巳，回鹘派遣使臣进献当地土产。癸丑，职方员外郎李岳因赃罪在闹市被斩首示众。南唐进献祝贺收复蜀地的银绢以万计。戊午，太祖派遣中使在江陵赐给后蜀官员鞍马、车辆。癸亥，招募各军子弟疏导五丈河，河水贯通皇城流入内庭池塘。

五月辛未初一，太祖诏令放还各道幕职、令录已经引入问对过的官员，根据离京路程的远近，差等减少选限。壬申，太祖到迎春苑设宴射箭。乙亥，派遣开封尹赵光义在玉津园慰劳孟昶。丙戌，太祖在崇元殿接见孟昶，在大明殿宴请孟昶等人。丁亥，太祖赐给将士衣服钱帛、戊子，大赦天下，死罪囚犯减刑一等。壬辰，在大明殿宴请孟昶以及他的子弟。

六月甲辰，任命孟昶为中书令、秦国公，赐给孟昶的子弟及臣僚不等的官爵。庚戌，孟昶逝世。

秋七月，珍州刺史田景迁归附宋朝。壬辰，追封孟昶为楚王。丁酉，太祖到教船池，于是又到玉津园设宴射箭。

八月戊戌初一，太祖下诏登记州郡中骁勇的士兵并把他们送到京师。癸卯，黄河在阳武县决口。庚戌，太祖诏令王全斌等人发粮食给后蜀逃亡士兵家庭。乙卯，黄河在河阳溢出河道，毁坏百姓房屋。戊午，殿直成德钧因贪赃受贿在闹市被斩首示众。己未，黄河在郓州溢出河道，淹没田地。辛酉，寿星出现。

九月己巳，太祖检阅各道军队，把骑兵编为骁雄军，步兵编为雄武军，全都隶属侍卫亲军。壬申，诏令蜀地各州郡各自建立五百人的克宁军。辛巳，黄河在澶州决口。戊子，太祖到西水硙视察。

十月丁酉初一，大雾。己未，太子中舍王治因接受贿赂杀人，在闹市被斩首示众。丙寅，济水在邹平溢出河道。

十一月丙子，甘州回鹘可汗派遣和尚进献佛牙、宝器。乙未，剑州刺史张仁谦因杀死投降的人而获罪，贬为宋州教练。

十二月丁酉初一，太祖下诏已嫁女子在舅父、姑母去世时穿用熟麻布做成的缉边缝齐的丧服、粗生麻布做成的左右和下边不缝的丧服。己亥，太祖下诏西川管辖区内的监军、巡检不得干预州县事务。戊午，甘州回鹘可汗、于阗国王等派遣使臣来朝拜，进贡一千匹马、五百头骆驼、五百团玉、五百斤琥珀。

后蜀宫妓图

乾德四年春正月丙子，太祖派遣使臣分赴江陵、凤翔，赐给后蜀官员家庭钱帛。丁亥，命令丁德裕等人家领军队巡行安抚西川。己丑，太祖到迎春苑设宴射箭。

二月癸卯，太祖视察皇城工程。丙辰，于阗国王派遣他的儿子李德从来进贡。安国军节度使罗彦瑰等部在静阳打败北汉军队，擒获北汉将领鹿英。辛酉，考试落榜的举人。甲子，免征西川今年的夏税以及各种应征物品的一半，田地未能得到耕种的全部免征。岳州发生火灾。

三月癸酉，废除义仓。甲戌，占城国派遣使臣来进贡，癸未，僧行勤等一百五十七人，太祖赐给每人三万贯钱，去西域游历。

夏四月丁酉，占城国派遣使臣来朝进贡。丙午，潭州发生火灾，壬子，停止光州进贡老鹰鹞子。丁巳，契丹天德军节度使于延超和他的儿子来投降。进士李蔼因诋毁佛教获罪，说话又不谦虚恭敬，被刺面服杖刑，流放沙门岛。庚申，太祖到燕国长公主府第看望她的病情。

五月，南唐祝贺文明殿建成，进贡一万两银子。甲戌，光禄少卿郭玘因贪赃罪在闹市被斩首示众。乙亥，太祖观看后蜀皇帝仪仗队所用的器物、图书。丁丑，太祖下诏蜀郡敢有不探视父母疾病的人以犯罪论处。辛巳，潭州发生火灾。壬午，澶州进贡有两处分蘖至六处分蘖的小麦一百六十五株。辛卯，火星侵犯轩辕星。

六月甲午，黄河水在东阿溢出河道。甲辰，黄河在观城决口。月亮侵犯心前星。丙午，澧州刺史白全绍因破坏法纪在管辖区内聚敛财物，被免去官职。太祖下诏：大臣们家中不得私自养阉人，年龄在三十岁以上的内侍当允许收养一个儿子，官吏和百姓敢有阉割童男的人决不赦废罪行。己酉，果州进贡水稻，一株稻上有十三棵穗。

秋七月丙寅，诏令：后蜀文武官吏以及他们的亲属有生病的人，所在地区的官府给他们医药钱吊。戊辰，西南夷首领董暠等人归附。己巳，太祖到造船务，又到开封尹赵光义的北园设宴射箭。癸酉，赐给西川行营将士数量不等的钱帛。庚辰，免去后蜀在剑南地区的米麦征敛。华州旱灾，免去华州今年的田租。给州县官员俸户。

八月丁酉，太祖下诏废除蜀地加倍的利息。庚子，大水冲坏高苑县城。壬寅，太祖下诏御史以及吏部、刑部官员任满三周年时，就可以根据原任官职转官或加恩。庚戌，枢密直学士冯瓒、绫锦副使李美、殿中侍御史李楫被宰相赵普陷害，以贪赃定为死罪；恰好大赦，被流放到沙门岛，遇到朝廷施恩时也不得回来。辛亥，太祖到玉津园设宴射箭。京兆府进贡野蚕茧。壬子，衡州火灾。乙卯，审察记录囚徒的罪状。丙辰，黄河在滑州决口，冲坏灵河大堤。普州野兔吃庄稼。

闰八月乙丑，黄河水溢出河道流入南华县。己巳，衡州发生火灾。乙亥，太祖下诏：百姓能广栽桑枣树、开垦荒田者不加租税，令佐官员能招复逃亡农户和劝勉农户载桑植枣树的受赏。

九月壬辰初一，发大水。虎捷指挥使孙进、龙卫指挥使吴瑰等二十七个人，因参与吕翰叛乱被处以死刑，孙进被灭族。庚子，占城国进贡受过驯养的大象。乙巳，太祖亲临教船池，于是又到玉津园观看卫士骑马射箭。丙午，太祖下诏吴越国在会稽建立大禹庙。

冬十月辛酉初一，命令太常恢复文德、武功二舞。癸亥，诏各个州郡修建古代帝王的陵墓和宗庙，安排不同数量的民户护陵。己巳，禁止吏员士兵借口巡察骚扰百姓。

十二月庚辰，妖人张龙儿等二十四人被处死刑，张龙儿、李玉、杨密、聂赟被灭族。

乾德五年春正月戊戌，修治黄河堤。丁未，合州汉初县上贡青樛木，木头中有文字写着“大连宋”。甲寅，王全斌等人因征伐后蜀时贪污受贿杀死投降的士兵而获罪，王全斌被贬为崇义军节度使，崔彦进被贬为昭化军节度使，王仁赡被贬为右卫大将军。丙辰，诏令征伐后蜀的将校军官中有接受后蜀钱财物品的，都要立即归还原主。丁巳，赏赐征伐后蜀有功的将士，曹彬、刘光义等人不同程度地提升了官爵。

二月庚申初一，太祖亲临造船务，到城西观看卫士骑马射箭。甲子，薛居正、吕余庆一起任吏部侍郎，仍担任参知政事。己丑，太祖亲临教船池。

三月甲辰，太祖下诏翰林学士、常参官在幕职、州县官员以及京官内各自推荐一名能够担任常参官的人员，被推荐人不称职，推荐人将连同获罪。乙巳，太祖下诏让各道推举所属官吏中才能德行优异的人。丙午，任命赵普为尚书左仆射兼门下侍郎、同中书门下章事，李崇矩为检校太傅。这一天，太祖到教船池，又到玉津园举行宴会射箭。丙辰，北汉石盆寨招收指挥使阎章以本寨来投降。金、木、水、火、土五颗行星在奎宿星处相聚。

夏五月乙巳，太祖赐给京城里的贫苦百姓衣服。北汉鸿唐寨招收指挥使樊晖以本寨来投降。甲寅，任命王溥为太子太傅。

六月戊午初一，日食。辛巳，太祖到建隆观，于是又到飞龙院。丁亥，牂牁顺化王子等人来进献当地土产。

七月丁酉，禁止毁坏铜佛像。己酉，免征遭受水旱灾害的农户今年的租税。

八月甲申，黄河水溢出河道流入卫州城，溺死百姓数百人。

九月壬辰，仓部员外郎陈郾因贪赃犯法在闹市被斩首示众。甲午，西南蕃顺化王子部才等人派遣使臣进献当地土产。己酉，太祖在近郊打猎。

十一月乙酉初一，工部侍郎毋守素因在父丧期中娶妾被免官。供奉武仁海因滥杀无辜在闹市被斩首示众。

十二月丙辰，禁止使用新铸的小铁镴等钱、涂粉加药质地稀疏低劣的布帛。癸酉，升麟州为建宁军节度，宰相赵普因母亲去世而离任。丙子，赵普服丧期未满重新被起用为宰相。

开宝元年春正月甲午，扩大修治京城。陕州的集津、绛州的垣曲、怀州的武陟发生饥荒，下诏救济这些地区。己亥，北汉偏城寨招收指挥使任恩等人来投降。

三月庚寅，颁布县令、尉捕盗令。癸巳，太祖亲临玉津园。乙巳，有驯养的大象自行来到京城。

夏四月乙卯，太祖到节度使赵彦徽的府第探视他的病情。

五月丁未，赐给南唐大米小麦十万斛。

六月癸丑初一，太祖下诏百姓田地被连绵大雨、河水淹坏的，免征今年的夏税和因袭征收的杂税。癸亥，太祖下诏：荆蜀地区百姓中有祖父母、父母在世的人，他们的子孙不准分开财产另外居住。丁丑，太白星白天出现；戊寅，太白星再次出现。辛巳，在单父县百姓家中的水井里有龙出来，伴随着大风大雨。淹没百姓房屋四百间，死亡几十人。

秋七月丙申，太祖到铁骑营，赐给将士钱羊酒多少不等。北汉颍州寨主胡遇等人来投降。丙午，太祖到铁骑营，于是到玉津园。戊申，坊州刺史李怀节因强行购买辖区百姓的物品，贬为左卫率府率。北汉主刘钧去世，养子刘继恩即位当皇帝。

八月乙卯，太祖在近郊打鹘鸟，回宫时到相国寺。戊午，太祖又在北郊打鹘鸟，回宫时到飞龙院。丙寅，派遣客省使卢怀忠等二十二人领禁军在潞州会合。戊辰，太祖命令昭义军节度使李继勋等人征伐北汉。

九月辛巳初一，禁止钱币运出边境。癸未，监察御史杨士达因审案滥杀无辜在闹市被斩首示众。庚子，李继勋在铜温河打败北汉军队。己酉，北汉供奉官侯霸荣杀死北汉皇帝刘继恩，刘继元继位当皇帝。

冬十月己未，太祖在近郊打猎，回宫时到飞龙院。丙子，吴越王派遣儿子钱惟浚朝贡。

十一月癸卯，冬至日，太祖在南郊举行祭祀，改年号为开宝，大赦天下，犯有十恶、杀人、贪污受贿的官吏不赦罪。宰相赵普等人进奉玉册、宝，进上太祖尊号为应天广运大圣神武明道至德仁孝皇帝。

十二月甲子，进行庆祝活动，从开封尹、兴元尹、宰相、枢密使到各个道的蕃侯，都不同程度地加勋晋爵。乙丑，大食国派遣使臣进贡当地土产。

开宝二年春正月己卯初一，太祖因军队出征，不上殿听政。

二月乙卯，任命昭义军节度使李继勋为河东行营前军都部署，侍卫步军指挥使党进担任他的副手，宣徽南院使曹彬为都监，棣州防御使何继筠为石岭关部署，建雄军节度使赵赞为汾州路部署，以征伐北汉。太祖在长春殿设宴款待。任命彰德军节度使韩仲赟为北面都部署，彰义军节度使郭延义担任副职，以防备契丹。戊午，太祖下诏亲征。己酉，任命开封尹赵光义为上都留守，枢密副使沈义伦为大内部署、判留司三司事。甲子，太祖率领大军从京城出发。乙亥，下雨，大军驻扎在潞州。

三月壬辰，太祖在潞州出发。乙未，李继勋在太原城下打败北汉军队。戊戌，太祖来到靠近太原城下的地方。庚子，在太原城南检阅军队显示军威，修筑长连城。辛丑，太祖到汾河，修建一座新桥。征发太原附近各县的几万名男丁集中在太原城下。癸卯，北汉史昭文在宪州投降，乙巳，太祖到太原城南，说汾河水可以淹灌太原城，命令筑起长堤阻塞汾水。决引晋祠水淹灌太原城。于是又在太原城四周建立营寨，李继勋军队在太原城南，赵赞军队在太原城西，曹彬军队在太原城北，党进军队在太原城东，再从北面引汾水入新堤淹灌太原城。辛亥，派遣海州刺史孙方进率领军队包围汾州。

四月戊申，太祖到太原城东观看修建堤坝。壬子，太祖又来到太原城东。己未，何继筠在阳曲打败契丹，斩杀几千人，把俘虏的武州刺史王彦符献给太祖，太祖命令把所缴获的首级、铠甲在太原城下陈列出来。壬戌，太祖亲临汾河边视察造船。戊辰，太祖到太原城西上生院。丙子，又来到城西。

五月癸未，韩仲赟在定州北面打败契丹。自戊子到庚寅，太祖命令水军驾船载着强弩四围攻太原城，横州团练使王廷义、殿前都虞候石汉卿战死。甲午，北汉赵文度在岚州投降。甲辰，都虞候赵廷翰奏，各军要求冒死攻击登上太原城，太祖怜惜将士，不允许进攻。

闰五月戊申，太原城墙坍塌，河水灌注进城内，太祖马上登上长堤观察。己酉，右仆射魏仁浦去世。壬子，因太常博士李光赞提议，讨论大军班师回朝。己未，命令士兵把河东万户百姓迁徙到山东。庚申，太祖分别命令使臣率领军队去镇州、潞州。壬戌，太祖起驾回京。戊辰，太祖在镇州停留。

六月丙子初一，太祖车驾从镇州出发。癸巳，太祖从太原回到京城。赦免京城里的囚犯。

秋七月丁巳，太祖亲临封禅寺。下诏镇、深、赵、邢、洺五个州管辖内的镇、寨、县都要修建城墙。甲子，举行盛大宴会。赐给宰相、枢密使、翰林学上、节度使、观察使成套衣裳和金带。戊辰，西南夷顺化王子武才等人来进贡当地土产。癸酉，太祖来到新建的水硙视察。汴河在下邑决口。乙亥，寿星出现。

八月丁亥，太祖诏川峡各州检察百姓中有父母在世而本人分家另住的，以死罪论处。

九月乙巳初一，太祖亲临武成王庙。壬戌，太祖到玉津园设宴射箭。

冬十月戊子，太祖在近郊打猎。庚寅，散指挥都知杜延进等人谋划作乱被处死，杜延进被灭族。太祖下诏：相、深、赵三州丁夫死于太原城下的人，免除各家的赋税和徭役。庚子，任命王溥为太子太师，武衡德为太子太傅。癸卯，西川兵马都监张延通、内臣张屿、引进副使王班被丁德裕在太祖面前进谗言，张延通以大不敬获罪被杀，张屿、王班都服杖刑并被流放。

十一月丙午，太祖到镇宁军节度使张令铎府第探视张令铎的病情。甲寅，太祖在近郊打猎，回宫时到金凤园。庚申，回鹘、于阗派遣使臣来进贡当地土产。

十二月癸未，太祖亲临中书省探视宰相赵普病情。己亥，右赞善大夫王昭因监大盈仓，儿子和仓吏勾结贪污，被剥夺两任官职，流放到汝州服役。丁德裕上奏诬陷西川转运使李铉指斥皇上，冤枉已经得伸，李铉还是因为酒醉的过失，被贬为右赞善大夫。

开宝三年春正月癸卯初一，降雨雪，太祖不上殿处理政务。癸丑，增筑黄河堤。辛酉，太祖下诏：百姓每五千户推举一名孝顺父母敬爱兄长名声显著的人、德行善美优秀的人，才能卓越、行为优异出众的人不受这条限制，里巷州郡逐级审查联名签署后呈报朝廷，依旧为被推荐人赴朝廷准备行装。

二月庚寅，太祖到西茶库，于是又到建隆观。

三月庚戌，太祖下诏选取参加进士考试十五次以上的司马浦等一百零六人，都赐给本科出身。辛亥，赐给处士王昭素国子博士以后让他退休。丙辰，殿中丞张颙因为在以前担任颍州知州时处理政务不公允，被免去官职。己未，太祖亲临赵普府第看望他的病情。

夏四月辛未初一，日食。丁亥，太祖亲临寺观祈祷下雨。辛卯，下雨。甲午，太祖亲临教船池。己亥，废除河北各个州的盐禁。太祖下诏州郡不是当地的土产不要进贡朝廷。

五月丁未，禁止京城百姓积贮兵器。癸丑，太祖到城北观看水硙。癸亥，赐给营房被雨水淋坏的各班钱多少不等。

六月乙未，禁止各州长吏的亲随人员执掌厢镇局务。

秋七月乙巳，建立报告水旱灾害期限的法令。壬子，太祖下诏蜀地州县官员根据管辖户口数多少不等地减少官吏和增加俸禄，不久又下诏各路也按照蜀地办法减员增俸。戊辰，太祖到教船池，又亲临玉津园举行宴会射箭。

八月戊子，太祖到教船池，又到了玉津园。

九月己亥初一，任命潭州防御使潘美为贺州道兵马行营都部署，朗州团练使尹崇珂担任他的副手。派遣使者征发十个州的军队到贺州会合，以讨伐南汉。甲辰，太祖下诏：西京，凤翔，雄州、耀州等州，周文王、成王、康王三位周王，秦始皇，汉高祖、文帝、景帝、武帝、元帝、成帝、哀帝七位汉朝皇帝，后魏孝文帝，西魏文帝，后周太祖，唐高祖、太宗、中宗、肃宗、代宗、德顺，文、武、宣、懿、僖、昭各位唐代帝王，一共二十七座陵墓，其中曾经被盗挖过的陵墓，有关机构准备礼法规定的衣服、平常的衣服各一套，备好棺椁重新安葬，所在地区的长吏祭祀。己酉，太祖亲临开宝寺观看新钟。丙辰，女直国派遣使臣带着安定国王烈万华的表章，贡献当地土产。丁卯，潘美等人在富州打败一万多名南汉军队，攻克富州。

十月庚辰，攻克贺州。

十一月壬寅，攻克昭、桂二州。乙巳，减少桂阳每年进贡的白金数额。癸丑，右领军卫将军石延祚因为利用监仓身份和管库的吏员勾结贪污在闹市被斩首示众。癸亥，定州驻泊都监田钦祚在遂城打败契丹。丙寅，任命曹州所荐德行善美的孔蟾为章丘主簿。

十二月壬申，潘美等人攻克连州。辛卯，在韶州把一万多名南汉军队打得大败，攻克韶州。癸巳，加筑黄河堤坝。

开宝四年春正月戊戌初一，因军队出征，太祖不上朝处理政事。丙午，罢免各道州县原有的代理官员。丁未，右千牛卫大将军桑进兴因贪赃在闹市被斩首示众。癸丑，潘美等人攻克英州、雄州。

二月丁亥，南汉刘铱派遣他的左仆射萧漼等人带着表章来上。己丑，潘美攻克广州，俘虏刘铱，平定广南。得到六十个州、二百十四个县、百姓十七万零二百六十三户。辛卯，大赦广南，免征夏秋二税，原来南汉政权的官吏留任。

三月乙未，太祖亲临飞龙院，赐给随从官员马匹。丙申，太祖下诏：广南地区有买人家子女作奴婢而转雇给他人以获利的人，一律释放；原来广南政权有损害百姓的政策措施都要汇报朝廷，加以废除。增加前代帝王各个陵墓的守陵户二户。

夏四月丙寅初一，前任左监门卫将军赵玭控告宰相赵普，因诬蔑诋毁大臣而获罪，被安置到汝州。丁卯，三佛齐国派遣使者进贡当地土产。己巳，太祖下诏禁止岭南地区商税、盐、麹，按荆湖地区法令执行。辛未，太祖亲临永兴军节度使吴廷祚府第探视他的病情。癸未，太祖到开宝寺。辛卯，南唐派遣皇弟李从谏来朝贡，征发一千名厢军修缮在陕西地区的前代帝王陵墓。壬辰，监察御史闾丘舜卿因为以前当官时盗用官钱，在闹市被斩首示众。

五月乙未初一，太祖亲临明德门行受俘刘铱礼，赦免刘铱罪；把他的权臣龚澄枢、李托、薛崇誉斩首。太祖在大明殿举行盛大宴会，刘铱也参加了。丁酉，太祖奖赏征伐广南的有功人员，潘美、尹崇珂等人晋升爵位不等。

六月癸酉，派遣使者祭祀南海。丁丑，命令翰林院考试南汉官员，选取书判稍优的人，授予令、录、簿、尉的官职。壬午，任命孝子罗居通为延州主簿。封刘铱为恩赦侯。乙酉，撤销贺州银场。在刘铱每月俸禄之外另赐给五万贯钱、米麦五十斛。黄河在原武决口，汴河在谷熟决口。

秋七月戊戌，太祖赐给开封尹赵光义十四把门戟。庚子，太祖亲临新修建的水硙，赐给工匠役人钱财布帛多少不等。戊午，重新签署内侍养子令。癸亥，太祖亲临建武军节度使何继筠府第探视他的病情。汴水在宋城决口。

八月壬申，文武百官给太祖上尊号，太祖不允许。辛卯，景星出现。

冬十月癸亥初一，日食。己巳，太祖下诏凡伪造黄金者都将在闹市被斩首示众。庚午，太子洗马王元吉因贪赃在闹市被斩首示众。辛巳，免除了广南地区原有的无名摊派苛敛。甲申，太祖下诏十月后犯有强行盗窃抢劫罪行的人在南郊大赦时也不能得到赦免。丙戌，释放被强行驱赶充军的广南百姓。

十一月癸巳初一，南唐皇帝派遣弟弟李从善，吴越国王派遣儿子钱惟浚，因太祖在郊外祭祀天地而来朝贡。南唐主李煜上表要求去掉国号和直呼其名，太祖同意了他的请求。庚戌，太祖下诏各道把罢免的代理官员中三任没有什么过失的人报告上来。黄河在澶州决口，通判姚恕因没有立即上报朝廷在闹市被斩首示众。己未，冬至日，在南郊举行祭祀典礼，大赦天下，犯有刑律规定的十恶罪犯、故意抢劫杀人犯、贪污受贿的官吏不赦。太祖下诏设置各州幕职官俸户。壬戌，四十名蜀班内殿直，援引御马直的例子要求赏赐，竟敲登闻鼓请愿；太祖下令各杖二十；第二天，全部在营中斩首，都指挥单斌等人都被处以杖刑、降官。

十二月癸亥初一，赐给南郊祭祀时的执事官器皿钱财多少不等。丁卯，举行庆祝活动，开封尹赵光义、兴元尹赵光美、贵州防御使赵德昭、宰相赵普都增加了食邑。己巳，朝廷内外的文武官员分别递升了勋爵。辛未，赐给考试《九经》的李符本科出身。壬午，太祖到近郊打猎。

开宝五年春正月壬辰初一，降雪，太祖不上殿处理政事。禁止用铁铸造宝塔和佛像。庚子，前任卢氏县尉鄢陵人许永年龄七十五岁，自己说父亲许琼年龄九十九岁，两位哥哥都有八十多岁了，请求朝廷委派他一个官职以便奉养父兄。因此太祖召见许琼并厚厚的赏赐了他。任命许永为鄢陵县令。壬寅，减少州县小吏和为衙门服役的人。乙巳，停止襄州每年进贡鱼。

二月丙子，太祖下诏沿黄河的十七个州各设立河堤判官一名。庚辰，在凤州七房冶炼银子的地方设立开宝监。庚寅，任命兵部侍郎刘熙古为参知政事。

闰二月壬辰，礼部考试合格进士安守亮和诸科共三十八人，太祖召他们到讲武殿回答题问，然后才张榜公布。庚戌，把密州升为安化军节度。

三月庚午，赐钱给颍州龙骑指挥使仇兴和他的士兵。辛未，占城国王波美税派遣使臣来进贡当地土产。壬申，太祖亲临教船池进行作战演习。乙酉，殿中侍御史张穆因贪赃在闹市被斩首示众。

夏四月庚寅初一，三佛齐国主释利乌耶派遣使臣来进贡当地土产。丙午，太祖派遣使臣查看遭受水灾的田地。丙寅，派遣使臣到各个州郡捕捉老虎。

五月庚申，赐给恩赦侯刘铱一百五十万贯钱。乙丑，太祖命令亲近大臣祈祷天气放晴。合并掉广南十三个州，三十九个县。丙寅，废除岭南专门采集珍珠的媚川都，并把原有士兵改编为静江军。辛未，黄河在濮阳决口，太祖命令颍州团练使曹翰前去堵塞决口。甲戌，因为阴雨连绵，放出后宫五十多名宫女，赏赐后把她们送回家。丁亥，河南、河北接连下大雨，澶、滑、济、郓、曹、濮六个州发大水。

六月己丑，黄河在阳武决口，汴水在谷熟决口。丁酉，太祖下诏说：大雨连绵，黄河决口，黄河沿岸百姓农田有遭水灾的地方，有关机构全部报告朝廷免除田租。戊申，修复阳武地区的黄河河堤。

秋七月己未，右拾遗张恂因贪赃在闹市被斩首示众。癸未，邕、容等州郡的獠人发生叛乱。

八月庚寅，高丽国王王昭派遣使臣来进贡当地土产。己亥，广州行营都监朱宪在容州大破獠人贼寇。癸卯，把宿州升为保静军节度，停止密州安化军节度，仍旧为防御州。

九月丁巳初一，日食，癸酉，李崇矩被免去枢密使，出任镇国军节度使。

冬十月庚子，太祖亲临河阳节度使张仁超府第探视他的病情。甲辰，举行道士考试，学业不够格的人勒令还俗。

十一月己未，李继明、药继清在英州大破獠贼。癸亥，禁止僧人道士学习天文地理。己巳，禁止举人寄住他处参加进士科举考试。庚辰，任命参知政事薛居正、吕余庆兼任淮、湖、岭、蜀转运使。

十二月乙酉初一，祈祷降雪。己亥，太祖到近郊打猎。开封尹赵光义突然生病，太祖于是到他府第探视病情。甲寅，内班董延谔因监守自盗草料粮食，处以杖死之刑。太祖下诏符合条件担任令录的人引对之后才能按才拟定官职。乙卯，降大雪。

这一年，发生大饥荒。

开宝六年春正月丙辰初一，太祖不上殿处理政事。设置蜀水陆转运计度使。癸酉，修缮魏县境内的黄河堤。

二月丙戌初一，棣州兵马监押、殿直傅延翰谋划反叛被处死刑。丙申，曹州发生饥荒，运京师太仓大米二万石救济灾荒地区。己亥，吴越国进贡用银子装饰的花舫、用黄金香料装饰的狮子。

三月乙卯初一，后周郑王在房州逝世，太祖穿素色衣服发布哀丧，停止上朝十天，赐谥号为恭帝，命令把棺木运回来葬在庆陵的旁边，称为顺陵。己未，恢复密州为安化军节度。庚申，太祖在讲武殿复试进士，赐给宋准以及落第的徐士廉等诸科考生一百二十七人及第。乙亥，赐给宋准等人宴会钱二十万贯。大食国派遣使臣来进贡。翰林学士、知贡举李昉因考试举人不得当，贬为太常少卿。考试朝廷官员中因公事死亡人员的儿子陆坦等人，赐给他们进士出身。丙子，太祖亲临相国寺观看新修建成的宝塔。

夏四月丁亥，太祖招来开封尹赵光义、天平军节度使石守信等人在御苑中赏花练习射箭。辛丑，派遣卢多逊为江南国信使。甲辰，占城国王悉利陀盘印茶派遣使臣来进献当地土产。丙午，黎州保塞蛮来归顺朝廷。戊申，太祖下诏撰写《五代史》。

五月庚申，刘熙古以户部尚书的身份退休。太祖下诏说：中书吏人揽权又大多贪赃受贿，现在兼用入流的州县官员担任堂吏。己巳，交州丁琏遣使进贡当地土产。太祖亲临玉津园观看收割小麦。辛巳，杀右拾遗马适。

六月辛卯，太祖召试在京各个机构的吏员，把其中的四百人罢黜为农民。癸巳，占城国派遣使臣进贡当地土产。隰州巡检使李谦溥攻克北汉的七个寨子。癸卯，雷有邻控告宰相赵普袒护堂吏胡赞等人违法，胡赞和李可度都受杖刑、登记抄没家产。庚戌，太祖下诏让参知政事和宰相赵普分别掌管宰相印信，上朝时分别领班启奏政事。

秋七月壬子初一，太祖下诏各州府设置司寇参军，让考中进士、明经科的人担任这个职务。丙辰，减免广南地区无名率钱。

八月乙酉，废除成都府后蜀时期的嫁妆税。辛卯，赐给平民王泽方同学究出身。丁酉，泗州推官侯济因在考试据律断案时让别人顶替自己，被处以杖刑，除名。甲辰，罢免赵普宰相职务，任命他为河阳三城节度使，同平章事。辛酉，太祖亲临都亭驿。

九月丁卯，吕余庆任尚书左丞，免去他的参知政事职务。己巳，太祖封赵光义为晋王、兼任侍中，封赵德昭同中书门下平章事，任命薛居正为门下侍郎、同平章事，任命户部侍郎、枢密副使沈义伦为中书侍郎、同平章事，任命石守信兼任侍中，任命卢多逊为中书舍人、参知政事。壬申，太祖下诏晋王赵光义班位在宰相之上。

冬十月甲申，安葬周恭帝，太祖不上朝处理政务，丁亥，太祖亲临玉津园视察庄稼。戊子，流星在文昌星、北斗星处出现。甲辰，太祖特赦隐瞒贪污受贿的官吏。

十一月癸丑，太祖命令自己左右的大臣祈祷降雪。丙午，前任中书舍人、参知政事卢多逊服丧期没满又被起用处理政事，推行《开宝通礼》，颁布限数剃度平民为僧的法令，规定各州据僧帐现管数目满百人每年准许剃度一人出家。

开宝七年春正月庚戌，太祖不上殿处理政务。庚申，占城国王波美税派遣使臣进贡当地土产。齐州的野蚕结出蚕茧。癸亥，左拾遗秦亶、太子中允吕鹄因贪污受贿，免于死刑，服杖刑、取消他们的原有身份。

二月庚辰初一，日食。丙戌，太阳中出现二颗黑子。癸卯，太祖命令身边的大臣祈求降雨。太祖下诏：《诗》《书》《易》三经学究，依照《三经》《三传》资格按规定的等级次第授予官职。乙巳，太子中舍胡德冲因为隐没官钱，在闹市被斩首示众。

三月乙丑，三佛齐国王派遣使臣进贡当地土产。

夏四月丙午，太祖派遣使臣检查岭南地区百姓的田地。

五月戊申初一，殿中侍御史李莹因为接受南唐馈赠的礼物，贬为右赞善大夫。甲寅，任命平民齐得一为章丘县主簿。乙丑，太祖下诏自今买卖官物不得与时价不同，如有抬高或压低价钱的以违法论处。丙寅，太祖亲临讲武池视察水战训练。丙子，太祖又到讲武池，于是又去了玉津园。

六月丙申，河中府发生饥荒，调运三万石谷子救济受灾地区。己亥，淮河水溢出河道流入泗州城；壬寅，黄河水在安阳溢出河道，这两次水灾都淹坏了百姓房屋。

秋七月壬子，太祖亲临讲武池视察水战训练，于是又到玉津园。丙辰，南丹州溪洞首领统帅莫洪燕归顺朝廷。太祖下诏降低成都府盐价。庚午，太子中允李仁友因为犯法，在闹市被斩首示众。

八月戊寅，吴越国王派遣使臣来朝拜进贡。丁亥，太祖通知吴越出兵讨伐江南。戊子，陈州进贡芝草，一根草有四十九条茎。己丑，太祖亲临讲武池，赐钱给进行水战训练的将士。戊戌，殿中丞赵象因为擅自收税，被取消原有身份。甲辰，太祖亲临讲武池视察水战训练，于是又到了玉津园。

九月癸亥，太祖任命宣徽南院使、义成军节度使曹彬为西南路行营马步军战棹都部署，山南东道节度使潘美为都监，颍州团练使曹翰为先锋都指挥使，率领十万大军从荆南出发，征伐江南。大军即将出发时，太祖召曹彬、潘美来，告诫他们说："攻陷升州的时候，重要的是不要杀戮；假如守军作困兽犹斗的话，那么李煜一家，不可以杀害。"丁卯，派知制诰李穆担任江南国信使。

冬十月甲申，太祖亲临迎春苑，登上汴水河堤观看战舰顺水东下。丙戌，太祖又亲临迎春苑，登上汴水河堤视察各军作战训练，于是又到了东水门，命令战舰出发顺水东下。江南进贡几万疋绢，皇帝的御衣、金带、几百件器皿用品。壬辰，曹彬等人率领水军、步兵、骑兵从江陵出发，水陆并进。丁酉，太祖任命吴越王钱俶为升州东南行营招抚制置使。己亥，曹彬攻克峡口，俘虏江南指挥使王仁震、王宴、钱兴。

闰十月己酉，攻克池州。丁巳，在铜陵击败江南军队。庚申，太祖命令宰相、参知政事交替主持按日记载朝政事务的日历工作。壬戌，曹彬等人攻克芜湖、当涂两个县，在采石驻扎军队。癸亥，太祖下诏减免湖南新制茶叶。甲子，薛居正等人进上新编的《五代史》，太祖赐给他们器皿钱财多少不等。丁卯，曹彬在采石打败江南军队，活捉江南兵马部署杨收、都监孙震等一千人，在长江上架设浮桥让大军渡过长江。

十一月癸未，在李从善部下以及江南水军一千三百九十人脸上刺字，编为归化军。甲申，太祖下诏减省剑南、山南等道属县的主簿。丁亥，秦、晋地区干旱，免除蒲、陕、晋、绛、同、解六个州拖欠的赋税，关西地区各州减免一半。己丑，知汉阳军李恕在鄂州击败江南水军。甲午，曹彬在新林寨击败江南军队。辛丑，太祖命令知雄州孙全兴回信答复契丹涿州守臣重新和好的书信。壬寅，大食国派遣使臣进贡当地土产。

十二月己酉，曹彬在白鹭洲打败江南军队。辛亥，太祖命令身边的亲近大臣祈祷降雪。甲子，吴越王率领军队包围常州，俘获一些江南守军人马。不久攻克利城寨。丙寅，曹彬在新林港打败江南军队。己巳，左拾遗刘祺因接受贿赂，被脸上刺字、服杖刑流放沙门岛。庚午，北汉侵犯晋州，晋州守臣武守琦在洪洞打败北汉军队。壬申，吴越王在常州北界打败江南军队。

开宝八年春正月甲戌初一，太祖因军队出征，不上殿处理政事。丙子，知池州樊若水在沁州附近打败江南军队；田钦祚在溧水打败江南军队，斩杀江南军都统使李雄。乙酉，太祖在长春殿听政时，对宰相说："我看做臣子的人大都不能把名节保持到晚年，难道是他们忠孝很薄因而没法享受厚福吗？"宰相薛居正等人叩头感谢教诲。庚寅，曹彬攻克升州城南水寨。

二月癸王，曹彬在白鹭洲打败江南军队。乙卯，攻克升州关城。丁巳，太子中允徐昭文因抑制百姓出售货物获罪，从簿籍上除去姓名。甲子，知扬州侯陟在宣化镇打败江南军队。戊辰，太祖在讲武殿举行进士复试，赐给进士王嗣宗等三十一人、纪自成等诸科三十四人及第。

三月乙酉，赐给王嗣宗等人宴会钱二十万贯。己丑，太祖命令祈求降雨。庚寅，曹彬在长江中打败江南军队。己亥，契丹派遣使臣克沙骨慎思带着国书来讲和。知潞州药继能攻克北汉鹰涧堡。辛丑，太祖召契丹使臣到讲武殿观看演习射箭。壬寅，太祖派遣太监王继恩率领军队赴升州。大食国派遣使臣来朝拜进贡。

夏四月乙巳，太祖亲临东水磨视察。癸丑，太祖到都亭驿检阅新造的战船。丁巳，吴越王攻克常州。壬戌，曹彬等人在秦淮北面打败江南军队。戊辰，太祖亲临玉津园观看种植水稻。于是又亲临讲武池视察水军作战训练。庚午，太祖下诏岭南地区盗窃赃物满十贯钱俶以上的处以死刑。太祖亲临西水磨视察。

五月壬申初一，任命吴越国王钱俶守太师、尚书令，增加食邑。知桂阳监张侃揭发前任官隐瞒并吞没多余的银子，追究处罚兵部郎中董枢、右赞善大夫孔璘，斩首，太子洗马赵瑜服杖刑，流放海岛；张侃受到赏赐，升任屯田员外郎。辛巳，祈祷天气放晴。甲申，江南宁远军和沿江营寨投降。乙酉，太祖下诏武冈、长沙等十县百姓遭盗贼掠夺的人家减免拖欠的田租，并免除一年徭役。甲午，安南都护丁琏派遣使臣来进贡。辛丑，黄河在濮州决口。

六月壬寅，曹彬等人派遣使者报告说，在升州城下打败江南军队。丁未，宋州观察判官崔绚、录事参军马德休都因贪赃受贿在闹市被斩首示众。辛亥，黄河在澶州顿丘决口。甲子，彗星在柳宿出现，四丈长，辰时出现在东方。

秋七月辛未初一，日食。庚辰，太祖派遣阁门使郝崇信、太常丞吕端出使契丹。癸未，西天东印土王子穰结说啰来朝贡。甲申，太祖诏令吴越王钱俶班师。己亥，山后两林鬼主、怀化将军勿尼等人来朝贡。

八月乙卯，太祖亲临东水磨观赏游鱼。于是又去了北园。辛酉，太祖下诏暂停今年的科举考试。壬戌，契丹派遣左卫大将军耶律霸德等人送来皇帝穿的衣服、玉带、名马。西南蕃顺化王子若废等人来进贡名马。癸亥，丁德裕在润州城下打败守军。

九月壬申，太祖在近郊打猎，骑马追赶兔子时，马突然跌倒，太祖摔在地上，因此太祖拔出佩刀刺死了这匹马。立刻就又后悔做了这件事，说："我是天下的主人，轻率地出来打猎，又为什么要处罚马匹呢！"于是自此以后不再打猎。戊寅，润州投降。

冬十月己亥初一，江南主派遣徐铉、周惟简来朝乞求宋军暂缓进攻。辛亥，太祖下诏州县令佐官员察举百姓中孝顺父母敬爱兄长努力耕种田地、具有非凡才能和优异行为或者文武才能可以任用的人送到朝廷。丁巳，修建西京宫殿。江南国主李煜进贡银子五万两、绢五万匹，乞求暂缓进攻。戊午，改润州镇海军节度为镇江军节度。太祖亲临晋王赵光义的北园。己未，曹彬派遣都虞候刘遇在皖口击溃江南军队，擒获江南军将领朱令赟、王晖。

十一月辛未，江南主李煜派遣徐铉等人再次带着表章乞求宋军暂缓进攻，没有给他答复。甲申夜里，曹彬在升州城下打败江南军队。丙戌，任命校书郎宋准、殿直邢文庆担任贺契丹正旦使。乙未，曹彬攻克升州，俘虏江南国主李煜，江南平定，一共得到十九个州、三个军、一百八十个县、百姓六十五万五千零六十户。太祖亲临视察新建的龙兴寺。

十二月庚子，太祖亲临惠民河视察修筑堤堰。辛丑，在江南地区实行大赦，免除一年徭役；经过战争的地区，免除两年徭役。戊申，三佛齐派遣使者来进贡当地土产。己酉，太祖亲临龙兴寺。辛亥，减免开封府所属各县今年十分之三的秋租。己未，任命恩赦侯

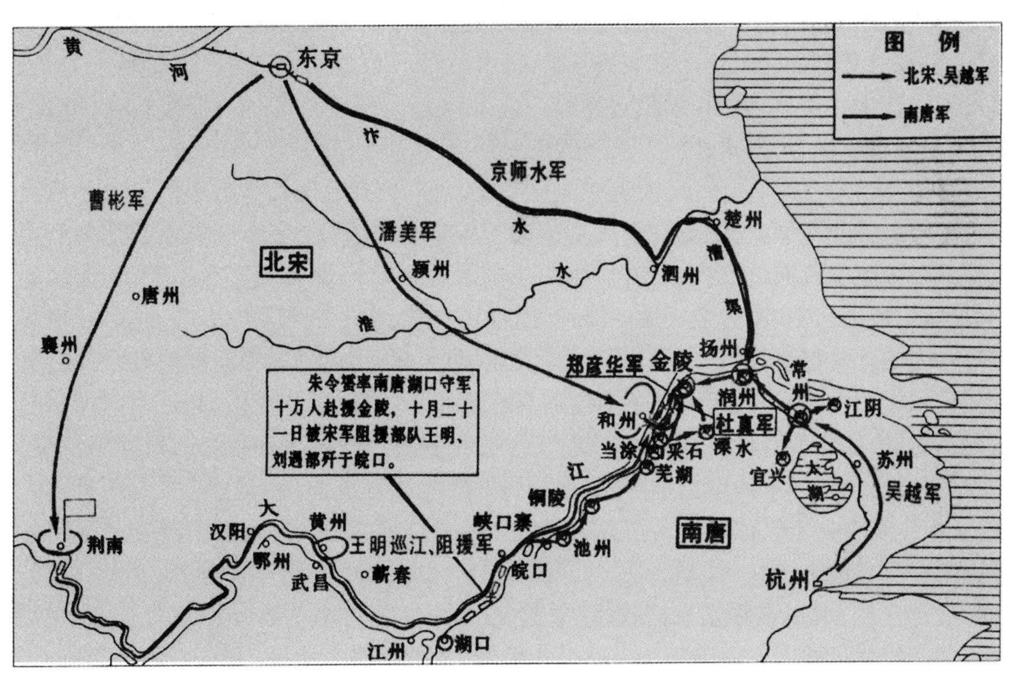

北宋五路出师，灭南唐示意图

刘铱为彭城郡公。甲子，契丹派遣使臣耶律乌正来朝廷祝贺正旦。丁卯，吴越国王钱俶请求在长春节来朝见太祖，太祖同意了他的请求。

开宝九年春正月辛未，太祖来到明德门，在楼下接见李煜，没有用进献俘虏的仪式。壬申，大赦天下，犯有死罪的减刑一等。乙亥，太祖封李煜为违命侯，他的子弟和臣僚也都封爵不等。己卯，江南昭武军节度使留后卢绛焚烧并掠夺州县。庚辰，太祖下诏在西京举行祭祀活动。癸巳，晋王赵光义率领满朝文武官员进上尊号，太祖不允许。

二月癸卯，三次上表进尊号，太祖还是不同意。庚戌，任命曹彬为枢密使。辛亥，太祖命令赵德昭在宋州迎接慰劳吴越国王钱俶。契丹派遣使臣耶律延顸带着御衣、玉带、名马、散马、白鹘来庆贺长春节。乙卯，吴越国王钱俶上奏朝廷指责内客省使丁德裕贪婪凶狠，丁德裕被贬为房州刺史。丁巳，太祖视察礼贤宅。戊午，任命卢多逊为吏部侍郎，仍旧担任参知政事。己未，吴越国王钱俶和他的儿子钱惟浚等人在崇德殿朝见太祖，进贡银绢数以万计。太祖赐给他衣带和鞍马，于是让钱俶等人住在礼贤宅，太祖在长安殿设宴款待他们。壬戌，钱俶进贡庆贺平定升州的银绢、乳香、吴绫、丝绵、钱茶、犀象、香药，都以亿万计。甲子，太祖召晋王赵光义、吴越国王钱俶以及他的儿子等人在御苑中射箭，钱俶进上皇帝的御衣、寿星、通犀带以及金器。丁卯，太祖亲临礼贤宅，赐给钱俶金器以及银绢数万。

三月己巳，钱俶进贡帮助南郊祭祀的银绢、乳香数以万计。庚午，太祖赐钱俶可以佩剑穿履朝见皇帝，诏书中不写他的名字。癸酉，任命皇子赵德芳为检校太保、贵州防御使，中书侍郎、同平章事沈义伦为大内都部署，右卫大将军王仁赡权判留司、三司兼知开封府事。丙子，太祖去西京。己卯，太祖在巩县停留，朝拜安陵，痛哭悲号很长时间。庚辰，太祖赐河南府百姓今年田租减免一半，侍奉陵墓的百姓家庭免除一年的徭役。辛巳，太祖到达洛阳。庚寅，大雨，太祖分别命令左右亲近大臣到各个祠观庙宇祈祷天晴。辛卯，太祖亲临广化寺，正式开放无畏三藏塔。

夏四月己亥，雨停。庚子，太祖在圜丘祭天，回来时到五凤楼大赦天下，十恶、故意杀人者不赦免，贬谪降官受责免官的人酌情移近安置分级进用，各种流放以及拖欠赋税的人全部释放免于追究，官吏中没有得到赠恩的人也都广泛地得到赏赐。壬寅，太祖举行盛大宴会，赐给亲王、左右亲近大臣、将帅们一套衣裳、金带、带鞍的马匹、器皿、钱币多少不等。丙午，太祖起驾回京。辛亥，太祖从洛阳回到开封。丁巳，曹翰攻克江州，屠城，擒获牙校宋德明、胡则等人。太祖下诏增加晋王赵光义的食邑，赵光美、赵德昭都加封开府仪同三司，增加赵德芳食邑，薛居正、沈义伦加封光禄大夫，枢密使曹彬、宣微北院使潘美加封为特进，吴越国王钱俶增加食邑，朝廷内外的文武官员都得到封赏，提升了官阶。己未，太祖立官吏每十天休假一天以休息沐浴的诏令。丙寅，大食国王珂黎拂派遣使者蒲希密来进贡当地土产。

五月己巳，太祖亲临东水磨视察，于是又到了飞龙院，观看在金水河中捕鱼。甲戌，太祖派遣司勋员外郎和岘前往江南路采访民情，处死卢绛。庚辰，太祖亲临讲武池，于是又到玉津园视察庄稼。宋州大风，吹坏城楼官民房屋近五千间。甲申，任命阁门副使田守奇等人担任贺契丹生辰使。晋州把北汉岚、石、宪三州巡检使王洪武等人送来献给朝廷。

六月庚子，太祖步行来到晋王赵光义的府邸，命令建造抽水的机轮，汲取金水河水灌注到赵光义府邸形成池塘。癸卯，吴越国王钱俶进贡银两、绢帛、丝绵以数万计。乙卯，火星进入南斗。

秋七月戊辰，太祖亲临晋王赵光义府邸视察新挖成的池塘。丙子，太祖亲临京兆尹赵光美府第探视他的病情。戊寅，太祖再次亲临赵光美府第。泉州节度使陈洪进请求来朝廷觐见太祖。丙戌，命令左右亲近大臣祈祷天晴。丁亥，太祖命令修建先代帝王以及五岳四渎的祠庙。庚寅，太祖亲临赵光美府第。

八月乙未初一，吴越国王钱俶进献会发射火箭的军士。己亥，太祖亲临新建的龙兴寺。辛丑，太子中允郭思齐因贪赃在闹市被斩首示众。乙巳，太祖到等觉院，于是又去了东染院，赐给工人钱币。又到控鹤营视察将士练习射箭，赐给将士布帛多少不等。又亲临开宝寺观看藏经。丁未，太祖派遣侍卫马军都指挥使党进、宣徽北院使潘美征伐北汉。丙辰，派遣西上阁门使等率领军队分五路进攻太原。

九月甲子，太祖亲临绫锦院。庚午，权高丽国事王伷派遣使臣来朝拜进贡。党进在太原城北击败北汉军队。辛巳，太祖命令忻、代行营都监郭进迁徙山后各州的百姓。庚寅，太祖亲临城南池亭，于是又到了礼贤宅，又去了晋王赵光义的府第。

冬十月甲午初一，太祖赐给文武百官衣服多少不等。丁酉，兵马监押马继恩率领军队进入河东境内，焚烧扫荡了四十多处营寨。己亥，太祖亲临西教场。庚子，镇州巡检郭进焚烧寿阳县，俘虏九千人。辛丑，晋、隰巡检穆彦璋进入河东，俘虏二千多人。党进在太原城北击败北汉军队。己酉，吴越国王钱俶进贡经过驯养的大象。癸丑晚上，太祖在万岁殿逝世，终年五十岁，灵柩停放在进万岁殿的西甬道中，谥号为英武圣文神德皇帝，庙号为太祖。太宗太平兴国二年四月乙卯，安葬在永昌陵。真宗大中祥符元年，加上尊崇太祖的谥号为启运立极英武睿文神德圣功至明大孝皇帝。

太祖皇帝天性孝顺父母，友爱兄弟，节约俭省，秉性任其自然，不故意矫揉造作以掩饰自己。接受后周禅让的初期，很喜欢便装出行，有人劝说他不要轻易出去。太祖说："帝王的兴起。自有天命，周世宗看到将领中有方脸大耳的人都把他们杀死，我整天侍奉在他身边，他也不能危害我。"这之后便装出宫的次数更加多了，有人规劝他，就对规劝的人说："享有天命的人任他自己做事，你不要禁止。"

有一天，太祖退朝下来，坐在便殿中不高兴了很长时间。左右侍从问太祖为了什么事，太祖说："你们认为当天子是件容易的事吗？我在早朝时乘一时高兴而错误地处理了一件事，因此不高兴。"汴京新建的宫殿落成，太祖来到正殿坐下，命令把殿门全部打开，对左右说："这好比是我的内心，很少有不正的地方，人们都可以看见的。"

宋太宗赵光义

吴越国王钱俶来朝廷，自宰相以下的文武官员都请求太祖留下钱俶而收取他的土地，太祖不听这种意见，放他回国。等到钱俶辞行的时候，太祖取来大臣们请求留下钱俶的几十件章疏，密封后交给他，告诉他在路上秘密观看。钱俶到途中启封阅读，都是要求太祖把自己留下而不要遣还吴越的奏章。他从这件事之后既感激又恐惧，江南平定，于是请求把国土归宋。南汉刘铱在自己的国家里，好在酒中放毒药毒死臣下，不久归顺朝廷，跟着太祖来到讲武池，太祖倒了一杯酒赐给刘铱，刘铱怀疑酒中有毒药，捧着杯子哭泣着说："我犯的罪是在不赦之列的，陛下既然不以死罪对待我，我愿意做一名大梁的平民百姓，亲眼看看太平盛世，我不敢饮下这杯酒。"太祖笑着对他说："我把自己的一颗赤诚之心放到别人的胸膛里，我怎么会这样做呢？"立即拿过刚给刘铱倒的酒自己喝了下去，另外倒了一杯酒赐给他。

王彦升擅自杀死韩通，虽然参与辅佐太祖建立王朝，但终身没有得到大将的符节和斧钺。王全斌进入四川，贪婪放纵屠杀降兵，虽然立有大功，也立即被贬官黜责。

皇宫中的苇帘，用青布包边；太祖经常穿的衣服，洗涤过多次还在穿。魏国长公主短袄上装饰着翠鸟的羽毛，太祖告诫她不要再用了，又教诲她说："你生长在富贵之中，应当懂得珍惜福分。"看见孟昶用珠宝装饰的小便器具，就把它捣毁打碎，说："你用七种宝石

装饰便器,那么应该用什么器皿来盛放食物?你这样的所作所为,不亡国还等什么!"

太祖晚年喜好读书,曾经读《尚书》的《尧典》《舜典》,叹息说:"尧、舜处罚四个凶人,也仅仅把他们流放出去,为什么近代法网如此严密啊!"对宰相说:"五代时期诸侯骄横,有违法杀人的人,朝廷也置之不问。人命至关重要,姑息纵容藩镇,应当是这样的吗?自现在开始各州判处犯人死刑的,要记录好案情上奏朝廷,交给刑部重新审查复核。"于是立为法令。

乾德改年号,太祖事先告诉宰相说:"年号必须选择以前朝代没有使用过的文辞。"乾德三年,后蜀平定,后蜀宫女来到太祖内宫,太祖看到她们使用的铜镜背后铸有"乾德四年铸"这样的文字,把窦仪等人招来查问这件事。窦仪回答说:"这一定是后蜀的东西,后蜀皇帝曾经使用过这个年号。"太祖于是很高兴地说:"担任宰相的还应该是读书人。"自此以后十分器重读书人。

太祖接受杜太后之命,把皇位传给太宗。太宗曾经病得很重,太祖前去看望他,亲自为太宗用艾草灼烧穴位,太宗感到疼痛,太祖也拿艾草烧灼自己的穴位。他经常对左右亲近大臣们说:"太宗龙行虎步,出生时有奇异的现象发生,以后一定成为太平天子,论福分我不及他。"

钦宗本纪

【题解】

北宋末代皇帝钦宗赵桓(1100~1161),是宋徽宗赵佶的长子。他十五岁时被立为皇太子。1125年徽宗让位,钦宗继位为帝,时年二十五岁。

徽宗时期,宠信宦官童贯、梁师成及善于阿谀奉承的王黼、朱勔,特别是因童贯而得官的蔡京等人,拜他们为相。他们相互勾结,把持朝政,欺上瞒下,搜括民财,骄奢淫逸,致使民力困竭。徽宗与他们一起安于享乐,迷信道教,对国家政事漫不经心。民众不堪其苦,宋江、方腊北南举起义旗。及至金兵南下攻宋,徽宗急忙禅位于钦宗。

钦宗执政后曾有意匡正朝纲,逐步贬诛了蔡京、童贯等人,起用李纲、钟师道等为相。但钦宗为人懦弱,缺乏主见,对多年形成的颓败局势难以迅速扭转;在对金的战和问题上摇摆不定;在内争外势的牵制下,对臣僚将帅时用时罢,频繁易人。在金人不断的进攻下,钦宗受尽割地称侄等无限屈辱,最后终于与其父子妻女、王孙嫔妃所有人等,沦为金兵俘虏。钦宗在位一年,随后在金国度过三十五年俘虏生涯,病死异国他乡,享年六十一岁。

【原文】

钦宗恭文顺德仁孝皇帝,讳桓,徽宗皇帝长子,母曰恭显皇后王氏。元符三年四月己西，生于坤宁殿。初名亶，封韩国公，明年六月进封京兆郡王。崇宁元年二月甲午，更名烜，十一月丁亥，又改今名。大观二年正月，进封定王。政和元年三月，讲学于资善堂。三年正月，加太保。四年二月癸酉，冠于文德殿。

宋钦宗赵桓

五年二月乙巳，立为皇太子，大赦天下。丁巳，谒太庙。诏乘金辂，设卤簿，如至道、天禧故事，及宫僚参并称臣，皆辞之。六年六月癸未，纳妃朱氏。

宣和七年十二月戊午，除开封牧。庚申，徽宗诏皇太子嗣位，自称曰道君皇帝，趣太子入禁中，被以御服。泣涕固辞，因得疾。又固辞，不许。辛酉，即皇帝位，御垂拱殿见群臣。是日，日有五色晕，挟赤黄珥，重日相荡摩久之。乃引道君皇帝出居龙德宫，皇后出居撷景园。以少宰李邦彦为龙德宫使，太保领枢密院事蔡攸、门下侍郎吴敏副之。是时，金人已分道犯境。壬戌，赦大逆、反叛以下罪，进百官秩一等，赏诸军，立妃朱氏为皇后，以太子詹事耿南仲签书枢密院事。癸亥，诏太傅燕王、越王入朝不趋，赞拜不名。诏非三省、枢密院所得旨，有司勿行。甲子，斡离不陷信德府，粘罕围太原。诏京东、淮西、浙募兵入卫。太学生陈东等上书，数蔡京、童贯、王黼、梁师成、李彦、朱勔罪，谓之六贼，请诛之。丙寅，上道君皇帝尊号曰教主道君太上皇帝，皇后曰道君太上皇后。诏改元。

靖康元年春正月丁卯朔，受群臣朝贺，退诣龙德宫，贺道君皇帝。诏中外臣庶宝封言得失。金人破相州，戊辰，破濬州。威武军节度使梁方平师溃，河北、河东路制置副使何灌退保滑州。己巳，灌奔还，金人济河，诏亲征。道君皇帝东巡，以枢密院事蔡攸为行宫使，尚书右丞宇文粹中副之。诏自今除授、黜陟及恩数等事，并参酌祖宗旧制。罢内外官司、局、所一百五处，止留后苑，以奉龙德宫。以门下侍郎吴敏知枢密院事，吏部尚书李棁同知枢密院事。贬太傅致仕王黼为崇信军节度副使，安置永州。赐翊卫大夫、安德军承宣使李彦死，并籍其家。放宁远军节度使朱勔归田里。帝欲亲征，以李纲为留守，以李棁为副。给事中王寓谏亲征，罢之。庚午，道君皇帝如亳州，百官多潜遁。补相欲奉帝出襄、邓，李纲谏止之。以纲为尚书右丞。辛未，以李纲为亲征行营使，侍卫亲军马军都指挥使曹曚副之。太补兼门下侍郎白时中罢，李邦彦为太宰兼门下侍郎，同知枢密院事蔡懋为尚书左丞。壬申，金人渡河，遣使督诸道兵入援。癸酉，诏两省、枢密院官制一遵元丰故事。金人犯京师，命尚书贺部员外郎郑望之、亲卫大夫康州防御使高世则使其军。诏从官举文武臣僚堪充将帅有胆勇者。是夜，金人攻宣泽门，李纲御之，斩获百余人，至旦始退。甲戌，金人遣吴孝民来议和，命李棁使金军。金人又使萧三宝奴、耶律忠、张愿恭来。以吏部尚书唐恪同知枢密院事。乙亥,金人攻通津、景阳等门,李纲督战,自卯至酉,斩首数千级,何灌战死。李棁与萧三实奴、耶律忠、王汭来索金帛数千万,且求割太原、中山、河间三镇,并宰相亲王为质,乃退师。丙子,避正殿,减常膳。括借金银,籍倡优家财。庚辰,命张邦昌副康王构使金军,诏称金国加"大"字。辛巳,道君皇帝幸镇江。以兵部尚书路允迪签书枢密腕事。金人陷阳武,知县事蒋兴祖死之。壬午,大风走石,竟日乃止。封子谌为大宁郡王。甲申,省廉访使者官,罢钞旁定贴钱及诸州免行钱,以诸路赡学户绝田产归常平司。统制官马忠以京西募兵至,击金人于顺天门外,败之。乙酉,路允迪使粘罕军于河东。平阳府将刘嗣初以城叛。丁亥,静难军节度使、河北河东路制置使种师道督泾原、秦凤兵入援,以师道同知枢密院事,为京畿、河北、河东宣抚使,统四方勤王兵及前后军。庚寅,盗杀王黼于雍丘。癸巳,乙未,贬少保、淮南节度使梁师成为彰化军节度副使,行及八角镇,赐死。

二月丁酉朔,命都统制姚平仲将兵夜袭金人军,不克而奔。戊戌,罢李纲以谢金人,废亲征征营司。金人复来议和。庚子,命驸马都尉曹晟使金军。辛丑,又命资政殿大学士宇文虚中、知东上阁门事王球使之,许割三镇地。太学诸生陈东等及都民数万人伏阙上书,请复用李纲及种师道,且言李邦彦等疾纲,恐其成功,罢纲正堕金人之计。会邦彦入朝,众数其罪而骂。吴敏传宣,众不退,遂挝登闻鼓,山呼动地。殿帅王宗濋恐生变,奏上勉从之。遣耿南仲号於众曰:"已得旨宣纲矣。"内侍朱拱之宣纲后期,众脔而磔之,并杀内侍数十人。乃复纲右丞,充京城防御使。壬寅,追封范仲淹魏国公,赠司马光太师,张商英太保,除元祐党籍学术之禁。诏诛士民杀内侍为首者,禁伏阙上书,废苑囿宫观可以与民者。金人使王汭来。癸卯,命肃王枢使金军。以观文殿学士、大名尹徐处仁为中书侍郎,宇文虚中签书枢密院事。蔡懋罢。乙巳,宇文虚中、王球复使金军。康王至自金军。金人遣韩光裔来告辞,遂退师。京师解严。丙午,康王构为太傅、静江奉宁军节度使。省明堂班朔布政官。丁未,日有两珥。戊申,赦天下。诏谕士民,自今庶事并遵用祖宗旧制,凡蠹国害民之事,一切寝罢。己酉,罢宰执兼神霄玉清万寿宫使及殿中监、符宝郎。诏用祖宗故事,择武臣得军心者为同知、签书枢密院,边将有威望者为三衙。以金人请和,诏官民昔尝附金而复归本朝者,各还其乡国。庚戌,李邦彦罢,以张邦昌为太宰兼门下侍郎,吴敏为少宰兼中书侍郎,李纲和枢密院事,耿南仲为尚书左丞,李棁为尚书右丞。辛亥,诏监察御史言事如祖宗法。宇文粹中罢知江宁府。癸丑,种师道罢为中太一宫使。赠右正言陈瓘为右谏议大夫。甲寅,贬太师致仕蔡京为秘书监、分司南京,太师、广阳郡王童贯为左卫上将军,太保、领枢密院事蔡攸为中大夫,提举亳州明道宫。先是,粘罕遣人来求赂,大臣以勤王兵大集,拘其使人,且结约余睍以图之。至是,粘罕怒,及攻太原不克,分兵趣京师,过南、北关,权威胜军李植以城降。乙卯,陷隆德府,知府张确,能判赵伯臻、司录张彦通死之。丙辰,有二流星,一出张弃河津伏诛。王孝迪罢。命给事中王云、侍卫亲军马军都指挥使曹曚使金国,镇洮军节度使、中太乙宫使种师道为河北、河东路宣抚使,保静军节度使、殿前副都指挥姚古为制置使。乙丑,御殿复膳。丙寅,下哀痛之诏于陕西、河东。是月,金人犯泽州高平,知州高世由往犒之,乃去。

三月丁卯朔，遣徽猷阁待执宋焕奉表道君皇帝行宫。诏侍从言事。诏非三省、枢密院所奉旨，诸司不许奉行。罢川路岁所遣使。募人掩军民骸，遣使分就四郊致祭，戊辰，李棁罢鸿庆宫使。己巳，张邦昌罢为中太一宫使。徐处仁为太宰兼门下侍郎，唐恪为中书侍郎，翰林学士何栗为尚书右丞，御史中丞许翰同知枢密院事。庚午，宇文虚中罢知青州。癸酉，诣景灵东宫行恭谢礼。命卡塔尔野为道君皇帝行宫奉迎使。甲戌，恭谢景灵西宫及建隆观。乙亥，诣阳德观、凝祥池、中太一宫、佑神观、相国寺。丙子，改撷景园为宁德宫。录司马光后。已卯，燕王俣、越王思为太师。壬午，诏：金人叛盟深入，其元主和议李邦彦、奉使许地李棁李业郑望之悉行罢黜。又诏种师道、姚古、种师中往援三镇，保塞陵寝所在，誓当固守。癸未，遣李纲迎道君皇帝于南京，以徐处仁为礼仪使。殿中侍御史李擢、左司谏李会罢。乙酉，迎道君皇帝于宜春苑，太后入居宁德宫。丙戌，知中山府詹度为资政殿大学士，知太原府张孝纯、知河间府陈遘并为资政殿学士，知泽州高世由直龙图阁，赏城守之劳也。丁亥，朝于宁德宫。诏："扈从行宫官吏，候还京日优加赏典；有罪之人於公议已行遣外，余令台谏勿复用前有流星出紫徽坦。甲午，康王构为集庆、建雄军节度使，尚书户部侍郎钱盖为陕西制置使。命陈东初品官，赐同进士出身，辞不拜。籍朱勔家。乙未，诏：金归朝官民未发遣者，止之。丙申，贬蔡京为崇信军节度副使。是春，夏人取天德、云内、武州及河东八馆。

夏四月戊戌，夏人陷震威城，摄知城事朱昭死之。已亥，迎太上皇帝人都门。壬寅，朝于龙德宫。癸卯，立子谌为皇太子。耿南仲为门下侍郎。乙巳，置春秋博士。戊申，置详议司于尚书省，讨论祖宗法。己酉，乾龙节，群臣上寿于紫宸殿。庚戌，赵野罢。壬子，金人使贾霆、冉企弓来。癸丑，封太师、沂国公郑绅为乐平郡王。贬童贯为昭化军节度副使，安置郴州。减宰执俸给三之一及支赐之半。诏开经筵。令吏部稽考庶官，凡由杨戬、李彦之公倒，王黼、朱勔之应奉，童贯西北之师，孟昌龄河防之役，夔蜀、湖南之开疆，关陕、河东之改币，及近飞所引，献颂可采，特赴殿试之流，所得爵赏，悉夺之。甲寅，种师道加太尉、同知枢密院事、河北河东路宣抚使。乙卯诏：自今假日特坐，百司毋得体务。以平凉军节度使范讷为右金吾卫上将军。再辰，诏栻有告奸人妄言金人复至以恐动居民者，赏之。戊午，进封南康郡王栻为和王，平阳郡王榛为信王。已未，复以诗赋取士，禁用庄、老及王安石《字说》。壬戌，诏：亲擢台谏官，补执勿得荐举，著为令。追政和以来道官、处士、先生封赠奏补等教书。甲子，令在京监察御史，在外监司、郡守及路分钤辖已上，举曾经边任或有武勇可以统众出战者，人二员。东兵正将占沆与金人战于交城县，死之，乙丑，诏三衙并诸路帅司各举谙练边事、智勇过人并豪俊奇杰，众所推服，堪充统制将领者各五名。贬蔡攸节度副使，安置朱勔于循州。

五月丙寅朔，朝于龙德宫，令提举官日具太上皇帝起居平安以闻。丁卯，诏天下有能以财谷佐军者，有司以名闻，推恩有差。以少傅、镇西军节度余深为特进、观文殿大学士。戊辰，罢王安石配享孔子朝廷。庚午，少传、安武军节度使钱景臻，镇字军节度使、开府仪同三司刘宗元，并为左金吾卫上将军。保信军节度使刘敷、武成军节度使刘敏、乡德军节度使张楙、岳阳军节度使王舜臣、应道军节度使朱孝孙、泸川军节度使钱忱并为右金吾卫上将军。是日，寒。辛未，申铜禁。诏：无出身待制已上，年及三十而通历任实及十年者，乃得任子。监察御史余应求坐言事迎合大臣，罢知卫州。甲戌，曲赦河北路。乙亥，申销金禁。丁丑，诏以俭约先天下，澄冗汰贪，为民除害，授监司、郡县奉行所未及者，凡十有六事。姚古将兵至威胜，闻粘罕将至，众惊溃，河东大振。河北、河东路制置副使种师中与金人战于榆次，死之。己卯，借外任官职田一年。开府仪同三司高俅卒。辛巳，损太官日进膳。追削高俅官。甲申，罢详议司。己丑，以河东经略安抚使张孝纯为检校少保、武当军节度使。壬辰，诏天下举习武艺、兵书者。乙未，诏姚古援太原。

六月丙申朔，以道君皇帝还朝，御紫宸殿，受群臣朝贺。诏诔官极论阙失。戊戌，令中外举文武官才堪将帅者。时太原围急，群臣欲割三镇地，李纲沮之，乃以李纲代种师道为宣抚使援太原。辛丑，以资政殿学士刘韐为宣抚副使，陕西制置司都统制解潜为制置副使。太白犯岁星。壬寅，封郓国公楃为安康郡王，韩国公健为广平郡王，并开府仪同三司。诏："今日政令，惟遵奉上皇诏书，修复祖宗故事。群臣庶士亦当讲孔、孟之正道，察安石旧说之不当者，羽翼朕志，以济中兴。"癸卯，以侍卫亲军马军副都指挥使、镇西军承宣使王禀为建武军节度使，隶坚守太原之功也。甲辰，路允迪罢为醴泉观使。乙巳，左司谏陈公辅以言事责监合州酒务。壬子，天狗坠地，有声如雷。癸丑，虑囚。丙辰，太白、荧惑、岁、镇四星合於张。辛酉，罢都水、将作监承受内侍官。熙河都统制焦安节坐不法，李纲斩之。壬戌，姚古坐扩张兵逗遛，贬为节度副使，安置广州。彗出紫微垣。

秋七月乙丑朔，除元符上书邪等之禁。宋昭政和中上书谏攻辽，贬连州；庚午，诏赴都堂。乙亥，安置蔡京于儋州；攸，雷州；童贯，吉阳军。己卯，免借河北、河东、陕西路职田。乙酉，诏：蔡京子孙二十三人已分窜远地，遇赦不许量移。是日，京死于潭州。丁亥，令侍从官共议改修宣仁圣烈皇后谤史。辛卯，遣监察御史张惇诛童贯，广西转运副使李升之诛赵良嗣，并窜其子孙下于海南。壬辰，侍御史李光坐言事贬监当。是月，解潜与金人战于南关，败绩。刘韐自辽州引兵与金人战，败绩。

八月甲午朔，隶阵陈瓘后。丙申，复命种师道以宣抚使巡边，召李纲还。庚子，诏以彗星避殿减膳，令从臣具民间疾苦以闻。河东察访使张灏与金人战于文水，败绩。辛丑，诏求民之疾苦者十七事，悉除之。丁未，斡离不复攻广信军、保州，不克，遂犯真定。戊申，都统制张思正等夜袭金人于文水县，贬之。山西，复战，师溃，死者数万人，思正奔汾州。都统制折可求师溃于子夏山。威胜、隆德、汾、晋、泽、绛民皆渡河南奔，州县皆空。金人乘胜攻太原。录张庭坚后。乙卯，遣徽猷阁待制王云、阁门宣赞舍人马识远使于金国，秘书著作佐郎刘岑、太常博士李若水分使其军议和。戊午，许翰罢知亳州。己未，太宰徐处仁罢笑东平，少宰吴敏罢知扬州。以唐恪为少宰兼中书侍郎，何栗为中书侍郎，礼部尚书陈过庭为尚书右丞，开封尹聂昌同知枢密院事，御史中丞李回签书枢密院事。庚申，遣王云使金军，许以三镇赋税。是月，福州军乱，杀其知州事柳庭俊。

九月丙寅，金人陷太原，执安抚使张孝纯，副都总管王禀、通判言笈皆死之。辛未，贬吴敏为崇信军节度副使，安置涪州。移蔡攸于万安军，寻与弟翛及朱勔皆赐死。乙亥，诏编修敕令所取靖康以前蔡京所乞御笔手诏，参祖宗法及令所行者，删修成书。丁丑，礼部尚书王寓为尚书左丞。戊寅,有赤气随日出。李纲罢知扬州。壬午,枭童贯首于都市。癸未,赐布衣尹焞为和靖处士。甲申,日有雨珥、背气。丙戌,建三京及邓州为都总管府,分总四道兵。庚寅,以知大名府赵野为北道都总管。知河南府王襄为西道都总管,知邓州张叔夜为南道都总管,知应天府胡直孺为东道都总管。又罢李纲提举洞霄宫。辛卯,遣给事中黄锷由海道使金国议和。是月,夏人陷西安州。

冬十月癸巳朔,御殿复膳。贬李纲为保静军节度副使,安置建昌军。丁酉,金人陷真定,都铃辖刘竧死之。有流星如杯。戊戌,金人使杨天吉、王汭来。庚子,日有青、赤、黄戴气。金人陷汾州,知州张克戬、兵马都监贾宣死之;又攻平定军。辛丑,下哀痛诏,命河北、河东诸路帅臣传檄所部,得便宜行事。壬寅,天宁节,率群臣诣龙德宫上寿。甲辰,诏用蔡京、王黼、童贯所荐人。丙午,集从官于尚书省,议割三镇。召种师道还。丁未,以礼部尚书冯澥知枢密院事。已酉,阅砲飞山营。庚戌,以范讷为宁武军节度使、河北河东路宣抚使。辽故将小鞠彔攻陷麟州建宁砦,知砦杨震死之。壬子,诏太常礼官集议金主尊号。命尚书左丞王㝢副康王使斡离不军。㝢辞。乙卯,雨水冰。丙辰,金人陷平阳府,又陷威胜、隆德、泽州。丁巳,高丽入贡,令明州递表以进,遣其使还。戊午,贬王㝢为单州团练副使,命冯澥代行。庚申,日有两珥及背气。侍御史胡舜陟请援中山,不省。辛酉,种师道薨。

十一月丙寅,夏人陷怀德军,知军事刘铨、通判杜翊世死之。籍谭稹家。戊辰,康王未至金军而还。冯澥罢。己巳,集百官议三镇弃守。庚竿,诏河北、河东、京畿清野,令流民得占官舍寺观以居。辛未,有流星如杯。壬申,禁京师民以浮言相动者。癸酉,右竦议大夫范宗尹以首议弃地罢。金人至河外,宣抚副使折彦质领师十二万拒之。甲戌,师溃。金人济河,知河阳燕瑛、西京留守王襄弃城遁。乙亥,命刑部尚书王云副康王使斡离不军,许割三镇,奉衮冕、车辂,尊其主为皇叔,且上尊号。丙子,金人渡河,折彦质兵尽溃,提刑许高兵溃于洛口。金人来言,欲尽得河北地。京师戒严。遣资政殿学士冯澥及李若水使粘罕军。丁丑,何栗罢。以尚书左职责陈过庭为中书侍郎,兵部尚书孙傅为尚书右丞。命成忠郎郭京领选六甲正兵所。签书枢密院事李回以万骑防河,众溃而归。是日,塞京城门。戊寅,进龙德宫婉容韦氏为贤妃,康王构为安国、安武军节度使。罢清野。辛巳,以知怀州霍安国为徽猷阁待制,通判林渊直徽猷阁,赏守御之功也。壬午,斡离不使杨天吉、王汭、勃堇撒离栂来。命耿南仲使斡离不军,聂昌使粘罕军,许画河为界。康王至磁州,州人杀王云,止王勿行,王复还相州。甲申,以尚书右丞孙傅同知枢密院事。御史中丞曹辅签书枢密院事。以京兆府路安抚使范致虚为陕西五路宣抚使,命督勤王兵入援。乙酉,斡离不军至城下。遣蜡书间行出关召兵,又约康王及河北守将来援,多为逻兵所获。丁亥,大风发屋折木。李回罢。戊子,金人攻通津门,范琼出兵焚其砦。己丑,南道总营张叔夜将兵勤王,至玉津圆,以督夜为延康殿学士。斡离不遣刘晏来。康寅,幸东壁劳军。诏三省长官名悉依元丰旧制。领开封府何栗为门下侍郎。

闰月壬辰朔,金人攻善利门,统制姚仲友御之。奇兵作乱,杀使臣,王宗濋斩数十人乃定。唐恪出都,人欲击之,因求去,罢为中太一宫使。以门下侍郎何栗为尚书右仆射兼中书侍郎。刘韐坐弃军,降五官予祠。癸巳,京师苦寒,用日者言,借土牛迎春。朱伯友坐弃郑州,降三官罢。西道总管王襄弃西京去。知泽州高世由以城降于金。燕瑛欲弃河阳,为乱兵所杀。河东诸郡,或降或破殆尽。都民杀东壁统制官辛亢宗。罢民乘城,代以保甲。粘罕军至城下。甲午,时雨雪交作,帝被甲登城,以御膳赐士卒,易火饭以进,人皆感激流涕。金人攻通津门,数百人缒城御之,焚其砲架五、鹅车二。驿召李纲为资政殿大学士,领开封府。金人陷怀州,霍安国、林渊及其钤辖张彭年、都监赵士谔、张谌皆死之。乙未,金人入青城,攻朝阳门。冯澥与金人萧庆、杨真诰来。丙申帝幸宣化门,以障泥乘马,行泥淖中,民皆感泣。张叔夜数战有功,帝如安上门召见,拜资政殿学士。金人执胡直孺,又陷拱州。丁酉,赤气互天。以冯澥为尚书左丞。戊戌,殿前副都指挥使王宗濋与金人战于城下,统制官高师旦死之。庚子,以资政殿学士张叔夜签书枢密院事。金人攻宣化门,姚仲友御之。辛丑,金人攻南壁,杀伤相当。壬寅,诏河北守臣尽军民兵,倍道入援。癸卯,金人陷亳州。遣间使召诸道兵勤王。乙巳,大寒,士卒噤战不能执兵,有僵仆者。帝在禁中徒跣祈晴。时勤王兵不至,城中兵可用者惟卫士三万,然亦十失五六。金人攻城急。丙午,雨木冰。丁未,始避正殿。己酉,遣冯澥、曹辅与宗室仲温、士讷使金军请和。命康王为天下兵马大元帅,速领兵入卫。辛亥,金人来议和,要亲王出盟。壬子,金人攻通津、宣化门,范琼以千人出战,渡河冰裂,没者五百余人,自是士气益挫。甲寅,大风自北起,俄大雨雪,连日夜不止。乙卯,金人复使刘晏来,趣亲王、宰相出盟。丙辰,妖人郭京用六甲法,尽令守御人下城,大启宣化门出攻金人,兵大败。京托言下城做法,引余兵遁去。金兵登城,众皆披靡。金人焚南薰诸门。姚仲友死于乱兵,宦者黄经国赴火死,统制官何庆言、陈克礼、中书舍人高振力战,与其家人皆被害。秦元领保甲斩关遁,京城陷。卫士入都亭驿,执刘晏杀之。丁巳,奉道君皇帝、宁德皇后入居延福宫。命何栗及济王栩使金军。戊午,何栗人言,金人邀上皇出郊。帝曰:"上皇惊尤而疾,必欲之出,朕当亲往。"自乙卯雪不止,是日霁。夜有白气出太微,彗星见。庚申,日赤如火无光。辛酉,帝如青城。

十二月壬戌朔,帝在青城。萧庆人居尚书省。是日,康王开大元帅府于相州。癸亥,帝至自青城。甲子,大索金帛。丙寅,遣陈过庭、刘韐使两河割地。辛未,定京师米价,劝粜以振民。癸酉,斩行门指挥使蒋宣、李福。乙亥,康王如北京。丙子,尚书省火。庚辰,雨雹。癸未,大雪寒。纵民伐紫筠馆花木为薪。庚寅,康王如东平。

二年春正月辛卯朔,命济王栩、景王杞出贺金军,金人亦遣使人贺。壬辰,金人趣召康王还。遣聂昌、耿南仲、陈过庭出割两河地,民坚守不奉诏,凡累月,止得石州。甲午,诏两河民开门出降。乙示,有大星出建星。西南流入于浊没。丁酉,雨木冰。己亥,阴曀,䬈迅发;夜,西北阴云中有如火光。庚子,金人索金银急。何栗、李若水劝帝亲至军中,从之,以太子监国而行。乙巳,籍梁师成家。丙午,刘韐自经于金军。太学生徐揆上书,乞守门请帝还阙。金人取至军中,揆抗论为所杀。至夜,金人劫神卫营。丁未,大雾四塞。金人下含辉门剽掠,焚五岳观。

二月辛酉朔,帝在青城,自如金军,都人出迎驾,丙寅,金人堑南薰门路,人心大恐。

已而金人令推立异姓，孙傅方号恸，乞立赵氏，不允。丁卯，金人要上皇如青城。以内侍邓述所具诸王孙名，尽取人军中。辛未，金人逼上皇召皇后、皇太子入青城。庚辰，康王如济州。癸未，观文殿大学士唐恪仰药自杀。乙酉，金人以括金未足，杀户部尚书梅执礼、侍郎陈知质、刑部侍郎程振、给事中安扶。

三月辛卯朔，帝在青城。丁酉，金人立张邦昌为楚帝。庚子，金人来取宗室，开封尹徐秉哲令民结保，毋藏匿。丁巳，金人胁上皇北行。

夏四月庚申朔，大风吹石折木。金人以帝及皇后、皇太子北归。凡法驾、卤簿，皇后以下车辂、卤簿、冠服、礼器、法物，大乐、教坊乐器，祭器、八实、九鼎、圭璧，浑天仪、铜人、刻漏，古器、景灵宫供器，太清楼秘阁三馆书、天下州府图及官吏、内人、内侍、技巧、工匠、娼优，府库畜积，为之一空。辛酉，北风大起，苦寒。

五月庚寅朔，康王即位于南京，遥上尊号曰孝慈渊圣皇帝。绍兴三十一年五月辛卯，帝崩关至。七月己丑，上尊谥曰恭文顺德仁孝皇帝，朝号钦宗。三十二年闰二月戊寅，祔于太朝。

赞曰："帝在东宫，不见失德。及其践阼，声技音乐一无所好。靖康初政，能正王黼朱勔等罪而窜殛之，故金人闻帝内禅，将有卷甲北旆之意矣。惜其乱势已成，不可救药；君臣相视，又不能同力协谋，以济斯难，惴惴然讲和之不暇。卒致父子沧胥，社稷芜茀。帝至於是，盖亦巽懦而不知义者欤"享国日浅，而受祸至深，考其所自，真可悼也夫！真可悼也夫！

【译文】

钦宗恭文顺德仁孝皇帝，名桓，是徽宗皇帝的长子，母亲是恭显皇后王氏。元符三年四月乙酉日生于宫内的坤宁殿。原名亶，封为韩国公，第二年六月晋封为京兆郡王。崇宁元年二月甲午日，改名为烜。十一月丁亥日，又改名为桓。大观二年正月，晋封为定王。政和元年三月，在专供皇帝子孙读书的资善堂学习。三年正月，加官太保。四月二月癸酉日，在文德殿举行加冠礼仪。

政和五年二月乙巳日，赵桓被立为皇太子，大赦天下。丁巳日，晋谒太庙。徽宗诏令皇太子乘金车，为皇太子设置皇帝驾出时护从用的仪仗队，并仿照宋太宗至道年间、宋真宗天喜年间时的做法，让宫中官员参见皇太子时均自称臣，但皇太子赵桓对这些都推辞不受。六年六月癸未日，纳妃朱氏。

宣和七年十二月戊午日，赵桓担任开封牧。庚申日，徽宗诏令皇太子继承帝位，自称为道君皇帝，催促太子入朝，给他穿上皇帝服装。太子啼哭着执拗推辞，由此而得病。后来又坚决推辞，徽宗不许。辛酉日，太子即皇帝位，亲临垂拱殿会见群臣。这一天，太阳有五色光圈，两旁并夹有红色发黄的内向光气，两个太阳交错晃动很久。于是引领道君皇帝搬出皇宫，移居他即位前住过的龙德宫，皇后也移居撷景园。任命少宰李邦彦为龙德宫使，太保领枢密院事蔡攸、门下侍郎吴敏为副使。这时，金国人已从几处进犯边境。壬戌日，赦免犯有大逆、反叛罪以下的犯人，为百官进阶一等，犒赏各军，立皇妃朱氏为皇

后，由太子詹事耿南仲任签书枢密院事。癸亥日，下令允许太傅燕王、越王入朝不必快走，朝见皇帝行礼时可不报姓名。诏令除非三省、枢密院得到皇上的旨意，有关部门不得擅自行事。甲子日，金人斡离不攻陷信德府，粘罕围困太原。诏令京东、淮西、浙招募士兵来护卫京城开封。太学士陈东等人呈报奏文，列举蔡京、童贯、王黼、梁师成、李彦、朱勔等人的罪行，称他们为六贼，请求处死他们。丙寅日，为道君皇帝奉尊号为教主道君太上皇帝，皇后称为道君太上皇后。诏令更改纪元年号。

靖康元年春正月丁卯日初一，钦宗上朝接受群臣的祝贺，退朝后去龙德宫，向道君皇帝祝贺。通告中外官民可以如实以密封信向皇上提出对国事得失的意见。金人攻破相州。戊辰日，又攻破浚州。威武军节度使梁方平的军队溃败，河北、河东路制置副使何灌退守滑州。己巳日，何灌逃回，金国军队渡过黄河，皇帝下诏将亲自征伐。道君皇帝去东部巡察，任命领枢密院事蔡攸为行宫使，尚书右丞宇文粹中为副使。诏令今后凡官职的授予、官阶的升降以及恩赏轻重，都参照祖宗原定的制度酌定。撤销宫内外的司、局、所等共一百零五个单位，只留后苑，以侍奉龙德宫。任命门下侍郎吴敏为知枢密院事，吏部尚书李棁为同知枢密院事。贬已辞官回家的太傅王黼为崇信军节度副使，安置在永州。对翊卫大夫、安德军承宣使李彦赐死，并没收他的家产。放宁远军节度使朱勔回乡。皇帝想要亲征，任命李纲为留守，李棁为副留守。给事中王寓劝谏不要亲征，便不再去。庚午日，道君皇帝去亳州，百官中很多人暗自躲避。宰相打算让皇帝出京师去襄阳、邓州，经李纲劝谏没有成行。任命李纲为尚书右丞。辛未日，任命李纲为亲征行营使，侍卫亲军马军都指挥使曹曚为副使。罢免太宰兼门下侍郎白时中的官职，由李邦彦任太宰兼门下侍郎，守中书侍郎张邦昌任少宰兼中书侍郎，尚书左丞赵野任门下侍郎，翰林学士承旨王孝迪任中书侍郎，同知枢密院事蔡茂任尚书左丞。壬申日，金人渡过黄河，派遣使臣督促各道军队来支援京师。癸酉日，诏示两省和枢密院的官制一律按照宋神宗元丰年间的办法设置。金人军队进犯京师，命令尚书驾部员外郎郑望之、亲卫大夫康州防御使高世则作为使者去金军。诏令侍从官员从文武臣僚中推举有胆识有勇气、能够充当将帅的人才。这天夜里，金国军队攻打宣泽门，李纲率兵抵御，杀死俘获敌人一百多人，直到天明敌军才退去。甲戌日，金人派吴孝民来议和，皇帝又命李棁出使金军。金人又派萧三宝奴、耶律忠、张愿恭来。任命吏部尚书唐恪为同知枢密院事。乙亥日，金人攻打通津、景阳等门，李纲督战抵抗，交战从卯时持续到酉时，杀死敌人数千人，何灌战死。李棁与萧三宝奴、耶律忠、王汭来索取金银绢帛几千万，并要求割让太原、中山、河间三镇，还要以宰相、亲王作为人质，然后退兵。丙子日，皇帝上朝不坐正殿，吃饭缩减膳食。向各方搜求索借金银，没收歌舞、艺人的家财。庚辰日，诏康王赵构为使臣，张邦昌为副使去金军，告知皇帝已诏令把金国的称呼加上“大”字。辛巳日，道君皇帝到镇江。皇上任部兵尚书路允迪为签书枢密院事。金人军队攻陷阳武，县知事蒋兴祖身亡。壬午日，狂风大作，飞沙走石，刮了一整天才停息。赐封儿子赵谌为大宁郡王。甲申日，减省廉访使者这一官职的人员，停收税租钞和典卖田宅牛畜的契币钱以及各州的供应官府物的钱。将各路赡学户的土地划归常平司支配。统制官马忠从京西招募士兵回来，在顺天门外攻打金军，打败了他们。乙酉日，路允迪出使到河东金人粘罕的军队中去。平阳府的守将刘嗣初占据城府反叛。丁亥日，静难军节度使、河北河东制置使种师道率领泾原、秦凤的军队来京师支援，任命种师道为同知枢密院事，并为京畿、河北、河东宣抚使，统领各地勤王兵和前后军。庚寅日，在雍丘暗杀了王黼。癸巳日，大雾迷漫遮天，不分东西。乙未日，将少保、淮南节度使梁师成贬官降为彰化军节度副使，在他上任途中，走到八角镇被治罪赐死。

二月丁酉日初一，命令都统制姚平仲率领军队夜间去偷袭金人军队，事未成功而逃跑。戊戌日，免去李纲的官职以向金人表示道歉，撤销亲征行营司。金人又来议和。庚子日，命令驸马都尉曹晟出使金军。辛丑日，又派资政殿大学士宇文虚中、知东上阁门事王球为使者去金，同意割让三镇地方。太学生陈东等及京师民众几万人跑在皇宫前向皇帝递交请愿书，请求恢复起用李纲和种师道，而且说李邦彦等人忌恨李纲，怕他们成功，罢免李纲正是落入金人的圈套。恰巧李邦彦进朝，民众官员历数他的罪状而痛加责骂。吴敏传皇帝的话，群众仍不散去。接着群众敲击登闻鼓，呼喊声惊天动地。殿帅王宗濋唯恐发生变故，奏请皇上勉强同意。派耿南仲向群众大声喊话："已得皇上圣旨召见李纲了。"内侍朱拱之去宣旨召见李纲的时间晚了些，群众便把他分尸打成肉酱，还杀了内侍几十人。于是恢复李纲的官职为右丞，担任京城防卫使。壬寅日，追封范仲淹为魏国公，赠司马光称号为太师，张商英为太保，废除被蔡京列为元祐党人的学术上的禁锢。下令对杀死内侍的官民中为首的人治以死罪，禁止以后在宫前请愿上书，将皇家园林、宫殿、寺观废止官用。命交民众使用。金人派使者王汭来。癸卯日，命令肃王赵枢出使金军。任命观文殿学士、大名尹徐处仁为中书侍郎，宇文虚中为签书枢密院事。罢免蔡茂官职。乙巳日，宇文虚中、王球又出使金军。康王赵构从金军中返回京师。金人派韩光裔来告辞，接着军队撤退。京师解除戒严。丙午日，由康王赵构任太傅、静江奉宁军节度使。撤销明堂班朔布政官。丁未日，太阳两侧有内向光晕。戊申日，大赦天下。下诏书通告全体官民，从今以后凡事均遵照祖宗原定法规办理，凡是腐蚀国家、贻害民众的事一律禁止。己酉日，宰执这类官职不再兼任神霄玉清万寿宫使和殿中监、符宝郎。诏令沿用祖先过去的做法，即从武臣中选择受军人拥护的人担任同知、签书枢密院事务，由守卫边疆有威望的将领担任三衙长官。由于金国已经请求和解，通告官民凡过去归附过金国而现在又回到本朝的人们，均可各自回到自己的家园。庚戌日，免去李邦彦的官职，任命张邦昌为太宰兼门下侍郎，吴敏为少宰兼中书侍郎，李纲为知枢密院事，耿南仲为尚书左丞，李棁为尚书右丞。辛亥日，指示监察御史应依照祖宗旧法提出建议。免去宇文粹中的原职，改任知江宁府的官职。癸丑日，种师道免去原官，改任中太一宫使。赠封右正言陈瓘为右谏议大夫。甲寅日，将已辞官的太师蔡京贬官为秘书监、分司南京，太师、广阳郡王童贯贬为左卫上将军，领枢密院事蔡攸贬为太中大夫、提举亳州明道宫。起初，围困太原的金人粘罕曾派人来京师要求赠送财物，大臣召集勤王兵拘捕了他派来的人，并与金军将领余睍约定设法对付他。到现在，粘罕大怒，先攻打太原未攻下，又分兵向京师进军，越过了南、北关，代理威胜军首领李植带领全城投降。乙卯日，金军攻陷隆德府，知府张确、通判赵伯臻、司录张彦遹都阵亡。丙辰日，出现两个流星。一个出于南方朱鸟七宿的张宿，没入西方星座的毕宿浊星；另一个出自南方星座的井宿北河，没入南方轸宿。己未日，诏令边远各郡承宣使有功应该任正职的，今后授官正任刺史。辛酉日，梁方平因不战而放弃黄河渡口被处死。王孝迪被罢官。命令给事中王云、侍卫亲军马军都指挥使曹曚出使金国，任命镇洮军节度使、中太乙宫使种师道为河北、河东路宣抚使，保静军节度使、殿前副都指挥使姚古为制置使。乙丑日，皇帝恢复常规的膳食。丙寅日，对陕西、河东下诏书表示哀痛。这个月内，金国军队进犯泽州的高平，知州高世由前往犒赏金军，他们才离去。

三月丁卯日初一，派遣徽猷阁待制宋焕向道君皇帝行宫送上书表。诏令侍从官员对政事提出建议。命令除非中书、尚书、门下三省及枢密院得到圣旨，各有关部门不许擅自行事。免去川路的岁所遣使。招募人员掩埋金人攻城时死亡的士兵和百姓的骨骸，并派使者在城四郊分别举行祭奠仪式。戊辰日，罢免李棁原任官职，改任鸿庆宫使。己巳日，罢免张邦昌原官，任中太一宫使。徐处仁任太宰兼门下侍郎，唐恪任中书侍郎，翰林学士何栗任尚书右丞，御使中丞许翰任同知枢密院事。庚午日，宇文虚中罢免原官，任知青州。癸酉日，皇帝到景灵东宫举行恭谢礼。任命赵野为道君皇帝行宫奉迎使。甲戌日，皇帝恭谢景灵西宫及建隆观。乙亥日，皇帝到阳德观、凝祥池、中太一宫、佑神观、相国寺。丙子日，将撷景园改为宁德宫。录用司马光的后代为官。巳卯日，燕王赵俣、越王赵偲任太师。壬午日，皇帝下诏说：金人违反原定盟约，深入内地，曾与金国国主议和的李邦彦、曾作为使者去金国承认割地给金国的李棁、李邺、郑望之，一概罢免官职废黜封号。又下诏命令种师道、姚古、种师中前往救援三镇，保证不让金军进入皇族陵墓的所在地，必须誓死固守。癸未日，派遣李纲到南京去迎接道君皇帝，由徐处仁任礼仪使。罢免殿中侍御史李擢、左司谏李会的官职。乙酉日，在宜春苑迎接道君皇帝，太后住进宁德宫。丙戌日，知中山府詹度授为资政殿大学士，知太原府张孝纯、知河间府陈遘都授为资政殿学士，知泽州高世由授为直龙图阁，这都是为了奖励他们守城的功劳。丁亥日，在宁德宫上朝。下令说："对护从行宫的官吏，待回到京师后要从优奖赏，除了有罪的人迫于公共舆论已进行了处理的以外，对其他人命令台谏官不要再因过去的事纠缠不休。"庚寅日，由肃王赵枢任太傅。恢复姚左在隆德府的官职。辛卯日，恢复威胜军。壬辰日，任命太保景王赵杞、济王赵栩为太傅。有流星出现在紫徽星垣。甲午日，康王赵构任集庆、建雄军节度使，尚书户部侍郎钱盖任陕西制置使。任命陈东为初品官，赐同进士出身，陈东推辞不受。没收朱勔家产。乙未日，皇帝命令：从金回归的原宋朝官民，凡尚未分配发送的，停止发送。丙申日，将蔡京贬官为崇信军节度副使。在春天这一季里，夏国人占据了天德、云内及河东八馆。

夏四月戊戌日，夏国人攻陷了震威城，摄知城事朱昭身亡。巳亥日，迎接道君太上皇帝进入京师都门。壬寅日，在龙德宫朝见太上皇帝。癸卯日，立儿子赵谌为皇太子。任命耿南仲为门下侍郎。乙巳日，设置《春秋》博士学位。戊申日，在尚书省设置详议司，负责讨论祖宗法规。己酉日是乾龙节，群臣在紫宸殿为皇帝祝寿。庚戌日，罢免赵野官职。壬子日，金国派使者贾廷、冉企弓来。癸丑日，封赐太师、沂国公郑绅为乐平郡王。将童

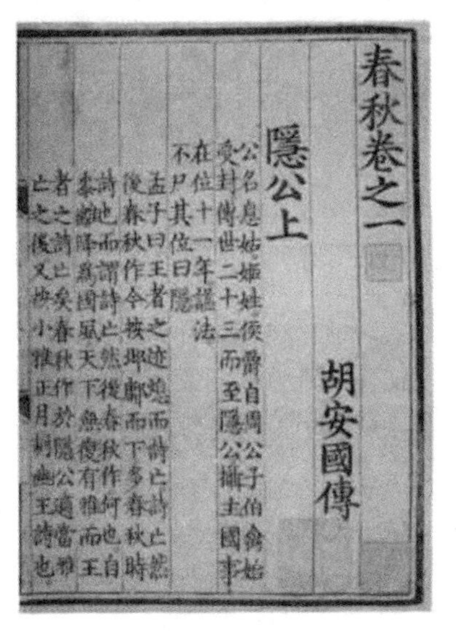

春秋卷之一

隱公上

胡安國傳

公名息姑姬姓侯爵自周公子伯禽始
受封傳世二十三而至隱公攝主國事
在位十一年謚法
不尸其位曰隱
孟子曰王者之迹熄而詩亡詩亡然
後春秋作今按邶鄘而下多春秋時
詩也而謂詩亡然後春秋作何也自
黍離降而為國風天下無復有雅而王
者之詩亡矣春秋作於隱公適當雅
亡之後又作小雅正月刺幽王詩也

《春秋》书影

贯贬官为昭化军节度副使，安置在郴州。将宰官的俸禄薪给减少三分之一，并减少他们的开支和赐予的一半。下令设置为皇帝讲解五经的御前讲席。命令吏部对所有官吏进行考核，凡是因以下缘由所得到的官爵和赏赐一律撤销：参与杨戬、李彦的充公田，由王黼、朱勔的提名推荐，隶属于童贯的西北军队，参加过孟昌龄河防战斗，参加过夔蜀、湖南扩展疆土，参与了关陕、河东的改革币制，以及参见过皇帝，奉献的赞颂之辞曾被采纳，特许参加过殿试的人等等。甲寅日，种师道加官太尉、同知枢密院事、河北河东路宣抚使。乙卯日，皇帝下诏：自今日起假日要按特殊规定上班，所有机构都不能不办公。任命平凉军节度使范讷为右金吾卫上将军。丙辰日，皇帝下诏：凡告发坏人制造谣言说“金国军队还要来”以恐吓居民的，对告发者给予奖励。戊午日，进封南康郡王赵栻为和王，平阳郡王赵榛为信王。已未日，恢复以诗、赋为考试内容的取士制度，禁止以《庄子》《老子》和王安石的《字说》作为考试内容。壬戌日，皇帝下诏：御史台和谏院的官员由皇帝亲自遴选决定，宰相和执政不得荐举，写明这点作为法令。搜寻自政和年以来道官、处士、先生的封、赠、奏、补等敕封文书。甲子日，命令在京师的监察御史以上、在外地的监司、郡守及路分钤辖以上官员，举荐曾经在边境任职或有勇有谋、可以统帅军队能征善战的人，每人推荐两名。东兵正将占沆与金人在交城县交战，阵亡。乙丑日，诏令殿前司、侍卫马军司、侍卫步军司三衙及各路帅司分别举荐熟悉边界事务、智勇过人、豪爽俊秀、才奇艺高、为众人所信服、并能够担任统制将领的人，各提出五名。将蔡攸贬官为节度副使，将朱勔安置在循州。

五月丙寅日初一，在龙德宫上朝，命令提举官每天将太上皇帝起居平安的情况告知皇帝。丁卯日，诏告天下凡能以钱财、粮食支援军队的，有关单位将他们的名字报告皇上，将根据情况给以不同的恩赏。任命少傅、镇西军节度使余深为特进、观文殿大学士。戊辰日，免去王安石在孔子庙庭中配享的名分。庚午日，少傅、安武军节度使钱景臻，镇安军节度使、开府仪同三司刘宗元，同时任命为左金吾卫上将军。保信军节度使刘敷、武成军节度使刘敏、响德军节度使张茂、岳阳军节度使王舜臣、应道军节度使朱孝孙、泸州军节度使钱忱，都被任命为右金吾卫上将军。这一天天气特别冷。辛未日，重申有关对铜的禁令。下诏命：凡没有出身名分的待制官阶以上的官员，年龄到三十岁而任实职官的经历总计够十年的，才能保任他们的子弟授予官职。监察御史余应求因讨论问题时有意迎合大臣，被罢官改任知卫州。甲戌日，以非常规缘由赦免河北路罪犯。乙亥日，申明撤销有关对金的禁令。丁丑日，诏示在全国提倡简约、减裁冗员并淘汰贪官，为民除害，授监司、各郡县执行时没有达到要求的，总共有十六项。姚古率领军队到达威胜，听说金人粘罕将来进攻，许多官兵惊恐溃逃，河东受到很大震动。河北、河东路制置副使种师中与金人在榆次交战，战败身亡。己卯日，借占在外地任官的职田一年。开府仪同三司高俅死去。辛巳日，降低太官每日的膳食标准。追令削去高俅的官位。甲申日，撤销详议司。己丑日，任命河东经略安抚使张孝纯为检校少保、武当军节度使。壬辰日，下诏通告全国推举学习武艺和兵书的人。乙未日，诏令姚古去援救太原。

六月丙申初一，因道君皇帝返还朝廷，皇上亲临紫宸殿，接受群臣祝贺。诏令谏官充分讨论朝廷处置失当之处。戊戌，命令中外举荐文武官员中能够担当将帅的人才。当时太原被围情况紧急，群臣打算割让三镇土地，李纲阻止，于是由李纲代替种师道任宣抚使去救援太原。辛丑日，任命资政殿学士刘韐为宣抚副使，陕西制置司都统制解潜为制置副使。太白星交于岁星。壬寅日，封郓国公赵楃为安康郡王，韩国公赵楗为广平郡王，均为开府仪同三司。皇帝下诏说："当今的政事法令，全都遵照上皇的诏书，恢复祖宗原来规定的做法。各大臣及官员人等，也应当讲究孔、孟的正统学说，判明王安石旧说之所以不当的原因，辅佐我实现我的意志，以达到中兴皇朝的目的。"癸卯日，任命侍卫亲军马军副都指挥使、镇西军承宣使王禀为建武军节度使，以此为他坚守太原记功。甲辰日，路允迪罢免原官，任醴泉观使。乙巳日，左司谏陈公辅向皇帝进谏，责备监合州酒务之事。壬子日，天狗星落地，发出的响声犹如雷鸣。癸丑日，皇上核查对囚犯的刑罚。丙辰日，太白星、荧惑星、岁星、镇星同时集合于二十八宿南方的张宿。辛酉日，撤销都水监、将作监，业务改由内侍官负责。熙河都统制焦安节因不法行为而获罪，李纲斩了他。壬戌日，姚古因统领军队不积极赴战，逗留不前而被贬官为节度副使，安置在广州。有彗星出现在紫微垣。

秋季七月乙丑日初一，废除哲宗元符年间关于上书中禁言邪说等有关规定。宋昭在徽宗政和年间曾上书劝谏不要攻打辽国，因而被贬到连州，庚午日，诏令他回到尚书省的都堂。乙亥日，将被贬官的蔡京安置在儋州，蔡攸安置在雷州；童贯安置在吉阳军。己卯日，停止借用河北、河东、陕西等路官员的职田。乙酉日，下诏命令：蔡京的子孙二十三人已分别逃窜到边远地方，今后遇到赦免的机会时不再改变对他们的量刑。这一天，蔡京死在潭州。丁亥日，命令侍从官修改遭诽谤的宣仁圣烈皇后的历史。辛卯日，派遣监察御史张澂去处死童贯，派广西转运副使李升之处死赵良嗣，并将他们的子孙驱逐到海南。壬辰日，侍御史李光因议论政事而被贬为监当官。这月里，解潜与金人的军队在南关交战，被打败。刘韐从辽州发兵与金军战斗，战败。

八月甲午日初一，录用陈瓘后人担任官职。丙申日，又起用种师道以宣抚使的身份巡视边境，召李纲回朝廷。庚子日，诏令：由于出现彗星，皇帝上朝不坐正殿，缩减御膳，命令侍从臣僚将民间疾苦情况向皇帝报告。河东察访使张灏与金人军队在文水发生战斗，结果被打败。辛丑日，要求解决民间疾苦的十七件事，下令全部予以解决。丁未日，金人斡离不率兵又攻打广信军和保州，没有攻下，于是进犯真定。戊申日，都统制张思正等人在文水县夜间偷袭金军，打败了敌军。己酉日，双方又交战，宋军溃败，战死几万人，张思正逃往汾州。都统制折可求的军队在子夏山的战斗中溃败。威胜、隆德、汾州、晋州。泽、绛等地的百姓都渡过黄河向南方逃跑,各州县的民众全部走光。金人乘胜攻打太原。录用张庭坚的后人为官。乙卯日,派遣徽猷阁待制王云、阁门宣赞舍人马识远出使去金,秘书著作佐郎刘岑、太常博士李若水分别去金国各部军队议和。戊午日,许翰被罢免原官,担任亳州知州。已未日,罢免徐处仁的太宰官职,改任东平知州,罢免吴敏的少宰官职,改任扬州知州。任命唐恪为少宰兼中书侍郎,何栗为中书侍郎,礼部尚书陈过庭为尚书右丞,开封尹聂昌同为知枢密院事,御史中丞李回签书枢密院事。庚申日,派遣王云出使金军,答应将三镇的赋税送给金。这月里,福州发生军队叛乱,将该地知州事柳庭俊杀死。

九月丙寅日,金国军队攻陷太原,安抚使张孝纯被俘,副都总管王禀、通判方笈均战死。辛未日,吴敏被贬官为崇信军节度副使,安置在涪州。将蔡翛转移到万安军,不久和他弟弟蔡攸及朱勔均被处以赐死罪。乙亥日,诏令编修敕令将所得到的靖康年间以前蔡京请求皇上亲笔写的诏书,参照祖宗和现行的法令摘编成书。丁丑日,礼部尚书王宇任尚书左丞。戊寅日,有红色云气在日出时随之显现。李纲被罢去原官,改任扬州知州。壬午日,将童贯的头颅割下悬于都市示众。癸未日,赐布衣平民尹焞为和靖处士。甲申日,太阳两侧有两个直对的黄色晕气,外围向外形如北字。丙戌日,在三京和邓州建立都总管府,分别总管四道的军队。庚寅日,任命大名府知府赵野为北道都总管,河南府知府王襄为西道都总管,邓州知州张叔夜为南道都总管,应天府知府胡直孺为东道都总管。又罢去李纲原任官,改任提举洞霄宫。辛卯日,派遣给事中黄锷为使者,从海上去金国议和。这月里,夏国军队攻陷了西安州。

冬十月癸巳日初一,皇帝回到正殿上朝,恢复御膳,贬李纲的官职为保静军节度副使,安置在建昌军。丁酉日,金人攻陷真定,都钤辖刘竧阵亡。有流星出现,形状如杯。戊戌日,金人派使者杨天吉、王汭来。庚子日,太阳之上盖有青、红、黄色戴气。金国军队攻陷汾州,知州张克戬、兵马都监贾亶阵亡;接着又攻打平定军。辛丑日,皇帝诏告全国表示哀痛,命令河北、河东各路将帅臣僚向所属部下传达檄文,他们可根据具体情况采取行动。壬寅日,天宁节,皇帝率群臣到龙德宫为道君皇帝上寿。甲辰日,下诏可以起用蔡京、王黼和童贯所推荐过的人。丙午日,召集侍从官员到尚书省,商议将三镇割让给金国的问题。将种师道召回朝廷。丁未日,任命礼部尚书冯澥为知枢密院事。已酉日,皇帝检阅飞山营炮。庚戌日,任命范讷为宁武军节度使、河北河东路宣抚使。原辽国将领小鞠録攻陷麟州建宁寨,知寨杨震阵亡。壬子日,诏令太常礼官集合共同讨论金主的尊号。命令尚书左丞王宇作为康王赵构的副手共同出使金军斡离不的军营,王宇推辞不从。乙卯日,天降雪雨附于树枝上结冰。丙辰日,金人攻陷平阳府,连续攻陷威胜、隆德、泽州。丁巳日,高丽使者来进贡,命令明州接纳贡品连同文件一齐进献朝廷,请使者回国。戊午日,将王宇贬官为单州团练副使,命令冯澥代行王宇原任官职。庚申日,太阳两侧出现两个直对的黄色晕气,外围向外形如北字。侍御史胡舜陟请求救援中山,未予考虑。辛酉日,种师道去世。

十一月丙寅日，夏国军队打败怀德军，知军事刘铨、通判杜翊世阵亡。没收谭積的家产。戊辰日，康王赵构没有到达金兵军营而返回。冯澥被罢免官职。己巳日，召集百官讨论放弃三镇。庚午日，诏令河北、河东、京畿转移全部人员和物资，下令流亡的民众可以占据官舍和寺观。辛未日，出现流星，形状如杯。壬申日，禁止京师民众传播谣言扰乱人心。癸酉日，右谏议大夫范宗尹由于最先提议放弃国土而被罢官。金兵到达黄河以南，宣抚副使折彦质率领军队十二万人进行抵抗。甲戌日，宋军被击溃。大量金兵渡过黄河，河阳知府燕瑛、西京留守王襄放弃城市逃跑。乙亥日，命令由刑部尚书王云作康王的副手一齐出使金国的斡离不军营，答应割让三镇，奉献帝王穿的礼服、礼帽、车辆，尊称金国君主为皇叔，并且奉上尊号。丙子日，金兵继续渡过黄河，折彦质的军队全部溃散，提刑许高的军队在洛口溃败。金人传话过来说，希望占据黄河以北的全部领土。京师戒严。派遣资政殿学士冯澥和李若水出使粘罕军中。丁丑日，何栗被罢去官职。任命尚书左丞陈过庭为中书侍郎，兵部尚书孙傅为尚书左丞。命令成忠郎郭京募选生辰年月合于“六甲”的人为士兵，由他作为首领攻打金兵。签书枢密院事李回率领骑兵一万人在黄河设防，所有军队都溃逃而回。这一天，堵塞了京师城门。戊寅日，进封龙德宫的婉容韦氏为贤妃，封康王赵构为安国、安武军节度使。停止转移物资和居民。辛巳日，任命怀州知州霍安国为徽猷国待制，通判林渊为直徽猷国，以奖赏守土御敌的功劳。壬午日，斡离不派使者杨天吉、王汭、勃堇撒离栂来。命令耿南仲出使斡离不军中，聂昌出使粘罕军中，答应同意以黄河为国界。康王赵构到磁州，该州百姓杀死王云，劝阻康王不要走，康王又回到相州。甲申日，任命尚书右丞孙傅为同知枢密院事，御使中丞曹辅签书枢密院事。任命京兆府路安抚使范致虚为陕西五路宣抚使，令他监督勤王兵到京师救援。乙酉日，斡离不的军队已到城下。钦宗派人携带在腊球内密封的书信抄近路出关召集军队，又约康王和河北守将前来救援，但送信人多被巡逻兵捕获。丁亥日，狂风大作，房倒屋塌，树木折断。罢免李回官职。戊子日，金人军队攻打通津门，范琼出兵烧毁了敌军的营寨。己丑日，南道总管张叔夜率领军队前来救援帝王，到玉津园，任命张叔夜为延康殿学士。斡离不派刘晏来。庚寅日，皇帝亲自到京师东城墙处慰劳官兵。诏令三省长官的名称均按元丰年代的旧制确定。由领开封府何栗任门下侍郎。

闰月壬辰日初一，金人攻打善利门，统制姚仲友坚守。不知来处的一些士兵作乱，杀了使臣，殿前副都指挥使王宗濋杀了几十个人才平定下来。唐恪出都城时，有人要打他，因而要求离开这个地方，免去他的原任官职，改任中太一宫使。任命门下侍郎何栗为尚书右仆射，兼中书侍郎。刘韐因丢弃军队擅自离去而获罪，降五个官阶但可立祠。癸巳日，京师十分寒冷，按占卜者的说法，借助于土牛迎春。牛伯友因放弃郑州而被降三个官阶免职。西道总管王襄丢弃西京城逃走。泽州知州高世由率全城向金国投降。燕瑛打算丢弃河阳，被乱兵杀死。黄河以东各郡，有的投降，有的被攻占，全部丧失。京师民众杀死城东部的统制官辛亢宗。行为不轨的恶劣民众控制了城市，组织起保甲代替官署。金人粘罕的军队临近城下。甲午日，这天雨雪交加，皇帝穿上盔甲登上城墙，将供皇帝吃的饭菜分发给士兵，皇帝换吃战士的饭。大家都感动得痛哭流涕。金人攻打通津门，几百名士兵攀绳爬下城墙抵抗，烧毁敌人炮架五座，鹅车两辆。派人送信召还李纲任资政殿大学士，领开封府。金人攻打怀州，霍安国、林渊和他们所属的钤辖张彭年、都监赵士谔、张谌等全部身亡。乙未日，金人军队进入青城，攻打朝阳门。冯澥和金人萧庆、杨真诰一齐来到。丙申日，皇帝亲临宣化门，由于道路泥泞，皇帝骑马，行走在泥水中，民众都感动得流泪。张叔夜几次打仗立了战功，皇帝到安上门召见他，拜任为资政殿学士。金兵俘获了胡直孺，又攻下了拱州。丁酉日，出现一条红色气带横布天空。任命冯澥为尚书左丞。戊戌日，殿前副都指挥使王宗濋与金国军队在城下战斗，统制官高师旦战死。庚子日，任命资政殿学士张叔夜为签书枢密院事。金人攻打宣化门，姚仲友坚守。辛丑日，金人攻打南城，死伤相当严重。壬寅日，诏令河北各守臣带领全部军民士兵，火速来京师救援。癸卯日，金人攻打南城，张叔夜、范琼分道领兵前去袭击，从远处望见金兵，士卒便蜂拥向后逃奔，自相践踏，有几千人落入城边壕沟内而死。甲辰日，天降大雨雪。金人攻下了亳州。派密使出城去召集各道军队来救援帝王。乙巳日，天气十分寒冷，士兵受冻寒颤不止，两手不能拿武器，有的冻僵倒在地上。皇帝在宫中光着脚祈祷晴天。这时勤王兵未到，城中的军队可用的只有卫士三万人，而且十人中有又有五六人逃匿不见。金人攻城愈来愈紧。丙午日，天降雨雪附着树上凝成木冰下落。丁未日，皇帝开始不在正殿上朝。已酉日，派遣冯澥、曹辅和宗室成员仲温、士诉出使金军请求议和。任命康王为天下兵马大元帅，令他迅速带兵来保卫京师。辛亥日，金人来议和，要求皇族亲王出城签立盟约。壬子日，金兵攻打通津门和宣化门，范琼率一千人出战，渡河时冰面开裂，五百多人被淹死，从此士气更加低落。甲寅日，有大风自北面刮起，不久又下大雨雪，连日连夜不停。乙卯日，金人又派刘晏来，催促亲王、宰相出城立盟。丙辰日，妖人术士郭京采用“六甲”的法术，令所有守卫人员下城，大开宣化门，出城攻打金兵，结果大败。郭京假借下城做法术，带领剩下的士兵逃遁。金兵登临城上，宋兵惊慌溃逃如随风倒伏。金人放火烧毁南薰等城门。姚仲友被乱兵打死，宦官黄经国跳入火中自杀，统制官何庆言、陈克礼、中书舍人高振等人奋力作战，连同他们的家人均被杀害。秦元率领保甲杀出一条通路逃出，京城陷落。卫士闯入都亭驿，擒获金使刘晏杀死。丁巳日，迎接道君皇帝、宁德皇后迁入延福宫居住。命令何栗和济王赵栩为使者去金军中。戊午日，何栗回来说，金人邀请太上皇出城郊祭。皇帝说：“太上皇因惊吓和忧虑而患病，如果一定要出城，我将亲自去。”从乙卯日以来大雪不停，今日放晴。夜间有白气出现在太微星际之间，又有彗星出现。庚申日，太阳色红如火，但无光。辛酉日，皇帝去青城。

十二月壬戌日初一，皇帝在青城。金人萧庆进驻尚书省。这天，康王赵构在相州成立大元帅府。癸亥日，皇帝自青城回到汴京。甲子日，金人提出索要大量金银绢帛。丙寅日，派陈过庭、刘韐为使者去两河割地。辛未日，稳定京师米价，劝导卖粮以救济民众。癸酉日，将行门指挥使蒋宣、李福斩首。乙亥日，康王到北京。丙子日，尚书停办公务。庚辰日，下冰雹。癸未日，天降大雪，气候严寒。让百姓砍伐紫筠馆的花木做烧柴。庚寅日，康王到东平。

靖康二年春正月辛卯日初一，命济王赵栩、景王赵杞出京去向金军贺年，金人也派使者进京来祝贺。壬辰日，金人催促召康王赵构回归。派聂昌、耿南仲、陈过庭去割让两河土地，民众坚决据守不执行皇帝诏令，僵持一个多月，只得到石州。甲午日，诏令两河民众开门出来投降。乙未日，有一颗大星出现在建星座，向西南流去，进入浊没座消失。丁酉日，天降雪雨凝于树上落下木冰。己亥日，天气阴晦，昏天黑地，大风迅猛；入夜，西北阴云中有如火光。庚子日，金人急迫索要金银。何栗、李若水劝皇帝亲自到金人军营中去，皇帝同意，交由太子监办国事后而去。乙巳日，没收梁师成家产。丙午日，刘韐在金军中上吊而亡。太学生徐揆给皇帝写信，请求皇帝回宫，他负责守门。金人将皇帝带往军中，徐揆因抗衡争辩被杀。入夜，金人抢劫了神卫营。丁未日，大雾迷漫，不辨四方。金兵到含辉门掳夺抢掠，放火烧了五岳观。

二月辛酉日初一，皇帝在青城，自己去金人军营，京都民众都出来迎送。丙寅日，金人挖断了南薰门的道路，人心惊恐不安。随后金人下令推举异姓人立为皇帝，孙傅便号啕大哭，乞求仍立赵姓为帝，金人不许。丁卯日，金人要求太上皇去青城。按内侍邓述所开列的皇族各王孙的名单，将所有人都带进金军兵营。辛未日，金人逼迫太上皇召皇后、皇太子入青城。庚辰日，康王去济州。癸未日，观文殿大学士唐恪服毒自杀。乙酉日，金人因搜括的金银不足，杀死户部尚书梅执礼、侍郎陈知质、刑部侍郎程振及给事中安抚。

三月辛卯日初一，皇帝在青城。丁酉日，金人立张邦昌为楚国皇帝。庚子日，金人搜捕宗室人员，开封府尹命令百姓具结保证，不得藏匿。丁巳日，金人胁迫皇帝往北去。

夏四月庚申初一，狂风大作，飞沙走石，树木折断。金人带领皇帝及皇后、皇太子回到北方。大凡皇帝的车驾、护从仪仗队，皇后以下人员的车辆、仪仗队，官服衣帽、礼仪用器具、仪仗队用的器物，吹奏国乐和教坊用的乐器，祭祀用器，八宝，象征国家政权的九个大鼎，诸侯朝会表明等级身份的玉圭玉璧，测天象用的浑天仪，铜人，计时用的刻漏，古代文物，景灵宫供奉用的器皿，太清楼秘阁三馆的书籍，全国各州府的地图及官吏、宫女、宫廷服侍人员、技术人员、工匠、歌舞艺人，各府库的积蓄物品，全被一扫而空。辛酉日，北风大作，十分寒冷。

五月庚寅日初一，康王在南京继皇帝位，在远方尊奉赵桓为孝慈渊圣皇帝。绍兴三十一年五月辛卯日，得知钦宗皇帝逝世的消息。七月乙丑日，康王尊奉他谥号称恭文顺德仁孝皇帝，庙号称钦宗。三十二年闰二月戊寅日，将神仪牌送入太庙祭祀。

评论说：钦宗皇帝在东宫时，没有发现过不合乎道德礼仪的行为。即皇帝位后，对吹拉弹唱声技音乐一无所好。靖康年间初理政事，就能匡正王黼、朱勔等人的罪行而放逐处死了他们。所以金人听说宋朝皇帝禅位于钦宗，必将有兴兵向北征讨的用意。可惜当时国混乱的形势已成定局，已不可救药，君臣之间相处，又不能同心协力地共同谋划，以解救当时的危难，只顾得上小心翼翼地求得和顺。终于造成父子牵累而遭受苦难，社稷颓败。钦宗落到这般地步，也由于他过于谦恭懦弱而不知礼义吧！皇帝在位的时间不长，而遭受的祸害极深，回顾他的这段经历，真让人伤心啊！真让人伤心啊！

章献明肃刘皇后传

【题解】

宋真宗刘皇后(968~1032年),原籍太原(今山西太原),后迁益州华阳(今四川成都一带)。宋仁宗初年,她曾以太后身份垂帘听政。

【原文】

章献明肃刘皇后,其先家太原,后改徙益州,为华阳人。祖延庆,在晋、汉间为右骁卫大将军;父通,虎捷都指挥使、嘉州刺史,从征太原,道卒。后,通第二女也。

初,母庞梦月入怀,已而有娠,遂生后。后在襁褓而孤,鞠于外氏。善播鼗。蜀人龚美者,以锻银为业,携之入京师。后年十五入襄邸,王乳母秦国夫人性严整,因为太宗言之,令王斥去。王不得已,置之王宫指使张耆家。太宗崩,真宗即位,入为美人。以其无宗族,乃更以美为兄弟,改姓刘。大中祥符中,为修仪,进德妃。

自章穆崩,真宗欲立为皇后,大臣多以为不可,帝卒立之。李宸妃生仁宗,后以为己子,与杨淑妃抚视甚至。后性警悟,晓书史,闻朝廷事,能记其本末。真宗退朝,阅天下封奏,多至中夜,后皆与闻。宫闱事有问,辄傅引故实以对。

天禧四年,帝久疾居宫中,事多决于后。宰相寇准密议奏以皇太子监国,以谋泄罢相,用丁谓代之。既而,入内都知周怀政谋废后杀谓,复用准以辅太子。客省使杨崇勋、内殿承制杨怀吉诣谓告,谓夜乘犊车,挟崇勋、怀吉造枢密使曹利用谋。明日,诛怀政,贬准衡州司马。于是诏皇太子开资善堂,引大臣决天下事,后裁制于内。

宋真宗赵恒

真宗崩,遗诏尊后为皇太后,军国重事,权取处分。谓等请太后御别殿。太后遣张景宗、雷允恭谕曰:“皇帝视事,当朝夕在侧,何须别御一殿?”于是请帝与太后五日一御承明殿,帝位左,太后位右,垂帘决事。议已定,太后忽出手书,第欲禁中阅章奏,遇大事即召对辅臣。其谋出于丁谓,非太后意也。谓既贬,冯拯等三上奏,请如初议。帝亦以为言,于是始同御承明殿。百官表贺,太后哀恸。有司请制令称“吾”,以生日为长宁节。出入御大安辇,鸣鞭侍卫如乘舆。令天下避太后父讳。群臣上尊号曰应元崇德仁寿慈圣太后,御文德殿受册。

天圣五年正旦，太后御会庆殿。群臣及契丹使者班廷中，帝再拜跪上寿。是岁郊祀前，出手书谕百官，毋请加尊号。礼成，帝率百官恭谢如元旦。七年冬至，天子又率百官上寿，范仲淹力言其非，不听。九月，诏长宁节百官赐衣，天下赐宴，皆如乾元节。

明道元年冬至，复御文德殿。有司陈黄麾仗，设官架。登歌、二舞。明年，帝亲耕籍田，太后亦谒太庙，乘玉辂，服衮衣、九龙花钗冠，斋于庙。质明，服衮衣，十章，减宗彝、藻，去剑，冠仪天，前后垂珠翠十旒。荐献七室，皇太妃亚献，皇后终献。加上尊号曰应天齐圣显功崇德慈仁保寿太后。

是岁崩，年六十五。谥曰章献明肃，葬于永定陵之西北。旧制皇后皆二谥，称制，加四谥自后始。追赠三世皆至太师、尚书令、兼中书令，父封魏王。

初，仁宗即位尚少，太后称制，虽政出宫闱，而号令严明，恩威加天下。左右近习亦少所假借，宫掖间未尝妄改作。内外赐予有节，柴氏、李氏二公主人见，髮剃。太后曰："姑老矣。"命左右赐以珠玑帕首。时润王元份妇安国夫人李氏老，发且落，见太后，亦请帕首。太后曰："大长公主，太宗皇帝女，先帝诸妹也；若赵家老妇，宁可比耶？"旧赐大臣茶，有龙凤饰，太后曰："此岂人臣可得？"命有司别制入香京挺以赐之。赐族人御食，必易以髮器，曰："尚方器勿使入吾家也。"常服绝繻练裙。侍者见仁宗左右簪珥珍丽，欲效之'太后戒曰："彼皇帝嫔御饰也，汝安得学。"

先是，小臣方仲弓上书，请依武后故事，立刘氏庙，而程琳亦献《武后临朝图》，后掷其书于地曰："吾不作此负祖宗事。"有漕臣刘绰者，自京西还，言在庚有出賸粮千余斛，乞付三司。后问曰："卿识王曾、张知白、中夷简、鲁宗道乎？此四人岂因献羡余进哉！"

后称制凡十一年，自仁宗即位，乃谕辅臣曰："皇帝听断之暇，宜诏名儒讲习经史，以辅其德。"于是设幄崇政殿之西庑，而日命近臣侍讲读。

丁谓、曾利用既以侮权贬窜，而天下惕然畏之。晚稍进外家，任内宫罗崇勋、江德明等访外事，崇勋等以此势倾中外。兄子从德死，姻戚、门人，厮役拜官者数十人。御史曹修古、杨偕、郭劝、段少连论奏，太后悉逐之。

太后保护帝既尽力，而仁宗所以奉太后亦甚备。上春秋长，犹不知为宸妃所出，终太后之世无毫发间隙焉。及不豫，帝为大赦，悉召天下医者驰传诣京师。诸尝为太后谪者皆内徙，死者复其官。其后言者多追诋太后时事，范仲淹以为言，上曰："此朕所不忍闻也。"下诏戒中外毋辄言。

于是泰宁军节度使钱惟演请以章献、章懿与章穆并祔真宗室。诏三省与礼院议，皆以谓章穆皇后位崇中壶，已祔忖真宗庙室，自协一帝一后之文；章献明肃处坤元之尊，章懿感日符之贵，功德莫与为比，谓宜崇建新庙，同殿异室，岁时荐响，一用太庙之仪，仍别立庙名，以崇世享。翰林学士冯元等请以奉慈为名，诏依。庆历五年，礼院言章献、章懿二后，请遵国朝懿德、明德、元德三后同祔太宗庙室故事，近祔真宗庙。诏两制议，翰林学士王尧臣等议，请迁二后祔，序于章穆之次，从之。

【译文】

宋真宗章献明肃刘皇后，早先家住太原（今山西太原一带），后迁徙到益州（今四川成都一带)，为华阳人。她的祖父刘延庆，在五代后晋、后汉期间官居右骁卫大将军。父亲刘通，官居虎捷都指挥史、嘉州刺史，随宋太宗征伐太原时死于途中。刘皇后是刘通的第二个女儿。

当初，刘通的妻子庞氏梦见月亮入怀，不久后怀孕，便生下刘皇后。刘通死时她还是个婴儿，在姥姥家长大。她擅长舞弄拨浪鼓。四川人龚美以锻造银器为职业，把她带到京城。十五岁那年，她进入襄王的府邸。襄王的奶妈秦国夫人性格严谨，在宋太宗面前说了这件事，太宗命令襄王斥逐刘氏。襄王没有办法，就把刘氏寄放在王宫指使张耆的家里。宋太宗驾崩，襄王当上了皇帝，也就是宋真宗，这才把刘氏收进宫来，封她为美人。因为刘氏本家已经没有人了，皇帝便让四川人龚美作刘氏的兄长，改姓刘。大中祥符年间，刘氏当上了修仪，被晋封为德妃。

自章穆皇后郭氏死后，宋真宗准备立刘氏为皇后，大臣多数认为不合适，但真宗还是坚持立了刘氏。真宗的妃子李宸妃生了宋仁宗，刘皇后把他当作自己的儿子，与真宗的另一位妃子杨淑妃共同抚养，爱护备至。刘皇后聪敏颖悟，知书通史，对于朝廷大事，能记住事件的来龙去脉。宋真宗退朝后，在宫内批阅各地官吏呈递上来的奏章，常常工作到半夜，刘皇后都在一旁参与。皇上有时问起后宫的事，刘皇后就援用历朝掌故史实做出回答。

天禧四年，宋真宗久病不愈，深居皇宫不出，国家大事多半取决于刘皇后。宰相寇准私下与大臣们商议，准备奏请以皇太子监督国事，但因密谋泄露，寇准被免去宰相，丁谓代替了他的职务。不久，入内都知周怀政又密谋要废掉刘皇后、诛杀丁谓，仍然起用寇准辅佐皇太子。客省使杨崇勋、内殿承制杨怀吉知道此事后，马上告知丁谓，丁谓连夜乘车，带同杨崇勋、杨怀吉，造访枢密使曹利用，共同商议对策。第二天，周怀政被杀，寇准被贬到衡州(今湖南衡阳)任司马。同时皇上下诏书，命令设立资善堂这一机构，由皇太子率领大臣们处理国家政事，而刘皇后也在里面参与裁决。

宋真宗去世，留下诏书，刘皇后被尊为皇太后，一切军队和国家的重要事务，由她酌处。丁谓等人请太后在另外的宫殿中坐朝理事，太后派张景宗、雷允恭二人来传达旨意说："新皇帝处理朝政时，我应时刻在一旁，何必要另坐一殿呢?"这样就决定请新皇帝(宋仁宗)与太后每五天于承明殿坐朝一次，皇帝在左边，太后在右边，垂帘听政。商议已定，太后忽然又发下亲笔诏旨，说自己只打算在皇宫内批阅大臣们的奏章，有大事的时候可以传召宰相大臣们来发表意见。这一计谋出自丁谓，并非太后本意。丁谓被贬斥之后，冯拯等人再三上奏章请求回复最初议定的办法。宋仁宗也赞成，于是宋仁宗和太后才开始同在承明殿坐朝，大臣们纷纷呈上表章以示庆贺，太后却十分哀恸。有关的政务部门请太后再下旨意时自称"吾"，又把太后生日的那一天定为长宁节。太后出入乘坐大安车，仪仗侍卫等和皇帝的乘舆相同。又下令国中百姓回避太后父亲的名讳。大臣们为太后上尊号为"应元崇德仁寿慈圣太后"，并在文德殿举行仪式，太后正式接受了册封。

天圣五年的正月初一，太后在会庆殿坐朝。大臣们和契丹国的使者整齐地分列廷上，宋仁宗亲自跪拜，为太后祝寿。这一年在郊外举行祭祀天地的仪式之前，太后又亲笔写诏书劝谕大臣们不要再为她加尊号。祭祀天地的仪式举行过后,宋仁宗又率领大臣们恭恭敬敬地拜谢太后,就像元日那天所做的一样。天圣七年的冬至那天,宋仁宗又带领文武百官为太后祝寿。范仲淹极力陈说这类做法的不妥之处,但皇上不听。九月的长宁节,皇帝又下诏给文武百官都赏赐衣服,天下赏赐酒宴,一切规矩如同乾元节一样。

明道元年的冬至,太后又一次登上文德殿。负责其事的官员们排列黄旗兵仗,陈设宫架,又让乐师们上殿作歌,随后起舞,以示庆贺。第二年,宋仁宗亲自耕作农田,刘皇后也拜谒太庙,乘坐精美的大车,穿着皇后专用的祭服,头戴九龙花钗冠,在太庙之中斋戒一夜。天明之后,太后身穿着绘有十种图案的礼服,较之皇帝的扎服减去了宗彝和藻两种图案,不佩剑,头戴仪天冠,头前脑后各垂十条玉串。太后依次祭献太庙中分别供奉的七代祖先,太后先祭,其次是皇太妃,最后是皇后祭。大臣们又一次为太后上尊号,称"应天齐圣显功崇德慈仁保寿太后"。

刘太后死于这一年,享年六十五岁,谥号为"章献明肃",安葬在永定陵的西北。以前的规制皇后的谥号只有两个字,而皇后可以下诏令,死后谥号增为四个字,这是从刘皇后开始的。仁宗还把刘皇后家的三代祖先都追封为太师、尚书令兼中书令,刘皇后的父亲又封为魏王。

当初,宋仁宗即位时年纪还小,由刘太后掌权,虽然是政令出于后宫,但法度严明,恩威并用。太后身边的近侍也很少敢倚势胡为,宫廷里并没有随意更改成规。无论对内外人,太后的赏赐都能恰如其分。宋太宗的两个女儿分别嫁到柴家和李家,两位公主入宫时,头上戴的还是假发。刘太后说:"姑姑老了。"便命令近侍把珍珠串成的头巾赏赐给两位公主。当时润王赵元份的妻子安国夫人李氏也年老了,头发脱落,见到太后时,也请求赏赐给她珍珠头帕。太后说:"大长公主是太宗皇帝的女儿,先帝的姊妹,赵家的老媳妇怎能和她们比呢?"旧例皇帝赏赐大臣们的茶,以龙凤作为装饰,太后说:"这难道是臣下所该得到的吗?"便命令有关部门特制一种加入香料的京廷茶来赏赐大臣。太后以御用膳食赏赐娘家人时,一定要以金银器皿换下宫中盛器,她说:"不要让御用器物进入我们家。"太后常穿着粗绸衣裳、白绢裙,近侍们看见仁宗身边的人都打扮得珠光宝气、十分艳丽,就想仿效。太后告诫她们说:"那是皇帝的嫔妃的服饰,你们怎么能学呢?"

当初,曾有一位小官吏方仲弓向朝廷上书,请求按照唐代武则天的先例,为刘太后的祖先立庙祭祀,程琳也向朝廷献《武后临朝图》。刘太后把方仲弓所上的奏章扔在地上,说:"我不能做这种对不起祖宗的事。"负责漕运的官员刘绰从京西路(今河南洛阳一带)回来,报称有多出来的粮食一千余斛,放在露天的粮仓里,请求将此事上报掌管财赋的三司。太后问他说:"你知道王曾、张知白、吕夷简、鲁宗道吗?这四人难道是因为进献从百姓那里多征收来的钱粮而升官的吗?"

刘皇后当政共十一年,仁宗即位后,她告诉大臣们说:"皇帝处理政事的闲暇时间里,应该召集有名的学者来讲习经籍和史书,以增进皇上的德行。"于是仁宗就在崇政殿的西厢设账幕,每天命令亲密的臣子来此陪伴讲经读书。

丁谓、曹利用因为弄权术而被贬官放逐后,太后的权力仍使天下生畏。晚年太后逐渐提拔本家亲戚，任用内阁罗崇勋、江德明等人访求外廷之事，罗崇勋等人因此而有了极大的权势。刘太后的哥哥的儿子刘以德死后，他的姻亲、门人、仆役等等当官的有数十人。御史曹修古、杨偕、郭劝、段少连上奏章批评此事，太后全都加以斥逐。

太后尽心尽力地养护仁宗，而宋仁宋侍奉刘太后也十分周到。仁宗年龄很大了，还不知道自己是李宸妃所生，直到太后死，他们两人之间没有丝毫不和。太后病重时，仁宗为此大赦天下，召集天下名医乘坐专车来京城；凡是曾被太后贬谪的官都让他们迁回内地，死去的恢复原官职。此时开始有人批评太后执政时的过失，范仲淹曾同仁宗议论此事，仁宗说："这些话我不忍心听。"并下旨要朝廷内外不要再议论。

泰宁军节度使钱惟演上奏章请求将章献、章懿、章穆三位皇后一并祔祭于宋真宗的庙室。仁宗下旨令中书省、门下省、尚书省会同礼部讨论，大家都以为章穆皇后是正宫，已经祔祭于宋真宗的庙室，正符合一帝一后的制度；章献皇后有垂帘听政之尊，章懿皇后则有生育仁宗皇帝之贵，这两位的功德都无与伦比，应该为她们另建新庙，各居一室，每年定时祭祀，同样用祭祀太庙的仪式，但另立庙的名称，以便世代祭享。翰林学士冯元等人请求把庙名定为"奉慈"，仁宗同意了。庆历五年，礼部上奏请求按照本朝懿德、明德、元德三位皇后一同祔祭于宋太宗庙室的先例，把章献、章懿两位皇后也迁到宋真宗的庙室祔祭。仁宗诏令中书与翰林讨论此事，翰林学士王尧臣等建议把章献、章懿两位皇后的灵位迁至真宗庙室，祔祭于章穆皇后之下。仁宗同意他的建议。

李宸妃传

【题解】

宋真宗皇妃李氏（987～1032年），杭州（今浙江省杭州市）人。她是宋仁宗的生母，民间传说中著名的"狸猫换太子"的故事便与她有关。明道元年去世，享年四十六岁。葬于洪福院。

【原文】

李宸妃，杭州人也。祖延嗣，仕钱氏，为金华县主簿；父仁德，终左班殿直。初入宫，为章献太后侍儿，庄重寡言，真宗以为司寝。既有娠，从帝临砌台，玉钗坠，妃恶之。帝心卜：钗完，当为男子。左右取以进，钗果不毁，帝甚喜。已而生仁宗，封崇阳县君，复生一女，不育。进才人，后为婉仪。仁宗即位，为顺容，从守永定陵。章献太后使刘美、张怀德为访其亲属，得其弟用和，补之班奉职。

初，仁宗在襁褓，章献以为己于，使杨淑妃保视之。仁宗即位，妃嘿处先朝嫔御中，未尝自异。人畏太后，亦无敢言者。终太后世，仁宗不自知为妃所出也。

明道元年，疾革，进位宸妃，薨，年四十六。

狸猫换太子

初，章献太后欲以宫人礼治丧于外，丞相吕夷简奏礼宜从厚。太后遽引帝起，有顷，独坐帘下，召吕夷简问曰："一宫人死，相公云云，何欤？"夷简曰："臣待罪宰相，事无内外，无不当预。"太后怒曰："相公欲离间吾母子耶？"夷简从容对曰："陛下不以刘氏为念，臣不敢言；尚念刘氏，则丧礼宜从夷简。"乃请治丧用一品礼，殡洪福院。夷简又谓入内都知罗崇勋曰："宸妃当以后服殓，用水银实棺，异时勿谓夷简未尝道及。"崇勋如其言。

后章献太后崩，燕王为仁宗言："陛下乃李宸妃所生。妃死以非命。"仁宗号恸顿毁，不视朝累日，下哀痛之诏自责。尊宸妃为皇太后，谥庄懿。幸洪福院祭告，易梓宫，亲哭视之，妃玉色如生，冠服如皇太后，以水银养之，故不坏。仁宗叹曰："人言其可信哉！"遇刘氏加厚。陪葬永定陵，庙曰奉慈。又即景灵宫建神御殿，曰广孝。庆历中，改谥章懿，升祔太庙。拜用和为彰信军节度史、检校侍中，宠赉甚渥。既而追念不已，顾无以厚其家，乃以福康公主下嫁用和之子玮。

【译文】

李宸妃是杭州人。祖父李延嗣，在吴越王钱氏政权中做过金华县主簿的官；父亲李仁德，官做到左班殿直。李宸妃刚刚进皇宫时，在章献太后身边服侍帝登高台时，头上的玉钗坠落在地下，李宸妃以为是不吉之兆而厌恶此事。宋真宗当时在心里暗自预测：玉钗如果完好，李宸妃怀的就是个男孩。身边的内侍们捡起玉钗献了上来，玉钗果然保持完好，宋真宗十分高兴。这个孩子出生了，他就是后来的宋仁宗。李宸妃被封为崇阳县君。她还生过一个女儿，但夭折了。李宸妃又被晋封为才人，后来当上婉仪。宋仁宗当皇帝以后，她当了顺容，随从去守永定陵。章献太后派刘美、张怀德访寻李宸妃的亲属，结果找到她的弟弟李用和，给他补上一个官职。

当初，宋仁宗刚生下来不久，章献太后就把他当作自己亲生儿子，让杨淑妃抚养他。宋仁宗当皇帝以后，李宸妃还是默默地跻身宋仁宗的妃嫔之中，没显露出任何异样。大家都惧怕太后，也没有人敢说出来。直到太后死，宋仁宗仍不知道自己是李宸妃所生。

明道元年，李宸妃病重，这时才被晋升为宸妃，随后便去世了，享年四十六岁。

章献太后起初想以普通妃嫔的礼仪对外为李宸妃出殡，丞相吕夷简上奏说，葬礼应

隆重为好。太后猛地拉起仁宗便走，过了好一会儿，才独自出来，坐在帘下，把吕夷简召来问道："只不过是宫中死了一位妃子，丞相说了那么多，是什么意思呢？"吕夷简说："我既然处在宰相的位置上，无论是宫内的事还是宫外的事，都应当干预。"太后生气地说："丞相打算离间我们母子吗？"吕夷简从容地回答道："太后陛下如果不顾念刘氏一家的话，我就不敢多说了，如果还顾念刘氏一家的话，那么葬礼还是以隆重为好。"太后一下子明白了，便说："死去的妃子是李宸妃，该怎么办呢？"吕夷简请求以最高级的礼仪为李宸妃办丧事，安葬在洪福院。吕夷简又对内都知罗崇勋说："装殓李宸妃时要给她穿戴皇后的服饰，要在棺材中充填水银。否则将来出了事可别说我吕夷简没有交代清楚。"罗崇勋按他的话做了。

后来章献太后死了，燕王对宋仁宗说："陛下是李宸妃所生的，李宸妃是被人害死的。"仁宗号啕大哭，痛不欲生，一连几天没有上朝，下了一道语气哀痛的诏书责备自己。并尊封李宸妃为皇太后，谥号为庄懿。宋仁宗亲临洪福院祭奠李宸妃的墓，并掘开坟改换棺木。宋仁宗哭着看视李宸妃的尸体，发现她肤色如同活着时一样，服饰与皇太后相同，因为棺内充填了水银，所以尸体不腐坏。宋仁宗叹息说："人言真是不可轻信啊！"从此待刘氏一家更好。李宸妃被陪葬永定陵，祭她的庙被命名为奉慈庙。又在宫内的景灵宫为她建神殿，名为广孝殿。庆历年间，把李宸妃的原谥号庄懿改为章懿，神主升入太庙祔祭。她的弟弟李用和被任命为彰信军节度使、检校侍中，仁宗对他十分宠爱，赏赐很多。后来仁宗总是追念生母不已，但又觉无法厚待母家，便把福康公主下嫁给李用和的儿子李玮。

慈圣光献曹皇后传

【题解】

宋仁宗皇后曹氏（1006~1019年），真定（今河北正定）人，祖父曹彬为宋太祖朝的重臣。明道二年入宫，景佑元年立为皇后。英宗即位，尊为皇太后。曹氏曾在英宗朝以皇太后身份短期听政，神宗即位，尊为太皇太后。元丰二年病逝，葬于永昭陵。

【原文】

慈圣光献曹皇后，真定人，枢密使周武惠王彬之孙也。明道二年，郭后废，诏聘入宫。景佑元年九月，册为皇后。性慈俭，重稼穑，常于禁苑种谷、亲蚕，善飞帛书。

庆历八年闰正月，帝将以望夕再张灯，后谏止。后三日，卫卒数人作乱，夜越屋叩寝殿。后方侍帝，闻变遽起。帝欲出，后闭阁拥持，趣呼都知王守忠使引兵入。贼伤宫嫔殿下，声彻帝所，宦者以乳妪欧小女子绐奏，后叱之曰："贼在近杀人，敢妄言耶！"后度贼必纵火，阴遣人挈水踵其后，果举炬焚帘，水随灭之。是夕，所遣宦侍，后皆亲剪其发，谕之

曰："明日行赏，用是为验。"故争尽死力，贼随禽灭。阁内妾与卒乱当诛，祈哀幸姬，姬言之帝，贷其死。后具衣冠见，请论如法，曰："不如是，无以肃清禁掖。"帝命坐，后不可，立请，移数刻，卒诛之。

张妃怙宠上僭，欲假后盖出游。帝使自来请，后与之，无靳色。妃喜，还以告，帝曰："国家文物仪章，上下有秩，汝张之而出，外廷不汝置。"妃不怿而辍。

英宗方四岁，育禁中，后拊鞠周尽；追入为嗣子，赞策居多。帝夜暴疾崩，后悉敛诸门钥置于前，召皇子入。及明，宰臣韩琦等至，奉英宗即位，尊后为太后；御内东门小殿听政。大臣日奏事有疑未决者，则曰"公辈更议之"，未尝出己意。颇涉经史，多援以决事。中外章奏日数十，一一能纪纲要。检柅曹氏及左右臣仆，毫分不以假借，宫省肃然。

宋仁宗赵祯

明年夏，帝疾益愈，即命撤帘还政，帝持书久不下，及秋始行之。敕有司崇峻典礼，以弟佾同中书门下平章事。神宗立，尊为太皇太后，名宫曰庆寿。帝致极诚孝，所以承迎娱悦，无所不尽，从行登玩，每先后策掖。后亦慈爱天至，或退朝稍晚，必自至屏扆候瞩，间亲持膳饮以食帝。外家男子，旧毋得入谒。后春秋高，佾亦老，帝数言宜使入见，辄不许。他日，佾侍帝，帝复为请，乃许之，因偕诣后阁。少焉，帝先起，若令佾得伸亲亲意。后遽曰："此非汝所当得留。"趣遣出。

晚得水疾，侍医莫能治。元丰二年冬，疾甚，帝视疾寝门，衣不解带。旬日崩，年六十四。帝推恩曹氏，拜佾中书令，进官者四十余人。

初，王安石当国，变乱旧章，后乘间语神宗，谓祖宗法度不宜轻改。熙宁宗祀前数日，帝至后所，后曰："吾昔闻民间疾苦，必以告仁宗，因赦行之，今亦当尔。"帝曰："今无他事。"后曰："吾闻民间甚苦青苗、助役，宜罢之。安石诚有才学，然怨之者甚众，帝欲爱惜保全之，不若暂出之于外。"帝悚听，垂欲止，复为安石所持，遂不果。

帝尝有意于燕蓟，已与大臣定议，乃诣庆寿宫白其事。后曰："储蓄赐予备乎？铠仗士卒精乎？"帝曰："固已办之矣。"后曰："事体至大，吉凶悔吝生乎动，得之不过南面受贺而已；万一不谐，则生灵所系，未易以言。苟可取之，太祖、太宗收复久矣，何待今日。"帝曰："敢不受教。"

苏轼以诗得罪，下御史狱，人以为必死。后违豫中闻之，谓帝曰："尝忆仁宗以制科得轼兄弟，喜曰：'吾为子孙得两宰相。'今闻轼以作诗系狱，得非仇人中伤之乎？捃至于诗，其过微矣。吾疾势已笃，不可以冤滥致伤中和，宜熟察之。"帝涕泣，轼由此得免。及崩，帝哀慕毁瘠，殆不胜丧。有司上谥，葬于永昭陵。

【译文】

慈圣光献曹皇后，真定(今河北正定)人。枢密使周武惠王曹彬的孙女。明道二年，郭皇后被废，曹皇后被聘入宫中。景佑元年九月，她正式被册封为皇后。曹皇后性情慈善节俭，重视农耕，常在皇家宫苑中种植谷物，亲自养蚕，还擅长飞白书法。

庆历八年闰正月，仁宗皇帝准备在闰正月十五再一次陈设彩灯过灯节，被曹皇后阻住了。过了三天，几个守卫士兵作乱，乘着夜间穿房越舍，直趋仁宗皇帝的寝室。曹皇后当时正在侍奉皇帝，听说事情有变，慌忙起来。仁宗皇帝打算出走，曹皇后关闭殿门，抱住皇帝，急忙呼唤都知王守忠，命令他带兵入宫平乱。乱兵在殿前杀伤宫中的嫔妃侍女，叫喊声响彻皇帝的住所，太监们假报是奶妈打年纪小的宫女，曹皇后申叱道："乱兵就在附近杀人，你们还敢胡说！"她估计乱兵必定会放火，暗地派人带着水跟在他们后面。果然乱兵点火烧着帘幕，跟着的人随即用水泼灭，没有发生火灾。这一夜，凡是派出去的太监侍从，曹皇后都亲手剪掉他们的头发，对他们说："明天论功行赏，就以头发为证。"因此，人们都争先出力，乱兵很快被消灭。宫女中有参与变乱的，论罪当死，她们向仁宗所宠爱的妃嫔哀求免死，这位宠姬转告仁宗后，仁宗答应了。曹皇后便穿戴上正式的服饰，觐见皇帝，请求依法处理作乱的宫女，并说："不这样就无法肃清宫中的坏人。"仁宗让她坐下，曹皇后不坐，站着坚持自己的要求，过了不长时间，还是把宫女杀掉了。张妃仗着皇上对自己的宠爱而不顾尊卑礼仪，打算借用皇后的车盖出游。皇帝让她自己去请求皇后，曹皇后把车盖给了她，毫无为难的神色。张妃很高兴，回来告诉仁宗皇帝。皇帝说："国家的器物礼仪，本是尊卑有别的。你打着皇后的车盖出游，朝廷外臣不会放过你的。"张妃很不高兴，但也只得作罢。

宋英宗四岁的时候，被养育在皇宫中，曹皇后把他照顾得无微不至。等到英宗正式入继为太子，曹皇后又给了他很多帮助和鼓励。宋仁宗夜里得暴病去世，曹皇后把宫内各道门的钥匙都收集来，摆在面前，宣召皇子们进宫。天亮后，宰相韩琦等大臣来到，宋英宗当了皇帝，曹皇后被尊为皇太后。

宋英宗得了病，请求曹皇后暂时会同处理军国大事，在皇宫东门的小殿上垂帘听政。大臣们每天奏报的事务中有一时难以决定的，曹皇后便说："你们再商量商量吧！"从来不肯自己出主意。她对于经书史籍有相当多的了解，时常援引经史来解决问题。朝廷内以及外省的表章、奏折每天有数十件，每一件她都能记下内容的大纲节要。曹皇后经常检查曹氏一家和她身边的侍从，一点情面也不讲，于是宫内秩序井然。

第二年夏季，英宗的病完全好了，曹皇后便下令撤帘还政，英宗的诏书却久久不下，直到秋天才正式实行。英宗命令有关部门举行隆重的仪式，并任命曹皇后的弟弟曹佾官职为同中书门下平章事。宋神宗当皇帝时，曹皇后又被尊封为太皇太后，她住的宫殿名为庆寿宫。神宗皇帝十分孝顺，想尽办法使曹皇后心情舒畅。陪同曹皇后行走时，他常在前后扶持。曹皇后也是天性慈爱，每当神宗皇帝退朝稍晚，她必定要到屏风后看视等候，有时还会亲自拿着膳食饮料等让神宗皇帝吃。皇后娘家的男性亲属，按旧例是不许入宫的。曹皇后年事渐高，曹佾也老了，神宗皇帝说了好几回应该让曹佾进宫来与曹皇后相见，曹皇后总是不同意。有一天，曹佾陪伴神宗皇帝，皇帝又一次请求曹皇后，她同意了，神宗皇帝便陪同曹佾一起到了曹皇后住的地方。过了一会儿，神宗皇帝先起身要走，似乎是有意让曹皇后姐弟俩说点体己话。曹皇后突然说："这里不是你该留下来的地方。"便匆忙让他离去了。

曹皇后晚年时候患了水疾，医生都没有办法治。元丰二年的冬天，她病得很重了，神宗皇帝不时地到她的寝宫门前来探病，甚至睡觉时都不脱外衣。病了十天左右，曹皇后去世了，享年六十四岁。神宗皇帝把对曹皇后的思念之情推及曹氏家族，封曹佾为中书令，曹氏家族中升官的有四十多人。

起初，王安石当政的时候，变革了旧的典章制度，曹皇后曾在合适的场合对神宗皇帝说祖宗留下来的法律制度不应该轻易改动。熙宁年间祭祀太庙的前几天，神宗皇帝来到曹皇后的住所。曹皇后说："以前我每当听说老百姓有什么苦处，一定要告诉仁宗皇帝，以设法免除，现在也还是应该这样。"神宗皇帝说："现在没有什么事。"曹皇后说："我听说老百姓对于青苗法、助役法叫苦不迭，这两种法令应当停止实行。王安石确实有才干学问，但怨恨他的人太多了，皇上要是爱惜他，想保全他，不如暂且放他到外省去。"神宗皇帝听了很吃惊，几乎已经准备停止施行这些法令，但还是被王安石操纵了，曹皇后的话便没有收到效果。

神宗皇帝曾有心要收复燕、蓟一带，已经同大臣们商量过，便到庆寿宫来向曹皇后告知此事。曹皇后问道："粮草储备、赏赐用的财物充足吗？铠甲武器、作战士兵都精良吗？"皇帝说："原已准备好了。"曹皇后说："这是一件大事，吉凶和悔恨产生于轻举妄动。即使能收回燕蓟一带的土地，也不过是面朝南坐在朝堂上受群臣的祝贺而已；万一不成功，关系到多少生灵，结果可就难说了。要是能够收回这块地方，太祖皇帝、太宗皇帝早就收回了，何必要等到今日。"神宗皇帝说："我怎么敢不接受您的教诲。"

苏轼因为写诗犯了法，被关在御史台的监狱中，大家都以为他必死无疑。曹皇后在病中听说此事，便对神宗皇帝说："我想起仁宗皇帝在殿试中取中苏轼兄弟时，高兴地说：'我为子孙们找到两位宰相。'现在听说苏轼因为作诗而被关进监狱，难道不是受了仇人的诬蔑吗？况且从诗句中找到的，即使有错也是小错。我的病已经很重了，不能再因为冤枉好人、滥加罪名而伤害天地的中正和平之气。对苏轼一案，还要仔细审查才好。"神宗皇帝流下了眼泪。苏轼因此而得以免罪。曹皇后死，神宗皇帝极为悲痛，人瘦成皮包骨，几乎坚持不到办完丧事。有关部门为曹皇后上谥号，葬在永昭陵。

英宗宣仁圣烈高皇后传

【题解】

宋英宗皇后高氏(1032~1093年),亳州蒙城(今安徽蒙城)人。她的曾祖父、祖父都为皇家立过大功。她的母亲曹氏是慈圣光献皇后的姐姐。她从小养育在宫中。治平二年,立为皇后。哲宗皇帝即位后,高氏以太皇太后的身份辅政,起用司马光,尽罢王安石所立新法,史称“元祐更化”。元祐八年,高太后病故。

【原文】

英宗宣仁圣烈高皇后,亳州蒙城人。曾祖琼,祖继勋,皆有勋王室,至节度使。母曹氏,慈圣光献后姊也,故后少鞠宫中。时英宗亦在帝所,与后年同,仁宗谓慈圣,异日必以为配。既长,遂成昏濮邸。生神宗皇帝、岐王颢、嘉王頵、寿康公主。治平二年册为皇后。

宋英宗赵曙

后弟内殿堂班士林,供奉久,帝欲迁其官,后谢曰:“士林获升朝籍,分量已过,岂宜援先后家比?”辞之。神宗立,尊为皇太后,居宝慈宫。帝累欲为高氏营大第,后不许。久之,但斥望春门外隙地以赐,凡营缮百役费,悉出宝慈,不调大农一钱。

元丰八年,帝不豫,浸剧,宰执王珪等入问疾,乞立延安郡王为皇太子,太后权同听政,帝颔之。珪等见太后帘下。后泣,抚王曰:“儿孝顺,自官家服药,未尝去左右,书佛经以祈福,喜学书,已诵《论语》七卷,绝不好弄。”乃令之出帘外见珪等,珪等再拜谢且贺。是日降制,立为皇太子。初,岐、嘉二王日问起居,至是,令毋辄入。又阴敕中人梁惟简,使其妻制十岁儿一黄袍,怀以来,盖密为践阼仓卒备也。

哲宗嗣位,尊为太皇太后。驿召司马光、吕公著,未至,迎问今日设施所宜先,未及条上,已散遣修京城役夫,减皇城觇卒,止禁庭工技,废导洛司,出近侍尤无状者,戒中外毋苛敛,宽民间保户马。事由中旨,王珪等弗预知。又起文彦博于既老,遣使劳诸途,谕以复祖宗法度为先务,且令亟疏可用者。

从父遵裕坐西征失律抵罪。蔡确欲献谀以固位,乞复其官。后曰:“遵裕灵武之役,涂炭百万,先帝中夜得报,起环榻行,彻旦不能寐,圣情自是惊悸,驯致大故,祸由遵裕,得免刑诛，幸免。先帝肉未冷，吾何敢顾私恩而违天下公议！”确悚慄而止。

光、公著至，并命为相，使同心辅政，一时知名士汇进于廷。凡熙宁以来政事弗便者，次第罢之，于是以常平旧式改青苗，以嘉佑差役参募役，除市易之法，官茶盐之禁，举边砦不毛之地以赐西戎，而宇内复安。契丹主戒其臣下，复勿生事于疆场，曰：“南朝尽行仁宗之政矣。”

蔡确坐《车盖亭诗》谪岭表，后谓大臣曰：“元丰之末，吾以今皇帝所书佛经出示人，是时惟王珪曾奏贺，遂定储极。且以子继父，有何间言？而确自谓有定策之大功，妄扇事端，规为异时眩惑地。吾不忍明言，姑托讪上为名逐之耳。此宗社大计，奸邪怨谤所不暇恤也。”

廷试举人，有司请循天圣故事，帝后皆御殿，后止之。又请受册宝于文德，后曰：“母后当阳，非国家美事，况天子正衙，岂所当御？就崇政足矣。”上元灯宴，后母当入观，止之曰：“夫人登楼，上必加礼，是由吾故而越典制，于心殊不安。”但令赐之灯烛，遂岁以为常。

侄公绘、公纪当转观察使，力遏之。帝请至再，仅迁一秩，终后之世不敢改。又以官冗当汰，诏损外氏恩四之一，以为宫掖先。临政九年，有廷清明，华夏绥定。

宋用臣等既被斥，祈神宗乳媪入言之，冀得复用。后见其来，曰：“汝来何为？得非为用臣等游说乎？且汝尚欲如曩日，求内降干挠国政耶？若复尔，吾即斩汝。”媪大惧，不敢出一言。自是内降遂绝，力行故事，抑绝外家私恩。文思院奉上之物，无问巨细，终身不取其一。人以为女中尧舜。

元祐八年九月，属疾崩，年六十二。后二年，章惇、蔡卞、邢恕始造为不根之谤，皇太后、太妃力辨其诬，事乃已。语在恕传。昭暴惇、卞、恕罪，褒录后家，赠曹夫人为魏、鲁国夫人，弟士逊、士林及公绘、公纪皆追王，擢重孙世则节度使。他受恩者，又十余人云。

【译文】

宋英宗宣仁圣烈皇后高氏是亳州蒙城（今安徽蒙城）人，曾祖父高求、祖父高继勋都为皇家立过大功，官至节度使。她的母亲曹氏是慈圣光献皇后的姐姐，所以高氏从小被养育在宫中。那时宋英宗也养育在宫中，正与高氏年龄一样大，宋仁宗告诉慈圣皇后，将来一定让他们成婚。长大以后，高氏与英宗结了婚，当时英宗还是濮王。高氏生有三子一女：神宗皇帝、岐王赵颢、嘉王赵頵和寿康公主。治平二年被册封为皇后。

高皇后的弟弟高士林官居内殿崇班，在这个职位上已经待了很长时间，英宗皇帝打算提升他，高皇后推辞说：“高士林能够当上朝官，已经超出他的本分了，不应该再援用已故皇太后家的先例了。”便拒绝了。神宗皇帝即位，尊高皇后为皇太后，在宝慈宫居住。神宗皇帝多次要为高家营建大宅第，高皇后不同意。又过了很长时间，她只是把望春门外的一块空地赐给了高家，而建造住宅的一切物料人工费用，都由宝慈宫高皇后供给，不用国家财政一分钱。

元丰八年，宋神宗患病，病势逐渐加重，宰相王珪等人入宫探视，请求立延安郡王为皇太子，让太后权且垂帘听政，神宗皇帝点头以示同意。王珪等人在帘子之外朝见高皇后，高皇后抚摸着延安郡王，哭着说：“延安郡王很孝顺，自从神宗皇帝患病吃药以来，他从未离开皇帝身边，还亲自书写佛经，希望能为皇帝带来福气。他喜欢学习书法，已经能诵读《论语》的前七篇，一点儿也不贪玩。”当天便颁布诏令，立延安郡王为皇太子。起初，岐王和嘉王每天来询问神宗皇帝的病情，到了这时，高皇后便命令他们不要动不动就到宫里来。又暗地里命令宦官梁惟简，让他的妻子做一件十岁小孩穿的黄袍，带进宫来，为新皇帝突然即位做了准备。

宋哲宗即皇帝位后，尊高皇后为太皇太后。随即通过驿站传召司马光、吕公著二人进京。人还未到，又派人去问此时治理国家应该先做些什么。他们的条陈还没递上，这边已经遣散了修建京城的民夫，削减了巡视紫禁城的兵卒，停止了皇室御用工艺品的制造，废除了导洛司衙门，把一些过于胡作非为的太监赶出宫去，申戒朝内朝外不得过分搜刮老百姓的财物，放宽了在民间施行的保甲养马法。这些命令都是直接由皇帝下旨进行的，王珪等大臣没有预先知道。又召回文彦博，虽然他已岁数很大了，还派出使者在来京城的途中慰劳他，告诉他要把恢复祖宗的法度作为头等大事来办，还命令他赶快上疏推荐可用的人才。

高皇后的叔父高遵裕因为在西征中违反军律而犯罪，蔡确打算讨高皇后的欢心而巩固自己的地位，便请求恢复高遵裕的官职。高皇后回答说：“高遵裕在灵武打了败仗，造成百万生灵涂炭，神宗皇帝半夜得到报告，起身绕床而走，直到天亮也不能入睡。神宗皇帝就是因为受了这次惊吓，才逐渐大病不起，祸根全在高遵裕，没有判死罪已经是他的运气了。现在神宗皇帝刚刚去世，尸骨未寒，我怎么敢为了本家的亲恩而触犯天下人的公论！”蔡确听后很害怕，不敢再提这件事。

在这之前，吕公著已来到京城，与司马光同为宰相，齐心辅理朝政，一时之间，知名人士都被任用于朝廷。凡是从神宗执政以来法制不当的都依次废除。于是以常平法换下青苗法，以仁宗嘉祐年间的差役法换下募役法，废除市易法，放宽了茶盐专营，把边疆不毛之地赐给西边的少数民族，这样使得天下恢复安定。契丹国主命令他的臣下不许在两国边界上生事，他说：“南朝（指宋朝）已经全都恢复实行仁宗皇帝的政策。”

蔡确因为所作《车盖亭诗》的内容而得罪被贬到岭南，高皇后对大臣们说：“元丰朝代末年，我把哲宗皇帝所写的佛经给人看，那时只有王珪曾经上奏称赞，哲宗随即被定为皇太子。而且以长子继承父亲，又有什么可说的呢？蔡确却自吹有帮助确立皇太子的大功，妄想煽起事端，打算以此作为将来迷惑皇帝的手段。我不愿意把话挑明，姑且以讥刺皇上的罪名把他驱逐出去。这是关系到国家的大事，奸邪小人为此有怨言谤词也顾不得了。”

举人上殿面试时，有关官员请求遵照仁宗天圣年间的办法，皇帝和太后一齐主持，高太后没有同意。又有人请求太后在文德殿接受册封，高皇后说：“太后当政，对国家来说本来就不是好事，更何况文德殿是皇帝的正殿，在那里接受册封难道合适吗？在崇政殿就可以了。”

元宵节宫内张灯设宴，太后的母亲应当入宫观灯，但太后不同意，她说：“老夫人如果来观灯，皇帝必定要厚加礼遇，那就是因为我的缘故而违背典章制度，会使我心里很不安。"于是便命令把彩灯蜡烛赏赐给高家，从此以后就每年这样做了。

太后的侄子高公绘、高公纪应当升转观察使的官职，太后极力阻止，经哲宗皇帝再次请求太后，只升了一级，而且太后在世之日再未升迁。因为官吏太多要加以裁撤，太后下令减少自己本家由于恩荫所应封官员数量的四分之一，以此作为宫廷诸人的榜样。太后临朝听政九年，朝政清明，国内安定。

宋用臣等人被斥逐后，请求神宗皇帝的奶妈进宫来说情，希望能重新被任用。太后见她来，便说："你来干什么？难道不是为宋用臣等人来说情的吗？你还想象当年一样，要内宫降旨来干扰朝政吗？要真是这样，我就下令杀了你。"神宗的奶妈非常害怕，一句话也不敢说。从此以后内宫降旨一类的事情便绝迹了。高太后尽力恢复旧制，减少或断绝对本家的私情照顾。文思院奉献来的东西，不问大小，从来没拿过一件。大家都把她当作女子中的尧舜。

元祐八年九月，高太后因病去世，享年六十二岁。两年之后，章惇、蔡卞、邢恕开始对她造谣诽谤。皇太后、皇太妃尽力为她分辩，事态才平息下去。所造的谣言记载在邢恕的传中。到宋高宗时，公布了章惇、蔡卞、邢恕的罪状，表彰了高皇后的家，追赠高皇后的母亲曹夫人为魏国、鲁国夫人，高皇后的弟弟高士逊、高士林以及侄子高公绘、高公纪都追封王爵，提升她的重孙高世则为节度使。此外受恩荫的，还有十余人。

韦贤妃传

【题解】

宋徽宗皇妃韦氏(1080~1159年)，开封(今河南开封)人。她聪明机智，很有谋略，是宋高宗赵构的生母。靖康之变时随徽宗一同北去，直到绍兴十二年(1142)才被金人放还。高宗即位，尊为宣和皇后、皇太后。绍兴二十九年(1159)病逝。

【原文】

韦贤妃，开封人，高宗母也。初入宫，为侍御。崇宁末，封平昌郡君。大观初，进婕妤，累迁婉容。高宗在康邸出使，进封龙德宫贤妃。从上皇北迁。建炎改元，遥尊为宣和皇后。封其父安道为郡王，官亲属三十人。由是遣使不绝。

绍兴七年，徽宗及郑皇后崩闻至，帝号恸，谕辅臣曰："宣和皇后春秋高，朕思之不遑宁处，屈己讲和，正为此耳。"翰林学士朱震引唐建中故事，请遥尊为皇太后，从之。已而太常少卿吴表臣请依嘉佑，治平故事，俟三年丧毕，然后举行。乃先降御札，播告天下。后三代俱追封王。

帝以后久未归，每颦蹙曰："金人若从朕请，余皆非所问也。"王伦使回，言金人许归

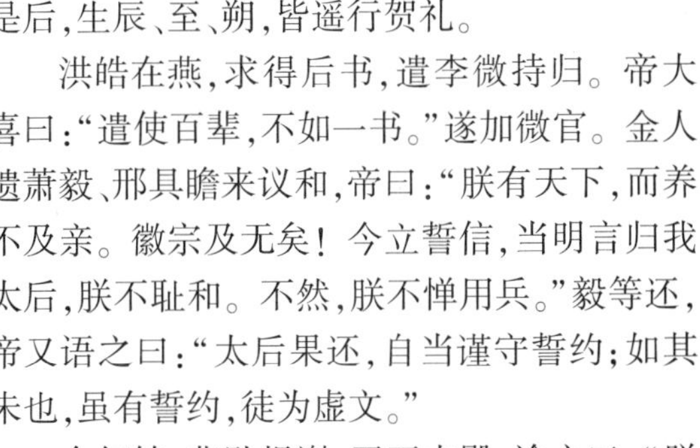

后。未几，金人遣萧哲来，亦言后将归状。遂豫作慈宁宫，命莫将、韩恕为奉迎使。十年，以金人犹未归后，乃遥上皇太后册宝于慈宁殿。是后，生辰、至、朔，皆遥行贺礼。

洪皓在燕，求得后书，遣李微持归。帝大喜曰："遣使百辈，不如一书。"遂加微官。金人遣萧毅、邢具瞻来议和，帝曰："朕有天下，而养不及亲。徽宗及无矣！今立誓信，当明言归我太后，朕不耻和。不然，朕不惮用兵。"毅等还，帝又语之曰："太后果还，自当谨守誓约；如其未也，虽有誓约，徒为虚文。"

宋徽宗赵佶

命何铸、曹勋报谢，召至内殿，谕之曰："朕北望庭闱，无泪可弹。卿见金主，当曰：'慈亲之在上国，一老人耳；在本国，则所系甚重。'以至诚说之，庶彼有感动。"铸等至金国，首以后归请。金主曰："先朝业已如此，岂可辄改？"勋等再三恳请，金主始允。铸等就馆，馆伴耶律绍文来言，金主许从所请。洪皓闻之，先遣人来报。铸等还，具言其实。遂命参政王次翁为奉迎使。金人遣其臣高居安、完颜宗贤等扈从以行。

十二年四月，次燕山，自东平舟行，由清河至楚州。既渡淮，命太后弟安乐郡王韦渊、秦鲁国大长公主、吴长公主迎于道。帝亲至临平奉迎，普安郡王、宰执、两省、三衙管军皆从。帝初见太后，喜极而泣。八月，至临安，入居慈宁宫。

先是，以梓宫未还，诏中外辍乐。至是，庆太后寿节，始用乐。谒家庙，亲属迁官几两千人。

太后聪明有智虑。初，金人许还三梓宫，太后恐其反复，呼役才毕集，然后起攒。时方暑，金人惮行，太后虑有他变，乃阳称疾，须秋凉进发。已而称贷于金使，得黄金三千两以犒其众，由是途中无间言。太后在北方，闻韩世忠名，次临平，呼世忠至帘前慰劳。还宫，帝侍太后，或夜分未去，太后曰："且休矣，听朝宜早，恐妨万几。"又尝谓："两宫给使，宜令通用；不然，则有彼我之分，而佞人间言易以入也。"

明皇后未立，太后屡为帝言，帝请降手书，太后曰："我但知家事，外庭非所当预。将行册命，承平毋令太后知，第未白朕。"

十九年，太后年七十，正月朔，即宫中行庆寿礼，亲属各迁官一等。太后微恙，累月不出殿门，会牡丹盛开，帝入白，太后欣然步至花所，因留宴，竟尽欢。翌日，以谕宰执。后苦目疾，募得医皇甫坦，治即愈。

二十九年，太后寿登八，复行庆礼。亲属进官一等；庶人年九十、宗子女若贡士已上父母年八十者悉官封之。九月，得疾，上不视朝，敕辅臣祈祷天地、宗庙、社稷，赦天下，减租税。俄崩于慈宁宫，谥曰显仁。攒于永佑陵之西，祔神主太庙徽宗室。亲属进秩者十四人，授官者三人。太后性节俭，有司进金唾壶，太后易，令用涂金。宫中赐予不过三数千，所得供进财帛，多积于库。至是，丧葬之费，皆仰给焉。然好佛、老。初，高宗出使，有小妾言，见四金甲人执刀剑以卫。太后曰："我祠四圣谨甚，必其阴助。"既北迁，常设祭；及归，立祠西湖上。

【译文】

宋徽宗贤妃韦氏，开封人，是宋高宗赵构的生母。刚入宫的时候，她只是个侍女，崇宁末年，被封为平昌郡君。大观初年，晋封为婕妤，逐渐升到婉容。在赵构还是康王、出使金国时，韦氏被封为龙德宫贤妃。靖康之变后，韦氏跟随宋徽宗北去。宋高宗即位，改年号为建炎，把远在他乡的韦氏尊为宣和皇后。又封韦氏的父亲韦安道为郡王，她的亲属三十人被封了官。从此以后，高宗时常派遣使臣到金国去探望她。

绍兴七年，宋徽宗和郑皇后病故的消息传来，高宗皇帝号啕痛哭，对辅佐的大臣们说："宣和皇后年纪已经大了，我想起她来便坐立不安，我之所以主张与金国委屈求和，正是为了她老人家呀！"翰林学士朱震援引唐代德宗建中年间的旧事，请求尊封远在北方的宣和皇后为皇太后，高宗皇帝同意了。随后太常少卿吴表臣请求依据宋仁宗嘉祐和宋英宗治平年间的先例，等待三年守丧期满后再正式实行，高宗皇帝也同意了。于是高宗皇帝先降下圣旨，把册封皇太后的事公告天下。皇太后的三代祖先都被追封为王。

高宗皇帝因为皇太后长期不能回来而担心，他时常皱着眉头说："金国如果能够答应我的请求，放回太后，其他条件都不计较。"王伦出使金国回来，告诉高宗金国同意放回太后。不久，金国派萧哲来，也说将要放回太后。高宗便下令预先建造慈宁宫，又派莫将、韩恕为奉迎使。绍兴十年，由于金国仍然没有放回太后，高宗皇帝只好在慈宁殿遥遥地册封韦皇后为皇太后。自此以后，凡是太后的生日、冬至、每年的初一，都要为在远方的太后举行庆贺仪式。

洪皓在金国时，设法得到太后的亲笔信，派李微带回。高宗皇帝非常高兴，说："派遣成百的使臣，也不如这一封信。"于是便晋升李微的官职。金国派萧毅、邢具瞻来与宋朝讲和，高宗皇帝说："我拥有天下，却不能奉养自己的亲人。徽宗皇帝已死，来不及了。我现在与你们立下誓约，你们要是公开表明放回太后的话，我不怕丢面子，一定同你们讲和。否则的话，我也不怕同你们开战。"萧毅等人回金国的时候，高宗皇帝又对他们说："太后如果回来，宋朝自然会严守誓约；如果回不来，虽然双方订了条约，也不过是形同虚设的文字而已。"

高宗皇帝派何铸、曹勋到金国回访，在皇宫内殿召见他们，对他们说："你们见到金国皇帝就说：'我时常凝望北方，思念母亲，已是欲哭无泪。'你们见到金主，应当说：'韦太后在你们这里，只是一位老人罢了，而对本国却关系重大。'你们要说得很诚恳，也许能感动他们。"何铸等到了金国，首先请求送回韦太后。金国皇帝说："这是前朝皇帝定下的事，怎好轻易改变呢？"曹勋等再三恳求，金国皇帝才答应下来。何铸回到宾馆，金国的陪同人员耶律绍文也来了，说金国皇帝已经同意了你们的请求。洪皓听说此事，先派人来临安报告。何铸等人回来后，又详细说了整个过程。高宗皇帝便命令参政王次翁为奉迎使。金国则派大臣高居安、完颜宗贤等陪伴随行。

绍兴十二年四月，韦太后一行在燕山一带稍事停留。自东平府（今山东东平）太后一行人改为乘船，从清河直达楚州（今江苏淮安）。太后渡过淮河之后，高宗皇帝派太后的弟弟安乐郡王韦渊、大长公主秦、鲁国夫人、长公主吴国夫人前去迎接。高宗皇帝亲自到临平（今属浙江余杭）迎接太后，普安郡王、宰相及执政大臣、门下省暨中书省、殿前司、步军司、马军司等官员也都随从前来。高宗皇帝初见太后，极为高兴，流下了喜泪。同年八月，太后到达临安，住进慈宁宫。

在此之前，由于金国没有送还徽宗皇帝等人的遗体，宋高宗下旨命令宫廷内外不许奏乐。到这时，为了给太后庆贺生日才开始奏乐。太后拜谒家庙，她的亲属升官的几乎有两千人。

韦太后机智，很有谋略。起初，金国答应归还徽宗皇帝等的三具遗体，韦太后担心金国会不守诺言，便召齐全部民工，然后再把徽宗皇帝等三人的棺材从暂厝处起出。当时正是夏天，金国人怕热不愿启程，太后担心又生枝节，便假称有病，要等到秋凉再走。随后就向金国使者借到黄金三千两，用这笔钱来犒赏同行的金国人，因此才能一路上平安无事。韦太后在北方的时候，听说了韩世忠的名字，她到达临平时，特地召请韩世忠到帘幕前来并加以慰问。回宫之后，高宗皇帝侍奉韦太后，有时候深夜仍未离去，太后说："该休息啦，上朝要早些才好，否则恐怕耽误了军国大事。"韦太后曾说："两宫（指徽宗皇帝和她自己）的供给应该让它们可以通用，否则便会有他人与自己之分，就会使奸人们的离间之言易于被听信。"

当时高宗皇帝还没有确定正宫皇后的人选，韦太后多次对皇帝提起此事，高宗皇帝请求太后亲自降旨处理此事，韦太后说："我只知道家务事，皇宫之外的事不是我应该干预的。"将要举行册封典礼了，国家太平时的典礼仪式，韦太后还都能记得。高宗皇帝在生活上尽力想使太后满意，唯恐做不到，有时太后一顿饭吃得略少，便极为担心。他时常叮嘱宫中侍从人员说："韦太后已经六十岁了，只要能悠闲自得，不担心事，饮食起居适合她的要求，就能长寿安康。要是短少什么东西，不要让太后知道，直接来告诉我。"

绍兴十九年，韦太后七十岁，正月初一，就在皇宫中举行庆寿仪式，太后的亲属都升官一级。太后得了点小病，几个月没出宫门。正当牡丹盛开，高宗皇帝进宫报知韦太后，太后兴致很高，步行到牡丹花开放的地方，并且在那里设宴赏花，尽情欢笑了整整一天。第二天，高宗皇帝将此事告诉了宰相们。韦太后苦于眼睛有病，后来找到一位医生叫皇甫坦，治好了她的眼病。

绍兴二十九年，韦太后八十岁，又举行了庆典。亲属中的官员都升官一级；亲属中的平民年龄达到九十岁的，或者年龄达到八十岁，长子已有贡士以上的功名的，全都封赏官职。这年九月，韦太后生病了，高宗皇帝为此而不上朝，降旨命令宰相大臣们祈求天地、皇室历代祖宗和土地、庄稼之神等保佑，还宣布赦免天下的犯人，减少所征收的田租赋税。韦太后随后死在慈宁宫，被谥为显仁。她的灵柩暂时厝置于永佑陵的西面，神主牌位则祔祭于太庙中徽宗皇帝的庙室中。韦太后的亲属晋升官阶的有十四人，除授官职的有三人。韦太后性情节俭，负责官员给她送来金子做的痰盂，太后命令换了，换成只是外面涂上一层金的。她在宫中赏赐的钱物总额不过三五千，她所得的进贡来的财物多半都储积在库房里。到了这时，她身后的丧葬费用都是从这里支付的。韦太后信从佛教和道教。当初，高宗未做皇帝前出使金国，有一位侍女说看见四个身披金甲的武士拿着刀剑在保卫高宗。韦太后说："我供奉四圣十分虔诚，必定是他们在暗中相助。"韦太后被带到金国去时，经常祭拜四圣。等到回到临安，太后更在西湖上为四圣建立专庙。

光宗慈懿李皇后传

【题解】

宋光宗皇后李代(1145~1200年)名凤娘，安阳(今河南安阳)人。她性情蛮横、嫉妒，因父亲是带兵将领，所以宋高宗曾说她有军人的家风。乾道七年立为皇太子妃。光宗即位后立为皇后。元庆六年去世，享年五十六岁。

【原文】

光宗慈懿李皇后，安阳人，庆远军节度使、赠太尉道之中女。初，后生，有黑凤集道营前后上，道心异之，遂字后曰凤娘。道帅湖北，闻道士皇甫坦善相人，乃出诸女拜坦。坦见后，惊不敢受拜，曰："此女当母天下。"坦言于高宗，遂聘为恭王妃，封荣国夫人，进定国夫人。乾道四年，生嘉王。七年，立为皇太子妃。

性妒悍，尝诉太子左右手高、孝二宫，高宗不怿，谓吴后曰："是妇将种，吾为皇甫坦所误。"孝宗亦屡训后："宜以皇太后为法，不然，行当废汝。"后疑其说书出太后。

及太子即位，册为皇后。光宗欲诛宦者，近习皆惧，遂谋离间三宫。会帝得心疾，孝宗购得良药，欲因帝至宫授之。宦者遂诉于后曰："太上合药一大丸，俟宫车过即投药。万一有不虞，其奈宗社何?"后觇药实有，心衔之。顷之，内宴，后请立嘉王为太子，孝宗不许。后曰："妾六礼所聘，嘉王，妾亲生也，何为不可?"孝宗大怒。后退，持嘉王泣诉于帝，谓寿皇有废立意。帝惑之，遂不朝太上。

帝尝宫中浣手，睹宫人手白，悦之。他日，后遣人送食合于帝，启之，则宫人两手也。又黄贵妃有宠，因帝亲郊，宿斋宫，后杀之，以暴卒闻。是夕风雨大作，黄坛烛尽灭，不能成礼。帝疾由是益增剧，不视朝，政事多决于后矣。后益骄奢，封三代为王，家庙逾制，卫兵多于太庙。后归谒家庙，推恩亲属二十六人、使臣一百七十二人，下至李氏门客，亦奏补官。中兴以来未有也。

是时，帝久不朝太上，中外疑骇。绍熙四年九月重明节，宰执、侍从、台谏连章请帝过宫。给事中谢深甫言："父子至亲，天理昭然。太上之爱陛下，亦犹陛下之爱嘉王。太上春秋高，千秋万岁后，陛下何以见天下?"帝感悟，趣命驾朝重华宫。是日，百官班列俟帝出，至御屏，后挽留帝入，曰："天寒，官家且饮酒。"百僚、侍卫相顾莫敢言。中书舍人陈傅良引帝裾请毋入，因至屏后，后叱曰："此何地，尔秀才欲斫头邪？"傅良下殿恸哭，后复使人问曰："此何理也？"傅良曰："子谏父不听，则号泣而随之。"后益怒，遂传旨罢还宫。其后孝宗崩，帝不能亲执丧。

宰相赵汝愚谋内禅，立宁宗，尊后曰太上皇后，上尊号曰寿仁。庆元六年崩，年五十六，谥慈懿。

【译文】

宋光宗慈懿皇后李氏，安阳(今河南安阳)人，她的父亲李道曾任庆远军节度使，死后追赠太尉，李氏是他的第二个女儿。李氏出生的时候，一群黑凤鸟聚集在李道的军营前的路上，李道觉得很奇怪，便给李氏起名叫凤娘。李道驻军湖北时，听说道士皇甫坦善于给人相面，就让女儿们出来拜见皇甫坦。皇甫坦看见李氏，大为吃惊，不敢接受李氏的拜礼，他说："这个女子会成为国母。"皇甫坦后来把这件事告诉了宋高宗，于是李氏便被娶为恭王的王妃，封荣国夫人，后来又晋升为定国夫人。乾道四年，李氏生下嘉王。乾道七年李氏被册立为皇太子妃。

宋光宗

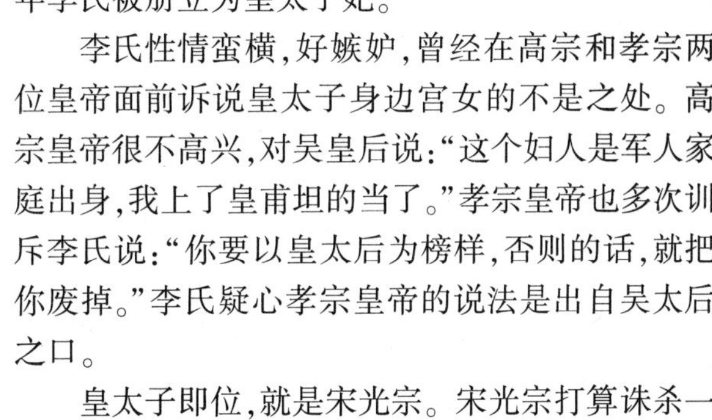

李氏性情蛮横，好嫉妒，曾经在高宗和孝宗两位皇帝面前诉说皇太子身边宫女的不是之处。高宗皇帝很不高兴，对吴皇后说："这个妇人是军人家庭出身，我上了皇甫坦的当了。"孝宗皇帝也多次训斥李氏说："你要以皇太后为榜样，否则的话，就把你废掉。"李氏疑心孝宗皇帝的说法是出自吴太后之口。

皇太子即位，就是宋光宗。宋光宗打算诛杀一些宦官，内侍们都很害怕，便策划离间太上皇、光宗皇帝和李皇后间的关系。正逢光宗皇帝得了心脏病，孝宗(即太上皇)买到了好药，想等到光宗皇帝来的时候给他服用。太监就来告诉李皇后说："太上皇做了一个大药丸，等皇帝来时就让他吃。万一有了意外之事，国家怎么办呢？"李皇后发现真有这药，便放心不下。随后，内宫开宴，在席上，李皇后请求把嘉王立为太子，孝宗皇帝不同意。李皇后说："我是经过六种礼仪聘娶来的，嘉王是我亲生的，为什么不能立为太子？"孝宗皇帝大为生气。李皇后回宫后，领着嘉王向光宗皇帝哭诉，说太上皇有重立皇帝的意思。光宗皇帝受了李皇后的迷惑，便不再给太上皇请安。

光宗皇帝曾在宫中洗手，看见宫女的手白皙，很喜欢。过了几天，李皇后派人给光宗皇帝送上一个食盒，光宗打开一看，里面装的是那个宫女的两只手。光宗皇帝曾宠爱黄贵妃，他为祭祀天地，单独居住在斋宫中，李皇后乘机杀害了黄贵妃，却告诉光宗说她患急病而死。那一夜天气突变，风雨交加，祭坛上蜡烛全都被吹灭，不能举行仪式。光宗皇帝的病从此加重了，不再上朝，朝廷政事大多由李皇后决定。李皇后更加骄纵奢侈，封李家的三代祖先为王，李家的家庙规模超越了制度，守卫的兵丁比太庙还多。李皇后归来拜祭家庙时，她的亲属二十六人、使臣一百七十二人，甚至李家的门客，都被补授官职。这是南宋朝建立以来从未有过的事。

那时，光宗皇帝已很长时间没有去给太上皇（即孝宗皇帝）问安了，朝廷内外的大臣们都为此事惊疑不置。绍熙四年九月重阳节，宰相、侍从与台谏等大臣连续上奏章请求光宗皇帝去探望太上皇。给事中谢深甫说："父子关系是最亲密的，这是彰明昭著的天理。太上皇疼爱陛下，正如陛下疼爱嘉王一样。太上皇年纪已经大了，千秋万岁之后，陛下怎么向天下人解释呢？"光宗皇帝受到感动而醒悟了，便命令赶快备车去重华宫朝见太上皇。那一天，官员们分班列队等候光宗皇帝出来。光宗皇帝已经到了殿后的屏风旁，李皇后挽住他，让他回去，说："天气凉了，陛下还是喝酒吧。"大臣们面面相觑，谁也不敢说话。中书舍人陈傅良拉住光宗皇帝的衣襟请求他不要回去，拉扯之中进到屏风后面，李皇后呵斥陈傅良说："这是什么地方，你想砍头吗？"陈傅良下殿去，痛哭失声。李皇后派人来问道："这是什么道理？"陈傅良回答说："儿子劝说父亲，父亲不听，儿子便痛哭着在后面跟随。"李皇后更加生气，便传下命令回宫去了。后来孝宗皇帝去世的时候，光宗皇帝竟然不能亲自处理丧事。

宰相赵汝愚策划了禅位，光宗皇帝退位，宁宗皇帝登位，李皇后被尊封为太上皇后，尊号为寿仁。庆元六年，李皇后去世，享年五十六岁，追封谥号为慈懿。

理宗谢皇后传

【题解】

宋理宗皇后谢氏（1210~1283年），天台（今浙江天台）人。南宋朝的最后一段日子里的朝政基本由她主持。宋朝灭亡后，她被元兵带往大都（今北京）。后死于此。

【原文】

理宗谢皇后，讳道清，天台人。父渠伯，祖深甫。后生而黧黑，翳一目。渠伯早卒，家产益破坏。后尝躬亲汲饪。

初，深甫为相，有援立杨太后功，太后德之。理宗即位，议择中宫，太后命选谢氏诸女。后独在室，兄弟欲纳入宫，诸父榉伯不可，曰："即奉诏纳女，当厚奉资装，异时不过一老宫婢。事奚益？"会元夕，县有鹊来巢灯山，众以为后妃之祥。榉伯不能止，乃供送后就道。后旋病疹，良已，肤蜕，莹白如玉；医又药去目翳。时贾涉女有殊色，同在选中。及入宫，理宗意欲立贾。太后曰："谢女端重有福，宜正中宫。"左右亦皆窃语曰："不立真皇后，乃立假皇后邪！"帝不能夺，遂定立后。初封通义郡夫人，宝庆三年九月，进贵妃，十二月，册为皇后。

后既立，贾贵妃专宠；贵妃薨，阎贵妃又以色进。后处之裕如，略不介怀。太后深贤之，而帝礼遇益加焉。开庆初，大元兵渡江，理宗议迁平江、庆元，后谏不可。恐摇动民心，乃止。

理宗崩，度宗立。咸淳三年，尊为皇太后，号寿和圣福。进封三代：父渠伯，魏王；祖深甫、曾祖景之，皆鲁王。宗族男女各进秩赐封赏赉有差。度宗崩，瀛国公即位，尊为太皇太后。太后年老且疾，大臣屡请垂帘同听政，强之乃许。加封五代。

太后以兵兴费繁，痛自裁节，汰慈元殿提举以下官，省提索钱缗月万。平章贾似道兵溃，陈宜中上疏请正其罪，太后曰："似道勤劳三朝，岂宜以一旦罪而失遇大臣礼？"先削其官，后乃置法贬死。

京朝官闻难，往往避匿遁去。太后命揭榜朝堂曰："我国家三百年，待士大夫不薄。吾与嗣君遭家多难，尔大小臣不能出一策以救时艰，内则畔官离次，外则委印弃城，避难偷生，尚何人为？亦何以见先帝于地下乎？天命未改，国法尚存。凡在京守者，尚书省即与转一资；负国逃者，御史觉察以闻。"

德佑元年六月朔，日食既，太后削"圣福"以应天变。丞相王爚老病，陈宜中、留梦炎庸懦无所长，日坐朝堂相争戾。而张世杰兵败于焦山，宜中弃官去。太后累召不至，遗书宜中母，使勉之。十月，始还朝。太后又亲为书召夏贵等兵，曰："吾母子不足念，独不报先帝德乎？"贵等亦罕有至者。

是月，大元兵破常州，太后遣陆秀夫等请和，不从。宜中即率公卿请迁都，太后不许，宜中痛苦固请，不得已从之。明日当启行，而宜中仓卒失奏，于是宫车已驾，日且暮而宜中不至，太后怒而止。明年正月，更使宜中使军中，约用臣礼。宜中难之，太后涕泣曰："苟存社稷，臣，非所较也。"未几，大元兵薄皋亭山，宜中宵遁，文武百官亦潜相引去。

二月辛丑，大军驻钱塘，宋亡。瀛国公与全后入朝，太后以疾留杭。是年八月，至京师，降封寿春郡夫人。越七年终，年七十四，无子。

兄奕，宋地封郡王。侄堂，两浙镇抚大使，尚荣郡公主；暨、垕并节度使，端平初，颇干国政云。

【译文】

宋理宗皇后谢氏，名叫道清，天台（今浙江天台）人。父亲名谢渠伯，祖父为谢深甫。谢皇后生来肤色黑，一只眼睛上有白斑。她的父亲谢渠伯早死，家境败落。谢皇后曾经亲自汲水做饭。

谢深甫当宰相的时候，曾帮助宁宗皇帝的贵妃杨氏立为皇后，也就是后来的杨太后，杨太后因此感念他的好处，理宗皇帝登位后，商议选择正宫皇后，杨太后命令要选谢家的女子。那时只有谢道清自己未出嫁，她的兄弟们打算送她入宫去，她的本家伯父谢揆伯

不同意，他说："即使是奉旨把谢家的姑娘献进皇宫，也要陪送丰厚的嫁妆，将来不过是一个老宫女罢了，又有什么用处呢？"此时正值元宵佳节，县城里扎起灯山过节，有喜鹊在灯山上搭窝，大家都以为是要出皇后皇妃的吉祥之兆。谢擽伯无法劝阻，只好整治行装送谢道清进京。谢道清随后患病出疹子，病好之后，原来的皮肤都蜕净了，新皮肤白皙滋润，像玉石一般，医生又用药点去了她眼睛上的白斑。同时也有贾涉的女儿，容貌十分美丽，也被选中。进入皇宫后，理宗皇帝想要立贾氏女子为皇后。杨太后说："谢家女子端庄有福气，应该立为皇后。"左右侍从也窃窃私语说："怎么放着真皇后不立，要立假（贾）皇后呢？"理宗皇帝无法坚持，便定下来立谢道清为皇后。起初封通义郡夫人，宝庆三年九月，晋封为贵妃。十二月，正式册立为皇后。

宋理宗

谢道清虽然当了皇后，但受到皇帝宠爱的是贾贵妃；贾贵妃死后，又有阎贵妃因为生得漂亮而得到皇帝的宠爱。谢皇后对此十分宽容，毫不介意。杨太后对她深为满意，理宗皇帝也更加敬重她，开庆初年，元朝大军渡过长江进攻南宋，理宗皇帝与大臣们商议准备迁都平江（今湖南平江）、庆元（今浙江龙泉一带），谢皇后加以劝阻。因担心迁都会动摇人心，才决定不迁。

宋理宗去世，度宗皇帝继位。咸淳三年，谢氏被尊为皇太后，尊号为寿和圣福。谢氏三代被追封王爵：父亲谢渠伯封为魏王，祖父谢深甫、曾祖谢景之都封为鲁王。谢氏宗族的男子女子也各自得到加官、封爵或赏赐财物等不同的恩遇。度宗皇帝去世后，瀛国公继承皇位，谢太后又被尊为太皇太后。这时皇太后年纪大了，又多病，大臣们屡次请太皇太后同皇太后一起垂帘听政，谢氏勉强同意了。于是再一次追封谢氏的五代祖先。

谢太后曾因为战火不断、军费负担沉重而尽力俭省，命令裁汰慈元殿提举之下的官员，宫中点心钱每月省出一万缗。平章贾似道率兵出战溃败，陈宜中上奏请求朝廷将贾似道治罪。谢太后说："贾似道是辛勤劳苦的三朝元老，怎能因为他一时的错误便不以对待大臣的礼节对待他？"开头只是撤了他的官职，后来才根据法律将他贬逐而死。

京城的官员们遇到外敌入侵，往往躲藏起来，甚至弃官逃走。谢太后命令在朝堂上贴出布告说："我宋朝三百年以来，对士大夫们待遇优厚。我与才继位的皇帝正逢多灾多难之时，你们大小官员们不能提出一条办法来挽救时局，京朝官则是弃官离位，外省官则是弃城而逃。像这样苟且偷生，还算人吗？又有什么脸面到黄泉之下去见先帝呢？现在宋朝还是宋朝，国法也仍然存在。凡是坚守岗位的，尚书省就给他记上一笔作为升官时的资格。叛国逃亡的，御史们查明情况上报。"

德佑元年六月一日发生了日食，谢太后把自己的尊号中的“圣福”二字削掉，用以顺应天象的变化。丞相王爚年老多病，陈宜中、留梦炎又平庸懦弱，一无所长，只知道每天在朝廷殿堂上互相争斗闲气。张世杰在焦山（镇江附近江中）打了败仗，陈宜中弃官而去。谢太后多次召请也不回来，便写信给陈宜中的母亲，让她劝勉鼓励自己的儿子。直到十月，陈宜中才回到京城。谢太后又亲笔写信宣召夏贵等人率领的军队来京，她在信上说：“即使我们母子不值得顾惜，难道你就不报答先帝的恩德了吗？”夏贵等将几乎都没有来。

十月里，元朝大军攻破常州（今江苏常州），谢太后派陆秀夫等人去同元军请求议和，元军不答应。陈宜中便率领朝中大臣请求迁都，谢太后不同意，陈宜中苦苦要求，谢太后不得已，只好同意了。第二天应当启程，但陈宜中慌乱之中忘记了入宫奏报，太后等人的车驾已经备好，直等到太阳西下陈宜中却不见到来，谢太后一怒之下决定不再迁都。第二年正月，再命令陈宜中出使元军，请求以宋朝向元军称臣作为议和及元军退兵的条件。陈宜中很为难，谢太后哭着说：“只要能保存国家，称臣也就不计较了。”不几天，元朝大军逼近皋亭山，陈宜中乘夜逃走，文武百官也都偷偷跑掉了。

二月辛丑日，元朝大军驻扎钱塘（今浙江杭州），宋朝灭亡。瀛国公与皇后全氏被元兵带往大都（今北京），谢太后因为有病留在杭州。当年八月，谢太后也到了京城，被降低品级封为寿春郡夫人。过了七年后病故，享年七十四岁封为郡王。侄子谢堂，官居两浙镇抚大使，娶荣郡公主；另两个侄子谢暨、谢堽均官至节度使，端平初年在朝廷中很有势力。

王溥传

【题解】

王溥（919~981），字齐物，并州祁县（今山西祁县）人。他取唐苏冕《会要》（记唐高祖至德宗九朝事）四十卷，及崔铉监修的《续会要》（记德宗至宣宗大中六年事）四十卷，加以整理，而且搜集唐宣宗及唐末事迹，分类编辑，在宋太祖建隆二年撰成《唐会要》一百卷。这是一部断代典章制度专史，其内容包括帝系、礼、乐、学校、宗教、选举、职官、封建、历数、灾异、刑法、舆服、食货、外国等类，但书中不分大类，只分五百一十四目，如属职官类的目有秘书省、殿中省、大理寺等等，如食货类的目则有租税、杂税、团貌等等，对唐代有关的典章制度做了分门别类地记载，保存了不少珍贵的史料。现在流传的《唐会要》已不是王溥的原本，此书在流传中有所残破。清乾隆年间，采摭诸书所载唐事，依原目编类，基本保存了王溥原书的面貌。另外，王溥还用会要体例，采后梁至后周诸朝事撰成《五代会要》三十卷，分细目二百七十九条，记载五代有关帝系、礼乐、刑、天文、官制、经济、外国等方面的典章制度，由于王溥历仕后汉后周等朝，对五代制度有感性认识，加之多引当时的奏议、诏令,因此本书的记载真实可靠,有很高的史料价值,是新旧《五代史》的重要补充。

【原文】

王溥字齐物,并州祁人。父祚,为郡小吏,有心计,从晋祖入洛,掌盐铁案,以母老解职归。汉祖镇并门,统行营兵拒契丹,委祚经度刍粟;即位,擢为三司副使。历周为随州刺史。汉法禁牛革,辇送京师,遇暑雨多腐坏,祚请班铠甲之式于诸州,令裁之以输,民甚便之。移刺商州,以奉钱募人开大秦山岩梯路,行旅感其惠。显德初,置华州节度,以祚为刺史。未几,改镇颍州。均部内租税,补实流徙以出旧籍。州境旧有通商渠,距淮三百里,岁久湮塞,祚疏导之,遂通舟揖,郡无水患。历郑州团练使。宋初,升宿州为防御,以祚为使。课民凿井修火备,筑城北堤以御水灾。因求致政,至阙下,拜左领军卫上将军,致仕。

溥,汉乾佑中举进士甲科,为秘书郎。时李守贞据河中,赵思绾反京兆,王景崇反凤翔,周祖将兵讨之。辟溥为从事。河中平,得贼中文书,多朝贵及藩镇相交结语。周祖籍其名,将按之,溥谏曰:"魑魅之形,伺夜而出,日月既照,氛沴自消。愿一切焚之,以安反侧。"周祖从之。师还,迁太常丞。从周祖镇邺。广顺初,授左谏议大夫、枢密直学士。二年,迁中书舍人、翰林学士。三年,加户部侍郎,改端明殿学士。周祖疾革,召学士草制,以溥为中书侍郎、平章事。宣制毕,周祖曰:"吾无忧矣。"即日崩。

世宗将亲征泽、潞,冯道力谏止,溥独赞成之。凯还,加兼礼部尚书,监修国史。世宗尝从容问溥曰:"汉相李崧以蜡书与契丹,犹有记其词者,信有之耶?"溥曰:"崧为大臣,设有此谋,肯轻示外人?盖苏逢吉诬之耳。"世宗始悟,诏赠其官。世宗将讨秦、凤,求帅于溥,溥荐向拱。事平,世宗因宴酌酒赐溥曰:"为吾择帅成边功者,卿也。"从平寿春,制加阶爵。显德四年,丁外艰。起复,表四上,乞终丧。世宗大怒,宰相范质奏解之,溥惧入谢。六年夏,命参知枢密院事。

恭帝嗣位,加右仆射。是冬,表请修《世宗实录》,遂奏史馆修撰、都官郎中、知制诰扈蒙,右司员外郎、知制诰张淡,左拾遗王格,直史馆、左拾遗董淳,同加修纂,从之。

宋初,进位司空,罢参知枢密院。乾德二年,罢为太子太保。旧制,一品班于台省之后,太祖因见溥,谓左右曰:"溥旧相,当宠异之。"即令分台省班于东西,遂为定制。五年,丁内艰。服阕,加太子太傅。开宝二年,迁太子太师。中谢日,太祖顾左右曰:"溥十年作相,三迁一品,福履之盛,近世未见其比。"太平兴国初,封祁国公。七年八月,卒,年六十一。辍朝二日,赠侍中,谥文献。

溥性宽厚,美风度,好汲引后进,其所荐至显位者甚众。颇吝啬。祚频领牧守,能殖货,所至有田宅,家累万金。

溥在相位,祚以宿州防御使家居,每公卿至,必首谒。祚置酒上寿,溥朝服趋侍左右,坐客不安席,辄引避。祚曰:"此豚犬尔,勿烦诸君起。"溥讽祚求致政,祚意朝廷未之许也,既得请,祚大骂溥曰:"我筋力未衰,汝欲自固名位,而幽囚我。"举大梃将击之,亲戚劝谕乃止。

溥好学，手不释卷，尝集苏冕《会要》及崔铉《续会要》，补其阙漏，为百卷，曰《唐会要》。又采朱梁至周为三十卷，曰《五代会要》。有集二十卷。

子贻孙、贻正、贻庆、贻序。贻正至国子博士。贻庆比部郎中。贻序，景德二年进士，后改名贻矩，至司封员外郎。贻正子克明，尚太宗女郑国长公主，改名贻永，令与其父同行。

贻孙字象贤，少随周祖典商、颍二州，署衙内都指挥使。显德中，以父在中书，改朝散大夫，著作佐郎。宋初，迁金部员外郎，赐紫，累迁右司郎中。淳化中，卒。太祖平吴、蜀，所获文史副本分赐大臣。溥好聚书，至万余卷，贻孙遍览之，又多藏法书名画。太祖尝问赵普，拜礼何以男子跪而妇人否，普问礼官，不能对。贻孙曰："古诗云'长跪问故夫'，是妇人亦跪也。唐太后朝妇人始拜而不跪。"普问所出，对云："大和中，有幽州从事张建章著《渤海国记》，备言其事。"普大称赏之。端拱中，右仆射李昉求郡省百官集议旧仪，贻孙具以对，事见《礼志》，时论许其谙练云。

【译文】

王溥，字齐物，并州祁县人。父亲王祚，任郡中小吏，有心计，跟随晋高祖进洛阳，掌管有关盐铁的文书，因母亲年迈解职归故里。后汉高祖镇守并门，统领行营兵抵拒契丹，委派王祚经营规划粮草。汉高祖即位，提升王祚为三司副使。在后周任随州刺史。汉法禁止用牛皮制甲胄，用车把牛皮送往京城，遇到夏天雨多牛皮腐烂，王祚请求分发铠甲的式样到诸州，让各州裁制好再运输，百姓感到非常便利。改任商州刺史，用奉钱招募人力开大秦山岩梯路，行旅之人感激王祚的恩惠。显德初年，设华州节度，以王祚为刺史。不久，改为镇守颍州。王祚均衡所管范围的租税，补充核实流徙人的户口，将其从旧户籍中除去。州境内原有通商渠，距离淮河三百里，年久淤塞，王祚命人疏导通商渠，于是能通行船只，郡内也没有水患。还曾任郑州团练使。宋朝初年，宿州升为防御，以王祚为防御使。让百姓出钱凿井修缮防御设备，修筑城北堤坝用以防御水灾。因为请求辞官，来到朝廷，拜为左领军卫上将军，退休。

王溥，后汉乾祐年间中进士甲科，做秘书郎。当时李守贞占据河中，赵思绾在京兆反，王景崇在凤翔反，周太祖率兵讨伐他们，召王溥为从事。河中平定，得到叛贼手中的文书，这些文书多是朝廷权贵和藩镇相互交接的内容。周太祖登记这些人的名字，要审问这些人，王溥劝谏说："魑魅的身形，等到黑夜才出来，一经日月照射，不祥的妖气就自动消失。希望把这一切都烧掉，以此安定反复无常的局面。"周太祖听从了他的劝谏。军队回朝，王溥升为太常丞。跟从周太祖镇守邺。广顺初年，授左谏议大夫、枢密直学士。广顺二年，升中书舍人、翰林学士。三年，加户部侍郎，改任端明殿学士。周太祖病危，召学士草拟制书，以王溥为中书侍郎、平章事。宣制书写完毕，周太祖说："我没有忧虑了。"当天驾崩。

周世宗将亲征泽州、潞州，冯道极力劝谏制止，只有王溥赞成他这样做。军队凯旋，加王溥兼礼部尚书，监修国史。周世宗曾经从容地问王溥说："汉相李崧把蜡书交给契丹，还有记得蜡书词语的人，真的有这样的事吗？"王溥说："李崧作为大臣，假设有这样的阴谋，怎肯轻易告诉别人？大概是苏逢吉诬陷他。"周世宗开始醒悟，下诏赠李崧官。周世宗将征讨秦州、凤州，向王溥求问元帅的人选，王溥推荐向拱。平定凤、秦二州后，周世宗因此设宴斟酒赐给王溥说："为我选择元帅建立边功的人，是爱卿。"跟从周世宗平定寿春，制加官阶爵位。显德四年，遭父丧。丧期未满起用他为官，王溥上四表章，乞求终丧期。周世宗大怒，宰相范质上奏劝解世宗，王溥入朝谢罪。六年夏季，命王溥参知枢密院事。

恭帝即位，加王溥为右仆射。这年冬天，上表请求修撰《世宗实录》，于是上奏史馆修撰、都官郎中、知制诰扈蒙，右司员外郎、知制诰张淡，右拾遗王格，直史馆、左拾遗董淳，一同参加修纂，朝廷同意他的奏议。

宋朝初年，进位居司空，罢参知枢院官。乾德二年，降为太子太保。旧制，一品官站班于台省之后，宋太祖因为见到王溥，对左右人说："王溥旧宰相，恩宠应当不同一般。"就命令分台省站班于东西两列，于是成为定制。五年，遭母丧，服丧期满，加太子太傅。开宝二年，任太子太师。入朝谢恩那天，太祖环顾左右说："王溥十年为宰相，三次迁为一品，福禄之盛，近世未见可与其相比者。"太平兴国初年，封为祁国公。七年八月，去世，终年六十一。停止视朝两日，赠侍中，谥号文献。

王溥性情宽厚，风度优美，好吸引后进，他所举荐而后至显位的人很多。颇吝啬。王祚屡领州郡牧守之官，能增殖财货，所到之处都有田宅，家累万金。

王溥居相位，王祚以宿州防御使家居，每有公卿来，必然首先拜谒。王祚设酒祝寿，王溥穿着朝服小跑着侍奉左右，坐着的客人不敢安座，就站起来回避。王祚说："这是猪犬小儿，不烦诸君起身。"王溥婉言劝说王祚请求退休，王祚估计朝廷不会准许他的请求，而请求已得获准，王祚大骂王溥："我的筋力不衰，你想自己巩固名位，而幽禁我。"举起大棒要打王溥，在亲戚的劝说下才罢手。

王溥好学习，手不释卷，曾经编集苏冕《会要》和崔铉《续会要》，又增补两书的阙漏，撰成百卷，题名为《唐会要》。又采摭朱梁至后周事撰成三十卷，名为《五代会要》。还有文集二十卷。

王溥的儿子贻孙、贻正、贻庆、贻序。贻正官至国子博士。贻庆官为比部郎中。贻序，景德二年中进士，后改名贻矩，官至司封员外郎。贻正的儿子克明，娶太宗的女儿郑国长公主，改名贻永，让他与他的父亲同行辈。

贻孙字象贤，年轻时随周太祖掌管商、颍二州，代衙内都指挥使。显德年间，因父亲在中书省，改任朝散大夫、著作佐郎，宋朝初年，改任金部员外郎，赐三品以上官紫袍，累官至右司郎中。淳化年间，去世。宋太祖平定吴、蜀，把所缴获的文史副本分赐给大臣，王溥喜好藏书，多达一万余卷，贻孙尽读此藏书，又多收藏书法名画。太祖曾经问赵普，拜礼时，为什么男子跪而女人不跪，赵普问礼官，回答不上来。贻孙说："古诗说'长跪问故夫'，这说明女人也是要跪的。唐武太后朝女人开始拜而不跪。"赵普问从何处得出这答案,回答说:"太和年间,有幽州从事张建章著的《渤海国记》,详细地记载此事。"赵普对王贻孙大为赞赏。端拱年间,右仆射李昉求访郡省百官集议旧仪,王贻孙都给以详尽的回答,事见《礼志》,当时的舆论承认王贻孙熟习礼法等等。

高怀德传

【题解】

高怀德(926~982),宋初名将。字藏用,真定常山(今河北正定西南)人。青年时随父从军,武勇过人,曾单枪匹马于数重敌围之中救出他的父亲。后周时,跟随周世宗征战,深受世宗赏识。周末升至江宁军节度使、北面行营马军都指挥使。入宋,任殿前副都点检,随从宋太祖击败李筠、平定扬州,以功升任忠武军节度使、检校太尉、加同平章事。太宗时,封冀国公。太平兴国七年病逝。

【原文】

高怀德字藏用,真定常山人,周天平节度齐王行周之子。怀德忠厚倜傥,有武勇。行周历延、潞二镇及留守洛都,节制宋、亳,皆署以牙职。晋开运初,辽人侵边,以行周为北面前军都部署。怀德始冠,白行周愿从北征。行周壮之,许其行,至戚城遇辽军,被围数重,援兵不至,危甚。怀德左右射,纵横驰突,众皆披靡,挟父而出。以功领罗州刺史,赐珍裘、宝带、名马以宠异之。及行周移镇郓州,改集州刺史,仍领牙校。又迁信州刺史,从行周再镇宋州。

晋末,契丹南侵,以行周为邢赵路都部署御之,留怀德守睢阳。会杜重威降契丹,京东诸州群盗大起,怀德坚壁清野,敌不能入。行周率兵归镇,敌遂解去。汉初,行周移镇魏博,及再领天平,以怀德为忠州刺史领职如故。周祖征慕容彦超,还过汶上,宠赐行周甚厚,并赐怀德衣带、綵缯、鞍勒马。

行周卒,召怀德为东西班都指挥使、领吉州刺史,改铁骑都指挥使。太原刘崇入寇,世宗讨之,以怀德为先锋都虞候。高平克捷,以功迁铁骑右厢都指挥使、领果州团练使。

从征淮南,知庐州行府事,充招安使。战庐州城下,斩首七百余级。寻迁龙捷左厢都指挥使、领岳州防御使,赐骏马七匹。南唐将刘仁赡据寿春,舒元据紫金山,置连珠砦为援,以抗周师。世宗命怀德率帐下亲信数十骑觇其营垒。怀德夜涉淮,迟明,贼始觉来战,怀德以少击众,擒其裨将以还,尽侦知其形势强弱,以白世宗。世宗大喜,赐袭衣、金带、器币、银鞍勒马。世宗一日因按辔淮壖以观贼势,见一将追击贼众,夺槊以还,令左右问之,乃怀德也。召至行在慰劳,许以节钺。

世宗北征,命与韩通率兵先抵沧州。初得关南,又命副陈思让为雄州兵马都部署,克瓦桥关,降姚内斌以归。恭帝嗣位,擢为侍卫马军都指挥使、领江宁军节度,又为北面行营马军都指挥使。

太祖即位，拜殿前副都点检，移镇滑州，充关南副都部署，尚宣祖女燕国长公主，加驸马都尉。李筠叛上党，帝将亲征，先令高怀德率所部与石守信进攻，破筠众于泽州南。事平，以功迁忠武军节度、检校太尉。从平扬州。建隆二年，改归德军节度。开宝六年秋，加同平章事；冬，长公主薨，去驸马都尉号。

太宗即位，加兼侍中，又加检校太师。太平兴国三年春，被病，诏太医王元祐、道士马志就第疗之。四年，从平太原，改镇曹州，封冀国公。七年，改武胜军节度。是年七月，卒，年五十七，赠中书令，追封渤海郡王，谥武穆。

怀德将家子，练习戎事，不喜读书，性简率，不拘小节。善音律，自为新声，度曲极精妙。好射猎，尝三五日露宿野次，获狐兔累数百，或对客不揖而起，由别门引数十骑从禽于郊。

子处恭，历庄宅使至右监门卫大将军致仕。处俊至西京作坊使。

【译文】

高怀德字藏用，真定常山人。后周天平节度使齐王高行周的儿子。高怀德天性忠厚，处事倜傥，精通武艺，勇力过人。高行周在镇守延、潞二镇及留守洛都、节制宋州、亳州时，都任用他为低级武官。后晋开运初年，辽人侵犯边境，任命高行周为北面前军都部署。高怀德这年刚刚二十岁，对高行周说愿意跟从他北伐，高行周认为他此举非常勇敢，便准许他一起北上。进至戚城与辽军相遇，被敌人重重包围起来，援兵迟迟未来，情势十分危急。高怀德左右开弓，纵横冲杀，敌众望风而逃，挟持着高行周杀出重围。因为这次战功被任命为罗州刺史，赏赐给他珍裘、宝带、名马以表示与众不同的恩宠。等到高行周移任镇守郓州时，高怀德改任集州刺史，仍然担任牙校。其后又迁任信州刺史，跟随高行周再次镇守宋州。

后晋末年，契丹南下进犯，高行周被任命为邢赵路部署担负防御任务，留下高怀德守卫睢阳。这时正赶上杜重威投降了契丹，京东几个州郡的盗贼猖獗横行，高怀德坚壁清野，敌人无隙可乘。高行周率领部队返回原驻地，敌人于是瓦解散去。后汉初年，高行周移任镇守魏博，等到再次担任天平节度使时，任命高怀德为忠州刺史并兼任原来的职务。周太祖郭威征讨慕容彦超，回军路过汶上，赏赐高行周非常丰厚，同时赐给高怀德衣带、彩缯、鞍勒马。高行周逝世后，高怀德被任命为东西班都指挥使，兼领吉州刺史，又改任铁骑都指挥使。太原的刘崇入侵，周世宗发兵征讨，命高怀德担任先锋都虞候。在高平获得大捷，因功升任铁骑右厢都指挥使，兼任果州团练使。

跟随周世宗征讨淮南，主持庐州行府，担任招安使。激战于庐州城下，斩首七百余级。随后升任龙捷左厢都指挥使、领岳州防御使，赐给他七匹骏马。南唐将领刘仁赡占据寿春，舒元占据紫金山，修筑连珠寨互为支援，抗拒后周军队。世宗命令高怀德率领帐下亲兵数十骑深入敌军营垒侦察。高怀德夜里渡过淮河，黎明时刻，贼军方发觉来战。高怀德以少击多，生擒敌人一个裨将带了回来，详细察明了敌营的强弱虚实，报告了世宗。世宗极为高兴,赏赐给他一一套衣服、金带、器币、银鞍勒马。世宗有一天沿淮河岸边策马徐行,观察贼营形势,看见一个将领追杀贼众,夺下敌人的长矛才拍马赶回。世宗命令左右前去询问,正是高怀德。世宗在自己居住的地方亲自召见慰劳他,授予他符节与斧钺。

世宗北伐,命令高怀德与韩通率领部队先行进抵沧州,首战攻克关南。又命令他担任陈思让的副手为雄州兵马都部署,攻克瓦桥关,迫使姚内斌出降才回师。恭帝继承皇位,提升高怀德为侍卫马军都指挥使、兼任江宁军节度使,又担任北面行营马军都指挥使。

宋太祖赵匡胤登基,授予他为殿前副都点检,移任镇守滑州,担任关南副都部署,娶了宣祖的女儿燕国长公主,加驸马都尉的封号。李筠在上党反叛,皇帝将要亲自出战,首先命令高怀德率所部兵马与石守信进攻,在泽州南击败了李筠。战事平定后,因为战功升任忠武军节度使、检校太尉。跟随太祖平定了扬州。建隆二年,改任归德军节度使。开宝六年秋天,加同平章事。冬天,长公主去世,他被免除了驸马都尉的封号。

宋太宗即位,加授高怀德为侍中,又加封为检校太师。太平兴国三年春,高怀德生病,太宗诏令太医王元祐、道士马志去他的府第治疗。四年,随同太宗平定了太原,改镇曹州,晋封为冀国公。七年,改任武胜军节度使。这年七月,去世,终年五十七岁。朝廷追赠他为中书令,追封为渤海郡王,谥号为武穆。

高怀德是将门之子,喜欢研习军旅之事,不爱读书。性格简明直率,不拘小节。擅长音律之学,自己独创新声,制曲极其精妙。喜好打猎,曾经三五天露宿于野外,猎获的狐狸、兔子达数百只。有时对客人不辞而别,从旁门出去率数十骑到郊外追逐飞禽走兽。

他的儿子高处恭,历任庄宅使,升到右监门卫大将军退休。高处俊官至西京作坊使。

赵普传

【题解】

赵普(922~992),字则平,幽州蓟县(今北京城西南)人。后迁河南洛阳。后周时,为赵匡胤幕僚,任掌书记,参与策划陈桥兵变,助其代周。北宋建立后,以佐命功,授右谏议大夫,充枢密直学士。建隆元年(960),劝说太祖兵贵神速,应立即平定李筠之乱,并自请从征。以功迁兵部侍郎、枢密副使。同年,又请速平李重进叛乱。三年,任枢密使、检授太保。乾德二年(964),代范质为宰相。参与谋划北宋初年的许多重大方针政策,如罢宿卫和节镇兵权,命文臣知州;各路置转运使、诸州置通判,以集中行政权和财政权;确定先南后北、先易后难的统一战略,以及对契丹采取守势等。太祖晚年,其宠渐衰,出为河阳三城节度使。太宗时两次入相,两度出为武胜军、山南东道节度使。淳化三年(992),因病辞职、封魏国公。死后追封真定王,真宗时改封韩王。谥忠献。其人智谋虽多,但学问不足，晚年常读《论语》，因而有“半部《论语》治天下”之说。

【原文】

赵普字则平，幽州蓟人。后唐幽帅赵德钧连年用兵，民力疲弊。普父回举族徙常山，又徙河南洛阳，普沉厚寡言，镇阳豪族魏氏以女妻之。

赵普

周显德初，永兴军节度刘词辟为从事，词卒，遗表荐普于朝。世宗用兵淮上，太祖拔滁州，宰相范质奏普为军事判官。宣祖卧疾滁州，普朝夕奉药饵，宣祖由是待以宗分。太祖尝与语，奇之。时获盗百余。当弃市，普疑有无辜者，启太祖讯鞫之，获全活者众。淮南平，调补渭州军事判官。太祖领同州节度，辟为推官；移镇宋州，表为掌书记。

太祖北征至陈桥，被酒卧帐中，众军推戴，普与太宗排闼入告。太祖欠伸徐起，而众军擐甲露刃，喧拥麾下。及受禅，以佐命功，授右谏议大夫，充枢密直学士。

车驾征李筠，命普与吕余庆留京师，普愿扈从，太祖笑曰：“若胜胄介乎？”从平上党，迁兵部侍郎、枢密副使，赐第一区。建隆三年，拜枢密使、检校太保。

乾德二年，范质等三相同日罢，以普为门下侍郎、平章事、集贤殿大学士。中书无宰相署敕，普以为言，上曰：“卿但进敕，朕为卿署之可乎？”普曰：“此有司职尔，非帝王事也。”令翰林学士讲求故实，窦仪曰：“今皇弟尹开封，同平章事，即宰相任也。”令署以赐普。即拜相，上视如左右手，事无大小，悉咨决焉。是日，普兼监修国史。命薛居正、吕余庆参知政事以副之，不宣制，班在宰相后，不知印，不预奏事，不押班，但奉行制书而已。先是，宰相兼敕，皆用内制，普相止用敕，非旧典也。

太祖数微行过功臣家，普每退朝，不敢便衣冠。一日，大雪向夜，普意帝不出。久之，闻叩门声，普亟出，帝立风雪中，普惶惧迎拜。帝曰：“已约晋王矣。”已而太宗至，设重裀地坐堂中，炽炭烧肉。普妻行酒，帝以嫂呼之。因与普计下太原。普曰：“太原当西、北二面，太原既下，则我独当之，不如姑俟削平诸国，则弹丸黑子之地，将安逃乎？”帝笑曰：“吾意正如此，特试卿尔。”

五年春，加右仆射、昭文馆大学士。俄丁内艰，诏起复视事。遂劝帝遣使分诣诸道，征丁壮籍名迭京师，以备守卫；诸州置通判，使主钱谷。由是兵甲精锐，府库充实。

开宝二年冬，普尝病，车驾幸中书。三年春，又幸其第抚问之，赐赉加等。六年，帝又幸其第。时钱王俶遣使致书于普，及海物十瓶，置于庑下。会车驾至，仓卒不及屏，帝顾问何物，普以实对，上曰："海物必佳。"即命启之，皆瓜子金也。普惶恐顿首谢曰："臣未发书，实不知。"帝叹曰："受之无妨，彼谓国家事皆由汝书生尔！"

普为政颇专，廷臣多忌之。时官禁私贩秦、陇大木，普尝遣亲吏诣市屋材，联巨筏至京师治第，吏因之窃货大木，冒称普市货鬻都下。权三司使赵玭廉得之以闻。太祖大怒，促令追班，将下制逐普，赖王溥奏解之。

故事，宰相、枢密使每候对长春殿，同止庐中。上闻普子承宗娶枢密侯李崇矩女，即令分异之，普又以隙地私易尚食蔬圃以广其居，又营邸店规利。卢多逊为翰林学士，因召对屡攻其短。会雷有邻击登闻鼓，讼堂后官胡赞、李可度受赇骫法及刘伟伪作摄牒得官，王洞尝纳赂可度，赵孚授西川官称疾不上，皆普庇之。太祖怒，下御史府按问，悉抵罪，以有邻为秘书省正字。普恩益替，始诏参知政事与普更知印、押班、奏事，以分其权。未几，出为河阳三城节度、检校太傅、同平章事。

太平兴国初入朝，改太子少保，适太子太保。颇为卢多逊所毁，奉朝请数年，郁郁不得志。会柴禹锡、赵镕等告秦王廷美骄恣，将阴谋窃发。帝召问，普言愿备枢轴以察奸变，退又上书，自陈预闻太祖，昭宪皇太后顾托之事，辞甚切至。太宗感悟，如见慰谕。俄拜司徒兼侍中，封梁国公。先是，秦王廷美班在宰相上，至是，以普勋旧，再登元辅，表乞居其下，从之。及涪陵事败，多逊南迁，皆普之力也。

八年，女为武胜军节度、检校太尉兼侍中。帝作诗以饯之。普奉而泣曰："陛下赐臣诗，当刻石，与臣朽骨同葬泉下。"帝为之动容。翌日，谓宰相曰："普有功国家，朕昔与游，今齿发衰矣，不容烦以枢务，择善地处之，因诗什以导意。普感激泣下，朕亦为之堕泪。"宋琪对曰："昨日普至中书，执御诗涕泣，谓臣曰：'此生余年，无阶上答，庶希来世得效犬马力。'臣昨闻普言，今复闭宣谕，君臣始终之分，可谓两全。"

雍熙三年春，大军出讨幽蓟，久未班师，普手疏谏曰：

伏睹今春出师，将以收复关外，屡闻克捷，深快舆情。然晦朔屡更，荐臻炎夏，飞輓日繁，战斗未息，老师费财，诚无益也。

伏念陛下自翦平太原，怀徕闽、浙，混一诸夏，大振英声，十年之间，遂臻广济。远人不服，处古圣王置之度外，何足介意。窃虑邪谄之辈，蒙蔽睿聪，致兴无名之师，深蹈不测之地。臣载披典籍，颇识前言，窃见汉武时主父偃、徐乐、严安所上书及唐相姚元崇献明皇十事，忠言至论，可举而行。伏望万机之暇，一赐观览，其失未远，虽悔可追。

臣窃念大发骁雄，动摇百万之众，所得者少，所丧者多。又闻战者危事，难保其必胜；兵者凶器，深戒于不虞。所系甚大，不可不思。臣又闻上古圣人，心无固必，事不凝滞，理贵变道。前书有"兵久生变"之言，深为可虑，苟或更图稽缓，转失机宜。旬朔之间，时涉秩序，边庭早凉，弓劲马肥，我军久困，切虑此际，或误指纵。臣方冒宠以守藩，曷敢兴言而沮众。盖臣已日薄西山，余光无几，酬恩报国，正在斯时。伏望速诏班师，无容玩敌。

臣复有全策，愿达圣聪。望陛下精调御膳，保养圣躬，挈彼疲记，转之富庶。将见边烽不警，外户不扃，率土归仁，殊方异俗，相率向化，契丹独将焉往？陛下计不出此，乃信邪谄之徒，谓契丹主少事多，所以用武，以中陛下之意。陛下乐祸求功，以为万全，臣窃以为不可。伏愿陛下审其虚实，究其妄谬，正奸臣误国之罪，罢将士伐燕之师。非特多难兴王，抑亦从谏则圣也。古之人尚闻尸谏，老臣未死，岂敢面谀为安身之计而不言哉？

帝赐手诏曰：

朕昨者兴师选将，止令曹彬、米信等顿于雄、霸，裹粮坐甲以张军声。俟一、两月间山后平定，潘美、田重进等会兵以进，直抵幽州，然后控扼险固，恢复旧疆，此朕之志也。奈何将帅等不遵成算，各骋所见，领十万甲士出塞远斗，速取其郡县，更还师以援辎重，往复劳弊，为辽人所袭，此责在主将也。

况朕踵百王之末，粗致承平，盖念彼民陷于边患，将救焚而拯溺，匪黩武以佳兵，卿当悉之也。疆场这事，已为之备，卿勿为忧。卿社稷元臣，忠言苦口，三复来奏，嘉愧实深。

普表谢曰：

昨以天兵久驻塞外，未克恢复，渐及炎蒸，事危势迫，辄陈狂狷；甘俟宪章。陛下特鉴衷诚，亲纡宸翰，密谕圣谋。臣窃审命师讨罪，信为上策，将帅能遵成算，必可平定。惟其不副天心，由兹败事。令既边鄙有备，更复何虞。况陛下登极十年，坐隆大业，无一物之失所，见万国之咸宁。所宜端拱穆清，啬神和志，自可远继九皇，俯观五帝。岂必穷边极武，与契丹较胜负哉？臣素亏壮志，矧在衰龄，虽无功伐，愿竭忠纯。

观者成嘉其忠。四年，移山南东道节度，自梁国公改封许国公。会诏下亲耕籍田，普表求入觐，辞甚恳切。上恻然谓宰相曰：“普开国元臣，朕所尊礼，宜从其请。”既至，慰抚数四，普呜咽流涕。陈王元僖上言曰：

臣伏见唐太宗有魏玄成、房玄龄、杜如晦，明皇有姚崇、宋璟、魏知古，皆任以辅弼，委之心膂，财成帝道，康济九区，宗祀延洪，史策昭焕，良由登用得其人也，今陛下君临万方，焦劳庶政，宵衣旰食，以民为心。历考前王，诚无所让，而辅相之重，未偕曩贤。况为邦在于任人，任人在乎公正，公正之道莫先于赏罚，期为政之大柄也。苟赏罚匪当，淑慝莫分，朝廷纪纲，渐致隳紊，必须公正之人典掌衡轴，直躬敢言，以辨得失，然后彝伦式序，庶务用康。

伏见山南东道节度使赵普，开国元老，参谋缔构，厚重有识，不妄希求恩顾以全禄位，不私徇人情以邀名望，此真圣朝之良臣也，窃闻 险巧之辈，朋党比周，众口嗷嗷，恶直丑正，恨不斥逐遐徼，以快其心。何者？盖虑陛下之再用普也。然公谠之人，咸愿陛下复委以政，启沃君心，羽翼圣化。国有大事，使之谋之；朝有宏纲，使之举之，四目未察，使之明之；四聪未至，使之达之。官人以材，则无窃禄，致君以道，则无苟容。贤愚洞分，玉石殊致，当使结朋党以弛骛声势者气索，纵巧佞以援引侪类者道消。沉冥废滞得以进，名儒懿行得以显，大政何患乎不举，生民何患乎不康，匪逾期月之间，可臻清静之治。臣知虑庸浅，发言鲁直。伏望陛下旁采群议，俯察物情，苟用不失人，实邦国大幸。

籍田礼毕，太宗欲相吕蒙正，以其新进，藉普旧德为之表率，册拜太保兼侍中。帝谓之曰：“卿国之勋旧，朕所毗倚，古人耻其君不及尧、舜，卿其念哉。”普顿首谢。

时枢密副使赵昌言与胡旦，陈象舆、董俨、梁颢厚善。会旦令翟马周上封事，排毁时政，普深嫉之，奏流马同，黜昌言等。郑州团练使侯莫陈利用骄肆僭侈，大为不法，普廉得之，尽以条奏，利用坐流商州，普固请诛之。其嫉恶强直皆此类。

李继迁之扰边，普建议以赵保忠复领夏台故地，因令图之。保忠仅与继迁同谋为边患，时论归咎于普，颇为同列所窥，不得专决。

旧制，宰相以未时归第，是岁大热，特许普夏中至午时发私第。明年，免朝谒，止日赴中书视事，有大政则召对。冬，被疾请告，车驾屡幸其第省之，赐予加等。普遂称疾笃，三上表求致仕，上勉从之，以普为西京留守、河南尹，依前守太保兼中书令。普三表恳让，赐手诏曰："开国旧勋，惟卿一人，不同他等，无至固让，俟首涂有日，当就第与卿为别。"普捧诏涕泣，因力疾请对，赐坐移晷，颇言及国家事，上嘉纳之，普将发，车驾幸其第。

淳化三年春，以老衰久病，令留守通判刘昌言奉表求致仕，中使驰传抚问，凡三上表乞骸骨。拜太师，封魏国公，给宰相奉料，令养疾，俟损日赴阙，仍遣其弟宗正少卿安易赍诏书赐之。又特遣使普赐诏曰："卿顷属微痾，恳喜致仕，朕以居守之重，虑烦耆耋，维师之命，用表尊贤。伫闻有瘳，与朕相见。今赐羊酒如别录，卿宜爱精神，近医药，强饮食，以副朕眷遇之意"。七月卒，年七十一。

卒之先一岁，普生日，上遣其子承宗赍器币、鞍马就赐之。承宗复命，未几卒。次岁，普已罢中书令。故事，无生辰之赐，特遣普侄婿左正言、直昭文馆张秉赐之礼物。普闻之，因追悼承宗，秉未至而普疾笃。先是，普遣亲吏甄潜诣上清太平宫致祷，神为降语曰："赵普，宋朝忠臣，久被病，亦有冤累耳。"潜还，普力疾冠带，出中庭受神言，涕泗感咽，是夕卒。

上闻之震悼。谓近臣曰："普事先帝，与朕故旧，能断大事。向与朕尝有不足，众所知也。朕君临以来，每优礼之，普亦倾竭自效，尽忠国家，真社稷臣也，朕甚惜之。"因出涕，左右感动。废朝五日，为出次发哀。赠尚书令，追封真定王，赐谥忠献。上撰神道碑铭，亲八分书以赐之。遣右谏议大夫范杲摄鸿胪卿，护丧事，赙绢布各五百匹，米麦各五百石。葬日，有司设卤簿鼓吹如式。

二女皆笄，普妻和氏言愿为尼，太宗再三谕之，不能夺。赐长女名志愿，号智果大师；次女名志英，号智圆大师。

初，太祖侧微，普从之游，既有天下，普屡以微时所不足者言之。太祖豁达，谓普曰："若尘埃中可识天子、宰相，则人皆物色之矣。"自是不复言。普少习吏事，寡学术，及为相，太祖常劝以读书。晚年手不释卷，每归私第，阖户启箧取书，读之竟日。及次日临政，处决如流。既薨，家人发箧视之，则《论语》二十篇也。

普性深沉有岸谷，虽多忌克，而能以天下事为己任。宋初，在相位者多龌龊循默，普刚毅果断，未有其比。尝奏荐某人为某官，太祖不用。普明日复奏其人，亦不用。明日，普又以其人奏，太祖怒，碎裂奏牍掷地，普颜色不变，跪而拾之以归。他日补缀旧纸，复奏如初。太祖乃悟，卒用其人。又有群臣当迁官，太祖素恶其人，不与。普坚以为请，太祖怒曰："朕固不为迁官，卿若之何？"普曰："刑以惩恶，赏以酬功，古今通道也。且刑赏，天下之刑赏，非陛下之刑赏，岂得以喜怒专之。"太祖怒甚，起，普亦随之。太祖入宫，普立于宫门,久之不去,竟得俞允。

太宗入饵德超之谗,疑曹彬不轨,属普再相,为彬辨雪保证,事状明白。太宗叹曰:"朕听断不明,几误国事。"即日窜逐德超,遇彬如旧。

祖吉守郡为奸利,事觉下狱,案劾,爰书未具。郊礼将近,太宗疾其贪墨,遣中使谕旨执政曰:"郊赦可特勿贷祖吉。"普奏曰:"败官抵罪,宜正刑辟。然国家卜郊肆类,对越天地,告于神明,奈何以吉而隳陛下赦令哉?"太宗善其言,乃止。

真宗咸平初,追封韩王。二年,诏曰:"故太师赠尚书令、追封韩王赵普,识冠人彝,才高王佐,翊戴兴运,光启鸿图,虽吕望肆伐之勋,肖何指纵之效,殆无以过也。自辅弼两朝,周旋三纪,茂岩廊之硕望,分屏翰之剧权,正直不回,始终无玷,谋猷可复,风烈如生。宜预享于大烝,永同休于宗祏。兹为茂典,以答旧勋,其以普配飨太祖庙庭。"

普子承宗,羽林大将军,知潭、郓二州,皆有声;承煦,成州团练使。弟固、安易。固至都官郎中。

【译文】

赵普,字则平,幽州蓟县人。后唐幽州节度使德均连年用兵打仗,老百姓疲惫不堪。赵普的父亲赵回带领整个家族迁居常山,又迁移到河南洛阳。赵普为人沉稳厚道,不多言语,镇阳大族魏氏把女儿嫁给了他。

后周显德初年,永兴军节度使刘词召赵普为从事,刘词去世,留下遗表向朝廷推荐赵普。周世宗在淮河地区作战,太祖攻克滁州,宰相范质上奏任命赵普为军事判官。宣祖在滁州卧床生病,赵普早晚侍奏他服药吃饭,宣祖于是把赵普当同宗看待。太祖曾和他交谈,认为他是个奇才。当时捉住了一百多个盗贼,按律应当弃市处死,赵普担心里面有无辜的人,禀报太祖进行审讯,不少人得以活命。淮南平定后,赵普调任渭州军事判官。太祖任同州节度使,选赵普为推官;太祖移任宋州节度使,上表朝廷任命赵普为掌书记。

太祖率兵征伐北汉到了陈桥驿,喝酒后醉卧在军帐里,将士们要拥戴他做皇帝,赵普和太宗推门进来禀告。太祖打着呵欠,伸了个懒腰,慢慢起身,而将士们穿着盔甲、露出兵刃,吵吵嚷嚷地把太祖拥到军旗下面。等到太祖接受禅让做了皇帝,赵普因为辅佐有功,被任命为右谏议大夫,并充枢密直学士。

太祖亲征讨伐李筠,命令赵普和吕余庆留守京城,赵普愿意跟随太祖,太祖笑道:"你披得动盔甲吗?"赵普跟随太祖平定上党,升任兵部侍郎、枢密副使,得到一片住宅的赏赐。建隆三年,任枢密使、检校太保。

乾德二年,范质等三人同时被罢免宰相职务,朝廷任命赵普为门下侍郎、平章政事、集贤殿大学士。命令下达后,中书门下没有宰相签署书,赵普把这一情况告诉太祖,太祖说道:"你只管把敕书拿来,我为你签署怎么样?"赵普说:"这是官署的职能,不是帝王干的事情。"太祖命令翰林学士讨论研究以前的做法,窦仪说:"如今皇弟做开封府府尹、同平章事,就是宰相职务。"太祖于是命皇弟签署敕书赐给赵普。赵普做宰相后,太祖把他看作自己的左膀右臂,政事不论大小,都跟他商量决定。这时,赵普兼任监修国史。太祖命薛居正、吕余庆为参知政事辅勘赵普，参知政事不负责宣制，位列宰相之后，不掌印，不升政事堂议决政事，也不押班，只奉行制书而已。以前，宰相兼管敕书，都用内制，赵普为相只用敕，不是旧制。

太祖多次微服私访功臣之家，赵普每次退朝后都不敢穿便服。一天，大雪一直下到夜里，赵普以为皇帝不会出来了。过了一会儿，听到敲门声，赵普赶忙出来，见太祖正立在风雪之中，赵普慌忙叩拜迎接。太祖说："我已经约了晋王了。"随后太宗也到了，在堂屋铺上双层垫褥，三人席地而坐，用炭火烤肉吃。赵普的妻子敬酒，太祖把她喊作嫂嫂。因而与赵普策划攻打太原。赵普说："太原面对西、北两个方向，太原攻下来后，就要由我们来独挡北方的契丹了，不如暂且等到平定各国后，那么太原这样的弹丸棋子之地，还能逃得了吗？"太祖笑道："我的想法正是这样，只是试探一下你罢了。"

乾德五年春，赵普加官为右仆射、昭文馆大学士。随后遭逢母丧，朝廷下诏起用他重新治理政事。于是劝太祖派遣使者到各道去，征集健壮的男丁注上名册送往京城，作为守卫的力量；在各州设置通判，负责钱粮的事务。从此兵甲精锐，府库充实。

开宝二年冬，赵普曾经生病，太祖御驾亲临中书探视。三年春，又到他家里安抚慰问，加倍赏赐。六年，太祖又到赵普家探访。当时吴越王钱俶派使者给赵普送来书信和十瓶海物，放在廊房下面。刚好太祖进来，仓促之间来不及把东西藏起来，太祖探问是什么东西，赵普告诉他实话。太祖说："海物一定不错。"就命令打开瓶子，全是瓜子金。赵普非常惶恐，叩头谢罪道："我没有打开书信，确实不知道。"太祖感叹道："收下也无妨，他们以为我国的事情都由你这个书生决定呢！"

赵普掌管政务十分专断，朝廷大臣对他都很忌讳。当时官府禁止私人贩卖秦、陇大木，赵普曾派亲信官吏去买建造房屋的木材，联成巨大的木筏运到京城修建住宅，官吏趁机偷偷贩卖大木，假冒赵普的名义在京城贩卖货物。权三司使赵玭暗中查得此事上报朝廷。太祖大怒，急令追赃，并将下令驱逐赵普，幸亏王溥上奏求情才得以排解。

按以前的制度，宰相、枢密使每次去长春殿候对奏事，同在一室等候；太祖听说赵普的儿子赵承宗娶了枢密使李崇矩的女儿，就命令候对时把他们分开。赵普又用空地私下换取尚食局的菜园来扩展他的住宅，又经营旅店谋利。卢多逊为翰林学士，利用应召答对的机会屡次攻击赵普的缺点。正逢雷有邻击登闻鼓，告发宰相府堂后官胡赞、李可度受贿枉法和刘伟伪造摄牒获得官职，王洞曾向李可度行贿，赵孚受命为西川官谎称有病不去上任，都是赵普包庇的。太祖发怒，下令御史台调查审问，有关的被告全都判罪，任命雷有邻为秘书省正字。赵普越发失宠，太祖开始诏令参知政事与赵普轮流知印、押班、奏事，以削减赵普的权力。不久，太祖把赵普派出去担任河阳三城节度使、检校太傅、同平章事。

太宗太平兴国初年回到朝廷，改封太子少保，升为太子太保。赵普深受卢多逊诋毁，在朝任职几年，抑郁不得志。正逢柴禹锡、赵镕等告发秦王赵廷美骄狂恣肆，将暗中图谋不轨。太宗召赵普询问此事，赵普说愿意备位枢密院以观察事态发展，退朝后又上书太宗，陈述自己参与并了解太祖和昭宪皇太后托付之事，言辞极为恳切。太宗感动醒悟，召见赵普慰勉了一番，随即授命赵普为司徒兼侍中，封为梁国公。在此以前，秦王赵廷美位在宰相之上，到现在，赵普以开国元勋的资历再次担任首相之职，仍上表请求位居秦王之下，得到准允。等到涪陵县公赵廷美的阴谋败露，卢多逊被流放到海南，都是赵普出的力。

太平兴国八年，赵普出任武胜军节度使、检校太尉兼侍中，太宗作诗为他饯行，赵普手捧皇帝的赐诗流泪道："陛下赐诗给我，理当刻在石上，与我的尸骨一起葬入黄泉。"太宗也为此动了感情。第二天，太宗对宰相说道："赵普有功于国家，我以前跟他交游过，如今他已经年老力衰了，不应当再用军国大事去打扰他，因而选择好地方安置他，写诗表达我的心意。赵普感激涕零，我也为此流下眼泪。"宋琪答道："昨天赵普来到中书门下，手捧御诗流泪哭泣，对我说：'我这一生剩下的时间，无法再报答皇上了，希望来世也许能效犬马之劳。'我昨日听了赵普的话，今天又听到皇上的肺腑之言，君臣之间善始善终的情分，可以说是两全了。"

雍熙三年春，宋朝大军攻伐辽朝幽蓟地区，很久仍没有班师回朝，赵普亲作奏疏规劝道：

微臣看到今年春天出兵，将要收复关外失地，多次听到战斗胜利的捷报，真是大快人心。但时间一天天过去了，炎热的夏季已经到来，我军伤亡日益增加，战斗无法停止，劳师伤财，真是没什么好处。

我想到陛下自从平定太原，招降闽、浙，统一华夏，英名大振，短时间里，就取得了巨大的成功。自古以来，境外的夷狄不服管辖，圣贤的帝王都置之度外，用不着介意。我担心奸邪谄媚之徒，蒙蔽皇上视听，以致发动无名之师，深入危险之地。我翻遍典籍，对以往的经验教训十分了解，看到汉武帝时主父偃、徐乐、严安的上书以及唐朝宰相姚元崇献给唐玄宗的十事奏疏，都是忠义之言、正确之论，可资借鉴。殷切希望陛下在百忙之余，阅读一下，现在失误还不算严重，后悔还来得及。

我想好勇斗狠，动用百万之众，所获得的少，而失去的会更多。又听说战争是危险的事情，很难保证一定取胜；兵刃是凶险的东西，必须严格防范不测之祸。事关重大，不可不慎重考虑。我又听说上古时代的圣人，想问题没有成见，做事情不呆板拘泥，道理贵在灵活变通。以前的典籍中有"战争旷日持久会出现变故"的话，必须慎重考虑，假如还想拖延，事情反而会更糟。再过一个月，时节将进入秋季，边境北面天气凉，敌人弓弩强劲、战马肥壮，我军困乏已久，就怕在这个时候，遭遇不测和挫败。微臣正蒙受恩宠担任藩镇之官，怎敢乱发议论妨碍大家的意图。只是因为我已经日薄西山，剩下的日子不多了，感恩报国，正在此时。我殷切期望皇上赶紧下诏班师，不要再跟敌军纠缠。

我还有一个周全的计策，想让陛下知道。希望陛下精心调理饮食，保养好身体，提携那些凋敝穷困的百姓，使他们生活富庶。就可以看到边境不会再有战斗警报，百姓门户不关，归附陛下的仁德，不同风俗的外族人也会相继归附大宋的教化，契丹还能到哪里去找立足之地呢？陛下不从这些方面考虑，反而轻信奸邪谄媚之徒，声称契丹国内君主年幼矛盾很多，所以应当出兵征伐，以迎合陛下的心意。陛下也幸灾乐祸想求得成功，以为这是万全之计，我私下认为这是不对的。希望陛下明察虚实，分辨错误，追究奸臣误国的罪行，罢撤攻打燕京的军队。不仅是多难时可以成就王霸之业，而且听从规劝也能成为圣明的君主啊！古人还听说有以死相谏的，老臣我还没死，怎敢当面逢迎，明哲保身而不向陛下说出自己的心里话呢？

太宗赐赵普亲笔诏书说：

我不久前派遣军队选拔将领，只命令曹彬、米信等人驻扎在雄州、霸州，满装粮食兵甲以伸张军威。等一两个月的时间山西平定后，潘美、田重进等率兵会合齐头并进，直抵幽州，然后控制险要地势，收复过去的疆土，这是我的意图。谁知将帅们不遵照我既定的战略方针，各行己见，带着十万人马离开边塞到远处作战，想迅速夺取敌人的州县，又回师拉运辎重，往返疲劳，被辽兵袭击，这是主将的责任。

何况我继历代帝王之后，大致已使天下太平，只是想到那里的百姓陷于边境的战乱，要把他们从水火之中拯救出来，并不是穷兵黩武、喜欢打仗，你应当清楚啊。战场上的事情，我已经做了安排，你不要担心。你是国家的元老重臣，苦口婆心进呈忠言，多次上奏，我真是非常赞赏和愧疚。赵普上表谢罪道：

前几天因为我朝军队久驻塞外，没能恢复失地，天气越发炎热，形势危急，所以就狂妄急躁地上疏进言，我甘愿受罚。陛下特意明察我的忠诚，亲自屈尊赐给我亲笔手诏，秘密告知陛下的意图。我私下明白兴兵讨伐契丹罪恶，确实是高明的计策，将帅们假如能遵循陛下既定的战略方针，必定能够取胜。只是因为他们辜负了陛下的一片苦心，所以才招致失败。现在既然边境已经做好防备，还有什么可担心的呢。何况陛下即位十年来，功业兴盛，没有一件事情做得不恰当，国泰民安，万邦太平。应当端正拱手，无为而治，凝神静志，自然可以远继九皇，俯视五帝。何必一定要在遥远的边陲大动干戈，跟契丹较量胜负呢？微臣我素无壮志，况且又年老力衰，虽不能打仗，但愿意竭力奉献我的忠诚和善意。

看到赵普此文的人都赞叹他的忠诚。雍熙四年，移任山南东道节度使，自梁国公改封为许国公。正逢太宗下诏亲耕籍田，赵普上表请求进见，言辞极为恳切。太宗伤感地对宰相说："赵普是开国元勋，我对他非常敬重，应当答应他的请求。"来到后，太宗对他一再劝慰安抚，赵普激动得呜咽流泪。

陈王赵元僖上言说：

我看到唐太宗有魏征、房玄龄、杜如晦，唐玄宗有姚崇、宋璟，都被委任为宰相执政，被皇帝看作心腹大臣，这样才得以成就帝王之业，仁德遍布九州，宗庙祭祀绵延兴盛，为史书增添了光彩，确实是由于用人得当。如今陛下主宰天下，为政事焦虑操劳，早起晚食，把老百姓放在心上。跟以前历代帝王相比，确实是有过之而无不及，但对宰相执政的信任和重用，却稍有逊色。何况治理国家在于任用人才，任用人才在于公平正直，公正之道则首先在于赏罚分明，这是治理政事的首要原则。假如赏罚不明，善奸不分，那么朝廷纲纪就要逐渐毁坏紊乱。一定要有公平正直的人来主持政务，刚直不阿，敢于发表意见，以辨明政事的得失，然后才能使天下井然有序，政治安定昌明。

我认为山南东道节度使赵普是开国元老，参与谋划国家大事，沉稳厚道很有见识，不随意企求恩宠照顾来保全自己的官位俸禄，不私自迎合人情世故来邀取名誉声望，这真是我朝的贤明大臣啊。我私下听说阴险狡诈之徒，结党营私，吵吵嚷嚷，嫌恶诋毁公平正直的赵普，恨不得把他贬斥驱逐到遥远偏僻的地方，以满足他们的心愿。这是为什么？就是担心陛下重新起用赵普啊。但公平正直的人们，都希望陛下重新任用赵普主持政务，向陛下提供竭诚忠告，以辅佐陛下成就至高无上的德行和功业。国家遇到大事，让他帮助谋划；朝廷要制定大政方针，让他提出建议；皇帝没有明察的事情，让他提醒告知；皇帝没有了解到的情况，让他及时反映。让有才之人担任官职，就不会有尸位素餐之徒；用天地正道来引导君主，就不会有因循苟且之徒。贤明和愚昧判然分明，宝玉和顽石迥然不同，这样就可以经常使结党营私、虚张声势的人孤立沮丧，阴险狡诈、狼狈为奸的人销声匿迹，埋没遗漏的人才得以进用，名儒的善行得以传扬，则国家大政何愁治理不好，庶民百姓何愁不平安快乐，用不着一个月的时间，就可以达到太平之治。我的想法平庸粗浅，说话鲁莽直率，殷切期望陛下能够博采大家的观点，俯察人情世态，如果能够用人得当，实在是国家的一大幸事。

亲耕籍田的礼仪结束后，太宗想任命吕蒙正为宰相，因为他是新提拔的，所以太宗想借赵普过去的品行作为他的表率，于是册封赵普为太保兼侍中，太宗对赵普说："你是国家的功勋老臣，我对你十分依靠，古人因为自己的君主比不上尧、舜而感到羞耻，你可要多尽心呀！"赵普叩头谢恩。

当时枢密副使赵昌言与胡旦、陈象舆、董俨、梁颢关系密切。正好胡旦指使翟马周上封言事，诋毁朝政，赵普对此极为痛恨，上奏请求流放翟马周，罢免赵昌言等人的官职。郑州团练使侯莫陈利用骄狂恣肆、奢侈越等，做了许多不法之事，赵普暗中查明情况，将他的罪行一一上奏朝廷，侯莫陈利用被判罪流放到商州，赵普坚决请求将他处死。赵普的疾恶如仇、刚强正直，都像这样。

李继迁骚扰边境，赵普建议用赵保忠重新统辖西夏旧地，进而命令他平定骚乱。赵保忠反而跟李继迁一起策划，制造边患，当时人都认为这是赵普的罪过，赵普因此很受同僚们的窥视和排挤，遇事不能专断。

按以前的制度，宰相到未时才能回家，这年天气很热，太宗特意准许赵普夏天在午时回家。第二年，太宗又让赵普不必上朝拜见，只需每天去宰相府处理政务，有重大事情则召他入朝奏对。冬天，赵普生病请假，太宗多次到他家中探视，加倍赏赐。赵普于是讲病得很厉害，三次上表请求退休，太宗勉强依从了他，任命他为西京留守、河南府府尹，跟以前一样守太保兼中书令。赵普再三恳切谦让，太宗赐亲笔手诏说："开国元勋，只有你一人了，跟其他人不一样，别再坚决推辞。等你出发那天，我要去你家告别。"赵普捧诏感激流泪，因而强撑病体请求入对，太宗赐他坐了很长时间，谈及许多国家大事，太宗予以嘉奖和采纳。赵普将要出发，太宗又到他家看望。

淳化三年春，赵普因为年老久病，让留守通判刘昌言带着他的奏章到朝廷请求归还政务，宫中使者很快就去传达了太宗安抚慰问的心意，赵普再三上表要求退休。太宗拜他为太师，封魏国公，供给宰相俸禄，让他养病，等病情减轻时再赴朝廷，并派赵普之弟宗正少卿赵安易带诏书赐给他。又特地派使者赐诏书给赵普说："您不久前得了小病，恳切请求归还政务，我以为留守的事务很繁重，担心麻烦您老人家，拜您为太师，以表示我尊敬贤能的心意。一直想听到您病好的消息，以便跟我相见。现在另外赐给您羊肉美酒，您应当养好精神，接受治疗，增强饮食，以符合我宠爱照顾的心意。"七月，赵普去世，终年七十一岁。

赵普去世的前一年，正逢他的生日，太宗派他的儿子赵承宗带着器物钱币和鞍马赏赐给他。赵承宗完成使命后回去向太宗汇报，不久去世。第二年，赵普已被免除中书令的称号，按照旧制，生日时没有赏赐，太宗又特意委派赵普的侄女婿左正言、直昭文馆张秉赐给他礼物。赵普听说后，因而追念和哀悼儿子赵承宗，张秉还没有到达，赵普就病危了。在此以前，赵普派亲信官吏甄潜去上清太平宫祈祷，神仙降话说："赵普，宋朝的忠臣，长期生病，也是有冤枉之事牵累罢了。"甄潜返回，赵普强支病体穿上衣冠，来到庭中拜受神明之言，呜咽感叹，涕泪横流，当天夜里去世。

太宗听到噩耗后震惊哀悼。对亲近大臣说："赵普侍奉先帝太祖，跟我是老朋友，能够决断大事。以前曾跟我关系不太好，这是大家都知道的。我当皇帝以来，常以优厚的礼节对待他，赵普也竭尽拿力报效于我，为国尽忠，真是国家的重臣啊，我非常痛惜。"因而流下了眼泪，左右大臣都很感动。罢朝五日，超过等级为赵普发丧。追赠尚书令，封真定王，赐谥号为"忠献"。太宗撰写神遭碑铭文，用八分书亲笔书写赐给死者。派右谏议大夫范杲摄任鸿胪卿，主持丧事，赐绢、布各五百匹，米、麦各五百石。赵普下葬的那天，官府根据礼仪安排了仪仗队和吹鼓手。

两个女儿都已成年，赵普的妻子和氏讲她们希望出家为尼，太宗再三劝阻晓谕，不能改变她们的志愿。赐大女儿名志愿，法号智果大师；赐二女儿名志英，法号智圆大师。

当初，太祖地位卑贱时，赵普跟他交游，得了天下，赵普屡次谈起太祖卑贱时候的缺点。太祖性格豁达，对赵普说："假如在尘土中就可以辨识天子、宰相，那么人人都可以去访求了。"从此赵普不再谈论。赵普年轻时熟悉吏事，但没有学问，等做了宰相，太祖经常劝他读书，晚年手不释卷，每次回到家里，就关起门来开箱取书，整天阅读。等第二天处理政务，得心应手。他去世后，家里人打开箱子一看，原来是《论语》二十篇。

赵普性格深刻沉稳有城府，虽然很爱嫉妒别人，但能够以天下为己任。宋朝初年，当宰相的人大多心胸狭窄、因循保守，赵普刚毅果断，没人能与他相比。曾上奏推荐某人做某官，太祖不采纳。赵普第二天又上奏推荐这个人，还是没被采纳。过了一日，赵普再次奏荐此人，太祖发怒，把他的奏疏撕碎扔在地上，赵普脸色不变，跪下来把奏疏捡了回去。几天后把碎纸片修补好，像开始时一样再次上奏。太祖这才醒悟，终于任用了那个人。又有一名大臣应当升官，太祖一向讨厌他的为人，不答应升他的官。赵普坚决地为他请求，太祖发怒道："我就是不给他升官，你能怎么样？"赵普说："刑罚用来惩治罪恶，赏赐用来酬谢功劳，这是古往今来共通的道理。况且刑赏是天下的刑赏，不是陛下个人的刑赏，怎能凭自己的好恶而独断专行呢？"太祖更加愤怒，起身就走，赵普也紧跟在他身后。太

祖进宫,赵普就站在宫门外等,过了很长时间也不离去,最终得到了太祖的认可。

太宗听信弭德超的谗言,怀疑曹彬行为不轨,正逢赵普再次担任宰相,为曹彬辩护担保,事情终于弄明白。太宗感叹:“我听断不明,几乎坏了国家大事。”当天就驱逐流放了弭德超,像过去一样对待曹彬。

祖吉当郡守谋取不义之财,事情败露后被捕入狱,审讯弹劾,只是判决书还没准备好。郊祀之礼即将到来,太宗痛恨祖吉贪婪,派宫中使者向执政官传达旨意说:“郊祀大赦时可以特地不赦免报吉。”赵普上奏说:“贪污腐败的官吏触犯法律,应当给予严惩。但国家郊祀大礼是对着天地,向神明祈祷的,怎么能因为祖吉而破坏陛下的大赦令呢?”太宗认为他的话很对,这才作罢。

真宗咸平初年,追封赵普为韩王。二年,真宗下诏说:“已故太师,赠中书令、追封韩王赵普,见识为群伦之首,才能超过帝王的辅佐,辅助拥戴先皇缔造基业,开创宏图,即使是吕望讨伐征战的功劳、萧何指挥谋划的成效,大概都比不上赵普。自从他辅助太祖、太宗两朝,历经三十多年,加强了朝廷的威望,削夺了藩镇的大权,正直不屈,自始至终没有污点,计策谋划仍昨,丰功伟绩宛如生前。应当把他的牌位供奉在太庙里面,与大宋宗室同享福祉。现在我制定盛典,以报答开国元勋,命令以赵普配享太祖庙庭。”

赵普的儿子赵承宗,为羽林大将军,先后担任潭州和郓州的知州,都赢得了声誉;赵承煦,为成州团练使。赵普的弟弟赵固、赵安易。赵固官至都官郎中。

曹彬传

【题解】

曹彬(931~999),宋初名将。字国华,真定灵寿(今属河北)人。历任后汉、后周将领。宋初为客省使。乾德二年(964),代蜀得胜,授宣徽南院使、义成军节度使。开宝六年(973),从征太原,因功进检校太傅。开宝七年(974),率主力十万参加宋攻灭南唐之战,连克沿江重镇。次年,攻占江宁(今南京),严禁将士杀掠,为时人所称。因功授枢密使,进检校太师兼侍中,封鲁国公。雍熙三年(986),宋军分路进攻辽燕、云等州,曹彬所部败于涿州,降为右骁卫上将军。宋真宗即位,复任枢密使,咸平二年病逝。曹彬治军有方,为官廉正,被史家誉为“宋良将第一”。

【原文】

曹彬字国华,真定灵寿人。父芸,成德军节度都知兵马使。彬始生周岁,父母以百玩之具罗于席,观其所取。彬左手持干戈,右手取俎豆,斯须取一印,他无所视,人皆异之。及长,气质淳厚。汉乾祐中,为成德军牙将。节帅武行德见其端悫,指谓左右曰:“此远大器,非常流也。”周太祖贵妃张氏,彬从母也。周祖受禅,召彬归京师。隶世宗帐下,从镇澶渊,补供奉官,擢河中都监。蒲帅王仁镐以彬帝戚,尤加礼遇。彬执礼益恭,公府宴集,端简终日,未尝旁视。仁镐谓从事曰:“老夫自谓夙夜匪懈,及见监军矜严,始觉己之散率也。”

曹彬

显德三年,改潼关监军,迁西上阁门使。五年,使吴越,致命讫即还。私觌之礼,一无所受。吴越人以轻舟追遗之,至于数四,彬犹不受。既而曰:“吾终拒之。是近名也。”遂受而籍之以归,悉上送官。世宗强还之,彬始拜赐,悉以分遗亲旧而不留一钱。出为晋州兵马都监。一日,与主帅暨宾从环坐于野,会邻道守将走价驰书来诣,使者素不识彬,潜问人曰:“孰为曹监军?”有指彬以示之,使人以为绐己,笑曰:“岂有国戚近臣,而衣弋绨袍、坐素胡床者乎?”审视之方信。迁引进使。

初,太祖典禁旅,彬中立不倚,非公事未尝造门,群居宴会,亦所罕预,由是器重焉。建隆二年,自平阳归召,谓曰:“我畴昔常欲亲汝,汝何故疏我?”彬顿首谢曰:“臣为周室近亲,复忝内职,靖恭守位,犹恐获过,安敢妄有交结?”迁客省使,与王全斌、郭进领骑兵攻河东平乐县,降其将王超、侯霸荣等千八百人,俘获千余人。既而贼将弢进率兵来援,三战皆败之。遂建乐平为平晋军。乾德初,改左神武将军。时初克辽州,河东召契丹兵六万骑来攻平晋,彬与李继勋等大败之于城下。俄兼枢密承旨。

二年冬,伐蜀,诏以刘光毅为归州行营前军副部署,彬为都监。峡中郡县悉下,诸将咸欲屠城以逞其欲,彬独申令戢下,所至悦服。上闻,降诏褒之。两川平,全斌等昼夜宴饮,不恤军士,部下渔夺无已,蜀人苦之。彬屡请旋师,全斌等不从。俄而全师雄等构乱,拥众十万,彬复与光毅破之于新繁,卒平蜀乱。时诸将多取子女玉帛,彬橐中唯图书、衣衾而已。及还,上尽得其状,以全斌等属吏。谓彬清介廉谨,授宣徽南院使、义成军节度使。彬入见,辞曰:“征西将士俱得罪,臣独受赏,恐无以示劝。”上曰:“卿有茂功,又不矜伐,设有微累,仁赡等岂惜言哉?惩劝国之常典,可无让。”

六年,遣李继勋、党进率师征太原,命为前军都监,战洞涡河,斩二千余级,俘获甚众。开宝二年,议亲征太原,复命为前军都监,率兵先往,次团柏谷,降贼将陈廷山。又战城南,薄于濠桥,夺马千余。及太祖至,则已分砦四面,而自主其北。六年,进检校太傅。

七年,将伐江南。九月,彬奉诏与李汉琼、田钦祚先赴荆南发战舰,潘美帅步兵继进。十月,诏以彬为升州西南路行营马步军战棹都部署,分兵由荆南顺流而东,破峡口砦,进克池州,连克当涂芜湖二县,驻军采石矶。十一月,作浮梁,跨大江以济师。十二月,大破其军于白鹭洲。

八年正月,又破其军于新林港。二月,师进次秦淮,江南水陆十余万陈于城下,大败之，俘斩数万计。及浮梁成，吴人出兵来御，破之于白鹭洲。自三月至八月，连破之，进克润州。金陵受围，至是凡三时，居人樵采路绝，频经败衄，李煜危甚，遣其臣徐铉奉表诣阙，乞缓师，上不之省。先是，大军列三砦，美居守北偏，图其形势来上。太祖指北砦谓使者曰："吴人必夜出兵来寇，尔亟去，令曹彬速成深约以自固，无堕其计中。"既成，吴兵果夜来袭，美率所部依新沟拒之，吴人大败。奏至，上笑曰："果如此。"

长围中，彬每缓师，冀煜归服。十一月，彬又使人谕之曰："事势如此，所惜者一城生聚，若能归命，策之上也。"城垂克，彬忽称疾不视事，诸将皆来问疾。彬曰："余之疾非药石所能愈，惟须诸公诚心自誓，以克城之日，不妄杀一人，则自愈矣。"诸将许诺，共焚香为誓。明日，稍愈。又明日，城陷。煜与其臣百余人诣军门请罪，彬慰安之，待以宾礼，请煜入宫治装，彬以数骑待宫门外。左右密谓彬曰："煜入或不测，奈何？"彬笑曰："煜素懦无断，既已降，必不能自引决。"煜之君臣，卒赖保全。自出师至凯旋，士众畏服，无轻肆者。及入见，刺称"奉敕江南干事回"，其谦恭不伐如此。

初，彬之总师也，太祖谓曰："俟克李煜，当以卿为使相。"副帅潘美预以为贺。彬曰："不然，夫是行也，仗天威，遵庙谟，乃能成事，吾何功哉。况使相极品乎？"美曰："何谓也？"彬曰："太原未平尔。"及还，献俘。上谓曰："本授卿使相，然刘继元未下，姑少待之。"既闻此语，美窃视彬微笑。上觉，遽诘所以，美不敢隐，遂以实对。上亦大笑，乃赐彬钱二十万。彬退曰："人生何必使相，好官亦不过多得钱尔。"未几，拜枢密使、检校太尉、忠武军节度使。

太宗即位，加同平章事。议征太原，召彬问曰："周世宗及太祖皆亲征，何以不能克？"彬曰："世宗时，史彦超败于石岭关，人情惊扰，故班师；太祖顿兵甘草地，会岁暑雨，军士多疾，因是中止。"太宗曰："今吾欲北征，卿以为何如？"彬曰："以国家兵甲精锐，翦太原之孤垒，如摧枯拉朽尔，何为而不可。"太宗意遂决。太平兴国三年，进检校太师，从征太原，加兼侍中。八年，为弭德超所诬，罢为天平军节度使。旬余，上悟其谮，进封鲁国公，待之愈厚。

雍熙三年，诏彬将幽州行营前军马步水陆之师，与潘美等北伐，分路进讨。三月，败契丹于固安，破涿州，戎人来援，大破之于城南。四月，又与米信破契丹于新城，斩首二百级。五月，战于歧沟关，诸军败绩，退屯易州，临易水而营。上闻，亟令分屯边城，追诸将归阙。

先是，贺令图等言于上曰："契丹主少，母后专政，宠幸用事，请乘其衅，以取幽蓟。"遂遣彬与崔彦进、米信自雄州，田重进趣飞狐，潘美出雁门，约期齐举。将发，上谓之曰："潘美之师但先趣云、应，卿等以十万众声言取幽州，且持重缓行；不得贪利。彼闻大兵至，必悉众救范阳，不暇援山后矣。"既而，美之师先下寰、朔、云、应等州，重进又取飞狐、灵丘、蔚州，多得山后要害地，彬亦连下州县，势大振。每奏至，上已讶彬进军之速。及彬次涿州，旬日食尽，因退师雄州以援馈饷。上闻之曰："岂有敌人在前，反退军以援刍粟，失策之甚也。"亟遣使止彬勿前，急引师缘白沟河与米信军会，案兵养锐，以张西师之势；俟美等尽略山后地，会重进之师而东，合势以取幽州。时彬部下诸将，闻美及重进累建功，而

已握重兵不能有所攻取，谋议蜂起。彬不得已。乃复裹粮再往攻涿州。契丹大众当前，时方炎暑，军士乏困，粮且尽，彬退军，无复行伍，遂为所蹑而败。

彬等至，诏鞫于尚书省，令翰林学士贾黄中等杂治之，彬等具伏违诏失律之罪。彬责授右骁卫上将军，彦进右武卫上将军，信右屯卫上将军，余以次黜。四年，起彬为侍中、武宁军节度使。淳化五年，徙平卢军节度。真宗即位，复检校太师、同平章事。数月，召拜枢密使。

咸平二年，被疾。上趣驾临问，手为和药，仍赐白金万两。问以后事，对曰："臣无事可言。臣二子材器可取，臣若内举，皆堪为将。"上问其优劣，对曰："璨不如玮。"六月薨，年六十九。上临哭之恸，对辅臣语及彬，必流涕。赠中书令，追封济阳郡王，谥武惠；且赠其妻高氏韩国夫人；官其亲族、门客、亲校十余人。八月，诏彬与赵普配飨太祖庙庭。

彬性仁敬和厚，在朝廷未尝忤旨，亦未尝言人过失。伐二国，秋毫无所取。位兼将相，不以等威自异。遇士夫于涂，必引车避之。不名下吏，每白事，必冠而后见。居官，奉入给宗族，无余积。平蜀回，太祖从容问官吏善否，对曰："军政之外，非臣所闻也。"固问之，唯荐随军转运使沈伦廉谨可任。为帅知徐州日，有吏犯罪，既具案，逾年而后杖之，人莫知其故。彬曰："吾闻此人新娶妇，若杖之，其舅姑必以妇为不利，而朝夕笞詈之，使不能自存。吾故缓其事，然法亦未尝屈焉。"北征之失律也，赵昌言表请行军法。及昌言自延安还，被劾，不得入见。彬在宥府，为请于上，乃许朝谒。

【译文】

曹彬字国华，真定灵寿人。父亲曹芸是成德军节度都知兵马使。曹彬刚满一周岁时，他的父母把百种可以把玩的器物排列在席子上，然后观察他如何抓取。曹彬左手拿一兵器，右手取一礼器，然后又取一官印，其他东西连看都不看，人们都认为他是个异常孩子。等他长大以后，气质淳朴、厚道。后汉乾祐年间，为成德军牙将。节度使武行德见他正直诚实，指着他对左右说："这人是大器之材，不是一般的人物。"周太祖郭威的贵妃张氏，是曹彬的姨母，太祖受禅后，通知曹彬返回京师，隶属世宗柴荣帐下。跟随他镇守澶渊，补任供奉官，提升为河中都监。蒲州主帅王仁镐以曹彬是皇帝的亲戚，给予其特殊的优待。曹彬遵守礼节益发恭敬，官府宴会聚饮，从早到晚端庄严肃，从不左顾右盼。王仁镐对对手下僚属们说："老夫自认为日夜不曾松懈，直到看见曹监军这样矜持谨严，才发觉自己原来如此地散漫与轻率。"

显德三年，曹彬改任潼关监军，升任西上阁门使。显德五年，出使吴越，转达使命完毕就启程回返，私人赠送的见面礼物，一件也没接受。吴越人划着小快船追上送给他，以至于四次，曹彬仍不接受，过了一会儿说："我最终拒绝他们，难免有近名之嫌啊。"于是接受下来并仔细登记后才赶回来，全部上交官库。世宗强行归还给他，才拜而受赐，全部分送给亲朋故旧而自己不留一钱。出任晋州兵马都监。一天，曹彬与主帅及幕僚环坐于野外，正好邻道的守将派使者送信件来到，使者原先不认识曹彬，暗中问别人道："谁是曹监军？"有人指着曹彬给他看，使者以为是哄骗自己，笑着说："哪有国戚近臣而身穿黑粗袍，坐着白色胡床的？”仔细审视后才相信。升任引进使。

起初，太祖赵匡胤执掌禁军，曹彬与他保持着不即不离的关系，非公务事不登门。大家在一起宴会聚饮，也很少参与，所以太祖很是器重他。建隆二年，太祖从平阳把他召回来，对他说：“我过去经常想亲近你，你为什么故意疏远我？”曹彬叩头道歉说：“我是后周皇室的近亲，又身居皇宫内职，安稳、恭敬地保守自己的职位，还唯恐招致过错，哪里敢随便地去交朋纳友呢？”调任客省使。与王全斌、郭进统领骑兵进攻河东乐平县，其将领王超、侯霸荣等一千八百人投降，俘获一千余人。随后贼将攻进率部队前来增援，三次战斗都被曹彬打败，于是把乐平县改设为平晋军。乾德初年，改任左神武将军。这时首次攻克辽州，河东引诱契丹军队六万人进攻平晋，曹彬与李继勋等在城下大破契丹军队。不久兼任枢密承旨。

乾德二年冬天，征伐后蜀，太祖诏令刘光毅为归州行营前军副部署，曹彬担任都监。三峡一带诸郡县全部被攻克，宋军众将都想屠城以发泄其欲望，唯独曹彬三令五申约束部下，他所到之处，当地人民心悦诚服。太祖得知此事，下诏褒奖曹彬。两川平定，王全斌等人昼夜宴饮，毫不体恤将士们，部下不停地四处掠夺，蜀人深受其害。曹彬屡次提请回师，王全斌等人不理会。不久，全师雄等人起事造成祸乱，拥众十万人。曹彬又与刘光毅在新繁击败了他们，终于平定了蜀乱。当时其他将领多抢掠妇女和玉帛，曹彬的行囊中只有图书、衣服、被子而已。等到班师回朝，太祖尽数得知了众将领的表现，把王全斌等人交给官吏治罪。说曹彬清廉律己，任命他为宣徽南院使、义成军节度使。曹彬进见太祖，推辞道：“征西的将士都被惩罚，只有我受赏，恐怕无法表示勉励之意。”太祖说：“你立了大功，又不居功自夸，假使你有什么过失，王仁赡等人哪里会不说呢？惩罚与奖励是国家的常法，你不要再推辞了。”乾德六年，太祖派遣李继勋、党进率部队进攻太原，任命曹彬为前军都监。洞涡河一战，斩首二千余级，俘获敌人无汁其数。开宝二年。太祖决定亲自统兵征伐太原，再次任命曹彬为前军都监，率领部队先行。进至团柏谷，贼将陈廷山投降。其后又战于城南，逼近护城河桥，夺取马匹一千余。等到太祖到达时，曹彬已在城周四面布置好了营寨，自己主持北面营寨。开宝六年，加封为检校太傅。

开宝七年，将要征伐江南。九月，曹彬奉太祖诏令与李汉琼、田钦祚先头赶赴荆南率战舰启程，潘美统率步兵随后跟进。十月，太祖下诏任命曹彬为升州西南路行营马步军战棹都部署。分兵从荆南顺流东下，攻占峡口寨，进而占领池州，接连攻克当涂、芜湖二县，部队进驻采石矶。十一月，修建浮桥，横跨大江，使部队渡过。十二月，在白鹭洲大败南唐军队。

开宝八年正月，在新林港再次击败南唐军队。二月，率军进驻秦淮。江南的十多万水陆军列阵于城下，曹彬击败了他们，生俘、斩首的敌人数以万计。等到浮桥建成，吴人派兵赶来阻挡，在白鹭洲被打败。从三月到八月，接连击败南唐军队，进占润州。金陵城被围困，从此一共三个季度，城里居民打柴的道路被断绝，连遭挫败，李煜焦急异常，派他的大臣徐铉毕恭毕敬地捧着奏章来到太祖的殿前，乞求延缓宋军的进攻，太祖没理会他。在此之前，宋军摆列成三个大寨，潘美据守北寨，画成地形图上交太祖，太祖指着北寨对使者说："吴人一定在深夜出兵来犯，你快去，命令曹彬赶紧修筑深沟固守，千万不能中了他们的计！"工事已经挖好，吴人军队果然夜里前来偷袭，潘美率领部下依托新挖的战壕抵抗敌人，吴人大败。奏章来到，太祖笑着说："果然如此！"

在长期围城过程中，曹彬每每迟缓部队的行动，希望李煜出降。十一月，曹彬又派人告诉他说："形势已经这样，我所珍惜的是一城的百姓和财富，假若你能归顺，方为上策。"城池将要攻破之时，曹彬忽然称病不处理军务，部下诸将都来探问病情。曹彬说："我的病是药物治不了的，只有赖诸位诚心诚意地发誓：在攻下城池那天，不任意杀害一个人，那么我的病就自然会好了。"诸将答应遵守这一条件，共同焚香作誓。第二天，曹彬的病情稍微好转。第三天，金陵城被攻陷。李煜和他的大臣一百余人来到军营门前请罪曹彬安慰他们，以客礼相待。请李煜回皇宫整治行装，曹彬率几个骑兵守候在宫门外。旁边的人悄悄地对他说："李煜进宫里一旦发生意外之事，怎么办？"曹彬笑着说："李煜向来懦弱没有主见，他既然已经投降，必定不会自杀。"李煜和他的大臣终于得以保全性命。自出师到凯旋，曹彬所属部众对他敬畏服从，没有敢随意放肆的。等到他回朝觐见太祖，名片上写着："奉皇帝诏令去江南办事回来。"他谦虚恭敬、毫不夸功达到了如此地步。

当初，曹彬为军队统帅，太祖对他说："等打败李煜，一定任命你为使相。"副统帅潘美为此向他预先道贺，曹彬说："不可能，这次出征，依仗皇上的天威，遵循朝廷制定的策略，才能成功。我有什么功劳，还想被授予使相这一人臣极品吗？"潘美说："为什么这么说呢？"曹彬答道："太原还没有平定罢了。"等到回师还朝，献上俘虏，太祖对曹彬说："本来想授予你使相的职位，但是刘继元还未平定，暂等待一下。"听到这话，潘美偷偷地看着曹彬微笑，太祖发觉，立即追问因何事而笑，潘美不敢隐瞒真相，于是据实答对，太祖也放声大笑。就赏赐给曹彬钱二十万。曹彬退朝后说："人生一世何必担任使相，好官也不过是多得些钱罢了。"不久，被任命为枢密使、检校太尉、忠武军节度使。

宋太宗即位后，加封曹彬同平章事。商议征伐太原，召见曹彬问道："周世宗和太祖都曾亲自领兵出征，为什么不能取胜？"曹彬答道："世宗时，史彦超在石岭关失败，军心为之动摇，所以就班师了；太祖在甘草地整顿部队，正巧这年酷暑多雨，士兵们普遍染上疾病，因此中止了用兵。"太宗又问："现在我想北伐，你以为怎么样？"答道："以国家的精兵锐甲，灭掉太原这样一个孤单据点，就像摧枯拉朽一样，为什么不可以呢？"太宗于是下了决心。太平兴国三年，曹彬晋升为检校太师，跟随太宗出征太原，加任侍中。太平兴国八年，曹彬被弭德超诬陷，降职为太平军节度使，过了半个月之后，太宗察觉了弭德超所讲的坏话，进封曹彬为鲁国公，对待他更加亲厚。

雍熙三年，曹彬奏诏率领幽州行营前军马步水陆各部队，与潘美等人出师北伐，分路进击。三月，在固安击败契丹军队，攻克涿州，契丹人来增援，又在城南大败敌军。四月，再次与米信在新城击败契丹军队，斩首二百级。五月，在歧沟关大战，宋军失利溃败，退守易州，面对易水安营扎寨。太宗闻报，火速命令各军分别屯守边城，催令众将领班师。

在此之前，贺令图等人对太宗说："契丹的国君年少，太后把持朝政，宠臣当权，请皇上乘此机会，发兵攻取幽、蓟之地。"于是太宗派遣曹彬与崔彦进、米信自雄州，田重进赴飞狐，潘美出雁门，约定日期一起行动。临出发时，太宗对曹彬说："潘美的部队尽管先奔赴云、应，你们几人用十万人马声称攻打幽州，同时谨慎从事、缓慢前进，不得贪图便宜。他们听说大军来到，一定会把所有的兵力都派去救范阳，那样就没时间去增援山后了。"不久，潘美的军队首先攻克寰、朔、云、应等州，田重进又攻取了飞狐、灵丘、蔚州，占领了许多山后的要害之地。曹彬也接连攻克州县，声势大振。每当奏章到来，太宗对他进军速度之快非常惊讶。等到曹彬进驻涿州，十天后粮食吃完，因此把部队移往雄州补充军粮。太宗得知后说："哪里有敌人在前，反而退兵补充粮草的道理？这简直太失策了！"急忙派使者去阻止曹彬不要往前走了，迅速率领部队沿着白沟河与米信的部队会合，按兵不动，养精蓄锐，用以扩大西路军的声势，等待潘美等人全部攻取山后地区，会同田重进所部一起向东，两军联合进攻幽州。这时曹彬部下众将听说潘美和田重进屡建功劳，然而自己手握重兵却不能攻城略地，各种议论蜂拥而起。曹彬没有办法，只好又携带粮食再次去攻打涿州。契丹大军挡住前路，这时天气炎热异常，士兵们疲惫不堪，粮食又要吃完，曹彬下令撤退，部队行列凌乱，于是被契丹队跟踪追击，大败而返。

曹彬等人回朝，太宗下诏在尚书省审讯，命令翰林学士贾黄中等人会同处理这件事。曹彬等人全部承认了违抗诏命以及行军无纪律等罪过。曹彬被降职为右骁卫上将军，崔彦进为右武卫上将军，米信为右屯卫上将军，其他人也分别被降职不等。雍熙四年，重新起用曹彬担任侍中、武宁军节度使。淳化五年，调任平卢军节度使。宋真宗即位，复任检校太师、同平章事。几个月后，官拜枢密使。

咸平二年，曹彬患病。真宗乘车亲临府第探视病情，亲手为他调和药物，又赐给他一万两白金。向他问身后之事，曹彬答道："我没有什么可说的，我的两个儿子才能、器识都有可取之处，我假若举荐的话，他俩个都可以担任将领。"真宗问他们俩谁优谁劣，答道："曹璨不如曹玮。"六月，曹彬去世，终年六十九岁。真宗亲临吊唁，悲痛欲绝，每当对左右大臣提到曹彬必定涕泪俱下。追赠他为中书令，追封为济阳郡王，谥号武惠。同时追赠他的妻子高氏为韩国夫人。他的亲族、门客、手下将校等十余人被录用为官。八月，真宗下诏将曹彬与赵普的灵牌安放在宋太祖的庙中。

曹彬性格仁义严肃，和善敦厚。在朝廷中从来没有违反皇帝的旨意，也从来没有说过别人的过失。征伐后蜀、南唐二国，丝毫财富也没有掠取。身居出将入相的高位，从来不用与官职相称的威仪显示自己。在路上遇见士大夫，一定引车避让。无名的属下小吏，每当前来陈述公务，一定要戴好帽子才接见。官俸周济宗族，没有多余的积蓄。平定后蜀回来，宋太祖安闲地询问官吏们的好坏，曹彬回答说："军事、政务以外的事，不是臣所知道的。"再三问他，仅推荐随军转运使沈伦廉洁谨严可以任用。担任徐州主帅时，有一个官吏犯罪，已经核查定案，过了一年以后才对他施以杖刑。大家都不理解什么原因。曹彬说："我听说这个人刚娶媳妇，假若施以杖刑。他的父母一定认为新娶的媳妇不吉利而早晚鞭打责骂她，使她无法生存。所以我才延缓处置这事，然而法律也并没有受到损害。"北征时违反了行军纪律，赵昌言曾上表请皇帝对他按违反行军法论罪。后来赵昌言自延安返回，遭到别人弹劾，不得入见皇帝，曹彬身居枢密使要职，为他在皇帝面前求情，方允许赵昌言朝见。

薛居正传

【题解】

薛居正(912~981年),字子平,开封府浚仪(今河南开封市)人。北宋开宝六年,太祖诏修梁、唐、晋、汉、周五代史,命薛居正负责监修,参加编修的有卢多逊,扈蒙、张澹、李昉、刘兼、李穆、李九龄等人,都是当时颇有造诣的史家。此书历时十八个月撰修完成,共一百五十卷,目录二卷,记十四帝,为本纪六十一卷,志十二卷,列传七十七卷。此本原名《五代史》,也称《梁唐晋汉周书》,后为与欧阳修撰《五代史》区别,故在名前冠以"旧"字,称之为《旧五代史》,与《新五代史》并行于世。金章宗泰和七年诏学官只用欧阳修《新五代史》,于是《旧五代史》渐微。清代修《四库全书》时,从《永乐大典》辑出《旧五代史》遗文,约得其十之八九,又采《册府元龟》《太平御览》《通鉴考异》《五代会要》诸书以补其缺,另外还参考《东都事略》《续资治通鉴长编》以及宋人文集,以资辅证,并注明引文出处,形成现行《旧五代史》,列入二十四史之中。《旧五代史》"多据累朝实录及范质《五代通录》为稿本",修《旧五代史》的人中还有私修过五代史的,所以《旧五代史》不仅能够在短期完成,而且能保存大量的资料,具有很高的史料价值。司马光撰《资治通鉴》,胡三省注《资治通鉴》,涉及五代史事,都参酌了《旧五代史》。

【原文】

薛居正字子平,开封浚仪人。父仁谦,周太子宾客。居正少好学,有大志。清泰初,举进士不第,为《遣愁文》以自解,寓意倜傥,识者以为有公辅之量。逾年,登第。

晋天福中,华帅刘遂凝辟为从事。遂凝兄遂清领邦计,奏署盐铁巡官。开运初,改度支推官。宰相李崧领盐铁,又奏署推官,加大理司直,迁右拾遗。桑维翰为开封府尹,奏署判官。

汉乾佑初,史弘肇领侍卫亲军,威权震主,残忍自恣,无敢忤其意者。其部下吏告民犯盐禁,法当死。狱将决,居正疑其不实,召诘之,乃吏与民有私憾,因诬之,逮吏鞫之,具伏抵法。弘肇虽怒甚,亦无以屈。

周广顺初,迁比部员外郎,领三司推官,旋知制诰。周祖征兖州,诏居正从行,以劳加都官郎中。显德三年,迁左谏议大夫,擢弘文馆学士,判馆事。六年,使沧州定民租。未几,以材干闻于朝,擢刑部侍郎,判吏部铨。

宋初,迁户部侍郎。太祖亲征李筠及李重进,并判留司三司,俄出知许州。建隆三年,入为枢密直学士,权知贡举。初平湖湘,以居正知朗州。会亡卒数千人聚山泽为盗,监军使疑城中僧千余人皆其党,议欲尽捕诛之。居正以计缓其事,因率众翦灭群寇,擒贼

帅汪端，诘之，僧皆不预，赖以全活。

乾德初，加兵部侍郎。车驾将亲征太原，大发民馈运。时河南府饥，逃亡者四万家，上忧之，命居正驰传招集，浃旬间民尽复业。以本官参知政事。五年，加吏部侍郎。开宝五年，兼淮南、湖南、岭南等道郡提举三司水陆发运使事，又兼判门下侍郎事，监修国史；又监修《五代史》，逾年毕，锡以器币。六年，拜门下侍郎、平章事。八年二月，上谓居正等曰："年谷方登，庶物丰盛，若非上天垂佑，何以及斯。所宜共思济物，或有阙政，当与振举，以成朕志。"居正等益修政事，以副上意焉。

太平兴国初，加左仆射、昭文馆大学士。从平晋阳还，进位司空。因服丹砂遇毒，方奏事，觉疾作，遽出。至殿门外，饮水升余，堂吏掖归中书，已不能言，但指庑间储水器。左右取水至，不能饮，偃阁中，吐气如烟焰，舆归私第卒，六年六月也，年七十。赠太尉、中书令，谥文惠。

居正气貌瑰伟，饮酒至数斗不乱。性孝行纯，居家俭约。为相任宽简，不好苛察，士君子以此多之。自参政至为相，凡十八年，恩遇始终不替。

先是，太祖尝谓居正曰："自古为君者鲜克正己，为臣者多无远略，虽居显位，不能垂名后代，而身陷不义，子孙罹殃，盖君臣之道有所未尽。吾观唐太宗受人谏疏，直诋其非而不耻。以朕所见，不若自不为之，使人无异词。又观古之人臣多不终始，能保全而享厚福者，由忠正也。"开宝中，居正与沈伦并为相，卢多逊参知政事，九年冬，多逊亦为平章事。及居正卒，而沈伦责授，多逊南流，论者以居正守道蒙福，果符太祖之言。

居正好读书，为文落笔不能自休。子惟吉集为三十卷上之，赐名《文惠集》。咸平二年，诏以居正配飨太宗庙庭。

【译文】

薛居正，字子平，开封府浚仪县人。父亲薛仁谦，在周朝为太子宾客。薛居正少年好学，有远大志向。后唐清泰初年，举进士而未考中，作《遣愁文》来自我解除愁闷，文章寓意卓越洒脱，读此文章的人认为薛居正有作三公辅相的能量。第二年，考中进士。

晋天福年间，华州节度使刘遂凝征召薛居正为从事。刘遂凝的哥哥刘遂清治理国家财政，奏明朝廷由薛居正代理盐铁巡官。开运初年，改任度支推官。宰相李崧掌管盐铁，又奏明朝廷由薛居正代理推官，又加大理司直，改右拾遗。桑维翰为开封府尹，奏明朝廷由薛居正代理判官。

汉乾祐初年，史弘肇统领侍卫亲军，他的威势权力令君主畏惧，残忍为所欲为，无人敢抵触他的意愿。史弘肇手下的官吏告百姓触犯盐禁，依法应当处死。狱案即将判决，薛居正怀疑此案有不真实处，招来审讯，原来是官吏和百姓有私仇，因而诬陷他，把官吏抓来审问，都依法处死。史弘肇虽然非常愤怒，也没有办法使薛居正屈服。

周广顺初年，调任比部员外郎，掌管三司推官，不久为知制诰。周太祖亲征兖州，诏令薛居正随行，因有劳而加都官郎中。显德三年，调任左谏议大夫，升为弘文馆学士，判馆事。六年，朝廷派薛居正到沧州制定百姓租税额。不久，因处事有才干而闻于朝廷，升为刑部侍郎，判吏部铨选。

宋朝初年，调为户部侍郎。太祖亲征李筠及李重进，薛居正并判留司与三司。不久出京城为许州知州。建隆三年，入朝廷为枢密直学士，代管贡举。开始平定湖湘，以薛居正为朗，州知州，适逢逃亡的兵卒几千人聚集在山泽为盗贼，监军使怀疑城中一千多僧人都是他们的同伙，商议想把他们都抓来杀掉。薛居正用计谋拖延此事，因此率领军队翦灭众盗贼，擒获贼帅汪端，审问他，得知众僧都没有参与其事，众僧依靠薛居正得以活命。

乾德初年，薛居正加官兵部侍郎。太祖将要亲征太原，大规模征发百姓运输军饷。当时河南府有饥荒，四万家逃亡，太祖忧虑此事，命令薛居正乘驿站的车急去招集百姓，十日间百姓就都恢复旧业。以本官职参知政事。五年，加官吏部侍郎。开宝五年，兼淮南、湖南、岭南等道郡提举三司水陆发运使事，又兼判门下侍郎事，监修国史；又监修《五代史》，第二年完成，朝廷赐以器物和财币。六年，拜薛居正门下侍郎、平章事。八年二月，太祖对薛居正等人说："今年谷物丰登，众物繁盛，如果不是上天给予帮助，怎能达到这地步。所应做的是共同考虑帮助人，如果有了不善的政事，应当给予振兴，以此完成朕的志向。"薛居正等人进一步整治政事，以此符合太祖的意愿。

太平兴国初年，薛居正加左仆射、昭文馆大学士。跟随太宗平定晋阳归来，进位司空。因为服用丹砂中毒，正在朝廷奏事，觉得病要发作，赶快出去。走到殿门外，喝了一升多水，堂吏搀他回到中书省，已经不能说话，只指着廊庑里的储水器。左右的人取水来到他面前，但已不能喝水，倒卧在阁中，吐气象火焰，乘车舆回到家中去世，时间是六年六月，终年七十。朝廷赐薛居正太尉、中书令，谥号为文惠。

薛居正气质容貌宏伟，饮酒饮数斗方寸也不乱。生性孝顺行为纯正，居家俭朴节约。做宰相讲信用，宽缓情实，不喜欢苛刻烦察，士人君子因此赞许他。薛居正从参与政事到做宰相，一共十八年，朝廷的恩遇始终不衰。

先前，太祖曾经对薛居正说："自古以来为人君者很少有人能整饬自己，做人臣者大多数没有远略，虽然身居显赫的地位，不能留名后世，却身陷不义，子孙遭殃，大概是为君臣的事理还有所欠缺。我看唐太宗接受人臣的谏疏，直言诋毁他的过失而不以为耻。以朕之见，不如自己不做，使他人没有不同的说法。又观察古代的人臣大多数有始无终，能保全自己而且享受厚福的人，是由于忠诚正直。"开宝年间，薛居正与沈伦同时为宰相，卢多逊参知政事，九年冬季，卢多逊也为平章事。到薛居正去世，然而沈伦贬官，卢多逊放逐到南方，议论的人认为薛居正守为臣的事理所以享受福禄，果然符合太祖的话。

薛居正喜欢读书，做文章落笔往往不能自己，必然一气呵成。薛居正的儿子惟吉将他的文章编集成三十卷呈上朝廷，赐名为《文惠集》。咸平二年，朝廷下诏以薛居正附祭于太祖庙庭。

杨业传

【题解】

杨业(？~986)，北宋名将。又名杨继业，并州太原(今山西太原)人。原为北汉将领，骁勇善战，所向克捷，号称“杨无敌”。太平兴国四年(979)，杨业归宋。历任右领军卫大将军、郑州刺史、代州兼三交驻泊兵马部署、云州观察使。雍熙三年(986)，宋军出兵攻辽，他担任主帅潘美的副职，接连收复云、应、寰、朔四州。不久，因东路军失利，他奉命掩护四州百姓内迁。因潘美、王侁指挥失误，他孤军无援，在陈家谷口陷入辽兵重围，拼死血战，力竭被俘，绝食三日而死。

【原文】

杨业，并州太原人。父信，为汉麟州刺史。业幼倜傥任侠，善骑射，好畋猎，所获倍于人。尝谓其徒曰：“我他日为将用兵，亦犹用鹰犬逐雉兔尔。”弱冠事刘崇，为保卫指挥使，以骁勇闻。累迁至建雄军节度使，屡立战功，所向克捷，国人号为“无敌”。

太宗征太原，素闻其名，尝购求之。既而孤垒甚危，业劝其主继元降，以保生聚。继元既降，帝遣中使召见业，大喜，以为右领军卫大将军。师还，授郑州刺史。帝以业老于边事，复迁代州兼三交驻泊兵马都部署，帝密封橐装，赐予甚厚。会契丹入雁门，业领麾下数千骑自西陉而出，由小陉至雁门北口，南向背击之，契丹大败。以功迁云州观察使，仍判郑州、代州。自是契丹望见业旌旗，即引去。主将戍边者多忌之，有潜上谤书斥言其短，帝览之皆不问，封其奏以付业。

雍熙三年，大兵北征，以忠武军节度使潘美为云、应路行营都部署，命业副之。以西上閤门使、蔚州刺史王侁，军器库使、顺州团练使刘文裕护其军。诸军连拔云、应、寰、朔四州，师次桑干河，会曹彬之师不利，诸路班师，美等归代州。

未几，诏迁四州之民于内地，令美等以所部之兵护之。时，契丹国母萧氏，与其大臣耶律汉宁、南北皮室及五押惕隐领众十余万，复陷寰州。业谓美等曰：“今辽兵益盛，不可与战。朝廷止令取数州之民，但领兵出大石路，先遣人密告云、朔州守将，俟大军离代州日，令云州之众先出。我师次应州，契丹必来拒，即令朔州民出城，直入石碣谷。遣强弩千人列于谷口，以骑士援于中路，则三州之众，保万全矣。”侁沮其议曰：“领数万精兵而畏懦如此。但趋雁门北川中，鼓行而往。”文裕亦赞成之。业曰：“不可，此必败之势也。”侁曰：“君侯素号无敌，今见敌逗挠不战，得非有他志乎？”业曰：“业非避死，盖时有未利，徒令杀伤士卒而功不立。今君责业以不死，当为诸公先。”

将行，泣谓美曰：“此行必不利。业，太原降将，分当死。上不杀，宠以连帅，授之兵柄。非纵敌不击，盖伺其便，将立尺寸功以报国恩。今诸君责业以避敌，业当先死于敌。”

因指陈家谷口曰："诸君于此张步兵强弩，为左右翼以援，俟业转战至此，即以步兵夹击救之，不然，无遗类矣。"

美即与侁领麾下兵阵于谷口。自寅至巳，侁使人登托逻台望之，以为契丹败走，欲争其功，即领兵离谷口。美不能制，乃缘灰河西南行二十里。俄闻业败，即麾兵却走。业力战，自午至暮，果至谷口。望见无人，即拊膺大恸，再率帐下士力战，身被数十创，士卒殆尽，业犹手刃数十百人。马重伤不能进，遂为契丹所擒，其子延玉亦没焉。业因太息曰："上遇我厚，期讨贼捍边以报，而反为奸臣所迫，致王师败绩，何面目求活耶！"乃不食，三日死。

帝闻之痛惜甚，俄下诏曰："执干戈而卫社稷，闻鼓鼙而思将帅。尽力死敌，立节迈伦，不有追崇，曷彰义烈！故云州观察使杨业诚坚金石，气激风云。挺陇上之雄才，本山西之茂族。自委戎乘，式资战功。方提貔虎之师，以效边陲之用；而群帅败约，援兵不前。独以孤军，陷于沙漠；劲果飚厉，有死不回。求之古人，何以加此？是用特举徽典，以旌遗忠；魂而有灵，知我深意。可赠太尉、大同军节度，赐其家布帛千匹，粟千石。大将军潘美降三官；监军王侁除名，隶金州；刘文裕除名，隶登州。

业不知书，忠烈武勇，有智谋。练习攻战，与士卒同甘苦。代北苦寒，人多服毡罽，业但挟纩，露坐治军事，傍不设火，侍者殆僵仆，而业怡然无寒色。为政简易，御下有恩，故士卒乐为之用。朔州之败，麾下尚百余人，业谓曰："汝等各有父母妻子，与我俱死无益也，可走还报天子。"众皆感泣不肯去。淄州刺史王贵杀数十人，矢尽遂死。余亦死，无一生还者。闻者皆流涕。

业既没，朝廷录其子供奉官延朗为崇仪副使，次子殿直延浦、延训并为供奉官，延环、延贵、延彬并为殿直。

【译文】

杨业，并州太原人。父亲杨信，担任北汉麟州刺史。杨业自幼卓尔不群，爱打抱不平，擅长骑马射箭，喜欢打猎，所获猎物往往比别人多一倍。曾经对他的朋友们说："我以后成为大将，指挥千军万马，也就像这用鹰犬追赶野鸡、兔子一样。"二十岁时到刘崇手下供职，担任保卫指挥使，以骁勇善战著称。多次被提升，官至建雄军节度使，屡立战功，所到之处，无不克敌制胜，全国上下都称他为"无敌"。

宋太宗北征太原，一向听闻他的大名，曾经悬赏缉捕他。不久，太原孤城危如累卵，杨业规劝他的主人刘继元出降，以保全人民和财产。刘继元已经投降，皇帝派中使召见杨业，非常高兴，任命他为右领军卫大将军。宋军回师，又任命他为郑州刺史。皇帝考虑到杨业熟知边地之事，就又任命他为代州兼三交驻泊兵马都部署，皇帝把珠玉宝物密封成口袋，赏赐给他非常丰厚。这时契丹军队进入雁门，杨业率部下数千骑兵从西陉出发，经小路进至雁门北口，迂回到敌军南边，然后从背后发起攻击，契丹军队大败。因功升任云州观察使，仍然兼任郑州和代州的职务。从这以后。契丹人远远望见杨业的大旗，就马上躲避。许多戍守边疆的主将嫉妒杨业，有人秘密上奏指责和攻击他的缺点。皇帝看到这些奏章后全不过问，一概封好口交付给杨业。

雍熙三年，宋军大举北伐，以忠武军节度使潘美担任云、应路行营都部署，命令杨业担任他的副手。任命西上閤门使、蔚州刺史王侁，军器库使、顺州团练使刘文裕为监军。几路部队连续攻克了云、应、寰、朔四州，部队进驻桑干河。不久曹彬所部失利，各路人马班师，潘美等人返回代州。

没过多久，皇帝下诏把四州的老百姓迁移到内地，命令潘美等人率各自部队护送他们。这时，契丹国母萧氏，与大臣耶律汉宁、南北皮室以及五押惕隐率领十余万人马再次攻陷寰州。杨业对潘美等人说："现在辽兵越发强盛，不可同他们交战争锋。朝廷只命令我们搬取数州的人民，我们只要率领部队越过大石路，事先派人秘密告诉云州、朔州的守将，等大部队离开代州那天，让云州的老百姓首先出城，我军进抵应州，契丹人一定来拦击，立即命令朔州百姓出城，直接进入石碣谷。再派身强力壮的弓箭手一千人排列在谷口，以骑兵在中路支援，这样一来，三州人民，才能保证安全、万无一失。"王侁打断了他的议论，说："统率数万精兵却畏敌懦弱到这种地步！只管挥师奔赴雁门北川中间，击鼓进军！"刘文裕也赞成这个主张。杨业说："不行，这是必定失败的阵势。"王侁说："您向来号称无敌，现在遇见敌人却避敌观望不前，难道是怀有异心吗？"杨业说："我并不是贪生怕死，实在是现在形势不利于我，白白地让士兵伤亡而立不了功，现在您责备我不敢去死，我愿为诸位一马当先！"

临行时，杨业流着泪对潘美说道："这次行动一定会失利。我本是太原一降将，理当受死，然而皇上没有杀我，宠信任命我为地方长官，授予我兵权。我绝非是纵容敌人而不敢出击，只是想等待便利时机，将要立一点小小的功劳以报答国家的恩遇。眼下诸位谴责我逃避敌军兵锋，我理应首先死于敌手。"于是指着陈家谷口说："各位在这里布置好步兵和强弩，设左右两翼以互为支援，等待我转战到此地，立即用步兵夹击敌人救我，不然的话，我部人马就没有一个人能够生还啦。"

潘美立刻与王侁率领部下在谷口摆好了阵势。自寅时到巳时，王侁叫人登上托逻台观望，以为是契丹军队败退，想争杨业的功劳，便马上率所部兵马离开了谷口。潘美制止不住，就沿着灰河朝西南方向走了二十里，一会儿得知杨业兵败，立即率部队退去。杨业拼力厮杀，从中午到晚上，果然来到谷口。望见谷口没有宋军一兵一卒，即刻拍着胸口放声大哭。再次率领帐下战士力战，身上受了几十处伤，士兵们几乎伤亡尽了，杨业还亲手杀死了数十百名辽兵。战马受了重伤不能前进，于是被契丹兵生擒。他的儿子杨延玉也战死了。杨业高声长叹道："皇上待我恩重如山，本来想讨平贼寇捍卫边疆来报答，不想却被奸臣所逼迫，以至于皇帝的军队遭受失败，还有什么脸再活下去呢？"于是绝食，三天以后死去。

皇帝得到杨业死讯，十分痛惜。不久下诏说："手持武器来保卫江山，听到战鼓声声就会思念将帅。尽了最大力量战死于敌阵；树立的名节超越了同代。如果不加以追念和尊崇，怎么能够表彰正义和刚烈！已故的云州观察使杨业忠诚坚定如金石，英勇气概激荡风云。从甘肃的英雄人才中超拔而出，本来出身于山西的名门望族。自从投身军旅，积累了无数的成功。正当率领勇猛的军队，效力于国家边陲之时，而各位主帅却破坏约期，按兵不动，见死不救。独自率领孤军奋战，陷没于沙漠之中；坚定果断如同旋风一样迅猛，明知必死却义无反顾。即使要求古代的人，还有谁能超过他！这次将用特殊且隆重的典礼，以表彰他的遗忠。假若英魂有灵，应当知道我深刻的敬意。可以追赠他为太尉、大同军节度，赏赐给他家布帛一千匹、粟一千石。大将军潘美官降三级；监军王侁，除去名籍，隶属金州；刘文裕除去名籍，隶属登州。”

杨业不懂诗书之学，忠诚刚正，威武勇猛，有智有谋。精通攻战之术，能与士兵同甘共苦。代北一带苦于寒冷，许多人都穿用毛织品，杨业只身披一层棉絮，坐在露天里处理军务，身旁也不设火取暖，他的侍者全都冻僵了倒在地上，然而杨业却安详如常，脸无寒色。为政简明而便易，统辖部下注重施以恩惠，所以士兵们都乐于为他效力。朔州兵败之时，部下还剩一百余人，杨业对他们说：“你们各自有父母妻儿，同我一起死没有什么益处，你们可以赶快走，日后报效天子。”大家都感动得哭泣却不肯离去。淄州刺史王贵，杀敌数十人，箭用尽后战死。其余的人也都死了，没有一个人活着回来。听到这事的人无不痛哭流涕。

杨业已经死去，朝廷录用他儿子供奉官杨延朗担任崇仪副使，二儿子殿直杨延浦、杨延训一起被授予供奉官，杨延环、杨延贵、杨延彬同时被任命为殿直。

寇准传

【题解】

寇准(961~1023)，字平仲，华州下邽(今陕西渭南北)人。太平兴国年间进士，授大理评事、巴东县令、转成安县令，郓州通判。召试学士院，授右正言、直史馆，迁枢密直学士、判吏部东铨。敢于直谏，太宗比之为魏征。淳化初，授枢密副使，又同知枢密院事，因事罢为青州知州。五年(994)，任参知政事。劝太宗立太子。至道年间，出任邓州知州。真宗即位，改为河阳知府、同州知州、凤翔知府。权知开封府，历三司使。景德元年(1004)，拜同中书门下平章事。辽兵大举入侵，中外震骇，寇准力排众议，请真宗亲征，遂至澶州，和议而还。后为王钦若所诬。罢相，贬为陕州知州。天禧三年(1019)再相。真宗病，刘皇后临朝听政，寇准秘密奏请以太子监国，事泄，罢相，封莱国公。丁谓乘机倾轧诬陷，贬道州司马，再贬雷州司户参军，死于贬所。仁宗朝追谥忠愍，著有《寇莱公集》。

【原文】

寇准字平仲，华州下邽人也。父相，晋开运中，应辟为魏王府记室参军，准少英迈，通《春秋》三传，年十九，举进士。太宗取人，多临轩顾问，年少者往往罢去。或教准增年，答曰：“准方进取，可欺君邪？”后中第，授大理评事，知归州巴东、大名府成安县。每期会赋役，未尝辄出符移，唯县乡里姓名揭县门，百姓莫敢后期。累迁殿中丞、通判郓州。召试学士院，授右正言、直史馆，为三司度支推官，转盐铁判官。会诏百官言事，而准极陈利害，帝益器重之。擢尚书虞部郎中、枢密院直学士，判吏部东铨。尝奏事殿中，语不合，帝怒起，准辄引帝衣，令帝复坐，事决乃退，上由是嘉之，曰："朕得寇准，犹文皇之得魏征也。"

寇准

淳化二年春，大旱，太宗延近臣问时政得失，众以天数对。准对曰："《洪范》天人之际，应若影响，大旱之证，盖刑有所不平也。"太宗怒，起入禁中。顷之，召准问所以不平状，准曰："愿召二府至，臣即言之。"有诏召二府入。准乃言曰："顷者祖吉、王淮皆侮法受赇，吉赃少乃伏诛；淮以参政沔之弟，盗主守财至千万，止杖，仍复其官，非不平而何？"太宗以问沔，沔顿首谢，于是切责沔，而知准为可用矣。即拜准左谏议大夫，枢密副使，改同知院事。

准与知院张逊数争事上前。他日，与温仲舒偕行，道逢狂人迎马呼万岁，判左金吾王宾与逊雅相善，逊嗾上其事。准引仲舒为证，逊令宾独奏，共辞颇厉，且互斥其短。帝怒，谪逊，准亦罢知青州。

帝顾准厚，既行，念之，常不乐。语左右曰："寇准在青州乐乎？"对曰："准得善藩，当不苦也。"数日，辄复问。左右揣帝意且复召用准，因对曰："陛下思准不少忘，闻准日纵酒，未知亦念陛下乎？"帝默然。明年，召拜参知政事。

自唐末，蕃户有居渭南者，温仲舒知秦州，驱之渭北，立堡栅以限其往来。太宗览奏不怿，曰："古羌戎尚杂处伊、洛，彼蕃夷易动难安，一有调发，将重困吾关中矣。"准言："唐宋璟不赏边功，卒致开元太平。疆场之臣邀功以稔祸，深可戒也。帝因命准使渭北，安抚族帐，而徙仲舒凤翔。

至道元年，加给事中。时太宗在位久，冯拯等上疏乞立储贰，帝怒，斥之岭南，中外无敢言者。初自青州召还，入见，帝足创甚，自褰衣以示准，且曰："卿来何缓耶？"准对曰："臣非召不得至京师。"帝曰："朕诸子孰可以付神器者？"准曰："陛下为天下择君，谋及妇人、中宫，不可也；谋及近臣，不可也。唯陛下择所以副天下望者。"帝俯首久之，屏左右曰："襄王可乎？"准曰："知子莫若父，圣虑既以为可，愿即决定。"帝遂以襄王为开封尹，改封寿王，于是立为皇太子。庙见还，京师之人拥道喜跃，曰："少年天子也。"帝闻之不怿，召准谓曰："人心遽属太子，欲置我何地？"准再拜贺曰："此社稷之福也"。帝入语后嫔，宫中皆前贺。复出，延准饮，极醉而罢。

二年，祠南郊，中外官皆进秩。准素所喜者多得台省清要官，所恶不及知者退序进之。彭惟节位素居冯拯下，拯转虞部员外郎，惟节转屯田员外郎，章奏列衔，惟节犹处其下。准怒，堂帖戒拯毋乱朝制。拯愤极，陈准擅权，又条上岭南官吏除拜不平数事。广东转运使康戬亦言：吕端、张洎、李昌龄皆准所引，端德之，洎能曲奉准，而昌龄畏懦，不敢与准抗，故得以任胸臆，乱经制。太宗怒，准适祀太庙摄事，召责端等。端曰："准性刚自任，臣等不欲数争，虑伤国体"。因再拜请罪。及准入对，帝语及冯拯事，自辩。帝曰："若廷辩，失执政体。"准犹力争不已，又持中书簿论曲直于帝前，帝益不悦，因叹曰："鼠雀尚知人意，况人乎？"遂罢准知邓州。

真宗即位，迁尚书工部侍郎。咸平初，徙河阳，改同州。三年，朝京师，行次阌乡，又徙凤翔府。帝幸大名，诏赴行在所，迁刑部，权知开封府。六年，迁兵部，为三司使。时合盐铁、度支、户部为一使，真宗命准裁定，遂以六判官分掌之，繁简始适中。

帝久欲相准，患其刚直难独任。景德元年，以毕士安参知政事。逾月，并命同中书门下平章事，准以集贤殿大学士位士安下。是时，契丹内寇，纵游骑掠深，祁间，小不利辄引去，徜徉无斗意。准曰："是狃我也。请练师命将，简骁锐据要害以备之。"是冬，契丹果大入。急书一夕凡五至，准不发，饮笑自如。明日，同列以闻，帝大骇，以问准。准曰："陛下欲了此，不过五日尔。"因请帝幸澶州。同列惧，欲退，准止之，令候驾起。帝难之，欲还内。准曰："陛下入则臣不得见，大事去矣，请毋还而行。"帝乃议亲征，召群臣问方略。

既而契丹围瀛洲，直犯贝、魏，中外震骇。参知政事王钦若，江南人也，请幸金陵；陈尧叟，蜀人也，请幸成都。帝问准，准心知二人谋，乃阳若不知，曰："谁为陛下画此策者，罪可诛也。今陛下神武，将臣协和，若大驾亲征，贼自当遁去。不然，出奇以挠其谋，坚守以老其师，劳佚之势，我得胜算矣。奈何弃庙社欲幸楚、蜀远地，所在人心崩溃，贼趁势深入，天下可复保耶？"遂请帝幸澶州。

及至南城，契丹兵方盛，众请驻跸以觇军势。准固请曰："陛下不过河，则人心益危，敌气未慑，非所以取威决胜也。且王超领劲兵屯中山以扼其亢，李继隆、石保吉分大阵以扼其左右肘，四方征镇赴援者日至，何疑而不进？"众议皆惧，准力争之，不决。出遇高琼于屏间，谓曰："大尉受国恩，今日有以报乎？"对曰："琼武人，愿效死。"准复入对，琼随立庭下，准厉声曰："陛下不以臣言为然，盍试问琼等。"琼即仰奏曰："寇准言是。"准曰："机不可失，宜趣驾。"琼即麾卫士进辇，帝遂渡河，御北城门楼，远近望见御盖，踊跃欢呼，声闻数十里。契丹相视惊愕，不能成列。

帝尽以军事委准，准承制专决，号令明肃，士卒喜悦。敌数千骑乘胜薄城下，诏士卒迎击，斩获太半，乃引去。上还行宫，留准居城上，徐使人视准何为，准方与杨亿饮博，歌谑欢呼。帝喜曰："准如此，吾复何忧，"相持十余日，其统军挞览出督战。时威虎军床张瑰守床子弩，弩撼机发，矢中挞览额，挞览死，乃密奉书请盟。准不从，而使者来请益坚，帝将许之。准欲邀使称臣，且献幽州地。帝厌兵欲羁縻不绝而已。有谮准幸兵以自取重者，准不得已许之。帝遣曹利用如军中议岁币，曰："百万以下皆可许也。准召利用至幄，语曰："虽有敕，汝所许毋过三十万，过三十万，吾斩汝矣。"利用至军，果以三十万成约而还。河北罢兵，准之力也，准在相位，用人不以次，同列颇不悦。它日，又除官，同列因吏持例簿以进。准曰："宰相所以进贤退不肖也，若用例，一吏职尔。"二年，加中书侍郎兼工部尚书。准颇自矜澶渊之功，虽帝亦以此待准甚厚。王钦若深嫉之。一日会朝，准先退，帝目送之，多若因进曰："陛下敬寇准，为其有社稷功耶？"帝曰："然。"钦若曰："澶渊之役，陛下不以为耻，而谓准有社稷功，何也？"帝愕然曰："何故？"钦若曰："城下之盟，《春秋》之耻；澶渊之举，是城下之盟也。以万乘之贵而为城下之盟，其何耻如之！"帝愀然为之不悦。钦若曰："陛下闻博乎？博者输钱欲尽，乃罄所有出之，谓之孤注。陛下，寇准之孤注也。斯亦危矣。"

由是帝顾准浸衰。明年，罢为刑部尚书，知陕州，遂用王旦为相。帝谓旦曰："寇准多许人官，以为己恩，俟行，当深戒之。"从封泰山，迁户部尚书、知天雄军。祀汾阴，命提举贝、德、博、洺、滨、棣巡检捉贼公事，迁兵部尚书，入判都省。幸亳州，权东京留守，为枢密院使、同平章事。

林特为三司使，以河北岁输绢阙，督之甚急。而准素恶特，颇助转运使李士衡而沮特，且言在魏时曾进河北绢五万而三司不纳，到至阙供，请劾主吏以下。然京师岁费绢百万，准所助才五万。帝不悦，哀王旦曰："准刚忿如昔。"旦曰："准好人怀惠，又欲人畏威，皆大臣所避，而准乃为己任，此其短也。"未几，罢为武胜军节度使、同平章事、判河南府。徙永兴军。

天禧元年，改山南东道节度使。时，巡检朱能挟内侍都知周怀政诈为天书，上以问王旦。旦曰："始不信天书者准也。今天书降，须令准上之。"准从上其书，中外皆以为非。遂拜中书侍郎兼吏部尚书、同平章事、景灵宫使。

三年，祀南郊，进尚书右仆射、集贤殿大学士。时真宗得风疾，刘太后预政于内，准请间曰："皇太子人所属望，愿陛下思宗庙之重，传以神器，择方正大臣为羽翼。丁谓、钱惟演，佞人也，不可以辅少主。"帝然之，准密令翰林学士杨亿草表，请太子监国，且欲援亿辅政。已而谋泄，罢为太子太傅，封莱国公。时怀政反侧不自安，且忧得罪，乃谋杀大臣，请罢皇后预政，奉帝为太上皇，而传位太子，复相准。客省使杨崇勋等以告丁渭，谓微服夜乘犊车增曹利用计事，明日以闻。乃诛怀政，降准为太常卿，知相州，徙安州，贬道州司马。帝初不知也，他日，问左右曰："吾目中久不见寇准，何也？"左右莫敢对。帝崩时亦言惟准与李迪可托，其见重如此。

乾兴元年，再贬雷州司户参军。初，丁谓出准门至参政，事准甚谨。尝会食中书，羹污准须，谓起，徐拂之。准笑曰："参政国之大臣，乃为官长拂须邪？"谓甚愧之，由是倾构日深。及准贬未几，谓亦南窜，道雷州，准遣人以一蒸羊逆境上。谓欲见准，准拒绝之。闻家僮谋欲报仇者，乃杜门使纵博，毋得出，伺谓行远，乃罢。

天圣元年，徙衡州司马。初，太宗尝得能天犀，命工为二带，一以赐准。及是，准遣人取自洛中，既至数日，沐浴，具朝服束带，北南再拜，呼左右趣设卧具，就榻而卒。

初，张泳在成都，闻准入相，谓其僚属曰："寇公奇材，惜学术不足耳。"及准出陕，詠适自成都罢还，准严供帐，大为具待。泳将去，准送之郊，问曰："何以教准？"泳徐曰："《霍光传》不可不读也。"准莫谕其意，归取其传读之，至"不学无术"，笑曰："此张公谓我矣。"

准少年富贵，性豪侈。喜剧饮，每宴宾客，多阖扉脱骖。家未尝爇油灯，虽庖匽所在，必然炬烛。

在雷州逾年，既卒。衡州之命乃至，遂归葬西京。道出荆南公安，县人皆设祭哭于路，折竹植地，挂纸钱，逾月视之，枯竹尽生笋。众因为立庙，岁时享之。无子，以从子随为嗣。准殁后十一年，复太子太傅，赠中书令、莱国公，后又赐谥曰忠愍。皇祐四年，诏翰林学士孙抃撰神道碑，帝为篆其首曰："旌忠。"

【译文】

寇准，字平仲，华州下邽人。父寇相，后晋开运年间，应征召担任魏王府记室参军。寇准年少时英俊超迈，通晓《春秋》三传，十九岁，参加进士考试。宋太宗选拔人才，多至殿前考问，年纪太轻的人经常被舍弃不用。有人教寇准增加年龄，他回答说："我刚开始进取，怎可欺骗皇帝呀？"后来考中，授任大理评事，归州巴东、大名府成安两县县令。每逢定期征收赋役，没有立即出示官符文书，只是把乡里人的姓名贴在县城门口，百姓们都不敢延期。积官升至殿中丞、郓州通判。召试学士院，授为右正言、直史馆，任三司度支推官，转任盐铁判官。正逢朝廷诏令百官谈论政事，寇准极力陈述利弊，太宗更加器重他。升为尚书虞部郎中、枢密院直学士，判吏部东铨。曾经有一次在殿中奏事，言语不合皇帝的心意，太宗发怒起身要走，寇准立即拉住太宗的衣服，让他重新坐下，等事情决定后太宗才退下。太宗从此对他十分赞赏，说："我得寇准，如同唐太宗得到魏征一样。"

淳化二年春，天气大旱，太宗延请近臣询问时政得失，众人都回答说是自然现象。寇准答道："《洪范》讲天人之间，相互感应，十分灵验；之所以出现严重旱灾。是因为刑政有不公平的地方啊。"太宗发怒，起身回宫中。过了一会儿，又召寇准问有什么不公平的地方。寇准说："请陛下把二府的大臣召来，我马上就说。"太宗下诏召二府大臣入宫，寇准于是说："前不久祖吉、王淮都枉法受贿，祖吉收受的赃物较少却被处死，王淮因为是参知政事王沔的兄弟，所以虽然贪污了自己主管的钱财上千万，只被处以杖刑，并且仍然恢复他的官职，这不是不公平又是什么呢？"太宗责问王沔有无此事，王沔忙叩头谢罪，于是太宗严厉斥责了王沔，并知道寇准可资重用。随即任命寇准为左谏议大夫、枢密副使，又改任同和枢密院事。

寇准与知枢密院事张逊多次在朝中争论政事。有一天，寇准与温仲舒同行，在路上碰到一个疯子迎着他的坐骑直呼万岁。判左金吾王宾与张逊关系极好，张逊指使他揭发这件事情。寇准拉温仲舒做证，张逊则让王宾单独上奏，言辞十分严厉，并且互相指责对方的缺点。太宗大怒，贬斥张逊，寇准也被罢为青州知州。

太宗很看重寇准，寇准离京赴任后，常常想念他，心中不高兴。他对左右大臣说："寇准在青州高兴吗？"大臣回答说："寇准去的是条件好的州郡，应该不会有什么痛苦。"几天后，太宗又重新发问。左右大臣猜想太宗将再次召用寇准，因而对答道："陛下想着寇准，一刻也不能忘怀，听说寇准每天酗酒，不知道是不是也想念陛下。"太宗沉默无语。第二年，召拜寇准为参知政事。

自唐末以来，外族民户有在渭南居住的，温仲舒任秦州知州，将他们驱赶到渭北，并且树立堡垒栅栏来限制他们的行动。太宗看了奏疏心中不悦，说："古时候羌戎尚且杂处伊、洛一带，那些外族人喜欢移动不喜欢安定，一旦调遣，将重新困扰我关中地区了。"寇准说："唐朝的宋璟不奖赏边境战功，终于导致开元年间的太平安宁。边境的武臣求取功劳而招来祸患，深可鉴戒。"太宗于是令寇准出使渭北，安抚那些外族民户，把温仲舒调到凤翔府。

至道元年，加官为给事中。当时太宗在位已久，冯拯等人上奏请求立皇太子，太宗大怒，把他们贬斥到岭南，朝廷内外没有人再敢谈论此事。寇准刚从青州被召回朝廷，入宫拜见，太宗的脚伤得很厉害，亲自撩起衣服给寇准看，并且说："你来得怎么这样迟缓？"寇准答道："不是陛下亲召，我无法来京师。"太宗说："我的儿子中谁可以继承皇位？"寇准说："陛下为天下选择君主，与妇人、宦官商议，不可以；与近臣商议，也不可以；只能由陛下亲自选择符合天下人心愿的。"太宗低头很久，屏退左右的人说："襄王可以吗？"寇准说："知子莫如做父亲的，陛下既然认为可以，希望就此确定下来。"太宗于是以襄王为开封府府尹，改封寿王，立为皇太子。太子拜谒太庙后回宫，京师里的人拥挤在路边欢欣跳跃，说："真是少年天子啊！"太宗听后不高兴，召见寇准对他说："人心这样快就归附太子，想把我放在什么位置？"寇准再拜祝贺道："这真是国家社稷的福分啊！"太宗回宫对后妃们讲，宫中之人都前来祝贺。太宗再次出来，请寇准喝酒，大醉而罢。

至道二年，祭祀南郊，内外官员都晋升官秩。寇准一向所喜欢的人多获得台省清要之官，不喜欢的和不认识的都排在后面晋升。彭惟节的官位一直在冯拯之下，冯拯转为虞部员外郎，彭惟节转为屯田员外郎，章奏上面排列官衔，彭惟节还是在冯拯之下。寇准大怒，以政事堂文书警告冯拯不要扰乱朝廷制度。冯拯十分愤怒，讲寇准专权，又上章揭发岭南官吏除拜不公平等几件事。广东转运使康戬也说："吕端、张洎、李昌龄都是寇准引荐的，吕端对他感恩戴德、张洎对他曲意奉承，而李昌龄则畏惧害怕，不敢跟寇准抗争，所以寇准得以随心所欲、破坏朝廷典制。"太宗发怒，寇准刚好正在主持祭祀太庙，太宗把吕端等人招来加以斥责。吕端说："寇准的性格刚愎自用，我们不想多跟他争论，是担心这样会有伤国家体统。"因而再拜请罪。等到寇准入朝应对，太宗跟他讲起冯拯的事情，寇准为自己辩护。太宗说："你在朝廷上争辩，有失执政官的体统。"寇准还是竭力不停地争辩，又拿着中书门下的文书在太宗面前争论是非曲直，太宗更加不高兴，因而叹息道："鼠雀还能知道人意，何况是人呢？"于是罢免寇准，让他出任邓州知州。

真宗即位，寇准升为尚书工部侍郎。咸平初年，移为河阳府知府，改任同州知州。咸平三年，到京师朝见，走到阌乡，又移任凤翔府。真宗巡幸大名府，诏寇准前往皇帝住所，升刑部，任代理开封知府。咸平六年，升兵部，任三司使。当时将盐铁、度支、户部三使合为一使，真宗命令寇准裁定制度，于是以六名判官分掌三司事务，繁简这才适中。

真宗很久想任命寇准为宰相，担心他刚毅直率难以独任。景德元年，任命毕士安为参知政事，过了一个月，都被任命为同中书门下平章事，寇准以集贤殿大学士位居毕士安之下。

当时，契丹入侵，派流动的骑兵在深州、祁州一带抢劫掠夺，稍有不利立即退走，往来自如没有斗意。寇准说："这是想让我们习以为常而不加注意。请陛下训练部队任命将领，挑选精锐部队扼守要害之地以防备敌人。"这年冬天，契丹果然大举入侵。告急的文书一夜之间送来五次，寇准全部扣下，照常饮酒说笑。第二天，同僚们告诉真宗，真宗大为惊恐，向寇准责问此事。寇准说："陛下想要了结此事，用不着五天的时间。"于是请真宗驾幸澶州。同僚们都很害怕，想要退下，寇准把他们拦住，让他们等待真宗起驾。真宗认为难以办到，想要回宫。寇准说："陛下回宫则我不能与陛下相见，那大事就完了，请陛下不要回宫，准备启程。"真宗这才商议亲征事宜，召集群臣询问方略。

不久，契丹包围瀛洲。直趋贝州、魏州，朝廷内外震惊恐惧。参知政事王钦若是江南人，请真宗巡幸金陵；陈尧叟是四川人，请求真宗驾幸成都。真宗询问寇准，寇准心中知道这两个人的打算，却假装不知，说："谁为陛下出的这种计策，罪该处死。如今陛下神明英武，将帅团结一致，如果御驾亲征，敌寇自然会逃走的。要不然，可以出奇兵打乱敌人的阴谋，坚持防守以使敌军疲乏困顿，以逸待劳，稳操胜券。为什么要抛弃宗庙社稷，巡幸楚、蜀遥远之地，使所到之处人心崩溃，敌人乘势长驱深入，天下还能保得住吗？"于是请求真宗巡幸澶州。

等到了澶州南城，契丹兵势正盛，众人请真宗停下来暗观战斗形势。寇准坚决请求道："陛下如果不渡过黄河，那么人心就会更加危急，敌军士气则没有受到震慑，这不是树立神威、争取胜利的做法。况且王超率领精兵屯驻在中山府以扼制敌人的咽喉部位，李继隆、石保吉分兵布阵以扼制敌人的左右肘臂，各地征战镇守的部队每天都有赶来援助的，为什么还有顾忌而不敢进呢？"众人都很畏惧，寇准力争，事情决定不下来。出来在照壁间碰到高琼，寇准对他说："太尉你蒙受国恩，今天有用来回报的吗？"高琼答道："我是一介武夫，愿意以死效国。"寇准再次进去奏对，高琼跟随其后站在庭下，寇准厉声说道："陛下对我的话不以为然，何不试着问问高琼等人。"高琼随即抬头奏道："寇准的话是对的。"寇准说："机不可失，陛下应当赶紧起驾。"高琼随即指挥卫士把御辇搬了进来，真宗于是渡过黄河，来到北城门楼，远近将士看见皇帝御盖，欢呼雀跃，声音传到几十里地之外。契丹人面面相觑，惊愕惶恐，不成队列。

真宗将军务全部委托给寇准，寇准秉承皇帝的旨意，专心决断，士兵喜悦。敌军骑兵几千人乘胜进逼城下，真宗诏令士兵迎战，杀敌大半，敌骑这才撤退。真宗回行宫，留寇准在城上，慢慢派人去看寇准在干什么，寇准正和杨亿饮酒赌博，唱歌说笑，欢快呼叫。真宗高兴地说道："寇准这样，我还有什么可担心的呢？"相持了十几天，契丹统军挞览出阵督战。当时威虎军军头张环守着床子弩，按弩发射，箭射中挞览前额，挞览死后，契丹暗中送来书信，请求结盟。寇准不答应，而契丹使者请和的态度更加坚决，真宗将要答应他。寇准想让契丹使者向宋称臣，并且献来幽州之地。真宗对打仗已经厌倦，只想把契丹笼络住、不断绝关系而已。有人诬陷寇准利用打仗以自重，寇准不得已答应契丹使者的请求。真宗派曹利用到契丹军营中商讨岁币之事，说："数目在百万以下都可以答应。"寇准把曹利用召到帐篷里，对他说："虽然有皇帝的敕令，你所答应的数目不准超过三十万，超过三十万，我杀了你。"曹利用到达契丹军营，果然以三十万订立和约归来。河北停止用兵，都是寇准出的力。

寇准当宰相，用人不按官位次序，同僚们很不高兴。过了几天，又要选授官职，同僚让堂吏持着条例文书而进。寇准说："宰相的职责在于进用贤人、罢黜不肖之徒，假如按照条例，只不过是堂吏的职能罢了。"景德二年，加授寇准为中书侍郎兼工部尚书。寇准对自己在澶渊之盟中的功劳十分自傲，即使是真宗也因此对他十分优待。王钦若对此非常嫉妒。有一天会朝，寇准先退，真宗目送他离去，王钦若趁机进奏道："陛下敬重寇准，是因为他对国家有功吗？"真宗说："是的。"王钦若说："澶渊之战，陛下不以为耻辱，反而认为寇准有社稷之功，为什么呢？"真宗吃惊道："这是什么缘故？"王钦若说："敌军兵临城下而被迫订立盟约，《春秋》认为这是耻辱；澶渊之举，就是城下之盟啊，以陛下至高无上的尊贵而签订城下之盟，还有什么耻辱能与之相比呢？"真宗脸色大变，很不高兴。王钦若又说："陛下听说过赌博吗？赌博的人钱快输光了，于是把自己的所有财物都拿出来，称为孤注。陛下成了寇准赌博的孤注，这也太危险了。"

从此真宗对寇准的礼遇越来越少。第二年，罢寇准为刑部尚书、陕州知州，于是任命王旦为宰相。真宗对王旦说："寇准多用官职许诺给别人，把它看作是自己的恩赐。等你做了宰相，一定要引以为戒。"跟随真宗封禅泰山，升为户部尚书、知天雄军。真宗祭祀汾阴，任命寇准为提举贝、德、博、洺、滨、棣巡检捉贼公事，升兵部尚书，入判尚书省。真宗巡幸亳州，命寇准权东京留守，任枢密使、同平章事。

林特任三司使，因河北每年所交纳的绢帛空缺，催得很急。而寇准素来厌恶林特，极力支持河北转运使李士衡而阻挠林特，并且讲在魏州时曾进交河北绢五万匹而三司不接收，所以才出现空缺。但京师每年要消耗绢百万匹，寇准所助交的才五万匹。真宗不高兴，对王旦说："寇准刚强愤激的性格跟以前一样。"王旦说："寇准喜欢别人记住他的好处，又想让别人害怕他，这都是大臣应当回避的；而寇准却专门这样做，这是他的缺点。"不久，罢寇准为武胜军节度使、同平章事、判河南府。又移任永兴军。

天禧元年，寇准改任山南东道节度使，当时巡检官朱能协同内侍都知周怀政伪造天书，真宗向王旦询问此事。王旦说："当初不相信天书的是寇准。如今天书降下，必须让寇准呈上来。"寇准跟着进呈天书，朝廷内外都认为不对。于是拜寇准为中书侍郎兼吏部尚书、同平章事、景灵宫使。

天禧三年，祭祀南郊，寇准升为尚书右仆射、集贤殿大学士。当时真宗得了中风，刘太后在宫内参与大政，寇准秘密奏请道："皇太子是人心所向，希望陛下以宗庙社稷为重，把皇位传给他，选择正派的大臣辅佐他。丁谓、钱惟演，都是巧言谄媚之徒，不能让他们辅佐太子。"真宗认为很对。寇准暗中命令翰林学士杨亿起草奏章，请求皇太子监国，并且想拉杨亿共同辅政。随后图谋败露，寇准被罢为太子太傅，封莱国公。当时周怀政坐卧不安，而且担心获罪，于是阴谋杀害大臣，请求停止刘皇后参与政事，奉真宗为太上皇，把帝位传给太子，并且重新任命寇准为宰相。客省使杨崇勋等人将此事告诉丁谓，丁谓穿便服、乘牛车连夜去找曹利用商议对策，第二天将此事上报朝廷。于是处死周怀政，寇准被降为太常卿、相州知州，移安州，又贬为道州司马。真宗开始并不知道情况，过了几天，问左右大臣说："我好久没有看到寇准，这是怎么回事？"左右大臣都不敢回答。真宗去世时也讲只有寇准和李迪可以托付大事，对寇准重视和信任到这种程度。

乾兴元年，寇准再次被贬为雷州司户参军。当初，丁谓出于寇准门下而当上参知政事，侍奉寇准十分谨慎。有一次在政事堂会餐，饭羹玷污了寇准的胡须，丁谓起身，慢慢为寇准拂拭干净，寇准笑道："参知政事是国家重臣，怎么替长官拂起胡子来啦？"丁谓十分羞愧，于是对寇准倾轧排挤得越来越厉害。等到寇准被贬没有多长时间，丁谓也被流放到南方，经过雷州时，寇准派人带了一只蒸羊在境上迎接。丁谓想见寇准，寇准予以拒绝。听说家僮想要趁机报仇，寇准就把家门关上，让他们纵情赌博，不让他们出去，等丁谓走远了，这才停止。

仁宗天圣元年，移任衡州司马。当初，太宗曾获得通天犀，命工匠做成两条腰带，其中一条赐给寇准。这时，寇准派人从洛中取回来，几天之后，寇准沐浴全身，穿上官服和腰带，向北方跪拜两次，喊左右仆人搬好床具，躺在床上去世。

起初，张咏在成都，听说寇准入朝当了宰相，对自己的部属说："寇公是个奇才，可惜学问不够。"等寇准出任陕州知州，张咏刚好从成都离任归来，寇准精心安置供帐，盛情招待张咏。张咏即将离开，寇准把他送到郊外，问道："您以什么来教导我呢？"张咏慢慢说道："《霍光传》不可不读啊。"寇准不明白他的意思，回来后取出《霍光传》阅读，读到"不学无术"，寇准笑道："这是张公在说我呢！"

寇准年纪轻轻就已经富贵，性格豪爽奢侈，喜欢狂饮，每次宴请宾客，都关上门户，卸下车马，尽欢而散。家里从来没有点过油灯，即使是厨房厕所，也必定燃用蜡烛。

在雷州一年多。去世之后，衡州的任命才到，于是归葬西京。过荆南公安时，县里的百姓都在路边设祭哀哭，把竹枝折断插在地上，挂满纸钱，过了一月再看，枯竹都生出了新笋。众人因而为寇准建立庙宇，每年供奉。寇准没有儿子，以侄儿寇随为继承人。寇准死后十一年，朝廷恢复他为太子太傅，赠中书令、莱国公，以后又赐谥号为"忠愍"。皇祐四年，诏翰林学士孙林撰写神道碑，仁宗亲自书写篆首，为"旌忠"。

王钦若传

【题解】

王钦若（962～1025）名相，字定画，今江西新余人，早年登进士，为亳州防御推官，升为秘书省秘书郎，监理税务，因免税之举而深得真宗欢喜，拜翰林学士。后出使契丹，还朝修《册府元龟》，仁宗时，位至宰相，权倾一时。王钦若为人多计，施政尤诡，笃行道术，与丁谓、寇准诸相皆不善。帝未获罪而终。

【原文】

王钦若字定国，临江军新余人。父仲华，侍祖郁官鄂州，会江水暴至，徙家黄鹤楼，汉阳人望见楼上若有光景，是夕，钦若生。钦若早孤，郁爱之。太宗伐太原时，钦若才十八，作《平晋赋论》献行在。郁为濠州判官，将死，告家人曰："吾历官逾五十年，慎於用刑，活人多矣，后必有兴者，其在吾孙乎！"

钦若擢进士甲科，为亳州防御推官，迁秘书省秘书郎，监庐州税。改太常丞、判三司理欠凭由司。时毋宾古为度支判官，尝言曰："天下逋负，自五代迄今，理督未已，民病几不能胜矣。仆将启蠲之。"钦若一夕命吏勾校成数，翌日上之。真宗大惊曰："先帝顾不知邪?"钦若徐曰："先帝固知之，殆留与陛下收人心尔。"即日放逋负一千余万，释击囚三千余人。帝益器重钦若，召试学士院，拜右正言、知制诰，召为翰林学士。蜀寇王均始平，为西川安抚使。所至问击囚，自死罪以下第降之，凡列便宜，多所施行。还，授左谏义大夫、参知政事，以郊祀恩，加给事中。

河阴民常德方讼临津县尉任懿赂钦若得中第，事下御史台劾治。初，钦若咸平中常知贡举，懿举诸科，寓僧仁雅舍。仁雅识僧惠秦者与钦若厚，懿与惠秦约，以银三百五十两赂钦若，书其数於纸，令惠秦持去。会钦若已入院，属钦若客纳所书于钦若妻李氏，惠秦减所书银百两，欲自取之。李氏令奴祁睿书懿名於臂，并以所约银告钦若。懿再入试第五场，睿复持汤饮至贡院，钦若密令奴索取银，懿未即与而登科去。仁雅驰书河阴，始归之。德方得其书，以告御史中丞赵昌言，昌言以闻。既捕祁睿等，亦请逮钦若属吏。

祁睿本亳小吏，虽从钦若久，而名犹隶亳州。钦若乃言："向未有祁睿，惠秦亦不及门。"帝方顾钦若厚，命邢昺、阎承翰等於太常寺别鞫之。懿更云妻兄张驾识知举官洪湛，尝俱造湛门；始但以银属二僧，不知达主司为谁。昺等遂诬湛受懿银，湛适使陕西还，而狱已具。时驾且死，睿又悉遁去，钦若因得固执祁睿休役后始佣於家，它奴使多新募，不识惠秦，故皆无证验。湛坐削籍，流儋州，而钦若遂免。方湛代王旦入知贡举，懿已试第三场，及官收湛赃，家无有也，乃以湛假粱颢白金器输官，湛遂死贬所。人知其冤，而钦若恃势，人莫敢言者。

景德初，契丹入寇，帝将幸澶渊。钦若自请北行，以工部侍郎、参知政事判天雄军，提举河北转运怀，真宗亲宴以遣之。素与寇准不协，及还，累表愿解政事，罢为刑部侍郎、资政殿学士。寻判尚书都省，修《册府元龟》，或褒赞所及，钦若自名表首以谢，即缪误有所谴问，戒书吏但云杨亿以下，其所为多此类也。岁中，改兵部，升大学士、知通进银台司兼门下封驳事。初，钦若罢，为置资政殿学士以宠之。准定其班在翰林学士下。钦若诉於帝，复加"大"字，班承旨上。以尚书左丞知枢密院事，修国史。

大中祥符初，为封禅经度制置使兼判兖州，为天书仪卫副使。先是，真宗尝梦神人言"赐天书於泰山"，即密谕钦若。钦若因言，六月甲午，木工董祚於醴泉亭北见黄素曳草上，有字不能识，皇城吏王居正见其上有御名，以告。钦若既得之，具威仪奉导至社首，跪授中使，驰奉以进。真宗至含芳园奉迎，出所上《天书再降祥瑞图》示百僚。钦若又言至岳下两梦神人，愿增建庙廷；及至威雄将军庙，其神像如梦中所见，因请构亭庙中。封禅礼成，迁礼部尚书，命作《社首颂》，迁户部尚书。从祀汾阴，复为天书仪卫副使，迁吏部尚书。明年，为枢密使、检校太傅、同中书门下平章事。初，学士晁迥草制，误削去官，有诏仍带吏部尚书。圣祖降，加检校太尉。钦若居第在太庙后壖，自言出入诃导不自安，因易赐官第於定安坊。七年，为同天书刻玉使。

马知节同在枢密，素恶钦若，议论不相下。会泸州都巡检王怀信等上平蛮功，钦若久不决，知节因面底其短，争於帝前。及趣论赏，钦若遂擅除怀信等官，坐是，罢枢密使，奉朝请。改刻玉副使、知通晕银台司。复拜枢密使、同平章事。上玉皇尊号，迁尚书右仆射、判礼仪院，为会灵观使。有龟蛇见拱圣营，因其地建祥源观，命钦若总领之。寻拜左仆射兼中书侍郎、同平章事，明年，为景灵使，阅《道藏》，得赵氏神仙事迹四十人，绘于廊庑。又明年，商州捕得道士谯文易，畜禁书，能以术使六丁六甲神，自言尝出入钦若家，得钦若所遗诗。帝以问钦若，谢不省，遂以太子太保出判杭州。

仁宗为皇太子，自以东宫师保请归朝，复为资政大学士。诏日赵资善堂侍讲皇太子。会辅臣兼领三少，钦若以品高求换秩，拜司空，寻除山南道节度使、同平章事、判河南府。与宰相丁谓不相悦，以疾请就医京师，不报。令其子从益移文河南府，舆疾而归。谓言钦若擅去官守，命御史中丞薛映就第按问。钦若惶恐伏罪，降司农卿，分司南京，夺从益一官。

仁宗即位，改秘书监，起为太常卿、知濠州，以刑部尚书知江宁府。仁宗常为飞白书，适钦若有奏至，因大书“王钦若”字。是时，冯拯病，太后有再相钦若意，即取字缄置汤药合，遣中人赍以赐，且口宣召之。至国门而人未有知者。既朝，复拜司空、门下侍郎、同平章事、玉清昭应宫使、昭文馆大学士，监修国史。

帝初临政，钦若谓平时百官叙进，皆有常法，为《迁叙图》以献。《真宗实录》成，进司徒，以郊祀恩，封冀国公。知邵武军吴植病，求外徙，因殿中丞余谔以黄金遗钦若，未至，而植复遣牙吏至钦若第问之。钦若执以送官，植、谔皆坐贬。初，钦若安抚西川，植为新繁县尉，尝荐举之。至是，亦当以失举坐罪，诏勿问。兼译经使，始赴传法院，感疾亟归。帝临问，赐白金五千两。既卒，赠太师、中书令，谥文穆，录亲属及所亲信二十余人。国朝以来宰相恤恩，未有钦若比者。

钦若尝言：“少时过圃田，夜起视天中，赤文成‘紫微’字。后使蜀，至褒城道中，遇异人。告以他日位至宰相。既去，视其刺字，则唐相裴度也。及，遂好神仙之事，常用道家科仪建坛场以礼神，朱书“紫微”二字陈於坛上。表修裴度祠於圃田，官其裔孙，自撰文以纪其事。”

真宗封泰山，祀汾阴，而天下争言符瑞，皆钦若与丁谓倡之。尝建议躬谒元德皇太后别庙，为庄穆皇后行期服，议者以谓‘天子当绝傍期，钦若所言不合礼’。又请置先蚕并寿星祠，升天皇北极帝坐於郊坛第一龛，增执法、孙星位，别制王公以下车略、鼓吹，以备拜官、婚葬。所著书有《卤簿记》《彤管懿范》《天书仪制》《圣祖事迹》《翊圣真君传》《五岳广闻记》《列宿万灵朝真图》《罗天大醮仪》。钦若自以深达道教，多所建明，领校道书，凡增六百余卷。

钦若状貌短小，项有附疣，时人目为“瘿相”。然智数过人，每朝廷有所兴造，委曲迁就，以中帝意。又性倾巧，敢为矫诞。马知节尝斥其奸状，帝亦不之罪。其后仁宗尝谓辅臣曰：“钦若久在政府，观春所为，其奸邪也。”王曾对曰：“钦若与丁谓、林特、陈彭年、刘承珪，时谓之‘五鬼’。奸邪险伪，诚如圣谕。”

【译文】

王钦若，字定国，临江军新喻县人。他父亲王仲华随从他祖父王郁任官于鄂州，正值长江洪水暴发，全家迁往黄鹤楼，汉阳人望见楼上似乎有光影，这天晚上，王钦若就出生。王钦若很早就死去了父亲，祖父王郁很喜爱他。宋太宗征伐太原（北汉国）时，王钦若才十八岁，作《平晋赋论》献于行在。王郁为濠州判官，临死之前对家里人说：“我当官五十多年，慎于用刑，放活了很多人，我的后代必须有振兴的，莫非就在我的孙子身上么！”

王钦若登进士甲科，为亳州防御推官，迁秘书省秘书郎，监庐州税务。改官太常丞、判三司理欠凭由司。当时毋宾古为度支判官，曾经说过：“天下百姓所欠的租税，从五代至今，清理督催一直没完，百姓的困苦几乎不能承受了。我将开头蠲除这些。”王钦若一夜之间就命令属吏统计成数字，次日奏上。宋真宗大惊道：“先帝难道不知道这事吗？”王钦若徐徐说道：“先帝当然知道，但是要留给陛下收敛人心而已。”当日就蠲免负欠租税一千多万，释放囚徒三千多人。真宗越发器重王钦若，召试于学士院，拜官右正言、知制诰，召为翰林学士。蜀贼王均刚被平定，任命王钦若为西川安抚使。所到之处，审问被押囚犯自死罪以下都依次减轻罪罚，凡有什么建议，多所施行。还朝，授左谏议大夫、参知政事，因参加祭天祀礼，推恩加给事中。

河阴百姓常德方控告临津县尉任懿贿赂王钦若得以中第，这案件下到御史台劾治。早先，王钦若在咸平年间曾主持贡举，任懿举诸科，住在仁雅和尚的寓所。仁雅所认识的惠秦和尚与王钦若有交情，任懿便与惠秦约定，用三百五十两银子贿赂王钦若，他把银子数写在纸上，让惠秦拿去。正好王钦若已经进入贡院，惠秦便托付王钦若的门客把那字条交给了王钦若的妻子李氏，而惠秦把所写的银子数减少了一百两，想自己中饱私囊。李氏让仆人祁睿把任懿的名字写在胳膊上，并把所约定的银子数告诉王钦若。任懿再入试第五场，祁睿又带着饮料到贡院，王钦若暗自让他去索要银子，而任懿还没有交付银子就已经登科而去了。仁雅和尚急忙送信到河阴，任懿才把银子兑付。常德方得到了仁雅和尚的那封信，便投诉于御史赵昌言，赵昌言就报告了朝廷。既逮捕祁睿等人之后，又请求逮捕王钦若交于法官。祁睿本来是亳州的小吏，虽然跟从王钦若很久，但名籍还隶属亳州。王钦若便说：“我一向没有祁睿这个仆人，惠秦和尚也从未进过我家门。”宋真宗此时正宠信王钦若，便命令邢昺、阎承翰等在太常寺另外审问，任懿又说，他妻兄张驾认识考官洪湛，曾经和他一起拜访过洪湛的家，开始只把银子交给了两个和尚，但不知道要送达的主考官是谁。邢昺便诬指洪湛接受了任懿的银子，洪湛恰好出使陕西刚刚回来，而狱案已成。当时张驾就要死了，祁睿等又都逃走了，王钦若便得以咬定祁睿休役之后才

被自己雇佣,其他的仆人多为新雇的,不认识惠秦,所以全无证验。洪湛获罪削除名籍,流放儋州,而王钦若却被释免。当洪湛代替王旦知贡举的时候,任懿已经试过第三场了;及至官府查收洪湛的赃银,家中根本就没有,便把洪湛借用梁颢的银器输交官府,而洪湛便死于贬地。人们都知道他冤枉,但王钦若仗恃着势力,谁也不敢说。

宋真宗景德初年,契丹入寇,真宗准备前往澶渊。王钦若自己请求北行,以工部侍郎、参知政事判天雄军,提举河北转运司,真宗亲自设宴送行。他一向与寇准不和,及至还朝,接连上表要求解除宰相,于是罢相为刑部侍郎、资政殿学士。不久又判尚书都省,修《册府元龟》。《册府元龟》编修过程中,皇帝有时表示褒奖,王钦若必须把自己的名字列于表首上谢;假如出了错误,皇帝有所责问,他就指使书吏只写杨亿以下诸人的名字。他的所作所为大多如此。这年中,他改官为兵部侍郎,升大学士、知通进银台司兼门下封驳事。开初,王钦若罢相,真宗安排他为资政殿学士以表示荣宠。但寇准把他的班位定在翰林学士之下。王钦若向真宗诉怨,真宗又在“学士”前加个“大”字,使其班位在翰林承旨之上。以尚书左丞知枢密院事,修国史。

宋真宗大中祥符初年,王钦若担任封禅经度制置使兼判兖州,为天书仪卫副使。此前,真宗曾经梦见神人说:“上帝赐天书于泰山。”他悄悄地告诉了王钦若。王钦若于是上言:六月甲午,木芹董祚在醴泉亭北见到一幅黄色的帛素横曳草上,上面有字,不能认识,皇城吏王居正见到它上面有真宗的名字,便交此事报告。王钦若得到这幅黄素,就备下仪仗奉引到社首,跪着交给宦官,驰送皇上。真宗便到含芳园奉迎,又拿出王钦若所上的《天书再降祥瑞图》给百官看。王钦若还上言,到了泰山下,次梦见神人,要求增建庙庭;及至到了威雄将军庙,庙中塑像正如梦中所见神人一样,于是请求建亭于庙中。封禅大礼完成,王钦若升为礼部尚书,命作《神首颂》,迁官礼部尚书。随从御驾祭后土于汾阴,再次为天书仪卫副使,迁吏部尚书。明年,为枢密使、检校太傅、同中书门下平章事。开初,学士晁迥起草制书,误把王钦若的官职漏掉了,于是真宗降诏命王钦若仍带吏部尚书。圣祖降灵,加王钦若检校太尉。王钦若的府第在太庙的后垣外,自言每欠出入呵导,心中很感不安,于是真宗改赐府第于定安坊。大中祥符七年,为同天书刻玉使。

马知节与王钦若同在枢密院,他一向讨厌王钦若,争论起来互不相让。正值泸州都巡检王怀信等奏上平定南蛮之功,王钦若很久不做奖赏的决定,马知节于是当面指责他的过错,在真宗面前争论起来。及至真宗催促赶快论功行赏,王钦若又擅自做主委任王怀信等人的官职,因为这事,他被罢去枢密使,奉朝请。改官刻玉副使,知通进银台司。复拜枢密使、同平章事。因为上玉皇尊号,迁尚书右仆射、判礼仪院,为会灵观使。有龟蛇出现于拱圣营(道教以龟蛇为真武神),就其地建祥源观,命王钦若总负责。不久便拜宫左仆射兼中书侍郎、同平章事。明年,为景灵使,阅读《道藏》,找到四十位姓赵的神仙事迹,画在廊庑上。又明年,商州捉到道士谯文易,他收藏禁书,能用法术驱使六丁六甲神,自称曾经出入于王钦若的家,得到过王钦若所赠的诗。真宗把这事问王钦若,他推说不知道,于是以太子太保出判杭州。

仁宗被立为皇太子,王钦若因为自己是东宫的师保,请求回朝,复为资政殿大学士。

真宗诏命每日往资善堂为皇太子侍讲。正值辅臣兼领“三少”(少师、少傅、少保),王钦若因为自己官品高,请求换官秩,于是拜司空,不久除山南道节度使、同平章事、判河南府。他与宰相丁谓关系不好,因病请求回京城就医,未批准。他让儿子王从益向河南府递交公文,自己乘车扶病而归。丁谓说王钦若擅离职守,命御史中丞薛映前往他府第按问。王钦若惶恐伏罪,降为司农卿,分司南京。剥夺王从益一项官职。

宋仁宗即位,王钦若改官为秘书监,起为太常卿、知濠州,以刑部尚书知江宁府。仁宗曾经写“飞白”字,正好王钦若有奏章送到,于是写了“王钦若”三个大字。当时冯拯有病,太后有再次用王钦若为相的意思,便把那字封置于汤药盒中,派宦官带上送给王钦若,并以口信宣召进京。王钦若到了都城大门,还没有人知道。朝见之后,复拜司空、门下侍郎、同平章事、玉清昭应宫使、昭文馆大学士,监修国史。

仁宗刚刚开始亲政,王钦若认为平时百官叙功进位,都明常法,便制《迁叙图》献上。《真宗实录》完成,进位司徒,因为祭天推恩,封冀国公。知邵武军吴植有病,请求改任离开邵武,通过殿丞余谔把黄金送给王钦若,黄金还没有送到,而吴植又派遣衙吏到王钦若的府第询问此事。王钦若把衙吏捉住送交官府,吴植、余谔都因此事被贬。开初王钦若安抚西川的时候,吴植担任新繁县尉,王钦若曾经荐举过他。到此时,王钦若也应该以举荐失人而坐罪,有诏不再追问。兼任译经使,刚前往传法院,就感染疾病,急忙回来。仁宗亲临探问,赐白金五千两。死后,赠太师、中书令、谥文穆,录用亲属及所亲信者二十余人。宋朝建国以来宰相所受的抚恤恩典,没有可与王钦若相比的。

王钦若曾经说过:“年轻时路过莆田,夜里起来看天上,有赤色的纹象,成‘紫微’二字。后来出使蜀中,行至褒城路上,遇见一个异人,告诉我以后可以位至宰相。离去之后,我看他的名帖,原来是唐宰相裴度。”王钦若贵显之后,便热衷于神仙之事,常用道教的科仪建造道场以礼敬神仙,用朱砂写“紫微”二字于神坛上。他还上表请在莆田修裴度祠,常用道任命裴度的后裔为官,亲自写文章记录此事。

真宗封祥泰山,祭祀汾阴,而天下争着上言符瑞,都是王钦若和丁谓所倡导的。他曾建议仁宗皇帝亲自拜谒元德皇太后(宋真宗生母李氏)的别庙,为庄穆皇后行期服之礼(庄穆皇后即真宗章穆郭皇后,非仁宗生母。期服,服孝一年)。议论者认为“天子不应该为嫡母以外的太后行期服,王钦若所说与礼不合。”他又建议建置先蚕祠和寿星祠,把天皇北极帝的位置升为郊坛的第一龛,增加执法、孙星的神位,另外制定王公以下的车辆、鼓吹制度,以备拜官、婚丧之用。他所著的书有《卤簿记》《彤管懿范》《天书仪制》《圣祖事迹》《翊圣真君传》《五岳广闻记》《列宿万灵朝真图》《罗天大醮仪》。王钦若自以为精通道教,多有创建,主持编校道书,共增加六百多卷。

王钦若形貌短小,脖子上生个瘤子,当时人称之为“瘿相”。但他心计过人,每次朝廷要有所兴造,他一定委屈迁就,以投合皇帝的意旨。他还生性邪巧,敢为矫情荒诞之举。马知节曾经指斥过他的奸邪行事,皇帝也不加罪于他。后来仁宗曾经对辅臣说:“王钦若在政府日久,观察他的所作所为,真是奸邪呀!”王曾答道:“王钦若与丁谓、林特、陈彭年、刘承珪,时人称为‘五鬼’,其奸邪诡诈,正如圣上所言。”

夏竦传

【题解】

夏竦(985~1071),江州德安(今江西)人。自幼聪颖,博览群书。举贤良方正,累迁礼部外郎、郎中、尚书左丞。后罢相外放。再入为枢密公。为人有才略能干,文章典雅,但为政贪婪,为人所鄙,著有著作多种传世。

【原文】

夏竦字子乔,江州德安人。父承皓,太平兴国初,上平晋策,补右侍隶,禁大名府。契丹内寇,承皓繇间道发兵,夜与契丹遇,力战死之,赠崇仪使,录竦为润州丹阳县主簿。

竦生性明敏,好学,自经史、百家、阴阳、律历,外至佛老之书,无不通晓。为文章,典雅藻丽。举贤良方正,擢光禄寺丞,通判台州。召直集贤院,为国史编修官、判三司都磨勘司,累迁右正言。帝幸亳州,为东京留守推官。仁宗初封庆国公。王旦数言竦材,命教书资善堂。未几,同修起居注,为玉清昭应宫判官兼领景灵宫、会真观事。迁尚书礼部员外郎、知制诰。史成,迁户部。景灵宫成,迁礼部郎中。

竦娶杨氏,杨亦工笔札,有钩距。及竦显,多内宠,浸与杨不谐。杨悍妒,即与弟娟疏竦阴事,窃出讼之;又竦母与杨母相诟詈,偕诉开封府。府以事闻,下御史台置劾,左迁职方员外郎、知黄州。后二年,徙邓州,又自襄州。属岁饥,大发公廪,不足,竦又功率州大姓,使出粟,得二万斛,用全活者四十余万人。仁宗即位,迁户部郎中,徙寿、安、洪三州。洪俗尚鬼,多巫觋惑民,竦索部中得千余家,敕还农业,毁其淫祠以闻。诏江、浙以南悉禁绝之。

竦材术过人,急於进取,喜交结,任数术,倾侧反荐,世以为奸邪。当太后临朝,尝上疏乞与修真宗实录,不报。既而丁母忧,潜至京师,依中人张怀德为内助,宰相王钦若雅善竦,因左右之,遂起复知制诰,为景灵判官、判集贤院,以左司郎中为翰林学士、勾当三班院兼侍读学士、龙图阁学士,又兼译经润文官。迁谏议大夫,为枢密副使、修国史,迁给事中。初,武臣赏罚无法,吏得高下为奸,竦为集前比,著为定例,事皆按比而行。改参知政事、祥源观使。增设贤良等六科,复百官转对,置理检使,皆竦所发。与宰相吕夷简不相能,复为枢密副使,迁刑部侍郎。史成,进兵部,寻进尚书左丞。

太后崩,罢为礼部尚书、知襄州,改颍州。京东荐饥,徙青州兼安抚使。逾年,罢安,迁刑部尚书,徙应天府。宝元初,以户部尚书人为三司使。赵元昊反,拜奉宁军节度使、知永兴军,听便宜行事。徒忠武军节度使、知泾州。还,判永兴军兼陕西经略、安抚、招讨进宣徽南院使。与陈执中论兵事不合,诏徙屯鄜州。

初,竦在泾州,朝廷遣庞籍就计事。竦上奏曰:

顷者继迁逃背，屡寇朔方。至道初，洛苑使白守荣等率重兵让粮四十万，遇寇浦洛河，粮卒并没，守荣仅以身免。吕端始欲发兵，繇麟府、鄜延、环庆三路趣平夏，袭其巢穴，太宗难之。后命李继隆、丁罕、范廷召、王超、张守恩五路入讨。继隆与罕合兵，行旬日，不见贼；守恩见贼不击；超及廷召至乌白池，以诸将失期，士卒困敝，相继引还。时继迁当继捧入朝之后，曹光实掩袭之余，遁逃穷蹙，而犹累岁不能剿灭。先皇帝鉴追讨之敝，戒疆吏谨烽候、严卒乘，来即驱逐之，去无追捕也。

然拓跋之境，自灵武陷没之后，银、绥割弃已来，假朝廷威灵，其所役属者不过河外小羌尔。况德明、元昊相继猖獗，以继迁穷蹙，比元昊富实，势可知也；以先朝累胜之士，较当今关东之兵，勇怯可知也；以兴国习战之师，方沿边未试之将，工拙可知也；继迁窜伏平夏，元昊窟穴河外，地势可知也。若分兵深入，糗粮不支，师行贼境，利於速战。傥进则贼避其锋，退则敌蹑其后，老师费粮，深可虞也。若究其巢穴，须涉大河，长舟巨舰，非仓卒可具也。若浮囊挽梗，联络而进，我师半渡，贼趁势掩击，未知何谋可以捍御。臣以为不较主客之利，不计攻守之便，而议追讨者，非良策也。

因条上十事。时边臣多议征讨，朝廷乡之，巘竦言出师非便。既而诏以泾原鄜延两路兵进讨，会元昊稍求纳款，范仲淹请留鄜延兵，繇是泾原兵亦不行。中国之师，卒不出塞。

竦上十事：一、教习强弩以为奇兵；二、羁縻属羌以为藩篱；三、诏唃厮啰父子并力破贼；四、度地形险易远近、砦栅多少、军士勇怯，而增减屯兵；五、诏诸路互相应援；六、募土人为兵，州各一两千人，以代东兵；七、增置弓手、壮丁、猎户以备城守；八、并边小砦，毋积刍粮，贼攻急，则弃小砦入保大砦，以完兵力；九、关中民坐累若过误者，许人入粟赎罪，铜一斤为粟五斗，以赡边计；十、损并边冗兵、冗官及减骑军，以舒馈运。当时颇采用之。

其募土人为兵，令下而杨偕奏言："西兵比继迁时十增七八，县官困於供亿，今州复益一两千人，则岁费不赀。若训习士卒，使之精锐，选任将帅，求之方略，自然以寡击众，以一当百矣。竦云'土兵训练可代东兵'，此虚言也。自德明纳款以来，东兵犹不可代，况今日乎！"朝廷下竦议，竦奏："陕西防秋之敝，无甚东兵，不惯登陟，不耐寒暑，骄懦相习，廪给至厚。土兵便习，各护乡土，山川道路，彼皆素知，岁省刍粮钜万。且收聚小民，免饥饿为益，代兵东归，以卫京师，万世利也。偕欲以寡击众，殆虚言也。"

偕复奏云："自古将帅深入殊庭，霍去病止将轻骑八百，直弃大将军数百里赴利，斩捕过当；又将万骑逾乌盭，讨遬仆，涉狐奴，历五王国，过焉支山千有余里，合兵鏖皋兰下，杀折兰王、卢侯王，执昆邪王子，收休屠祭天金人。赵充国亦以万骑破先零。李靖以骁骑三千破突厥，又以精骑一万至阴山，斩首千余级，俘男女十余万，擒颉利以献。自汉以来，用少击众，不可胜数。竦在泾原守城垒，据险阻，来则御之，去则释之，不闻出师也。竦惧战或败衄，托以兵少为辞尔。"

竦言土兵各护乡土，自古兵有九地，士卒近家，谓之散地，言其易离散也。第以近事言之，阁门祗侯王文恩出师败北，而土兵皆窜走，惟东兵仅二百人，杀敌兵甚众。以此知兵之强弱，不击东西，在将有谋与无谋尔。今边郡参用东兵、土兵，若尽罢东兵，亦非计也。

古人有言："非陇西之民有勇怯，乃将吏之制巧拙异也。今防边东兵，人月受米七斗五升，土兵二石五斗，而竦乃言东兵廪给至厚，又不知之甚也。竦又言募土兵训练以代东兵，且土兵数万，须募足训练，虽三二岁未得成效，兵精犹恐奔北，岂有骤加训练而能取胜哉？"竦议遂屈。

竦雅意在朝廷，及任以西事，颇依违顾避，又数请解兵柄。改判河中府，徙蔡州。庆历中，召为枢密使。谏官、御史交章论："竦陕西畏懦不肯尽力，每论边事，但列众人之言，至遣敕使临督，始陈十策，尝出巡边，置侍婢中军帐下，几致军变。元昊尝募得竦首者与钱三千，为贼轻侮如此。今复用之，边将体解矣。且竦挟诈任数，奸邪倾险，与吕夷简不相能。夷简畏其为人，不肯引为同列，既退，乃荐之以释宿憾。陛下孜孜政事，首用怀诈不忠之臣，何以求治！"会竦已至国门，言者论不已，请不令入见。谏官余靖又言："竦累表引疾，及闻召用，即兼驿而驰。若不早决，竦必坚求面对，叙恩感泣，复有左右为之地，则圣听惑矣。"章累上，即日诏竦归镇，竦亦自请还节。徙知亳州，改授吏部尚书。岁中，加资政殿学士。

竦之国门也，帝封弹疏示之，既至亳州，上书万言自辨。复拜宣徽南院使、河阳三城节度使、判并州。请复置宦者为走马承受。明年，拜同中书门下平章事、判大名府。又明年，召入为宰相。制下而谏官、御史复言："大臣和则政事修，竦前在关中，与执中论议不合，不可使共事。"遂改枢密使，封英国公。

请析河北为四路。亲事官夜入禁中，欲为乱，领皇城司者皆坐逐，独杨怀敏降官，领入内都知如故。言者以为竦结怀敏而曲庇之。会京师同日元云而震者五，帝方坐便殿，趣召翰林学士张方平至，谓曰："夏竦奸邪，以致天变如此，宜出之。"罢知河南府，未几，赴本镇，加兼侍中。飨明堂，徙武宁军节度使，进郑国公，锡赉与辅臣等。将相居外，遇大礼有赐，自竦始。寻以病归，卒。赠太师、中书令。赐谥文正，刘敞言："世谓竦奸邪，而谥为正，不可。"改谥文庄。

竦以文学起家，有名一时，朝廷大典策屡以属之。多识古文，学奇字，至夜以指画肤。文集一百卷。其为郡有治绩，喜作条教，於闾里立保伍之法，至盗贼不敢发，然人苦烦扰。治军尤严，敢诛杀，即疾病死丧，拊循甚至。尝有龙骑卒戍边，群剽，州郡莫能止。或密以告竦，时竦在关中，俟其至，召诘之，诛斩殆尽，军中大震。其威略多类此。然性贪，数商贩部中。在并州，使其仆贸易，为所侵盗，至杖杀之。积家财累钜万，自奉尤侈，蓄声会甚众。所在阴间僚属，使相猜阻，以钩致其事，遇家人亦然。

【译文】

夏竦，字子乔，江州德安人。父亲承承皓，宋太宗太平兴国初年，上《东晋策》，补官右侍禁，隶属大名府。契丹入寇，夏承皓由小道出兵，夜里与契丹兵相遇，力战牺牲，追赠崇仪使，录用夏竦为润州丹阳县主簿。夏竦天资聪敏，好学，自经史、百家、阴阳、律历，外至佛教道教之书，无不通晓。写起文章，典雅藻丽。举贤良方正，擢拔为光禄寺丞，通判台州。召入直集贤院，为国史编修官、判三司都磨勘司，累迁为右正言。宋真宗临幸亳州，夏竦为东京留守推官。仁宗初年，封庆国公。王旦屡次言说夏竦的才干，命教书于资善堂（皇太子读书之处）。没有多久，他被委任同修起居注，为玉清昭应宫判官官兼领景灵宫、会真观事。又延为尚书礼部员外郎、知制诰。国史修成，迁户部员外郎。景灵宫落成，迁礼部郎中。

夏竦娶妻杨氏。杨氏也精擅文笔，有钩距之才。及至夏竦显达，多有姬妾，渐渐与杨氏不和。杨氏又妒又悍，便与她的弟弟妹妹把夏竦不能见人的事写下，偷偷拿出去控告夏竦；另外夏竦的母亲与杨氏的母亲互相诟骂，也一起到开封府打官司。开封府将此事上闻，朝廷批下到御史台劾治，将夏竦降职为职方员外郎、知黄州。两年以后，改知邓州，又改知襄州。正值闹饥荒，夏竦把官府库存的粮食大量赈放，还不够，他又倡导州中的富室拿出粮食，得二万斛，借此全活百姓四十多万人。仁宗即位，夏竦迁户部郎中，相继知泰州、安州、洪州。洪州风俗崇信鬼神，有很多巫师蛊惑百姓，夏竦搜索管内，得一千多家，勒令他们归务农业，把他们的淫祠拆毁，奏闻。诏令江、浙以南全部禁绝淫祀。

夏竦才略过人，急于进取，喜欢交结权势，玩弄权术，反复无常，世人把他当奸邪。在太后临朝听政的时候，他曾经上疏要求参加撰修《真宗实录》，没有被批准。不久他为母亲守丧，他悄悄跑回京城，依靠宦官张怀德为内助，而宰相王钦若很欣赏夏竦，也操纵其间，于是起用知制诰，为景灵判官、判集贤院，以左司郎中为翰林学士、勾当三班院兼侍读学士、龙图阁学士，又兼译经润文官。迁谏议大夫，为枢密副使、修国史，迁给事中。此前，武官的赏罚没有确定的成法，官吏得以随意高下而为奸弊，夏竦为此汇集以往事例，著为确定的条例，后来的赏罚全都按先例而行。改官为参知政事、祥源观使。增设贤良等六科，恢复百官轮对制度，设置理检使，这都是夏竦所发起。他与宰相吕夷简合不来，复为枢密副使，迁刑部侍郎。国史完成，进兵部侍郎，不久进尚书左丞。

太后驾崩，夏竦罢相为礼部尚书，知襄州，改知颍州。京东路连年饥荒，徙官为知青州，兼为安抚使。过了一年，罢安抚使，迁刑部尚书，徙知应天府。仁宗宝元初年，以户部尚书入朝为三司使。西夏的李元昊反叛，拜夏竦为泰宁军节度使、知永兴军，可以便宜行事。徙为忠武军节度使、知泾州。还朝，判永兴军兼陕西经略、安抚、招讨使，进宣徽南院使。与陈执中议论军事不合，诏徙夏竦屯兵于鄜州。

开初，夏竦在泾州，朝廷派遣庞籍前去见他商议用兵事。夏竦上奏道：

过去李继迁（李元昊的祖父）逃亡反叛，屡次入寇朔方。太宗至道初年，洛范使白守荣等率领重兵，护送粮食四十万，遇敌于浦洛河，粮食士卒全部陷没，白守荣仅仅自己逃脱。吕端开始打算发兵征讨，由麟府、鄜延、环庆三路进趋平夏，袭击其巢穴，太宗以为难于做到。后来命令李继隆、丁罕、范廷召、王超、张守恩分五路进讨。李继隆与丁罕会师，行走了十多天，看不见一个敌军；张守恩看见了敌军，但没有出击；王超和范廷召行至乌白池，由于诸将未能按期抵达，士卒疲惫，又相继退军。那时李继廷正当李继捧入朝之后。曹光实掩袭之余（太宗太平兴国八年，夏州都巡检曹光实袭破李继迁，俘获其母妻，继迁逃），遁逃穷蹙，尚且连年不能剿灭。先皇帝（指真宗）鉴于追讨的弊病，告诫边疆官吏谨守烽候，严勒步骑，来则驱逐，逃则勿追。

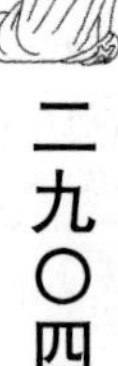

然而拓拨之境，自从灵武陷没之后，银、绥割弃以来，以我朝的威灵，所能役使不过是黄河外的羌族小部而已。况且自李德明、李元昊相继猖獗，以当年李继迁的穷蹙，来与此时李元昊的强盛相比，敌人的势力是很清楚的；以先朝屡战屡胜的军士，与如今关东的士卒相比，我们军队是勇敢还是怯弱也是很清楚的；以正在兴起之国而娴熟于战争的军队，与我们边境从未打过仗的将帅相比，两者的工巧与拙劣也是清楚的；当年李继迁窜伏于平夏，而今李元昊盘踞于河外，地理形势的变化也是清楚的。如果我们分兵深入，则粮草供应不及；军队在敌方境内活动，利于速战。倘若我们进军则敌人躲避锋锐，我们退兵则敌军紧蹑其后，那么我军的士气衰落而粮草糜费这是非常值得忧虑的。倘若捣入他们的巢穴，就要渡过大河，长舟巨舰，又不是仓促之间可以具备的。假如用浮囊和挽索，络绎而渡，则我军在渡河一半的时候，敌军乘势掩击，不知用什么办法才能抵御。我以为如果不比较主客的利害，不算计攻守的得失，而来议论追捕，都不会有好办法。

于是他条奏十件事。当时守边之臣多主张征讨，朝廷也倾向于此，而夏竦说出师不利。后来朝廷诏命以泾原、鄜延两路军队进讨，正好李元昊有请求议和的意思，范仲淹便建议鄜延兵暂停行动，而泾原兵也因此没有出发。中国的军队终于没有出塞。

夏竦所奏上的十件事是：一、教习使用强弩以为奇兵；二、笼络附属我们的羌人以为藩篱；三、命唃厮啰父子合力破贼；四、根据地形的险易远近、寨栅的多少、军士的勇怯，而调剂分配屯兵；五、命令诸路互相应援；六、招募土兵，每州各一两千人，以代替东兵；七、增设弓手、壮丁、猎户以加强城守；八、靠近边境的小营寨，不要储备粮草，敌人进攻紧急。则放弃小寨而入保大寨，以保全兵力；九、关中百姓有犯罪或过误的，允许交纳粮食赎罪，用五斗粮食抵一斤铜，以供应边境之需；十、削减沿边冗兵、冗官和骑兵，以缓和馈运。这些建议当时很采用了一些。

关于招募本地人为兵，命令颁下后杨偕便奏言："西部的军队比李继迁那时已经十增七八，官府已经为供应而困惫，现在每州再增加一两千人，则每年的费用不可胜计。如果训练士卒，使之成为精锐，选任将帅，要求他们有作战的方略，自然就能以寡击众，以一当百了。夏竦说'土兵训练之后可以代替东兵'，这是一句空话。在李德明归顺的时候，东兵尚且不可取代，何况今日呢！"朝廷交给夏竦再议，夏竦奏道："陕西防秋的弊病，没有比东兵更甚的了，他们不习惯登高不耐寒暑，骄悍懦弱成习，而待遇又最优厚。土兵便于演习，各自保护家乡，山川道路，为他们所熟悉，每年节省粮草巨万。而招收小民，使他们免于因饥饿而当强盗，取代的东兵回到东方，可以保卫京师这是万世之利呀。杨偕想要以少击众，那才是空话呢！"

杨偕又奏道："自古将帅深入绝远之境，霍去病只带领轻骑八百，径直甩开大将军数百里以趋功利，斩杀捕获超过所当；他又率领上万骑兵越过乌盭，征讨速仆，涉越狐奴，经历五王国，对焉支出一千多里，合兵鏖战于皋兰之下，杀折兰王、卢侯王，擒昆邪王子，获休屠祭天的金人。赵充国也以万骑击破先零羌。李靖以骁骑三千击破突厥，又以精骑一万至阴山，斩首千余级，俘瞄男女十余万，生擒颉利以献于阙下。自汉朝以来，以少击众的事例不可胜计。夏竦的泾原保守城垒，占据险阴，敌来则防御，敌去则放走，没有听说他出过兵。夏竦害怕交战可能会失败,所以用兵少为借口。

夏竦说土兵各自保护家乡,自古方兵有"九地",士卒毗近家乡,谓之散地,是说它易于离散。且以近代的事为例,阁门祗侯王文恩出师败北,土兵全部逃窜,只有东兵才二百人,杀死敌军甚多。由此可知兵力的强弱,与东西无关,在于将帅有没有谋略。如今边疆各郡参用东兵和土兵,如果全部罢去东兵,也不是好主意。古人有言:"不是陇西之民有什么勇敢或怯懦,而是将官的统帅有巧拙之分。"如今防边的东兵,每人每月分配米七斗五升,土兵是二石五斗,而夏竦却说东兵的待遇非常优厚,这简直有无知至极。夏竦又说招募土兵以取代东兵,只是土兵数万,必须招募足数加以训练,虽然是三二年也未必会见成效,军队精良还恐怕会败北,岂有骤加训练而能取胜的!夏竦的主张于是就被驳倒了。

夏竦很把主意打在了朝廷上,及至委任他掌管西夏之事,他很是依违规避,又屡次请求解除兵权。于是改官判河中府,徙知蔡州。仁宗庆历年间,召入为枢密使。谏官、御史纷纷上章奏劾论:"夏竦在陕西畏惧怯懦,不肯尽力,每次议论边塞之事,他只陈述众人的话,直到朝廷派遣使者督临,才陈述十事。他曾经外出巡视边塞,把侍婢置于中军帐下,几乎导致兵变。元昊曾经先悬赏得到夏竦首级的给钱三千文,被敌人轻侮到如此地步!如今再用他,边塞将士就要解体了。而且夏竦挟诡诈,任权术,奸邪阴险,与吕夷简不和。吕夷简畏惧他的为人,本来不肯引为同列,但到他退休时,只得推荐他以解除旧怨。陛下孜孜不地关心政事,但上来就任用怀诈不忠之臣,何以求治!"这时夏竦已至都城,言官劾论不已,请求不让他入见皇帝。谏官余靖又说:"夏竦屡次上表告病,及至听说要召用,立即用两套驿马疾驰而来。如果不早做决定,夏竦必然执意要求面见圣上,哭哭啼啼地陈叙皇恩,再有左右为他讲情,则圣上就要被他迷惑了。"章奏接连而上,即日降诏命夏竦回镇,夏竦也自己请求回去。徙知亳州,改授吏部尚书。这一年,加资政殿学士。

夏竦抵达都城时,仁宗把弹劾他的章奏封送给他看,他到了亳州后,上书万言为自己辩解。复拜宣徽南院使、河阳三城节度使、判并州。建议重新设置宦官为走马承受。明年,拜同中书门下平章事、判大名府。又明年,召入为宰相。制书颁下,而谏官、御史又上言:"大臣谐和则政事修平,以前夏竦在关中时,与陈执中意见不合,不可让他们共事。"于是改为枢密使,封英国公。

夏竦建议分河北为四路。亲自安排在夜间进入皇宫,图谋作乱,统领皇城司的官员全部因失职之罪被放逐,唯独杨怀敏只被降职,照旧统领内都知。言官认为是夏竦与杨怀敏勾结而委曲庇护他。正好京师在同一天内万里无云而五次雷震,仁宗正坐在便殿上,急忙寻翰林学士张方平来,对他说:"夏竦奸邪,所以导致如此天变,应该让他出去。"于是罢相知河南府,不久,赴往本镇,加兼侍中。朝廷举行祭祀明堂大礼,夏竦徙官武宁军节度使,进郑国公,赏赐与辅臣相等。将相居于都外,而遇上大礼有赏赐的,以夏竦为创始。不久,他因病而归,卒。追赠太师、中书令。赐谥号文正,刘敞说:"世人说夏竦是奸邪,而谥为正,不可。"改谥为文庄。

夏竦以文章起家,著名于一时,朝廷的重要典策多次交给他来写作。他认识很多古代文字,为了学习奇字,甚至在夜里用手指在皮肉上书划。有文集一百卷。他担任郡守有政绩,在闾里中创立保伍之法,以至盗贼不敢作案,但是百姓以烦扰为苦。治理军队尤其严厉,敢于诛杀,但对于将士的疾病死丧,却抚恤得很周到。曾经有龙骑兵戍守边境,结群剽劫,州郡不能制止。有人悄悄告诉夏竦,当时夏竦磋中,等到龙骑兵来到,招来诘问,诛杀殆尽,军中大震。他的威严方略大都类此。但他生性贪婪,屡次在管辖区内经商。在并州,他让自己的仆人贸易,仆人从中贪盗,以至被他杖杀。积累家财巨万,自己的享用尤其奢侈,畜养了很多声妓。他所在之处,总是暗中挑拨僚属之间的关系,使他们互相狭疑掣肘,而他得以套问情况加以控制;对待家里人他也是这样。

丁谓传

【题解】

丁谓(962~1033年),宋代宰相,字谓之,苏州长洲人,早年甚得诗名,后累迁至相。他一生谄事皇上,构陷寇准,笃信道教,与王钦若一道,在当朝时代煽起道风,后因得罪太后受贬,受贬后笃信因果之道,死于贬所。

【原文】

丁谓字谓之,后更字公言,苏州长洲人。少与孙何友善,同袖文谒王禹偁,禹偁大惊重之,以为自唐韩愈、柳宗元后,二百年始有此作。世谓之'孙、丁'。淳化三年,登进士甲科,为大理评事、通判饶州。逾年,直史馆,以太子中允为福建路采访。还,上茶盐利害,遂为转运使,除三司户部判官。峡路蛮扰边,命往体量。还奏称旨,领峡路转运使。累迁尚书工部员外郎,会分川峡为四路,改夔州路。

初,王均叛,朝廷调施、黔、高、溪州蛮子弟以捍贼,既而反为寇。谓至,召其种酋开谕之,且言有诏赦不杀。酋感泣,愿世奉贡。乃作誓刻石柱,立境上。蛮地饶粟而常乏盐,谓听以粟易盐,蛮人大悦。先时,屯兵施州而馈以夔、万州粟。至是,民无转饷之劳,施之诸砦。积聚皆可给。特迁刑部员外郎,赐白金三百两。时溪蛮别种有入寇者,谓遣高、溪酋帅其徒讨击,出兵援之,擒生蛮六百六十,得所掠汉口四百余人。复上言:黔南蛮族多善马,请致馆,犒给缗帛,岁收市之。其后徙置夔州城砦,皆谓所经画也。居五年,不得代,乃诏举自代者,於是入权三司盐铁副使。未几,擢知制诰,判吏部流内铨。

景德四年,契丹犯河北,真宗幸澶渊,以谓知郓州兼齐、濮等州安抚使,提举转运兵马巡检事。契丹深入,民惊扰,争趣杨刘渡,而舟人邀利,不时济。谓取死罪绐为舟人,斩河上,舟人惧,民得悉渡。遂立部分,使并河执旗帜,击刁斗,呼声闻百余里,契丹遂引去。明年,召为右谏议大夫、权三司使。上《会计录》,以景德四年民赋户口之籍,较咸平六年之数,具上史馆,请自今以咸平籍为额,岁较其数以闻,诏奖之。寻加枢密直学士。

大中祥符初,议封禅,未决,帝问以经费,谓对"大计有余",议乃决。因诏谓为计度泰山路粮草使。初，议即宫城乾地营玉清昭应宫，左右有谏者。帝召问，谓对曰："陛下有天下之富，建一宫奉上帝，且所以祈皇嗣也。群臣有沮陛下者，愿以此论之。"王旦密疏谏，帝如谓所对告之，旦不复敢言。乃以谓为修玉清昭应宫使，复为天书扶侍使，迁给事中，真拜三司使。祀汾阴，为行在三司使。建会灵观，谓复总领之。迁尚书礼部侍郎，进户部，参知政事。建安军铸玉皇像，为迎奉使。朝谒太清宫，为奉祀经度制置使、判亳州。帝赐宴赋诗以宠其行，命权管勾驾前兵马事。谓献白鹿并灵芝九万五千本。还，判礼仪院，又为修景灵宫使，摹写天书刻玉笈，玉清昭应宫副使。大内火，为修葺使。历工、刑、兵三部尚书，再为天书仪卫副使，拜平江军节度使、知升州。

天禧初，徙保信军节度使。三年，以吏部尚书复参知政事。是岁，祀南郊，辅臣俱进官。故事，尝为宰相而除枢密使，始得迁仆射，乃以谓检校太尉兼本官为枢密使。时寇准为相，尤恶谓，谓媒蘖其过。遂罢准相。既而拜谓同中书门下平章事、昭文馆大学士、监修国史、玉清昭应宫使。周怀政事败，议再贬准，帝意欲谪准江、淮间，谓退，除道州司马。同列不敢言，独王曾以帝语质之，谓顾曰："居停主人勿复言"。盖指曾以第舍假准也。

其后诏皇太子听政，皇后裁制於内，以二府兼东宫官，遂加谓门下侍郎兼太子少傅，而李迪先兼少傅，乃加中书侍郎兼尚书左丞。故事，左右丞非两省侍郎所兼，而谓意特以抑迪也。谓所善林特，自宾客改詹事，谓欲引为枢密副使兼宾客，迪执不可，因大诟之。既入对，斥谓奸邪不法事，愿与俱付御史杂治，帝因格前制不下，乃罢谓为户部尚书，迪为户部侍郎；寻以谓知河南府，迪知郓州。明日，入谢，帝诘所争状，谓对曰："非臣敢争，乃迪忿詈臣尔。愿复留。"遂赐坐。左右欲设墩，谓顾曰："有旨复平章事。"乃更以杌进，即入中书视事如故。仍进尚书左仆射、门下侍郎、平章事兼太子少师。天章阁成，拜司空。乾兴元年，封晋国公。

仁宗即位，进司徒兼侍中，为山陵使。寇准、李迪再贬，谓取制草改曰："当丑徒干纪之际，属先王违豫之初，罹此震惊，遂至沈剧。"凡与准善者，尽逐之。是时二府定议，太后与帝五日一御便殿听政。既得旨，而谓潜结内侍雷允恭，令密请太后降手书，军国事进入印书。学士草制辞，允恭先持示谓，阅讫乃进。盖谓欲独任允恭传达中旨，而不欲同列与闻机政也。允恭倚谓势，益横无所惮。

允恭方为山陵都监，与判司天监邢中和擅易皇堂地。夏守恩领工徒数万穿地，土石相半，众议日喧，惧不能成功，中作而罢，奏请待命。谓庇允恭，依违不决。内侍毛昌达自陵下还，以其事奏，诏问谓，谓始请遣使按视。既而咸谓复用旧地，乃诏冯拯、曹利用等就谓第议，遣王曾覆视，遂诛允恭。

后数日，太后与帝坐承明殿，召拯、利用等谕曰："丁谓为宰辅，乃与宦官交通。"因出谓尝托允恭令后苑匠所造金酒器示之，又出允恭尝干谓求管勾皇城司及三司衙司状，因曰："谓前附允恭奏事，皆言已与卿等议定，故皆可其奏；且营奉先帝陵寝，而擅有迁易，几误大事。"拯等奏曰："自先帝登遐，政事皆谓与允恭同议，称得旨禁中，臣等莫辨虚实。赖圣神察其奸，此宗社之福也。"乃降谓太子少保，分司西京。故事，黜宰相皆降制，时欲亟行，止令拯等即殿庐召舍人草词，仍榜朝堂，布谕天下。追其子珙、玘、珏、珷一官，落珙馆职。

先是，女道士刘德妙者，尝以巫师出入谓家。谓败，逮击德妙，内侍鞫之，德妙通款，谓尝教言："若所为不过巫事，不若托言老君言祸福，足以动人。"於是即谓家设神像，夜醮于园中，允恭数至请祷。及帝崩，引入禁中。又因穿地得龟蛇，令德妙持入内，绐言出其家山洞中。仍复教云："上即问若，所事何知为老君，第云'相公非凡人，当知之'。"谓又作颂，题曰"混元皇帝赐德妙"，语涉妖诞。遂贬崖州司户参军。诸子并勒停。玘又坐与德妙奸，除名，配隶复州。籍其家，得四方赂遗，不可胜纪。其弟诵、说、谏悉降黜。坐谓罢者自参知政事任中正而下十数人。在崖州逾三年，徙雷州；又五年，徙道州。明道中，授秘书监致仕，居光州，卒。诏赐钱十万，绢百匹。

谓机敏有智谋，憸狡过人。文字累数千百言，一览辄诵。在三司，案牍繁委，吏久难解者，一言判之，众皆释然。善谈笑，尤喜为诗，至於图画、博奕、音律，无不洞晓。每休沐会宾客，尽陈之，听人人自便，而谓从容应接於其间，莫能出其意者。

真宗朝营造宫观，奏祥异之事，多谓与王钦若发之。初，议营昭应宫，料功须二十五年，谓令以夜继昼，每绘一壁给二烛，七年乃成。真宗崩，议草遗制，军国事兼取皇太后处分，谓乃增以"权"字；及太后称制，又议月进钱充宫掖之用，由是太后深恶之，因雷允恭遂并录谓前后欺罔事窜之。

在贬所，专事浮屠因果之说，其所著诗并文亦数万言。家寓洛阳，尝为书自克责，叙国厚恩，戒家人毋辄怨望。遣人致于洛守刘烨，祈付其家，戒使者伺烨会众僚时达之。烨得书不敢私，即以闻。帝见感恻，遂徙雷州，亦出於揣摩也。谓初通判饶州，遇异人曰："君貌类李赞皇。"既而曰："赞皇不及也。"

【译文】

丁谓，字谓之，后来改字为公言，苏州长洲人。年轻时与孙何友善，一起携带文章去谒见王禹偁，王禹偁大为惊奇而器重他们，以为自唐朝韩愈、柳宗元以后二百年方有此作。当世并称为"孙、丁"。宋太宗淳化三年，丁谓登进士甲科，为大理评事、饶州通判。过了一年，为直史馆，以太子中允为福建路采访使。还朝，上书言茶盐之政的利害，于是为转运使，除官三司户部判官。峡路的蛮夷侵掠边境，朝廷命他前往考察情况，还朝上奏，皇上很满意，命他领峡路转运使。累迁为尚书工部员外郎，正值把川峡一带划分为四路，峡路改为夔州路。

开初，王均叛乱，朝廷调施州、黔州、高州、溪州蛮人子弟捍御王均，后来他们反而为寇。丁谓到后，召集蛮族的首领开导解释，并说有诏旨赦免不杀。蛮人首领感动得流下眼泪，愿意世代奉进贡品。于是作誓言刻石柱，立于边境之上。蛮人境内粮食很丰富但缺少食盐，丁谓听任他们用粮食交换食盐，蛮人非常高兴。此前，朝廷屯兵于施州而转运夔州、万州的粮食以供应，到这时，百姓免去了转输的劳苦，施州的诸军寨都能积聚自足。特别迁升为刑部员外郎，赐白金三百两。当时溪州蛮人的其他部落有入寇的，丁谓派高州、溪州的蛮人首领率领部众讨击，而自己出兵增援，生擒未归化的蛮人六百六十人，得所掠的汉民四百余人。丁谓又上言:黔南的蛮族多有好马,请求设置馆舍,酬犒以财帛,每年收购。其后迁置夔州城寨,都是丁谓所经营规划的。他在任五年,朝廷没有合适人选更代,便诏命丁谓举荐能代替他的人,于是他入朝为代理三司盐铁副使。没有多久,提升为知制诰,判吏部流内官员的铨选。

景德四年,契丹进犯河北,真宗驾幸澶渊,以丁谓知郓州,兼齐、濮等州安抚使,提举转运兵马巡检事。契丹军队深入内地,百姓惊扰,争着奔往杨刘渡,而船夫们乘机取利,不赶快渡人。丁谓取来个死囚,假装说是船夫,斩于黄河之上,其他船夫害怕了,百姓得以全部渡过黄河。于是丁谓渐署兵民,让他们沿着黄河,手持旗帜,敲击刁斗,呼声传闻百余里,契丹便引兵离去。明年,召入朝为右谏议大夫、代理三司使。他奏上《会计录》,以景德四年百姓的赋税户口簿籍,与咸平六年之数相比较,送上史馆,建议从今以后以咸平簿籍为准额,每年比较其数额报上,有诏嘉奖。不久加官枢密直学士。

大中祥符初年,朝廷商议封禅泰山的事,还没有人最后决定。真宗询问经费,丁谓回答说"国家的总收入是很富裕的",这才做了决定。于是下诏以丁谓为计度泰山路粮草使。开初,朝廷商议在宫城的乾位营建玉清昭应宫,左右有表示谏阻的。真宗召问丁谓,丁谓答道:"陛下以天下之富,营建一座宫室以奉上帝,并且还用以祈求皇嗣(当时真宗无子)。群臣有阻止陛下的,就用这理由反驳他。"王旦正悄悄起草谏阻的奏章,真宗把丁谓教他的办法告诉王旦,王旦便不敢再吭声了。于是便以丁谓为修玉清昭应宫使,又为天书扶侍使,迁给事中,正式任命为三司使。祭祀后土于汾阴,为行在三司使。营建会灵观,丁谓又担任总主持。迁尚书礼部侍郎,进户部侍郎,参政事。建安军铸造玉皇大帝像,丁谓为迎奉使。朝谒太清宫,丁谓为奉祀经度制置使、判亳州。真宗赐宴赋诗送行,命他权管勾驾前兵马事。丁谓献白鹿和灵芝几万五千支。还朝,判礼仪院,又为修景灵宫使,临摹天书刻成玉册,玉清昭应宫副使。皇宫失火,他为修葺使。历任工、刑、兵三部尚书,再次担任天书仪卫副使,拜平江军节度使,知升州。

天禧初年,他移任为保信军节度使。天禧三年,以吏部尚书再次参知政事。这一年,南郊祭天,辅臣全部晋升官阶。旧例,曾经担任过宰相而被任命为枢密使的,可以迁升为仆射,便以丁谓检校太尉兼本官为枢密使。当时寇准为宰相,特别憎恶丁谓,丁谓便诬构陷害,罢免了寇准。不久拜丁谓为同中书门下平章事、昭文馆大学士、监修国史、玉清昭应宫使。周怀政之事败露,商议再次贬谪寇准,真宗打算把他贬谪到江淮之间,丁谓退下后,却把寇准安排为道州司马。同列不敢反对,唯有王曾用真宗的话质问他。丁谓看着他说:"房主人不要再说了。"这是指王曾把屋子借给寇准住过的事。

其后诏以皇太子听政,皇后裁决于内,以二府(中书省和枢密院)兼东宫官,于是加丁谓为门下侍郎兼太子少傅,而李迪此前已经兼少傅,便加中书侍郎兼尚书左丞。旧例,尚书左右丞不由两小侍郎(两小指中书,门下)所兼,而丁谓的有心就是特意来压抑李迪。丁谓所亲信的林特,在太子宾客改官詹事,丁谓想把他引为枢密副使兼太子宾客,李迪坚决反对,便诟骂起来。等到入见皇帝,李迪指斥丁谓所为奸邪不法之事,愿与他一起交付御史审查。真宗便把此前任命的制书搁置起来,罢丁谓为户部尚书,李迪为户部侍郎;不久又以丁谓知河南府，李迪知郓州。第二天丁谓入谢，真宗问起争执的情况，丁谓答道：“不是臣敢争，而是李迪怒骂为臣。臣希望还把我留下。”于是真宗吩咐赐座。左右要摆个座，丁谓回头说：“有旨恢复我的宰相。”便换上了坐使。随即他进入中书，照常办公。仍进官为尚书左仆射、门下侍郎、平章事兼太子少师。天章阁建成，拜司空。乾兴元年，封晋国公。

宋仁宗即位，丁谓进司徒兼侍中，为山陵使。寇准、李迪再次贬谪，丁谓取过制书的草稿改道：“当丑类谋逆之际，正先皇生病之初，受此震惊，遂至沉重。”凡是与寇准友善的，全部斥逐。此时两府定下决议，太后与仁宗五天一临幸便殿听政（仁宗当时十三岁）。这决议得到太后批准以后，丁谓便暗自勾结宦官雷允恭，让他悄悄请太后降下亲笔手谕：“军国大事录入印书。”然后由学士草拟制书，雷允恭先请丁谓过目。最后才呈进宫内。这是因为丁谓企图独任雷允恭传达宫中旨意，而不想让同列参与机要。雷允恭仗恃丁谓的势力，更加骄横无忌惮了。

雷允恭此时正担任山陵都监，与判司天监邢中和擅自改变陵墓位置。夏守恩带领数万工徒挖地，土石各半，众人纷纷议论，担心不能竣工，只得中途停工，奏请待命。丁谓包庇雷允恭，依违其间，不做决定。宦官毛昌达自陵下归来，把此事奏入宫内，太后诏问丁谓，丁谓这才派使者去调查。既而众人都认为应该还用原来确定的旧地，太后便命冯拯、曹利用等前往丁谓府第中商议，又派遣王曾去陵地覆视，于是诛杀雷允恭。

几天以后，太后与仁宗坐于承明殿，召见冯拯、曹利用等，谕道：“丁谓身为宰相，竟然与宦官勾结！”于是拿出丁谓曾托雷允恭让后苑匠（专门为皇宫生产用品的工匠）为他所造的金酒具，让大家看，又拿出雷允恭干请丁谓，求取管勾皇城司及三司衙门职位的书状，于是说道：“丁谓以前托雷允恭入宫奏事，都说已经与你们商议定了，所以我都批准了他的奏章；而雷允恭营建先帝陵寝，擅自迁改，几乎耽误了大事！”冯拯等奏道：“自从先帝升天，政事都是丁谓与雷允恭一起商议，说已经得到太后旨意，臣等无法辩清真假。幸赖圣明察其奸邪，这是宗庙社稷之福呀！”于是丁谓降职为太子少保，分司西京（洛阳）。旧例，黜免宰相都要降下制书，当时因为急于执行，只让冯拯等召舍人到殿庐起草制词。然后张榜于朝堂，布告天下。又命剥夺丁谓之子珙、丁玝、丁玘、丁珷的官，免去丁珙史馆之职。

此前，女道士刘德妙，曾作为巫师出入丁谓之家，丁谓下台后，逮捕刘德妙，由宦官审问。刘德妙伏罪，招认道：丁谓曾经教她说：“你所做的不过是巫师之事，不如假托老君，预言祸福，更足以迷惑人。”于是她在丁谓家摆设神像，夜里祝醮于园中，雷允恭屡次前来请祷。及至真宗驾崩，又把她领进皇宫。又因为挖地发现了龟蛇，丁谓让刘德妙拿进宫中，谎言说出于其家的山洞中。丁谓还教她说：“太后如果问你，你怎么知道附体于你的是老君，你只需说：‘相公不是凡人，他一定知道的’。”丁谓还做颂文，题为“混元皇帝（即太上君）赐德妙”，语涉妖妄。于是贬谪丁谓为崖州司户参军，诸子并停职。丁玘又因与刘德妙通奸，除名，发配复州。抄没丁谓之家，得到四方给他的馈赠和贿赂，不可胜计。丁谓的弟弟丁诵、丁说、丁谏，全被降职或黜免。因丁谓而坐罪罢免的，自参知政事任中正以下有十几人。他在崖州超过了三年,迁往雷州;又过了五年,前往道州。仁宗明道年间,授官秘书监致仕,居住光州,死。诏赐钱十万,绢百匹。

丁谓机敏而有智谋,阴险狡猾过人。数千百言的文章,他看一遍就能成诵。在三司时,文牍繁复,吏员很久都难于解决的,他一言判决,众人全都涣然冰释。他善于谈笑,尤其喜欢写诗,至于绘画、博弈、音律,无不通晓。每当公休的时候,他聚会宾客,把琴棋书画都陈列出来,听任各人自便,而他从容应接于其间,无人能超出他的意想之外的。

真宗朝营造道教宫观,奏闻祥异之事,大多是丁谓和王钦若所发起。开初,商议营造昭应宫,计算工程须要二十五年,丁谓命令夜以继日,每画一面墙壁供给两支蜡烛,七年便竣工了。真宗去世,商议起草遗诏,军国大事兼听皇太后处分,丁谓竟增一“权”(暂时的意思)字;及至太后临朝称制,又建议每月进送一定数额的钱以给宫廷之用。因此太后很是讨厌他,便借着雷允恭的事,把丁谓前后欺骗之事一起录罪,流放到远方。

他在贬谪之处,专信佛教因果之说,他所著的诗文也有数万言。他家寓居洛阳,他曾经给家中写信,深切责备自己,讲述国家对自己的厚恩,告诫家中人不可怨望。他派人把信送到洛阳守刘烨处,请他送交自己的家属。他还嘱咐送信的人,要等刘烨与众官聚会时呈上。刘烨见了书信,不敢私自处理,便送交朝廷。仁宗看了信,很是伤感同情,便把丁谓移近至雷州。这也是丁谓揣摩算计的结果。丁谓早先通判饶州的时候,遇见过一位异人对他说:“您的相貌很像李赞皇。”然后又说:“李赞皇不及您。”(按李赞皇指李德裕,赞皇人,唐武宗时由淮南节度使入朝为相,后贬为崖州司户,死于贬所)。

宋祁传

【题解】

宋祁(998~1061年),字子京,安州安陆(今湖北安陆市)人。仁宗庆历五年五月降诏,开局修《唐书》,宋祁即是同刊修官,负责列传的撰写,后欧阳修入局主持纪、志、表的修撰刊定,约在嘉祐五年最后撰成《新唐书》,前后经过十七年,其中欧阳修、宋祁出力最多。《新唐书》二百二十五卷,包括本纪十卷、志五十卷、表十五卷、列传一百五十卷。记载了唐高祖武德元年(618)至哀帝天佑四年(907年)唐代二百八十九年的史事。与《旧唐书》相比较,《新唐书》删去本纪的十分之六七,使其内容显得简明;对于列传,则删去旧书的六十一传,另加三百余传,不仅使内容丰富,而且人选较得当;续撰《仪卫志》《选举志》《兵志》,这是以前正史中所没有的,增置《宰相表》《方镇表》《宗室世系表》《宰相世系表》,以便查阅。总观《新唐书》在体例上有所创新,内容上有所增补,文字也比较严谨简明。由于当时追求“事增于前,文省于旧”,所以文辞刻意求简,以致记载中出现不少史实含混不清,年代不明的地方,有时竟凭个人爱好随意改动奏议原文等等,这无疑有损原意及其史料价值。

【原文】

祁字子京，与兄庠同时举进士，礼部奏祁第一，庠第三。章献太后不欲以弟先兄，乃擢庠第一，而置祁第十。人呼曰"二宋"，以大小别之。释褐复州军事推官。孙奭荐之，改大理寺丞、国子监直讲。召试，授直史馆，再迁太常博士、同知礼仪院。有司言太常旧乐数增损，其声不和。诏祁同按试。李照定新乐，胡瑗铸钟磬，祁皆典之，事见《乐志》。预修《广业记》成，迁尚书工部员外郎、同修起居注、权三司度支判官。方陕西用兵，调费日蹙，上疏曰：

兵以食为本，食以货为资，圣人一天下之具也。今左藏无积年之镪，太仓无三岁之粟，南方冶铜匮而不发，承平如此，已自彫困，良田取之既殚，用之无度也。朝廷大有三冗，小有三费，以困天下之财。财穷用褊，而欲兴师远事，诚无谋矣。能去三冗、节三费，专备西北之屯，可旷然高枕矣。

何谓三冗？天下有定官无限员，一冗也；天下厢军不任战而耗衣食。二冗也；僧道日益多而无定数，三冗也。三冗不去，不可为国。请断自今，僧道已受戒具者姑如旧，其他悉罢还为民，可得耕夫织妇五十余万人，一冗去矣。天下厢军不择孱小尪弱而悉刺之，才图供役，本不知兵，又且月支廪粮，岁费库帛，数口之家，不能自庇，多去而为盗贼，虽广募之。无益也。其已在籍者请勿论，其他悉驱之南亩，又得力耕者数十万，二冗去矣。国家郡县，素有定官，譬以十人为额，常以十二加之，即迁代、罪谴，随取之而有。今一官未阙，群起而逐之，州县不广于前，而官五倍于旧，吏何得不苟进，官何得不滥除。请诏三班审官院内诸司、流内铨明立限员，以为定法。其门荫、流外、贡举等科，实置选限，稍务择人，俟有阙官，计员补吏，三冗去矣。

何谓三费？一曰道场斋醮，无有虚日，且百司供亿，至不可赀计。彼皆以祝帝寿，奉先烈、祈民福为名，臣愚以为此主者为欺盗之计尔。陛下事天地、宗庙、社稷、百神，牺牲玉帛，使有司端委奉之、岁时荐之，足以竦明德、介多福矣，何必希屑屑之报哉？则一费节矣。二曰京师寺观，或多设徒卒，添置官府，衣粮率三倍他处。居大屋高庑，不徭不役，坐蠹齐民，其尤者也。而又自募民财，营建祠庙，虽曰不费官帑，然国与民一也，舍国取民，其伤一焉，请罢去之，则二费节矣。三曰使相节度，不隶藩要。夫节相之建，或当边镇，或临师屯，公用之设，劳众而飨宾也。今大臣罢黜，率叨恩除，坐靡邦用，莫此为甚。请自今地非边要、州无师屯者，不得建节度；已带节度，不得留近藩及京师，则三费节矣。

臣又闻之，人不率则不从，身不先则不信。陛下能躬服至俭，风示四方，衣服起居，无逾旧规，后宫锦绣珠玉，不得妄费，则天下响应，民业日丰，人心不摇，师役可举，风行电照，饮马西河。蠢尔戎首，在吾掌中矣！

徙判盐铁句院，同修礼书。次当知制诰，而庠方参知政事，乃以为天章阁待制，判太常礼院、国子监，改判太常寺。庠罢，祁亦出知寿州，徙陈州。还知制诰、权同判流内铨，以龙图阁直学士知杭州，留为翰林学士。提举诸司库务，数厘正弊事，增置勾当公事官，其属言利害者，皆使先禀度可否，而后议于三司，遂著为令。徙知审官院兼侍读学士。庠复知政事。罢祁翰林学士，改龙图学士、史官修撰，修《唐书》。累迁右谏议大夫，充群牧使。庠为枢密使，祁复为翰林学士。

景佑中，诏求直言，祁奏："人主不断是名乱。《春秋》书：'殒霜，不杀菽。'天威暂废，不能杀小草，犹人主不断，不能制臣下。"又谓："与贤人谋而与不肖者断，重选大臣而轻任之，大事不图而小事急，是谓三患。"其意主于强君威，别邪正，急先务，皆切中时病。

会进温成皇后为贵妃。故事，命妃皆发册，妃辞则罢册礼。然告在有司，必俟旨而后进。又凡制词，既授阁门宣读，学士院受而书之，送中书，结三省衔，官告院用印，乃进内。祁适当制，不俟旨，写告不送中书，径取官告院印用之，亟封以进。后方爱幸，觊行册礼，得告大怒，掷于地。祁坐是出知许州。甫数月，复召为侍读学士、史馆修撰。祀明堂，迁给事中兼龙图阁学士。坐其子从张彦方游，出知亳州。兼集贤殿修撰。

岁余，徙知成德军，迁尚书礼部侍郎。请弛河东、陕西马禁，又请复唐驮幕之制。居三月，徙定州，又上言：

天下根本在河北，河北根本在镇、定，以其扼贼冲，为国门户也。且契丹摇尾五十年，狼态猘心，不能无动。今垂涎定，镇，二军不战，则薄深、赵、邢、洺，直捣其虚，血吻娄进，无所顾藉。臣窃虑欲兵之强，莫如多谷与财；欲士训练，莫如善择将帅；欲人乐斗，莫如赏重罚严；欲贼顾望不敢前，莫如使镇重而定强。夫耻怯尚勇，好论事，甘得而忘死：河北之人，殆天性然。陛下少励之，不忧不战。以欲战之士，不得善将，虽斗犹负。无谷与财，虽金城汤池，其势必轻。

今朝廷择将练卒，制财积粮，乃以陕西、河东为先，河北为后，非策也。西贼兵锐士寡，不能深入，河东天险，彼惮为寇。若河北不然，自蓟直视，势同建瓴，贼鼓而前，如行莞衽。故谋契丹者当先问北，谋河北者舍镇、定无议矣。臣愿先入谷镇、定，镇、定既充，可入谷余州。列将在陕西、河东有功状者，得迁镇、定，则镇、定重。天下久平，马益少，臣请多用步兵。夫云奔飙驰，抄后掠前，马之长也；强弩巨梃，长枪利刀，什伍相联，大呼薄战，步之长也。臣料朝廷与敌相攻，必不深入穷追，殴而去之，及境则止，此不待马而步可用矣。臣请损马益步，故马少则骑精，步多则斗健，我能用步所长，虽契丹多马，无所用之。

夫镇、定一体也，自先帝以来为一道，帅专而兵不分，故定捍其胸，则镇捣其胁，势自然耳。今判而为二，其显显有害者，屯砦山川要险之地裂而有之，平时号令文移不能一，贼脱叩营垒，则彼此不相谋，尚肯任此责邪！请合镇、定为一路，以将相大臣领之，无事时以镇为治所，有事则迁治定，指授诸将，权一而责有归，策之上也。陛下当居安思危，熟计所长，必待事至而后图之，殆矣。

河东马强，士习善驰突，与镇，定若表里，然东下井陉，不百里入镇、定矣。贼若深入，以河东健马佐镇、定兵，掩其惰若归者，万出万全，此一奇也。臣闻事切于用者，不可以文陈，臣所论件目繁碎，要待刀笔吏委曲可晓，臣已便俗言之，辄别上择将畜财一封。乞下枢密院、三司裁制之。

又上《御戎论》七篇。加端明殿学士，特迁吏部侍郎、知益州。寻除三司使。右司谏吴及尝言祁在定州不治，纵家人贷公使钱数千缗，在蜀奢侈过度。既而御史中丞包拯亦言祁益部多游燕,且其兄方执政,不可任三司。乃加龙图阁学士、知郑州。《唐书》成,迁左丞,进工部尚书。以羸疾请便医药,入判尚书都省。逾月,拜翰林学士承旨,诏遇入直许一子主汤药。复为群牧使,寻卒。遗奏曰:"陛下享国四十年,东宫虚位,天下系望,人心未安。为社稷深计,莫若择宗室贤材,进爵亲王,为匕鬯之主。若六宫有就馆之庆,圣嗣蕃衍,则宗子降封郡王,以避正嫡,此定人心、防祸患之大计也。"

又自为志铭及《治戒》以授其子:"三日敛,三月葬,慎无为流俗阴阳拘忌也。棺用杂木,漆其四会,三涂即止,使数十年足以腊吾骸、朽衣巾而已。毋以金铜杂物置冢中。且吾学不名家,文章仅及中人,不足垂后。为吏在良二千石下,勿请谥,勿受赠典。冢上植五株柏,坟高三尺,石翁仲他兽不得用。若等不可违命。若等兄弟十四人,惟二孺儿未仕,以此诿莒公。莒公在,若等不孤矣。"后赠尚书。

祁兄弟皆以文学显,而祁尤能文,善议论,然清约庄重不及庠,论者以祁不至公辅,亦以此云。修《唐书》十余年,自守亳州,出入内外尝以稿自随,为列传百五十卷。预修《籍田记》《集韵》。又撰《大乐图》二卷,文集百卷。祁所至,治事明峻,好作条教。其子遵《治戒》不请谥,久之,学士承旨张方平言祁法应得谥,谥曰景文。

【译文】

宋祁,字子京,和其兄宋庠同时举为进士,礼部上奏宋祁为第一,宋庠为第三。章献太后不想让弟弟在哥哥之前,就升宋庠为第一,而将宋祁置于第十。人呼两兄弟为"二宋",以大宋小宋区别他们。做官为复州军事推官。孙奭举荐宋祁,改任大理寺丞、国子监直讲。参加朝廷诏召考试,授直史馆,又改太常博士、同知礼仪院。有关部门说太常的旧乐几经损益,声音不和谐。朝廷诏令宋祁同按试。李照制定太常新乐,胡瑗铸造钟磬,都由宋祁掌管,此事的详细记载见《乐志》。参与修撰完成《广业记》,迁任尚书工部员外郎、同修起居住,权三司度支判官。正在陕西用兵,征发的费用日益急迫,宋祁上疏说:

军队以粮食为根本,粮食以钱币为辅助,食货是圣人一统天下应具备的。现在左藏库没有多年的钱币,太仓没三年的粮食,南方冶铜业匮乏而不能发展,治平相承如此,已经自行彫伤困顿,真的是因为取之已尽,用之无度。朝廷在大的方面有三冗,小的方面有三费,这三冗三费使天下财货困迫。财货穷拮用项狭窄,而想兴兵远征,实在是没有办法。能除去三冗,节制三费,专门装备西北的屯兵,可以开朗地高枕无忧了。

什么是三冗?天下有固定的官职,却没有固定的人员限数,这是一冗;天下的厢军不参与战事,而消耗衣物粮食,这是二冗;僧道日益增多,而没有限定人数,这是三冗。三冗不除去,就不能治理国家。请求决断从现在开始,和尚道士已经受戒手续完备的人姑且保持原状,其他的僧人道士都还俗为百姓,这样可以得到耕夫织妇五十多万人,一冗消除了。天下厢军不挑出矮小瘦弱的人而都刺字为兵,仅仅是谋求他们服役,这些人原本不懂军事,又还每月支取官府的储粮,每年耗费府库的钱币,而几口之家,不能自己庇护其家,大多数就离开厢军而为盗贼,虽然广泛招募他们,也无济于事,那些已经在兵籍的人就不必说了,其他的兵卒一律驱使他们归田务农,这样又得到尽力耕作的人几十万,二冗除去了。国家郡县,向来有固定的官职,譬如以十人为定额,通常以十二人增加这定额,就是遇到官吏调任代理、获罪贬谪,随时要官替补而有人可取。现在一官还未空缺,就群起而争逐这一官职,州县不比以前广阔,而官却是旧时的五倍,更怎么会不苟且仕进,官怎么能不滥升迁。请朝廷诏令三班审官院内诸司、流内铨明确制定官吏限额,以此为固定的法规。那恩荫官、流外官以及贡举等科,都设实职选官的限额,稍微注意一下人员的选择,等有缺官时,计算缺员而补官,三冗也除去了。

什么是三费?一是佛道做道场设斋坛向神祈福,天天如此没有一天停止,而且由百官按需要的数量供给,到了不能计量的地步。他们都是以祝皇帝长寿,祀奉先烈、祈求民福等等为名,臣愚以为此事的主办人是用欺世盗名的计谋而已。陛下侍奉天地、宗庙、社稷、百神,所需牺牲玉帛,让主管人穿着礼服戴着礼帽奉上、按岁时定期献上,这足以条陈明德、佐助多福了,何必希冀繁杂琐碎的回报呢?那么一费就节制了。二是京城的寺观,有的多设服劳役的人,还添置官府,所耗衣食大致是其他地方的三倍。居住大屋高廊,不服徭役,坐食侵吞百姓,寺观尤为严重。而且还自己募捐百姓的财物,营建祠庙,虽说不花费官府钱财,然而国家和百姓是一体,抛开国家而攫取百姓,那伤害都是一样的,请求罢黜京师寺观,那么二费就节制了。三是派宰相为节度,而不检查边远要塞。节相的建立,或处边镇,或临军队,设置节相的公田,在于慰劳兵众,宴享宾客。现在大臣罢免,大都还叨占恩典,坐费国家资财,没有比这更为严重的。请求从现在开始,地处非边塞要冲,州中没有军队驻扎,不得建立节度;已带节度的,不得留在近处和京师,那么三费也节制了。

臣又听说,人不为表率就无人相从,身不先行就没有信用。陛下亲自实行节俭,以此风范标示四方,衣服起居,没有超越旧制法规,后宫锦绣珠玉,不得胡乱浪费,这样天下就会响应,百姓的生业日益繁丰,人心不动摇,战事可兴,风行电掣,瞬间,即可饮马西河。愚蠢的戎酋,即在我手掌中了。

宋祁调判盐铁句院,同修礼书。依进官顺次应当知制诰,而宋庠刚参知政事,就以宋祁为天章阁待制,判太常礼院、国子监,又改判太常寺。宋庠罢官,宋祁也出京师为寿州知州,又调为陈州知州。还京为知制诰、权同判流内铨,以龙图阁直学士为杭州知州,留任翰林学士。提举诸司库务,多次勘正弊病,增设勾当公事官,其部下有议论利害的人,都让先上报度量可否,而后在三司议论,于是写成为法令。调知审官院兼侍读学士。宋庠又知政事,罢免宋祁的翰林学士,改任龙图阁学士、史馆修撰,修《唐书》。又迁任右谏议大夫,充任群牧使。宋庠为枢密使,宋祁又为翰林学士。

景佑年间,朝廷下诏求正直议论,宋祁奏说:"人主不决断是名分之乱。《春秋》写:'落霜,不雕落豆苗。'上天的权威暂时停废,不能雕落小草,就如同人主不决断,不能制服臣下。"又说:"和贤能之人谋划而和不肖之人决断,慎重地遴选大臣而轻率地任用他,大事不谋划而小事急迫,这就是所说的三患。"宋祁言意的主旨在于加强君主权威,区别邪正,紧急解决当务之急,这些都切中时弊。

恰逢温成皇后进为贵妃。旧例,命妃都要发册,妃辞谢就停罢册礼。然而诰在主管部门,必须等到圣旨而后进内。还有,凡是制词,已经授予阁门使宣读,再交学士院书写,送到中书,以三省官衔作为了结,再送官告院盖印,就进呈宫内。宋祁正好该裁断此事,他不等候圣旨,写了诰书不送中书省。直接取官告院的印钤上,急忙封好进呈宫内。温成皇后正得仁宗宠幸,希望举行册礼,得到诰书大怒,把诰书扔到地上。宋祁因此得罪而出京城为许州知州。刚刚几个月,又召为侍读学士、史馆修撰。祭祀明堂,宋祁调任给事中兼龙图阁学士,因他的儿子随张彦方交游而获罪,出京城为亳州知州。又兼集贤殿修撰。

一年多以后,宋祁调任成德军使,迁为尚书礼部侍郎。请求开放河东、陕西马禁,又请求恢复唐代驮幕的法规。过了三个月,调到定州,又上奏说:

国家的根本在河北,而河北的根本在镇州、定州,以镇、定扼制贼人的交通要道,可做国家的门户。况且契丹卑屈讨好五十年,而是恶狼的样子,疯狗的心意,不可能没有动作。现在它垂涎定州、镇州,两军没有交战,就逼近深、赵、邢、洺诸州,直捣我边境之空虚,血盆大口贪婪急进,无所顾忌。臣私下考虑想军队强盛,不如增加粮食财货;想士兵训练精良,不如选择优秀的将帅;想人们乐于争斗,不如重赏严罚;想贼四顾不敢前进,不如使镇州成为重镇,使定州成为强镇。以怯弱为耻,崇尚勇敢,好论国事,乐得而忘死;河北的人,差不多天性即如此。陛下对河北人稍加激励,不愁他们不战。用想打仗的战士,而没有良将,虽然好斗还会失败,没有粮食与财货,城池虽固如金汤,它的势力一定遭轻视。

现在朝廷选择将帅训练兵卒,筹措财货积蓄粮食,却以陕西、河东为先,河北为后,这非良策。西部贼人兵虽精锐但数量少,不能深入我境,河东有天险,使贼人惧怕为盗。这河北则不然,从蓟州一直望去,势同高屋建瓴,贼众击鼓而前进,如同走在蒲席上。所以谋夺契丹的人应当先重河北,而谋划河北的人舍弃镇州、定州不论。臣希望先向镇、定二州运送粮食,镇、定粮食充足后,可以运入其他州郡。众将在陕西、河东有立功行状的人,能调到镇、定,那么镇、定二州就举足轻重了。天下长时间和平,马越来越少,臣请求多用步兵。说到云奔飙驰,抄后掠前,这是骑兵的长处,而强弩大棒,长枪利刃,什伍相联缀,大呼着与敌人近战,这是步兵的长处。臣估计朝廷和敌人相攻,一定不准备深入敌境穷追,攻打他把他赶到边境就截止,这不必期待于骑兵而步兵就足够用了。臣请求减少骑兵增加步兵,因为马少则骑兵精良,步兵多则争夺强健,我朝能用步兵的长处,虽然契丹多骑兵,也无用武之地。

镇州、定州是一个整体,自从先帝以来,二州就同属一道,将帅是一个人而兵卒也不分开,所以定州击刺其胸,则镇州攻打其胁,这是自然形成的形势。现在将其判分为二,其明显是有害的,屯驻的山寨以及山川险要的地方都分属两州,平时的号令公文不能划一。贼人倘或攻打营垒则彼此不能相互谋划,还有谁肯担当此责任呢!请求合并镇州、定州为一路,以将相大臣统领此路,无战事时以镇州为治所,有战事就迁治所至定州,指明授予诸将,权力划一而责任有归属,这是策中之上策。陛下应当居安思危,缜密地谋划长远的事,一定要等到事情发生后再谋求解决,就危险了。

河东骑兵强盛，士卒熟习善于奔驰突击，与镇、定二州如同表里，然而东下井陉，不到百里即可进入镇州、定州了。贼人如果深入，以河东强健的骑兵协助镇州、定州的步兵，掩杀其衰败要逃回的人，这样做万出万全，这是一奇啊。臣听说切实于运用的事，不可以文饰后再陈述，臣所议论的事目繁杂琐碎，要待刀笔吏将原委曲折厘清才能明白，臣已按简便的方式说明此事，就另外上一篇择将畜财的封章，请求下达枢密院、三司，由他们裁定此议。

宋祁又上《御戎沦》七篇。加官端明殿学士，特别调任吏部侍郎、益州知州。不久除授三司使。右司谏吴及曾说宋祁在定州为政不平，纵容家人借用公使钱几千缗，在蜀地奢侈过度。这以后御史中丞包拯也说宋祁多游玩宴乐，况且他的哥哥刚执政，不可出任三司。就加官龙图阁学士、郑州知州。《唐书》撰成，调任左丞，进任工部尚书。因羸疾请求便于就医用药，入判尚书都省。过一个月，拜为翰林学士承旨，朝廷诏令宋祁当入朝值班时准许带一个儿子侍候汤药。又任群牧使，不久去世。宋祁留下遗奏说："陛下享国四十年，东宫之位尚空虚，天下系于希望，人心不安。为社稷长远打算，不如选择宗室中的贤材，晋爵为亲王，为宗庙之主。如果六宫有分娩之喜讯，圣嗣蕃衍，则宗子降封郡王，以此避嫡子，这是安定人心、防祸患的大计。"

宋祁又自作墓志铭和《治戒》以此交给他的儿子："三天入殓，三月安葬，小心不要被流俗阴阳所拘束畏忌。棺材用杂木打制，油漆棺木的四会，涂三道漆即可，使几十年足以晾干我的骸骨、朽坏我的衣巾而已。不要把金铜杂物埋在冢中。况且我的学识不能自成一家，文章又仅达中人水平，不足以留传后世。为官在良二千石之下，不要请求谥号，不要接受赠予、典礼。墓冢上种五棵柏树，坟修三尺高，墓前不得用石人、石兽。你们不可违背我的命令。你们兄弟十四人，只有两个小儿未仕进，把你们托给莒公。莒公在，你们就不孤独。"后来赠宋祁尚书。

宋祁兄弟都以文学显名于世，而宋祁尤其擅长做文章，善于议论，然而文章的清新简约及庄重不如宋庠，议论者认为宋祁官未达三公辅相之高位也是因为这一点等等。宋祁修《唐书》十几年，自为亳州知州，出入朝廷内外曾以书稿随身携带，做列传一百五十卷。参与修《籍田记》《集韵》。又撰《大乐图》二卷，文集一百卷。宋祁所到之处，治理政事明智严刻，喜欢订条文、教令。他的儿子遵循《治戒》的意愿不请求谥号，过了相当长的时间，学士承旨张方平说宋祁应该得到谥号，谥号为景文。

狄青传

【题解】

狄青（1008～1057），北宋名将。字汉臣，汾州西河（今山西汾阳）人，行伍出身。宝元初年，应召戍边，任三班差使、延州指使。与西夏军队先后进行了二十五次战斗，负伤八处。所向披靡，人莫敢当。以功见重于名臣范仲淹，范授给他一部《左氏春秋》，从此，他刻苦攻读，精熟古今兵法，成为一代名将，深为皇帝所信赖。累升至彰化军节度使、枢密副使。皇祐四年(1052)，狄青奉命率兵三万平定了侬智高之叛，次年升任枢密使。嘉祐元年(1056)，去职，次年病逝。

【原文】

狄青字汉臣，汾州西河人。善骑射。初隶骑御马直，选为散直。

宝元初，赵元昊反，诏择卫士从边，以青为三班差使、殿侍、延州指使。时偏将屡为贼败，士卒多畏怯，青行常为先锋。凡四年，前后大小二十五战，中流矢者八。破金汤城，略宥州，屠咙咩、岁香、毛奴、尚罗、庆七、家口等族，燔积聚数万，收其帐二千三百，生口五千七百。又城桥子谷，筑招安、丰林、新砦、大郎等堡，皆扼贼要害。尝战安远，被创甚，闻寇至，即挺起驰赴，众争前为用。临敌被发、带铜面具，出入贼中，皆披靡莫敢当。

狄青

尹洙为经略判官，青以指使见，洙与谈兵，善之，荐于经略使韩琦、范仲淹曰："此良将材也。"二人一见奇之，待遇甚厚。仲淹以《左氏春秋》授之曰："将不知古今，匹夫勇尔。"青折节读书，悉通秦、汉以来将帅兵法，由是益知名。以功累迁西上阁门副使，擢秦州刺史、泾原路副都总管、经略招讨副使，又加捧日天武四厢都指挥使、惠州团练使。

仁宗以青数有战功，欲召见问以方略，会贼寇渭州，命图形以进。元昊称臣，徙真定路副都总管，历侍卫步军殿前都虞候、眉州防御使，迁步军副都指挥使，保大安远二军节度观察留后，又迁马军副都指挥使。

青奋行伍，十余年而贵，是时面涅犹存。帝尝敕青傅药除字，青指其面曰："陛下以功擢臣

不问门地，臣所以有今日，由此涅尔，臣愿留以劝军中，不敢奉诏。"以彰化军节度使知延州，擢枢密副使。

皇祐中，广源州蛮侬智高反，陷邕州，又破沿江九州，围广州，岭外骚动。杨畋等安抚经制蛮事，师久无功。又命孙沔、余靖为安抚使讨贼，仁宗犹以为忧。青上表请行，翌日入对，自言："臣起行伍，非战伐无以报国。愿得蕃落骑数百，益以禁兵，羁贼首致阙下。"帝壮其言，遂除宣徽南院使、宣抚荆湖南北路、经制广南盗贼事，置酒垂拱殿以遣之。时智高还据邕州，青合孙沔、余靖兵次宾州。

先是，蒋偕、张忠皆轻敌败死，军声大沮。青戒诸将毋妄与贼斗，听吾所为。广西钤辖陈曙乘青未至，辄以步卒八千犯贼，溃于昆仑关，殿直袁用等皆遁。青曰："令之不齐，

兵所以败。"晨会诸将堂上，揖曙起，并召用等三十人，按以败亡状，驱出军门斩之。沔、靖相顾愕眙，诸将股栗。

已而顿甲，令军中休十日。觇者还，以为军未即进。青明日乃整军骑，一昼夜绝昆仑关，出归仁铺为阵。贼既失险，悉出逆战。前锋孙节搏贼死山下，贼气锐甚，沔等惧失色。青执白旗麾骑兵，纵左右翼，出贼不意，大败之，追奔五十里，斩首数千级，其党黄师宓、依建中智中及伪官属死者五十七人，生擒贼五百余人，智高夜纵火烧城遁去。迟明，青按兵入城，获金帛钜万、杂畜数千，招复老壮七千二百尝为贼所俘胁者，慰遣之。枭黄师宓等邕州城下，敛尸筑京观于城北隅。时贼尸有衣金龙衣者，众谓智高已死，欲以上闻。青曰："安知非诈邪？宁失智高，不敢诬朝廷以贪功也。"初，青之至邕也，会瘴雾昏塞，或谓贼毒水上流，士饮者多死，青殊忧之。一夕，有泉涌砦下，汲之甘，众遂以济。

复为枢密副使，迁护国军节度使、河中尹。还至京师，帝嘉其功，拜枢密使，赐第敦教坊，优进诸子官秩。初，青既行，帝每忧之曰："青有威名，贼当畏其来。左右使令，非青亲信者不可；虽饮食卧起，皆宜防窃发。"乃驰使戒之。及闻青已破贼，顾宰相曰："速议赏，缓则不足以劝矣。"

始，交阯愿出兵助讨智高，余靖言其可信，具万人粮于邕、钦待之。诏以缗钱三万赐交阯为兵费，许贼平厚赏之。青既至，檄余靖无通使假兵，即上奏曰："李德政声言将步兵五万、骑一千赴援，非其情实。且假兵于外以除内寇，非我利也。以一智高而横蹂二广，力不能讨，乃假兵蛮夷，蛮夷贪得忘义，因而启乱，何以御之？请罢交阯助兵。"从之。贼平，人服其有远略。

青在枢密四年，每出，士卒辄指目以相矜夸。又言者以青家狗生角，且数有光怪，请出青于外以保全之，不报。嘉祐中，京师大水，青避水徙家相国寺，行止殿上，人情颇疑，乃罢青为同中书门下平章事，出判陈州。明年二月，疽发髭，卒。帝发哀，赠中书令，谥武襄。

青为人缜密寡言，其计事必审中机会而后发。行师先正部伍，明赏罚，与士同饥寒劳苦，虽敌猝犯之，无一士敢后先者，故其出常有功。尤喜推功与将佐。始，与孙沔破贼，谋一出青，贼既平，经制余事，悉以诿沔，退若不用意者。沔始叹其勇，既而服其为人，自以为不如也，尹洙以贬死，青悉力赒其家事。子谘、咏，并为阁门使。咏数有战功。

熙宁元年，神宗考次近世将帅，以青起行伍而名动夷夏，深沉有智略，能以畏慎保全终始，慨然思之，命取青画像入禁中，御制祭文，遣使赍中牢祠其家。

【译文】

狄青字汉臣，汾州西河人。善于骑马射箭，起初隶属骑御马直，被选为散直。

宝元初年，赵元昊反叛，皇帝下诏挑选卫士戍守边境；任命狄青为三班差使、殿侍、延州指使。当时宋军将佐屡屡被贼军打败，士兵们十分畏惧、胆怯，狄青每次行动经常担任先锋。一共四年时间，前后进行了大小二十五次战斗，身中流箭八次。攻克了金汤城，夺取了宥州，歼灭了啀咩、岁香、毛奴、尚罗、庆七、家口等部族，焚烧了他们聚集来的财物成千上万，收取了西夏人的营帐二千三百个，俘虏五千七百人。又在桥子谷修建城墙，修筑了招安、丰林、新寨、大郎等城堡，全都是扼制贼军的要害之处。曾经激战于安远，身负重伤，闻听到贼寇又到了，立即挺身而起，驰马赴敌，部下们争先恐后地跟随他前进。每当遇见敌人就披散着头发，戴着铜制面具，来回驰骋冲杀于贼阵中，所向披靡，没有人敢同他交锋。

尹洙担任经略判官，狄青以指使的身份拜见，尹洙同他谈论军事，认为他很出色，便向经略使韩琦、范仲淹推荐说："这人有良将之才。"韩、范二人一见狄青就十分惊奇，非常热情周到地接待他。范仲淹把一部《左氏春秋》赠送给他说："身为大将却不知古今历史，只是匹夫之勇罢了。"狄青从此改变了平日志向，发愤读书，系统掌握了秦汉以来将帅们的用兵之法。从此更加被世人所知。因功累迁至西上阁门副使，提升为秦州刺史、泾原路副都总管、经略诏讨副使，又加任捧日天武四厢都指挥使、惠州团练使。

宋仁宗看到狄青屡立战功，就想召见并垂问他有什么制敌策略，正好贼军侵犯渭州，便命令他画一份形势图进呈。赵元昊称臣降服后，调任真定路副都总管，历任侍卫步军殿前都虞候、眉州防御使，升任步军副都指挥使、保大安远二军节度观察留后，又升任马军副都指挥使。

狄青崛起于行伍之中，十几年时间取得了尊贵的地位，这时脸上刺的黑字还在。皇帝曾经下令让他敷上药物以除掉脸上的字迹，狄青指着自己的脸说："陛下以军功提拔我，并没有看我的出身门第，我之所以有今天，都是因为有这个刺字啊。我情愿留着它来劝勉激励我的部下，不敢遵从您的诏令。"担任彰化军节度使出知延州，又被提升为枢密副使。

皇祐年间，广源州少数民族首领侬智高反叛，攻陷了邕州，又攻克沿江的九个州，围困广州，岭外动荡不宁。杨畋等人奉命去安抚节制这次少数民族的起事，出师许久却毫无建树。朝廷又命令孙沔、余靖等担任安抚使讨伐贼军，仁宗还是十分担忧。狄青上表请求让他提军出击，第二天入朝答对，自己说："我出自行伍，不去攻战征伐就没有什么来报答国家，请给我数百名蕃族骑兵，再加上禁兵，一定能把贼军的头领捆来献给陛下。"皇帝认为他的话十分壮勇，于是任命他为宣徽南院使、宣抚荆湖南北路、经制广南盗贼事，并在垂拱殿设宴为他壮行。这时侬智高退据邕州，狄青会合孙沔、余靖的部队进军至宾州。

在此之前，蒋偕、张忠都是因为轻敌而兵败身死，大大损害了宋军的名誉。狄青告诫诸将，千万不要轻易地与敌人交战，一切听从他的安排。广西钤辖陈曙乘狄青未到之机，擅自率步兵八千人进击贼军，在昆仑关溃败，殿直袁用等人全逃走了。狄青说："命令不被整齐一致地执行，是此次兵败的原因。"早上在堂上召集诸位将领，拱手请陈曙站起来，同时传唤袁用等三十人，查问了他们败逃的情况，拉出军门外斩杀了他们。孙沔、余靖两人面面相觑、目瞪口呆，部下众将都吓得双腿直颤。

随后整治兵甲，下令军中休息十天。前来侦察情况的蛮兵跑回去报告说宋军不会马上进攻。第二天狄青准备好骑兵，一昼夜横穿昆仑关，出现在归仁铺摆好了阵势。贼军已经失去了险要之地,不得不全体出动迎战宋军。前锋孙节与贼军搏战阵亡于山下,贼军的气势十分强悍,孙沔等人大惊失色。狄青手执白旗指挥骑兵从左右两翼冲出,出其不意,大败贼军,追杀五十里,斩首数千级,贼党黄师宓、侬建中、智中和伪官吏被杀者达五十七人,活捉贼兵五百余人。侬智高夜间放火焚城逃去。黎明时刻,狄青集合队伍入城,缴获了成千上万的金帛,各种牲畜数千,招集七千二百名被贼胁迫来的老人和壮丁,安抚并遣散了他们。把黄师宓等人的头砍下悬在邕州城下示众,收敛敌军死尸,在城北角修筑高冢以志军功。当时有一具贼尸身上穿着金龙衣,大家都说侬智高已经死亡,想把这个消息上报给朝廷,狄青说:"怎么才能证明这不是假的?宁肯让侬智高跑了,也不敢欺骗朝廷来贪图功名。"一开始,狄青率军来到邕州,正遇上瘴气弥漫天地,有人说贼军在上游水里下了毒,人喝了多会死亡,狄青对此非常忧虑。一天晚上,有一眼泉水在营寨下面喷涌而出,打上来的水是甘甜的,部队于是渡过了难关。

再次担任枢密副使,升任护国军节度使、河中尹。回到京师,皇帝嘉奖了他的功绩,授命他担任枢密使,在敦教坊赏赐给他一座府宅,优先提升了他的几个儿子的官职。当初,狄青已经出发,皇帝忧心忡忡地说:"狄青历来享有威名,贼军一定害怕他来。左右使唤之人,非狄青的亲信不可;虽然是饮食睡眠这些细节,都应该防备敌人暗中下手。"于是派使者飞马赶去告诫狄青。等到得知狄青已经击败贼军,回头对宰相说:"赶紧商议封赏,慢了就不足以表示鼓励了。"

起初,交阯国愿意出兵帮助宋朝讨伐侬智高,余靖说可以相信他们,并在邕、钦二地准备了供一万人食用的粮食等待交阯兵来。皇帝下诏用缗钱三万赐给交阯国作为军费,并许诺待贼平之后再重赏他们。狄青来到后,檄告余靖不能与阯国通使借兵,并立即上奏说:"李德政口口声声说用步兵五万、骑兵一千赶来支援,这并非是他的真实意图。而且从外国借兵来剿除内寇,绝非是我们的利益。因为一个侬智高横加蹂躏了两广之地,凭我们自己的力量不能讨平。就向蛮夷借兵,蛮夷贪利忘义,一旦发生变乱,将如何抵御他们?请停止交阯国出兵帮忙这件事。"皇帝听从了他的意见。贼被平定后,人们无不佩服狄青的深谋远虑。

狄青在枢密院供职四年,每当出行,士兵们就指着他相互夸赞。又有人说狄青家养的狗长出了角,而且屡屡出现怪异的光象,奏请皇帝把狄青调到外地以保证朝廷的安全,皇帝没有答复这事。嘉祐年间,京师洪水泛滥,狄青为避水把家搬到相国寺,行止于殿上,人们对此议论纷纷,于是皇帝把他降职为同中书门下平章事,出任陈州。第二年二月,唇上毒疮发作,去世。皇帝为他举哀,追赠他为中书令,谥号是武襄。

狄青为人谨慎周密,沉默寡言。他计划某件事情一定先审时度势、切合机会才阐述出来。出师行军首先整饬部伍,赏罚严明,与士兵共同忍受饥寒劳苦,虽然遇到敌人突然袭击,也没有一个人敢落于人后,所以他率军出征常常立有战功。特别喜欢把功劳推让给手下将佐。起初,他与孙沔同力破贼,一切谋划均出自狄青,贼军已经平定,经营节制的其他方面事情,全部托付给孙沔,自己谦逊退让好像从来没有出谋划策似的。孙沔开始叹服他的勇猛,进而又钦佩他的为人,自己认为赶不上他。尹洙死于被贬官的境遇中,狄青倾其全力周济他的家属。儿子狄谘、狄咏同为阁门使。狄咏屡立战功。

熙宁元年，宋神宗逐个考察了近代的将帅，认为狄青出自行伍而名震中外，性格深沉而富有智慧谋略，能够以敬畏和谨慎的处世方式保全了一生始终，于是感慨万千，怀念狄青，下令取狄青的画像挂在禁中，亲笔撰写了祭文，派遣使者到他家中用御赐的猪、羊二牲祭祀狄青。

王禹偁传

【题解】

王禹偁(954~1001)，宋代诗人、散文家。字元之，济州巨野(今属山东)人。宋太宗时进士，曾任左拾遗、礼部员外郎、知州等职。为官清正，秉性刚直，主张改革，多次上书言事，屡遭贬谪。

王禹偁为了消除宋初文坛颓靡纤丽的文风，以宗经复古为旗帜，提倡继承韩愈、柳宗元古文运动的精神，大力写作古文。其散文内容充实，感情充沛，其诗风格简雅古淡，语言平易。有《小畜集》。

【原文】

王禹偁字元之，济州钜野人。世为农家，九岁能文，毕士安见而器之。太平兴国八年擢进士，授成武主簿。徙知长洲县，就改大理评事。同年生罗处约时宰吴县，日相与赋咏，人多传诵。端拱初，太宗闻其名，召试，擢右拾遗、直史馆，赐绯。故事，赐绯者给涂金银带，上特命以文犀带宠之。即日献《端拱箴》以寓规讽。

时北庭未宁，访群臣以边事。禹偁献《御戎十策》，大略假汉事以明之："汉十二君，言贤明者，文、景也；言昏乱者，哀、平也。然而文、景之世，军臣单于最为强盛，肆行侵掠，候骑至雍，火照甘泉。哀、平之时，呼韩邪单于每岁来朝，委质称臣，边烽罢警。何邪？盖汉文当军臣强盛之时，而外任人、内修政，使不能为深患者，由乎德也。哀、平当呼韩衰弱之际，虽外无良将，内无贤臣，而致其来朝者系于时也。今国家之广大，不下汉朝，陛下之圣明，岂让文帝。契丹之强盛，不及军臣单于，至如挠边侵塞，岂有候骑至雍，而火照甘泉之患乎？亦在乎外任人、内修德尔。臣愚以为：外则合兵势而重将权，罢小臣逻边事，行间谍离其党，遣赵保忠、折御卿率所部以掎角。下诏感励边人，使知取燕蓟旧疆，非贪其土地；内则省官以宽经费，抑文士以激武夫，信用大臣以资其谋，又不贵虚名以戒无益，禁游惰以厚民力。"帝深喜之。又与夏侯嘉正、罗处约、杜镐表请同校《三史书》，多所厘正。

二年，亲试贡士，召禹偁，赋诗立就。上悦曰："此不逾月遍天下矣。"即拜左司谏、知制诰。是冬，京城旱，禹偁疏云："一谷不收谓之馑，五谷不收谓之饥。馑则大夫以下，皆损其禄；饥则尽无禄，廪食而已。今旱云未沾，宿麦未茁，既无积蓄，民饥可忧。望下诏直云："群臣之间，政教有阙，自乘舆服御，下至百官奉料，非宿卫军士、边庭将帅，悉第减之，上答天谴，下厌人心，俟雨足复故。'臣朝行中家最贫，奉最薄，亦愿首减奉，以赎耗蠹之咎。外则停岁市之物；内则罢工巧之伎。近城掘土，侵冢墓者瘗之；外州配隶之众，非赃盗者释之。然后以古者猛虎渡河、飞蝗越境之事，戒敕州县官吏。其余军民刑政之弊，非臣所知者，望委宰臣裁议颁行，但感人心，必召和气。"

未几，判大理寺，庐州妖尼道安诬讼徐铉，道安当反坐，有诰勿治。禹偁抗疏雪铉，请论道安罪，坐贬商州团练副使，岁余移解州。四年，召拜左正言，上以其性刚直不容物，命宰相戒之。直昭文馆，丐外任以便奉养，得知单州，赐钱三十万。至郡十五日，召为礼部员外郎，再知制诏。屡献讨李继迁便宜，以为继迁不必劳力而诛，自可用计而取。谓宜明数继迁罪恶，晓谕蕃汉，重立赏赐，高与官资，则继迁身首，不枭即擒矣。其后潘罗支射死继迁，夏人款附，卒如禹偁策。

至道元年，召入翰林为学士，知审官院兼通进、银台、封驳司。诏命有不便者，多所论奏。孝章皇后崩，迁梓宫于故燕国长公主第，群臣不成服。禹偁与客言，后尝母仪天下，当遵用旧礼。坐谤讪，罢为工部郎中、知滁州。初，禹偁尝草《李继迁制》，送马五十匹为润笔，禹偁却之。及出滁，闽人郑褒徒步来谒，禹偁爱其儒雅，为买一马。或言买马亏价者，太宗曰："彼能却继迁五十马，顾肯亏一马价哉？"移知扬州。真宗即位，迁秩刑部，会诏求直言，禹偁疏上书言五事：

一曰谨边防，通盟好，使辇运之民有所休息。方今北有契丹，西有继迁。契丹虽不侵边，戍兵岂能减削？继迁既未归命，馈饷固难寝停。关辅之民，倒悬尤甚。臣愚以为宜敕封疆之吏，致书辽臣，俾达其主，请寻旧好。下诏赦继迁罪，复与夏台。彼必感恩内附，且使天下知陛下屈己而为民也。

二曰减冗兵，并冗吏，使山泽之饶，稍流于下。当乾德、开宝之时，土地未广且，财赋未丰，然而击河东，备北鄙，国用未足，兵威亦强，其义安在？由所蓄之兵锐而不众，所用之将专而不疑故也。自后尽取东南数国，又平河东，土地财赋，可谓广丰矣，而兵威不振，国用转急，其义安在？由所蓄之兵冗而不尽锐，所用之将众而不自专故也。臣愚以为宜经制兵赋，如开宝中，则可高枕而治矣。且开宝中设官至少。臣本鲁人，占籍济上，未及第时，一州止有刺史一人，司户一人，当时未尝阙事。自后有团练推官一人，太平兴国中，增置通判、副使、判官、推官，而监酒、榷税算又增四员。曹官之外，更益司理。问其租税，减于曩日也；问其人民，逃于昔时也。一州既尔，天下可知。冗吏耗于上，冗兵耗于下，此所以尽取山泽之利，而不能足也。夫山泽之利，与民共之。自汉以来，取为国用，不可弃也；然亦不可尽也。只如茶法从古无税，唐元和中，以用兵齐、蔡，始税茶。唐史称是岁得钱四十万贯，今则数百万矣，民何以堪？臣故曰减冗兵，并冗吏，使山泽之饶，稍流于下者此也。

三曰艰难选举，使入官不滥。古者乡举里选，为官择人，士君子学行修于家，然后荐之朝廷，历代虽有沿革，未尝远去其道。隋、唐始有科试，太祖之世，每岁进士不过三十人，经学五十人。重以诸侯不得奏辟，士大夫罕有资荫，故有终身不获一第，没齿不获一官者。太宗毓德王藩,睹其如此。临御之后,不求备以取人,舍短用长,拔十得五。在位将逾二纪,登第殆近万人,虽有俊杰之才,亦有容易而得。臣愚以为数百年之艰难,故先帝济之以泛取,二十载之霈泽,陛下宜纠之以旧章,望以举场还有司,如故事。至于吏部铨官,亦非帝王躬亲之事,自来五品已下,谓之旨授官,今幕职、州县而已,京官虽有选限,多不施行。臣愚以为宜以吏部还有司,依格敕注拟可也。

四曰沙汰僧尼,使疲民无耗。夫古者唯有四民,兵不在其数。盖古者井田之法,农即兵也。自秦以来,战士不服农业,是四民之外,又生一民,故农益困。然执干戈卫社稷,理不可去。汉明之后,佛法流入中国,度人修寺,历代增加。不蚕而衣,不耕而食,是五民之外,又益一而为六矣。假使天下有万僧,日食米一升,岁用绢一匹,是至俭也,犹月费三千斛,岁用万缣,何况五七万辈哉。不曰民蠹得乎?臣愚以为国家度人众矣,造寺多矣,计其费耗,何啻亿万。先朝不豫,舍施又多,佛若有灵,岂不蒙福?事佛无效,断可知矣。愿陛下深鉴治本,亟行沙汰,如以嗣位之初,未欲惊骇此辈,且可以二十载,不度人修寺,使自销铄,亦救弊之一端也。

五曰亲大臣,远小人,使忠良蹇谔之士,知进而不疑,奸憸倾巧之徒,知退而有惧。夫君为元首,臣为股肱,言同体也。得其人则勿疑,非其人则不用。凡议帝王之盛者,岂不曰尧、舜之时,契作司徒,咎繇作士,伯夷典礼,后夔典乐,禹平水土,益作虞官。委任责成,而尧有知人任贤之德。虽然,尧之道远矣,臣请以近事言之。唐元和中、宪宗尝命裴铨品庶官,垍曰:“天子择宰相,宰相择诸司长官,长官自择僚属,则上下不疑,而政成矣。”识者以垍为知言。愿陛下远取帝尧,近鉴唐室,既得宰相,用而不疑。使宰相择诸司长官,长官自取僚属,则垂拱而治矣。古者刑人不在君侧,《语》曰‘放郑声,远佞人。是以周文王左右。无可结袜者,言皆贤也。夫小人巧言令色,先意希旨,事必害正,心惟忌贤,非圣明不能深察。旧制,南班三品,尚书方得升殿;比来三班奉职,或因遣使,亦许升殿,惑乱天听,无甚于此。愿陛下振举纪纲,尊严视听,在此时矣。

臣愚又以为今之所急,在先议兵,使众寡得其宜,措置得其道。然后议吏,使清浊殊涂,品流不杂,然后艰选举以塞其源,禁僧尼以去其耗,自然国用足而王道行矣。

疏奏,召还,复知制诏。咸平初,预修《太祖实录》,直书其事。时宰相张齐贤、李沆不协意,禹偁议论轻重其间。出知黄州,尝作《三黜赋》以见志。其卒章云:“屈于身而不屈于道兮,虽百谪而何亏!”三年,濮州盗夜入城,略知州王守信、监军王昭度,禹偁闻而奏疏,略曰:

伏以体国经野,王者保邦之制也。《易》曰:“王公设险,以守其国”。自五季乱离,各据城垒,豆分瓜剖,七十余年。太祖、太宗,削平僭伪,天下一家。当时议者,乃令江淮诸郡毁城隍、收兵甲、彻武备者,二十余年。书生领州,大郡给二十人,小郡减五人,以充尝从。号曰长吏,实同旅人;名为郡城,荡若平地。虽则尊京师而抑郡县,为强干弱枝之术,亦匪得其中道也。臣比在滁州,值发兵挽漕,关城无人守御,止以白直代主开闭,城池颓圮,铠仗不完。及徙维扬,称为重镇,乃与滁州无异。常出铠甲三十副,与巡警使臣,彀弩张弓,十损四五,盖不敢擅有修治,上下因循,遂至于此。今黄州城雉器甲,复不及滁、扬。

万一水旱为灾，盗贼窃发，虽思御备，何以枝梧。盖太祖削诸侯跋扈之势，太宗僭伪觊望之心，不得不尔。其如设法救世，久则弊生，救弊之道，在乎从宜。疾若转规，固不可胶柱而鼓瑟也。今江、淮诸州，大患有三：城池堕圮，一也；兵仗不完，二也；军不服习，三也。濮贼之兴，慢防可见。望陛下特纡宸断，许江、淮诸郡，酌民户众寡，城池大小，并置守捉。军士多不过五百人，阅习弓剑，然后渐葺城壁，缮完甲胄，则郡国有御侮之备，长吏免剽略之虞矣。

疏奏，上嘉纳之。

四年，州境二虎斗，其一死，食之殆半。群鸡夜鸣，经月不止。冬雷暴作。禹偁手疏引《洪范传》陈戒，且自劾；上遣内侍乘驲劳问，醮禳之，询日官，云："守土者当其咎。"上惜禹偁才，是日，命徙蕲州。禹偁上表谢，有"宣室鬼神之问，不望生还；茂陵封禅之书，止期身后"之语。上异之，果至郡未逾月而卒，年四十八。讣闻，甚悼之，厚赙其家。赐一子出身。

禹偁词学敏赡，遇事敢言，喜臧否人物，以直躬行道为已任，尝云："吾若生元和时，从事于李绛、崔群间，斯无愧矣。"其为文著书，多涉规讽，以是颇为流俗所不容，故屡见摈斥。所与游必儒雅，后进有词艺者，极意称扬之。如孙何、丁谓辈，多游其门。有《小畜集》二十卷、《承明集》十卷、《集议》十卷、诗三卷。

【译文】

王禹偁，字元之，济州钜野（今山东巨野）人。他的祖上世世代代都是种田人家，禹偁九岁解作文，毕士安听到以后很器重他。太平兴国八年（983）中进士，授成武（今山东成武）主簿，转任长洲（苏吴县）知县，又改大理评事。同科进士罗处约当时正好是吴县的知县，两人天天在一起吟诗作文，人们多爱传诵他们的作品。端拱（988～989）初年，宋太宗听到王禹偁的名声，招来面试，升为右拾遗、直史馆，赐大红袍。按照惯例，赐大红袍的人应该赐给涂金银带，但太宗皇帝特别下令把文犀带赐给王禹偁以示尊崇。当天，王禹偁就向太宗献了《端拱箴》，进行规劝和讽谏。

当时北方边境不安宁，王禹偁访问群臣，了解他们对边防问题的看法，然后向太宗进献了《御戎士策》。大体上是借汉代的历史以说明这个问题："汉代十二个皇帝，说到贤明的，是文帝和景帝；论到昏庸混乱的，是哀帝和平帝。然而文帝、景帝的时代，军臣单于最为强盛，肆行侵掠，派出修察的骑兵一直潜入到雍州（今陕西中部），烽火照亮了甘泉（今陕西甘泉）。哀帝和平帝的时候，呼韩邪单于每年都来朝见汉元子，归顺称臣，边境不举烽火报警。这是什么缘故呢？这是因为汉文帝当年臣属强盛的时候，敢做到对外任用贤人，对内修明政治，因此使匈奴对汉王朝不能构成重大的祸患，这就是由于德政的原因啊；哀帝、平帝在呼韩衰弱的时候，虽然外面没有良将，里面没有贤臣，却能够使匈奴来朝见和称臣，是由于时势的缘故也。现在我们国家的广大，不下于汉朝，陛下的圣哲贤明，难道不如文帝？契丹的强盛，也不及当年的军臣单于。至于像骚扰边境侵夺要塞虽然时有发生，但是哪里有敌人的侦察骑兵潜入过雍州，报警的烽火照到甘泉那样的祸患呢？

究其原因，也是因为对外任用贤臣，对内施行德政的缘故呀！臣愚昧地认为，外面应该联合兵力，提高将领的权力，罢斥小臣对边塞军事的指挥，派遣间谍离间他们的朋党，派遣赵保忠、折御卿率领他们自己的部队形成犄角之势。圣上再下诏感动和激励边境的百姓，使他们懂得朝廷这样做的目的，只是为了收回燕蓟（今北京天津一带）旧疆土，而并不是贪图他们的土地；在内部则减少官员的人数以节省经费，抑制文人以激励武将，信任和重用大臣让他们参与谋划，不要重视虚名，警惕徒劳无益事情的发生，严禁游荡、怠惰以增加民力。”太宗非常赞赏王禹偁的《御戎十策》。王禹偁又和夏侯嘉正、罗处约、杜镐请求一起校勘三史书，他们在校勘中做了很多的校正。

端拱二年（989），太宗皇帝亲试员士，召试王禹偁，王禹偁赋诗立就。太宗皇帝十分高兴地说：“这首诗不超过一月就会传遍天下了。”立即就任命王禹偁为左司谏、知制诰。那年冬天，京城大旱，王禹偁给皇帝上了一道奏章说：“一种谷物没有收成称为馑，五种谷物都没有收成称为饥。馑发生了，那么大夫以下，都应该减少俸禄；饥发生了，那么大夫以下就完全不给俸禄，仅给饭吃而已。现在，旱田没有沾水，隔年种的麦子还没有成长，既没有积蓄。老百姓的饥荒实在堪忧。希望圣上能下诏坦率地说：我们做国君和臣子的，在政治和教化上都有缺失，因此上自帝王，下到百官的俸禄和料钱，除皇帝的宿卫军士、边庭的将帅，全部应该按次第减少，这样，上可以回答上天的谴责和惩罚，下可以满足人心，等雨下足后再恢复原有俸禄和料钱。我在朝臣的行列中是家境最贫困、俸禄最低的人，但也愿意第一个减低俸禄，以赎我过去浪费的错误。对外则停止每年向全国例行的采购货物制度，对内则罢斥那些费时的工巧的匠作生活，在城市附近掘土，掘到了坟墓的应该重新埋葬好；发配到外州的囚徒，如果不是盗贼就该加以释放。然后用古代对付猛虎渡河，飞蝗越境的旧例，戒敕州县官吏认真对付这次旱灾。其他军民刑政中的弊端，不是我所能知道的，希望陛下责成各主管部门的官员定出，颁布执行，不过要注意感化人心，使百姓和睦。”

不久，判大理寺，庐州妖尼道安诬告徐铉，道安应当反坐，但诏书却不让处理这个案件。王禹偁向皇帝上抗疏为徐铉昭雪，请给道安治罪，因此王禹偁被贬为商州（今陕西商县）团练副使，在商州一年多，后移置解州（今山东解县）。端拱四年（991）召拜左正言，太宗因为他个性刚直容不得不好的东西，因此命宰相告诫他。又直昭文馆，但王禹偁却要求外任，以便供养双亲，最后获准知单州（今山东单县），皇上赐了他三十万钱。到郡十五天，又召为礼部员外郎，又为知制诰。他多次向朝廷提出讨伐张继迁的可行意见，以为对张继迁不必费力征讨而可用智取。以为应该公开地历数张继迁的罪恶，晓谕少数民族和汉族，悬设重赏，给他们高的官职和俸禄，这样，张继迁不是被悬头示众，就是被擒拿了。以后潘罗支射死张继迁，西夏人归附，结果都像王禹偁计策中说的那样。

至道元年（995），召入翰林为学士，知审官院兼通进、银台、封驳司。诏命中有不合适的地方，王禹偁都上奏提出意见。孝章皇后去世，把灵柩放到燕国长公主的府第，群臣没有按丧礼的规定服丧礼。王禹偁对人说，皇后曾经为天下母亲的典范，应当按旧有的礼节料理这次丧事。因此就犯了毁谤之罪，罢为工部郎中、知滁州（今安徽滁县）。开始，王禹偁曾经写《李继迁制》,人家送他五十匹马作为润笔费,王禹偁谢绝了,等到出知滁州,福建人郑褒步行来求见,王禹偁爱他儒雅的风度,为他买了一匹马。有人说王禹偁买马没给人家钱,宋太宗说:“他能谢绝李继迁五十匹马,反而会短缺一匹马的钱吗?”不久又移置扬州(今属江苏)宋。真宗即位,王禹偁升迁到刑部,不久,真宗下诏要求群臣上书直言,王禹偁上了一道奏疏,对五个问题发表了意见:

第一件说的是要管好边防,和四境的其他民族搞好关系,使拉车运输的百姓有休息的地方。当今北面有契丹,西面有李继迁。契丹虽然没有来侵扰边境,边防军又怎能削减!李继迁既然还没有归顺,运送军粮的事就不能停止,关辅的百姓,苦难更深。依臣愚愿,皇上应该命令边庭官吏,送信给辽臣,让他们转送给自己的君主,请求和他们恢复从前的友好关系。下诏赦免李继迁的罪行,重新给他夏台。他必然感恩来归附,而且可以使天下人民知道陛下委屈自己正是为了天下的老百姓。

第二件说的是裁减多余的军队,合并多余的官吏,使山川的富饶,能稍稍流一点到百姓那里去。当乾德(963~968)、开宝(968~976)那个时候,国土还不大,赋税还不多,然而进击河东(今山西),守备北方,国用虽不足,军威却很盛,道理在哪里呢?是因为所养的军队少而精,所用的将帅专一而上面不怀疑他们的缘故啊。自那以后,全部取下了东南的几个国家,又平定了河东,土地和财赋,可以说是广大而富足了吧,但是军威却没有强大,国家的财政开支却变得很困难,道理在哪里呢?是因为所养的年队多而不精锐,所用的将帅多而不专一的缘故啊。依臣愚见,皇上应该制定有关兵赋的规定,像开宝年间那样,这样就可以高枕无忧而天下大治了。而开宝年间设置的官员很少。我本来是山东人,籍贯是济州,在我还没有中举时,一个州只有刺史一人,司户一人,当时并没有少办事情。此后,有团练推官一人,太平兴国(976~984)年间,增设通判、副使、判官、推官,而监酒、榷税算又增加了四员。曹官以外,又增加司理。问这时的租税数量,却少于过去;问这时的百姓数字,逃亡的多于从前。一个州是这样,天下的情况也就可想而知了。上面被冗官所耗损,下面被冗兵所耗损,因此,虽然取尽山川之利,还是不能满足。山川之利,应该与百姓共享。自汉代以来,取来为国家所用,当然不可放弃,然而也不可完全由国家尽取。就拿种茶来说,国家对种茶人自古不要求缴税,唐代元和年间,政府为了对齐(今山东胶东半岛)、蔡(今河南淮河以北)用兵,方才开始征收茶税。唐史说那年征得的茶税是四十万贯,现在茶税的征收数额已是几百万了,老百姓怎么忍受得了?我所以说裁减多余的士兵,合并多余的官吏,使山河的富饶,能够稍稍流到百姓那里去。

第三件说的是严格进行选举,使选入的官员人数不滥。古时候乡举里选,为官府选择合适的人员,士君子在家里进修学问德行,然没把他们推荐到朝廷,历代虽然有所沿革,但是没有远离这个选择官员的根本方法。隋、唐开始有科举考试,太祖的时候,每年的进士科考试不过选取三十名,经学科考试选取五十名。再规定诸侯不得征辟,士大夫中也很少有人因为祖先的功勋而推恩得到封赐官爵的,所以读书人里就有了那种在一生中没有登第,到老没有得到一官半职的人。太宗在做藩王的时候,看到了这种状况,所以在他即位后,在科举考试中对人不求全责备,而是舍短取长,十人中就选拔五人。他在位二十多年,科举选取的将近一万人。其中虽有峻拔杰出的人才,也有很容易就被选中的。依臣的愚见,科举考试几百年来一直很严格,所以先帝用放宽选取的方法进行调剂,二十年的恩泽,已经很深很深,现在陛下应该用旧章程来纠正它,希望把科举考试的大权还给有关部门,像从前的旧例。至于吏部选用官吏,也不是必须帝王亲自参加的事情,自古以来,五品以下,谓之旨授官,相当于今天的幕职和州县官而已,京官虽有选举的规定,但大多并不真正实行。依臣的愚见,应该把吏部的权力交给有关部门,吏部依照规定格式和皇帝敕命拟定官职的名单就可以了。

第四件是淘汰僧尼,使已经负担沉重的百姓减少损失。古代只有士、农、工、商四种人,兵不在这个范围。因为古代实行井田法,农民也就是士兵。自秦代以来,战士不种田,所以是四民之外,又生出一民。农民因此更加贫困。然而战士拿着武器保卫国家,按道理是不能去掉的。汉明帝以后,佛教传入中国,修建寺庙,剃度僧人,历代都有增加。不养蚕而要穿衣服,不种田而要吃饭,这样,是四民之外,又增加一民而成为六民了。假使全国有一万个僧尼,每一天每一个人吃米一升,一年用绢一匹,这已经算是很节约的了,但仍旧要每月耗费粮食三千斛,一年要用一万匹缣,何况全国的僧尼实际有五万至七万呢。不说老百姓受到蠹虫之害能做得到吗?依臣的愚见,国家剃度的僧尼太多了,建造的寺庙太多了,计算它的费用消耗,何止亿万!先朝对度人修寺等功德从不厌烦,对僧侣寺庙的施舍又多,佛若有灵验,我们怎么没有受到福佑呢,奉佛没有效果,完全可以清楚了。愿皇上以此为鉴并从根本上去解决这个问题,快快采取淘汰僧尼的措施。如果说因为皇上刚即位,不想去惊动这些人,那么可以在二十年内不度僧尼不修佛寺,使它自行消除,这也是补救这一弊病的一个办法啊!

第五件是亲近大臣,远离小人,使忠诚善良正直敢言的人,只知进取而没有顾虑,奸佞钻营之徒,知道惧怕而后退。国君是头,臣下是手足,说明他们是同属一个身体的。得到合适的人就不要怀疑,不合适的人就不要用。凡是谈论帝王的盛世的人,都要说到尧、舜那个时代,契管民政,咎繇管刑狱,伯夷做祭祀的礼官,后夔作乐官,禹管水利和土地,益掌管山林。委以重任,职责明确,而尧就有了知人善任的贤德。纵然这样,尧的事情太远了,我请求用近的事情来说明这个道理。唐元和(806~820)年间,宪宗曾命裴垍选拔和品评众官,裴垍说:“天子选择宰相,宰相选择各部门的长官,长官自己选择下属官吏,那么上下就不会互相猜疑,这样,政治就成了。”有识之士认为裴垍的话有道理。希望皇上远取法于帝尧,近则借鉴于唐代,既然已经选择了宰相,就大胆使用,不要猜疑。让宰相选择各部门的长官,长官自己去选择他的下属,这样,就可以垂衣拱手而平治天下了。古时候,受过肉刑,形体亏损的人不留在君王的身边,《论语》说:“舍弃郑国的乐曲,斥退小人。”所以周文王身边,没有可以结袜的人,这是说文王左右都是贤人也。且说那些小人花言巧语,察言观色,揣摩别人的意图,他们所做的事情必定伤害正直的人,因为他们的心中只有嫉贤的念头。这样,不是圣明的人就很难识透他们。按照旧制,南班三品,尚书才可以开殿;近来三班奉职,有人只是临时派遣,也让他们升,殿,惑乱皇上的视听,没有比这更严重了。希望皇上振兴法度,尊严视听,就在这个时候了。

臣下的愚见又以为当务之急，首先在讨论军事问题，使多寡能适宜，措置能合于规律。然后是官吏远拔问题，要使清浊分开，品流不杂，然后严格选举以堵塞它的源头，禁止僧尼以去掉不必要的耗费，这样，自然就国用充足、王道大行了。

奏疏送上去，王禹偁被召还朝廷，又任命为知制诰。咸平(998~1003)初年，王禹偁参与编修《太祖实录》，他能直率地不加掩饰地把真实情况写进书中。当时宰相张齐贤、李沆意见不合，王禹偁在他们之间进行了适当的调节。出为董州(今湖北黄冈)知府，曾写了一篇《三黜赋》以表明自己的态度，赋的结尾处说："对一个人来说身体可以经受委屈，但是对一个人崇奉的道来说，却不允许有丝毫的摧折，这样的话，虽然遭到数百次的贬谪又有什么亏损呢?"咸平三年(1000)，濮州(今山东鄄城)盗匪夜间入城，抓走了知州王守信、监军王昭度，王禹偁听到这一消息后，向皇帝上了一道奏疏，大略的意思是：

为了国家去经略四方，是做君王的使国家长治久安的制度。《周易》说："王公在险要处设置关隘正是为了守卫自己的国家。"自五代战乱以来，军阀们各自据守城垒，国家四分五裂，前后七十多年。太祖、太宗，削平了那些僭越而建立的伪政权，统一了天下。当时有人建议，命令江淮之间的各个州郡毁弃护城河，收甲兵，撤武备，已经二十多年了。让书生去管理州郡，大郡给二十人，小郡又减少五人，作为随从。名义上说是官吏，实际上等于在外作客的人；名义上说是州郡的城池，实际上荡然无存就像平地。虽然这是为了尊重中央而抑制地方，强固主干而削弱枝叶的措施，但是并没有真正抓住要害。我那时在滁州，恰巧碰到要派士兵去拉运粮的漕船，结果城池无人防守，只能用一般的差役去代替士兵管理城门的开闭，城墙护城河倒塌败落，铠甲兵器不齐全。后来调到扬州，扬州历来称为重镇，实际上和滁州没有两样。我曾经拿出三十副铠甲，发给巡警和使臣，弓弩之类的武器，已是十损四五，因为不敢擅自进行修理，这样上下沿袭，便弄到这种地步。现在黄州的城墙和武器，更不及滁州和扬州，万一发生水旱灾害，盗贼暗暗地作起乱来，虽然想防备，又拿什么去抵抗。因为太祖要削平诸侯跋扈的势力，太宗想杜绝人们产生割据独立等非分之想，才不得不这样做。他们这样做本来是为了救世，但是时间一久，弊病就产生了，解决这些弊病的办法，在于从实际出发。时势的变化其速度之快就像转圆，是不可以执着拘泥不知道变通的。现今江、淮之间的各个州郡，大的隐患有三件：城池毁坏，是第一；武器不全，是第二；兵士没有完成自己职责的习惯，是第三。濮州盗贼的兴起，其防守的散漫也就可以看到了。希望皇上能够委屈一下高贵的身份，做出圣明的决断，允许江、淮的各个州郡，斟酌百姓户口的多少，城池的大小，安排守备的军队。士兵多者不超过五百人，操练弓箭剑术，然后逐渐修理城垣，整治铠甲和头盔，这样，州郡有了防御的准备，州官就可以免除被抢劫的危险了。奏疏送到朝廷，皇帝十分赞赏并接受了王禹偁的建议。

咸平四年(1001)，黄州境内发生二虎相争，其中一只斗死了，被吃掉近一半。不少鸡在夜间啼叫，经过了一个月还不停止，冬天突然打响雷。王禹偁亲手写了奏疏，引用《洪范传》中的话相警戒，并做了自我检查；皇上派遣内侍乘了驿站的传车到董州来慰问，设醮祈祷，询问掌管天文的管员，说："地方官当为承担这次灾祸。"皇上惋惜王禹偁的才华，那一天，命王禹偁徙蕲州（今属湖北），王禹偁上表章向皇上称谢，表中有“汉文帝在宣室垂问鬼神之事，贾谊不希望能生养回来；著汉武帝封禅泰山之文，司马谈寄希望于儿子”之类的话。皇上对这些话感到很奇怪，果然，王禹偁到蕲州不满一个月就去世了，终年四十八岁。皇帝听到噩耗，很痛惜，送了很多钱帮助王禹偁家人办丧事。并赐王禹偁的一个儿子为进士出身。

王禹偁语言敏捷，学识广博，碰到事情敢于说话，喜欢评论别人，把以身作则、力行大道作为自己的职责，他曾说：“我如果生在元和（806~820）年代，能和李绛、崔群他们一道做官，就没有什么惭愧地了。”他写文章和著书，大都带有规劝讽谏的意味，因此常常不能被流俗相容，所以屡遭排斥。和王禹偁交游的人必然是博学和温文尔雅的学者，后进的青年人中凡是有文学才华的人，王禹偁都竭力赞扬和宣传他们，像孙何、丁谓这些人，都曾经往来于王禹偁的门下。王禹偁的著作有《小畜集》二十卷、《承明集》十卷、《集仪》十卷、诗三卷。

乐史传

【题解】

乐史（930~1007年），字子正，抚州宜黄（今江西宜黄县）人，著作中以《太平寰宇记》最有价值。该书共二百卷，是北宋最早的全国性总地志，大概完成于太宗太平兴国年间，记载的是太平兴国年间平定闽、越和北汉以后的中国地理情况。此书的纲领形式仍以《元和。郡县图志》的蓝本，其中卷一至卷一百七十一记十一道的情况，卷一百七十二至卷二百记四夷的情况。书中所设门类除沿袭《元和郡县图志》外，又增加地方风俗、人物、姓氏、艺文等，无不备载，地志的内容范围，从此更为扩大，故《四库全书总目》称：“盖地理之书记载至是而始详，体例亦自是而大变”。后来的方志所列类目范围多受《太平寰宇记》的影响。此书不仅收录材料繁富，而且考核精审，对研究宋代历史大有裨益。

【原文】

乐黄目字公礼，抚州宜黄人。世仕江左李氏。

父史，字子正。齐王景达镇临川，召掌笺奏，授秘书郎。入朝，为平原主簿。太平兴国五年，与颜明远、刘昌言、张观并以见任官举进士。太宗惜科第不与，但授诸道掌书记。史得佐武成军，既而复赐及第。上书言事，擢为著作佐郎、知陵州。献《金明池赋》，召为三馆编修。

雍熙三年，献所著《贡举事》二十卷，《登科记》三十卷，《题解》二十卷，《唐登科文选》五十卷，《孝弟录》二十卷，《续卓异记》三卷。太宗嘉其勤，迁著作郎、直史馆。转太常博士、知舒州，迁水部员外郎。淳化四年春，与司封员外郎、直昭文馆李蕤同使两浙巡抚，加都官、知黄州，又献《广孝传》五十卷，《总仙记》一百四十一卷。诏秘阁写本进内。史好著述，然博而寡要，以五帝、三王，皆云仙云，论者嗤其诡诞。

咸平初，迁职方，复献《广孝新书》五十卷，《上清文苑》四十卷。出知商州。史前后临民，颇以贿闻。俄以老疾为言，听解职，分司西京。五年，郊祀毕，奉留守司表入贺，因得召对。上见其矍铄不衰，又知笃学，尽取所著书藏秘府，复授旧职，与黄目同在文馆，人以为荣。出掌西京磨勘司，黄目为京西转运。改判留司御史台。车驾幸洛，召对，赐金紫。史久在洛，因卜居，有亭榭竹树之胜，优游自得。未几卒，年七十八。所撰又有《太平寰宇记》二百卷，《总记传》百三十卷，《坐知天下记》四十卷，《商颜杂录》《广卓异记》各二十卷，《诸仙传》二十五卷，《宋齐丘文传》十三卷，《杏园集》《李白别集》《神仙宫殿窟宅记》各十卷，《掌上华夷图》一卷。又编己所著为《仙洞集》百卷。

【译文】

乐黄目字公礼，抚州宜黄人。先世辅佐江南南唐李氏。父亲乐史，字子正。齐王李景达镇守临川，召乐史掌管大臣呈给皇帝的表奏，授秘书郎。入宋朝，为平原主簿。太平兴国五年，与颜明远、刘昌言、张观一起以现任官职举进士。太宗惋惜他未能科举登第，只授诸道掌书记。乐史得以佐武成军，不久又赐他进士及第。乐史上书议论政事，升为著作佐郎，陵州知府。进献《金明池赋》，征召为三馆编修。

雍熙三年，乐史献上所著的《贡举事》二十卷、《登科记》三十卷、《题解》二十卷、《唐登科文选》五十卷，《孝弟录》二十卷，《续卓异记》三卷。太宗赞赏他的勤奋，迁任为著作郎、直史馆。调任太常博士、舒州知州，又调水部员外郎。淳化四年春季，和司封员外郎、直昭文馆李蕤一同派往两浙为巡抚，加都官、黄州知州。乐史又献上所著《广孝传》五十卷、《总仙记》一百四十一卷。朝廷诏令秘阁写本进献内廷。乐史喜好著述，然而广博而不得要领，认为五帝、三王，都是化仙而去，议论者讥笑他诡诈荒诞。

咸平初年，乐史调任兵部判职方事，又献上《广孝新书》五十卷，《上清文苑》四十卷。出京师任商州知州。乐史前后为州守治理百姓，颇有受贿之事闻于朝廷。不久以年老有病为由，听任他解除官职，分掌西京。咸平五年，郊祀礼完毕，乐史奉留守司表入朝祝贺，因此得以受召入对。真宗见他老而勇健，精神不衰，又知道他勤于学问，把他所著的书都取来藏在秘府，又授他以原职，和其子黄目同在文馆，人们以此为荣耀。出京城掌管西京磨勘司，黄目为京西转运使。乐史改任判留司御史台。真宗临幸洛阳，召乐史入对，赐他紫袍金鱼袋。乐史长期在洛阳，因为定居，所以有亭阁楼榭、竹树花草的胜景，能够悠闲自得。不久去世，终年七十八。乐史所撰著作还有《太平寰宇记》二百卷，《总记传》，一百三十卷，《坐知天下记》四十卷，《商颜杂录》《广卓异记》各二十卷，《诸仙传》二十五卷，《宋齐丘文传》十三卷，《杏园集》《李白别集》《神仙宫殿窟宅记》各十卷，《掌上华夷图》一卷。又把自己所撰文章编成《仙洞集》一百卷。

晏殊传

【题解】

晏殊(991~1055),北宋政治家、文学家。字同叔,抚州临川(今属江西)人。仕途通达,官至集贤殿学士、同平章事兼枢密使。卒谥元献。

晏殊与其子晏几道均为北宋著名词人。晏殊的诗、文、词,承继晚唐五代的传统,多表、现士大夫的诗酒生活,语言婉丽,情致闲远。其词多小令。今存有《珠玉词》和清人所辑《晏元献遗文》。

【原文】

晏殊字同叔,抚州临川人。七岁能属文,景德初,张知白安抚工南,以神童荐之。帝召殊与进士千余人并试廷中,殊神气不慑,援笔立成。帝嘉赏,赐同进士出身。宰相寇准曰:"殊江外人。"帝顾曰:"张九龄非江外人邪?"后二日,复试诗、赋、论,殊奏:"臣尝私习此赋,请试他题。"帝爱其不欺,既成,数称善,擢秘书有省正字,秘阁读书。命直史馆陈彭年察其所与游处者,每称许之。

晏殊

明年,召试中书,迁大常寺奉礼郎。东封恩,迁光禄寺丞,为集贤校理。丧父,归临川,夺服起之,从祀太清宫。诏修宝训,同判太常礼院。丧母,求终服,不许。再迁太常寺丞,擢左正言、直史馆,为升王府记室参军。岁中,迁尚书户部员外郎,为太子舍人,寻知制诰,判集贤院。久之,为翰林学士,迁左庶子。帝每访殊以事,率用方寸小纸细书,已答奏,辄并稿封上,帝重其缜密。

仁宗即位,章献明肃太后奉遗诏权听政。宰相丁谓、枢密使曹利用,各欲独见奏事,无敢决其议者。殊建言:"群臣奏事太后者,垂帘听之,皆毋得见。"议遂定。迁右谏议大夫兼侍读学士,太后谓东宫归臣,恩不称,加给事中。预修《真宗实录》。进礼部侍郎,拜枢密副使。上疏论张耆不可为枢密使,忤太后旨。坐从幸玉清昭应宫从者持笏后至,殊怒,以笏撞之折齿,御史弹奏,罢知宣州。

数月,改应天府,延范仲淹以教生徒。自五代以来,天下学校废,兴学自殊始。召拜御史中丞,政资政殿学士、兼翰林侍读学士,兵部侍郎、兼秘书监,为三司使,复为枢密副使,未拜,改参知政事,加尚书左丞。太后谒太庙,有请服衮冕者,太后以问,殊以《周官》后服对。太后崩,以礼部尚书罢知亳州,徙陈州,迁刑部尚书,以本官兼御史中丞,复为三司使。

陕西方用兵,殊请罢内臣监兵,不以阵图授诸将,使得应敌为攻守,及募弓箭手教之,以备战斗。又请出宫中长物助边费,凡他司之领财利者,悉罢还度支。悉为施行。康定初,知枢密院事,遂为枢密使。进同中书门下平章事。庆历中,拜集贤殿学士、同平章事,兼枢密使。

殊平居好贤,当世知名之士,如范仲淹、孔道辅皆出其门。及为相,益务进贤材,而仲淹与韩琦、富弼皆进用,至于台阁,多一时之贤。帝亦奋然有意,欲因群材以更治,而小人权幸皆不便。殊出欧阳修为河北都转运,谏官奏留,不许。孙甫、蔡襄上言。"宸妃生圣躬为天下主,而殊尝被诏志宸妃墓,没而不言。"已奏论殊役官兵治僦舍以规利。坐是,降工部尚书、知颍州。然殊以章献太后方临朝,故志不敢斥言;而所役兵,乃辅臣例宣借者,时以谓非殊罪。

徙陈州。又徙许州,稍复礼部、刑部尚书。祀明堂迁户部,以观文殿大学士知永兴军,徙河南府,迁兵部。以疾,请归京师访医药。既平,复求出守,特留侍经筵,诏五日一与起居,仪从如宰相。逾年,病寖剧,乘舆将往视之。殊即驰奏曰:"臣老疾,行愈矣,不足为陛下忧也。"已而薨。帝虽临奠,以不视疾为恨,特罢朝二日,赠司空兼侍中,谥元献,篆其碑首曰:"旧学之碑"。

殊性刚简,奉养清俭。累典州,吏民颇畏其捐急。善知人,富弼、杨察,皆其婿也。殊为宰相兼枢密使,而弼为副使。辞所兼,诏不许,其信遇如此。文章赡丽,应用不穷,尤工诗,闲雅有情思,晚岁笃学不倦。文集二百四十卷,及删次梁、陈以后名臣述作,为《集选》一百卷。子知止,为朝请大夫。

【译文】

晏殊,字同叔,抚州临川(今属江西)人。七岁就能写文章,景德(1004~1007)初年,张知白做江南安抚使的时候,用神童的名义推荐了他。皇帝召晏殊和一千多个进士一同参加殿试,晏殊神态自若,毫无畏惧之色,提起笔来,立即写完了文章。皇帝非常赞赏,赐给他同进士出身。宰相寇准说:"晏殊是江外人。"皇帝顾视左右说:"张九龄不也是江外人吗?"过了二天,复试诗、赋和论,晏殊看了试题上奏说:"我过去曾经学写过这篇赋,希望换个题目考试。"皇帝很喜欢他的诚实,考试结束,皇帝几次说好。擢秘书省正字,秘阁读书。还命令直史馆陈彭年了解他和那些人交往相处,常常称赞他。

第二年,召晏殊参加中书省的考试,考试结束后,迁晏殊为太常寺奉礼郎。东封恩,迁光禄寺丞,为集贤校理。因父亲去世,晏殊回到临川为父守丧。服丧的期限还没有满就被皇上召回朝廷,跟随皇上祭祀太清宫。皇上下诏命令晏殊修编宝训,同判太常礼院。不久,晏殊的母亲又去世了,晏殊要求为母亲守满三年丧,朝廷不同意。再迁太常寺丞,擢左正言、直史馆，担任升王府记室参军。在这一年里，迁尚书户部员外郎，为太子舍人，不久知制诰，判集贤院。很久以后，又担任翰林学士，迁左庶子。皇帝每次因事去询问晏殊，总是用一方寸大小的纸张写着细细的字，晏殊回答完后，总是把皇上的手稿密封后呈上，皇帝非常赞赏他处事的缜密。

仁宗即位，章献明肃太后奉真宗皇帝遗诏暂时听政。宰相丁谓、枢密使曹利用，都想请求太后能单独接见他们，听他们的汇报，朝中大臣没有一个敢对他们的提议做出决断的。晏殊就建议说："凡是朝中有臣子向太后奏事的，太后都垂帘听取，一概不要面见。"于是意见就这样决定了。后来晏殊又被迁为右谏议大夫兼侍读学士，太后说晏殊是仁宗皇帝为太子时的东宫旧臣，他现在的职务和皇上该赐的恩惠不相称，于是又加封为给事中。参与编修《真宗实录》。不久又晋封为礼部侍郎，拜枢密副使。晏殊上疏评论张耆不适合做枢密使，违逆了太后的旨意。后来因为跟从皇上驾临玉清昭应宫，有个从者持笏后到，晏殊大怒，用笏撞这个从者，把他的牙齿撞断了，御史因此弹劾他，结果被罢免枢密副使，外调到宣州（今安徽宣城）做太守去了。

几个月以后，又改调应天府（今江苏南京），在应天府的时候，晏殊聘请了范仲淹教授学生。从五代以来，天下的学校都被废弃了，学校的复兴就是从晏殊开始的。仁宗又下召拜晏殊为御史中丞，改资政殿学士、兼翰林侍读学士、兵部侍郎、兼秘书监、为三司使，再次担任枢密副使，还没有举行授官仪式，又改任为参知政事，加尚书左丞。太后要去拜谒太庙，有人上书说太后拜谒太庙应该服衮冕，太后以此问晏殊，晏殊就按照《周官》规定的太后应该穿的服饰回答了这个问题。太后去世后，晏殊就被免了参知政事等职，以礼部尚书的身份去主管亳州（今安徽亳县），后来又徙陈州（今河南淮阳），不久又迁刑部尚书，以本官兼御史中丞，再次担任三司使。

当时陕西正在用兵，晏殊要求罢去由太监去监督军队的旧例，建议不要用规定的阵图去教授束缚诸将，而要让他们能够按照敌我双方的具体情况决定攻守的策略；他又建议招募弓箭手教他们战技，以备战斗之需。又请求朝廷拿出宫中多余的东西来资助边防的军费，凡是其他部门管理财政的，统统归还度支司。结果是全部按照晏殊的意见实行了。康定（1040～1041）初年，晏殊主管枢密院事，担任了枢密使。进同中书门下平章事。庆历（1841～1848）中，拜集贤殿学士、同平章事，兼枢密使。

晏殊平时非常爱惜贤才，当代知名人士像范仲淹、孔道辅全都出自他的门下。等到他做了丞相，就更加认真地进用贤才，因而范仲淹和韩琦、富弼等都被进用，以致使当时的台阁，集中了很多当代的贤才。仁宗皇帝也奋然有改革朝政的愿望，他希望靠这些贤才来改革朝政，而小人、权贵、幸臣就都感到不便。晏殊建议派欧阳修担任河北都转运使，而谏官上奏留在京师，仁宗不许。孙甫、蔡襄上书说："宸妃生了圣上，圣上是国家的君主，而晏殊曾经奉诏为宸妃写墓志铭，却抹去了这层关系不加说明。"又奏论晏殊派兵员管理租赁的房舍以此图利。为此降为工部尚书，知颍州（今安徽阜阳）。然而晏殊是因为章献太后刚临朝听政，所以在写墓志铭时不敢把这层关系指出来的，而关于派兵员管理租赁房金的事，乃是宰相按例可以借用的，时人认为这些都不是晏殊的过错。

后来晏殊被徙陈州，又徙许州（今河南许昌），过了不久又恢复了礼部、刑部尚书。祭祀明堂，迁户部，以观文殿大学士的身份知永兴军节度使，徙河南府（治所在今河南洛阳），迁兵部。后来因为病，请求回京都医治。病愈以后又要求出为外官，仁宗特留他侍经筵，并诏命晏殊每过五天才侍候一次仁宗的起居，仪仗、侍从等方面的待遇和宰相同。过了一年，晏殊的病情更加严重了，仁宗打算亲自去探望他。晏殊立即派人驰马送上奏书说："我不过是年老体衰而生病，病很快就好了，皇上不必为我担忧。"不久就去世了。仁宗虽然亲临祭奠，但始终为没有在晏殊生前亲自去探病而感到遗憾，特罢朝二天。赠司空兼侍中，谥"元献"，并在他的墓碑上部刻上"旧学之碑"四个大字。

晏殊生性刚直简约，自己的日常供养十分清俭。屡次主管州郡，官员和百姓很有点怕他的急躁。但他一生善于知人，富弼、杨察，都是他的女婿。晏殊做宰相兼枢密使时，富弼担任枢密副使，因此晏殊要求辞去他所兼的枢密使职务，仁宗不同意，他受到的信任和重用到了这样的程度。晏殊的文章写得十分富赡华丽，应用不穷，尤其精于作诗，他的诗闲适典雅而有情思，晚年更是好学不倦。文集二百四十卷，并编集了梁、陈以后名臣的著作，名为《集选》，共一百卷。儿子晏知止，是朝请大夫。

范仲淹传

【题解】

范仲淹（989～1052）是北宋著名的社会改革家，也是当时极优秀的统帅和文学家。他领导的"庆历革新"运动，成为后来"熙丰变法"的前奏；他对某些军事制度和战略设施的改善，使西线边防稳定了相当长的时期；他设置的"义庄"，实为复活古代农村公社的创举；他倡导的"先天下之忧而忧，后天下之乐而乐"精神，开拓了弘扬华夏古典文明优秀传统的至高境界。

范仲淹以他凛然的大义，在十一世纪的官场上树起了一座风范之碑。碑上铭刻着廉节俭约、克己奉公、直言尽职、利泽生民等格言。正因为他在致力于改革社会的同时，不断地提高自身品格的修养，他在当时和后世，都被奉为"天下第一流"的楷模人物。他的品格和思想，固然，不可能不带着时代的烙印，但这并不妨碍他在民间享有极高的声誉。千载迄今，各地有关范仲淹的众多遗迹，始终受到人们的纪念和保护。

《宋史·范仲淹传》的有关记述，基本上是真实可信的，文字也比较简洁。然而，其中某些地方的用语和表述，也存在明显的失误。如"依戚同文学"，应是戚同文的后人；首次上书"凡万余言"，实不足万字；"南面朝之"，系"北面"之误；安抚江淮前"请间曰"，"间"乃"问"之误；"岁余徙苏州"，实仅半岁即徙；"明年正月诏诸路入讨"，实系当年十二月颁诏；将元昊答书"对来使焚之"，其实暗留副，佯作尽焚；"与王兴、朱观为伍"，应是"居方荣、刘兴之下"；"遂筑细腰、胡芦诸砦"，乃两年以后之事；"复置陕西路"三使，"路"前脱一“四”字;“汉以三公分部六卿”,“六卿”乃“九卿”之误。如此等等。这些史实讹误之处,在译文中皆在括号内加以订正。

范仲淹

【原文】

范仲淹,字希文,唐宰相履冰之后。其先,邠州人也;后徙家江南,遂为苏州吴县人。

仲淹二岁而孤,母更适长山朱氏,从其姓,名说。少有志操;既长,知其家世,乃感泣辞母,去之应天府,依戚同文学。昼夜不息,冬月惫甚,以水沃面;食不给,至以糜粥继之。人不能堪,仲淹不苦也。

举进士第,为广德军司理参军,迎其母归养。改集庆军节度推官,始还姓,更其名。监泰州西溪盐税,迁大理寺丞,徙监楚州粮料院,母丧去官。

晏殊知应天府,闻仲淹名,召置府学。上书请择郡守,举县令,斥游惰,去冗僭,慎选举,抚将帅,凡万余言。服除,以殊荐,为秘阁校理。

仲淹泛通六经,长于《易》,学者多从质问,为执经讲解,亡所卷。尝推其奉以食四方游士,诸子至易衣而出,仲淹晏如也。每感激论天下事,奋不顾身,一时士大夫矫厉尚风节,自仲淹倡之。

天圣七年,章献太后将以冬至受朝,天子率百官上寿,仲淹极言之;且曰:“奉亲于内,自有家人礼,顾与百官同列,南面而朝之,不可为后世法。”且上书请太后还政,不报。寻通判河中府,徙陈州。时方建太一宫及洪福院,市材木陕西。仲淹言:“昭应,寿宁,天戒不远。今又侈土木,破民产,非所以顺人心,合天意也。宜罢修寺观,减常岁市木之数,以蠲除积负。”又言:“恩幸多以内降除官,非太平之政。”事虽不行,仁宗以为忠。

太后崩,召为右司谏。言事者多暴太后时事。仲淹曰:“太后受遗先帝,调护陛下者十余年;宜掩其小故,以全后德。”帝为诏中外,毋辄论太后时事。

初,太后遗诰:“以太妃杨氏为皇太后,参决军国事。”仲淹曰:“太后,母号也。自古无因保育而代立者。今一太后崩,又立一太后,天下疑陛下不可一日无母后之助矣!”

岁大蝗旱。江、淮、京东滋甚。仲淹请遣使前行。未报,乃请间曰:“宫掖中半日不食,当何如?”帝恻然,乃命仲淹安抚江、淮。所至开仓振之。且禁民淫祀,奏蠲庐、舒折役茶,江东丁口盐钱;且条上救敝十事。

会郭皇后废,率谏官、御史伏阁争之。不能得。明日,将留百官揖宰相廷争;方至待漏院,有诏出知睦州。岁余,徙苏州。州大水,民田不得耕,仲淹疏五河,导太湖注之海。募人兴作,未就,寻徙明州。转运使凑留仲淹,以毕其役。许之。

拜尚书礼产员外郎,天章阁待制;召还,判国子监,迁吏产兕外郎、权知开封府。

时吕夷简执政，进用者多出其门。仲淹上《百官科》，指其次第曰："如此为序迁，如此为不次；如此为公，如此则私。况进退近臣，凡超格者，不宜全委之间相。"夷简不悦。他日，论建都之事。仲淹曰："洛阳险大，而汴为上战之地。太平宜居汴，即有事必居洛阳。当广储，缮宫室。"帝问夷简，夷简曰："此仲淹迂阔之论也。"仲淹乃为上论以献，大抵讥切时政。且曰："汉成帝信张禹，不疑发家，故有新莽之祸。臣恐今日亦有张禹，坏陛下家法。"夷简怒诉曰："仲淹离音陛下群臣，所引用，皆朋党也。"仲淹对益切，由是，罢知饶州。

殿中侍御史韩渎希宰相旨，请书仲淹朋党，揭之朝堂。於是，秘书丞余靖上言曰："仲淹以一言忤宰相，遽加贬窜。况前所言者在陛下母子夫妇之间乎？陛下既优容之矣，臣请追改前命。"太子中允尹洙，自讼与仲淹师友，且尝荐己；愿从降黜。馆阁校勘欧阳修，以高若讷在谏官，坐视而不言，移书责之。由是，三人者偕坐贬。

明年，夷简亦罢。自是，朋党之论兴矣。仲淹既去，士大夫为论荐者不已。仁宗谓宰相张士逊曰："向贬仲淹，为其密请建立皇太弟故也。今朋党称荐如此，奈何？"再下诏戒敕。

仲淹在饶州岁余，徙润州，又徙越州。元昊反，召为天章阁待制，知永兴军，改陕西都转运使。会夏竦为陕西经略安抚招讨使。进仲淹龙图阁直学士，以副之。夷简再入相，帝谕仲淹使释前憾。仲淹顿首谢曰："臣乡论盖国家事，於夷简无憾也。"延州诸寨多失守，仲淹自请行，迁户部郎中兼知延州。先是，诏分边兵：总管领万人，钤辖领五千人，都监领三千人。寇至御之，则官卑者先出。仲淹曰："将不择人，以官为先后，取败之首了。"于是，大阅州兵，得万八千人。分为六，各将三千人，分部教之。量贼众寡，使更出御贼。时塞门、承平诸寨既废，用种世衡策，城青涧以据贼冲；大兴营田，且听民得互市，以通有无。又以民远输劳苦，请建鄜城为军，以河中、同、华中下户税租就输之，春夏徙兵就食，可省籴十之三，他所减不与。诏以为康定军。

明年正月，诏诸路入讨。仲淹曰："正月塞外大寒，我师暴露，不如俟春深入，贼马瘦人饥，势易制也。况边备渐修，师出有纪；贼虽猖獗，固已慑其气矣。鄜、延、密迩美、夏；西羌必由之地也。第按兵不动，以观其衅，许臣稍以恩信招来之。不然，情意阻绝，臣恐偃兵无期矣。若臣策不效，当举兵先取绥、宥，据要害，纯兵营田，为持久计。则茶山、横山之民，必挈族来归矣。拓疆御寇，策之上也。"帝皆用其议。仲淹又请修承平、永平等寨，稍招还流亡，定堡障，通斥候，城十二寨。於是，羌汉之民，相踵归业。

久之，元昊归陷将高延德，因与仲淹约和。仲淹为书戒喻之。会任福败于好水川，元昊答书语不逊，仲淹对来使焚之。大臣以为，不当辄通书，又不当辄焚之。宋庠请斩仲淹。帝不听。降本曹员外郎，知耀州。徙庆州，迁左司郎中，为环庆路经略安抚缘边招讨使。

初，元昊反，阴诱属羌为助，而环庆酋长六百余人，约为乡道。事寻露。仲淹以其反复不常也，至部即奏行边，以诏书犒赏诸羌，阅其人马，为立条约："若仇已和断，辄私报之及伤人者，罚羊百、马二；已杀者斩。负债争讼，听告官为理；辄质缚平人者，罚羊五十、马一。贼马入界，追集不赴随本族，每户罚羊二。质其首领。贼大入，老幼入保本寨，官为给食;即不入寨,本家罚羊二;全族不至,质其首领。"诸羌皆受命,自是始为汉用矣。

改邠州观察使,仲淹表言:"观察使,班待制下。臣守边数年,羌蛤颇亲爱臣,呼臣为'龙图老子'。今退而与王兴、朱观为伍,第恐为贼轻矣。"辞不拜。庆之西北马铺寨,当后桥川口,在贼腹中。仲淹欲城之,度贼必争,密遣子纯佑与蕃将赵明先据其地,引兵随之。诸将不知所向。行至柔远,始号令之。版筑皆具,旬日而城成,即大顺城是也。贼觉,以骑三万来战。佯北,仲淹戒勿追,已而果有伏。大顺既城,而白豹、金汤皆不敢犯。环庆自此寇益少。

明珠、灭臧,劲兵数万。仲泾原欲袭讨之,上言曰:"二族道险,不可攻,前日高继嵩已丧师。平时且怀反侧,今讨之,必与贼表里,南入原州,西扰镇戎,东侵环州,边患未艾也。若北取细腰、胡芦众泉为堡障,以断贼路,则二族安,而环、镇戎径道通彻,可断贼路,则二族安,而环州、镇戎径道通彻,可无忧矣。"其后,遂筑细腰、胡芦诸寨。

葛怀敏败於定川,贼大掠至潘原。关中震恐,民多窜山谷间。仲淹率众六千,由邠、泾援之。闻贼已出塞,乃还。始,定川事闻,帝按图谓左右曰:"若仲淹出援,吾无忧矣。"奏到,帝大喜曰:"吾固知仲淹可用也。"进枢密直学士,右谏议大夫。仲淹以军出无功,辞不敢受命。诏不听。

时已命文彦博经略泾原。帝以泾原伤夷,欲对徙仲淹,遣五怀德喻之。仲淹谢曰:"泾原地重,第恐臣不足当此路。与韩琦同径略泾原,并驻泾州,琦兼秦凤,臣兼环庆。泾原有警,臣与韩琦合秦凤、环庆之兵,掎角而进;若秦凤、环庆有警,亦可率泾原之师为援。臣当与韩琦练兵选将,渐复横山,以断贼臂。不数年间,可期平定矣。愿诏庞籍兼领环庆,以成首尾之势。秦州委文彦博,庆州用滕宗谅总之。孙沔亦可办集。渭州,一武臣足矣。"帝采用其言,复置陕西路安抚、经略、招讨使,以仲淹、韩琦、庞籍分领之。仲淹与琦开府泾州,而徙彦博帅秦,宗谅帅庆,张亢帅渭。仲淹为将,号令明白,爱抚士卒;诸羌来者,推心接之而不疑。故贼亦不敢辄犯其境。元昊请和,召拜枢密副使。王举正糯默不任事,谏官欧阳修等言仲淹有相材,请罢举正用仲淹。遂改参知政事。仲淹曰:"执政可由谏官而得乎?"固辞不拜,愿与韩琦边。命为陕西宣抚使。未行,复除参知政事。会王伦寇淮南,州县官有不能守者,朝廷欲按诛之。仲淹曰:"平时讳言武备,寇至而专责守臣死事,可乎?"守令皆得不诛。

帝方锐意太平,数问当世事,仲淹语人曰:"上用我至矣,事有先后,久安之弊,非朝夕可革也。"帝再赐手诏,又为之开天章阁,召二府条对。仲淹皇恐,退而上十事:

一曰明黜陟。二府非有大功、大善者不迁,内外须在职满三年,在京百司非选举而授,须通满五年,乃得磨勘。庶几考绩之法矣。

二曰抑侥幸。罢少卿、监以上乾元节恩泽。正郎以下若监司、边任,须在职满二年,始得荫子。大臣不得荐子弟任馆阁职。任子之法无冗滥矣。

三曰精贡举。进士、诸科请罢糊名法,参考履行无阙者,以名闻。进士先策论,后诗赋,诸科取兼通经义者。赐第以上,皆取诏裁。余优等免选注官,次第人守本科选。进士之法,可以循名而贵实矣。

四曰择长官。委中书、枢密院先选转运使、提点刑狱、大藩知州。次委两制、三司、御史台、开封府官、诸路监司举知州、通判。知州、通判举知县、令。限其人数,以举主多者从中书选除。刺史、县令,可以得人矣。

五曰均公田。外官廪给不均,何以求其为善耶?请均其入,第给之,使有以自养,然后可以责廉节,而不法者可诛废矣。

六曰厚农桑。每岁预下诸路,风吏民言农田利害,堤堰渠塘,州县选官治之。定劝课之法以兴农利,减漕运。江南之圩田,浙西之河塘,堕废者可兴矣。

七曰修武备。约府兵法,募畿辅强壮为卫士,以助正兵。三时务农,一时教战,省给赡之费。畿辅有成法,则诸道皆可举行矣。

八曰推恩信。赦令有所施行,主司稽违者。重置於法。别遣使按视其所当行者。所在无废格上恩者矣。

九曰重命令。法度所以示信也,行之未风旋即厘改。请政事之臣参议可以久行者,删去烦冗,裁为特敕行下。命令不至于数变更矣。

十曰减徭役。户口耗少而供亿滋多。省县邑户少者为镇,并使、州两院为一,职官白直,给以州兵,其不应受役者,悉归之农。民无重困之忧矣。

天子方信向仲淹,悉采用之;宜著令者,皆以诏书画一颁下。独府兵法,众以为不可而止。

又建言:"周制,三公分兼六官之职,汉以三公分部六卿,唐以宰相分判六曹。今中书,古天官冢宰也。枢密院,古夏官司马也。四官散于群有司,无三公兼领之重。而二府惟进拟差除,循资级,议赏罚,检用条例而已。上非三公论道之任,下无六卿佐王之职。非治法也,臣请仿前代。以三司、司农、审官、流内铨、三班院、国子监、太常、刑部、审刑、大理、群牧、殿前马步军司,各委辅臣兼判其事。凡官吏黜陟、刑法重轻、事有利害者,并从辅臣予夺。其体大者,二府佥议奏裁。臣请自领兵赋之职。如其无补,请先黜降。"章得象等皆曰不可。久之,乃命参知政事贾昌朝领农田,仲淹领刑法。然卒不果行。

初,仲淹以忤吕夷简,放逐者数年。士大夫持二人曲直,交指为朋党。及陕西用兵,天子以仲淹士望所属,拔用之。及夷简罢,召还,倚以为治。中外想望其功业。而仲淹以天下为已任,裁削幸滥,考覆官吏,日夜谋虑兴致太平。然更张无渐,规摹阔大。论者以为不可行。及按察使出,多所举劾,人心不悦。自任子这恩薄,磨勘之法密,侥幸者不便。于是,谤毁稍行,而朋党之论浸闻上矣。

会边陲有警,因与枢密副使富弼请行边。于是,以伸淹为河东、陕西宣抚使,赐黄金百两,悉分遣边将。麟州新罹大寇,言者多请弃之,仲淹为修故寨,招还流亡三千余户;蠲其税,罢榷酤予民。又奏免府州商税。河外遂安。比去,攻者益急。仲淹亦自请罢政事,乃以为资政殿学士,陕西四路安抚使,知邠州。其在中书所施为,亦稍稍沮罢。

以疾请邓州,进给事中。徙荆南,邓人遮使者请留。仲淹亦愿留邓,许之。寻徙杭州。再迁户部侍郎,徙青州。会病甚,请颍州。未至而卒,年六十四。赠兵产尚书,谥文正。

初，仲淹病，帝常遣使赐药存问。既卒，嗟悼久之，又遣使在其家。既葬，帝亲书其碑曰："褒贤之碑"。

仲淹内刚外和，性至孝。以母在时方贫，其后虽贵，非宾客不重肉。妻子衣食，仅能自充。而好施予，置义庄里中，以赡族人。泛爱乐善，士多出其门下。虽里巷之人，皆能道其名字。死之日，四方闻者，皆为叹息。为政尚忠厚，所至有恩。邠、庆二州之民与属羌，皆画像立生祠事之。及其卒，也羌酋数百人，哭之如父，斋三日而去。四子：纯佑、纯仁、纯礼、纯粹。

【译文】

范仲淹，字希文，是唐朝宰相范履冰的后代。他的祖先，原是陕西邠州人；后来迁往江南定居，就成了苏州吴县人。

仲淹刚两岁的时候，父亲便逝去了。母亲改嫁到淄州长山县朱家，他也就跟着姓了朱，名叫朱说。仲淹在少年时代就很有志气。当他渐渐长大起来，知道了自己家世的时候，深感悲苦；就流着眼泪，毅然辞别母亲，离开长山，独自前往应天府，投靠在戚同文（戚同文的后人）门下学习。他昼夜不停他苦读，冬天疲乏到了极点，竟用凉水浇脸，来驱除倦意。他的食物很不充裕，甚至不得不靠喝粥来度日。对于一般人来说是难以忍受的生活，范仲淹却从不叫苦。

他通过科举考试，成为进士，被任命为广德军的司理参军。这时，他把母亲接来，赡养侍奉。调任集庆军节度推官后，便恢复了原来的范姓，改名仲淹。仲淹前往泰州西溪镇盐仓作监税官，晋升为大理寺丞，又调移楚州粮料院做监官。这时，他的母亲去世，他便离职办理丧事。

应天府的知府晏殊，听说仲淹以好学闻名，便召请他到府学主持教务。他上书朝廷，提出一系列建议：选择贤明的人作州郡长官，举荐有成绩的人当县令，排除社会上的游散懒惰势力，裁汰冗员并取缔过度奢侈，严密选举制度，培育将帅以加强边防等。这封上书长达一万余字（实际不足万字）。待他服丧三年之后，因为得到晏殊的推荐，荣任馆职秘阁校理。

仲淹通晓六经，特别以通晓《易》经为专长。很多学习儒经的人，都来向他请教、问业。他捧着经书为人们讲解，从来不知疲倦。他还曾经用自己的俸禄购买饭食，供给前来求学的各地游士，以至自己的孩子们衣履不整，出门时不得不轮流更换一件较好的衣衫。而仲淹对此，竟处之泰然。每当谈论起天下大事，他都慷慨激动，奋不顾身。当时士大夫间注意品格修养和讲究节操的风尚，正是在范仲淹的倡导下开始形成的。

天圣七年，刘太后预备在冬至这天接受朝拜大礼；届时，仁宗皇帝将亲率文武百官，为太后上寿。范仲淹认为这事不妥，上疏详细论述了自己的意见，并且说："宫中侍奉亲长，自当有家庭的礼法；但在朝廷上，皇帝与百官站在一起，面向南方（北方）去朝拜母后，却不可以开此例，让后世跟着这样办。"他还上疏请刘太后撤帘，将朝政大权交还仁宗皇帝。这奏疏没有得到答复。不久，他便受命离京，往河中府去做通判；后来又调到陈州做通判。那时，朝廷正从陕西征购木材，运往京师，建造太一宫和洪福院。仲淹上奏说："不久以前，昭应宫、宁寿观接连毁于火灾。上天的惩戒过去才不久，如今又大兴土木，破费民产。这可不是顺人心，合天意的事情。应该停止修建寺观，减少平常年景征购木材的数量，以及免除民间在这方面的上供积欠。"他又说："受到宠幸的人，不经过有关部门的任命手续，纷纷由皇宫里直接降敕授官，不是太平之政。"这些意见虽然未被采纳实行，仁宗却认为范仲淹心地忠诚。

刘太后死后，他被召回京师，做了右司谏。上疏议论国事的臣僚们，这时大多揭露刘太后生前听政时的过失。仲淹说："先帝去世以来，太后养育和照护陛下十余年；应该替她遮掩小错，以成全她作太后的德誉。"于是，仁宗皇帝向朝廷内外降下诏令，戒谕臣僚们，不要随便论斥太后垂帘时的事情。

当初太后临终时，曾立过遗诰，嘱咐让太妃杨氏接替她作皇太后，参与军国大事的决策。范仲淹上奏说："太后，是皇帝母亲的专用称号。自古以来，没有因保育皇帝有功便被他人替皇帝立做母亲的。如今一个太后去世，又立一个太后，天下人怕要怀疑陛下一天也离不开母后的扶助呀！"

这年闹大蝗灾、大旱灾，江南路、淮南路、京东路的灾情特别严重。仲淹奏请朝廷，派遣使臣前往灾区巡视。没有得到答复，就请问道："宫廷中的人如果半日不吃饭，会怎么样呢？"仁宗听了，脸上现出悲哀的神情，便派仲淹去慰问江南路、淮南路灾区。仲淹所到之处，开仓赈济饥民，并禁止灾民滥设祠庙祭祀天地鬼神；还奏请朝廷减免庐州、舒州这年应该上供的折役茶，减免江南东路这年应该缴纳的丁口盐钱；而且呈上一篇《救弊十事》的奏札，逐条论述了朝政诸弊。

恰巧那时又发生郭皇后被废为妃的事，他率领谏官和御史，大家跪伏在垂拱殿门前，为反对废后而争谏。没有达到目的。第二天，他们准备在殿廷上留下百官，一同为此事与宰相辩论。可是，刚走到待漏院等候上朝，便已有诏旨传下，命他离开京师，去做睦州知州。过了一年多(半年)，他被调到苏州做知州。苏州地区积水过大，许多民田不能耕种。仲淹募人开修五条河渠，疏导田间积水与太湖之水，将它们引入大海。他募人兴修的这些河渠还没能开通，忽然被调做明州知州；两浙路转运使奏请让仲淹暂留苏州任上，以便完成他业已开始的水利工程，朝廷又准许了转运使的奏请。

此后，他升阶为礼部员外郎、天章阁待制，被召回京师，判国子监；接着，又转官为吏部员外郎，任权知开封府事。

这时，宰相吕夷简执掌朝政。受到重用和提拔的官员，大都是走吕家门径或跟从过吕夷简的人。针对这种情况，仲淹向仁宗呈上一份《百官图》，指着上面开列的众官晋升顺序说："像这样的晋升，是循序升迁；像那样的遽然晋升，是不合次序的提拔。如果说这些循序升迁是出于公道，那么，那些不合次序的遽然提拔，便是出于私意了。况且，大凡属于天子近臣的破格提拔和撤职贬降，也不该全都交付宰相去办。"夷简对此，很不高兴。另一天，朝中讨论迁建国都问题。仲淹说："洛阳地势险要，城池坚固；而汴梁是四方战争必经之地。太平年月，天子适于居住汴梁；如有急难情事，必须西居洛阳。应当慢慢扩大洛阳的储备,修缮那里的官室。”皇帝询问夷简关于迁都的意见,夷简说:“仲淹这种不切实际的说法,是迂腐的空论!”仲淹便又连写四篇论奏,献呈仁宗。这四篇论奏的内容,大都是指责当时的朝政状况。仲淹又说:“汉成帝由于过分相信了宰相张禹的话,不再怀疑母舅王氏家的政治野心,因而才招致舅家子王莽篡位的祸事。我恐怕今天也有张禹那样的人,破坏陛下的家法。”夷简大怒,向仁宗说:“仲淹这些话,是在有意破坏我们君臣之亲密关系。他所荐举和引用的人,都是他的一伙同党!”仲淹奏对争辩,词语越发急切。由此,他被罢免天章阁待制之职,贬往江西路饶州做知州。

殿中侍御史韩渎,为迎合宰相的旨意,奏请把仲淹同党的人名写成一榜,在朝廷上张贴公布。于是,秘书丞余靖上奏说:“仲淹因一句话得罪了宰相,竟立即遭到贬斥和流窜。况且前次他所议论的,是关于陛下母子、夫妇之间的事;陛下已然宽容了他,甚至还对他十分优遇。如今我请求陛下追回前诏,另加修改。”太子中允尹洙,上疏诉告自己与仲淹的关系,不仅是好友,平素以仲淹为师,而且仲淹还曾经称荐过自己;宁肯跟仲淹一起降职,受到贬黜。馆阁校勘欧阳修,鉴于谏官高若讷对范仲淹蒙冤被贬一事竟袖手旁观,身为言官而默默不言,便写信去责备他。因此,余、尹、欧三人,都共同为仲淹一案而被贬官。

第二年,夷简也被罢相。从此,围绕“朋党”的争论便兴起了。仲淹离京以后,士大夫们为他辩白、并荐举他回朝的奏疏,接连不断。仁宗对宰相张士逊说:“以前贬降仲淹,是因为他曾秘密地奏请要立一个皇太弟,作为皇位继承人。今天他的同党这样赞扬并荐举他,怎么办?”于是再次下诏,禁戒百官结党。

仲淹在饶州做了一年多知州后,调往润州;后又调到越州做知州。元昊反叛宋朝后,他被召入朝,恢复了天章阁待制之职,出任陕西路永兴军的知军州事,接着又改任陕西都转运使。那时,夏竦做陕西经略、安抚、招讨使,朝廷又提升仲淹,以龙图阁直学士之职做夏竦的副手。夷简这时也再度出任宰相。仁宗皇帝劝告仲淹,让他解除当年与夷简的怨恶。仲淹叩头回答说:“我以前的论奏都属于国家公事,对夷简个人是没有怨恨的。”

地处宋夏边境的陕西延州附近各寨,当时在夏军围攻中纷纷失守。仲淹主动请求到那里去;于是被升户部郎中,兼知延州事。以前,皇帝诏旨规定,各级将领分别统率一定数量的边防军:“总管”带领一万人,“钤辖”带领五千人,“都监”带领三千人。敌人若来侵犯,地位低的军官要先行出阵抵御。仲淹说:“战将不选择适当的人,只以官阶高低作为出阵先后的标准,这是自取失败的办法。”于是,他认真检阅了本州的厢兵,得到一万八千名合格士兵;把他们分成六部,让每个将领统率三千人,分别予以训练。临战时根据敌军多寡,调遣他们轮流出阵抗敌。那时,延州所属的塞门、承平等各寨,已被弃。他采纳种世衡的计策,筑起一座青涧城;以此来阻挡夏军的锋芒。他组织大批民户耕种官田;并开放民间贸易,以便边民互通有无。又因为当地百姓远陲输纳赋课,过于劳苦,便奏请将鄜城县升建为军一级的行政单位;让河中府、同州、华州的中下等户,就近送缴课税。在春夏季节,则调郎延兵马来鄜城这里,就近购食军粮;可以节省十分之三的买粮开支,还不算别的减省。皇帝诏命该军为康定军。

第二年正月(当年十二月),仁宗诏命陕西各路出兵讨伐西夏。仲淹说:"正月间塞外最冷,我军露天受冻,不如等待春季出兵,深入敌境。那时敌方马瘦人饥,我军就容易控制形势了。况且,那时边防军备逐渐加强,部队行动纪律严明;敌军就算猖獗,在气势上必已被我军震服了。鄜州、延州,紧邻着西夏的灵、夏二州,是边界西羌族的必经之地。暂时只宜按兵不动,注意观察他们的破绽;让我慢慢用恩惠和信义招纳他们前来归附。不然,伤透了感情,我恐怕将来要罢兵休战,也没有日期了。假若我的招纳策略无效,就发兵先夺取绥州和宥州,占据要害地区,屯兵营田,作长久打算。那么,茶山、横山一带的人,必将带着全族来归顺的。既开拓疆土,又抵御敌寇,这是上策呵!"逐渐召回流亡寨外的人,巩固堡垒屏障,灵通敌情侦察,把十二座旧寨改建为城。于是,羌族与汉族的流散百姓陆续归来,恢复了旧业。

许久以后,西夏皇帝元昊将被俘宋将高延德送回,借此表示愿与仲淹停战议和。仲淹写信劝元昊彻底罢兵,莫再反宋。恰巧宋将任福在好水川吃了败仗,元昊给仲淹复信,用语很不客气,仲淹便当着来使的面,烧了那封信(其实暗留副本,佯作尽焚)。朝中大臣认为仲淹不该擅自与西夏通信,更不该随意把西夏书信烧毁。宋庠甚至奏请斩杀仲淹。仁宗皇帝没有听从他的意见,只将仲淹由户部郎中降为本部员外郎、知耀州。后来又调到庆州做知州,升阶为左司郎中,做环庆路经略、安抚使和缘边招讨使。当初元昊称帝时,曾秘密引诱归附宋朝的羌族人,协助他们侵宋。居住环庆路的六百多个羌族人头领,也答应作夏军的向导。这事不久就败露了。仲淹因为羌人对宋朝反复无常,在到达自己的防区时,就奏请赴边境巡察。他用宋朝皇帝诏命的名义,犒赏羌族各部,检阅他们的人马,还同他们约定了几项条规:"假若旧仇业已和解或了结,而又擅行报复并伤人的,罚羊一百头,马两匹;其中已杀了人的,要斩首。因欠债而引起的争讼,听凭当事人撤告官府来处理;随便扣押、捆缚无辜者的,罚羊五十头,马一匹,西夏军马侵入边界时,不随本族集合并追击敌军的,每户罚羊两头,扣押他们的首领。遇有敌军大举入侵时,老少进入本寨自卫,官府供给食粮。届时不入城寨的人家,罚羊两头;全族不到寨自卫,便扣押他们的首领。"羌族各部都服从了这些条规。从此,他们开始为宋朝效力了。

被改授邠州观察使的武职时,仲淹上表说:"观察使在朝班中的位次,在待制之下。我守边数年,羌族人对我十分亲爱,称呼我为'龙图老子'。今天降低到与部下王兴、朱观为同辈(居方荣、刘兴之下),只怕连敌军也会轻蔑的。"他没有接受这一新官。庆州西北的马铺寨,正当后桥川口,深处在西夏境内。仲淹想在那里筑城,料定敌军必来争夺,便秘密派儿子纯佑与将领赵明一起,先占据这一地区,自己引兵随后前往。出发时诸将并不知道行军的目的地,部队走到柔远寨,才发布筑城号令。版筑一类筑墙工具都已准备好,只用十天时间,就筑成一座新城。这就是那大顺城。敌军发觉了,派三万骑兵来攻,并在战斗中假装败退;仲淹告诫部下,不去追杀他们。后来知道,敌军果然有埋伏。大顺城建成后,白豹城、金汤寨一带的夏军都不敢再来侵犯,环庆路从此也很少敌踪。

宋、夏之间的明珠、灭臧两部族,拥有强兵数万。仲淹听说泾原路宋军想要袭击、讨伐这两族,便上奏朝廷说:"通往明珠、灭臧二族的道路很险恶,我军不可出击。前些时候，高继嵩的军队已经为此败亡。这二族平时尚且心怀二意，如今再讨伐他们，他们势必与敌军勾结，向南入侵我原州，向西骚扰我镇戎军，朝东入侵我环州，边患将难于止息了。若能在北部细腰、胡芦等处泉溪地带，建筑堡垒屏障，从而切断夏军与二族间的通路；那么，这两族既可安心归附，而环州与镇戎军之间被二族遮断的近路小道，也可以畅通无阻。这一带边防，就不用忧虑了。”此后，泾原路宋军便筑了细腰、胡芦等各寨（乃两年以后之事）。

葛怀敏在定川战败时，夏军大举侵掠，深入到渭州潘原县一带。整个关中都惊恐震动起来，百姓纷纷往山谷间逃窜。仲淹率领六千兵将，由邠州、泾州出发，去援救泾原路；听说敌军已撤出边寨，才率师返回。当初，定川战败等消息传到朝廷时，仁宗皇帝审视地图对身边大臣说：“假若仲淹出兵援救，我就不愁了。”仲淹出援的奏报一到，仁宗大喜说：“我原来就知道仲淹是可以信用的！”随即将仲淹晋升为枢密直学士、右谏议大夫。仲淹因为自己这次军出无功，上表辞让，不敢接受新的任命。但仁宗不听他辞让的意见，仍命他晋升新职。

那时，已经任命文彦博做泾原路经略、安抚、缘边招讨使。仁宗又认为泾原路在战火中伤残累累，想让仲淹、文彦博对调辖区，彼此换防；并派王怀德做使臣去传告此事。仲淹辞谢说：“泾原路所处的地位很重要，只怕我承担不了这路的责任。请让我与韩琦共同负责泾原路的事务，并且一起驻扎在泾州。韩琦兼管秦凤路，我兼管环庆路，泾原路有警报，我与韩琦联合秦凤、环庆两路兵马，以犄角之势夹进应敌；若秦凤。环庆路有警报，我也可率领泾原路的兵马，去做援军。我一定与韩琦练兵选将，逐渐收复横山，从而斩断敌军之臂；用不了几年时间，就可以期望平定边患。希望皇上降诏，任命庞籍兼做环庆路统帅，以便造成头尾两端互相照应的形势。秦州，委派文彦博去做知州；庆州，用滕宗谅去总领其事；孙沔也可以完成这任务。至于渭州，有一员武臣负责就足够了。”仁宗皇帝采纳了他的建议，又重新设置了陕西路（“路”前脱一“四”字）安抚、经略、招讨使，让仲淹、韩琦、庞籍分别负责其职事。仲淹与韩琦在泾州开置帅府，而将彦博调做秦凤路的统帅，宗谅则做环庆路的统帅，张亢任渭州方面军队的统帅。

仲淹做将领时，军令严明，爱护士兵；对于前来归附的各部羌人，能诚恳接纳，信任不疑。所以，敌军便不敢轻易就来侵犯他统辖的地区。元昊请示停战议和以后，他被召回京师，升做枢密副使。王举正胆小而不敢直言，不能胜任副宰相的职事。谏官欧阳修等，奏称仲淹有宰相之才，请求朝廷罢免王举正而用仲淹代替他。于是，仲淹就被改任为参知政事。仲淹说：“执政的官职，是可以由谏官的话而得到的吗？”他坚辞不受，表示愿与韩琦一同出京，去巡视边防。他被派做陕西宣抚使；但尚未出发，又再度受任为参知政事。这时，正好王伦起兵进袭淮南路，当地州县官中，有些不能坚守抵御的人，朝廷准备查明后处死他们。仲淹反对说：“朝廷平日不讲究武备，敌军到来时，却一味责令州官以死殉职，这能办到吗？”那些未能坚守的州县官，因而都没有被处死。

仁宗皇帝这时正急于想要稳固政局，实现太平，屡次向大臣询问当世要事。仲淹对人说：“皇上对待我，真够信用的了。不过，事情总有个先后缓急；以往长期安定局面中累积的弊病，绝非一朝一夕所能革除呵！”仁宗却再度赐给他亲笔写的诏书；为了同样的目的，又打开天章阁，将二府大臣召入，让他们当场奏对，条例已见。仲淹很感惶恐，在退归私第后，便呈上了《答手诏条陈十事》的奏疏：

一是严明官吏升降制度。没有大功劳和明显政绩的人，不得升任二府官职。京师内外的官员，必须在职任满三年，才可以磨勘升迁。没有通过选任和保举而在京师各个衙司任职的官员，必须累计任满五年，才能磨勘升迁。这样，差不多就算是考核政绩的制度了。

二是限制侥幸做官和升官的途径。取消乾元节这天照顾少卿、监以上官员子弟做官的恩泽；正郎以下官，包括路一级监司官、边远地区官员等，必须在职任满两年，方可享受恩荫任子的特权；大臣不得荐举自己的子弟充任三馆、秘阁的清要馆职。这样，任子之制就不至于太滥太繁了。

北宋文官

三是严密贡举制度。进士和诸科考试中，请取消试卷弥封法。除考核艺业外，也参考实际表现；将没有缺陷的考生姓名奏闻朝廷。进士科考试，先试策问和议论文，后考诗、赋诸科。要录取那些兼通经旨大义的人。“赐第”以上高等科名，都经由皇帝裁决宣布；其余成绩较好的，也优待授官，免除吏部铨选手续，注册为现任官职；以下成绩较差的人，则由该本科发给凭据，到吏部等候铨选任命。这样，进士之法，便可以依其名而求其实了。

四是选择长官。首先，由中书和枢密院选派路一级长官——转运使、提点刑狱，和大州郡的知州；其次，让两制、三司、御史台、开封府的官员和各路监司长官，荐举州一级的长官——知州、通判；知州和通判再荐举县一级长官——知县、县令。限制各级官员所荐举的人数，由中书宰执官在举主多的被荐人中选派官长。这样，刺史、县令等州县长官，便可以得到称职的人选了。

五是均衡公田。京师以外的官员廪食供给不均，怎能要求他们尽职办事呢？请朝廷均衡一下他们的职田收入；没有发给职田的，按等级发给他们，使他们有足够的衣食来养活自己。然后，便可以督责他们廉节为政；对那些违法的人，也可予以惩办或撤职了。

六是重视农桑等生产事业。每年预先给各路转运司降下诏令，让他们劝谕所属各州军官民人等，讲究农田利害。对于堤堰、陂塘、河渠之类水利工程，由各州县选派官吏，定期治理。再制定一套奖励、考核制度，大兴农利，减省漕运之费。这样，江南路的圩田，浙西路的河塘，这些已被废毁的水利事业，便又可以兴复了。

七是整治军备。大略参照府兵制度，在京师附近地区招募强壮男丁，充作京畿卫士，用来辅助正规军。这些卫士，每年大约用三个季度的时光务农，一个季度的时光教练战斗；可以节省给养之费。京师附近有了完备的制度，各地就都可以仿照施行了。

八是广泛落实朝廷的惠政和信义。主管部门有人拖延或违反赦令的施行，要依法从重处置。另外，还要向各路派遣使臣，巡察那些应当施行的各种惠政是否施行。这样，便处处都没有阻格皇恩的现象了。

九是要严肃对待和慎重发布朝廷命令。法度是要示信于民的；如今颁行不久便随即更改。请让执掌政事的大臣们，参与讨论那些可以长久推行的条令，删去繁杂冗赘的条款，裁定为皇帝制命和国家律令，颁布下去。这样，朝廷的命令便不至于经常变更了。

十是减轻徭役。如今户口已然减少，而民间对官府的供给，却更加繁重。应将户口少的县裁减为镇，将各州军的使院和州院衙署，并为一院；职官厅差人干的杂役，可派给一些州城兵士去承担；将那些本不该承担公役的人，全部放回农村。这样，民间便不再为繁重的困扰而忧愁了。

天子正专意信用仲淹，全部采用了这些奏议；其中适于写成诏令的，便都以诏书的形式统一颁布下去。只有府兵制一事，因众臣认为不能施行而作罢。

仲淹又建议说："周代的制度，是三公分别兼任六官之职；汉代，由三公分别兼管六卿(九卿)职事；唐代，由宰相分别处理六曹事务。今日中书的职任，就是古代天官卿冢宰的职任；今日枢密院的职任，就是古代夏官卿司马的职任。其余四官负责的职事，如今分散于众官署去办理。这样，相当于三公兼掌的大权，如今都没有了。而实际上，今天二府的职事，只不过是草拟些授官文书去进呈，按资历、级别去评论赏罚；大抵查阅条例、照章办事而已。既不像三公那样，承担着论列天下是非大理的重任；也不像六卿那样，各自专有其辅佐君王的具体职责。这不是治国的办法！我请求效仿前朝之制，将如今的三司、司农寺、审官院、流内铨、三班院、国子监、太常寺、刑部、审刑院、大理寺、群牧司、殿前马步军司的职事，分别派宰辅大臣来兼管。凡属官吏升降、刑法轻重、事有利害的，都听凭宰辅大臣全权处理。其中事体重大的,由二府大臣共同商议,奏请皇帝裁决。我本人请求负责军事和财赋方面的职事。如果事情毫无起色,就请皇上先将我革职贬降。”宰相章得象等人,都说范仲淹的建议不能实行。许久以后,才任命参知政事贾昌朝兼管农田方面的事务,仲淹兼管刑法方面的事务;然而,终于都没能实际去管。

当初,仲淹由于得罪了吕夷简,被逐出京师,外任多年;士大夫们根据他们两人的是非曲直,彼此指骂对方是朋党。及至陕西路一带战争爆发,天子因为看到士大夫们一致敬仰仲淹。便提升和重用他。待到夷简罢相,又将仲淹召回京师,依靠他来治理国事。这时,朝里朝外都期待他创立一番功业,而仲淹本人,也把治理天下视为自己的责任。他裁抑侥幸,削减冗滥,调查并审核各路的官吏,日夜思虑和策划着怎样实现一个太平的政治局面。然而,他的改革没能稳步进行,改革的规模又嫌过于浩大。有人评论,认为他的改革措施无法实行。等到按察使派出,各种罪状被大量地检举揭发出来,人们心里便很不高兴。从减少任子做官的恩荫,到严密按资历升官的磨勘条规,希图侥幸的人,都深感不便。于是,恶毒的攻击慢慢散播开来,而指责改革者是“朋党”的议论,竟渐渐传到皇上的耳朵里去了。

恰巧这时边防地带有警报,仲淹便与富弼一起,请求去巡视边防。于是,派仲淹做河东路、陕西路宣抚使,赐给他一百两黄金。仲淹将这笔赏赐全部分赠予边防军将领。麟州因刚遭受过大规模的侵扰,一些向朝廷奏事的人,便大多都请求废弃该州的建置。仲淹为麟州修整了旧寨,召回了逃散流亡的三千余户居民,减免他们的课税,撤销了当地的榷酤政策,给予民户卖酒的自由,又奏请朝廷免除了府州的商税。黄河以外地区便安定下来。自从仲淹离京西去,朝中的反对派越发加紧攻击他。仲淹自己也奏请罢免他的参知政事职务。这样,他就被任命为资政殿学士、陕西四路安抚使、邠州知州。当初在中书时所推行的措施,也陆续被废止。

他因病请求到邓州去做知州,被晋升为给事中。调往荆南府时,邓州人拦住传旨使臣的路,要求让仲淹继续留任,仲淹也愿意留在邓州;朝廷便准许了他们的奏请。不久,他被调往杭州做知州;又升为户部侍郎,调任青州知州。适逢他病情加剧,奏请做颍州知州,但未能到达颍州便死去了;享年六十四岁。朝廷给他赠官为兵部尚书,谥称“文正”。

当初,仲淹患病期间,仁宗皇帝经常派使臣赐他药物,慰问他。他死后,仁宗悲伤了很久;又派使臣到他家中去慰问。安葬以后,仁宗皇帝亲笔为他的墓碑篆额,称为“褒贤之碑”。

仲淹内心刚强而外表却很温和,生性尤其孝顺父母。因为母亲在世时他正贫困,后来虽然富贵起来,没有宾客在场时,一餐仍不吃两份肉菜。妻子儿女的衣食,也只刚够吃用。然而,他喜欢将自己的钱财赠送给别人,在家乡还创置了“义庄”,用来赡养和救济本宗族的人。他待人十分亲热敦厚,并乐于替人家办好事。当时的贤士,很多是在他的指导和荐拔下成长起来的。即使是乡野和街巷的平民百姓,也都能叫出他的名字。他死的时候,各地听到噩耗的人,都深为叹息。他处理政事,最讲究忠厚二字;所到之处,多有惠民的德政。邠州和庆州的百姓,与归附宋朝的羌族人民,都画了他的肖像,给他立生祠,来纪念他。待到他逝世时，羌族首领数百人聚众举哀，像死去父亲一样痛哭；斋戒了三天才散去。他有四个儿子：纯佑、纯仁、纯礼、纯粹。

包拯传

【题解】

包拯(999~1062)，宋庐州合肥(今属安徽)人，字希仁。天圣朝进士。累迁监察御史，建议练兵选将、充实边备。奉使契丹还，历任三司户部判官，京东、陕西、河北路转运使。入朝担任三司户部副使，请求朝廷准许解盐通商买卖。改知谏院，多次论劾权幸大臣。授龙图阁直学士、河北都转运使，移知瀛、扬诸州，再召入朝，历权知开封府、权御史中丞、三司使等职。嘉祐六年(1061)，任枢密副使。后卒于位，谥号“孝肃”。包拯做官以断狱英明刚直而著称于世。知庐州时，执法不避亲党。在开封时，开官府正门，使讼者得以直至堂前自诉曲直，杜绝奸吏。立朝刚毅，贵戚、宦官为之敛手，京师有。“关节不到，有阎罗包老”之语。后世则把他当作清官的化身。

【原文】

包拯，字希仁，庐州合肥人也。始举进士，除大理评事，出知建昌县。以父母皆老。辞不就。得监和州税，父母又不欲行，拯即解官归养。后数年，亲继亡，拯庐墓终丧，犹徘徊不忍去，里中父老数来劝勉。

包拯

久之，赴调，知天长县。有盗割人牛舌者，主来诉。拯曰：“第归，杀而鬻之。”寻复有来告私杀牛者，拯曰：“何为割牛舌而又告之?”盗惊服。徙知端州，迁殿中丞。端土产砚，前守缘贡，率取数十倍以遗权贵。拯命制者才足贡数，岁满不持一砚归。

寻拜监察御史里行，改监察御史。时张尧佐除节度、宣徽两使，右司谏张择行、唐介与拯共论之，语恳切。又曾建言曰：“国家岁赂契丹，非御戎之策，宜练兵选将，务实边备。”又请重门下封驳之制，及废锢赃史、选守宰、行考试补荫弟子之法。当时诸道转运加按察使，其奏劾官吏多摭细故，务苛察相高尚，吏不自安，拯于是请罢按察使。

去使契丹，契丹令典客谓拯曰：“雄州新

开便门,乃欲诱我叛人,以刺疆事耶?”拯曰:“涿州亦曾开门矣,刺疆事何必开便门哉?”其人遂无以对。

历三司户部判官,出为京东转运使,改尚书工部员外郎、直集贤院,徙陕西,又徙河北,入为三司户部副使。秦陇斜谷务造船材木,率课取于民;又七州出赋河桥竹索,恒数十万,拯皆奏罢之。契丹聚兵近塞,边郡稍警,命拯往河北调发军食。拯曰:“漳河沃壤,人不得耕,邢、洺、赵三州民田万五千顷,率用牧马,请悉以赋民。”从之。解州盐法率病民,拯往经度之,请一切通商贩。

除天章阁待制、知谏院。数论斥权幸大臣,请罢一切内除曲恩。又列上唐魏郑公三奏,愿置之坐右,以为龟鉴。又上言天子当明听纳,辨朋党,惜人才,不主先入之说,凡七事;请除刻薄,抑侥幸,正刑明禁,戒兴作,禁妖妄。朝廷多施行之。

除龙图阁直学士、河北都转运使。曾建议无事时徙兵内地,不报。至是请:“罢河北屯兵,分之河南兖、郓、齐、濮、曹、济诸郡,设有警,无后期之忧。借日戍兵不可遽减,请训练义勇,少给糇粮,每岁之用,不当屯兵一月之用,一州之赋,则所给者多矣。”不报。

徙知瀛洲,诸州以公钱贸易,积岁所负十余万,悉奏除之。以丧子乞便郡,知扬州,徙庐州,迁刑部郎中。坐失保任,左授兵部员外郎,知池州。

复官,徙江宁府,召权知开封府,迁右司郎中。

拯立朝刚毅,贵戚宦官为之敛手,闻者皆惮之。人以包拯笑比黄河清、童稚妇女,亦知其名,呼曰“包待制”。京师为之语曰:“关节不到,有阎罗包老。”旧制,凡讼诉不得径造庭下,拯开正门,使得至前陈曲直,吏不敢欺。中官势族筑园榭,侵惠民河,以故河塞不通,适京师大水,拯乃悉毁去。或持地券自言有伪增步数者,皆审验劾奏之。

迁谏议大夫、权御史中丞。奏曰:“东宫虚位日久,天下以为忧,陛下持久不决,何也?”仁宗曰:“卿欲谁立?”拯曰:“臣不才备位,乞预建太子者。为宗庙万世计也。陛下问臣欲谁立,是疑臣也。臣年七十,且无子,非邀福者。”帝喜曰:“徐当议之。”请裁抑内侍,减节冗费,务责诸路监司,御史府得自举属官,减一岁休暇日,事皆施行。

张方平为三司使,坐买豪民产,拯劾奏罢之;而宋祁代方平,拯又论之;祁罢,而拯以枢密直学士权三司使。欧阳修言:“拯所谓牵牛蹊田而夺之牛,罚已重矣,又贪其富,不亦甚乎?”拯因家居避命,久之乃出。其在三司,凡诸管库供上物,旧皆科率外郡,积以困民。拯特为置场和市,民得无扰。吏负钱帛多累系,间辄逃去,并械其妻子者,类皆释之。迁给事中、为三司使。数日,拜枢密副使。顷之,迁礼部侍郎,辞不受。寻以疾卒,年六十四。赠礼部尚书,谥孝肃。

拯性峭直,恶吏苛刻,务敦厚,而未曾不推以忠恕也。与人不苟合,不伪辞色悦人,平居无私书,故人、亲党皆绝之。虽贵,衣服、器用、饮食和布衣时。曾曰:“后世子孙仕宦,有犯赃者,不得放归本家,死不得葬大茔中。不从吾志,非吾子若孙也。”

初,有子名镱,娶崔氏,通判潭州,卒。崔守死,不更嫁,拯曾出其媵,在父母家生子,崔密抚其母,使谨视子。镱死后,取媵子归,名曰綎。有《奏议》十五卷。

【译文】

包拯,字希仁,庐州合肥人。最初考中进士,被授为大理评事,出任建昌县的知县。因为父母亲年纪都大了,包拯辞官不去赴任。得到监和州税的官职,父母又不想让他离开,包拯就辞去官职,回家赡养老人。几年之后,他的父母亲相继去世,包拯在双亲的墓旁筑起草庐,直到守丧期满,还是徘徊犹豫、不忍离去,同乡父老多次前来劝慰勉励。

过了很长时间,包拯才去接受调遣,担任了天长县的知县。有盗贼将人家牛的舌头割掉了,牛的主人前来上诉。包拯说:“你只管回家,把牛杀掉卖了。”不久又有人来控告,说有人私自杀掉耕牛,包拯道:“你为什么割了人家的牛舌还要来控告别人呢?”这个盗贼听罢又是吃惊又是佩服。移任端州知州,升为殿中丞。端州这地方出产砚台,他的前任知州假借上贡的名义,随意多征几十倍的砚台来送给权贵们。包拯命令工匠只按照上贡朝廷的数目制造。一年过去,他没有拿一块砚台回家。

不久,包拯被授为监察御史里行,改任监察御史。当时张尧佐被任命为节度使兼宣徽两院使,右司谏张择行、唐介和包拯一齐对此进行辩论,话语十分恳切。又曾建议说:“国家每年用岁币贿赂契丹,这并非防御戎狄的良策。应该训练士卒、选拔将领,致力于充实和巩固边防。”又请求朝廷重视门下省封驳制度,以及废罢和禁锢贪赃枉法的官吏,选拔地方长官,实行对补荫弟子进行考试的制度。当时各路转运使都兼任按察使,往往摘取无关紧要的小节来上奏弹劾官吏,专门以苛刻的考察来相互标榜、自诩高明,使得地方官吏十分不安,包拯于是请求朝廷废罢了按察使之职。

包拯出使契丹,契丹让典礼官对包拯说:“雄州城新开了一个便门,是不是想招诱我国叛逆之人以刺探边疆情报呀?”包拯说:“涿州城也曾经开过便门,刺探边境情报何必用开便门的方式呢?”那人于是无言以对。

历任三司户部判官,出任京东转运使,改授尚书工部员外郎、直集贤院,移任陕西,又移任河北,进京担任三司户部副使。秦陇斜谷专门置办造船用的木材,随意向老百姓摊派征取。而且这里的七个州负责提供造河桥用的竹索,常常多达几十万,包拯都上奏朝廷,停止了这些摊派。契丹在边境附近集结军队,边境的州郡逐渐紧张起来,朝廷命令包拯到河北调发军粮。包拯说:“漳河地区土地肥沃,百姓却不能耕种,邢、洺、赵三州有民田一万五千顷,都用来牧马,请求全部给老百姓耕种。”朝廷答应了他的请求。解州盐法往往给百姓造成负担,包拯前往经营治理,请求朝廷全部进行通商贸易。

包拯被任命为天章阁待制、知谏院。多次议论和斥责受宠信的权臣,请求朝廷废止所有内授官职等不正当的恩宠。又罗列上陈唐代魏征的三篇奏疏,希望皇帝把它们当作座右铭和借鉴。又上章陈述天子应当明智地听取和采纳臣下的意见,辨清结党营私的人,爱惜有才能的人,不能坚持先入为主的主观意见,一共是七件事;又请求去除刻薄的风气,抑制投机取巧的人,端正刑典,明确禁令,不要轻易大兴土木,禁止妖妄荒诞的事情,朝廷大多实施推行了这些意见。

包拯被任命为龙图阁直学士、河北都转运使。曾建议在边境无事时将军队移到内地，但没有得到答复。现在，包拯请求："罢除河北的屯兵，将他们分别安置在黄河以南的兖、郓、齐、濮、曹、济各州，即使边境告急，也无须担心来不及调遣。如果说边境的守兵不能一下子减少，那么就请求朝廷训练义勇，减少干粮，每年的花费，比不上屯兵一个月的费用，一州的财赋就很充足了。"没有得到答复。

移任瀛洲知州，各州用公家的钱进行贸易，每年累计亏损十多万，包拯上奏全部罢黜。因为儿子去世，包拯请求在方便的州郡任职，做扬州知州，又移任庐州，升为刑部郎中。因为保荐官员有失而获罪，被降为兵部员外郎、池州知州。

官复原职，移任江宁府知府，朝廷召任权知开封府，升为右司郎中。包拯在朝廷为人刚毅，贵戚宦官为之收敛，听说过包拯的人都很怕他。人们把包拯笑比黄河水清了，儿童妇女也知道他的大名，喊他为"包待制"。京城称他说："关节不到，有阎王爷包老。"以前的制度规定，凡是告状不得直接到官署庭下。包拯打开官府正门，使告状的人能够直接到他面前陈述是非曲直，使胥吏不敢欺骗长官。朝中官员和势家望族私筑园林楼榭，侵占了惠民河，因而使河道堵塞不通，正逢京城发大水，包拯于是将那些园林楼榭全部毁掉。有人拿着地券虚报自己的田地数，包拯都严格地加以检验，上奏弹劾弄虚作假的人。

升任谏议大夫、权御史中丞。上奏说："太子空缺的时间已经很久了，天下人都很担忧，陛下长时间犹豫不决，这是为什么？"仁宗说："你想让谁立为太子呢？"包拯说："微臣我没什么才能而担任朝廷官职，之所以请求皇上预立太子，是为国家长远着想。陛下问我想让谁做太子，这是怀疑我啊。我已年届七十，又没有儿子，并不是谋求好处的人。"皇帝高兴地说："我会慢慢考虑这件事的。"包拯请求裁减内廷侍臣的人数，减损和节约浩大的开支，责成各路行政机构尽职尽责，御史府可以自行推荐属官，减少每年的休假日期，这些事情都得到了实行。

张方平任三司使，因购买豪民的财产而获罪、包拯上奏弹劾，罢免了张的官职；但宋祁取代张方平。包拯又加以指责；宋祁被罢免后，包拯以枢密直学士的身份权兼三司使。欧阳修说道："包拯真是《左传》中所说的'牵牛踩了别人的地而地的主人把牛抢夺过来'，这种惩罚已经过重了，又贪恋三司使的肥缺，不也太过分了吗！"包拯因此呆在家里回避，过了很长时间才出来。他在三司任职时，凡是各库的供上物品，以前都向外地的州郡摊派，老百姓负担很重、深受困扰。包拯特地设置榷场进行公平买卖，百姓得以免遭困扰。官吏负欠公家钱帛的多被拘禁，一有机会就逃走，又把他的妻儿抓起来，包拯都给放了。升给事中，担任三司使。几天后，被任命为枢密副使。随即又升为礼部侍郎，包拯推辞不受。很快因病去世，享年六十四岁。朝廷赠他为礼部尚书，谥号为"孝肃"。

包拯性格严厉正直，对官吏苛刻之风十分厌恶，致力于敦厚宽容之政，虽然疾恶如仇，但没有不以忠厚宽恕之道推行政务的，不随意附和别人，不装模作样地取悦别人，平时没有私人的书信往来。亲旧故友的消息都断绝了。虽然官位很高，但吃饭穿衣和日常用品都跟做平民时一样。他曾说："后世子孙做官，有犯贪污之罪的，不得踏进家门，死后不得葬入大墓。不遵从我的志向，就不是我的子孙。"当初，包拯有一个儿子，名叫"镱"，娶崔氏为妻，担任潭州通判时死了。崔氏为亡夫守节，不再改嫁。包拯曾经把她的陪嫁女送走，在娘家生孩子，崔氏暗中慰问她的母亲，让她好好照顾那个陪嫁女。包镱死后，崔氏把陪嫁女的儿子带回家，取名叫“包綖”。包拯有《奏议》十五卷。

赵抃传

【题解】

赵抃（1008～1084），宋衢州西安（今浙江衢县）人，字阅道，号“知非子”。景佑进士。初任地方官，以政绩显著而被召为殿中侍御史。弹劾不避权幸，人称“铁面御史”。出知睦州，改任梓州路转运使，又移任益州。遍行所部，禁吏为奸，以身作则，自奉廉俭，蜀地风气为之一变。朝廷召为右司谏，又因言事罢知虔州。历任三司度支副使、河北都转运使。治平初年改知成都府，匹马入川，为政简易明肃。神宗即位，除参知政事。因反对王安石变法，于熙宁三年（1070）罢知杭州，移任青州。五年，再知成都府，为政宽简，民以为便。又移任越州、杭州，致仕后安坐而死。谥号“清献”。为人忠厚清谨，平生不置产业、不畜声使，生活俭朴，助人以德。当时的名相韩琦称赞他“真世人标表”。

【原文】

赵抃，字阅道，衢州西安人。进士及第，为武安军节度推官。人有赦前伪造印，更赦而用者。法吏当以死。抃曰：“赦前不用，赦后不造，不当死。”谳而生之。知崇安、海陵、江原之县，通判泗州。濠守给士卒廪赐不如法，声欲变，守惧，日未入，辄闭门不出。转运使檄抃摄治之，抃至，从容如平时，州以无事。

翰林学士曾公亮未之识，荐为殿中侍御史，弹劾不避权幸，声称凛然，京师目为“铁面御史”。其言务欲朝廷别白君子、小人，以谓：“小人虽小过，当力遏而绝之；君子不幸诖误，当保全爱惜，以成就其德。”温成皇后之丧，刘沆以参知政事监护，及为相，领事如初。抃论其当罢，以全国体。又言宰相陈执中不学无术，且多过失；宣徽使王拱辰平生所为及奉使不法；枢密使王德用、翰林学士李淑不称职，皆罢去。

吴充、鞠真卿、刁约以治礼院吏，马遵、吕景初、吴中复以论梁适，相继被逐。抃言其故，悉召还。吕溱、蔡襄、吴奎、韩绛既出守，欧阳修、贾黯复求郡。抃言：“近日正人端士纷纷引去，侍从之贤如修辈无几，今皆欲去者，以正色立朝，不能谄事权要，伤之者众耳。”修、黯于是得留，一时名臣，赖以安焉。

请知睦州。移梓州路转运使，改益州。蜀地远民弱，吏肆为不法，州郡公相馈饷。抃以身帅之，蜀风为变。穷城小邑，民或生而不识使者，抃行部无不至，父老喜相慰，奸吏竦服。

召为右司谏。内侍邓保信引退兵烧炼禁中，抃引文成、五利、郑注为比，力论之。陈升之副枢密，林与唐介、吕诲、范师道言升之奸邪，交结宦官，进不以道。章二十余上，升之去位。抃与言者亦皆罢，出知虔州、虔素难治，抃御之严而不苛，召戒诸县令，使人自为治。令皆喜，争尽力，狱以屡空。岭外仕者死，多无以为归，抃造舟百艘，移告诸郡曰："仕宦之家，有不能归者，皆于我乎出。"于是至者相继，悉授以舟，并给其道里费。

召为侍御史知杂事，改度支副使，进天章阁待制、河北都转运使。时贾昌朝以故相守魏，抃将按视府库，昌朝使来告曰："前此，监司未有按视吾藏者，恐事无比，若何？"抃曰："舍是，则他郡不服。"竟往焉。昌朝不悦。初，有招募义勇，过期不能办，官吏当坐者八百余人。抃被旨督之，奏言："河朔频岁丰，故应募者少，请宽其罪，以俟农隙。"从之。坐者获免，而募亦随足。昌朝始愧服。

加龙图阁直学士、知成都，以宽为治。抃向使蜀日，有聚为妖祀者，治以峻法。及是，复有此狱，皆谓不免。抃察其亡他，曰："是特酒食过耳。"刑首恶而释余人，蜀民大悦。会荣湮除转运使，英宗谕湮曰："赵抃为成都，中和之政也。"

神宗立，召知谏院。故事，近臣还自成都者。将大用，必更省储，不为谏官。大臣以为疑，帝曰："吾赖其言耳，苟欲用之，无伤也。"及谢，帝曰："闻卿匹马入蜀，以一琴一鹤自随，为政简易，亦称是乎？"未几，擢参知政事。抃感顾知遇，朝政有未协者，必密启闻，帝手诏褒答。

王安石用事，抃屡斥其不便。韩琦上疏极论青苗法，帝语执政，令罢之。时安石家居求去，抃曰："新法皆安石所建，不若俟其出。"既出，安石持之愈坚。抃大悔恨，即上言："制置条例司建使者四十辈，骚动天下。安石强辩自用，诋灭下公讼以为流俗，违众罔民，顺非文过。近者台谏侍从，多以言不听而去。司马光除枢密，不肯拜。且事有轻重，体有大小。财利于事为轻，而民心得失为重；青苗使者于体为小，而禁近耳目之臣用舍为大。今去重而取轻，失大而得小，惧非宗庙社稷之福也。"

奏入，恳乞去位，拜资政殿学士、知杭州，改青州。时京东旱蝗，青独多麦，蝗来及境，遇风退飞，尽坠水死。成都以戍卒为忧，遂以大学士复知成都。召见，劳之曰："前此，未有自政府往者，能为联行乎？"对曰："陛下有言，即法也，奚例之问？"因乞以便宜从事。

既至蜀，治益尚宽。有卒长立堂下，呼谕之曰："吾与汝年相若，吾以一身入蜀，为天子抚一方。汝亦宜清谨畏抃以率众，比戍还，得余财持归，为室家计可也。"人喜转相告，莫敢为恶，蜀郡晏然。剑州民私作僧度牒，或以为谋逆告，抃不畀狱吏，以意决之，悉从轻比。谤者谓其纵逆党，朝廷取具狱阅之。皆与法合。茂州夷剽境上，惧讨乞降，乃缚奴将杀之，取血以受盟。抃使易用牲，皆欢呼听命。

乞归，知越州。吴越大饥疫，死者过半。抃尽救荒之术，疗病埋死，而生者以全。下令修城，使得食其力。复徙杭，以太子少保致仕，而官其子岏提举两浙常平以便养。岏奉抃遍游诸名山，吴人以为荣。元丰七年，薨，年七十七。赠太子少师，谥曰清献。

抃长厚清修，人不见其喜愠。平生不治财业，不畜声伎，嫁兄弟之女十数、他孤女二十余人，施德茕贫，盖不可胜数。日所为事，入夜必衣冠露香以告于天，不可告，则不敢为也。其为政，善因俗施设，猛宽不同，在虔与成都，尤为世所称道。神宗每诏二郡守，必以抃为言。要之，以惠利为本。晚学道有得，将终，与抃诀，词气不乱，安坐而没。宰相韩琦曾称抃真世人标表,盖以为不可及云。

【译文】

赵抃,字阅道,衢州西安人。进士及第,武安军节度推官。有人在大赦前伪造官印,大赦后使用,法官认为应判死刑。赵抃说:“大赦前没有使用伪印,大赦后没有再造,不应当处死。”审判定罪,犯人得免一死。历任崇安、海陵、江原三县的知县,又任泗州通判。濠州知州不按规定供给士兵粮饷,士兵们声称要造反,知州很害怕,太阳还没下山就关门不敢出来。转运使传令赵抃前往镇压,赵抃到达后,像平常一样从容不迫,濠州因而太平无事。

翰林学士曾公亮不认识赵抃,推荐他为殿中侍御史,弹劾官员从不回避受宠信的权臣,获得了正直凛然的声誉,京城把他看作是“铁面御史”。他的言论专门是要朝廷辨明君子小人,认为:“小人即使是犯了小错,也应当极力遏止清除掉;君子不幸有了过失,应当保全爱惜,以成就他的德行。”温成皇后去世,刘沆以参知政事的身份主持丧事,等当了宰相后,仍然像以前一样主持丧事。赵抃认为应当停止,以保全国家的体统。又讲宰相陈执中不学无术,而且过失很多;宣徽使王拱辰平时的所作所为和政务不合法度;枢密使王德用、翰林学士李淑不称职,朝廷都将他们罢免了。

吴充、鞠真卿、刁约因为审治礼院官吏的罪行,马遵、吕景初、吴中复因为指斥梁适的错误,相继被逐出朝廷。赵抃讲述其中的缘由,朝廷于是将他们全部召回。吕溱、蔡襄、韩绛离京担任外州长官后,欧阳修、贾黯又请求离京外任。赵抃说:“近来品行端正的人纷纷引退,侍从官中像欧阳修等人那样贤明的没有几个,如今之所以想要引退,是因为他们不能向权要显贵讨好献媚,诬陷中伤他们的人太多罢了。”欧阳修和贾黯因此而被挽留,当时有声望的大臣,依靠赵抃的辩白而得以安宁。

赵抃请求出任睦州知州,移任梓州路转运使,改任益州知州。四川地处偏僻而百姓柔弱,官吏们肆意妄为、横行不法,州郡官员公然互相行贿送礼。赵抃以身作则,四川的风气为之一变。穷乡僻壤的百姓有的一辈子也没见过转运使,赵抃走遍了自己的辖区,父老乡亲备感喜悦和安慰,奸邪的官吏既惊恐又顺从。

朝廷召他为右司谏。内侍邓保信招引逃兵董吉在宫禁里烧炼丹药,赵抃引用文成、五利和郑注做比喻,极力加以斥责。陈升之担任副枢密使,赵抃与唐介、吕海、范师道讲陈升之奸诈邪恶,勾结宦官,晋升不符合制度规定。奏章上呈了二十多次,陈升之被免去官职。赵抃和其他上奏辩论的人也被罢免,出任虔州知州。虔州素来难于治理,赵抃治理严格但不苛刻,他召令和告诫各县县令,让他们各自治理好自己的辖区。县令们都很高兴,争相尽力,监狱里屡屡空无一人。在岭外做官的人死后,多无法返回故乡。赵抃造了一百艘船,转告各郡说:“担任官职的人家有不能回乡的,都可以从我这里离开。”于是,来的人相继不断,赵抃都为他们提供船只和路费。

召为侍御史知杂事,改任度支副使,晋升为天章阁待制、河北都转运使。当时贾昌朝以前丞相的身份担任魏州知州,赵抃将要视察府库,贾昌朝派人来说道:“在此以前,监司没有来察看我的府库的,恐怕你来察看无先例可循,怎么办?"赵抃说:"如果不察看,那么其他州郡不会服气。"最终还是去了。贾昌朝很不高兴。当初,朝廷下诏命令招募义勇,过期不能执行的官吏,要受惩处的有八百多人。赵抃奉旨督促,上奏道:"河北多年丰收,所以应募的人少,请求宽恕官吏的罪过,等农闲时再进行招募工作。"朝廷同意了他的请求。受处罚的人得到赦免,而应募的义勇也随即够数。贾昌朝这才感到惭愧和佩服。

赵抃加官为龙图阁直学士,出任成都府长官,用宽厚之道进行治理。赵抃以前在四川做转运使时,有人聚众进行荒诞的祭祀仪式,遭到严厉处置。到现在又有这种案件,犯人们都以为难免一死。赵抃明察其中并没有其他不轨行为,说:"这只不过是吃喝过头而已。"杀了首犯而把其余的人放了,四川的百姓都十分高兴。正逢荣湮被任命为转运使,英宗对荣湮说:"赵抃主持成都府,实行的是公正仁和的政策啊!"

神宗即位,召赵抃为知谏院。过去的制度规定:朝廷近臣从成都府回来的,如果将要给予重用,必须经过省府的任职,不做谏官。大臣们对此感到疑惑,神宗说:"我是想依靠他的言论公正而已,如果要重用他,没有什么妨碍。"等赵抃入朝谢恩,神宗说:"听说你单马入川,以一把琴、一只鹤跟随自己,治理政事简易明了,也能够胜任现在的职务吗?"不久,赵抃被提升为参知政事。赵抃感激神宗皇帝的知遇之恩,朝廷政事凡是有不恰当的,必定秘密上奏汇报。神宗亲自写诏给予表扬和答复。

王安石主持朝政,赵抃多次指责他的不当之处。韩琦上疏极力议论和反对青苗法,神宗告诉执政官,命令停止推行。当时王安石住在家中要求辞职,赵抃说:"新法都是王安石创建的,不如等他出来任职后再作决定。"王安石出山后,更加坚决地主持新法。赵抃十分后悔,立即上言:"制置三司条例司设置了四十多个使者,使得天下骚动不安。王安石强词狡辩、刚愎自用,骂天下公正的舆论为流俗,违背众人的意愿,欺骗老百姓,坚持错误,文过饰非。近来台谏侍从们,大多因为自己的意见得不到采纳而离开朝廷。司马光被任命为枢密使,不肯接受。况事情有轻重之分,体统有大小之别。谋求财利的事情为轻,而民心得失的事情为重;青苗使者对于国家体统来说是小,而亲近大臣们的任用和去舍是大。现在去重取轻、贪小失大,我担心这不是宗庙社稷之福。"

奏章上呈后,赵抃恳求辞去执政之职,朝廷任命他为资政殿学士、杭州知州,又改任青州知州。当时京东地区发生旱灾和蝗灾,唯独青州麦子丰产,蝗虫来到青州国界时,遇风退飞,全部落水淹死了。成都府认为戍守的士兵是个隐患,令人担忧,于是赵抃以大学士的头衔再次出任成都知府。皇帝召见,慰劳他说:"在此以前,没有从执政府前去赴任的,你能够为我走一趟嘛?"赵抃答道:"陛下发话,就是法律,何需再问惯例?"因而请求皇帝授权他随机行事。

到了四川后,治理政务更加崇尚宽简。有个卒长站在堂下,赵抃喊过来对他说道:"我和你年纪差不多,孤单一人来到四川,为皇上安抚一方之地。你也应当在清白谨慎、敬畏收敛来表率士卒,等到戍守回来后,可以把剩余的财物带回家作为安家之用。"人们高兴地互相转告,不敢作恶,成都地区太平无事。剑州百姓私自伪造和尚度牒,有人告发他们图谋叛逆,赵抃不把案子转交狱吏,而是根据自己的意见进行判决,全部从轻发落。

诽谤他的人说他纵容叛逆的党羽，朝廷将案卷拿来审阅，都符合法律条文。茂州的蛮在边境上劫掠，害怕朝廷讨伐，请求投降，于是要把奴将绑起来杀掉，用人血来接受盟誓。赵抃让他们改用牲口代祭，夷人们都欢呼听命。

赵抃请求返回，被任命为越州知州。吴越地区发生大饥荒，死者超过半数。赵抃用尽各种救荒的办法，为病人治疗，为死者埋葬，而活下来的人也得以保全性命。下令修筑城池，使他们能够自食其力。又移任杭州，以太子少保的官衔退休，任命他的儿子赵岏提举两浙常平仓，以便于赡养。赵岏侍奉赵抃遍游名山大川，吴越人都觉得十分荣耀。元丰七年，赵抃去世，终年七十七岁。朝廷追赠他为太子少师，谥号为"清献"。

赵抃为人忠厚老成，清静高洁，富于修养，人们看不到他喜怒的神色。平生不置办财产家业，不畜养歌舞艺使，使兄弟的十几个女儿和其他二十多个孤苦女子得以出嫁成亲，施行仁德，救济贫困，不可胜数。白天所做的事情，夜里必定穿戴整齐、焚香对天祷告，不能祷告于上天的事情，就不敢去做。他治理政务，善于根据不同地区的不同习俗而推行不同的措施，宽简和严厉各不相同，在虔州和成都府时尤其被世人所称道。神宗每次诏谕两地郡守，必定要讲到赵抃，主要说来，他治理政事的根本在于使老百姓得到恩惠和好处。晚年学道很有心得，将要去世时，与赵抃诀别，说话和气脉并不混乱，安坐而死。宰相韩琦曾称赞赵抃真正是世人的榜样，认为没人能跟他相比。

唐介传

【题解】

唐介（1008~1069）字子方，江陵人（今属湖北），登进士后，为武陵尉。后入朝为御史，为人直言敢谏、以弹劾宰相文彦博而知名，后出知扬州，再为度支付使，知谏院，英宗时，为御史中丞，以龙图阁大学士出仕太原知府。熙宗朝，拜参知政事，屡与王安石相争，因不胜愤怒，发病而卒。

【原文】

唐介字子方，江陵人。父拱，卒漳州，州人知其贫，合钱以赙，介年尚幼，谢不取。擢第，为武陵尉，调平江令。民李氏赀而吝，吏有求不厌，诬为杀人祭鬼。岳守捕其家，无少长楚掠，不肯承。更属介讯之，无他验。守怒白于朝，遣御史方偕徙狱别鞫之，其安与介同。守以下得罪，偕受赏，介未常自言。

知莫州任丘县，当辽使往来道，驿吏以诛索破家为苦。介坐驿门，令曰："非法所应给，一切勿与。稍毁吾什器者，必执之。"皆帖伏以去。沿边塘水岁溢，害民田。中人杨怀敏主之，欲害邑西十一村地猪涨潦；介筑堤阑之，民以为利。通判德州，转运使崔峄取库绢配民而重其估。介留牒不下，且移安抚司责数之。峄怒，数驰檄按诘，介不为动。既而

果不能行。

入为监察御史裹行，转殿中侍御史。启圣院造龙凤车，内出珠玉为之饰。介言："此太宗神御所在，不可喧渎；后宫奇靡之器，不宜过制。"诏亟毁去。张尧佐骤除宣徽、节度、景灵、群牧四使，介与包拯、吴奎等力争之，又请中丞王举正留百官班庭论，夺其二使。无何，复除宣徽使、知河阳。介谓同列曰："是欲与宣徽，而假河阳为名耳，不可但已也。"而同列依违，介独抗言之。仁宗谓曰："除拟本出中书。"介遂劾宰相文彦博守蜀日造间金奇锦，缘阉侍通宫掖，以得执政，今显用尧佐，益自固结，请罢之而相富弼。又言谏官吴奎表裹观望，语甚切直。

帝怒，欲其奏不视，且言将远窜。介徐读毕，曰："臣忠愤所激，鼎镬不避，何辞于谪！"帝急召执政示之曰："介论事是其职。至谓彦博由妃嫔致宰相，此何言也？进用冢司，岂应得预！"时彦博在前，介责之曰："彦博宜自省，即有之，不可隐。"彦博拜谢不已，帝怒益甚。梁适叱介使下殿，修起居注蔡襄趋进救之。贬春州别驾，王举正言以为太重，帝旋悟，明日取其疏入，改置英州，而罢彦博相，吴奎亦出。又虑介或道死，有杀直臣名，命中使让之。梅尧臣、李师中皆赋诗激美，由是直声动天下，士大夫称真御史，必曰唐子方而不敢名。

数月，起监郴州税，通判潭州，知复州，召为殿中侍御史。遣使赐告，趣诣阙下。入对，帝劳之曰："卿迁谪以来，未尝以私书至京师，可谓不易所守矣。"介顿首谢，言事益无所顾。他日请曰："臣既任言责，言之不行将固争，争之重以累陛下，愿得解职。"换工部员外郎、直集贤院，为开封府判官，出知扬州，徙江东转运使。御史吴中复言，介不宜久居外。文彦博再当国，奏："介向所言，诚中臣病，愿如中复言。"然但徙河东。

久之，入为度支副使，进天章阁待制，复知谏院。帝自至和后，临朝渊默。介言："群臣如天地，以交泰为理。愿时延群下，发德音，可否万几，以幸天下。"又论：宫禁干丐恩泽，出命不由中书，宜有以抑绝；赐予嫔御之费，多先朝时十数倍，日加无穷，宜有所睃损；监司荐举，多得文法小吏，请令精择端良敦朴之士，毋使与 憸薄者同进；诸路走马承受凌扰郡县，可罢勿遣，以权归监司；兖国公主夜开禁门，宜劾宿卫主吏，以严宫省。帝悉开纳之。

御史中丞韩绛劾宰相富弼，弼家居求罢，绛亦待罪。介与王陶论绛以危法中伤大臣，绛罢。介嫌于右宰相，请外。以知荆南，敕过门下，知银台司何郯封还之，留权开封府。旋以论罢陈升之，亦出知洪州。加龙图阁直学士、河北都转运使，枢密直学士、知瀛洲。

治平元年，召为御史中丞。英宗谓曰："卿在先朝有直声，故用卿，非繇左右言也。"介曰："臣无状，陛下过听，愿献愚忠。自古欲治之主，亦非求绝世俗之术"，要在顺人情而已。祖宗遗德余烈，在人未远，愿览已成之业以为监，则天下蒙福矣。明年，以龙图阁学士知太原府。帝曰："朕视河东，不在中执法下，暂烦卿往耳。"夏人数扰代州边，多筑堡境上。介遣兵悉撤之，移谕以利害，遂不敢动。

神宗立，以三司使召。熙宁元年，拜参知政事。先时，宰相省阅所进文书于待漏舍，同列不得闻。介谓曾公亮曰："身正政府而文书弗与知，上或有所问，何辞以对？"乃与同视，后遂为常。帝欲用王安石，公亮因荐之，介言其难大任。帝曰："文学不可任耶？吏事不可任耶？经术不可任耶？"对曰："安石即学而泥古，故论议迂阔，若使为政，必多所变更。"退谓公亮曰："安石果用，天下必困扰，诸公当自知之。"中书常进除目，数日不决，帝曰："当问王安石。"介曰："陛下以安石可大用，即用之，岂可使中书政事决于翰林学士？臣近每闻宣谕某事问安石，可即行之，不可不行，如此则执政何所用，恐非信任大臣之体也。必以臣为不才，愿先罢免。"

安石既执政，奏言："中书处分劄子，皆称圣旨，不中理者十八九，宜止令中书出牒。"帝愕然。介曰："昔寇准用劄子迁冯拯官不当，拯诉之，太宗谓：'前代中书用堂牒，乃权臣假此为威福，太祖时以堂帖重於敕命，遂削去之。今复用劄子，何异堂帖？'张洎因言：'废劄子，则中书行事，别无公式。'太宗曰：'大事则降敕，其当用劄子，亦须奏裁。'此所以称圣旨也。如安石言，则是政不自天子出，使辅臣皆忠贤，犹不擅命，苟非其人，岂不害国？"帝以为然，乃止。介自是数与安石争论。安石强辩，而帝主其说。介不胜愤，疽发于背，薨，年六十。

介为人简伉，以敢言见惮。每言官缺，众皆望介处之，观其风采。神宗谓其先朝遗直，故大用之。然居政府，遭时有为，而扼于安石，少所建明，声名减于谏官、御史时。比疾亟，帝临问流涕，复幸其第吊哭，以画像不类，命取禁中旧藏本赐其家。赠礼部尚书，谥曰质肃。

【译文】

唐介，字子方，江陵人。父亲唐拱，死于漳州，州里人知道他家贫穷，凑钱助丧，唐介那时年纪还小，就辞谢而不取。登进士第，任命为武陵尉，调任沅江县令。有个姓李的百姓富有而吝啬，胥吏向他勒索而没有得到满足，就诬陷他杀人用来祭鬼。岳州太守逮捕了李氏全家，无论长幼都施以拷掠，但全不承认。再交给唐介来审讯，他认为没有证据。太守恼怒地报告朝廷，派遣御史方偕押解到别的监狱另外审讯，其结果与唐介相同。太守以下都获罪，方偕受赏，而唐介则从未谈起自己。

为莫州任丘县知县，莫州正当辽国使者往来的通道，驿吏得为使者的勒索以至破家为苦。唐介坐在驿站的门口，下令道："不是法令规定应该供给的，全都不给。谁要是稍微毁坏了我们的器具，我一定把他逮捕！"使者都乖乖地离去了。与辽国相接的边境一带有很多河塘，每年都要发水，伤害民田。宦官杨怀敏主张，要把任丘城西的十一个村子的地割弃，以壅堵洪水；而唐介则筑堤拦截住洪水，百姓以为便利。为德州通判，转运使崔峄拿出官库中的绢分配给百姓购买，而提高价钱。唐介扣留住公文不下达，并移文安抚司对崔峄加以指责。崔峄恼怒，屡次驰送文檄催促责问，唐介理也不理。结果终于没有得以施行。入朝为监察御史里行，转为殿中侍御史。启圣院造龙凤车，宫内拿出珍珠宝玉作装饰。唐介上言："这里是太宗神灵御驾所在，不可喧闹亵渎；后宫珍奇靡费之物，不应该超过制度。"降诏赶快毁掉。张尧佐骤然被任命为宣徽、节度、景灵、群牧四使，唐介与包拯、吴奎等人极力反对，又请御史中丞王举正留下百官庭论，削夺了张尧佐二使。没有多久,又任命张尧佐为宣徽使、知河阳。唐介对同列说:“这是想给他宣徽使,而假借以河阳的名义罢了,不能就这样算了。”但同列依违两间,唐介就单独上言反对。仁宗对他说:“任命是由中书省发出的。”唐介便弹劾宰相文彦博镇守蜀中时制造间杂金丝的奇锦,通过宦官沟通宫掖,以求得执政之职,如今又重用张尧佐,是为了进一步巩固自己的权势,请求罢免他而用富弼为宰相。唐介又奏言谏官吴奎首鼠两端,语言很是切直。

仁宗很恼怒,退回唐介的奏章不看,并说要把他流放到边远之地。唐介自己把奏章慢慢读完,道:“臣为忠愤所激,连用鼎镬煮死都不怕,还在乎什么贬谪!”仁宗急忙召来执政大臣,把奏章给他们看,道:“唐介评论朝政,这是他的职责,至于说文彦博通过妃嫔得到宰相,这算是什么话!进用冢宰,他岂能干预!”当时文彦博在跟前,唐介指责他说:“文彦博应该自省,如果有这事,就不应该隐瞒。”文彦博谢罪不已,仁宗就更加恼怒。梁适呵斥唐介下殿,修起居注蔡襄趋上前营救唐介。仁宗贬唐介为春州别驾,王举正上言以为惩罚太重,仁宗很快也醒悟了,第二天把唐介的奏章调取入内,改为英州,而罢免了文彦博的宰相,吴奎也贬官离开朝廷。仁宗又顾虑唐介死在路上,使自己落下杀死直臣的名声,就命令宦官护送。梅尧臣、李师中都赋诗赞美他,由此唐介的刚直之声满天下,士大夫称之为真御史,一定要叫唐子方而不敢称他的名。

过了几个月,起用为监郴州税,相继又为潭州通判、复州知州,召为殿中侍御史。仁宗特意派使者通知,让他速至京城。唐介入对,仁宗慰劳他道:“你被贬谪之后,从未有一封私信寄到京城,真算得不更易操守了。”唐介顿首谢恩,从此言事越发无所顾忌了。后来有一天他请求说:“我既然担任言官,上言而不被接受就会尽力相争,争得严重就会牵累陛下,希望能解除我的职务。”于是改官为工部员外郎、直集贤院,为开封府判官,出任扬州知州,又改任为江东转运使。御史吴中复上言,说唐介不适宜久居于朝外。文彦博再次担任执政,上奏:“唐介所言,确实说中我的毛病,希望如吴中复所言。”可是仁宗只把唐介改任到河东。

过了很久,唐介入朝为度支副使,进为天章阁待制,又知谏院。仁宗自从至和年以后,上朝时沉默寡言。唐介上言:“君臣好比天地,以交泰为理(指天地之气相融合,以生养万物)。希望陛下经常接见群臣,发出德音,对政事表示可否,天下万幸。”他又批评说:“宫禁干请皇上的恩泽,朝廷的命令不出自中书省,应该有所抑制和禁绝;赏赐给嫔妃的费用,比先朝时多十几倍,日益增加,无有穷尽,应该有所削减;监司荐举人才,多取文法小吏,建议让他们精选端良淳朴之士,不要使他们与奸邪浅薄的人一同进上;诸路的走马承受到处骚扰郡县,可以罢止不再派遣,把权归属监司;兖国公主夜里要求打开禁闭之门,应该弹劾主管宿卫的官员,以使严格宫省的防卫。”仁宗全部表示接受。

御史中丞韩绛弹劾宰相富弼,富弼居于家中,请求罢职,韩绛也等待降罪。唐介与王陶劾论韩降以危法中伤大臣,韩绛被罢职。唐介与右丞相有嫌隙,请求离朝出外。命他知荆门军,这敕令经过门下省,知银台司何郯把敕令封还,便又改为留下代理开封会事。不久他又因为论罢陈升之,自己也出朝洪州知州。加龙图阁直学士、河北都转运使,又为枢密直学士、瀛洲知州。

宋英宗治平元年。召为御史中丞。英宗对他说："您在先朝有耿直的声望，所以我任用您，这不是由于有左右进言的结果。"唐介说："臣不成体统，陛下过于相信，愿竭献愚忠。自古想达到天下治理的君主。也不是追求什么绝世惊俗的治术，关键在于顺乎人情而已。列朝祖宗的遗德余烈，仍然保留在人们心中，希望能观察已经成功的事业以为镜监，则天下就蒙受福惠了。"明年，以龙图阁学士任太原府知府。英宗说："朕看河东，其重要不在朝廷执法之下，所以暂且烦请您前往。"西夏屡次侵扰代州边境，所以过去在边境上修筑了很多堡垒。唐介派遣士兵全部撤除，以公文告谕以利害，西夏人便不敢再活动了。

宋神宗即位，以三司使之职召请唐介回朝。熙宁元年，拜为参知政事。过去，宰相在待漏舍省阅所呈进的文书。同列不得予闻。唐介对曾公亮说："身在政府而不能予闻文书，皇上或有所问，用什么回答？"便与宰相一同省阅文书，以后不作为成例。神宗想重用王安石，唐介说他难当大任。神宗说："是他的文学不可任，还是吏事不可任，还是经术不可任？唐介答道："王安石好学但拘泥于古事，所以议论迂阔，如果让他主持政事，必然多所变更。"退下以后，唐介对曾公亮说："王安石如果被大用，天下必然困扰，诸公到时候就会知道的。"中书曾经进呈任命官员的名单，数日不能决定，神宗说："应该问问王安石。"唐介说："陛下认为王安石可以大用，就用他，岂能让中书的政事取决于翰林学士？近来臣常听说陛下宣谕某事问王安石，王安石同意就施行，不同意就不施行，如此则执政还有什么用，恐怕这不是信任大臣的规矩。如果认为臣不才，希望先罢免我。"

王安石执政以后，奏言："中书处分的么劄子，都号称圣旨，其中不合理的十有八九，应该只让中书出文牒。"神宗愕然。唐介说："当年寇准用劄子迁冯拯的官职不妥当，冯拯申诉，太宗说：'前代中书用堂牒，是权臣借此以为威福。太祖时觉得堂帖比皇帝的敕命还重，就废除了它。如今重新用劄子，与堂帖有什么两样？'张洎便说：'废除了劄子，则中书办理事务，没有别的公式。'太宗说：'大事则降敕旨，到了该用劄子的时候，也应该奏请裁决。'这就是所以号称之为圣旨的缘由。照着王安石所说，则是政事不由天子而出，即使辅臣全都是忠贤，还算是擅权，假如不是忠贤，岂不害国？"神宗认为很对，便没有执行。唐介从此屡次和王安石争论。王安石善于辩论，而神宗总是赞同他的意见。唐介不胜愤怒，背生疽疮而死，年六十岁。

唐介为人简傲亢直，以敢言为人所敬惮，每逢言官有缺额，众人都希望唐介处之，以观其风采，神宗认为他是先朝遗留下的直臣，所以大用为宰相。但他居于政府，正遇上神宗要有所作为，于是为王安石所压抑，很少有所建树，声名不如担任谏官和御史时。等到他病危，神宗亲自临问流涕，又亲幸他的府第吊哭，因为他的画像不像，就命令把宫中旧日所藏的底本赏赐给他家。赠礼部尚书。谥为质肃。

欧阳修传

【题解】

欧阳修(1007~1072),北宋文学家、史学家,“唐宋八大家”之一。字永叔,号醉翁,晚号六一居士。吉州永丰(今属江西)人。曾任枢密副使,参知政事。早年支持范仲淹的改良运动;王安石实行新法时,曾上疏陈青苗法立弊。晚年辞官闲居,卒谥文忠。

欧阳修是北宋诗文革新运动的领袖,他主张文章应“明道”、致用,对宋初形式主义文风进行了批判。其文学成就以散文最高,诸体兼备,大都内容充实,气势雄健,风格平易自然,流畅婉转,在当时极有影响。其诗学习韩愈“以文为诗”,语言自然晓畅;部分诗作融叙事、议论、抒情于一体,写得沉郁顿挫,风格接近杜甫。欧阳修还善于论诗,《六一诗话》是中国文学史上第一部诗话。其词婉丽,有南唐遗风,多写恋情相思、酣饮醉歌、惜春、赏花等。欧阳修的赋也很出色,《秋声赋》变唐代以来的“律体”为“散体”,对赋的发展有开拓意义。

欧阳修于经学、史学、金石学也有很高的成就。他参加《新唐书》的修撰,自著《新五代史》,收集、整理周代至隋唐的金石碑刻,辑为《集古录》。有《欧阳文忠集》。

【原文】

欧阳修字永叔,庐陵人。四岁而孤,母郑守节自誓,亲诲之学,家贫,至以荻画地学书。幼敏悟过人,读书辄成诵。及冠,嶷然有声。宋兴且百年,而文章体裁,犹仍五季余习。锼刻骈偶,淟涊弗振,士因陋守旧,论卑气弱。苏舜元舜钦、柳开、穆修辈,咸有意作而张之,而力不足。修游随,得唐韩愈遗稿于废书簏中,读而心慕焉。苦志探赜,至忘寝食,必欲并辔绝驰而追与之并。

举进士,试南宫第一,擢甲科,调西京推官。始从尹洙游,为古文,议论当世事,迭相师友,与梅尧臣游,为歌诗相倡和,遂以文章名冠天下。入朝,为馆阁校勘。

范仲淹以言事贬,在廷多论救,司谏高若讷独以为当黜。修贻书责之,谓其不复知人间有羞耻事。若讷上其书,坐贬夷陵令,稍徙乾德令、武成节度判官。仲淹使陕西,辟掌书记。修笑而辞曰:“昔者之举,岂以为己利哉?同其退不同其进可也。”久之,复校勘,进集贤校理。庆历三年,知谏院。

时仁宗更用大臣,杜衍、富弼、韩琦、范仲淹皆在位,增谏官员,用天下名士,修首在选中。每进见,帝延问执政,咨所宜行。既多所张弛,小人翕翕不便。修虑善人必不胜,数为帝分别言之。

初,范仲淹之贬饶州也,修与尹洙、余靖皆以直仲淹见逐,目之曰“党人”。自是,朋党之论起,修乃为《朋党论》以进。其略曰:“君子以同道为朋,小人以同利为朋,此自然之理

欧阳修

也。臣谓小人无朋，惟君子则有之。小人所归者利禄，所贪者财货，当其同利之时，暂相党引以为朋者，伪也。及其见利而争先，或利尽而反相贼害，虽兄弟亲戚，不能相保，故曰小人无朋。君子则不然，所守者道义，所行者忠信，所惜者名节。以之修身，则同道而相益，以之事国，则同心而共济，终始如一，故曰：惟君子则有朋。纣有臣亿万，惟亿万心，可谓无朋矣，而纣用以亡。武王有臣三千，惟一心，可谓大朋矣，而周用以兴。盖君子之朋，虽多而不厌故也。故为君但当退小人之伪朋，用君子之真朋，则天下治矣。”

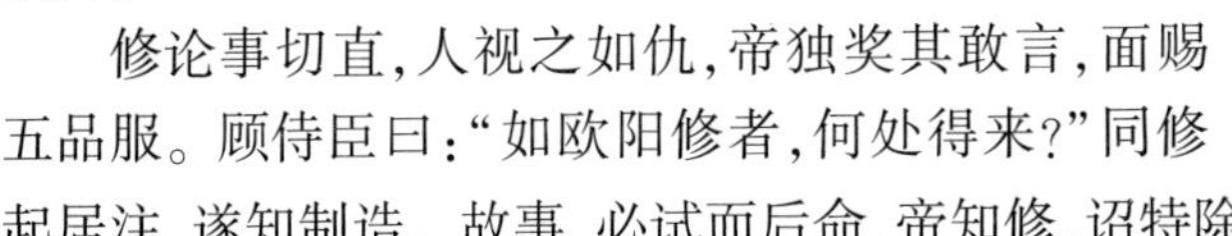

修论事切直，人视之如仇，帝独奖其敢言，面赐五品服。顾侍臣曰：“如欧阳修者，何处得来？”同修起居注，遂知制诰。故事，必试而后命，帝知修，诏特除之。

奉使河东。自西方用兵。议者欲废麟州以省馈饷。修曰：“麟州天险不可废，废之，则河内郡县，民皆不安居矣。不若分其兵，驻并河内诸堡，缓急得以应援，而平时可省转输，於策为便。”由是州得存。又言：“忻、代、岢岚多禁地废田，愿令民得耕之，不然，将为敌有。”朝廷下其议，久乃行，岁得粟数百万斛。凡河东赋敛过重民所不堪者，奏罢十数事。

使还，会保州兵乱。以为龙图阁直学士、河北都转运使。陛辞，帝曰：“勿为久留计，有所欲言，言之。”对曰：“臣在谏职得论事，今越职而言，罪也。”帝曰：“第言之，毋以中外为间。”贼平，大将李昭亮、通判冯博文私纳妇女，修捕博文系狱，昭亮惧，立出所纳妇。兵之始乱也，招以不死，既而皆杀之，胁从两千人，分禁诸郡。富弼为宣抚使，恐后生变，将使同日诛之，与修遇于内黄，夜半，屏人告之故。修曰：“祸莫大于杀已降，况胁从乎？既非朝命，脱一郡不从，为变不细。”弼悟而止。

方是时，杜衍等相继以党议罢去，修慨然上疏曰：“杜衍、韩琦、范仲淹、富弼，天下皆知其有可用之贤，而不闻其有可罢之罪。自古小人谗害忠贤，其说不远。欲广陷良善，不过指为朋党，欲动摇大臣，必须诬以颛权，其故何也？去一善人，而众善人尚在，则未为小人之利；欲尽去之，则善人少过，难为一一求瑕，唯指以为党，则可一时尽逐。至如自古大臣，已被主知而蒙信任，则难以他事动摇，唯有颛权是上之所恶，必须此说，方可倾之。正士在朝，群邪所忌，谋臣不用，敌国之福也。今此四人一旦罢去，而使群邪相贺于内，四夷相贺于外，臣为朝廷惜之。”于是邪党益忌修，因其孤甥张氏狱傅致以罪，左行知制诰、知滁州。居二年，徙扬州、颍州。复学士，留守南京，以母忧去。服除，召判流内铨，时在外十一年矣。帝见其发白，问劳甚至。小人畏修复用，有诈为修奏，乞澄汰内侍为奸利者。其群皆怨怒，谮之，出知同州，帝纳吴充言而止。迁翰林学士，俾修《唐书》。奉使契丹，其主命贵臣四人押宴，曰：“此非常制。以卿名重故尔。”知嘉祐二年贡举。时士子尚为险怪奇涩之文,号"太学体",修痛排抑之,凡如是者辄黜。毕事,问之嚣薄者伺修出,聚譟于马首,街逻不能制;然场屋之习,从是遂变。

加龙图阁学士、知开封府,承包拯威严之后,简易循理,不求赫赫名,京师亦治。旬月,改群牧使。《唐书》成,拜礼部侍郎兼翰林侍读学士。修在翰林八年,知无不言。河决商胡,北京留守贾昌朝欲开横垅故道,回河使东流。有李仲昌者,欲导入六塔河,议者莫知所从。修以为:"河水重浊,理无不淤,下流既淤,上流必决。以近事验之,决河非不能力塞,故道非不能力复,但势不能久耳。横垅功大难成,虽成将复决。六塔狭小,而以全河注之,滨、棣、德、博必被其害。不若因水所趋,增堤峻防,疏其下流,纵使入海,此数十年之利也。"宰相陈执中主昌朝,文彦博主仲昌,竟为河北患。台谏论执中过恶,而执中犹迁延固位。修上疏,以为"陛下拒忠言,庇愚相,为圣德之累"。未几,执中罢。狄青为枢密使,有威名,帝不豫,讹言籍籍,修请出之于外,以保其终,遂罢知陈州。修常因水灾上疏曰:"陛下临御三纪,而储宫未建。昔汉文帝初即位,以群臣之言,即立太子,而享国长久,为汉太宗。唐明宗恶人言储嗣事,不肯早定,致秦王之乱,宗社遂覆。陛下何疑而久不定乎?"其后建立英宗,盖原于此。

五年,拜枢密副使。六年,参知政事。修在兵府,与曾公亮考天下兵数及三路屯戍多少、地理远近,更为图籍。凡边防久缺屯戍者,必加搜补。其在政府,与韩琦同心辅政。凡兵民、官吏、财利之要。中书所当知者,集为总目,遇事不复求之有司。时东宫犹未定,与韩琦等协定大议。英宗以疾未亲政,皇太后垂帘,左右交构,几成嫌隙。韩琦奏事,太后泣语之故。琦以帝疾为解,太后意不释,修进曰:"太后事仁宗数十年,仁德著于天下。昔温成之宠,太后处之裕如;今母子之间,反不能容邪?"太后意稍和,修复曰:"仁宗在位久,德泽在人。故一日晏驾,天下奉戴嗣君,无一人敢异同者。今太后一妇人,臣等五六书生耳,非仁宗遗意,天下谁肯听从。"太后默然,久之而罢。

修平生与人尽言无所隐。及执政,士大夫有所干请,辄面谕可否,虽台谏官论事,亦必以是非诘之,以是怨诽益众。帝将追崇濮王,命有司议,皆谓当称皇伯,改封大国。修引《丧服记》,以为:"'为人后者,为其父母报。'降三年为期,而不没父母之名,以见服可降而名不可没也。若本生之亲,改称皇伯,历考前世,皆无典据。进封大国,则又礼无加爵之道。故中书之议,不与众同。"太后出手书,许帝称亲,尊王为皇,三夫人为后。帝不敢当。于是御史吕诲等诋修主此议,争论不已,皆被逐。惟蒋之奇之说合修意,修荐为御史,众目为奸邪。之奇患之,则思所以自解。修妇弟薛宗孺有憾于修,造帷薄不根之谤摧辱之,展转达于中丞彭思永,思永以告之奇,之奇即上章劾修。神宗初即位,欲深谴修。访故宫臣孙思恭,思恭为辨释,修杜门请推治。帝使诘思永、之奇,问所从来,辞穷,皆坐黜。修亦力求退,罢为观文殿学士、刑部尚书、知亳州。明年,迁兵部尚书、知青州,改宣徽南院使、判太原府。辞不拜,徙蔡州。

修以风节自持,既数被汗衊,年六十,即连乞谢事,帝辄优诏弗许。及守青州,又以请止散青苗钱,为安石所诋,故求归愈切。熙宁四年,以太子少师致仕。五年,卒,赠太子太师,谥曰文忠。

修始在滁州，号醉翁，晚更号六一居士。天资刚劲，见义勇为，虽机阱在前，触发之不顾。放逐流离，至于再三，志气自若也。方贬夷陵时，无以自遣，因取旧案反复观之，见其枉直乖错不可胜数，于是仰天叹曰："以荒远小邑，且如此，天下固可知。"自尔，遇事不敢忽也。学者求见，所与言，未常及文章，惟谈吏事，谓文章止于润身，政事可以及物。凡历数郡，不见治迹，不求声誉，宽简而不扰，故所至民便之。或问："为政宽简，而事不弛废，何也？"曰："以纵为宽，以略为简，则政事弛废，而民受其弊。吾所谓宽者，不为苛意；简者，不为繁碎耳。"修幼失父，母常谓曰："汝父为吏，常夜烛治官书，屡废而叹。吾问之，则曰：'死狱也，我求其生，不得尔。'吾曰：'生可求乎？'曰：'求其生而不得，则死者与我皆无恨。夫常求其生，犹失之死，而世常求其死也。'其平居教他子弟，常用此语，吾耳熟焉。"修闻而服之终身。

为文天才自然，丰约中度。其言简而明，信而通，引物连类，折之于至理，以服人心。超然独惊，众莫能及，故一下翕然师尊之。奖引后进，如恐不及，赏识之下，率为闻人。曾巩、王安石、苏洵、洵子轼、辙，布衣屏处，未为人知，修即游其声誉，谓必显于世。笃于朋友，生则振掖之，死则调护其家。

好古嗜学，凡周、汉以降金石遗文、断编残简，一切掇拾，研稽异同，立说于左，的的可表证，谓之《集古录》、奉诏修《唐书》纪、志、表，自撰《五代史记》，法严词约，多取《春秋》遗旨。苏轼叙其文曰："论大道似韩愈，论事似陆贽，记事似司马迁，诗赋似李白。"识者以为知言。

……

论曰：三代而降，薄乎秦、汉，文章虽与时盛衰，而蔼如其言，晔如其光，皦如其音，盖均有先王之遗烈。涉晋、魏而弊。至唐韩愈氏振起之。唐之文，涉五季而弊，至宋欧阳修又振起之。挽百川之颓波，息千古之邪说，使斯文之正气，可以羽翼大道，扶持人心，此两人之力也。愈不获用，修用矣。亦弗克究其所为，可为世道惜也哉！

【译文】

欧阳修，字永叔，庐陵（今江西吉安）人。四岁时父亲就去世了，母亲郑氏，立誓守节，亲自教导儿子读书，家境贫困，以至用芦管当笔在地上描画着学习写字。欧阳修自幼就聪敏颖悟，超过常人，书读过就能熟记背诵。一到成年，就有了很高的声望。

宋代立国将近百年，但文章的体裁，还是依然沿袭着五代的风气。文人们刻镂雕琢的都是骈偶之文，文坛污浊，文风不振，读书人因循陋习，墨守成规，评论卑下，气调柔弱。苏舜元、苏舜钦兄弟、柳开、穆修等人，都有意振作张扬正气，但力量不足。欧阳修游历随州（今属湖北），在废书篓中得到了唐朝韩愈的遗稿，读后万分钦慕。于是就苦心孤诣地探幽索隐，以致废寝忘食，他决心要同韩愈并驾齐驱、比肩齐名。

中进士，得南宫殿试第一，被选拔为甲科，调西京推官。开始和尹洙交游，和尹洙一起写作古文，议论当朝时政，互相都把对方看成是自己的教师和朋友，又同梅尧臣交往，相互作诗唱和，就这样，欧阳修凭着他的文章名满天下。不久，选进朝廷，为馆阁校勘。

范仲淹因为议论政事被贬了官，朝廷中很多官员都议论相救，只有司谏高若讷一个人认为当贬。欧阳修就写了封信责备他，指责他不复知人间还有羞耻事。高若讷把欧阳修写给他的信送给了皇上，欧阳修因此获罪，被贬为夷陵（今湖北宜昌）县令，不久又迁为乾德（今湖北光化）县令、武成（今河南滑县）节度判官。范仲淹出使陕西，征辟欧阳修执掌书记。欧阳修笑着推辞说："从前我所以那样做，难道是为自己的私利吗？还是同其退不同其进较好吧。"过了很久，朝廷又恢复了他的校勘职务，并被进举为集贤院校理。宋仁宗庆历三年（1043），主持谏院。

当时仁宗皇帝更换大臣，杜衍、富弼、韩琦、范仲淹都做了朝廷大臣，仁宗还决定增加谏官，起用天下名士，欧阳修第一个在被选之列。每次进见，仁宗都要征求每个大臣的意见，询问他们应该做些什么。因为朝中兴废的事多了，小人们的聚合趋附感到了很多的不便。欧阳修考虑到正直的好人必然不会得胜，多次向仁宗分别谈了自己的看法。

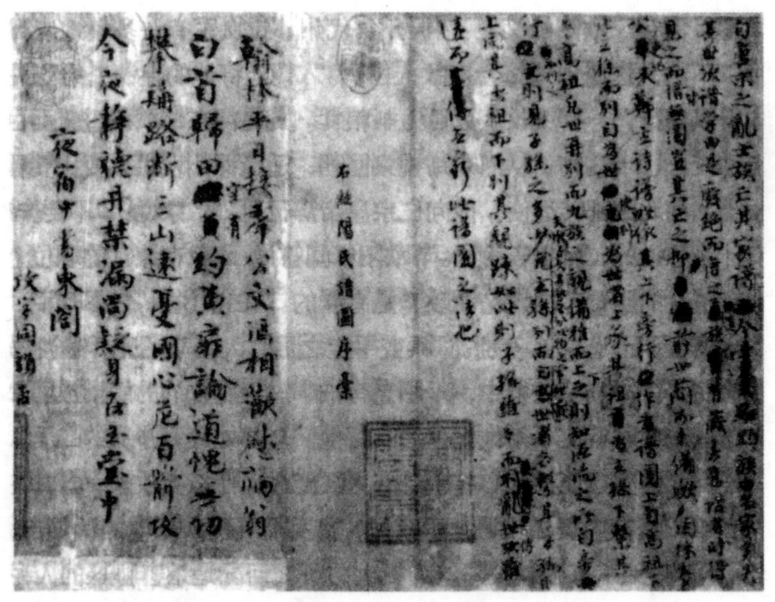

欧阳修《自书诗文卷稿》

当初，范仲淹被贬饶州（治所在今江西波阳），欧阳修和尹洙、余靖都因为替范仲淹辩白申冤而被逐，且被看成是"党人"。从此，朋党的争论就开始了，欧阳修写了《朋党论》进呈仁宗。其大略的意思说："君子和君子因为志同道合结成朋党，小人和小人因为私利相投结成朋党，这是自然的道理。但我说小人是没有朋党的，只有君子才有朋党。因为小人所喜好的是名利和厚禄，所贪图的是金钱和财物，当他们利害一致的时候，就暂时互相勾结拉拢成为朋党，这是虚伪的。等到有利可图的时候就互相争先，或者无利可图的时候就反而相互残害，虽然是兄弟亲戚，也不能互相保护，所以说小人是没有朋党的。君子就不是这样，他们所恪守的是道义，所奉行的是忠信，所珍惜的是名节。用它们来修身，就不仅志同道合而且还互相裨益，用它们来效忠国家，就不仅同心协力而且同舟共济，始终如一，所以说：只有君子才有朋党。商纣有臣子亿万个，就有亿万颗心，可说是没有朋党了吧，而商纣因此而亡国；周武王有臣子三千人，三千人只有一条心，可说是大的朋党了吧，而周王朝因此而兴。这是因为君子的朋党，虽然多也不会满足的缘故。所以做国君的人只该贬退小人的假朋党，起用君子的真朋党，那么天下就可大治了。"

欧阳修评议朝政严厉正直，小人们把他看成似仇人，而仁宗独夸奖他敢于说话，当面赐给他五品朝服，并且会看着侍臣们说："像欧阳修这样的人，到哪里去找得来?"于是，提拔为同修起居注，又主管起草皇帝的诏令。按照先例，选拔主管起草皇帝诏令的官员一定要经过面试以后才能任命，因为仁宗了解欧阳修，下诏书特地任命欧阳修担任这个职务。

后来欧阳修奉命出使河东。自从朝廷对西方用兵以来，议论时政的人就想废除麟州（今陕西神木）以便节省军队的供给。欧阳修说："麟州是天然的险要之地，不要废除，废除了麟州，那么河内这些郡县的百姓就不能安居了。不如分出麟州的军队，让他们进驻河内的各个要塞，遇到危急也可以互相得到接应和救援，而平时又可以省去转辗运输之劳，对于谋略来说，这样做比较有利。"由于欧阳修的这个建议，麟州得到了保存。他又说："忻州（治所在今山西忻县）、代州（治所在今山西代县）、岢岚（今属山西）多的是禁地和废田，希望下命令让老百姓去开垦和种植，不然，就将被敌人占有了。"朝廷把欧阳修的提议交给有关部门讨论，直到很久以后才得以实行，结果是朝廷每年得到了几百万斛的粮食。凡是河东土地赋税过重，人民无法忍受的摊派，欧阳修上奏朝廷请求免除了十几项。

欧阳修出使回来，正值保州（今河北保定）屯兵作乱，欧阳修被授为龙图阁直学士、河北都转运使，他在向天子辞别的时候，仁宗对他说："你不要做长久留在外面的打算，有什么想说的，说吧。"欧阳修回答说："我在谏官任上就该评论朝政，现在我已经不做谏官了，再评议朝政就是越职了，这是有罪的。"仁宗说："只管说，没关系，不要因为京官和外官而生出间隔来。"乱贼平定了，大将李昭亮、通判冯博文私藏妇女，欧阳修逮捕了冯博文把他囚禁在监狱里，李昭亮害怕了，马上放出了所有私藏的妇女。保州屯兵开始作乱的时候，官府曾经用投降不杀的诺言进行招安，等到叛乱平定后却统统把他们杀死了，另外尚有胁从的两千人，本来已经把他们分别编制、隶属到各个州郡里去了，当时富弼是宣抚使，担心这些被编的人以后会再生变故，所以又决定将他们在同一天里全部杀死。碰巧富弼和欧阳修在内黄（今属河南）这个地方相遇了，半夜里，富弼屏退左右，悄悄地把自己的这个打算告诉了欧阳修。欧阳修说："灾祸没有比杀死已经投降的人更大的了，何况又是胁从的人呢？既然不是朝廷的命令，如果有哪个州郡不服从你的这个命令，变故起来可不是小事呀！"富弼恍然大悟，因此中止了这个计划。

当时，杜衍等大臣因为党议一个接一个被罢了官，欧阳修愤慨地向朝廷上奏疏说："杜衍、韩琦、范仲淹、富弼，天下人都知道他们是可以被举用的贤才，而没有听说他们有什么应该被免职的罪过。自古以来小人谗害忠贤，他们的说法其实也并不复杂。想大批地陷害忠良，不过就是指责他们是朋党，想动摇大臣的地位，就必须用专权来诬陷他们，这是什么原因呢？因为除去一个好人，其他很多的好人还在，这对小人并不能带来多大的利益；想把好人一网打尽，但好人却又很少有过失，很难一一找到他们的缺点，只有指责他们结为朋党，那么就可以在同一个时间内全部贬逐他们。至于，自古以来那种已经被皇上了解，而且深得皇上信任的大臣，那么就难以用其他的事由来动摇他们了，只有专权是皇上最忌讳和憎恶的，所以，一定要用这种说法，方才可以打倒他们。正直的人士在朝廷，邪恶的小人就会有所避忌，谋臣不被举用，正是敌国的福气。现在这四个正直的大臣一旦罢免，一定会使邪恶的小人相互庆贺于内，四周的敌人相互称贺于外，我替朝廷可惜呀！"于是邪党更加憎恨欧阳修，就借他妹妹的孤女张化的案子罗织他的罪名，把他降为知制诰，出为滁州（今安徽滁县）知州。欧阳修在滁州住了二年，徙扬州（今属江苏）、颍州（今安徽阜阳）。不久，恢复了他龙图阁直学士的官衔，留守南京，因为母亲去世而去职。服丧期满，朝廷任命他为流内铨。当时，欧阳修在外已十一年了，仁宗看到他的头发都已发白，问候慰劳很是周到。小人们害怕欧阳修再次被重用，就有人假造欧阳修的奏章请求仁宗清洗内侍中挟持恩宠，为非作歹，用非法手段获取私利的奸徒。这样就激起了宦官们对欧阳修的深切怨怒，纷纷诬陷他，要把他外放同州（今陕西大荔），仁宗皇帝采纳了吴充的意见才得以中止。迁翰林学士，让他修纂《唐书》。欧阳修奉命出使契丹，契丹君主命令四个贵臣掌管宴会，并且对欧阳修说："这种规格的接待并不是常规制度，只是因为你的名声大。所以才这样做的。"

嘉祐二年（1057），欧阳修主持贡举。当时应考的读书人喜欢写作险怪奇涩的文章，号为"太学体"，欧阳修极力排斥，贬抑这种文体，凡是写作这种文章的人一概黜落。这件事结束后，从前那些轻狂浅薄的人侦候得欧阳修出门，聚集在一起气势汹汹地拦住欧阳修的马头高声责骂，街上的巡逻队无法制止；然而科举考试的风气，却从此得到了改变。

欧阳修被封龙图阁学士，知开封府。他继承包拯威严治政之后，用简明便易、遵循法制的原则治政，不求显赫的名声，京师也治理得很好。十个月以后，改充群牧使。《唐书》修撰完毕，欧阳修被任命为礼部侍郎兼翰林侍读学士。欧阳修在翰林院八年，真正做到了知无不言。当时黄河在商胡决口，北京（今河北大名）留守贾昌朝想掘开横垅故道，回折河水使它向东流。有个叫李仲昌的人，却主张把河水引入六塔河。议论的人不知听谁的好。欧阳修认为："黄河水流多泥沙，按理说来没有不淤塞的，下流既然已经淤塞了，上流就一定会决口。用近来发生的事情去考察，黄河的决口并不是不能努力塞住，故道也不是不能努力恢复，但是这种做法都不是治本之道，因而势必不能保持久长。开掘横垅故道工程很大，但难以成功，即使成功了，最终还是要再次决口。而六塔河河床狭窄，令黄河水悉数倾注，滨、棣、德、博各州一定会遭到它的灾害。不如依循河水的走向，增高河堤，疏通它的下游，让黄河之水无所阻拦地流入大海，这才是几十年的长久利益呀。"当时的宰相陈执中主张贾昌朝的意见，文彦博主张李仲昌的意见，终于造成了河北的大灾难。

谏院论述陈执中的过失，但陈执中仍然拖延着企图稳住自己的官位。欧阳修上书皇帝，认为"皇上拒绝采纳忠告，庇护愚顽的宰相，给皇上带来了连累。"过了不久，陈执中被免去了宰相职位。狄青做了枢密使，很有威望，仁宗不高兴，谣言纷起，欧阳修请求出任外官，以保全自己得以善终。于是就免去了他的朝官而改任陈州（今河南淮阳）知州。欧阳修曾经因为水灾向仁宗上奏疏说:“皇上君临天下已经三纪了,但至今东宫太子之位未定。从前汉文帝刚即位,因为臣子们的建议,马上立了太子,因此享国很久长,为汉太宗。唐明宗讨厌臣下议论接班人的事,不肯早早立定太子,因此造成秦王之乱,宗庙社稷由此倾覆。皇上为何犹豫而久久不选定太子呢?”此后的建立英宗,推究其源,就在于欧阳修的这次上书。

嘉祐五年(1060),欧阳修升任为枢密副使。嘉祐六年(1061),为参知政事。欧阳修在兵府时,曾经和曾公亮考核全国的军队数和三路驻守兵员的多少,地理的远近,重新制造了地图和簿籍。凡是边防长久以来没有派兵驻守的,一定进行检阅和补充。他在任执政大臣时,和韩琦同心辅助仁宗。凡是兵民、官吏、财利等中书省应当知晓的重要大事,编集成一个总目,碰到事情就不必临时匆忙地向有关部门了解。当时东宫太子的人选还没有决定,欧阳修就和韩琦等人对这样一件大事协商出了一个意见。宋英宗因为得了病,无法亲自处理朝政。皇太后垂帘听政,左右的人互相猜忌,制造矛盾,皇帝和皇太后几乎因此成为怨仇。在韩琦奏事的时候,太后哭着向韩琦说了英宗和自己的种种矛盾。韩琦用英宗有病来进行劝解,太后听了不高兴,欧阳修就进一步劝说道:“太后侍奉仁宗皇帝已经几十年了,您的仁德昭示于天下。以前温成专宠,太后您处置得从容自如;现在母子之间,反而不能宽容吗?”太后的情绪稍稍和缓了些,欧阳修又劝说道:“仁宗皇帝在位的时间很久,他德政的恩泽深深地留在人们心中,所以一旦驾崩,天下奉戴太子,没有一个人敢不赞成的。现在太后您只是一个妇人,而我们也只是五六个书生罢了,如果不是仁宗皇帝的遗意,天下谁人肯听从呢?”太后不作声,过了很久,母子之间的矛盾才逐渐平息了。

欧阳修平素和人相处总是坦率地说出自己要说的话,从不掩饰和隐瞒。等到他执政以后,士大夫们对他有所请求,他总是当面说明可以还是不可以的理由,就是谏院的官员议论政事,他也一定用是非作为标准来责问他们,因此怨恨他、说他坏话的人就更多了。英宗将追封尊崇濮王,下命令让有关部门讨论。都说应当称皇伯,改封一个大国。欧阳修引述《礼记·丧服记》,认为:“身为人子的人,应该替他的父母实行‘报祭’,降服丧三年为服丧一年,而不隐没父母的名字,可是丧服可以降等,但名字是决不可隐没的。如果出嗣的儿子把亲生的父亲改称为皇伯,这种例子就是遍考前代,都是没有根据的。晋封为大国的王,但礼制规定又没有加爵的道理,所以中书省的意见,和大家的意见不同。”最后太后写出了手书,允许英宗称濮王为亲,推尊濮王为皇考,三夫人为后。英宗不敢承当。于是御史吕诲等人毁谤说欧阳修主张这种意见,争论不休,后来吕诲等人都被贬逐出了御史台。只有蒋子奇的意见附和欧阳修的主张,所以欧阳修推荐他为监察御史,但是被御史台的很多人看成是奸佞邪恶的小人,蒋子奇为此十分害怕,就想使自己摆脱这种窘境。正好欧阳修的内弟薛宗孺和欧阳修有仇恨,他捏造了欧阳修家庭生活淫乱的谤言来诋毁欧阳修,这个谤言辗转相传,一直传到了御史中丞彭思永的耳中,彭思永又把这个谣言告诉了蒋子奇,蒋子奇就上奏章弹劾欧阳修。当时,神宗皇帝初即位,心里希望重重地谴责一下欧阳修,就去征求过去的宫臣孙思慕的意见,孙思慕替欧阳修辩白解释,欧阳修闭门不出，要求神宗对制造谣言的人治罪。神宗派人诘问彭思永、蒋子奇，追问谣言的出处，彭思永、蒋子奇回答不出来，结果都遭到了贬逐。欧阳修也坚决要求离开朝廷，结果罢为观文殿学士、刑部尚书、亳州（今安徽亳县）知州。第二年，迁兵部尚书、青州（今山东益都）知州，后来又改为宣徽南院使、兼任太原（今属山西）知府。欧阳修辞不受命，后又改徙蔡州（今河南汝南）。

欧阳修总是以风骨气节自我制约，但却屡屡遭到污蔑，且年纪已六十了，就一再上表要求辞去官职，神宗帝总是宽慰他，没答应他的辞官。及至出守青州，又因为请求停止散发青苗钱，被王安石所诋毁，因此要求放归的愿望益发急切。熙宁四年（1071），欧阳修以太子少师的身份退休。熙宁五年（1072）死，赠太子太师，谥号“文忠”。

欧阳修始在滁州时，自号为“醉翁”，晚年改号“六一居士”。他天资刚劲，见义勇为，虽然机关陷阱就在前面，但也能置触发之险于不顾。虽然一而再、再而三地被放逐流放，却仍旧是志气自若。当他被贬夷陵时，没有什么可以自我排遣，就取出积年的陈旧案牍反复观看，看到其中冤屈谬误的地方不可胜数，于是仰天长叹道：“一个荒远的山城，尚且如此，天下冤屈谬误事之多就可想而知了。”自此以后，碰到狱讼之类的事就不敢有丝毫的懈怠疏忽。学者求见，和他们谈话，从来不论及文章，只谈官事，他认为文章只能润及自身，而政事却可以推及它物。他前后历任数郡的长官，不炫耀政绩，不追求声誉，为政宽缓简要而不扰民，所以，凡是他所到的州郡，人民都感到安适。有人问他：“您老治政宽缓简要，而政事却并没有弛废，这是什么原因呢？”欧阳修说：“如果以放纵为宽，以怠慢为简，那么政事就一定会弛废，而人民也一定会受其弊害。我这里所说的宽，是指政令不苛刻急迫，我所说的简，是指政令不繁杂琐碎。”欧阳修从小失去了父亲，母亲曾经对他说：“你父亲做官的时候，常常秉烛夜读公文，屡屡停卷而叹。我问他，他就说：‘这是个死狱啊，我想设法让他能活，不能啊！’我说：‘生可求吗？’你父亲就说：‘做官的人想方设法寻求使死狱者获生的办法而不得，那么死的人和我就都无恨了。而做官的人虽然常常存有使死狱者变活的愿望，尚且会不小心使他死了，何况世上不少做官的常常希望的是治民以死呢！’他平时教育他的子弟，也常常用这样的话来说，我耳朵都听得熟了。”欧阳修听后终身遵循父亲的这个教导。

欧阳修写的文章，自然天成，或丰满或简约，都符合标准。他的文辞简要，旨意明朗，立论有据，内容通博，旁征博引，引类例举，分析事理至深至透，因此很能折服人心。他趋然脱俗，独自奔驰，众人不能相及，所以天下的人都聚集在他的周围尊称他为师。欧阳修鼓励提携后进，犹恐不及，凡是被他赏识的人，大多成了有名望的人。曾巩、王安石、苏洵、苏洵的儿子苏轼、苏辙，当他们还是平民的时候，屏处乡里，不为人知，欧阳修就为他们游说，赞美他们的声誉，说他们一定会显名闻达于世。他对待朋友非常笃实，朋友在世的时候举拔扶持他们；朋友去世以后就调理保护他们的家族。

欧阳修喜好古文，爱好读书，凡是周、汉以来的金石遗文，断编残简，都要采集收拾起来，研究考核它们的异同，把自己的观点写在左边，明白、昭著可为表证，称之为《集古录》。奉诏修撰《唐书》纪、志、表，自撰《五代史记》，章法严谨，用词精约，多取《春秋》遗

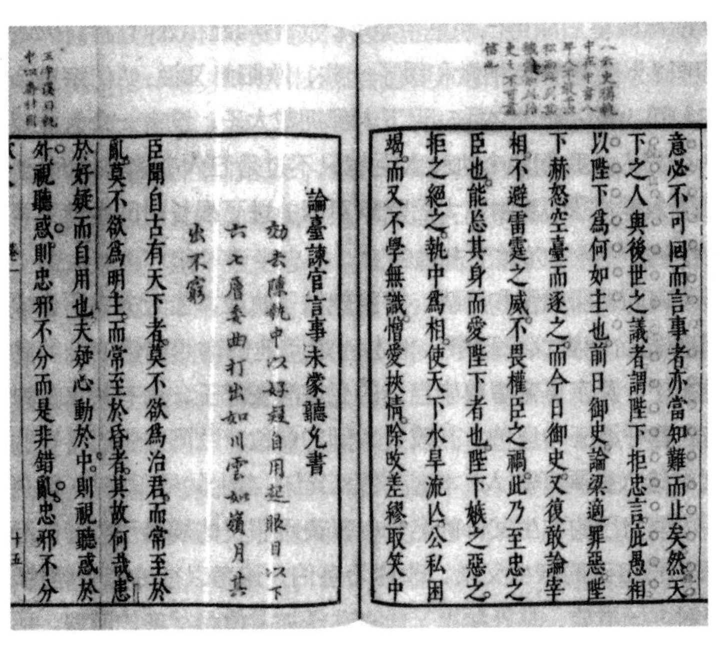

意必不可回而言事者亦當知難而止矣然天下之人與後世之議者謂陛下拒忠言庇愚相以陛下爲何如主也前日御史論梁適罪惡陛下赫怒空臺而逐之而今日御史又復敢論宰相不避雷霆之威不畏權臣之禍此乃至忠之臣也能忘其身而愛陛下者也陛下嫉之惡之拒之絕之執中爲相使天下水旱流亡公私困竭而又不學無識憎愛挾情除改差繆取笑中

論臺諫官言事未蒙聽允書

劾去陳執中以好疑自用起服目以下六七層委曲打出如川雲如嶺月其出不窮

臣聞自古有天下者莫不欲爲治君而常至於亂莫不欲爲明主而常至於昏者其故何哉患於好疑而自用也夫爭心動於中則視聽惑於外視聽惑則忠邪不分而是非錯亂忠邪不分

《欧阳修文钞》书影

旨。苏轼论述欧阳修的文章时说:“论大道时像韩愈,议政事时像陆贽,记史事像司马迁,作诗赋像李白。”有识之人以为这是真正了解欧阳修的话。

……

评论说:自从夏、商、周三代以来,一直到秦、汉,文章虽然跟着时代而有所盛衰,但它们的语言却都繁富滋润,它们的光泽都灿烂照人,它们的音节都清晰明亮,这是因为还都保留有先王遗留下来的功绩。经过晋、魏,文章就衰敝了,到唐代的韩愈手里,文章重新振兴起来。唐代的文章,经过五代又衰敝了,到宋代欧阳修手里,又再次振兴起来。挽回百川之颓波,平息千古的邪说,使这种文章的正气,可以辅佐大道,可以扶持人心,这都是韩愈、欧阳修两人所做的努力啊!韩愈在政治上没有得到重用,欧阳修得到了重用,但最终还是不能有所作为,这件事真应该被世道惋惜的啊!

刘攽传

【题解】

刘攽(1023~1089),字贡父,临江新喻(今江西新喻县)人。他精于史学,参加修撰《资治通鉴》,专职汉史,是司马光的主要助手之一。刘攽平生著作有百卷,包括《彭城集》《中山诗话》《东汉刊误》等。其中《东汉刊误》四卷,无论在史学,还是在文献学方面都有一定影响。此书按《后汉书》(不包括志)卷第顺次排列,帝纪为第一卷,列传第一至

三十卷为第二卷，第三十一至第六十卷为第三卷，第六十一至第八十卷为第四卷。全书体例是先列校文，再加按语以辩证。刘攽对汉史有很深的研究，而且又能娴熟地运用多种校勘方法，对《后汉书》的记载错误和因流传而造成的错误或加以纠正，或提出质疑。由于《东汉刊误》使《后汉书》的错误、脱漏得以补正，令其更有史料价值。而刘攽提出的，书中有的字虽然错了，但因相沿太久，不能尽改，就相沿不改的原则，在今天的校勘实践中仍有价值。《东汉刊误》在宋代即被称道，但是以后流传却不广泛，《四库全书总目》即未著录，是清末罗振玉在日本得到此书的宋刻本，并影写刊布，此书始得重见。

【原文】

攽字贡父，与敞同登科，仕州县二十年，始为国子监直讲。欧阳修、赵概荐试馆职，御史中丞王陶有夙憾，率侍御史苏寀共排之，攽官已员外郎，才得馆阁校勘。熙宁中，判尚书考功、同知太常礼院。

诏封太祖诸孙行尊者为王，奉太祖后。攽言："礼，诸侯不得祖天子，当自奉其国之祖。宜崇德昭、德芳之后，世世勿降爵，宗庙祭祀，使之在位，则所以褒扬艺祖者著矣。"后二王绍封，如攽议。

方更学校贡举法，攽曰："本朝选士之制，行之百年，累代将相名卿，皆由此出，而以为未尝得人，不亦诬哉。愿因旧贯，毋轻议改法。夫士修于家，足以成德，亦何待于学官程课督趣之哉。"

王安石在经筵，乞讲者坐。攽曰："侍臣讲论于前，不可安坐，避席立语，乃古今常礼。君使之坐，所以示人主尊德乐道也；若不命而请，则异矣。"礼官皆同其议，至今仍之。

考试开封举人，与同院王介争詈，为监察御史所劾罢。礼院廷试始用策，初，考官吕惠卿列阿时者在高等，讦直者反居下。攽覆考，悉反之。又尝诒安石书，论新法不便。安石怒摭前过，斥通判泰州，以集贤校理、判登闻检院、户部判官知曹州。曹为盗区，重法不能止。攽曰："民不畏死，奈何以死惧之。"至，则治尚宽平，盗亦衰息。为开封府判官，复出为京东转运使。部吏罢软不逮者，务全安之。徙知兖、亳二州。吴居厚代为转运使，能奉行法令，致财赋。乃追坐攽废弛，黜监衡州盐仓。

哲宗初，起知襄州。入为秘书少监，以疾求去，加直龙图阁、知蔡州。于是给事中孙觉、胡宗愈，中书舍人苏轼范百禄言："攽博记能文章，政事侔古循吏，身兼数器，守道不回，宜优赐之告，使留京师。"至蔡数月，召拜中书舍人。请复旧制，建紫微阁于西省。竟以疾不起，年六十七。

攽所著书百卷，尤邃史学。作《东汉刊误》，为人所称。预司马光修《资治通鉴》，专职汉史。为人疏儁，不修威仪，喜谐谑，数用以招怨悔，终不能改。

【译文】

攽字贡父。和他的哥哥刘敞同年中进士，在州县为官二十年，才为国子监直讲。欧阳修、赵概推荐他试馆职，御史中丞王陶与刘攽有旧怨，领侍御史苏寀一起排挤他，刘攽官至员外郎,才得以任馆阁校勘。熙宁年间,判尚书考功、同知太常礼院。

朝廷诏令封太祖诸孙行辈中尊贵者为王,供奉太祖之后。刘攽说:“按礼法,诸侯不能祖奉天子,应当自奉这个国家的祖宗。应尊崇赵德昭、赵德芳之后,代代不降爵,宗庙祭祀,让他们在位,就能显著朝廷所以褒扬太祖的旨意。”后来二王继封,如刘攽的议论。

正在改学校贡举法,刘攽说:“本朝选举官吏的制度,施行了百年,历代的将相名卿,都由这制度选出,而认为这制度没有选拔出合适的人,不是诋诬吗！希望沿袭旧例,不要轻率地议论改法。士人在家中修养学习,足以学成德才兼备的人,又何必在学官用课程督促他们呢。”

王安石在经筵,请求让讲经的人坐着讲。刘攽说:“侍臣在前面讲论经书,不能安稳地坐着,离开座位站着讲,这是古今常礼。君主使讲者坐,以此表示君主尊德乐道之意;如果不命坐而请求坐,就不同了。”礼官都同意他的说法,至今还这样做。

考试开封举人,和同院王介争执谩骂,被监察御史弹劾而罢官。礼院廷试开始用策问,起初,考官吕惠卿列阿附时议的人为高等,揭露时弊不徇私的反居下等。刘攽复核考察,把吕惠卿列的名次都反过来了。刘攽又曾经给王安石写信,议论新法不妥。王安石发怒,搜取刘攽以前的过失,斥逐他为泰州通判,以集贤校理、判登闻检院、户部判官为曹州知州。曹州是盗贼出没的地区,重法也不能禁止盗贼。刘攽说:“百姓不怕死,怎么能用死使他们畏惧朝廷。”到曹州,于是治事以宽缓平和为上,盗贼也渐渐平息了。任开封府判官,又出任京东转运使。手下的官吏有疲沓软弱不能胜任的人,也一定都给予安置。迁为兖、亳二州知州。吴居厚代替刘攽任转运使,能奉行法令,达到所上财赋数额,于是追究刘攽废弛的罪过,降职监衡州盐仓。

哲宗初年,起用刘攽为襄州知州。入京师为秘书少监,因病请求离任,加直龙图阁、蔡州知州。于是给事中孙觉、胡宗愈和中书舍人苏轼、范百禄说:“刘攽博闻强记善做文章,处理政事如同古代循吏,一身兼有多种才能,恪守所主张的学说而不违背,应当给他优厚赐予的假期,使他留在京师。”刘攽到蔡州几个月,就召拜中书舍人。请求恢复旧制,在枢密院建紫微阁。终因病重再没有起来,享年六十七岁。

刘攽所著的书有百卷,尤其精深于史学。撰《东汉刊误》,被人们所称道。参与司马光修撰的《资治通鉴》,专记汉代史。为人粗疏而才华出众,不注意庄严的容貌举止,喜欢开玩笑逗趣,多次因此招来怨恨而后悔,然而到死也不能改变这做法。

曾巩传

【题解】

曾巩(1019~1083),宋代散文家,唐宋八大家之一。字子固,建昌军南丰(今属江西)人。后居临川。嘉祐进士,曾奉诏编撰史馆书籍,官至中书舍人。

曾巩工散文,其文以议论见长,立论精策,说理曲折尽意,风格与欧阳修相近,历代享有盛誉。其诗质朴,略似其文。有《元丰类稿》。

【原文】

曾巩字子固,建昌南丰人。生而警敏,读书数百言,脱口辄诵。年十二,试作《六论》,援笔而成,辞甚伟。甫冠,名闻四方。欧阳修见其文,奇之。

曾巩

中嘉祐二年进士第。调太平州司法参军,召编校史馆书籍,迁馆阁校勘、集贤校理,为实录检讨官。出通判越州,州旧取酒场钱给募牙前,钱不足,赋诸乡户,期七年止;期尽,募者志于多入,犹责赋如初。巩访得其状,立罢之。岁饥,度常平不足赡,而田野之民,不能皆至城邑。谕告属县,讽富人自实粟,总十五万石,视常平价稍增以予民。民得从便受粟,不出田里,而食有余,又贷之种粮,使随秋赋以偿,农事不乏。

知齐州。其治以疾奸急盗为本。曲堤周氏拥赀雄里中,子高横纵,贼良民,污妇女,服器上僭,力能动权豪,州县吏莫敢诘,巩取寘于法。章丘民聚党村落间,号"霸王社",椎剽夺囚,无不如志。巩配三十一人,又属民为保伍,使几察其出入,有盗则鸣鼓相援,每发辄得盗。有葛友者,名在捕中,一日,自出首。巩饮食寇裳之,假以骑从,辇所购金帛随之,夸徇四境。盗闻,多出自首。巩外视章显,实欲携贰其徒,使之不能复合也。自是外户不闭。

河北发民浚河,调及它路,齐当给夫二万。县初按籍三丁出夫一,巩括其隐漏,至于九而取一,省费数倍。又弛无名渡钱,为桥以济往来。徙传舍,自长清抵博州,以达于魏,凡省六驿,人皆以为利。

徙襄州、洪州。会江西岁大疫,巩命县镇亭传,悉储药待求。军民不能自养者,来食息宫舍,资其食饮衣衾之具,分医视诊,书其全失、多寡为殿最。师征安南,所过州为万人备。他吏暴诛亟敛,民不堪。巩先期区处猝集,师去,市里不知。加直龙图阁、知福州。

南剑将乐盗廖恩既赦罪出降,余众溃复合,阴相结附,旁连数州,尤桀者呼之不至,居人惧恐。巩以计罗致之,继自归者二百辈。福多佛寺,僧利其富饶,争欲为主守,赇请公行。巩俾其徒相推择,识诸籍,以次补之。授帖于府庭,却其私谢,以绝左右徼求之弊。福州无职田,岁鬻园蔬收其直,自入常三四十万。巩曰:"太守与民争利,可乎?"罢之。后至者亦不复取也。

徙明、亳、沧三州。巩负才名,久外徙,世颇谓偃蹇不偶。一时后生辈锋出,巩视之泊如也。过阙，神宗召见，劳问甚宠，遂留判三班院。上疏议经费，帝曰："巩以节用为理财之要，世之言理财者，未有及此。"帝以《三朝》《两朝国史》各自为书，将合而为一，加巩史馆修撰，专典之，不以大臣监总，既而不克成。会官制行，拜中书舍人。时自三省百职事，选授一新，除书日至十数，人人举其职，于训辞典约而尽。寻掌延安郡王笺奏。故事命翰林学士，至是特属之。甫数月，丁母艰去。又数月而卒，年六十五。

巩性孝友，父亡，奉继母益至，抚四弟、九妹于委废单弱之中，宦学婚嫁，一出其力。为文章，上下驰骋，愈出而愈工，本原《六经》，斟酌于司马迁、韩愈，一时工作文词者，鲜能过也。少与王安石游，安石声誉未振，巩导之于欧阳修，及安石得志，遂与之异。神宗常问："安石何如人？"对曰："安石文学行义，不减扬雄，以吝故不及。"帝曰："安石轻富贵，何吝也？"曰："臣所谓吝者，谓其勇于有为，吝于改过耳。"帝然之。吕公著尝告神宗，以巩为人行义不如政事，政事不如文章，以是不大用云。

【译文】

曾巩，字子固，建昌南丰（今江西南丰）人。从小就机警聪敏，读几百字的文章，脱口就能背诵。十二岁那年，曾经试着写作《六论》，结果是提笔立成，文辞很有气魄。刚成年，名声就已传播四方。欧阳修看了他的文章，十分惊奇。

嘉祐二年（1057），曾巩中了进士。被调太平州（今安徽当涂）司法参军，后来，仁宗皇帝又召命编校史馆书籍，迁馆阁校勘、集贤校理，任实录检讨官。不久外出通判越州（今浙江绍兴）。越州官府本来向酒场收税钱给官府中管理税收的官吏，因为酒场钱赋不足，就向那些乡户征取，期约是七年；七年期满之后，管理赋税的人希望收入多一些，所以仍旧按照旧约收税。曾巩了解了这个情况，立即禁止了这种做法。那一年是荒年，曾巩估计常平仓的储粮难以满足人民的需要，而乡下的百姓，又不能都到城里来购粮，就告示越州所属诸县，婉言劝说富人自己派人到外州县去采购粮食，总数共十五万石，然后可以比常平仓的粮价稍稍提高一些卖给人民。人民能够就近方便地买到粮食。这样就可以不离开自己的家乡，而做到饮食有余。曾巩又让官府贷给农民们种子，让他们和秋赋一起归还，农事因此不受影响。

曾巩在主管齐州（今山东济南）工作的时候，把迅速严厉打击奸邪和盗贼作为治理齐州政务的根本方针。曲堤有个姓周的人家，凭着自己拥有的巨大资产在乡里称霸，他家的儿子周高骄横放纵，残害良民，奸淫妇女，穿着和器用都越出了礼制规定的等级，但是他的能量很大，可以直接影响地方上的权贵和豪绅，因此州县的官吏都不敢追问他，曾巩把他逮捕起来依法进行了处置。章丘地方有人在乡里聚众结党，号称"霸王社"，诸如杀人劫财，抢夺囚车，没有一桩不能如愿的。曾巩配备了三十一个捕快，又嘱咐百姓编制成保伍，命令他们侦察这些强盗的活动，有强盗就击鼓相互救援，所以每次发现强盗总能抓住他们。有个叫葛友的人，他的名字已列入被追捕者的名单里了，一天，这个人到官府自首，曾巩就招待他吃饭，并且送给他帽子和衣服，送给他车马和骑从，把买来的金银布帛装在车上跟着他到齐州的四境去夸耀。强盗们听说了，很多人都出来自首。从表面看来曾巩对他们很客气，骨子里实在是为了离间这些党徒，使他们不能再聚众结党。从此以后，齐州就做到了门户不闭。

河北征发百姓疏浚黄河，征调役夫的面涉及其他路、府，按规定齐州应当出役夫二万名。开始各县按照原来的簿册应该是三个成年男子中出一个役夫，曾巩搜求隐瞒和遗漏的户口，结果是九个成年男子中出一个役夫，这样就节省了几倍的费用。又取消了无名渡的渡钱，造了桥以引渡两岸的百姓。又重新改置驿站，从长清（今属山东）到博州（今山东聊城），一直到魏（今河南开封），一共省设了六个驿站，百姓们都认为是件好事。

后来徙襄州（今湖北襄樊）、洪州（今江西南昌）。这时正值江西发生大瘟疫，曾巩命令各县镇亭传，都要储备药品以备急用。凡是士兵和百姓中有不能自养的就收容到官舍来吃住，官舍资助他们饮食、衣被等用具，并且派医生分别替他们检查和治疗，再把他们是否全部失去生活能力，和失去生活能力的多少记录下来，然后再决定对他们治疗的先后次序。当时朝廷正发大军征讨安南，凡是部队所经过的州府都要做好供给一万人食宿的准备。其他州府的官员因此横征暴敛，极力搜刮，人民不堪忍受。曾巩则事先划出了一块供大军突然到来时吃和住的地方，因此部队开走了，城乡的老百姓还不知道。后来加直龙图阁，知福州（今属福建）。

南剑将乐地方的强盗廖恩，官府赦罪以后就投降了，他的余部本来已经散了，以后却又聚合起来，他们暗地里聚集在一起，牵连到好几个州。其中特别凶恶的匪徒连官府传呼也不去，百姓非常恐慌，曾巩用计策把他们抓了起来，此后陆续来归降的有二百多人。福州多佛寺，和尚们贪图它的富饶。争着想做寺庙的住持，就纷纷贿赂官府。曾巩让这些人互相推举，然后把名字登记在簿册中，按照登记的先后次第递补。凡是选中的人就在公庭上当堂发给他任命书，这样既停止了私下送谢礼，又杜绝了手下人借此进行勒索的流弊。福州太守没有禄米田，每年靠出卖公家果园蔬圃的出产收钱，常常自己可以有三四十万的收入。曾巩说："太守和百姓争利，可以吗？"于是就把这个惯例取消了。后任的官员也就不再收取这项钱财。

后来徙明州（今浙江宁波）、亳州（今安徽亳县）、沧州（今河北沧县）。曾巩享有才名，却长期做地方官，世上很有些人认为他命运不好，时运不佳。而且就在曾巩外任地方官的时候，朝廷里一批年轻的后生们却被安置在重要地位，曾巩对这些却看得非常淡泊。在路过京城的时候，神宗召见了他，慰劳问候很是尊崇，就留任三班院。曾巩曾上书议论财政经济问题，神宗说："曾巩把简省财政支出作为理财的根本方针，世上谈理财的人，却没有说到这一点。"神宗因为《三朝国史》《两朝国史》都是独立的一书，就想把它们合而为一，加曾巩为史馆修撰，专门负责主持这项工作，不用大臣监忌，后来没有完成。正值神宗推行新官制，曾巩被任命为中书舍人。当时中书省、门下省、侍中省的百官都被选授一新，曾巩执笔起草的任命诏书，每天有几十封，每个人都被封了官，任命诏书中写到神宗皇帝教导的话都写得极其典雅精练深透。不久掌管延安郡王佑奏。按惯例本来是翰林学士做的事，现在却都由曾巩承担了，但是曾巩只做了几个月，因为母亲去世而去了官。又过了几个月，曾巩就去世了，终年六十五岁。

曾巩天性孝顺友爱，父亲死后，他侍奉继母益加周到，在门庭衰落的情况下独自一人挑起了抚养四个弟弟、九个妹妹的重任，凡是弟妹们的读书、求功名、出嫁婚娶都是他独力承当。曾巩写作的文章，上下驰骋气势很盛，而且是愈往下写愈是精工，推其本原得自《六经》，而又受司马迁、韩愈的深刻影响，同时代的长于写作文辞的人，很少能超过他。曾巩年轻的时候同王安石交游，当时王安石的声誉还不大，曾巩就把他介绍给欧阳修。等到王安石得志后，曾巩就和他逐渐疏远了。神宗曾经问曾巩："王安石是怎样的人？"他回答说："王安石的文章学问德行道义，不比扬雄差，因为'吝'，所以不如扬雄。"神宗又问："王安石视富贵如粪土，怎么说他'吝'呢？"曾巩回答道："我所说的'吝'，是他勇于作为，而'吝'于改正过错呀！"神宗赞同这个看法。吕公著曾经告诉神宗，认为曾巩的为人行义不及他办理政务的能力，而办理政务又不及他写文章的才能，所以曾巩才不被大用。

蔡襄传

【题解】

蔡襄（1012~1067），字君谟，仙游县（今福建省属县）人。中进士后，历任西京留守推官、馆阁校勘、直史馆等职，又外任为福州、泉州、杭州等地知州、端明殿学士。蔡襄为人厚重正直，上书言事，敢于伸张正义，斥责奸邪，与朋友交往，讲究信义，笃于友情。为官尽职尽责，精于吏事，处理政务，明快果决。因不为奸邪所容，屡被排挤外任。

蔡襄是北宋的书法名家，宋四大家之一。他的书法被称为当时第一。他远学王羲之，近师虞世南、颜真卿，以小楷、草书见长，正书端重沉着，行书流畅婉转。传世碑刻有《万安桥记》《昼锦堂记》，书迹有《谢赐御书侍》《与杜长官帖》《董精帖》《精茶帖》等多种。

【原文】

蔡襄字君谟，兴化仙游人。举进士，为西京留守推官、馆阁校勘。范仲淹以言事去国，余靖论救之，尹洙请与同贬，欧阳修移书责司谏高若讷，由是三人者皆坐谴。襄作《四贤一不肖诗》，都人士争相传写，鬻书者市之，得厚利。契丹使适至，买以归，张于幽州馆。

庆历三年，仁宗更用辅相，亲擢靖、修及王素为谏官，襄又以诗贺，三人列荐之，帝亦命襄知谏院。襄喜言路开，而虑正人难久立也，乃上疏曰："朝廷增用谏臣，修、靖、素一日并命，朝野相庆。然任谏非难，听谏为难；听谏非难，用谏为难。三人忠诚刚正，必能尽言。臣恐邪人不利，必造为御之之说。其御之之说不过有三，臣请为陛下辨之。一曰好名。夫忠臣引君当道，论事唯恐不至，若避好名之嫌无所陈，则土木之人，皆可为矣。二曰好进。前世谏者之难，激于忠愤，遭世昏乱，死犹不辞，何好进之有？近世奖拔太速，但久而勿迁，虽死是官，犹无悔也。三曰彰君过。谏争之臣，盖以司过举耳，人主听而行之，足以致从谏之誉，何过之能彰？至于巧者亦然，事难言则喑而不言，择其无所忤者，时一发焉，犹或不行，则退而曰吾尝论某事矣，此之谓好名。默默容容，无所愧耻，蹑资累级，以挹显仕，此之谓好进。君有过失，不救之于未然，传之天下后世，其事愈不可掩，此之谓彰君过。愿陛下察之，毋使有好谏之名而无其实。"

时有旱蝗、日食、地震之变，襄以为："灾害之来，皆由人事。数年以来，天戒屡至。原其所以致之，由君臣上下皆阙失也，不颛听断，不揽威权，使号令不信于人，恩泽不及于下，此陛下之失也。持天下之柄，司生民之命，无嘉谋异画以矫时弊，不尽忠谒节以副任使，此大臣之失也。朝有弊政而不能正，民有疾苦而不能去，陛下宽仁少断而不能规，大臣循默避事而不能斥，此臣等之罪也。陛下既有引过之言，达于天地神祇矣，愿思其实以应之。"疏出，闻者皆悚然。

进直史馆，兼修起居住，襄益任职论事，无所回挠。开宝浮图灾，下有旧瘗佛舍利，诏取以入宫，宫人多灼臂落发者。方仪复营之，襄谏曰："非理之福，不可徼幸。今生民困苦，四夷骄慢，陛下当修人事，奈何专信佛法？或以舍利有光，推为神异，彼其所居尚不能护，何有于威灵？天之降灾。以示儆戒，顾大兴工役，是将以人力排天意也。"

吕夷简平章国事，宰相以下就其第议政事，襄奏请罢之。元昊纳牧，始自称"兀卒"，既又译为"吾祖"。襄言："'吾祖'犹云'我翁'，慢侮甚矣。使朝廷赐之诏，而亦曰'吾祖'，是何等语邪？"

夏竦罢枢密使，韩琦、范仲淹在位，襄言："陛下罢竦而用琦、仲淹，士大夫贺于朝，庶民歌于路，至饮酒叫号以为欢。且退一邪，进一贤，岂遂能关天下轻重哉？盖一邪退则其类退，一贤进则其类进。众邪并退，众贤并进，海内有不泰乎！虽然，臣切忧之。天下之势，譬犹病者，陛下既得良医矣，信任不疑，非徒愈病，而又寿民。医虽良求，不得尽用，则病且日深，虽有和、扁，难责效矣。"

保州卒作乱，推懦兵十余辈为首恶，杀之以求招抚。襄曰："天下兵百万，苟无诛杀决行之令，必开骄慢暴乱之源。今州兵戕官吏、闭城门，不能讨，从而招之，岂不为四方笑？乞将兵入城，尽诛之。"诏从其议。

以母老，求知福州，改福建路转运使，开古五塘溉民田，奏减五代时丁口税之半。复修起居住。唐介击宰相，触盛怒，襄趋进曰："介诚狂愚，然出于进忠，必望金贷。"既贬春州，又上疏以为此必死之谪，得改英州。温成后追册，请勿立忌，而罢监护园陵官。

进知制诰，三御史论梁适解职，襄不草制。后每除授非当职，辄封还之。帝遇之益厚，赐其母冠帔以示宠，又亲书"君谟"两字，遣使持诏予之。迁龙图阁直学士、知开封府。襄精吏事，谈笑剖决，破奸发隐，吏不能欺。

以枢密直学士再知福州。郡士周希孟、陈烈、陈襄、郑穆以行义著。襄备礼招延，诲诸生以经学。俗重凶仪，亲亡或秘不举，至破产饭僧，下令禁止之。徙知泉州。距州二十里万安渡，纪海而济，往来畏其险。襄立石梁，其长三百六十丈，种蛎于础以为固，至今赖焉。又植松七百里以庇道路，闽人刻碑纪德。

召为翰林学士、三司使，较天下盈虚出入，量力以制用。划除蠹敝，簿书纪纲纤悉皆可法。

英宗不豫，皇太后听政，为辅臣言：“先帝既立皇子，宦妾更加荧惑，而近臣知名者亦然，几贩大事，近已焚其章矣。”已而外人遂云襄有论议，帝闻而疑之。会襄数谒告，因命择人代襄。襄乞为杭州，拜端明殿学士以往。治平三年，丁母忧。明年卒，年五十六。赠吏部侍郎。

襄工于书，为当时第一，仁宗尤爱之，制《元舅陇西王碑》文命书之。及令书《温成后父碑》，则曰：“此待诏职耳。”不奉诏。于朋友尚信义，闻其丧，则不御酒肉，为位而哭。尝饮会灵东园，坐客误射矢伤人，遽指襄。他日帝问之，再拜愧谢，终不自辨。

蔡京与同郡而晚出，欲附名阀，自谓为族弟。政和初，襄孙佃廷试唱名，居举首，京侍殿上，以族孙引嫌，降为第二，佃终身恨之。乾道中，赐襄谥曰忠惠。

【译文】

蔡襄字君谟，是兴化军仙游县人。中进士后，被任为西京留守推官、馆阁校勘。范仲淹因上书议论朝政而被贬官，余靖上书营救，尹洙请求和范仲淹一起贬降，欧阳修写信给司谏高若讷，指责他作为谏官不能为范仲淹辩白，因此余靖、尹洙、欧阳修都被贬降。蔡襄作了一首《四贤一不肖诗》，进行讽刺，京师人互相传扬，书商印刷发卖，发了大财。正逢契丹的使臣来京师，将此诗买回，张贴在幽州公共场合。

庆历三年，宋仁宗更换了宰相，亲自提拔余靖、欧阳修、王素为监察官，蔡襄又写诗祝贺，余靖、尹洙、欧阳修三人推荐蔡襄，皇帝即命蔡襄为知谏院官。蔡襄为言路大开而高兴，但担心正派的大臣立足不稳，于是向皇帝上书说：“朝廷为了加强谏官的力量，欧阳修、余靖、王素三人同一天被任命，朝野上下纷纷祝贺。但任命谏官不难，虚心听取谏官的言论则比较困难；如果说虚心听取谏官的言论也并非难于做到的话，那么把谏官的言论付之于实践就难于做到了。这三个人，忠心耿耿，刚正不屈，一定能够做到知无不言。我担心那些奸邪的人认为对他们不利，一定会编制出种种抵制的说法，我以为他们的抵制说法，不外乎三种情况。一是诬蔑三人‘好名’。忠臣引导君主推行先王之道，议论政事，唯恐不尽善尽美，如果为避好名的嫌疑而闭口不言，那么泥像木偶也可以做谏官了。二是说他们为了进身升官。前代谏官的处境是非常艰难的，由于激于忠心义愤，遇上昏乱世道，就是进言而死，尚且不回避，哪里谈得上进身升官呢？近世对谏官提拔太快，如长时间任谏官不予提拔，他们就是死在这个职位上，也没有什么后悔的。三是说他们张扬了君主的过失。谏臣的职责，就是查举不合适的言行，君主能听从，从而改正，这是以给君主带来从谏如流的声誉，怎么能说是张扬君主的过失呢？至于那些投机取巧的人就不是这样，某种事情说出来就会得罪人，则闭口不说，选择不得罪任何人的事情，不时发一点议论，如果他的议论没有得到实施，事后他会说，我早就议论过这件事，这才叫为了博取好名声。在职而当说不说，默默无闻，处理政事无可无不可，不尽职责而毫无愧色，熬资历升级，直至大官显位；这才叫为了进身升官。君方有过失，不在未形成以前去纠正，使君主的错误流传开去，传至后代，事情没法再掩盖，这才叫张扬君主的过失。希望陛下您仔细考虑,不要只有喜欢纳谏的名声,而没有从谏的实际行动。"

当时出现旱灾、蝗灾、日食、地震等灾害,蔡襄认为:"灾害的发生,都是政事的失误造成的。几年以来,天象屡屡发出警告。推究灾害发生的原因,是由于君臣上下都有失误。君主处理政事不单独决断,大权不独揽,这样发出的号令没有威信,朝廷的恩惠下层百姓沾不上,这是陛下您的过失。掌握天下的大权,百姓的命运都掌握在他们手里,没有好主意来纠正社会的弊端,不尽忠竭力以不辜负职位,这是大臣们的过失。朝廷的弊政得不到纠正,百姓们的疾苦得不到解除,陛下优柔寡断得不到规劝,大臣们因循无所作为得不到斥逐,这是我们谏官的罪过。陛下您已经说过自己有过失,这话天地听到了,希望付之实际行动。"他的奏章写出来之后,听到的人都为他捏一把汗。

蔡襄晋升为直史馆之职,兼任记述皇帝的起居言行的职责,他更加尽职尽责,议论政事,没有任何顾忌。开宝寺的佛塔发生火灾,佛塔下埋有佛骨,皇帝下令把佛骨迎进宫中,很多宫女太监,信奉佛法,烧灼臂膀,剃去头发。正在议论修复佛塔,蔡襄劝诫说:"非分的好处,不能侥幸获得。现在百姓困苦不堪,边境上的少数民族傲慢无理,陛下您应该关心人民的疾苦,怎么能专信佛法?有人说佛骨会放光芒,说得神乎其神,它居住的佛塔尚且无力保护,它还能有什么神秘力量?上天降下灾害,进行警告,如果大兴土木,那是用人力来抗拒天意啊。"

吕夷简任平章军国重事,掌握最高权力,宰相以下的高级官员,都到他城里商议朝政,蔡襄请求罢免吕夷简。西夏元昊归顺朝廷,起初他自称"兀卒",后来音译为"吾祖"。蔡襄说:"'吾祖'即是'我翁',这是对大宋的侮辱,太傲慢无理了。如果朝廷给他下圣旨,也称他为'吾祖',这像什么话?"

夏竦被罢免枢密使之职,韩琦、范仲淹被任为枢密使,蔡襄上书说:"陛下您罢免了夏竦,任用韩琦和范仲淹,官员们都向朝廷祝贺,百姓们在路上唱歌跳舞,甚至饮酒高呼,以表示高兴。斥退一个奸邪的人,进用一个贤良的人才,对国家来说,真的是这样举足轻重吗?因为斥退一个奸邪的人,和他一类的人都将被罢斥,进用一个贤良人才,正派的官员都将得到提拔任用。奸邪都被斥退,贤才都得到任用,天下还能不安定吗?虽然是这样,我仍然深表忧虑。现在天下的形势,像一个病人,陛下您已经得到了医术高明的医生,如对他信任不疑,不只能治好病,而且能使天下百姓健康长寿。医生的医术虽然高明,如不能发挥他的作用,病情会日日加重,即使有医和、扁鹊那样的神医,也无能为力了。"

保州的守兵发生哗变,叛兵抓了十几个怯懦不敢闹事的兵卒,谎称是带头闹事的人,把他们杀死,请求朝廷招抚。蔡襄上书说:"天下有兵卒百万,如果没有杀头严惩的法令,必然成为骄悍叛乱的先例。现在保州守兵杀害官吏,闭城自守,如果不加讨伐,按照他们的要求进行招抚,难道不被天下笑话吗?我请求领兵入城,把他们消灭。"

因为母亲年老,蔡襄请求任福州知州,朝廷改任他为福建路转运使。他到任以后,开掘出古代的五个水塘,灌溉民田,又上奏朝廷,减免五代时推行的人口税的一半。又负责撰修皇帝的起居注。唐介因弹劾宰相文彦博,引起皇帝大怒,蔡襄上前说:"唐介诚然狂妄愚昧,但是他出于忠心,请求赦免他。"唐介被贬降为春州别驾,蔡襄又上书说,唐介贬到春州,必死无疑,于是改贬至英州。温成皇后逝世,进行追封,蔡襄请求,皇帝不必临表致祭,罢去陵墓守护官员。

蔡襄晋升为知制诰,三名御史官因弹劾梁适而被解职,蔡襄不肯起草诏令。后来提拔官员,蔡襄认为不合适的人选,就原件退回,不起草任命诏书。皇帝待他更加亲厚,赏给他母亲头戴,以表示对他的亲宠,皇帝又亲笔写“君谟”二字,派使臣送给他。又升任龙图阁直学士、开封知府。蔡襄对官吏的职事非常精通,谈笑之间,就能判决疑案,揭发奸行隐恶,手下的吏员一点也欺骗不了他。

以枢密直学士的身份,再度任福州行政长官。福州人士周希孟、陈烈、陈襄、郑穆因行道义而著名,蔡襄以隆重的礼仪把他们请来,请他们教郡学生员读经。福州的风俗,丧事讲究排场,亲人去世,秘不发丧下葬,却请佛僧为亲人超度,以致为此而破产,蔡襄下令禁止此种陋习。转任为泉州行政长官。距州治二十里外的万安渡,被海水阻隔,行人往来,渡海才能到达,渡海又十分危险。蔡襄用石头造桥,桥长三百六十丈,在桥墩根部繁殖牡蛎,以加固桥墩,至今人们往来,仍依靠这道桥梁。又在七百里长的道路两旁种植松树,保护路基,遮蔽阳光,福建人立碑纪念蔡襄的功德。

朝廷召蔡襄进京,任为翰林学士、三司使,他精心计算国家财赋的盈亏收支,量力为出。剔除蠹耗国家财物的积弊,他制定的财务,制度等条例,都可供后人效法。

宋英宗生病,皇太后处理朝政,蔡襄对辅政大臣说:“逝世的皇帝已经确立皇太子,宫内的太监宫女等对他百般迷惑;那些知名的亲近大臣也这么干,差一点坏了国家大事,我已准备好奏章了。”很快外边就传说蔡襄将有所议论,英宗听到以后,对蔡襄产生怀疑。正逢蔡襄多次请假,于是就选人代替蔡襄。蔡襄请求任杭州知府,于是朝廷封他为端明殿学士,赴任杭州。治平三年,蔡襄为母守孝。第二年逝世,时年五十六岁。追赠他为吏部侍郎。

蔡襄工于书法,在当时被称为天下第一,宋仁宗尤其喜欢他的书法,皇帝撰写《元舅陇西王碑》文,令蔡襄书丹刻石。又让他写《温成后父碑》,蔡襄说:“这是待诏职责范围之事。”不服从命令。蔡襄对朋友讲求信义,朋友去世,自己不吃酒肉,设置灵位,痛哭拜祭。他曾赴会灵东园的宴席,座上客射箭玩耍,误伤了人,有人硬说是蔡襄误伤了人。后来皇帝问他这件事,蔡襄叩头请罪,始终不进行辩白。

蔡京和他是同乡但入仕较晚,蔡京想攀附名门,自称是蔡襄本族弟弟。政和初年,蔡襄的孙子蔡佃参加殿试,宣布名单时,蔡佃名列第一,蔡京在殿上为考试官,因蔡佃是他本族的孙辈,为避嫌疑,把蔡佃降为第二名,因此蔡佃一生怨恨蔡京。乾道年间,赠蔡襄谥号为“忠惠”。

王安石传

【题解】

王安石(1021~1086),字介甫,号半山。抚州临川(今江西抚州)人。仁宗庆历二年(1042)进士。初知鄞县,起堤堰,决陂塘,兴修水利;贷谷与民,出息还官,减轻高利贷剥削。历舒州通判、群牧判官、常州知州。嘉祐三年(1058),移提点江东刑狱、入为三司度支判官,向仁宗上万言书,主张培养人才,变法革新。神宗即位,起知江宁府,召为翰林学士兼侍讲,上《本朝百年无事札子》,列举北宋建国以来各项制度的弊端,阐述改革的必要,与神宗意合。熙宁二年(1069),拜参知政事,设立制置三司条例司,主持变法,陆续颁行农田水利、青苗、均输、保甲、免役、市易、保马、方田等新法,以期富国强兵,史称"王安石变法"。次年,任同中书门下平章事。由于保守派的反对,新法推行迭遭阻碍。七年,罢相,以观文殿大学士出知江宁府。第二年,复相。九年,再次罢相,出知江宁府,退居江宁(今江苏南京)半山园。元丰二年(1079),复拜尚书左仆射、观文殿大学士,封荆国公。神宗死,太皇太后高氏听政,司马光为相,尽罢新法,王安石闭门不言政。哲宗元祐元年(1086)去世。赠太傅,谥号"文"。王安石博学多才,执政时曾与其子王雱及吕惠卿等人重新注释《周官》《尚书》《诗经》,颁之学官,不用先儒传注,时称《三经新义》。退居江宁时,又作《字说》,文字训诂也多与前人不同。擅长诗文,散文雄健峭拔。政论简洁有力,诗词亦清新高峻,为"唐宋八大家"之一。所著《字说》《钟山日录》等多已失传,今有《王文公文集》《临川先生文集》行世,后人并辑有《周官新义》《诗义钩沉》等。

【原文】

王安石,字介甫,抚州临川人。父益,都官员外郎。安石少好读书,一过目终身不忘。其属文动笔如飞,初若不经意,既成,见者皆服其精妙。友生曾巩携以示欧阳修,修为之延誉。擢进士上第,签书淮南判官。旧制,秩满许献文求试馆职,安石独否。再调知鄞县,起堤堰,决陂塘。为水陆之利;贷谷与民,出息以偿,俾新陈相易,邑人便之。通判舒州。文彦博为相,荐安石恬退,乞不次进用,以激奔竞之风。寻召试馆职,不就。修荐为谏官,以祖母年高辞。修以其须禄养言于朝,用为群牧判官,请知常州。移提点江东刑狱,入为度去判官,时嘉祐三年也。

安石议论高奇,能以辩博济其说,果于自用,慨然有矫世变俗之志。于是上"万言书",以为:"今天下之财力日以困穷,风俗日以衰坏,患在不知法度,不法先王之政故也。法先王之政者,法其意而已。法其意,则吾所改易更革,不至于倾骇天下之耳目,嚣天下之口,而固已合先王之政矣。因天下之力以生天下之财,收天下之财以供天下之费,自古治世,未曾以财不足为公患也,患在治财无其道耳。在位之人财既不足,而闾巷草野之间亦少可用之才，社稷之托，封疆之守，陛人能久以天幸为常，而无一旦之忧乎？愿监苟且因循之弊，明诏大臣，为之以渐，期合于当世之变。臣之所称，流俗之所不，而议者以为迂阔而熟烂者也。”后安石当国，其所注措，大抵皆祖此书。

王安石

俄直集贤院。先是，馆阁之命屡下，安石屡辞。士大夫谓其无意于世，恨不识其面，朝廷每欲畀以美官，惟患其不就也。明年，同修起居注，辞之累日。阁门吏就付之，拒不受。吏随而拜之，则避于厕。吏置敕于案而去，又追还之；上章至八、九，乃受。遂知制诰，纠察在京刑狱，自是不复辞官矣。

有少年得斗鹑，其侪求之不与，恃与之昵辄持去，少年追杀之。开封当此人死，安石驳曰：“按律，公取、窃取皆为盗。此不与而彼携以去，是盗也；追而杀之，是捕盗也，虽死，当勿论。”遂劾府司失入。府官不伏，事下审刑、大理，皆以府断为是。诏放安石罪，当诣合阎门谢。安石言：“我无罪。”不肯谢。御史举奏之，置不问。

时有诏舍人院无得申请除改文字，安后争之曰：“审如是，则舍人不得复行其职，而一听大臣所为，自非大臣欲倾侧而为私，则立法不当如此。今大臣之弱者不敢为陛下守法；而强者则挟上旨以造令。谏官、御史无敢逆其意者，臣实惧焉。”语皆侵执政，由是益与之忤。以母忧去。终英宗世，召不起。

安石本楚士，未知名于中朝，以韩、吕二族为巨室，欲藉以取重。乃深与韩绛、绛弟维及吕公著交，三人更称扬之，名始盛。神宗在颍邸，维为记室，每讲说见称，辄曰：“此非维之说，维之友王安石之说也。”及为太子庶子，又荐自代。帝由是想见其人，甫即位，命知江宁府。数月，召为翰林学士兼侍讲。熙宁元年四月，始造朝。入对，帝问为治所先，对曰：“择术为先。”帝曰：“唐太宗何如？”曰：“陛下当法尧、舜，何以太宗为哉？尧、舜之道，至简而不烦，至要而不迂，至易而不难。但末世学者不能通知，以为高不可及耳。”帝曰：“卿可谓责难于君，朕自视眇躬，恐无以副卿此意。可悉意辅朕，庶同济此道。”

一日讲席，群臣退，帝留安石坐，曰：“有欲与卿从容议论者。”因言：“唐太宗必得魏征，刘备必得诸葛亮然后可以有为，二子诚不世出之人也。”安石曰：“陛下诚能为尧、舜，则必有皋、夔、稷、卨；诚能为高宗，则必有傅说。彼二子皆有道者所羞，何足道哉？以天下之大，人民之众，百年承平，学者不为不多。然常患无人可以助治者，以陛下择术未明，推诚未至，虽有皋、夔、稷、卨、傅说之贤，亦将为小人所蔽，卷怀而去耳。"帝曰："何世无小人，虽尧、舜之时，不能无四凶。"安石曰："惟能辨四凶而诛之，此其所以为尧、舜也。若使四凶得肆其谗慝，则皋、夔、稷、卨亦安肯苟食其禄以终身乎？"

登州妇人恶其夫寝陋，夜以刃斫之，伤而不死。狱上，朝议皆当之死，安石独援律辨证之，为合从谋杀伤，减二等论。帝从安石说，且著为令。

二年二月，拜参知政事。上谓曰："人皆不能知卿，以为卿但知经术，不晓世务。"安石对曰："经术正所以经世务，但后世所谓儒者，大抵皆庸人，故世俗皆以为经术未可施于世务耳。"上问："然则卿所施设以何先？"安石曰："变风俗，立法度，最方今之所急也。"上以为然。置制置三司条例司，命与知枢密院事陈升之同领之。安石令其党吕惠卿任其事。而农田水利、青苗、均输、保甲、免役、市易、保马、方田诸役相继并兴，号为新法，遣提举官四十余辈，颁行天下。

青苗法者，以常平籴本作青苗钱，散与人户，令出息二分，春散秋敛；均输法者，以发运之职改为均输，假以钱货，凡上供之物，皆得徙贵就贱，用近易远，预知在京仓库所当办者，得以便宜蓄买；保甲之法，籍乡村之民，二丁取一，十家为保，保丁皆授以弓弩，教之战阵；免役之法，据家财高下，各令出钱雇人充役，下至单丁、女户，本来无役者，亦一概输钱，谓之助役钱；市易之法，听人赊贷县官财货，以田宅或金帛为抵当。出息十分之二，过期不输，息外每月更加罚钱百分之二；保马之法，凡五路义保愿养马者，户一匹，以监牧见马给之，或官与其值，使自市，岁一阅其肥瘠，死病者补偿；方田之法，以东、西、南、北各千米，当四十一顷六十六亩一百六十步为一方，岁以九月，令、佐分地计量，验地土肥瘠，定其色号，分为五等，以地之等，均定税数。又有免行钱者，约京师百物诸行利入厚薄，皆令纳钱，与免行户祗应。自是四方争言农田水利，古陂废堰，悉务兴复。又令民封状增价以买坊场，又增茶盐之额，又设措置河北籴便司，广积粮谷于临流州县，以备馈运。由是赋敛愈重，而天下骚然矣。

御史中丞吕诲论安石过失十事，帝为出诲，安石荐吕公著代之。韩琦谏疏至，帝感悟，欲从之，安石求去。司马光答诏，有"士夫沸腾，黎民骚动"之语，安石怒，抗章自辩，帝为巽辞谢，令吕惠卿谕旨，韩绛又劝帝留之。安石入谢，因为上言中外大臣、从官、台谏、朝士朋比之情，且曰："陛下欲以先王之正道胜天下之流俗，故与天下流俗相为重轻。流俗权重，则天下之人归流俗；陛下之权重，则天下之人归陛下。权者与物相为重轻，虽千钧之物，所加损不过铢两而移。今奸人欲败先王之正道，以沮陛下之所为。于是陛下流俗之权适争轻重之时，加铢两之力，则用力至微，而天下之权，已归于流俗矣，此所以纷纷也。"上以为然。安石乃视事，琦说不得行。

安石与光素厚，光援朋友责善之义，三致书反复劝之，安石不乐。帝用光副枢密，光辞未拜而安石出，命遂寝。公著虽为所引，亦以请罢新法出颍州。御史刘述、刘琦、钱颉、孙昌龄、王子韶、程颢、张戬、陈襄、陈荐、谢景温、杨绘、刘挚，谏官范纯仁、李常、孙觉、胡宗愈皆不得其言,相继去。骤用秀州推官李定为御史,知制诰宋敏求、李大临、苏颂封还词头,御史林旦、薛昌朝、范育论定不孝,皆罢逐。翰林学士范镇三疏言青苗,夺职致仕。惠卿遭丧去,安石未知所倚,得曾布,信任之,亚于惠卿。

三年十二月,拜同中书门下平章事。明年春,京东、河北有烈风之异,民大恐。帝批付中书,令省事安静以应天变,放遣两路募夫,责监司、郡守不以上闻者。安石执不下。

开封民避保甲,有截指断腕者,知府韩维言之,帝问安石,安石曰:"此固未可知,就令有之,亦不足怪。今士大夫睹新政,尚或纷然惊异,况于二十万户百姓,固有蠢愚为人所惑动者,岂应为此遂不敢一有所为邪?"帝曰:"民言合而听之则胜,亦不可不畏也。"

东明民或遮宰相马诉助役钱,安石白帝曰:"知县贾蕃乃范仲淹之婿,好附流俗,致民如是"又曰:"治民当知其情伪利病,不可示姑息。若纵之使妄经省台,鸣鼓邀驾,恃众侥幸,则非所以为政。"其强词背理率类此。

帝用韩维为中丞,安石憾曩言,指为善附流俗以非上所建立,因维辞而止。欧阳修乞致仕,冯京请留之,安石曰:"修附丽韩琦,以琦为社稷臣。如此人,在一郡则坏一郡,在朝廷则坏朝廷,留之安用?"乃听之。富弼以格青苗解使相,安石谓不足以阻奸,至比之共、鲧。灵台郎尤瑛言天久阴,星失度,宜退安石,即黥隶英州。唐坰本以安石引荐为谏官,因请对极论其罪,谪死。文彦博言市易与下争利,致华岳山崩。安石曰:"华山之变,殆天意为小人发。市易之起,自为细民久困,以抑兼并耳,于官何利焉?"阏其奏,出彦博守魏。于是吕公著、韩维,安石藉以立声誉者也;欧阳修、文彦博,荐已者也;富弼、韩琦,用为侍从者也;司马光、范镇,交友之善者也:悉排斥不遗力。

礼官议正太庙太祖东向之位,安石独定议还僖祖于祧庙,议者合争之,弗得。上元夕,从驾乘马入宣德门,卫士诃止之,策其马。安石怒,上章请逮治。御史蔡确言:"宿卫之士,拱扈至尊而已,宰相下马非其处,所应诃止。"帝卒为杖卫士,斥内侍,安石犹不平。王韶开熙河奏功,帝以安石主议,解所服玉带赐之。

七年春,天下久旱,饥民流离,帝忧形于色,对朝嗟叹,欲尽罢法度之不善者。安石曰:"水旱常数,尧、舜所不免,此不足招圣虑,但当修人事以应之。"帝曰:"此岂细事,朕所以恐惧者,正为人事之未修耳。今取免行钱太重,人情咨怨,至出不逊语。自近臣以至后族,无不言其害。两宫泣下,忧京师乱起,以为天旱更失人心。"安石曰:"近臣不知为谁,若两宫有言,乃向经、曹佾所为耳。"冯京曰:"臣亦闻之。"安石曰:"士大夫不逞者以京为归,故京独闻此言,臣未之闻也。"监安上门郑侠上疏,绘所见流民扶老携幼困苦之状,为图以献,曰:"旱由安石所致,去安石,天必雨。"侠又坐窜岭南。慈圣、宣仁二太后流涕谓帝曰:"安石乱天下。"帝亦疑之,遂罢为观文殿大学士、知江宁府,自礼部侍郎超九转为吏部尚书。

吕惠卿服疰,安石朝夕汲引之,至是,白为参知政事,又乞召韩绛代已。二人守其成模,不少失,时号绛"传法沙门"、惠卿为"护法善神"。而惠卿实欲自得政,忌安石复来,因郑侠狱陷其弟安国,又起李士宁狱以倾安石。绛觉其意,密白帝请召之。八年二月,复拜相,安石承命,即倍道来。《三经义》成,加尚书左仆射兼门下侍郎,以子雱为龙图阁直学士。雱辞，惠卿劝帝允其请，由是嫌隙愈著。惠卿为蔡承禧所击，居家俟命。雱风御史中丞邓绾复弹惠卿与知华亭县张若济为奸利事，置狱鞫之，惠卿出守陈。

十月，慧出东方，诏求直言，及询政事之未协于民者。安石率同列疏言："晋武帝五年，慧出轸；十年，又有孛。而其在位二十八年，与《乙巳占》所期不合。盖天道远，先王虽有官占，而所信者人事而已。天文之变无穷，上下傅会，岂无偶合。周公、召公，岂欺成王哉？其言中宗享国日久，则曰'严恭寅畏天命自度，治民不敢荒宁'。其言夏、商多历年所，亦曰'德'而已。裨灶言火而验，欲禳之，国侨不听，则曰'不用吾言，郑又将火'。侨终不听，郑亦不火。有如裨灶，未免荒诞，况今星工哉！所传占书，又世所禁，誊写伪误，尤不可知。陛下盛德至善，非特贤于中宗，周、召所言，则既阅而尽之矣，岂须愚瞽复有所陈。窃闻两宫以为忧，望以臣等所言，力行开慰。"帝曰："闻民间殊苦新法。"安石曰："祁寒暑雨，民犹怨咨，此无庸恤。"帝曰："岂若并祁寒暑雨之怨亦无邪？"安石不悦，退而属疾卧，帝慰勉起之。其党谋曰："今不取上素所不喜者暴进用之，则权轻，将有窥人间隙者。"安石是其策。帝喜其出，悉从之。时出师安南，谍得其露布，言："另作青苗，助役之法，穷困生民。我今出兵，欲相拯济。"安石怒，自草敕膀诋之。

华亭狱久不成，雱以嘱门下客吕嘉问、练亨甫共议，取邓绾所列惠卿事，杂他书下制狱，安石不知也。省吏告惠卿于陈，惠卿以状闻，且讼安石曰："安石尽弃所学，隆尚纵横之末数，方命矫令，欺上要君。此数恶力行于年岁之间，虽古之失志倒行而逆施者，殆不如此。"又发安石私书曰"无使上知"者。帝以示安石，安石谢无有，归以问雱，雱言其情，安石咎之。雱愤恚，疽发背死。安石暴绾罪，云"为臣子弟求官及荐臣婿蔡卞"，与亨甫皆得罪。绾始以附安石居言职，安石与吕惠卿相倾，绾极力助攻惠卿。上颇厌安石所为，绾惧失势，屡留之于上，其言无所顾忌；亨甫险薄，谄事雱以进，至是皆斥。

安石之再相也，屡谢病求去。及子雱死，尤悲伤不堪，力请解几务。上益厌之，罢为镇南军节度使，同平章事，判江宁府。明年，改集禧观使，封舒国公。屡乞还将相印。元丰二年，复拜左仆射，观文殿大学士。换特进，改封荆。哲宗立，加司空。

元祐元年，卒，年六十六，赠太傅。绍圣中，谥曰"文"，配享神宗庙庭。崇宁三年，又配食文宣王庙，列于颜、孟之次，追封舒王。钦宗时，杨时以为言，诏停之。高宗用赵鼎、吕聪问言，停宗庙配享，削其王封。

初，安石训释《诗》《书》《周礼》，既成，颁之学官，天下号曰"新义"。晚居金陵，又作《字说》，多穿凿附会，其流入于佛、老。一时学者，无敢不传习，主司纯用以取士，士莫得自名一说，先儒传注，一切废不用。黜《春秋》之书，不使列于学官，至戏目为"断烂朝报"。

安石未贵时，名震京师，性不好华腴，自奉至俭，或衣垢不濯，面垢不洗，世多称其贤。蜀人苏洵独曰："是不近人情者，鲜不为大奸慝。"作《辩奸论》以刺之，谓王衍、卢杞合为一人。

安石性强愎，遇事无可否，自信所见，执意不回。至议变法，而在廷交执不可，安石傅经义，出己意，辩论辄数百言，众不能离。甚者谓"天变不足畏，祖宗不足法，人言不足恤"。罢黜中外老成人几尽，多用门下儇慧少年。久之，以旱引去。洎复相岁余罢，终神宗世不复召，凡八年。

【译文】

王安石，字介甫，抚州临川人。父亲王益，任都官员外郎。王安石小时候喜好读书，一过目终身不忘。他写起文章来下笔如飞，初看好像漫不经心，完成后，见到的人都佩服他的文章精彩绝妙。朋友曾巩把他的文章带给欧阳修看，欧阳修为他扩大声誉。王安石考中进士，被选为上等，出任签书淮南判官。按照以前的制度，任职期满，允许进献文章要求考试馆阁职务，唯独王安石没有这样做。又调任鄞县的知县，修筑堤堰，疏治陂塘，兴修水利，方便水陆交通；将官谷借贷给农民，让他们秋后加些利息偿还，使官仓中的存谷能够以旧换新，鄞县的老百姓都觉得很方便。再任舒州通判。当时文彦博做宰相，向朝廷推荐王安石淡于名利，请求越级提拔，以此来遏止追逐名利的不良风气。不久，朝廷召王安石考试馆职，他没有参加。欧阳修推荐他做谏官，他又以祖母年事已高为理由而推辞。欧阳修对朝廷说王安石需要俸禄养家，于是朝廷任命他为群牧判官，他请求担任常州知州。调任提点江东刑狱，又进京担任度支判官，当时是宋仁宗嘉祐三年。

王安石的议论和主张高深新奇，善于用雄辩和旁征博引来维护自己的观点，敢于坚持按照自己的意见办事，慷慨激昂地立下了矫正世事、改变传统陋俗的志向。于是，他向仁宗皇帝上万言书，认为："如今天下的财力一天比一天困乏，风俗一天比一天败坏，毛病就在于不知道法度、不遵循先王的政令。效法先王政令，在于效法先王政令的精神。只要效法先王政令的精神，那么我们所推行的改革变更就不至于惊扰天下人的视听，就不至于使天下舆论哗然、议论纷纷，也就必然符合先王的政令了。依靠天下的人力物力来生产天下的财富，征收天下的财富来供给天下的消费，自古以来的太平治世，不曾因为财富不足而造成国家的祸患，忧患是在于治理财政不得其法。居官任职的人才能既已不足，而城乡民间又缺少可以使用的人才，国家的重托，疆域的保持，陛下难道能够长久地依靠上天赐予的幸运作为常法，而不考虑万一出现忧患该怎么办吗？希望陛下能够明察朝政中因循苟且的弊端，明文诏令大臣，逐渐采取措施，革除这些弊端，以符合和适应当前世事的变化。我所讲的这些想法，那些沉溺在颓靡习俗中的人是不会谈论的，而且议论者还会认为这些都是迂腐疏阔、不切实际的老生常谈。"后来王安石执政，他所施行的各项政策措施，大体上都是以这份万言书为依据的。

随后不久，王安石任直集贤院。在此以前，朝廷多次委任他担任馆阁职务的命令，但王安石一再推辞。士大夫们都认为他不想显赫于世、对功名利禄十分淡漠，都恨不能跟他结识，朝廷多次想委派他担任名利优厚的高官，生怕他不肯接受。第二年，朝廷委任他同修起居注，王安石推辞了好几天。阁门吏带着委任状到他府上交给他，他拒不接受；阁门吏随即下拜，他却溜到厕所里躲避起来；阁门吏干脆把委任状放在桌上离去，王安石又追上去将委任状还给他；他连续上章辞谢了八、九次，才接受了这项任命。于是任知制诰，纠察京城的刑事狱讼，从此他不再辞官了。

有位少年得到了一只善斗的鹌鹑，他的同伴向他求取，他不给，同伴仗着跟他关系亲密就把鹌鹑拿走了,这个少年追上去把同伴杀了。开封府判决这个少年当处死刑,王安石反驳道:“按照刑律,公开的夺取和偷偷地窃取都是盗贼行为。一方不给而另一方拿之以去,就是盗窃;追上去把他杀死,是追捕盗贼,虽然把人杀死了也不应当追究。”于是弹劾开封府审判机构将不该判刑的人反而判了重刑,犯了失入的错误。开封府的官员不服,皇帝将这件事交给审刑院和大理寺再次审理,审刑院和大理寺都认为开封府的判决是正确的。皇帝下诏免于追究王安石的弹劾错误,但他应当到阁门前道歉。王安石说:“我没有罪!”不肯道歉。御史上章弹劾他,皇帝置之不问。

当时有诏令规定舍人院不得申请删改诏书文字,王安石争辩说:“假如真是这样,那么舍人院就不再能够履行自己的职责,而听任大臣为所欲为,假如不是大臣为了私利而侵夺舍人职权,那么国家立法就不应当这样。如今大臣中软弱的人不敢为陛下执法守纪,而强硬蛮横的人则假借皇帝的旨意来制造命令,谏官和御史们都不敢违背他们的意志,我实在感到害怕。”王安石的这些话触犯了执政大臣,从此更加跟执政大臣相抵触。他因为母亲去世离任,直到英宗朝结束,朝廷多次召他,他都不肯赴任。

王安石本是楚人,在朝廷中没什么名气,因为韩、吕二姓是世家大族,所以他想借助韩、吕二族来取得别人对自己的尊重。于是就和韩绛、韩绛的弟弟韩维以及吕公著深交,这三人对王安石交相称赞。王安石的声望才开始显著。

宋神宗在颍王府时,韩维任记室,每当他的讲解议论得到神宗称赞时,就说:“这不是我的说法,而是我的好友王安石的见解呀!”到他升任太子庶子时,韩维又推荐王安石代替自己。神宗于是很想见到王安石,刚即帝位,就任命他为江宁府知府。几个月后,又召王安石为翰林学士兼侍讲。熙宁元年四月,王安石才到朝廷。他进宫答对皇帝询问时,神宗问他治理国家首先应当做什么事,他回答说:“首先应当选择治国的方法。”神宗问道:“唐太宗怎么样?”王安石答道:“陛下应当效法尧、舜,何必要学唐太宗呢?尧、舜的治国之道,极为简明而不烦琐,极为扼要而不迂阔,极为简易而不繁难。但后世学者不能通晓,所以才认为高不可及。”神宗说:“你这可以说是让我勉为其难了,我自己认为跟尧、舜相比太过于渺小,恐怕无法跟你的这番好意相称。你可以尽心尽意地辅佐我,希望共同实现这一目标。”

有一天讲学,大臣们都退朝了,神宗皇帝让王安石留坐,说:“我有事想跟你认真讨论。”于是说道:“唐太宗必须得到魏征,刘备必须得到诸葛亮然后才能够有所作为,这两人确实不是每代都有的杰出人物啊。”王安石回答说:“陛下果真能为尧、舜,那么必然会有皋、夔、稷、卨这样的人物来辅佐;果真能为商高宗,那么必然会有傅说。诸葛亮和魏征那两个人都是有识之士所羞于提及的,有什么值得称道的呢?凭借我大宋幅员之大,人民之多,百年治平相承,有学问的人不可以说不多。但经常忧虑没人可以帮助陛下治理国家,其原因在于陛下选拔人才的方法还不明确,诚意待人做得还不到家,即使有皋陶、后夔、后稷、卨和傅说这样的贤人,也会被小人遮蔽,藏身退隐而去。”神宗说:“哪个朝代没有小人?即使是尧、舜的时代,也不能没有‘四凶’。”王安石答道:“正因为能够辨别‘四凶’而加以惩处和铲除,尧、舜才能够成其为尧、舜。假如让‘四凶’肆无忌惮、谗害忠害、为非作歹，那么皋陶、后夔、后稷、卨还肯因循苟且、贪图俸禄而虚度一生吗？”

登州有个妇人嫌恶自己的丈夫相貌丑陋，夜里用刀砍杀丈夫，丈夫受了伤，但没有死。这个案子上报朝廷后，朝中讨论都认为这个妇人应判死刑，唯独王安石依据法律辩驳证明，此案符合谋杀致伤的律条，应当减死刑二等论处。神宗同意王安石的意见，并且把它定为法律。

熙宁二年二月，王安石被任命为参知政事。神宗对他说：“别人都不能了解你，以为你只懂经学，不明白现实事务。”王安石回答道：“经学正是用来治理现实事务的，但后世的所谓儒生，大都是些平庸之辈，所以世俗才认为经学不能施用于治理现实事务。”神宗又问：“既然这样，那么你首先要施行设置的是什么呢？”王安石回答说：“改变风俗，建立法度，最是今天的当务之急。”神宗认为很对。于是设立制置三司条例司，任命王安石跟知枢密院事陈升之共同掌管。王安石命令他的党徒吕惠卿承担条例司的具体事务。随后，农田水利、青苗、均输、保甲、免役、市易、保马、方田等法相继问世，称为新法，朝廷派遣了四十多名提举官，到全国各地颁行新法。

青苗法，是把籴买常平粮的本钱作为青苗钱，散借给百姓，让他们出二分的利息偿还，每年春天借出、秋天收回。均输法，是把发运的职能改为均输，先由朝廷给予钱币和实物，凡是上供朝廷的物品，都必须离开价钱高的地区而到价钱便宜的地区购买，并用路程近的地区代替路程远的地区，预先了解京城仓库需要购买的物品，以便用便宜的价钱购买贮存。保甲法，就是把乡村的人口编入户籍簿，两名男丁取一人，十家为一保，挑选出来的保丁都发给弓弩、教给他们战斗阵法，维护地方治安。免役法，就是根据百姓家庭财产的多少，分别让他们出钱雇人充役，下至单丁户、女户等本来不用服役的家庭，也一律出钱，称为助役钱。市易法，允许私人向官府赊购或借贷货物钱款，以自己的田地、住宅或者金帛作为抵押，出十分之二的利息还官，超过期限没有交纳的，利息之外每月另加百分之二的罚金。保马法，凡是五路义勇保甲愿意养马的，每户养一匹，以牧马监现有的马匹给他们喂养，或者由官府给予买马的钱款，让他们自行购买，每年检查一次马的肥瘦，死亡的和生病的由养马户负责赔偿。方田法，以东、西、南、北各一千步，相当于四十一顷六十六亩一百六十步的田地作为一方，每年九月，县令、县佐分地丈量计算，检验土地肥瘠，确定这些土地的成色，分为五个等级，按照土地的等级，均定赋税数额。还有免行钱，规定京师各行各业根据获利多少，都要交钱，官府则给予免除行户的当差义务。自从这些法令推行以后，全国各地争相谈论农田水利，古代的陂塘和废弃的堤堰，都必须兴建修复。又下令平民百姓可以向官府投递密封状，增加价钱购买坊场，又增加茶、盐的税收数额，还设立了措置河北籴便司，在临近河流的州县大量囤积粮食，以备粮饷运输。从此赋税聚敛越来越重，而天下也骚动不安了。

御史中丞吕诲论说王安石有十大过失。神宗为此将吕诲调离朝廷到地方任职，王安石推荐吕公著取代吕诲任御史中丞。韩琦规劝神宗停止实行青苗法的奏疏送到朝廷，神宗感动醒悟，打算同意韩琦的意见，王安石立即要求辞职离去。司马光为神宗起草批答诏书，其中有“士大夫沸腾，臣民百姓骚动不安”的话，王安石大怒，上章为自己辩护，神宗不得不谦逊地向他道歉，派吕惠卿传达劝慰的旨意，韩绛又劝神宗挽留他。王安石入朝谢恩，因而对神宗说了朝廷内外大臣，侍从官、台谏官、朝士互相依附勾结的情形，并且说："陛下想用先王的正道战胜天下流于颓靡风俗的人，所以跟他们较量轻重。流俗的势力大了，那么天下人就会归向流俗；陛下的力量强大了，那么天下人就会归依陛下。秤锤与物体较量轻重时，即使是重达千钧的物体，增加或减少一铢一两的重量就会使秤杆移动变化。如今奸邪的人们想要败坏先王的正道，以阻止和破坏陛下所进行的改革。现在正是陛下和流俗的秤锤较量轻重的时候，流俗增加铢两的重量，用力虽然极小，但天下这杆秤已向流俗这一方倾斜了，这就是天下议论纷纷的缘故啊！"神宗认为确实是这样。于是王安石重新任职治事，韩琦的意见没有得到采纳。

王安石与司马光一直很有交情，司马光依据朋友之间相互督促行善的道理，三次写信给王安石反复进行规劝，王安石很不高兴。神宗起用司马光任枢密副使，司马光推辞不就，而王安石已经出任执政，这项任命就停止执行了。吕公著虽然是王安石推荐的，也因为请求废除新法而被派出去担任颍州知州。御史刘述、刘琦、钱𫖮、孙昌龄、王子韶、程颢、张戬、陈襄、陈荐、谢景温、杨绘、刘挚，谏官范纯仁、李常、孙觉、胡宗愈都因为自己的意见不被采纳，相继离开朝廷。王安石很快提升秀州推官李定任御史，知制诰宋敏求、李大临、苏颂封还任命诏书，御史林旦、薛昌朝、范育弹劾李定不守孝道，都被罢免并逐出朝廷。翰林学士范镇三次上疏议论青苗法，被免除职务，迫令退休。吕惠卿因为父亲去世离开朝廷，王安石在不知道把他走后的空缺委任给谁时，得到了曾布，王安石对他很信任，程度仅次于吕惠卿。

熙宁三年十二月，王安石就任同中书门下平章事。第二年春天，京东、河北两路发生了暴风的灾异现象，老百姓十分恐慌。神宗批示中书机构，命令息事安静、停止变法以应付天变，放还这两路应募的农夫，责罚不如实上报情况的监司和郡守。王安石扣下这道诏令，不予传达。

开封府的百姓为逃避保甲，有截掉自己的手指、砍断自己手腕的，知府韩维将这些情况报告朝廷，神宗问王安石，王安石回答说："这些情况我固然还不太清楚，即使有的话，也不足为怪。如今士大夫们看到推行新政，尚且大惊小怪、吵吵嚷嚷；何况是二十万户百姓，必然会有由于愚蠢而受人煽动蛊惑的，怎能因为这种人而不敢有所作为呢？"神宗说："听取百姓们符合实际的各种意见就能取得成功，百姓的意见也不能不畏惧。"

东明县的老百姓有人拦住宰相的坐骑控诉助役钱的不合理，王安石对神宗说："知县贾蕃是范仲淹的女婿，喜欢依附流俗，导致老百姓做出这样的事。"又说："治理百姓应当知道他们的真假利弊，不可以向他们表示无原则的姑息宽容。如果放纵他们越轨闯过中书省、御史台，击鼓拦驾，凭借人多以图侥幸，这不是治理国家的办法。"王安石的强词夺理，大体上都是如此。

神宗皇帝起用韩维任御史中丞，王安石对韩维以前的言论怀恨在心，指斥他善于附和流俗来反对神宗所建立的新法，这次任命因韩维推辞而停止。欧阳修请求退休，冯京要求朝廷挽留他，王安石说："欧阳修依附韩琦，把韩琦看作是关系到社稷安危的重臣。

像他这样的人，在一郡就败坏一郡，在朝廷就败坏朝廷，留下他有什么用?”于是神宗同意欧阳修退休。富弼因为阻挠青苗法的实施而被削除了使相的称号，王安石说这还不足以制止奸邪小人，甚至把富弼比作共工和鲧。灵台郎尤瑛讲天气阴了很久，星辰违背了正常的运行轨迹，应该黜退王安石，随即被刺面发配到英州。唐坰本来是由王安石推荐而担任谏官的，只因他请求奏对时极力论说了王安石的罪过，结果被贬谪而死。文彦博说市易法是跟天下人争利，致使华山崩塌。王安石说：“华山的灾变，仅仅是天意为小人而发作的。推行市易法，原本就是因为平民长久空困。用来抑制兼并的，对官府有什么利益呢?”他压下文彦博的奏章，将文彦博逐出朝廷，去担任大名府留守。这样，吕公著、韩维，王安石凭借他们树立自己声誉的人；欧阳修、文彦博，推荐自己的人；富弼、韩琦，重用自己担任皇帝侍从的人；司马光、范镇，自己的好朋友；王安石对他们都不遗余力地加以排斥。

宋神宗赵顼

礼官讨论确立太庙中太祖牌位东向的位置，王安石独自决定将僖祖的牌位奉还到祧庙里，参加讨论的官员们联合起来与王安石争论，没能改变他的决定。上元节的傍晚，王安石跟随神宗皇帝的圣驾，骑马进入宣德门，守门的卫士呵斥阻止，并鞭打王安石的坐骑。王安石大怒，上章要求逮捕惩罚这些卫士。御史蔡确说道：“在宫廷内值宿的卫士，其职责只是保卫皇帝，宰相下马下得不是地方，卫士理应予以呵斥阻止。”神宗终于还是为了王安石而杖打了卫士，并斥责了内侍，王安石还是愤愤不平。王韶开拓熙河路成功，向朝廷奏报，神宗因为这是王安石主持建议的，解下自己身佩的玉带赐给了王安石。

熙宁七年春，天下长久干旱，饥民们流离失所，皇帝忧容满面，上朝时叹息不已，想把不好的法令制度统统罢黜。王安石说道：“水旱灾害是常有的事情，尧、舜的时候也不能避免，这不足以招致陛下的忧虑，但必须治理好人力所能及的事情来应付天灾。”神宗说：“这怎么是小事呢? 我之所以感到害怕，正是因为没能做好人力能及的事情。现在官府征收免行钱负担太重，百姓怨叹，甚至有人说出对朝廷不敬的话来。从亲近大臣到皇后家族，没有不说免行钱的祸害的。两宫太后为此落泪，担心京城会发生骚乱，认为天旱使朝廷更加失去了人心。”王安石说：“亲近大臣不知道是谁，如果两宫太后有这样的话，那也是向经、曹佾所干的罢了。”冯京说：“我也听说了。”王安石道：“士大夫中不得志的人都归附你冯京，所以唯独你冯京听到过这样的话，我可从来没听说过。”监安上门郑侠上呈奏疏，把所看到的流民扶老携幼、困苦不堪的情状，画成图进献给神宗，说：“旱灾是因为王安石变法而引起的。罢免王安石，上天必然会下雨。”郑侠又因为这件事被流放到岭南。慈圣、宣仁两位皇太后流着眼泪对神宗说：“王安石扰乱了天下。”神宗也怀疑王安石，于是罢免了他的宰相职务，任命他为观文殿大学士、江宁府知府，从礼部侍郎超九转而为吏部尚书。

吕惠卿服丧期满，王安石早晚不停地推荐他。这时，王安石奏请神宗让吕惠卿任参知政事，又请求召回韩绛代替自己。这两人都坚持遵循王安石的陈规旧模，没有丝毫改变，当时韩绛的绰号是“传法沙门”，吕惠卿的绰号是“护法善神”。然而吕惠卿实际上是想自己掌握执政大权，害怕王安石重新回来当政，于是假借郑侠一案来陷害王安石的弟弟王安国，又制造李士宁案件来排挤王安石。韩绛觉察到了吕惠卿的用意，秘密奏知皇帝，请求召回王安石。熙宁八年二月，神宗再次任命王安石为宰相，王安石受命后，立即兼程赶赴京城。《三经义》修成，王安石加官为尚书左仆射兼门下侍郎，任命他的儿子王雱为龙图阁直学士。王雱推辞不受，吕惠卿劝说神宗接受他的请求，因此王、吕之间的猜疑和隔阂更加明显。吕惠卿被蔡承禧攻击弹劾，在家里等待皇帝的处理诏令。王雱暗示御史中丞邓绾，再次弹劾吕惠卿和华亭县和县张若济相互勾结、犯法谋利的事情，立案审查他们，吕惠卿于是被派出去担任陈州知州。

十月，东方出现彗星，神宗下诏征求直言得失，并询问政事中对百姓不利的地方。王安石带领同朝大臣们上疏说：“晋武帝五年，彗星出现在轸宿；十年，又出现了孛星。然而晋武帝在位二十八年，与《乙巳占》所预言的期限不相符合。这是因为天道遥远，先王虽然有官方占卜的预言，但所相信的依旧是人为之事。天文的变化无穷无尽，上下牵强附会，难道就没有偶然的巧合。周公、召公，怎么会欺骗周成王呢？他们说到商中宗在位的时间很长，就说‘中宗谨慎谦虚，兢兢业业，用天命约束自己，治理人民，不敢荒废政事’。谈到夏、商二朝维持了很长时间，也说是由于‘施行德政’而已。裨灶预言火灾能够灵验，想用祭祀求免灾祸，国侨不听他的意见，裨灶就说‘不采纳我的意见，郑国还将会发生火灾’。国侨最终还是没听他的意见，郑国也没有发生什么火灾。像裨灶这样的人，都难免荒诞，更何况今天的占卜星象的人呢？现在流传的占书，又是历代所禁止的，誊写讹误，尤其不知道有多少。陛下的品德至善至美，不仅比商中宗更中贤明，而且周公、召公所说的话也早已全部看过了，哪里用得着蠢人、盲人再有什么陈述呢？我听说两宫太后因为这次天灾而担忧，希望陛下用我们所说的这些道理，尽力地开导劝慰。”神宗说：“听说民间吃足了新法的苦头。”王安石说：“冬天严寒，夏天暴雨，老百姓尚且怨恨，这用不着抚恤。”神宗说：“难道不能使冬寒夏雨的怨恨也没有吗？”王安石听后很不高兴，回家托病卧床，神宗忙安慰劝勉，王安石这才上朝治理政事。他的同党谋划道：“现在不要选取皇上历来不喜欢的人迅速提拔任用，这会使自己地位变轻，那时就将有窥伺和利用君臣间隙的人了。”王安石很赞同这个计策。神宗因为王安石出来执政而感到欣慰和喜悦，完全听从他的所有意见。当时军队出征安南，密探得到安南的布告，说：“中国推行青苗、助役法，使老百姓非常穷困。我国现在出兵，是要帮助拯救那里的百姓。”王安石恼怒，亲自起草敕牓诋毁安南。

华亭一案拖了很久还不能成立，王雱把它交给门客吕嘉问、练亨甫共同商议，他们取来邓绾所列举的吕惠卿的罪状，夹杂在其他文书中，下达给皇帝批准审讯的制狱王安石不知道这件事。省吏到陈州把此事告诉给吕惠卿，吕惠卿随即写了奏状上报神宗，并控告王安石说：“王安石完全抛弃了自己所学的先王教诲，崇尚纵横家的末流小技，违背君命假传圣旨，欺骗皇帝要挟君主。一年之中极力干尽这些坏事，即使是古代丧失理智、倒行逆施的人，恐怕都没有这样的。”又揭发王安石在私人书信中写有“不要让皇帝知道”的话。神宗把这些材料给王安石看，王安石谢说没有这些事，回家问王雱，王雱把情况说了出来，王安石斥责了他。王雱恼怒怨恨，背上的痈疽发作而死。王安石公开宣布邓绾的罪过，说：“邓绾为我的子弟求取官职并举荐我的女婿蔡卞”，于是邓绾和练亨甫都获罪。邓绾开始因为依附于王安石而做了谏官，等到王安石和吕惠卿互相倾轧时，邓绾极力帮助王安石攻击惠卿。神宗对王安石的所作所为感到厌烦，邓绾生怕失势，屡次在皇帝面前要求挽留王安石，说起话来无所顾忌；练亨甫为人阴险刻薄，靠巴结王雱而得以进用，到现在两人都被贬斥了。

王安石再次担任宰相后，多次托病请求离职，到儿子王雱死后，更是悲戚忧伤得无法承受，极力请求解除他的枢要职务，神宗更加厌烦他了，罢免了他的宰相职务，任命他为镇南军节度使、同平章事、判江宁府。第二年，改任集禧观使，封为舒国公。王安石多次乞求把自己的将相印钚交还朝廷。元丰二年，王安石再次被任命左仆射、观文殿大学士。换为特进，改封荆国公。哲宗即位，加封他为司空。

元祐元年，王安石去世，终年六十六岁，追赠为太傅。绍圣年间，赐谥号为“文”，配享于神宗庙庭。徽宗崇宁三年，又配享于文宣王庙，牌位列在颜回和孟子后面追封为舒王。钦宗时，杨时有议论，朝廷停止王安石在文宣王庙配享。高宗采纳赵鼎、吕聪问的意见，停止王安石在宗庙配享，并削夺了他的王位封号。

当初，王安石训释《诗》《书》《周礼》，写成后，颁布到官学学舍，天下称之为《新义》。晚年定居金陵，又写作了《字说》一书。其中有不少穿凿附会的内容。观点则混合了佛经和老庄的思想。一时间，读书的士人没有敢不传授学习的，主考官只用王安石的学说为标准录取考生，士人不得自立一说，凡是先儒解释经书的著述，全都废除不用。又废黜《春秋》这部书，不把它列在学校教材里，甚至将它戏称为“断缺残陋的朝廷公报”。

王安石没有显贵时，名声震动京师，生性不喜好华丽的服饰和丰美的饮食，自己的日常生活极为俭朴，有时衣服脏了不洗，脸上脏了也不洗，当时人们都称赞他贤明有德。只有蜀人苏洵说：“这样子是不近人情的，这种人很少不成为大奸大恶的。”并写了《辩奸论》一文来讽刺王安石，说他是王衍、卢杞合为一身的人。

王安石性格坚强刚愎，遇到事情不管对错，都相信自己的见解，固执己见不肯改变。

到议论变法时，在朝百官都持不能变法的意见，王安石附会儒家经义，提出自己的主张，辩论起来动不动就是好几百字，大家都驳不倒他。他甚至说："天灾不足以畏惧，祖宗不足以效法，人们的议论不足以忧虑。"朝廷内外老成持重的人几乎被王安石罢黜殆尽，他多任用自己门下轻薄而有点小聪明的年轻人。当了很长时间的宰相后，因为天发旱灾而引退；到他第二次担任宰相，一年多后就又被罢免了，直到神宗朝结束没有再召他回朝廷，前后共八年。

司马光传

【题解】

司马光(1019~1086)，字君实，陕州夏县(今山西夏县)人，宋代杰出史学家。平生著作颇丰，仅《宋史·艺文志》著录的就有三十七种，流传至今，在《四库全书总目》著录的有十六种，其中《资治通鉴》是一部最有影响的史学名著。与《资治通鉴》有关的还有《资治通鉴目录》三十卷，《资治通鉴考异》三十卷。

《资治通鉴》二百九十四卷，记载了上起周威烈王二十三年(前403)，下讫后周显德六年(959)，一共一千三百六十二年的史事，按朝代为纪，分十六纪，即《周纪》五卷、《秦纪》三卷，《汉纪》六十卷、《魏纪》十卷，《晋纪》四十卷、《宋纪》十六卷、《齐纪》十卷、《梁纪》二十二卷、《陈纪》十卷、《隋纪》八卷、《唐纪》八十一卷、《后梁纪》六卷、《后唐纪》八卷、《岳晋纪》六卷、《后汉纪》四卷、《后周纪》五卷。《资治通鉴》自治平三年设局修撰，直到元丰七年全书完成，前后经过了十九年。此书修撰除参酌正史外，还参阅各种典籍多达三百余种。《资治通鉴》创编年体通史规模，以时间先后叙次史事，使史事的发展变化、前因后果有个系统、明晰的交代，对重要的史事，根据各种的史料，采取追叙或附叙的手法，使事件完整地表达出来，避免或减少因以时间为序造成的史实分散割裂的弊病，被后人誉为"叙之井井，不漏不烦"。除叙述史事外，还有分析、评语，或引他人语，或题"臣光曰"，不论是叙事，还是评论、皆无一语无所本，繁简适宜、文浅事明。《资治通鉴目录》以年表的形式编成，实际是《资治通鉴》的概要。《资治通鉴考异》是对史料的考辨情况的记录，而《考异》的撰成，使考异从此成为一种史书撰述体例。《稽古录》《涑水纪闻》也是司马光的重要著作，受到后世史家的普遍重视。

【原文】

司马光字君实，陕州夏县人也。父池，天章阁待制。光生七岁，凛然如成人，闻讲《左氏春秋》，爱之，退为家人讲，即了其大指。自是手不释书，至不知饥渴寒暑。群儿戏于庭，一儿登瓮，足跌没水中，众皆弃去，光持石击瓮破之，水迸，儿得活。其后京、洛间画以为图。仁宗宝元初，中进士甲科。年甫冠，性不喜华靡，闻喜宴独不戴花，同列语之曰：

"君赐不可违。"乃簪一枝。

除奉礼郎，时池在杭，求签苏州判官事以便亲，许之。丁内外艰，执丧累年，毁瘠如礼。服除，签书武成军判官事，改大理评事，补国子直讲。枢密副使庞籍荐为馆阁校勘，同知礼院。

中官麦允言死，给卤簿。光言："繁缨以朝，孔子且犹不可。允言近习之臣，非有元勋大劳，而赠以三公官，给一品卤簿，其视繁缨，不亦大乎。"夏竦赐谥文正，光言："此谥之至美者，竦何人，可以当之？"改文庄。加集贤校理。

从庞籍辟，通判并州。麟州屈野河西多良田，夏人蚕食其地，为河东患。籍命光按视，光建："筑二堡以制夏人，募民耕之，耕者众则籴贱，亦可渐纾河东贵籴远轮之忧。"籍从其策；而麟将郭恩勇且狂，引兵夜渡河，不设备，没于敌，籍得罪去。光三上书自引咎，不报。籍没，光升堂拜其妻如母，抚其子如昆弟，时人贤之。

改直秘阁，开封府推官。交趾贡异兽，谓之麟，光言："真伪不可知，使其真，非自至不足为瑞，愿还其献。"又奏赋以风。修起居注，判礼部。有司奏日当食，故事食不满分，或京师不见，皆表贺。光言："四方见、京师不见，此人君为阴邪所蔽；天下皆知而朝廷独不知，其为灾当益甚，不当贺。"从之。

同知谏院。苏辙答制策切直，考官胡宿将黜之，光言："辙有爱君忧国之心，不宜黜。"诏寘末级。

仁宗始不豫，国嗣未立，天下寒心而莫敢言。谏官范镇首发其议，光在并州闻而继之，且贻书劝镇以死争。至是，复面言："臣昔通判并州，所上三章，愿陛下果断力行。"帝沉思久之，曰："得非欲选宗室为继嗣者乎？此忠臣之言，但人不敢及耳。"光曰："臣言此，自谓必死，不意陛下开纳。"帝曰："此何害，古今皆有之。"光退未闻命，复上疏曰："臣向者进说，意谓即行，今寂无所闻，此必有小人言陛下春秋鼎盛，何遽为不祥之事。小人无远虑，特欲仓卒之际，援立其所厚善者耳。'定策国老'，'门生天子'之祸，可胜言哉？"帝大感动曰："送中书。"光见韩琦等曰："诸公不及今定议，异日禁中夜半出寸纸，以某人为嗣，则天下莫敢违。"琦等拱手曰："敢不尽力。"未几，诏英宗判宗正，辞不就，遂立为皇子，又称疾不入。光言："皇子辞不赀之富，至于旬月，其贤于人远矣。然父召无诺，君命召不俟驾，愿以臣子大义责皇子，宜必入。"英宗遂受命。

兖国公主嫁李玮，不相能，诏出玮卫州，母杨归其兄璋，主入居禁中。光言："陛下追念章懿太后，故使玮尚主。今乃母子离析，家事流落，独无雨露之感乎？玮即黜，主安得无罪？"帝悟，降主沂国，待李氏恩不衰。

进知制诰，固辞，改天章阁待制兼侍讲、知谏院。时朝政颇姑息，胥史喧哗则逐中执法，辇官悖慢则退宰相，卫士凶逆而狱不穷治，军卒詈三司使而以为非犯阶级。光言皆陵迟之渐，不可以不正。

充媛董氏薨，赠淑妃，辍朝成服，百官奉慰，定谥，行册礼，葬给卤簿。光言："董氏秩本微，病革方拜充媛。古者妇人无谥，近制惟皇后有之。卤簿本以赏军功，未尝施于妇人。唐平阳公主有举兵佐高祖定天下功，乃得给。至韦庶人始令妃主葬日皆给鼓吹，非令典，不足法。”时有司定后宫封赠法，后与妃俱赠三代，光论：“妃不当与后同，袁盎引却慎夫人席，正为此耳。天圣亲郊，太妃止赠二代，而况妃乎？”

英宗立，遇疾，慈圣光献后同听政。光上疏曰：“昔章献明肃有保佑先帝之功，特以亲用外戚小人，负谤海内。今摄政之际，大臣忠厚如王曾，清纯如张知白，刚正如鲁宗道，质直如薛奎者，当信用之；猥鄙如马季良，谗谄如罗崇勋者，当疏远之，则天下服。”

帝疾愈，光料必有追隆本生事，即奏言：“汉宣帝为孝昭后，终不追尊卫太子、史皇孙；光武上继元帝，亦不追尊巨鹿、南顿君，此万世法也。”后诏两制集议濮王典礼，学士王珪等相视莫敢先，光独奋笔书曰：“为人后者为之子，不得顾私亲。王宜准封赠期亲尊属故事，称为皇伯，高官大国，极其尊荣。”议成，珪即命吏以其手稿为按。既上与大臣意殊，御史六人争之力，皆斥去。光乞留之，不可，遂请与俱贬。

初，西夏遣使致祭，延州指使高宜押伴，傲其使者，侮其国主，使者诉于朝。光与吕诲乞加宜罪，不从。明年，夏人犯边，杀略吏士。赵滋为雄州，专以猛悍治边，光论其不可。至是，契丹之民捕鱼界河，伐柳白沟之南，朝廷以知雄州李中佑为不材，将代之。光谓：“国家当戎夷附顺时，好与之计较末节，及其桀骜，又从而姑息之。近者西祸生于高宜，北祸起于赵滋；时方贤此二人，故边臣皆以生事为能，渐不可长。宜敕边吏，疆场细故辄以矢刃相加者，罪之。”

仁宗遗赐直百余万，光率同列三上章，谓：“国有大忧，中外窘乏，不可专用乾兴故事。若遗赐不可辞，宜许侍从上进金钱佐山陵。”不许。光乃以得珠为谏院公使钱，金以遗舅氏，义不藏于家。后还政，有司立式，凡后有所取用，当覆奏乃供。光云：“当移所属使立供已，乃具数白后，以防矫伪。”

曹佾无功除使相。两府皆迁官。光言：“陛下欲以慰母心，而迁除无名，则宿卫将帅、内侍小臣，必有觊望。”已而迁都知任守忠等官，光复争之，因论：“守忠大奸，陛下为皇子，非守忠意，沮坏大策，离间百端，赖先帝不听；及陛下嗣位，反覆交构，国之大贼。乞斩于都市，以谢天下。”责守忠为节度副使，蕲州安置，天下快之。

诏刺陕西义勇二十万，民情惊挠，而纪律疏略不可用。光抗言其非，持白韩琦。琦曰：“兵贵先声，谅祚方桀骜，使骤闻益兵二十万，岂不震慑？”光曰：“兵之贵先声，为无其实也，独可期之于一日之间耳。今吾虽益兵，实不可用，不过十日，彼将知其详，尚何惧？”琦曰：“君但见庆历间乡兵刺为保捷。忧今复然，已降敕榜与民约，永不充军戍边矣。”光曰：“朝廷尝失信，民未敢以为然，虽光亦不能不疑也。”琦曰：“吾在此，君不忧。”光曰：“公长在此地，可也；异日他人当位，因公见兵，用之运粮戍边，反掌间事耳。”琦嘿然，而讫不为止。不十年，皆如光虑。

王广渊除直集贤院。光论其奸邪不可近：“昔汉景帝重卫绾，周世宗薄张美。广渊当仁宗之世，私自结于陛下，岂忠臣哉？宜黜之以厉天下。”进龙图阁直学士。

神宗即位，擢为翰林学士，光力辞。帝曰：“古之君子，或学而不文，或文而不学。惟董仲舒、扬雄兼之。卿有文学，何辞为？”对曰：“臣不能为四六。”帝曰：“如两汉制诏可也；且卿能进士取高第，而云不能四六，何邪？”竟不获辞。

御史中丞王陶以论宰相不押班罢，光代之，光言："陶由论宰相罢，则中丞不可复为。臣愿俟既押班，然后就职。"许之。遂上疏论修心之要三：曰仁，曰明，曰武；治国之要三：曰官人，曰信赏，曰必罚。其说甚备。且曰："臣获事三朝，皆以此六言献，平生力学所得，尽在是矣。"御药院内臣，国朝常用供奉官以下，至内殿崇班则出；近岁暗理官资，非祖宗本意。因论高居简奸邪，乞加远窜。章五上，帝为出居简，尽罢寄资者。既而复留二人，光又力争之。张方平参知政事，光论其不叶物望，帝不从。还光翰林兼侍读学士。

光常患历代史繁，人主不能遍览，遂为《通志》八卷以献。英宗悦之，命置局秘阁，续其书。至是，神宗名之曰《资治通鉴》，自制《序》授之，俾日进读。

诏录颍邸直省官四人为阁门祗候，光曰："国初草创，天步尚艰，故御极之初，必以左右旧人为腹心耳目，谓之随龙，非平日法也。阁门祗候在文臣为馆职，岂可使厮役为之。"

西戎部将嵬名山欲以横山之众，取谅祚以降。诏边臣招纳其众，光上书疏极论，以为："名山之众，未必能制谅祚。幸而胜之，灭一谅祚，生一谅祚，何利之有；若其不胜，必引众归我，不知何以待之。臣恐朝廷不独失信谅祚，又将失信于名山矣。若名山余众尚多，还北不可，入南不受，穷无所归，必将突据边城以救其命。陛下不见侯景之事乎？"上不听，遣将种谔发兵迎之，取绥州，费六十万，西方用兵，盖自此始矣。

百官上尊号，光当答诏，言："先帝亲郊，不受尊号。末年有献议者，谓国家与契丹往来通信，彼有尊号我独无，于是复以非时奉册。昔匈奴冒顿自称'天地所生日月所置匈奴大单于'，不闻汉文帝复为大名以加之也。愿追述先帝本意，不受此名。"帝大悦，手诏奖光，使善为答辞，以示中外。

执政以河朔旱伤，国用不足，乞南郊勿赐金帛。诏学士议，光与王珪、王安石同见，光曰："救灾节用，宜自贵近始，可听也。"安石曰："常衮辞堂馔，时以为衮自知不能，当辞位不当辞禄。且国用不足，非当世急务，所以不足者，以未得善理财者故也。"光曰："善理财者，不过头会箕敛尔。"安石曰："不然，善理财者，不加赋而国用足。"光曰："天下安有此理？天地所生财货百物，不在民，则在官，彼设法夺民，其害乃甚于加赋。此盖桑羊欺武帝之言，太史公书之以见其不明耳。"争议不已。帝曰："朕意与光同，然姑以不允答之。"会安石草诏，引常衮事责两府，两府不敢复辞。

安石得政，行新法，光逆疏其利害。迩英进读，至曹参代萧何事，帝曰："汉常守萧何之法不变，可乎？"对曰："宁独汉也，使三代之君常守禹、汤、文、武之法，虽至今存可也。汉武取高帝约束纷更，盗贼半天下；元帝改孝宣之政，汉业遂衰。由此言之，祖宗之法不可变也。"吕惠卿言："先王之法，有一年一变者，'正月始和，布法象魏'是也；有五年一变者，巡守考制度是也；有三十年一变者，'刑罚世轻世重'是也。光言非是，其意以风朝廷耳。"帝问光，光曰："布法象魏。布旧法也。诸侯变礼易乐者，王巡守则诛之，不自变也。刑新国用轻典，乱国用重典，是为世轻世重，非变也。且治天下譬如居室，敝则修之，非大坏不更造也。公卿侍从皆在此，愿陛下问之。三司使掌天下财，不才而黜可也，不可使执政侵其事。今为制置三司条例司，何也？宰相以道佐人主，安用例？苟用例，则胥吏矣。今为看详中书条例司，何也？"惠卿不能对，则以他语诋光。帝曰："相与论是非耳，何至是。”光曰：“平民举钱出息，尚能蚕食下户，况县官督责之威乎！”惠卿曰：“青苗法，愿取则与之，不愿不强也。”光曰：“愚民知取债之利，不知还债之害，非独县官不强，富民亦不强也。昔太宗平河东，立籴法，时斗米十钱，民乐与官为市。其后特贵而和籴不解，遂为河东世世患。臣恐异日之青苗，亦犹是也”帝曰：“坐仓籴米何如？”坐者皆起，光曰：“不便。”惠卿曰：“籴米百万斛，则省东南之漕，以其钱供京师。”光曰：“东南钱荒而粒米狼戾，今不籴米而漕钱，弃其有余，取其所无，农末皆病矣！”侍讲吴申起曰：“光言，至论也。”

它日留对。帝曰：“今天下汹汹者，孙叔敖所谓‘国之有是，众之所恶’也。”光曰：“然。陛下当论其是非。今条例司所为，独安石、韩绛、惠卿以为是耳，陛下岂能独与此三人共为天下邪？”帝欲用光，访之安石。安石曰：“光外托劘上之名，内怀附下之实。所言尽害政之事，所与尽害政之人。而欲寘之左右，使与国论，此消长之大机也。光才岂能害政，但在高位，则异论之人倚以为重。韩信立汉赤帜，赵卒气夺，今用光，是与异论者赤帜也。”

安石以韩琦上疏，卧家求退。帝乃拜光枢密副使，光辞之曰：“陛下所以用臣，尽察其狂直，庶有补于国家。若徒以禄位荣之，而不取其言，是以天官私非其人也。臣徒以禄位自荣，而不能救生民之患，是盗窃名器以私其身也。陛下诚能罢制置条例司，追还提举官，不行青苗、助役等法，虽不用臣，臣受赐多矣。今言青苗之害者，不过谓使者骚动州县，为今日之患耳。而臣之所忧，乃在十年之外，非今日也。夫民之贫富，由勤惰不同，惰者常乏，故必资于人。今出钱贷民而敛其息，富者不愿取，使者以多散多功，一切抑配。恐其逋负，必令贫富相保，贫者无可偿，则散而之四方；富者不能去，必责使代偿数家之负。春算秋计，展转日滋，贫者既尽，富者亦贫。十年之外，百姓无复存者矣。又尽散常平钱谷，专行青苗，它日若思复之，将何所取？富室既尽，常平已废，加之以师旅，因之以饥馑，民之羸者必委死沟壑，壮者必聚而为盗贼，此事之必至者也。”抗章至七八，帝使谓曰：“枢密，兵事也，官各有职，不当以他事为辞。”对曰：“臣未受命，则犹侍从也，于事无不可言者。”安石起视事，光乃得请，遂求去。以端明殿学士知永兴军。宣抚使下令分义勇戍边，选诸军骁勇士，募市井恶少年为奇兵；调民造干糒，悉修城池楼橹，关辅骚然。光极言：“公私困敝，不可举事，而京兆一路皆内郡，缮治非急。宣抚之令，皆未敢从，若乏军兴，臣当任其责。”于是一路独得免。徙知许州，趣入觐，不赴；请判西京御史台归洛，自是绝口不论事。而求言诏下，光读之感泣，欲嘿不忍，乃复陈六事，又移书责宰相吴充。事见《充传》。

蔡天申为察访，妄作威福，河南尹、转运使敬事之如上官；尝朝谒应天院神御殿，府独为设一班。示不敢与抗。光顾谓台吏曰：“引蔡寺丞归本班。”吏即引天申立监竹木务官富赞善之下。天申窘沮，即日行。

元丰五年，忽得语涩疾，疑且死，豫作遗表置卧内，即有缓急，当以畀所善者上之。官制行，帝指御史大夫曰：“非司马光不可。”又将以为东宫师傅。蔡曰：“国是方定，愿少迟之。”《资治通鉴》，未就，帝尤重之，以为贤于荀悦《汉纪》，数促使终篇，赐以颍邸旧书二千四百卷。及书成，加资政殿学士。凡居洛阳十五年，天下以为真宰相，田夫野老皆号为司马相公，妇人孺子亦知其为君实也。

帝崩，赴阙临，卫士望见，皆以手加额曰："此司马相公也。"所至，民遮道聚观，马至不得行，曰："公无归洛，留相天子，活百姓。"哲宗幼冲，太皇太后临政，遣使问所当先，光谓："开言路。"诏榜朝堂。而大臣有不悦者，设六语云："若阴有所怀；犯非其分；或扇摇机事之重；或迎合已行之令；上以徼倖希进；下以眩惑流俗。若此者，罚无赦。"后复命示光，光曰："此非求谏，乃拒谏也。人臣惟不言，言则入六事矣。"乃具论其情，改诏行之，于是上封者以千数。

起光知陈州，过阙，留为门下侍郎。苏轼自登州召还，缘道人相聚号呼曰："寄谢司马相公，毋去朝廷，厚自爱以活我。"是时天下之民，引领拭目以观新政，而议者犹谓"三年无改于父之道"，但毛举细事，稍塞人言。光曰："先帝之法，其善者虽百世不可变也。若安石、惠卿所建，为天下害者，改之当如救焚拯溺。况太皇太后以母改子，非子改父。"众议甫定。遂罢保甲团教，不复置保马；废市易法，所储物皆鬻之，不取息，除民所欠钱；京东铁钱及茶盐之法，皆复其旧。或谓光曰："熙、丰旧臣，多憸巧小人，他日有以父子义间上，则祸作矣。"光正色曰："天若祚宗社，必无此事。"于是天下释然，曰："此先帝本意也。"

元祐元年复得疾，诏朝会再拜，勿舞蹈。时青苗、免役、将官之法犹在，而西戎之议未决。光叹曰："四患未除，吾死不瞑目矣。"折简与吕公著云："光以身付医，以家事付愚子，惟国事未有所托，今以属公。"乃论免役五害，乞直降敕罢之。诸将兵皆隶州县，军政委守令通决。废提举常平司，以其事归之转运、提点刑狱。边计以和戎为便。谓监司多新进少年，务为刻急，令近臣于郡守中选举，而于通判中举转运判官。又立十科荐士法。皆从之。

拜尚书左仆射兼门下侍郎，免朝觐，许乘肩舆，三日一入省。光不敢当，曰："不见君，不可以视事。"诏令子康扶入对，且曰："毋拜。"遂罢青苗钱，复常平粜籴法。两宫虚己以听。辽、夏使至，必问光起居，敕其边吏曰："中国相司马矣，毋轻生事，开边隙。"光自见言行计从，欲以身徇社稷，躬亲庶务，不舍昼夜。宾客见其体羸，举诸葛亮食少事烦以为戒。光曰："死生，命也。"为之益力。病革，不复自觉，谆谆如梦中语，然皆朝廷天下事也。

是年九月薨，年六十八。太皇太后闻之恸，与帝即临其丧，明堂礼成，不贺，赠太师、温国公。襚以一品礼服，赙银绢七千。诏户部侍郎赵瞻、内侍省押班冯宗道护其丧，归葬陕州。谥曰文正，赐碑曰《忠清粹德》。京师人罢市往吊，鬻衣以致奠，巷哭以过车。及葬，哭者如哭其私亲。岭南封州父老，亦相率具祭，都中及四方皆画像以祀，饮食必祝。

光孝友忠信，恭俭正直，居处有法，动作有礼。在洛时，每往夏县展墓，必过其兄旦，旦年将八十，奉之如严父，保之如婴儿。自少至老，语未尝妄，自言："吾无过人者，但平生所为，未尝有不可对人言者耳。"诚心自然，天下敬信，陕、洛间皆化其德，有不善，曰："君实所无知之乎？"

光于物澹然无所好，于学无所不通，惟不喜释、老，曰："其微言不能出吾书，其诞吾不信也。"洛中有田三顷，丧妻，卖田以葬，恶衣菲食以终其身。

绍圣初，御史周秩首论光诬谤先帝，尽废其法。章惇、蔡卞请发冢斫棺，帝不许，乃令夺赠谥，仆所立碑。而惇言不已，追贬清远军节度副使，又贬崖州司户参军。徽宗立，复太子太保。蔡京擅政，复降正议大夫，京撰《奸党碑》，令郡国皆刻石。长安石工安民当镌字，辞曰："民愚人，固不知立碑之意。但如司马相公者，海内称其正直，今谓之奸邪，民不忍刻也。"府官怒，欲加罪，泣曰："被役不敢辞，乞免镌安民二字于石末，恐得罪于后世。"闻者愧之。

靖康元年，还赠谥，建炎中，配享哲宗庙庭。

康字公休，幼端谨，不妄言笑，事父母至孝。敏学过人，博通群书，以明经上第。光修《资治通鉴》，奏检阅文字。丁母忧，勺饮不入口三日，毁几灭性。光居洛，士之从学者退与康语，未尝不有得。途之人见其容止，虽不识，皆知其为司马光子也。以韩绛荐，为秘书，由正字迁校书郎。光薨，治丧皆用《礼经》家法，不为世俗事。得遗恩，悉以与族人。服除，召为著作佐耶兼侍讲。

上疏言："比年以来，旱暵为虐，民多艰食。若复一不稔，则公私困竭，盗贼可乘。自古圣贤之君，非无水旱，唯有以待之，则不为甚害。愿及今秋熟，令州县广籴，民食所余，悉归于官。今冬来春，令流民就食，候乡里丰穰，乃还本土。凡为国者，一丝一毫皆当爱惜，惟于济民则不宜吝。诚能捐数十万金帛，以为天下大本，则天下幸甚。"拜右正言，以亲嫌未就职。

为哲宗言前世治少乱多，祖宗创业之艰难，积累之勤劳，劝帝及时向学，守天下大器，且劝太皇太后每于禁中训迪，其言切至。迩英进讲，又言："《孟子》于书最醇正，陈王道尤明白，所宜观览。"帝曰："方读其书。"寻诏讲官节以进。

康自居父丧，居庐疏食，寝于地，遂得腹疾，至是不能朝谒。赐优告。疾且殆，犹具疏所当言者以待，曰："得一见天子极言而死无恨。"使召医李积于兖。积老矣，乡民闻之，往告曰："百姓受司马公恩深，今其子病，愿速往也。"来者日夜不绝，积遂行；至，则不可为矣。年四十一而卒。公卿嗟痛于朝，士大夫相吊于家，市井之人，无不哀之。诏赠右谏议大夫。

康为人廉洁，口不言财。初，光立神道碑，帝遣使赐白金二千两，康以费皆官给，辞不受。不听。遣家吏如京师纳之，乃止。

【译文】

司马光，字君实，陕州夏县人。父亲司马池，为天章阁待制。司马光长到七岁，就严肃得像个成年人，听人讲《左氏春秋》，喜欢这部书，回到家给家人讲《左氏春秋》，就了解了这部书的要旨。从此以后就手不离书，到了不知饥渴寒暑的地步。很多孩童在庭院戏耍，一个孩子登到瓦缸上，脚一滑掉入水中，别的孩子都丢下这孩子跑掉了，而司马光拿石头把瓦缸敲破，水流了出来，那个孩子得救了。这以后京城、洛阳之间把此事画成图。仁宗宝元初年，得中进士甲科。刚刚成年，生性不喜欢华丽奢侈，在闻喜宴上只有他不戴花，同科进士对他说："君主赐予不可违迕。"就戴一枝花。

授为奉礼郎，当时司马池在杭州，司马光请求签判苏州判官事以便侍奉父亲，朝廷允

许他的请求。父母去世，司马光守丧多年，哀伤得形容枯槁符合丧礼。服丧期满，签书武成军判官事，又改大理评事，补国子直讲。经枢密副使庞藉举荐任馆阁校勘，同知礼仪院。

宦官麦允言死，给仪仗队。司马光说："用繁缨装饰马匹以朝见，孔子尚还以为不可。麦允言是亲幸之臣，没有大的勋劳，却赠三公官，给一品官的仪仗队，以此看繁缨，不又太大了。"赐夏竦谥号为文正，司马光说："这谥给最有美德的人，夏竦什么人，可以配得这谥号？"改为文庄。司马光加官集贤校理。

司马光

司马光由于随庞藉的征辟，通判并州。麟州屈野河西良田很多，西夏人一点点地蚕食这些土地，成为河东的祸患。庞藉命令司马光按察此事，司马光建议："修筑两座城堡用来制约夏人，招募百姓来耕种这些土地，耕种的多了收买粮食就价钱低，也可以逐渐缓解河东高价买粮远途运输的忧虑。"庞藉听从司马光的计策；然而麟州将官郭恩勇敢并且狂傲，率兵夜里渡过屈野河，不提防，军队陷没于西夏，庞藉由此获罪而离任。司马光三次上书罪责归于自己，得不到答复。庞藉去世，司马光升堂拜揖他的妻子如同母亲，抚育他的儿子如同兄弟，当时的人认为司马光贤明。

改任直秘阁、开封府推官。交阯国贡献异兽，说这是麟，司马光说："此麟的真伪不可知，即使它是真的，不是自己来的不足以表示祥瑞，希望归还交阯所献的麟。"又奏上赋以讽此事。修起居注，判礼部。有关部门上奏太阳当有食，按旧例日食不满食，或京师看不到日食，都要祝贺。司马光说："四方见日食，京师不见，这是人君被阴邪所遮蔽；天下都知道而唯独朝廷不知道，这样为灾难才更厉害，不应当祝贺。"朝廷听从他的意见。

同知谏院。苏辙应对制策中肯耿直，考官胡宿要黜退苏辙，司马光说："苏辙有爱君主忧国家的心意，不应当黜退。"朝廷下诏苏辙安置在末级。

仁宗开始有病，皇嗣还未确立，天下人担心但谁也不敢说此事。谏官范镇首先发出立嗣的议论，司马光在并州听说后继而言立嗣事，并且写信给范镇劝他拼命力争此事。至此，又当面说："臣以前通判并州，所呈上的三份奏章，希望陛下果断地施行。"仁宗沉思了很久时间，说："能不想选宗室为后嗣的吗？此是忠臣的话，但是常人不敢触及此事啊。"司马光说："臣言及此事，自知必死，没想到陛下开始采纳。"仁宗说："这有什么害处，古今都有这样的事。"司马光退朝没有听到诏命，又上疏说："臣以前进言，意思是说立即施行，现在寂然无声，什么也没有听到，这一定是有小人说陛下年富力强，为什么急于做不吉祥的事。小人没有远虑，不过想在仓促之际，推立他们交厚亲善的人啊。'定策国老’、‘门生天子’的祸患，能说得尽吗？”仁宗大为感动，说：“送到中书省。”司马光见韩琦等人说：“诸公不于现在做出定议，日后禁中在夜半之时递出片纸，上写以某人为皇嗣，那么天下没有谁敢违抗。”韩琦等人拱手说：“哪敢不尽力。”不久，朝廷诏令英宗判宗正，英宗推辞不就任，于是立为皇子，又借口有病不入宫。司马光说：“皇子推辞不能计量的财富，已至一个月，他的贤德远远超过一般人了。然而父亲召唤不应诺，君有命征召而不侍驾，希望用臣子的大义要求皇子，应当必定入宫。”于是英宗接受诏命。

兖国公主嫁给李玮，不相谐和，朝廷诏令李玮出任卫州，他的母亲杨氏归他的哥哥李璋奉养，公主入禁中居住。司马光说：“陛下追念章懿太后，所以让李玮尚娶公主。现在却令母子分离，家道流落，难道没有恩泽的感情吗？李玮已被贬黜，公主怎能没有罪过？”仁宗顿悟，降公主为沂国公主，待李氏的恩泽不减。

升司马光知制诰，坚决推辞，改为天章阁待制兼侍讲、知谏院。当时朝政特别随便宽容，办具体事务的小官吏吵闹就能驱逐御史中丞，引御辇的官悖逆怠慢能黜退宰相，卫士凶恶违逆而不能将其全部治罪，军卒辱骂三司使而认为不触犯尊卑等级。司马光说这都是衰落的加剧，不可以不纠正。

充媛董氏死，赠为淑妃，停止视朝都穿上应穿的丧服，百官都表慰问，定下谥号，举行册封礼，安葬给仪仗队。司马光说：“董氏的品秩原本低微，病重才拜充媛。古代妇人没有谥，近代典制只有皇后有谥号。仪仗队本来是用来奖赏军功的，未曾给过妇人。唐平阳公主有兴兵辅佐高祖定天下的功劳，才得到给仪仗队的奖赏。到韦庶人时开始让妃子公主在安葬之日都给鼓吹，这不是好的法制，不足以效法。”当时有关部门制定后宫封赠法，皇后和妃子都赠三代，司马光议论说：“妃子不应当与皇后相同，袁盎撤掉慎夫人的座席，正是为了这个。天圣陛下亲自举行郊祀，太妃只赠两代，而何况妃子呢？”

英宗即位，有病，慈圣光献后和他一起听政。司马光上疏说：“以前章献明肃皇后有保佑先帝的功劳，不过因为亲用外戚，就在海内受到毁谤。目前摄政之际，大臣忠厚的像王曾，清纯的像张知白，刚正的像鲁宗道，正直的像薛奎，应当信用他们；卑鄙的像马季良，谗谄的像罗崇勋，应当疏远他们，这样天下宾服。”

英宗病愈，司马光估计一定有追崇亲生父母的事，就上奏说：“汉宣帝为孝昭帝之后嗣，最终不追尊卫太子、史皇孙；光武帝上继承汉元帝，也不追尊钜鹿都尉、南顿令，这是万世之法。”后朝廷诏令内外两制合起来商议濮王的典法礼仪，学士王珪等人相互对视，没有谁敢先发表意见，司马光独自奋笔写道：“为人后即为人之子，不能顾恋自己的亲生父母。王应当按照服一年丧的亲属中的长辈的旧例，称为皇伯，授高官封大国，给最高的尊荣。”拟议完成，王珪就命令吏以司马光的手稿为文书。此奏议已呈上与大臣的意见不同，御史六人力争此议，都被斥贬。司马光请求留下他们，不同意，于是请求和他们一起被贬。

当初，西夏派遣使者来祭仁宗，延州指使高宜引导陪伴，对西夏使者傲慢，侮辱西夏国主，使者将这些诉于朝廷。司马光和吕诲请求给高宜加罪，朝廷不同意。第二年，西夏人进犯边境，杀掠官吏士民。赵滋为雄州守，只以勇猛强悍治理边地，司马光论证这样做不行。至此，契丹的百姓在界河捕鱼，在白沟以南伐柳条，朝廷认为雄州知州李中佑是没才干的人，想取代他。司马光说："国家在戎夷依附归顺的时候，喜欢与他计较枝节小事，到他们桀骜不驯时，又从而姑息他们。最近西边的祸患发生于高宜，北方的祸患起源于赵滋。当时正以此二人为贤能，所以边防之臣都以制造事端为能事，这样的发展趋势不能让它再滋长了。应当敕令边地官吏，因疆界小事就用刀剑相加的人，判罪。"

仁宗死后的赐予价值百余万，司马光率领同僚三上表章，说："国家有大忧患，内外窘迫匮乏，不能只用乾兴旧例，如果遗赐不能辞谢，应当允许侍从向上进献金钱佐助先帝陵墓。"朝廷不准。司马光就把所得到的珠作为谏院的公使钱，把金送给舅舅，因义不把珠金收藏于家中。慈圣光献太后还政予英宗，有关部门建立规格，凡是太后有所取用，应当详审情况，重新上奏，才予以供给。司马光说："应当移置所属使立即供给之后，就全数报告给太后，以防造假不实。"

曹佾没有功劳升迁为相，枢密院、中书门下二府都升官。司马光说："陛下想以此抚慰母亲的心意，然而升迁没有理由，这样宿卫将帅、内侍小臣，都有觊觎之心。"接着升都知任守忠等人的官职，司马光又争此事，因此事论说："任守忠是大恶人，陛下成为皇子，不是任守忠的意思，他阻止破坏大事，离间多端，幸亏先帝不听；到陛下即位，他又反复虚构事实，制造矛盾，是国家的大贼，请求将他斩杀于市井，以报谢天下。"贬降任守忠为节度副使，在蕲州安置，天下人大快此事。

朝廷下诏招陕西义勇二十万人刺上印记，百姓情绪惊恐，而此军纪律松弛不能用。司马光高声说这样做不对，拿着奏章告诉韩琦。韩琦说："兵即贵在先声夺人，李谅祚正桀骜不驯，让他突然听到我们增兵二十万，难道不震惊恐惧？"司马光说："兵的贵在先声夺人，因为没有事实，只可欺骗敌方于一天之间啊。现在我们虽然增兵，实际上不能用，不过十天，对方将了解其中的详情，还有什么恐惧的？"韩琦说："你只看到庆历年间发兵刺字为保捷军，忧虑现在又一次这样做，朝廷已下敕榜和百姓相约，永远不充军戍边。"司马光说。"朝廷曾经失信，百姓不敢以此为是，即便光也不能不疑。"韩琦说："我在此，你不必忧虑。"司马光说："公长在此地，可以；日后别人当权，因有公现成的军队，用他们运粮戍边，不过是反掌之间的事。"韩琦默然，而竟然不阻止。不出十年，情况都像司马光所顾虑的那样。

王广渊升任直集贤院，司马光论说此人奸邪不能亲近："从前汉景帝重用卫绾，周世宗鄙视张美。王广渊在仁宗之朝，私自与陛下结好，难道是忠臣吗？应当贬黜他用以激励天下。"升司马光为龙图阁直学士。

神宗即位，提升为翰林学士，司马光极力推辞。神宗说："古代的君子，有的有学识而不善文辞，有的善文辞而没有学识，唯有董仲舒、扬雄二者兼能。爱卿有文采、学问，为什么推辞呢？"司马光回答说："臣不能作四六句的骈体文。"神宗说："像两汉的诏令就可以；况且爱卿考进士能取得高第，而说不能作四六文，为什么呢？"竟然不能推辞。

御史中丞王陶因论宰相不押班而被罢免，司马光代替他，司马光说："王陶因论宰相而罢免，那么中丞不能再做。臣希望等到已经押班然后就职。"朝廷准许。于是上疏论述修养心性的三要点：曰仁爱，曰圣明，曰勇武；治国的三要点：曰授人官职，曰有功者必赏，曰有罪者必罚。他的论说非常完备。而且说："臣能侍奉三朝，用这六言进献，平生尽力学习所得，都在这里了。"御药院的内臣，国朝常用供奉官以下官，升至内殿崇班就出内宫；近年暗地里计算官资，不是祖宗本意。因此论说高居简奸邪，请求把他流放到远方。奏章五次呈上，神宗因为黜出高居简，将寄资的官全部罢免。不久又留二人，司马光又力争罢黜此二人。张方平参知政事，司马光议论他不符合众望，神宗不听从这议论。还司马光翰林学士兼侍读学士。

司马光时常忧虑历代史书繁复，人主不能全部阅览，于是撰《通志》八卷献上。英宗喜欢这部书，命令在秘阁设史局，续撰此书。至此，神宗为此书命名为《资治通鉴》，亲自作《序》授予司马光，使他每日进书阅读。

朝廷下诏录用颍邸直省四人为阁门祗候，司马光说："国初草创，时运还很艰难，所以登位之初，必用左右旧人为心腹耳目，称之为随龙，这不是平时之法。阁门祗候在文臣中为馆职，怎么能让厮役充任此职。"

西戎的部将嵬名山想率横山兵众，夺取李谅祚来降宋。朝廷诏令边臣招纳嵬名山的军队，司马光上疏透彻地论说，以为："嵬名山的军队，未必能制服李谅祚。幸而战胜李谅祚，也是消灭一个李谅祚，又生出一个李谅祚，对我朝有什么好处？如果他不能取胜，一定会带兵众归附我朝，不知怎么对待他，臣恐怕朝廷不只失信于李谅祚，还将失信于嵬名山。假若嵬名山保留的兵众还多，返回北方不行，进入南方又不受，途穷无归宿，一定会冲击占据边城以此解救兵众的性命。陛下没见到侯景的故事吗？"神宗不听，派将官种谔发兵迎接嵬名山，夺取绥州，消耗军费六十万，在西方用兵，大概自此开始。

百官上尊号，正当司马光回答诏问，他说："先帝亲自举行郊祀，不接受尊号。晚年有进献议论的人，说国家和契丹往来通信，他有尊号而我们没有，于是才以特别时期奉册。从前匈奴冒顿自称'天地所生日月所置匈奴大单于'，没听说汉文帝也选大名加在自己身上。希望追述先帝的本意，不要接受此名。"神宗特别高兴，手诏褒奖司马光，让他缮写答词，颁示朝廷内外。

执政因河朔旱灾，国家支用不足，请求举行南郊礼不要赐金帛。朝廷诏令学士议论，司马光和王珪、王安石同见神宗，司马光说："救灾节用，应当从有权势的人做起，可以按执政的意见办。"王安石说："常衮不用政事堂的公膳，当时人认为常衮既自知无能，就应当辞官位不应当辞俸禄。况且国用不足，不是现实紧急的事务，所以不足，是因为没有得到善于理财的人。"司马光说："善理财的人，不过是最会苛敛民财而已。"王安石说："不然，善理财的人，不增加赋税而国用充足。"司马光说："天下哪有这样的道理？天地所生产的财货众物，不在百姓手中，就在官府的库中，他另想办法掠夺百姓，那危害就比加赋更严重。这大概就是桑弘羊欺骗汉武帝的话，太史公记载此事用以说明他的不明智。"两人争议不已。神宗说："朕的意见与司马光相同，然而姑且以不允许答复执政。"正巧王安石草拟诏书，以常衮的事指责两府，两府不敢再说什么。

王安石掌朝政，推行新法，司马光上书条陈新法的利害。在迩英殿进读，读到曹参代萧何为相的事，神宗说："汉代常守萧何之法不变，行吗？"司马光回答说："岂止汉朝，让夏、商、周三代的君主常守禹、汤、文、武之法，虽然时至今日还可以沿袭存在。汉武帝把汉高祖法制拿来乱改，天下一半是盗贼；汉元帝改汉宣帝的政治，汉朝大业就衰败。由此说来，祖宗之法不能变。"吕惠卿说："先王的法规，有一年一变的，'正月开始和煦，在宫阙公布法规'就是这种；有五年一变的，天子巡守考察就是这种；有三十年一变的，'刑罚三十年轻三十年重，就是这种。司马光的话不对，他的意思在于讽喻朝廷。"神宗问司马光，司马光说："在宫阙公布法规，是颁布旧法。诸侯中变易礼乐的人，待天子巡守时就被诛杀，不能自行改变。治理新建国家用轻法，动乱的国家用重法，这是所说的三十年轻三十年重，不是法变。况且治理天下譬如居室，敝坏就修理它，不破得厉害不重新建造。公卿侍从都在这里，希望陛下问问他们。三司使掌管天下财政，因没有才能而黜免是可以的，不能让执政侵扰他们的事务。现在设置三司条例司，为什么？宰相以儒道辅佐人主，为什么要用例？假若用例，则是办具体事宜的小吏的事。现在设看详中书条例司，为什么？"吕惠卿不能回答，就用其他的话诋毁司马光。神宗说："互相议论是非，何必到此地步。"司马光说："平民把钱借出生利息，还能蚕食贫户，何况官府督责的威势呢？"吕惠卿说："青苗法，愿意要的则给他，不愿意要的也不勉强。"司马光说："愚钝的百姓只知借债的好处，不知还债的害处，不只官府不勉强，富户也不勉强。从前太宗平定河东，建立和籴法，当时一斗米十钱，百姓乐于与官府交易。以后物价贵了，然而和籴法不解除，于是成了河东世世代代的忧患。臣恐怕日后的青苗法，也像这种情况。"神宗问："用坐仓形式买米入官怎么样？"坐着的人都起来了，司马光说："不合适。"吕惠卿说："买米百万斛，就省去东南的漕运，东南用钱供给京师。"司马光说："东南钱少而粒米狼藉，现在不籴东南的米而要东南的漕运钱，这是舍东南的有余，取东南的缺无，农业商业都困苦。"侍讲吴申站起来说："司马光的话，是最深刻的言论。"

过了几天，留下来应对，神宗说："目前天下动荡不安的情况，是孙叔敖所说的朝廷中有人认为对的，却是众人所憎恶的。"司马光说："是的。陛下应当论证它的是非。现在条例司所做的事，只有王安石、韩绛、吕惠卿认为是对的，陛下怎么能只和这三人共同治理天下呢？"神宗想任用司马光，询问王安石，王安石说："司马光外借直言谏上的名声，内隐曲意附下的实情。所说的话都有害政事，所交往的人都是有害政事的人，还想将他安排在左右，让他参与国事的议定。这是力量消长的关键。司马光的才能哪能破坏政事，但身在高位，则持异论的人就倚重他，韩信树汉赤旗，灭了赵兵的士气，现在任用司马光，就是给持异论的人树赤旗。"

王安石因韩琦上疏，躺在家中要求引退。神宗就拜司马光为枢密副使，司马光推辞这个职务说："陛下所以用臣，大概看到臣疏狂直率，或许对国家有补益。如果只以富贵高位使其荣耀，却不采用他的意见，这是以天官偏授予不当的人。臣只以富贵和高位自以荣，而不能解救百姓的忧患，这是盗窃名器以求自身的私利。陛下真的能罢制置条例司，朝廷追回授予的提举官，不施行青苗、助役等法，虽然不任用臣，臣也感到受恩赐很多了。现在说青苗法危害的人，不过说使者骚扰地方州县，是眼前的祸患。而臣所忧患的，则在十年以后,不是现在。百姓的贫富,是因勤懒而不同,懒惰的人常常生活困乏,所以一定依赖于他人,现在官府出钱借给百姓而收利息,富人不愿意借钱,使者以多借出钱为有功,就一切强行摊派。恐怕百姓拖欠税款,一定命令富人穷人互相担保,穷人无钱可还,就逃散到四方;富人不能走,一定督使他们代还数家的欠款。春季预算,秋季结账,辗转时日,欠债一天天多起来,穷人已被刮尽,富人也变穷。十年以后,百姓没有再能生存的了。又把常平的钱谷都用来推行青苗法,以后如果想恢复常平,将如何取得钱谷?富人已经穷了,常平也废弛了,加上战争,遇到灾害的百姓中的弱者必定死填沟壑,而壮者一定聚众做盗贼,这种情况是一定要出现的。"直言上疏达七八次,神宗派人对他说:"枢密是掌兵事的,官各有各的职守,不应该上疏议论本职以外的事。"司马光回答说:"臣还未接受任命,就还是侍从,对于政事没有不能议论的。"王安石开始治理朝事,司马光辞枢密副使的请求就被准许,于是请求离开。以端明殿学士知永兴军。宣抚使下令分义勇兵戍边,选拔诸军的骁勇兵士,招募市井无赖青年做奇兵;调集百姓制作干粮,都去修筑城池和瞭望高台,关辅一带人心骚动。司马光极力上言说:"官府和百姓都困穷,不能举大事,而且京兆一路都是内地郡,修治并不紧急。宣抚使的命令,都不敢听从,如果因此影响军事行动,臣应当负责任。"于是只有京兆一路得免。改为许州知州,催促他入京朝觐,没有前往。请求判西京御台回到洛阳,从此绝口不议论政事。而朝廷的求言诏颁下,司马光读了感动得落泪,想沉默而又不忍心,就又陈述六事呈上,还写信责备宰相吴充。

蔡天申为察访使,胡作威福,河南尹、转运使像对待上级官员那样恭敬地侍奉他。蔡天申曾去朝谒应天院神御殿,河南府专为他设一班,表示不敢与他抗衡。司马光环顾场内,对台吏说:"带蔡寺丞归回本班。"台吏就带蔡天申立在监竹木务官富赞善之下。蔡天申困窘沮丧,当天就走了。

元丰五年,司马光突然得了语涩的病,怀疑不久将死去,预先做好遗表放在卧室内,一旦有了情况,应当将此交与所信任的人呈给皇帝。元丰官制施行,神宗指御史大夫说:"这非司马光不可。"又要让他做东宫师傅。蔡确说:"国事刚刚安定,希望稍为晚些施行。"《资治通鉴》没完成,神宗尤其重视这部书,认为胜予荀悦的《汉纪》,多次催促使他们完稿,把颍邸旧书二千四百卷赐给他们。到《资治通鉴》撰成,司马光加资政殿学士。在洛阳一共居住十五年,天下人认为他是真的宰相,村夫野老都号称他司马相公,妇人小孩也都知道他是君实。

神宗驾崩,司马光前往朝廷临丧,卫士远远看见他,都把手放在额头上说:"这是司马相公。"所过之处,百姓拦路聚众观看,马到了不能前进,说:"公不要回洛阳,留下来辅佐天子,使百姓得活。"哲宗年幼,太皇太后临朝政,派人问司马光首先应该考虑的事,司马光说:"开言路。"朝廷诏拿榜示朝堂。而大臣有不高兴这种做法的人,又设六句话,说:"如果暗地里有所打算,触犯了职分的界限,或动摇机要大事的重要地位;或迎合已推行的法令;对上想侥幸晋升,对下蛊惑民俗。如果属于上述情况,定罚不赦。"太皇太后又命人将此拿给司马光看,司马光说:"这不是求谏,是拒谏。人臣除非不说,说就属这六事。"于是详尽地论述这情况,改诏令施行,于是上奏章的人数以千计。

起用司马光为陈州知府，过朝廷，留下他做门下侍郎。苏轼从登州被召回，沿道上人们相聚呼叫说：“代谢司马相公，不要离开朝廷，多多保重好使我们得活。”这时天下的百姓，伸着脖子擦亮眼睛注视着朝廷的新政，而议论的人还说“三年不改更于父之道”，只粗举小事，稍稍搪塞人们的议论。司马光说：“先帝的法规，那些好的虽然已过百世也不能变。像王安石、吕惠卿所建立的法规，是天下的祸害，改变它应当救像大火拯溺水。何况太皇太后以母改子道，不是子改父道。”众人的议论开始平定。于是罢免保甲团教，不再设置保马，废除市易法，所储蓄的物资都予出卖，不收利息，减除百姓所欠钱款；京东铁钱和茶盐的有关法规，都恢复旧法。有人对司马光说：“熙宁、元丰间的旧臣，多是谄媚弄巧的人，以后有人用父子情义离间皇上，就会生成大祸。”司马光严肃地说：“上天如果赐福于宗庙社稷，一定不会有这种事。”于是天下人的顾虑解除了，说：“这是先帝的本意。”

元祐元年，司马光又得病，朝廷诏令司马光上朝面君，只需两拜，不必舞蹈。当时青苗、免役、将官等法还存在，而且有关西戎的议论尚未决断。司马光感叹说：“四方忧患没有消除，我死不瞑目啊。”写便简给吕公著说：“我把身体托付给医生，把家事交给儿子，只有国事没有可托之人，现在把国事嘱托于你。”于是论述免役法的五种害处，请求直接颁降敕令罢免役法。各将兵都隶属于州县，军事委托给太守、县令通盘考虑决断。废除提举常平司，把这官署的事归到转运、提点刑狱。边防计事以和戎为宗旨便通。说监司新进很多年轻人，他们热衷于苛责、急峻，让近臣在郡守中选举，而在通判中选举转运判官。又设十科荐士法。朝廷都采纳了。

拜司马光左仆射兼门下侍郎，不必朝觐，允许乘轿子，三天到一次省。司马光不敢当，说：“不面见君王，不能治理政事。”朝廷诏令他的儿子司马康搀扶着他入朝策对，并且说：“不要拜。”于是停青苗钱，恢复常平粜籴法。两宫虚心地听取司马光的建议。辽、西夏使者来，一定问候司马光的起居安好，敕令他们的边境官吏说：“中国以司马光为宰相，不要轻率地惹事，开始边界纠纷。”司马光看到朝廷对自己言听计从，想以身殉国家，亲自处理各种政务，不分昼夜。宾客见他身体瘦弱，就拿诸葛亮因少进食多劳累而死的事劝诫他，司马光说：“死与生都是命运。”为此更加尽力。病重，不再能自制，有气无力地像在说梦话，然而说的都是朝廷天下事。

这一年九月司马光去世，享年六十八岁。太皇太后听到凶信极其悲痛，和哲宗前往哭临其丧，明堂礼举行，但不祝贺，赠太师、温国公，赠给一品礼服，银绢七千以助丧事。朝廷诏令户部侍郎赵瞻、内侍省押班冯宗道护送司马光的灵柩，回到陕州安葬。谥号为文正，赐碑为《忠清粹德》。京城的人们罢市前往吊唁，为了祭奠卖衣服，灵车经过整个街巷都在哭。到安葬的时候，哭的人像哭自己的亲人。岭南封州的父老，也相继供置祭奠，城中和四野都画了司马光的像用以祭祀，吃饭前必先祝祭他。

司马光孝友忠信，恭俭正直，居处有规矩，行动有礼仪。在洛阳的时候，每次到夏县省视先人坟墓，一定去探望他的哥哥司马旦，司马旦年近八十，司马光侍奉他像严父，照顾他如婴儿。司马光光从小到老，说话从无乱言，自己说：“我没有超人的地方，只是平生所做的事，还没有不能对别人说的事。”诚实的心出于自然，天下恭敬信任，陕、洛之间都用司马光的道德施行教化，遇有不好的人和事，就说："君实能不知道这事吗？"

司马光对于财物很淡薄，没有什么爱好，对于学问则是无所不通，只是不喜好佛、道，他说："佛、道的微言大旨不能出现在我的书里，因它怪诞我不相信。"司马光在洛中有三顷田，妻子去世，卖了田安葬妻子，穿粗衣吃薄食一直到去世。

绍圣初年，御史周秩首先议论司马光诬谤先帝，将其法规全部废除。章惇、蔡卞请求掘墓辟棺，哲宗不准许，就下令除掉封赠和谥号，放倒为司马光立的碑。然而章惇还不断上奏言司马光的罪行，于是追贬司马光为清远节度副使，又贬崖州司户参军。徽宗即位，恢复司马光为太子太保。蔡京专檀朝权，又降司马光为正议大夫，蔡京撰《奸党碑》，下令各郡国把《奸党碑》刻在石碑上。长安石工安民应当去刻碑，他推辞说："民是笨人，本来不知道立碑的意义。但像司马相公这样的人，全国都称赞他正直，现在说他奸邪，民不忍心刻这样的碑。"府官发怒，想给他加上罪名，他哭着说："该我服役不敢推辞，请求免去在石碑末刻安民二字。我恐怕得罪于后代。"听的人感到惭愧。

靖康元年，恢复司马光的封赠和谥号。建炎年间，附祭于哲宗庙庭。

司马康字公休，自幼正直恭谨，不随便说笑，对父母非常孝顺。敏学过人，博通群书，以明经考第一等。司马光修《资治通鉴》，奏明朝廷由司马康检阅文字。遭母丧，三日不进一勺饮食，毁瘠几乎失去生机。司马光住到洛阳，从学的士人退而与司马康谈学问，没有人没有收获。路途上的人见到他的容貌举止，虽然不认识他，都知道他是司马光的儿子。因为韩绛的荐举，为秘书官，由正字迁为校书郎。司马光去世，办丧事都用《礼经》的家法，不按世俗的办法做。把得到朝廷给予的司马光遗恩，都送与族人。服丧期满，被召为著作佐郎兼侍讲。

司马康上疏说："近年来，干旱成灾，百姓多缺粮。如果再有一年歉收，那么公私都困乏，盗贼就有可乘之机。自古以来的圣贤君主，不是没有水旱灾害，只是以有储备应付它，就不能成为严重的灾害。希望到今年秋季收获的时候，命令州县广泛收购谷物，除百姓食用之外的粮食，都归储于官府。今冬明春，允许流民外出就食，等到家乡丰收，就归还本土。作为一个国家，一丝一毫都应当爱惜，只在赈济百姓方面不应当吝惜。真的能捐出数十万金帛，作为天下防患的大本钱，那是天下最大的幸运。"朝廷拜司马康为右正言，为避亲嫌没有就职。

司马康给哲宗讲前代治世少而乱世多，讲祖宗创业的艰难，以及积累的辛劳，劝哲宗及时认真学习，守住江山社稷，并且劝太皇太后在禁中经常教诲开导哲宗，司马康的这些话说得非常中肯。在迩英殿进讲，司马康又说："《孟子》在书籍中是最精纯正直的，陈述王道更是明白，宜于阅读。"哲宗说："正在读这本。"不久，朝廷诏令侍讲官节录《孟子》以进呈给哲宗。

司马康自从服父丧，住草屋食粗饭，睡在地上，于是得了腹疾，因此不能上朝谒君。朝廷在司马康告假期间赐予恩泽。病更危险了，司马康还把应该说的事都写在奏折上准备好，说："能够一见天子极力陈言死而无恨。"朝廷派人召在兖州的医生李积，李积年纪大了，乡民听说李积不去，就到他家告诉他说："百姓受司马公的恩德深，现在他的儿子有病,希望迅速前往。”来劝行的人日夜不断。李积于是动身前往。到了京师,司马康的病就已经不能治了,年仅四十一岁就去世了。公卿在朝廷感叹悲痛,士大夫相继到家中吊丧,街市百业之人没有不哀悼他的。朝廷下诏赠右谏议大夫。

司马康为人廉洁,从不谈钱财事。当初,司马光立神道碑,哲宗派使者赐白银两千两,司马康因治丧的费用都是朝廷给的,就辞谢不受。朝廷不准辞谢。司马康派家吏进京师接受这赐予,这件事才算结束。

范祖禹传

【题解】

范祖禹(1041~1098),字淳甫,成都华阳(今四川成都)人。年轻时跟随司马光修撰《资治通鉴》达十五年之久,分管唐史部分。积多年所得,他撰成《唐鉴》二十四卷,“上自高祖,下迄昭、宣,撮其大纲,系以论断”,是宋代有代表性的史论专著。《资治通鉴》是反对区分正统篡逆的,而范祖禹在《唐鉴》则坚持正统观念,如记武则天称帝时期中宗的事,则以《春秋》笔法,不用武周的年号,还用已被废黜的中宗的年号,表示对武则天篡逆的贬斥和对李氏正统地位的尊崇。范祖禹非常推崇《孟子》,常以《孟子》为其评论史事的标准,得出与以往史家不同的结论,反映出宋代理学对史学的影响。《唐鉴》问世即受到当时人的重视,据载高宗曾与讲官说,读《资治通鉴》知司马光有宰相度量,读《唐鉴》知范祖禹有台谏手段。朱熹对《唐鉴》则有不同看法,他说此书议论弱,又有不相应处。宋代对《唐鉴》的不同看法,都对后人正确认识《唐鉴》有益。

【原文】

祖禹字淳甫,一字梦得。其生也,母梦一伟丈夫被金甲入寝室,曰:“吾汉将军邓禹。”既寤,犹见之,遂以为名。幼孤,叔祖镇抚育如己子。祖禹自以既孤,每岁时亲宾庆集,惨怛若无所容,闭门读书,未尝预人事。既至京师,所与交游,皆一时闻人。镇器之曰:“此儿,天下士也。”

进士甲科。从司马光编修《资治通鉴》,在洛十五年,不事进取。书成,光荐为秘书省正字。时王安石当国,尤爱重之。王安国与祖禹友善,尝谕安石意,竟不往谒。富弼致仕居洛,素严毅,杜门罕与人接,待祖禹独厚,疾笃,召授以密疏,大抵论安石误国及新法之害,言极愤切。弼薨,人皆以为不可奏,祖禹卒上之。

神宗崩,祖禹上疏论丧服之制曰:“先王制礼,君服同于父,皆斩衰三年,盖恐为人臣者不以父事其君。自汉以来,不惟人臣无服,人君遂不为三年之丧。国朝自祖宗以来,外廷虽用易月之制,宫中实行三年服。君服如古典,而臣下犹依汉制,故十二日而小祥,期而又小祥,二十四日而大祥,再期而又大祥。既以日为之,又以月为之,此礼之无据者也。

古者再期而大祥，中月而禫。禫，祭之名，非服之色。今乃为之惨服三日然后禫，此礼之不经者也。服既除，至葬又服之，祔庙后即吉，才八月而遽纯吉，无所不佩，此又礼之无渐者也。朔望，群臣朝服以造殡宫，是以吉服临丧；人主衰服在上，是以先帝之服为人主之私丧，此二者皆礼之所不安也。"

哲宗立，擢右正言。吕公著执政，祖禹以婿嫌辞，改祠部员外郎，又辞。除著作佐郎、修《神宗宝录》检讨，迁著作郎兼侍讲。

神宗既祥，祖禹上疏宣仁后曰："今即吉方始，服御一新，奢俭之端，皆由此起，凡可以荡心悦目者，不宜有加于旧。皇帝圣性未定，睹俭则俭，睹奢则奢，所以训导成德者，动宜有法。今闻奉宸库取珠，户部用金，其数至多，恐增加无已，愿止于未然。崇俭敦朴，辅养圣性，使目不视靡曼之色，耳不听淫哇之声，非礼勿言，非礼勿动，则学问日益，圣德日隆。此宗社无疆之福。"故事，服除当开乐置宴，祖禹以为因除服而开乐设宴，则似除服而庆贺，非君子不得已而除之之意，不可。

夏暑权罢讲，祖禹言："陛下今日之学与不学，系他日治乱。如好学，则天下君子欣慕，愿立于朝，以直道事陛下，辅佐德业，而致太平；不学，则小人皆动其心，务为邪谄，以窃富贵。且凡人之进学，莫不于少时，今圣质日长，数年之后，恐不得如今日之专，窃为陛下惜也。"迁起居郎，又召试中书舍人，皆不拜。吕公著薨，召拜右谏议大夫。首上疏论人主正心修身之要，乞太皇太后日以天下之勤劳、万民之疾苦、群臣之邪正、政事之得失，开导上心，晓然存之于中，使异日众说不能惑，小人不能进。

蔡确既得罪，祖禹言："自乾兴以来，不窜逐大臣六十余年，一旦行之，流传四方，无不震耸。确去相已久，朝廷多非其党，间有偏见异论者，若一切以为党确去之，惧刑罚失中，而人情不安也。"蔡京镇蜀，祖禹言："京小有才，非端良之士。如使守成都，其还，当使执政，不宜崇长。"时大臣欲于新旧法中有所创立。祖禹以为朝廷既察王安石之法为非，但当复祖宗之旧，若出于新旧之间，两用而兼存之，纪纲坏矣。迁给事中。

吴中大水，诏出米百万斛、缗钱二十万振救。谏官谓诉灾者为妄，乞加验考。祖禹封还其章，云："国家根本，仰给东南。今一方赤子，呼天赴愬，开口仰哺，以脱朝夕之急。奏灾虽小过实，正当略而不问。若稍施惩谴，恐后无复敢言者矣。"

兼国史院修撰，为礼部侍郎。论择监司守令曰："祖宗分天下为十八路，置转运使、提点刑狱，收乡长、镇将之权悉归于县，收县之权归于州，州之权归于监司，监司之权归于朝廷。上下相维，轻重相制，建置之道，最为合宜。监司付以一路，守臣付以一州，令宰付以一县，皆与天子分土而治，其可不择乎？祖宗尝有考课之法，考察诸路监司，置簿于中书，以稽其要。今宜委吏部尚书，取当为州者，条别功状以上三省，三省召而察之，苟其人可任，则以次表用之。至官，则令监司考其课绩，终岁之后，可以校优劣而施黜陟焉。如此则得人必多，监司、郡守得人，县令不才，非所患也。"

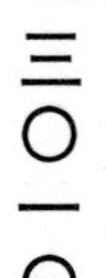

闻禁中觅乳媪，祖禹以帝年十四，非近女色之时，上疏劝进德爱身，又乞宣仁后保护上躬，言甚切至。既而宣仁谕祖禹，以外议皆虚传，祖禹复上疏曰："臣言皇帝进德爱身，宜常以为戒。太皇太后保护上躬，亦愿因而勿忘。今外议虽虚，亦足为先事之戒。臣侍经左右，有闻于道路，实怀私忧，是以不敢避妄言之罪。凡事言于未然，则诚为过；及其已然，则又无所及，言之何益？陛下宁受未然之言，勿使臣等有无及之悔。”拜翰林学士，以叔百禄在中书，改侍讲学士。百禄去，复为之。范氏自镇至祖禹，比三世居禁林，士论荣慕。

宣仁太后崩，中外议论汹汹，人怀顾望，在位者畏惧，莫敢发言。祖禹虑小人乘间害政，乃奏曰：“陛下方揽庶政，延见群臣，此国家隆替之本，社稷安危之机，生民休戚之端，君子小人进退消长之际，天命人心去就离合之时也，可不畏哉？先后有大功于宗社，有大德于生灵，九年之间，始终如一。然群小怨恨，亦为不少，必将以改先帝之政、逐先帝之臣为言，以事离间，不可不察也。先后因天下人心，变而更化。既改其法，则做法之人有罪当退，亦顺众言而逐之。是皆上负先帝，下负万民，天下之所仇疾而欲去之者也，岂有憎恶于其间哉？惟辨析是非，深拒邪说，有以奸言惑听者，付之典刑，痛惩一人，以警群慝，则帖然无事矣。此等既误先帝，又欲误陛下，天下之事，岂堪小人再破坏邪？”初，苏轼约俱上章论列，谏草已具，见祖禹疏，遂附名同奏，曰：“公之文，经世之文也。”竟不复出其稿。

祖禹又言：“陛下承六世之遗烈，当思天下者祖宗之天下，人民者祖宗之人民，百官者祖宗之百官，府库者祖宗之府库。一言一动，如临之在上，质之在傍，则可以长享天下之奉。先后以大公至正为心，罢安石、惠卿所造新法，而行祖宗旧政。故社稷危而复安，人心离而复合，乃至辽主亦戒其臣勿生事曰：‘南朝专行仁宗之政矣。’外夷之情如此，中国之人心可知。先后日夜苦心劳力，为陛下立太平之基。愿守之以静，恭己以临之，虚心以处之，则群臣邪正，万事是非，皆了然于圣心矣。小人之情专为私，故不便于公；专为邪，故不便于正；专好动，故不便于静。惟陛下痛心疾首，以为刻骨之戒。”章累上，不报。

忽有旨召内臣十余人，祖禹言：“陛下亲政以来，四海倾耳，未闻访一贤臣，而所召者乃先内侍，必谓陛下私于近习，望即赐追改。”因请对，曰：“熙宁之初，王安石、吕惠卿造立新法，悉变祖宗之政，多引小人以误国，勋旧之臣屏弃不用，忠正之士相继远引。又用兵开边，结怨外夷，天下愁苦，百姓流徙。赖先帝觉悟，罢逐两人，而所引群小，已布满中外，不可复去。蔡确连起大狱，王韶创取熙河，章惇开五溪，沈起扰交管，沈括、徐禧、俞充、种谔兴造西事，兵民死伤皆不下二十万。先帝临朝悼悔，以谓朝廷不得不任其咎。以至吴居厚行铁冶之法于京东，王子京行茶法于福建，蹇周辅行盐法于江西，李稷、陆师闵行茶法、市易于西川，刘定教保甲于河北，民皆愁痛嗟怨，比屋思乱。赖陛下与先后起而救之，天下之民，如解倒悬。惟是向来所斥逐之人，窥伺事变，妄意陛下不以修改法度为是，如得至左右，必进奸言。万一过听而复用之，臣恐国家自此陵迟，不复振矣。”又论：“汉、唐之亡，皆由宦官。自熙宁、元丰间，李宪、王中正、宋用臣辈用事总兵，权势震灼。中正兼干四路，口敕募兵，州郡不敢违，师徒冻馁，死亡最多；宪陈再举之策，致永乐摧陷；用臣兴土木之工，无时休息，罔币井之微利，为国敛怨。此三人者，虽加诛戮，未足以谢百姓。宪虽已亡，而中正、用臣尚在，今召内臣十人，而宪、中正之子皆在其中。二人既入，则中正、用臣必将复用，愿陛下念之。”

时绍述之论已兴,有相章惇意。祖禹力言惇不可用,不见从,遂请外。上且欲大用,而内外梗之者甚众,乃以龙图阁学士知陕州。言者论祖禹修《实录》诋诬,又摭其谏禁中雇乳媪事,连贬武安军节度副使、昭州别驾,安置永州、贺州,又徙宾、化而卒,年五十八。

祖禹平居恂恂,口不言人过。至遇事,则别白是非,不少借隐。在迩英守经据正,献纳尤多。尝讲《尚书》至"内作色荒,外作禽荒"六语,拱手再诵,却立云:"愿陛下留听。"帝首肯再三,乃退。每当讲前夕,必正衣冠,俨如在上侧,命子弟侍,先按讲其说,开列古义,参之时事,言简而当,无一长语,义理明白,粲然成文。苏轼称为讲官第一。

祖禹尝进《唐鉴》十二卷,《帝学》八卷,《仁皇政典》六卷。而《唐鉴》深明唐三百年治乱,学者尊之,目为"唐鉴公"云。建炎二年,追复龙图阁学士。子冲,绍兴中仕至翰林侍读学士,《儒林》有传。

【译文】

范祖禹,字淳甫,还有一字为梦得。他出生时,他母亲梦见一个魁梧的男子披挂着金甲进入卧室,说:"我是汉将军邓禹。"已经醒了,还看到他,于是以"禹"为名。年幼丧父,叔祖父范镇抚育他像自己的孩子。范祖禹自己因为已失去父亲,每到年节亲友宾朋庆祝聚会,就忧伤地像不被这些人容纳的局外人,关起门来读书,不去参与人事交往。到了京师,和他交游的人,都是一时的知名人士,范镇很器重他,说:"这孩子,是天下士。"

范祖禹举进士甲科。跟随司马光编修《资治通鉴》,在洛阳居住十五年,不谋求仕进。《资治通鉴》撰成,司马光举荐他为秘书省正字。当时王安石当朝掌权,特别看重范祖禹。王安国和范祖禹关系友善,曾经告诉他王安石的意思,范祖禹竟然不前往谒见。富弼退休后居住在洛阳,素来坚强严格,闭门很少与人接触,唯独对范祖禹优厚,病重,把范祖禹叫来交给他密疏,疏大概意思是论说王安石贻误国家以及新法的危害,言论极其愤懑急切。富弼去世,人们都认为密疏不能上奏,范祖禹最终还是上奏了。

神宗驾崩,范祖禹上书议论丧服的制度,说:"先王制定礼法,为君服丧同于为父服丧,都是服丧三年,大概是恐怕作为人臣不能以父侍奉他的君王。自从汉代以来,不只人臣不为君服丧,人君也不服三年之丧。本朝从祖宗以来,外廷虽然采用以月代年的丧服制度,但宫中仍实行三年丧服制度。君王丧服制度如同古代礼法,而臣下还依汉代制度,所以十二日为小祥,宫中一年为小祥,外廷二十四日为大祥,宫中两年为大祥。已经以日计算,又以月计算,这样的礼法是没有根据的。古代两周年为大祥,二十七月而禫,禫是祭祀的名称,不是丧服类别。现在就服丧服三天然后举行禫祭,这礼法不近情理。丧服已除去,到安葬时又着丧服,祔庙之后就着吉服,才八个月就匆忙地改纯粹的吉服,什么装饰都佩戴,这又是礼法没有逐渐变化的过程。初一、十五,群臣穿着朝服到停灵柩的殡宫,这是着吉服临丧;君主着丧在上,这是把先帝的丧服当成君主个人的丧服,这二者于礼法都是不妥当的。"

哲宗即位,提升为右正言。吕公著为执政,范祖禹因避翁婿之嫌推辞,改授祠部员外郎,又推辞。任著作佐郎、修《神宗实录》检讨,改任著作郎兼侍讲。

神宗驾崩已过大祥，范祖禹上疏宣仁后说："现在除去丧服刚开始，服御一新，奢侈、节俭二者，都从这时开始兴起。凡是可以荡惑人心取悦耳目的事，不宜比旧有的有所增加。皇帝的圣性还未定型，目睹节俭就节俭，目睹奢侈就奢侈，所以训导成有道德的人，其训导应当有成法。现在听说奉宸库取珠宝，户部用金帛，其数量都很多，恐怕以后会无节制的增加，希望制止在还未形成这种情况之前。崇尚节俭淳朴，辅导培养皇帝的圣性，使他目不视华美的色彩，耳不听放荡的声音，不合礼法的话不说，不合礼法的事不做，那么学问一天天增加，圣德一天天隆盛，这是宗庙社稷无限的福气。"旧例，丧服除去应当开始娱乐摆设宴席，范祖禹以为因除丧服而开始娱乐设宴，则好像除丧服而庆贺，不是君子不得已而除去丧服的意思，不能这样做。

宋哲宗赵煦

夏季酷暑暂且停止进讲，范祖禹说："陛下现在的学习与不学习，关系着以后天下的治乱。如果好学，那么天下的君子欣羡敬慕，愿意立班于朝廷，用正直的道理侍奉陛下，辅佐有德行的事业，而使天下太平；如果不学，那么小人就蒙动坏心，以邪僻谄媚为事，借以窃取富贵。况且一般的人使学习有进益，也都在年轻时期，现在陛下年龄一天天大起来，几年之后，恐怕就不能像现在这样专心了，私下里为陛下惋惜。"为起居郎，又召为试中书舍人，都没有拜受。吕公著去世了，召拜范祖禹为右谏议大夫。首先上疏议论君主端正修养身心的要诀，请求太皇太后每日用天下的辛劳、万民的疾苦、群臣的邪正、政事的得失，开导皇帝的思想，明白地存在心中，使以后纷纭的众说不能迷惑，邪僻的小人不能亲近。

蔡确已经获罪，范祖禹说："自从乾兴以来，不远放逐大臣已经有六十余年，一旦这样做了，流传到四方，无不震动。蔡确离开相位已经很久，朝廷内大多不是他的党羽，偶尔有偏见异论的人，如果一律都认为是蔡确党羽而除掉，恐怕刑罚失当，而人心不安定。"蔡京镇抚蜀地，范祖禹说："蔡京小有才学，不是端正善良的人。如果让他守成都，他回来，应当让他为执政，不宜推崇助长。"当时大臣想在新旧法之间有所作为，范祖禹以为朝廷已察明王安石之法是不对的，只应该恢复祖宗的旧法，假若出于新旧两法之间，两法兼存并用，纪纲就破坏了。范祖禹任给事中。

吴中发大水，朝廷下诏拿出米百万斛、缗钱二十万拯救灾民。谏官说报告灾情的人妄说，请求检验考核。范祖禹封还谏官的奏章，说："国家根本，仰仗东南供给。现在一方百姓，呼唤上天告诉，开口仰赖生存，以此摆脱一时的急难。上奏灾情虽小有过失，正应忽略而不问。假若稍行惩罚谴责，恐怕以后不再有敢说话的人了。"

范祖禹兼国史院修撰，任礼部侍郎。议论选择监司守令说："祖宗把天下分为十八路，设置转运使、提点刑狱，收乡长、镇将的权力都归于县，收县的权力归于州，州的权力归于监司，监司的权力归于朝廷。上下相维系，轻重相制约，作为建置的宗旨，最为符合时宜。一路交付监司，一州交付守臣，一县交付令宰，这都是和天子分治地方，这些人能不认真挑选吗？祖宗曾有考核官吏的法规，专门考察诸路监司，中书省存放着记录官状的文簿，以便考核官吏的主要情况。现在应当委托吏部尚书，把可以任州守的人，将他们的成绩分别列出送到三省，三省把这样的人招来考察，假如这人可以委任，就按顺序表奏任用他。做了州守，就让监司考察他的政绩，一年之后，可以比较政绩优劣而决定贬黜提升。这样就一定能得到很多人才，监司、郡守得到适当的人选，县令没有才能，也就不是什么忧患了。"

听说宫禁内寻觅乳母，范祖禹因哲宗已经十四岁，不是接近女色的时候，就上疏劝谏皇帝增进德行爱惜自身，又请求宣仁后保护皇帝，言语恳切中肯。不久宣仁后告谕范祖禹，外面的议论都是谣传，范祖禹又上书说："臣言皇帝进益德行爱惜自身，应常引以为戒。太皇太后保护皇帝，也希望因而不要忘记。现在外面的议论虽然是无中生有，也足以成为先事的警告。臣以经侍奉左右，在道路上有所闻，实在是怀有个人的忧虑，所以不敢躲避妄言的罪过。凡事讲在未发生之前，就真的算是过分；到事情已发生，则又来不及解决了，说它还有什么益处？陛下宁可听受尚未发生的话，不要让臣等有来不及做的悔恨。"拜范祖禹翰林学士，因为他的叔叔范百禄在中书省，改任侍讲学士。范百禄离开中书省，范祖禹又为翰林学士。范氏从范镇至范祖禹，连续三世官居禁中，士人议论范氏荣耀令人羡慕。

宣仁后驾崩，朝廷内外议论纷纷，人们心怀不安而观望，在位者畏惧，都不敢说话。范祖禹顾虑小人乘机危害朝政，就上奏说："陛下才独揽朝廷诸政务，接见群臣，这是国家兴衰的根本，社稷安危的关键，百姓休戚的根源，君子小人进退消长的际遇，天命人心去就离合的时刻，能不畏惧吗？先后对宗庙社稷有大功，对百姓有大德，九年之间，始终如一。然而众小人对她的怨恨，也是不少，他们将用改变先帝的政治，驱逐先帝的臣僚为理由，从而作离间的事，不能不明察。先后顺天下人心，把变的新法更为旧法。既然已改变新法，那么制作新法的人有罪当然应离去，也是顺众人言论而逐退的。这些人都是上负先帝，下负万民，天下所仇恨而要除去的人，难道有个人憎恶在这中间吗？只有辨别分析是非，严厉拒绝邪说，给用奸言惑乱视听的人，以刑法处置，严惩一人，用以警告群恶，就会安定无事了。此等人已贻误先帝，又想贻误陛下，天下的事，怎能经得起这些小人再破坏呢？"当初，苏轼约同僚一起上奏章论列政事，谏章的草稿已完具，看到范祖禹的上疏，于是附上姓名与范祖禹同奏，说："公的奏文，是治理世事的文章。"竟然不再出示自己的奏章稿。

范祖禹又说："陛下继承六世遗下的功业，应当想天下是祖宗的天下，人民是祖宗的人民，百官是祖宗的百官，府库是祖宗的府库。一言一行，都好像祖宗亲临在上，评定在旁，这样就可以长期享受天下的侍奉。先后以大公至正的意愿，停罢王安石、吕惠卿所造的新法，而施行祖宗旧政，所以社稷由危急而恢复平安，人心由离散而恢复聚合。就连辽主也告诫他的臣下不要生事说：'南朝专意施行仁宗之政了。'外夷的人情如此，中国的人心就可想可知了。先后苦心劳力，为陛下建立了太平的基础。希望陛下以静守天下，约束自己用以亲临天下，虚心用以治理天下，这样群臣的邪正，万事的是非，都明白地存在陛下心中了。小人的心情专意为私，所以不利于公；专意为邪，所以不利于正；专意好动，所以不便于静。愿陛下痛心疾首，以此为刻骨之戒。”奏章多次呈上，没有答复。

忽然有旨召见十余名内臣，范祖禹说：“陛下亲政以来，四海侧耳而听，没听说亲访一个贤臣，然而所召见的人却先是内侍，一定说陛下偏私亲幸的人，希望立即恩赐追改。”因而请求对策，说：“熙宁初年，王安石、吕惠卿造立新法，完全改变祖宗之法，多引用小人以至误国，屏弃勋旧之臣而不用，忠诚正直的人相继远去。又用武力开边，与外夷结仇，天下愁苦，百姓流离。依赖先帝觉悟，罢免驱逐这两个人，然而他们引用的众小人，已经布满朝廷内外，不能再离去，蔡确接连兴起大狱，王韶创取熙河，章惇开五溪，沈起扰交管，沈括、徐禧、俞充、种谔兴造西方边事，兵民死伤都不下二十万。先帝临朝悼念追悔，因此说朝廷不能不承担其过失。以至于吴居厚在京东推行铁冶之法，王子京在福建施行茶法，蹇周辅在江西推行盐法，李稷、陆师闵在西川施行茶法、市易法，刘定在河北教保甲，百姓都愁苦怨叹，家家思乱。依赖陛下与先后起来挽救这局面，天下的百姓，如同解除了倒悬之苦。只有这些以前被斥逐的人，窥伺事变，妄想陛下不以修改法度为正确，如果他们能到陛下左右，必定进奸邪的言论。万一误听而再任用他们，臣恐国家从此衰落，不能再振兴了。”又议论说：“汉、唐的灭亡，都是因为宦官。自熙宁、元丰年间，李宪、王中正、宋用臣之流执政统领军队，权势威严显赫。王中正兼管四路，口敕招募军队，州郡不敢违抗，士兵冻饿，死得最多；李宪陈述再次兴兵的对策，致使永乐被摧毁陷落；宋用臣大兴土木之事，没有停歇的时候，网罗市井的微利，为国家收敛来怨恨。这三个人，虽然加以诛伐杀戮，但不足以平百姓之愤。李宪虽然已死，而王中正、宋用臣还健在，现在召见内臣十人，而李宪、王中正的儿子都在其中。这两个人已入宫禁，那么王中正、宋用臣必定将再被任用，希望陛下注意此事。”

当时绍述的议论已兴起，有以章惇为宰相的意思。范祖禹极力说章惇不能用，不被采纳，于是请求放外官。哲宗还想重用范祖禹，然而朝廷内外作梗的人颇多，就以龙图阁学士为陕州知州。上奏言的人议论范祖禹修《神宗实录》有所诋诬，又搜集他谏禁中雇乳母的事，接连贬为武安军节度副使、昭州别驾，在永州、贺州安置，后又徙至宾州，化州而去世，终年五十八岁。

范祖禹平时居处恭顺，不讲他人的过失。到遇见事情，则分辨论述其是非，少有借喻隐讳。在迩英殿进讲，遵守经典正确的宗旨，供皇帝采纳的进言尤其多。曾经讲到《尚书》“内为女色乱，外为鸟兽迷”数语时，拱手再一次诵读，退一步站着说：“希望陛下记住。”哲宗再三首肯，范祖禹才退下。每当进讲前夕，一定整肃衣冠，犹如真的在皇帝身旁，让子弟侍奉，先按进讲的内容，开列古代义理，参酌现实时事，言辞简捷得当，没有一句冗长的话，义理明白，赫然成文章。苏轼称他为侍讲官第一。

范祖禹曾经进呈《唐鉴》十二卷，《帝学》八卷，《仁皇政典》六卷。而《唐鉴》深刻地反映了唐代三百年的治乱，学者尊崇他，视他为“唐鉴公”云云。建炎三年，追复范祖禹为龙图阁学士。儿子范冲,绍兴年间官至翰林侍读学士,《儒林》有传。

苏轼传

【题解】

苏轼(1037~1101),宋代文学家、书画家。字子瞻,一字和仲,号东坡居士,眉州眉山人。苏洵之子。神宗时曾任祠部员外郎,知密州、徐州、湖州。因反对王安石新法,被贬黄州。后曾任翰林学士,官至礼部尚书。又贬惠州,儋州。卒谥文忠,与父苏洵、弟苏辙并称"三苏"。

苏轼为一代文学大家,在诗、词、散文等方面成就很高。其诗清新豪健、想象丰富,善用夸张比喻,在艺术上独具风格,写景诗和理趣诗最为脍炙人口。其文明白畅达,汪洋恣肆,发展了欧阳修平易舒缓的文风,为"唐宋八大家"之一。其词气势豪迈、笔力劲拔,在题材、体制和风格上都突破了词必香软的樊篱,开豪放一派,为词体的长足发展开拓了道路。

苏轼于书画方面也颇有造诣,其书法肉丰骨劲,跌宕自然,为"宋四家"之一。论画卓有所见,主张"神似""传神",提出"诗中有画""画中有诗"的观点,在画史上有一定地位。善画竹石,学文同而风格独具。诗文有《东坡七集》。

【原文】

苏轼字子瞻,眉州眉山人。生十年,父洵游学四方,母程氏亲授以书,闻古今成败,辄能语其要。程氏读东汉《范滂传》,慨然太息,轼请曰:"轼若为滂,母许之否乎?"程氏曰:"汝能为滂,吾顾不能为滂母耶?"

比冠,博通经史,属文日数千言,好贾谊、陆贽书。既而读《庄子》,叹曰:"吾昔有见,口未能言,今见是书,得吾心矣。"嘉祐二年,试礼部。方时文磔裂诡异之弊胜,主司欧阳修思有以救之,得轼《刑赏忠厚论》,惊喜,欲擢寇多士,犹疑其客曾巩所为,但置第二;复以《春秋》对义居第一,殿试中乙科。后以书见修,修语梅圣俞曰:"吾当避此人出一头地。"闻者始哗不厌,久乃信服。

丁母忧。五年,调福昌主簿。欧阳修以才识兼茂,荐之秘阁,试六论,旧不起草,以故文多不工。轼始具草,文义粲然。复对制策,入三等。自宋初以来,制策入三等,惟吴育与轼而已。

除大理评事、签书凤翔府判官。关中自元昊叛,民贫役重,岐下岁输南山木筏,自渭入河,经砥柱之险,衙吏踵破家。轼访其利害,为修衙规,使自择水工以时进止,自是害减半。

治平二年,入判登闻鼓院。英宗自藩邸闻其名,欲以唐故事召入翰林,知制诰。宰相

东坡博古图

韩琦曰："轼之才，远大器也，他日自当为天下用。要在朝廷培养之，使天下之士莫不畏慕降伏，皆欲朝廷进用，然后取而用之，则人人无复异辞矣。今骤用之，则天下之士未必以为然，适足以累之也。"英宗曰："且与修注如何？"琦曰："记注与制诰为邻，未可遽授。不若于馆阁中近上帖职与之，且请召试。"英宗曰："试之未知其能否，如轼有不能邪？"琦犹不可，及试二论，复入三等，得直史馆。轼闻琦语，曰："公可谓爱人以德矣。"

会洵卒，赙以金帛，辞之，求赠一官，于是赠光禄丞。洵将终，以兄太白早亡，子孙未立，妹嫁杜氏，卒未葬，属轼。轼既除丧，即葬姑。后官可荫，推与太白曾孙彭。

熙宁二年，还朝。王安石执政，素恶其议论异己，以判官告院。四年，安石欲变科举、兴学校，诏两制、三馆议。轼上议曰：

得人之道，在于知人；知人之法，在于责实。使君相有知人之明，朝廷有责实之政，则胥史皂禁未常无人，而况于学校贡举乎？虽因今之法，臣以为有余。使君相不知人，朝廷不责实，则公卿侍从常患无人，而况学校贡举乎？虽复古之制，臣以为不足。夫时有可否，物有废兴，方其所安，虽暴君不能废，及其既厌，虽圣人不能复。故风俗之衰，法制随之，譬如江河之徙移，强而复之，则难为力。

庆历固常立学矣，至于今日，唯有空名仅存。今将变今之礼，易今之俗，又当发民力以治官室，敛民财以食游士。百里之内，置官立师，狱讼听于是，军旅谋于是，又简不率教者屏之远方，则无乃徒为纷乱，以患苦天下邪？若乃无大更革，而望有益於时，则与庆历之际何异？故臣谓今之学校，特可因仍旧制，使先王之旧物，不废于吾世足矣。至于贡举之法，行之百年，治乱盛衰，初不由此。陛下视祖宗之世，贡举之法，与今为孰精？言语文章，与今为孰优？所得人才，与今为孰多？天下之事，与今为熟辨？较此四者之长短，其议决矣。

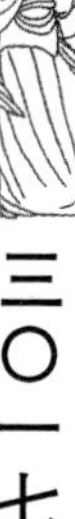

今所欲变改不过数端:或曰乡举德行而略文词,或曰专取策论而罢诗赋,或欲兼采誉望而罢封弥,或欲经生不帖墨而考大义,此皆知其一,不知其二者也。愿陛下留意于远者、大者,区区之法何预焉。臣又切有私忧过计者。夫性命之说,自子贡不得闻,而今之学者,耻不言性命,读其文,浩然无当而不可穷;观其貌,超然无著而不可挹,此岂真能然哉!盖中人之性,安于放而乐于诞耳。陛下亦安用之?

议上,神宗悟曰:"吾固疑此,得轼议,意释然矣。"即日召见,问:"方今政令得失安在?虽朕过失,指陈可也。"对曰:"陛下生知之性,天纵文武,不患不明,不患不勤,不患不断,但患求治太急,听言太广,进人太锐。愿镇以安静,待物之来,然后应之。"神宗悚然曰:"卿三言,朕当熟思之。凡在馆阁,皆当为朕深思治乱,无有所隐。"轼退,言于同列。安石不悦,命权开封府推官,将困之以事。轼决断精敏,声闻益远。会上元敕府市浙灯,且令损价。轼疏言:"陛下岂以灯为悦?此不过以奉二宫之欢耳。然百姓不可户晓,皆谓以耳目不急之玩,夺其口体必用之资。此事至小,体则甚大,愿追还前命。"即诏罢之。

时安石创行新法,轼上书论其不便,曰:

臣之所欲言者,三言而已。愿陛下结人心,厚风俗,存纪纲。人主之所恃者人心而已,如木之有根,灯之有膏,鱼之有水,农夫之有田,商贾之有财。失之则亡,此理之必然也。自古及今,未有和易同众而不安,刚果自用而不危者。陛下亦知人心之不悦矣。

祖宗以来,治财用者不过三司。今陛下不以财用付三司,无故又创制置三司条例一司,使六七少年,日夜讲求于内,使者四十余辈,分行营干于外。夫制置三司条例司,求利之名也;六七少年与使者四十余辈,求利之器也。造端宏大,民实惊疑;创法新奇,吏皆惶惑。以万乘之主而言利,以天子之宰而治财,论说百端,喧传万口,然而莫之创者,徒曰:"我无其事,何恤于人言。"操罔罟而入江湖,语人曰"我非渔也",不如捐罔罟而人自信。驱鹰犬而赴林薮,语人曰"我非猎也",不如放鹰犬而兽自驯。故臣以为欲消谗慝而召和气,则莫若罢条例司。

今君臣宵旰,几一年矣,而富国之功,茫如捕风,徒闻内帑出数百万缗,祠部度五千余人耳。以此为术,其谁不能?而所行之事,道路皆知其难。汴水浊流,自生民以来,不以种稻。今欲陂而清之,万顷之稻,必用千顷之陂,一岁一淤,三岁而满矣。陛下遂信其说,即使相视地形,所在凿空,访寻水利,妄庸轻剽,率意争言。官司虽知其疏,不敢便行抑退,追集老少,相视可否。苦非灼然难行,必须且为兴役。官吏苟且顺从,真谓陛下有意兴作,上糜帑廪,下夺农时。隄防一开,水失故道,虽食议者之肉,何补于民!臣不知朝廷何苦面为此哉?

自古役人,必用乡户。今者徒闻江、浙之间,数郡顾役,而欲措之天下。单丁、女户,盖天民之穷者也,而陛下首欲役之,富有四海,忍不加恤!自杨炎为两税,租调与庸既兼之矣,奈何复欲取庸?万一后世不幸有聚敛之臣,庸钱不除,差役仍旧,推所从来,则必有任其咎者矣。青苗放钱,自昔有禁。今陛下始立成法,每岁常行。虽云不许抑配,而数世之后,暴君污吏,陛下能保之与?计愿请之户,必皆孤贫不济之人,鞭挞已急,则继之逃亡,不还,则均及邻保,势有必至,异日天下恨之,国史记之,曰"青苗钱自陛下始",岂不惜哉！且常平之法，可谓至矣。今欲变为青苗，坏彼成此，所丧逾多，亏官害民，虽悔何及！

昔汉武帝以财力匮竭，用贾人桑羊之说，买贱卖贵，谓之均输。于时商贾不行，盗贼滋炽，几至于乱。孝昭既立，霍光顺民所欲而予之，天下归心，遂以无事。不意今日此论复兴。立法之初，其费已厚，纵使薄有所获，而征商之额，所损必多。譬之有人为其主畜牧，以一牛易五羊。一牛之失，则隐而不言；五羊之获，则指为劳绩。今坏常平而言青苗之功，亏商税而取均输之利，何以异此？臣窃以为过矣。议者必谓："民可与乐成，难与虑始。"故陛下坚执不顾，期于必行。此乃战国贪功之人，行险侥幸之说，未及乐成，而怨已起矣。臣之所愿陛下结人心者，此也。

国家之所以存亡者，在道德之浅深，不在乎强与弱；历数之所以长短者，在风俗之薄厚，不在乎富与贫。人主知此，则知所轻重矣。故臣愿陛下务崇道德而厚风俗，不愿陛下急于有功而贪富强。爱惜风俗，如获元气。圣人非不知深刻之法可以齐众，勇悍之夫可以集事，忠厚近于迂阔，老成初若迟钝。然终不肯以彼易此者，知其所得小，而所丧大也。仁祖持法至宽，用人有叙，专务掩覆过失，未常轻改旧章。考其成功，则曰未至。以言乎用兵，则十出而九败；以言乎府库，则仅足而无余。徒以德泽在人，风俗知义，故升遐之日，天下归仁焉。议者见其末年吏多因循，事不振举，乃欲矫之以苛察，齐之以智能，招来新进勇锐之人，以图一切速成之效。未享其利，浇风已成。多开骤进之门，使有意外之得，公卿侍从跬步可图，俾常调之人举生非望，欲望风俗之厚，岂可得哉？近岁朴拙之人愈少，巧进之士益多。惟陛下哀之救之，以简易为法，以清净为心，而民德归厚。臣之所愿陛下厚风俗者，此也。

祖宗委任台谏，未常罪一言者。纵有薄责，旋即超升，许以风闻，而无官长。言及乘舆，则天子改容；事关廊庙，则宰相待罪。台谏固未必皆贤，所言亦未必皆是。然须养其锐气，而借之重权者，岂徒然哉？将以折奸臣之萌也。今法令严密，朝廷清明，所谓奸臣，万无此理。然养猫以去鼠，不可以无鼠而养不捕之猫；畜狗以防盗，不可以无盗而畜不吠之狗。陛下得不上念祖宗设此官之意，下为子孙万世之仿？臣闻长老之谈，皆谓台谏所言，常随天下公议。公议所与，台谏亦与之；公议所击，台谏亦击之。今者物论沸腾，怨读交至，公议所在，亦知之矣。臣恐自兹以往，习惯成风，尽为执政私人，以致人主孤立，纪纲一废，何事不生！臣之所愿陛下存纪纲者，此也。

轼见安石赞神宗以独断专任，因试进士发策，以"晋武平吴以独断而克，苻坚伐晋以独断而亡，齐醒专任管仲而霸，燕哙专任子之而败，事同而功异"为问。安石滋怒，使御史谢景温论奏其过，穷治无所得，轼道请外，通判杭州。高丽入贡，使者发币于官吏，书称甲子。轼却之曰："高丽于本朝称臣，而不禀正朔，吾安敢受！"使者易书称熙宁，然后受之。

时新政日下，轼于其间，每因法以便民，民赖以安。徙知密州。司农行手实法，不时施行者以违制论。轼谓提举官曰："违制之坐，若自朝廷，谁黎不从？今出于司农，是擅造律也。"提举官惊曰："公姑徐之。"未几，朝廷知法害民，罢之。

有盗窃发，安抚司遣三班使臣领悍卒来捕，卒凶暴恣行，至以禁物诬民，入其家争斗杀人，且畏罪惊溃，将为乱。民奔诉轼，轼投其书不视，曰："必不至此。"散卒闻之，少安，徐使人招出戮之。

徙知徐州。河决曹村，泛于梁山泊，溢于南清河，汇于城下，涨不时泄，城将败，富民争出避水。轼曰："富民出，民皆动摇，吾谁与守？吾在是，水决不能败城。"驱使复入。轼诣武卫营，呼卒长曰："河将害城，事急矣，虽禁军且为我尽力。"卒长曰："太守犹不避涂潦，吾侪小人，当效命。"率其徒持畚锸以出，筑东南长堤，首起戏马台，尾属于城。雨旧夜不止，城不沈者三版。轼庐于其上，过家不入，使官吏分堵以守，卒全其城。复请调来岁夫增筑故城，为木岸，以虞水之再至。朝廷从之。

徙知湖州，上表以谢。又以事不便民者不敢言，以诗托讽，庶有补于国。御史李定、舒、何正言摭其表语，并媒蘖所为诗以为讪谤，逮赴台狱，欲置之死；锻炼久之不决。神宗独怜之，以黄州团练副使安置。轼与田父野老，相从溪山间，筑室于东坡，自号"东坡居士"。

三年，神宗数有意复用，辄为当路者沮之。神宗常语宰相王珪、蔡确曰："国史至重，可命苏轼成之。"珪有难色。神宗曰："轼不可，姑用曾巩。"巩进《太祖总论》，神宗意不允，遂手扎移轼汝州，有曰："苏轼黜居思咎，阅岁滋深，人材实难，不忍终弃。"轼未至汝，上书自言饥寒，有田在常，愿得居之。朝奏，夕报可。

道过金陵，见王安石，曰："大兵大狱，汉、唐灭亡之兆。祖宗以仁厚治天下，正欲革此。今西方用兵，连年不解，东南数起大狱，公独无一言以救之乎？"安石曰："二事皆惠卿启之，安石在外，安敢言？"轼曰："在朝则言，在外则不言，事君之常礼耳。上所以待公者非常礼，公所以待上者，岂可以常礼乎？"安石厉声曰："安石须说。"又曰："出在安石口，入在子瞻耳。"又曰："人须是知行一不义，杀一不幸，得天下弗为，乃可。"轼戏曰："今之君子，争减半年磨勘，虽杀人亦为之。"安石笑而不言。

至常，神宗崩，哲宗立，复朝奉郎、知登州，召为礼部郎中。轼旧善司马光、章惇。时光为门下侍郎，惇知枢密院，二人不相合，惇每以谑侮困光，光苦之。轼谓惇曰："司马君实时望甚重。昔许靖以虚名无实，见鄙于蜀先主，法正曰：'靖之浮誉，播流四海，若不加礼，必以贱贤累。'先主纳之，乃以靖为司徒。许靖且不可慢，况君实乎？"惇以为然，光赖以少安。

迁起居舍人。轼起于忧患，不欲骤履要地，辞于宰相蔡确。确曰："公徊翔久矣，朝中无出公右者。"轼曰："昔林希同在馆中，年且长。"确曰："希固当先公耶？"卒不许。元祐元年，轼以七品服入侍延和，即赐银绯，迁中书舍人。

初，祖宗时，差役行久生弊，编户充役者不习其役，又虐使之，多致破产，狭乡民至有终岁不得息者。王安石相神宗，改为免役，使户差高下出钱雇役，行法者过取，以为民病。司马光为相，知免役之害，不知其利，欲复差役，差官置局，轼与其选。轼曰："差役、免役，各有利害。免役之害，掊敛民财，十室九空，敛聚于上而下有钱荒之患。差役之害，民常在官，不得专力于农，而贪吏猾胥得缘为奸。此二害轻重，盖略等矣。"光曰："于君何如？"轼曰："法相因则事易成，事有渐则民不惊。三代之法，兵农为一，至秦始分为二，及唐中叶，尽变府兵为长征之卒。自尔以来，民不知兵，兵不知农，农出谷帛以养兵，兵出性命以卫农，天下便之。虽圣人复起，不能易也。今免技之法，实大类此。公欲骤罢免役而行差役，正如罢长征而复民兵，盖未易也。"光不以为然。轼又陈于政事堂，光忿然，轼曰："昔韩魏公刺陕西义勇，公为谏官，争之甚力，韩公不乐，公亦不顾。轼昔闻公道其详，岂今日作相，不许轼尽言耶？"光笑之。寻除翰林学士。

二年，兼侍读。每进读至治乱兴衰、邪正得失之际，未常不反复开导，觊有所启悟。哲宗虽恭默不言，辄首肯之。常读祖宗《宝训》，因及时事，轼历言："今赏罚不明，善恶无所劝沮；又黄河势方北流，而强之使东；夏人入镇戎，杀掠数万人，帅臣不以闻。每事如此，恐寖成衰乱之渐。"

轼常锁宿禁中，召入对便殿，宣仁后问曰："卿前年为何官？"曰："臣为常州团练副使。"曰："今为何官？"曰："臣今待罪翰林学士。"曰："何以遽至此？"曰："遭遇太皇太后、皇帝陛下。"曰："非也。"曰："岂大臣论荐乎？"曰："亦非也。"轼惊曰："臣虽无状，不敢自他途以进。"曰："此先帝意也。先帝每诵卿文章，必叹曰：'奇才，奇才！'但未及进用卿

苏轼回翰林院图

耳！"轼不觉哭失声，宣仁后与哲宗亦泣，左右皆感涕。已而命坐赐茶，彻御前金莲烛送归院。

三年，权知礼部贡举。会大雪苦寒，士坐庭中，噤未能言。轼宽其禁约，使得尽技。巡铺内侍每摧辱举子，且持暧昧单词，诬以为罪，轼尽奏逐之。

四年，积以论事，为当轴者所恨。轼恐不见容，请外拜龙图阁学士、知杭州。未行，谏官言前相蔡确知安州，作诗借郝处俊事以讥太皇太后。大臣议迁之岭南。轼密疏："朝廷若薄确之罪，则于皇帝孝治为不足；若深罪确，则于太皇太后仁政为小累。谓宜皇帝敕置狱逮治，太皇太后出手诏赦之，则于仁孝两得矣。"宣仁后心善轼言而不能用。轼出郊，用前执政恩例，遣内侍赐龙茶、银合，慰劳甚厚。

既至杭，大旱，饥疫并作。轼请于朝，免本路上供米三之一，复得赐度僧牒，易米以救饥者。明年春，又减价粜常平米，多作饘粥药剂，遣使挟医分坊治病，活者甚众。轼曰："杭，水陆之会，疫死经他处常多。"乃裒羡缗得二千，复发中黄金五十两，以作病坊，稍畜钱粮待之。

杭本近海，地泉咸苦，居民稀少。唐刺史李泌始引西湖水作六井，民足於水。白居易又浚西湖水入漕河，自河入田，所溉至千顷，民以殷富。湖水多葑，自唐及钱氏，岁辄浚治，宋兴、废之，葑积为田，水无几矣。漕河失利，取给江潮，舟行市中，潮又多淤，三年一掏，为民大患，六井亦几于废。轼见茅山一河专受江湖，盐桥一河专受湖水，遂浚二河以通漕。复造堰闸，以为湖水畜泄之限，江潮不复入市。以余力复完六井，又取葑田积湖中，南北径三十里，为长堤以通行者。吴人种菱，春辄芟除，不遗寸草。且募人种菱湖中，葑不复生。收其利以备修湖，取救荒余钱万缗、粮万石，及请得百僧度牒以募役者。堤成，植芙蓉、杨柳其上，望之如画图，杭人名为苏公堤。

杭僧净源，旧居海滨，与舶客交通，舶至高丽，交誉之。元丰末，其王子义天来朝，因往拜焉。至是，净源死，其徒窃持其像，附舶往告。义天亦使其徒来祭，因持国母二金塔，云祝两宫寿。轼不纳，奏之曰："高丽久不入贡，失赐予厚利，意欲求朝，未测吾所以待之厚薄，故因祭亡僧而行祝寿之礼。若受而不答，将生怨心；受而厚赐之，正堕其计。今宜勿与知，从州郡自以理却之。彼庸僧猾商，为国生事，渐不可长，宜痛加惩创。"朝廷皆从之。未几，贡使果至，旧例使所至吴越七州，费二万四千余缗。轼乃令诸州量事裁损，民获交易之利，无复侵挠之害矣。

浙江潮自海门东来，势如雷霆，而浮山峙于江中，与渔浦诸山犬牙相错，洄激射，岁败公私船不可胜计。轼议自浙江上流地名石门，并山而东，凿为漕河，引浙江及谷诸水二十余里以达于江。又并山为岸，不能十里以达龙山大慈浦，自浦北折折小岭，凿岭六十五丈以达岭东古河，浚古河数里达于龙山漕河，以避浮山之险，人以为便。奏闻，有恶轼者，力沮之，功以故不成。

轼复言："三吴之水，汲为太湖，太湖之水，溢为松江以入海。海日两潮，潮浊而江清，潮水常欲淤塞江路，而江水清驶，随辄涤去，海口常通，则吴中少水患。昔苏州以东，公私船皆以篙行，无陆挽者。自庆历以来，松江大筑挽路，建长桥以扼塞江路，故今三吴多水，欲凿挽路、为十桥，以迅江势。"亦不果用，人皆以为恨。轼二十年间再杭，有德于民，家有画像，饮食必祝。又作生祠以报。

六年，召为吏部尚书，未至。以弟辙除右丞，改翰林承旨。辙辞右丞，欲与兄同备从官，不听。轼在翰林数月，复以谗请外，乃以龙图阁学士出知颍州。先是，开封诸县多水患，吏不究本末，决其陂泽，注之惠民河，河不能胜，致陈亦多水，又将凿邓艾沟与颍河并，且凿黄堆欲注之于淮。轼始至颍，遣吏以水平之，淮之涨水高于新海几一丈，若凿黄堆，淮水顾流颍地为患。轼言于朝，从之。

郡有宿贼尹遇等，数劫杀人，又杀捕盗吏兵。朝廷以名捕不获，被杀家复惧其害，匿不敢言。轼召汝阴尉李直方曰："君能禽此，当力言于朝，乞行优赏；不获，亦以不职奏免君矣。”直方有母老，与母决而后行。乃缉知盗所，分捕其党与，手刺遇，获之。朝廷以小不应格，推赏不及。轼请以己之年劳，当改朝散郎阶，为直方赏，不从。其后吏部为轼当迁，以符全其考，轼谓已许直方，又不报。

七年，徙扬州。旧发运司主东南漕法，听操舟者私载物货，征商不得留难。故操舟者辄富厚，以官舟为家，补其弊漏，且周船夫之乏，故所载率皆速达无虞。近岁一切禁而不许，故舟弊人困，多盗所载以济饥寒，公私皆病。轼请复旧，从之。未阅岁，以兵部尚书召兼侍读。

是岁，哲宗亲祀南郊，轼为卤簿使，导驾入太庙。有赤繖犊车并青盖犊车十余争道，不避仪仗。轼使御营巡检使问之，乃皇后及大长公主。时御史中丞李之纯为仪仗使，轼曰："中丞职当肃政，不可不以闻之。"纯不敢言，轼于车中奏之。哲宗遣使齐疏驰白太皇太后，明日，诏整肃仪卫，自皇后而下皆毋得迎谒。寻迁礼部兼端明殿、翰林侍读两学士，为礼部尚书。高丽遣使请书，朝廷以故事尽许之。轼曰："汉东平王请诸子及《太史公书》，犹不肯予。今高丽所请，有甚于此，甚可予乎？"不听。

八年，宣仁后崩，哲宗亲政。轼乞补外，以两学士出知定州。时国是将变，轼不得入辞。既行，上书言："天下治乱，出于下情之通塞。至治之极，小民皆能自通；迨于大乱，虽近臣不能自达。陛下临御九年，除执政、台谏外，未常与群臣接。今听政之初，当以通下情、除壅蔽为急务。臣日侍帷幄，方当戍边，顾不得一见而行，况远小臣欲求自通，难矣。然臣不敢以不得对之故，不效愚忠。古之圣人将有为也，必先处晦而观明，处静而观动，则万物之情，毕陈于前。陛下圣智绝人，春秋鼎盛。臣愿虚心循理，一切未有所为，默观庶事之利害，与群臣之邪正，以三年为期，俟得其实，然没应物而作。使既作之后，天下无恨，陛下亦无悔。由此观之，陛下之有为，惟忧太蚤，不患稍迟，亦已明矣。臣恐急进好利之臣，辄劝陛下轻有改变，故进此说，敢望陛下留神，社稷宗庙之福，天下幸甚。"

定州军政坏弛，诸卫卒骄惰不教，军校蚕食其廪赐，前守不敢谁何。轼取贪污者配隶远恶，缮修营房，禁止饮博，军中衣食稍足，乃部勒战法，众皆畏伏。然诸业业不安，有卒史以赃诉其长，轼命曰："此事吾自治则可，听汝告，军中乱矣。"立决配之，众乃定。

会春大阅，将吏久废上下之分，轼举旧典，帅常服出帐中，将吏戎服执事。副总管王光祖自谓老将，耻之，称疾不至。轼召书吏使为奏，光祖惧而出，讫事，无一慢者。定人言："自韩琦去后，不见此礼至今矣。"契丹久和，边兵不可用，惟沿边弓箭社与寇为邻，以战自卫，犹号精锐。故相庞籍守边，固俗立法。岁久法弛，又为保甲所挠。轼奏免保甲及两税折变科配，不报。

绍圣初，御史论轼掌内外制日，所作词命，以为讥斥先朝。遂以本官知英州，寻降一官，未至，贬宁远军节度副使，惠州安置。居三年，泊然无所蒂芥，人无贤愚，皆得其欢心。又贬琼州别驾，居昌化。昌化，故儋耳地，非人所居，药饵皆无有。初僦官屋以居，有司犹谓不可，轼遂买地筑室，儋人运甓畚土以助之。独与幼子过处，著书以为乐，时时从其父老游，若。将终身。

徽宗立，移廉州，改舒州团练副使，徙永州。更大三赦，遂提举玉局观，复朝奉郎。轼自元以来，未常以岁课乞迁，故官止于此。建中靖国元年，卒于常州，年六十六。

轼与弟辙，师父洵为文，既而得之于天。常自谓："作文如行云流水，初无定质，但常行于所当行，止于所不可不止。"虽嬉笑怒骂之辞，皆可书而诵之。其体浑涵光芒，雄视百代，有文章以来，盖亦鲜矣。洵晚读《易》，作《易传》未究，命轼述其志。轼成《易传》，复作《论语说》；后居海南，作《书传》；又有《东坡集》四十卷、《后集》二十卷、《奏议》十五卷、《内制》十卷、《外制》三卷、《和陶诗》四卷。一时文人如黄庭坚、晁补之、秦观、张来、陈师道，举世未之识，轼待之如朋俦，未常以师资自予也。

北宋武人，《大驾卤簿图书》(局部)

自为举子至出入侍从，必以爱君为本，忠规谠论，挺挺大节，群臣无出其右。但为小人忌恶挤排，不使安于朝廷之上。

高宗即位，赠资政殿学士，以其孙符为礼部尚书。又以其文左右，读之终日忘倦，谓为文章之宗，亲制集赞赐其曾孙峤。遂崇赠太师、谥文忠。轼三子：迈、迨、过，俱善为文。迈，驾部员外郎。迨，承务郎。

过字叔党。轼知杭州，过年十九，以诗赋解两浙路，礼部试下。及轼为兵部尚书，任右承务郎。轼帅定武，谪知英州，贬惠州，迁儋耳，渐徙廉、永，独过侍之。凡生理书夜寒暑所须者，一身百为，不知其难。初至海上，为文曰《志隐》，轼览之曰："吾可以安于岛夷矣。"因命作《孔子弟子别传》。轼卒于常州，过葬轼汝州郏城小峨眉山，遂家颍昌，营湖阴水竹数亩，名曰小斜川，自号斜川居士。卒，年五十二。

初监太原府税，次知颍昌府郎城县，皆以法令罢。晚权通判中山府。有《斜川集》二十卷。其《思子台赋》《飓风赋》早行于世。时称"小坡"，盖以轼为"大坡"也。其叔辙每称过孝，以训宗族。且言："吾兄远居海上，惟成就此儿能文也。"七子：籥、籍、节、笈、竽、笛、箾。

论曰：苏轼自为童子时，士有传石介《庆历圣德诗》至蜀中者，轼历举诗中所言韩、富、杜、范诸贤以问其师。师怪而语之，则曰："正欲识是诸人耳。"盖已有颉颃光世贤哲之意。弱冠，父子兄弟至京师，一日而声名赫然，动于四方。既而登上第，擢词科，入掌书命，出典方州。器识之闳伟，议论之卓荦，文章之雄隽，政事之精明，四者皆能以特立之志为之主，而以迈往之气辅之。故意之所向，言足以达其有猷，行足以遂其有力。至于祸患之来，节义足以固有其守，皆志与气所为也。仁宗初读轼、辙制策，退而喜曰："朕今日为子孙得两宰相矣。"神宗尤爱其文，宫中读之，膳进忘食，称为天下奇才。二君皆有以知轼，而轼卒不得大用。一欧阳修先识之，其名遂与之齐，岂非轼之所长不可掩抑者，天下之至公也，相不相有命焉，呜呼！轼不得相，又岂非幸欤？或谓："轼稍自韬戢，虽不获柄用，亦当免祸。"虽然，假令轼以是而易其所为，尚得为轼哉？

【译文】

苏轼，字子瞻，眉州眉山（今属四川）人。十岁的时候，父亲苏洵去四方游学，母程氏亲自教授苏轼读书，凡是听到古往今来成败兴衰的历史故事，苏轼总是能够概括地说出它们的要点。程氏读东汉《范滂传》，感慨叹息，苏轼就说："我如果做范滂，母亲允许吗？"程氏说："你能够做范滂，我反而不能做范滂母亲吗？"

等到成年，博通经史，一天能写几千字的文章。他喜欢贾谊、陆贽的书，不久读《庄子》，感叹说："我从前虽然有这种看法，嘴巴里却说不出来，今天看到了这本书，正适合我的心意呀！"嘉祐二年（1057），参加礼部考试。在当时科举应试的文章中，割裂文辞，追求怪异的流弊占了上风，主考官欧阳修正思考用怎样的方法来挽救文风，看到苏轼的《刑赏忠厚论》，十分惊喜，想把这位考生选拔为第一名，但怀疑文章是他的门客曾巩写的，所以只是取为第二等；后来苏轼又凭《春秋》对义得居第一等，殿试时中了乙科。考试完了，苏轼写了名帖去拜见欧阳修，欧阳修对梅圣俞说："我当设法避开这个人，让他出一头地。"听到此话的人开始哗然不服，以后就信服了。

后来苏轼遭到母亲去世之痛，归家守丧。嘉祐五年（1060），调福昌（今河南宜阳）主簿。欧阳修认为苏轼才识兼茂，就推荐他到秘阁去。以前考试《六论》是不起草的，所以文章都写得不精致。苏轼开始起草，辞章义理都十分鲜明。又对制策，列入三等。从宋初以来，制策能列入三等的，只有吴育和苏轼而已。

除大理评事、签书凤翔府（今属陕西）判官。关中自从元昊叛乱以后，百姓贫困，赋役繁重，岐下人民每年运输南山木筏，从渭水出发转入黄河，经过砥柱天险，衙吏们催逼役赋，一个紧接一个，几乎把老百姓的家都踏破了。苏轼了解了这件事的危害性，因此重新修订了衙规，让百姓自己去选择水工，按时进退，从此，役害减去了不少。

治平二年（1065），入判登闻鼓院。英宗当年在藩府的时候就听到了苏轼的名声，因此想模仿唐王朝的成例召他入翰林，知制诰。宰相韩琦说："苏轼之才，是大器之才，以后自然被天下重用。重要的是朝廷要培养他，使天下的读书人没有一个不敬畏、羡慕、心服他，都希望朝廷进用他，然后才录取他、任用他，那么就人人不会有不同的意见了。如果现在骤然重用他，那么天下的读书人未必以为这是对的，皇上这样做的结果反而连累了他。"英宗说："那么就给他一个修注怎么样？"韩琦说："记注和制诰是相近的，不可贸然任命。不如在馆阁中选择一个能够接近皇上的帖职给他，而且请皇上先召他来面试一下。”英宗说：“如果面试，不知他行不行，假如苏轼也有不会的怎么办？”韩琦还是不同意，等到试他二论，又列入第三等，可以任职史馆。苏轼听到了韩琦的这些话后，说：“韩公真可说是用德来爱护人才了。”

恰巧苏洵去世，英宗赐给苏轼钱帛以帮助他办理丧事，苏轼辞谢了，但要求追赠父亲一个官职，于是英宗就追赠苏洵为光禄丞。苏洵临终时，把哥哥苏太白去世早，他的子孙还没有自立，妹妹嫁给姓杜的人家，去世后还没有下葬，都一一托付给苏轼。苏轼服丧期满，立即殡葬了姑母。后来苏轼的官做大了，可以荫及子孙了，他就把这个特权让给了苏太白的曾孙苏彭。

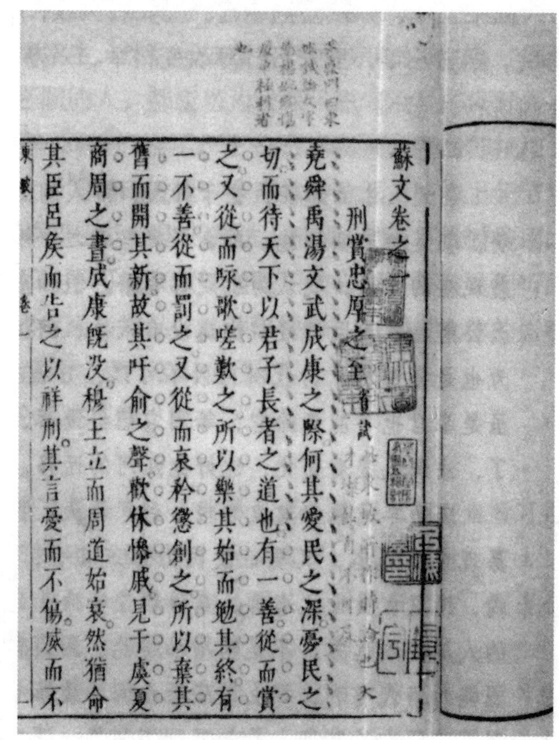
蘇文卷之一
刑賞忠厚之至論
堯舜禹湯文武成康之際何其愛民之深憂民之
切而待天下以君子長者之道也有一善從而賞
之又從而咏歌嗟歎之所以樂其始而勉其終有
一不善從而罰之又從而哀矜懲創之所以棄其
舊而開其新故其吁俞之聲歡休慘戚見于虞夏
商周之書成康既沒穆王立而周道始衰然猶命
其臣呂侯而告之以祥刑其言憂而不傷威而不

苏轼《刑赏忠厚之至》书影

熙宁二年（1069），苏轼回到朝廷。当时正是王安石做宰相，王安石平常就讨厌苏轼政见和自己不同，于是就让苏轼判官告院。熙宁四年（1071），王安石想改变科举、兴建学校，诏两制、三馆讨论。苏轼上书议论说：

求得人才的途径，在于了解人才；了解人才的办法，在于求其实。假如国君和宰相有知人之明，朝廷有求实之政，那么胥史皂隶中未常没有人才，何况在学校和贡举中呢？虽然沿袭目前的做法，我认为人才还会有余。假如国君和宰相不了解人，朝廷不去求实，那么即使在公卿侍从之中也常常会担心没有人才，何况在学校和贡举中呢？虽然恢复了古代的学校制度，我认为人才还是会不足的。时代有好或坏，事物有废和兴，当时代安定，虽然暴君也不能废毁它，等到它已是倾颓的时候，就是圣人也无法恢复它。所以风俗变化了，法律和制度也要跟着变。就像大江大河的改道，勉强要它恢复原来的样子，是很难为力的。

庆历年间本来曾经建立过学校，但是直到今天，只有空名还存在着。现在要改变今天的礼制，变更今天的风俗，又要征发民力来整修官室，聚敛百姓的财富来供养那些游士。百里之内设置官府建立军队，狱讼在那里治理，军务在那里谋划，又要精简那些不受统领的官员，把他们摒弃到远方，那不是人为地制造纷乱，给天下人民造成苦难吗？如果没有多大的改革而又希望对时代有益，那么和庆历年间的建立学校又有什么不同呢？所以我认为今天的学校，尤其应该沿用过去的制度，让先王所创的旧业，不至于在我们这一代被废弃就够了。至于贡举这种办法，已经施行百年了，国家的治乱盛衰，原因并不是因为有了贡举。皇上看祖宗的时代，贡举这办法，和今天相比究竟是哪个好？言语和文章，和今天相比究竟谁个优？得到的人才，和今天相比究竟哪个多？天下的事情，和今天相比究竟谁会办？比较了这四件事情的长短，那么就可以对议论做出决定了。

现在想改变的不过是几桩小事：有人说乡举应该以德行为本而略去文辞；有人说应该专取策论而免去诗赋；有人却希望兼采名誉声望而废除糊名弥封的考试办法；有人则希望经生不考帖经而考大义，这些都是知其一而不知其二的论调啊。希望皇上能注意长远的、大的事情，而小小的变法又何必去干预呢？我还有一个经常挂在心上的私忧，也许只是错误的想法，但还是想对皇上陈说：关于性命的学说，从子贡开始都没有听到过夫子的阐释，而今天的学者，却偏偏把不谈性命看成是耻事，读他们的文章，感到大而无当而难以穷尽；看他们的样子，似乎超然物外无所黏著而不可留取，这难道是真的有才能吗！原来是那些只有中人资质的人，却偏偏在那里安于放任，乐于荒诞罢了。皇上又为什么要用他们呢？

奏议呈上，神宗醒悟了，就说："我原来就怀疑这个改革，读了苏轼的奏议，思想就完全清楚了。"当天就召见了苏轼，问道："目前朝廷政事、法令的得和失在什么地方？即使是我的过失，你也只管说就是了。"苏轼回答道："皇上有生而知之的天性，文武天成。治国之道，不怕不明，不怕不勤，不怕不果断，就只怕求治心太急，听的意见太泛，进用的人才过快过多。希望皇上能用安静来镇急躁，静待物之自来。然后适应它。"神宗惊恐地说："你这三句话，我应当牢牢记住，好好思量。你在馆阁，应该替我好好考虑治乱的措施，不要有什么隐藏。"苏轼退出后，就把神宗的话告诉了同僚们。王安石不高兴，就让苏轼任开封府推官，想用繁忙的政事来束缚他。怎知苏轼处理政务果断、精确、敏捷，结果是名声传播得更远。时逢上元佳节将到，朝廷下令开封府到浙江买灯，并且命令要压低收购价格。苏轼上书说："皇上难道是把看灯作为快乐吗？这不过是用元宵放灯来侍奉两宫的欢心罢了！然而皇上的这份孝心，百姓却是不会知道的，因此他们都认为皇上是用耳目不急的玩物，去夺取他们口中和身上急需要用的资财。这件事本来很小很小，但它牵涉的事体却很大，请皇上追还以前的命令。"神宗就下诏取消了此事。

当时王安石创行新法，苏轼上书评论新法的不利。书中说：

我想说的话，只三句罢了：希望皇上能结人心，厚风俗，存法度。人君所依靠的就是人心，这就像树木有根，灯盏有油，鱼儿有水，农夫有田，做生意的人有钱财。失掉了人心，国家就灭亡，这是必然的道理。自古以来，没有人君平和、简易、随俗、同众而国家不安定，也没有人君刚愎自用而国家不危亡的。皇上一定也知道人心为什么会不高兴的道理了。

从祖宗以来，理财用的不过是三司。现在皇上不把理财用的事交付给三司，无故又创设制置三司条例一司，让六、七个年轻人，日夜在里面空白议论，又让四十多个使者分别到全国各地推行。再说制置三司条例司这个司，不过是为求利而新设的名称罢了；六、七个年轻人和四十多个使者，不过是求利的工具罢了。开端的声势很宏大，百姓却实在惊疑；创立的法式很新奇，官吏们却个个惶惑。以万乘之尊的君主而谈利，以天子的宰相而理财,人们对此议论纷纷,意见不一,然而却没有人愿意回过头去看看这种情况,听听朝中大臣和天下百姓的反映,只是说:“我没有那种事,何必担心别人的议论。”把渔网撒在江湖中,对人却说:“我不是为了捕鱼”,还不如扔掉渔网而别人自然会相信。驱逐鹰犬奔赴丛林,对人却说:“我不是在打猎”,还不如遣散鹰犬而野兽自然会驯服。所以我认为要消除邪恶的谗言而招来和气,那么不如罢去条例司。

现在君臣勤于政务,几乎一年了,而富国的功效,却茫茫然犹如捕风,只听说内库拿出了数百万缗钱,祠部投入了五千多个人罢了。用这样的方法进行改革,有谁不能?而所做的事,路上的行人都知道它很困难。汴水水流混浊,自有人民以来,都不用它种稻。今天却想用筑水库令汴水变法。万顷水稻,必须用千顷水库的水来灌溉,这些水库一年淤塞一次,三年就全部塞满了。皇上却相信了他们的说法,立即就派了人去观察地形,所在地区的人民就要替这些使者开通道路,使者们在这些地区寻访水利,但他们中不少人都是浅薄轻飘之徒,他们不负责任轻率地争着发表自己的看法。官府虽然知道这些意见漏洞很多,但是却不敢立即贬退,而是召集了老老少少,让他们来观察研究,决定可否。如果不是明显的难以实行,就一定要征集民工兴建。官吏们得过且过,以轻率马虎的态度顺从着,不了解情况的人还真以为皇上有心要兴建这些工程,结果是上面浪费了钱粮,下面影响了农时。堤防一开掘,水流失去了它原来的故道,必然泛滥,这个时候,虽然让百姓吃这些提议的人的肉,对百姓又有何补益呢!我不了解朝廷何苦要这样做呢?

自古以来,凡使用役夫,一定是使用当地的百姓。现在听说要到江苏、浙江之间的几个郡去雇用役夫,而且想把这种办法推行到全国各地。只有一个成年男子的家庭,没有男子而只有妇女的家庭,是百姓中最困苦的,而皇上却第一个想役使他们!皇上富有天下,难道就忍心不加怜悯!自从杨炎实行两税法,租、调和庸已经合在一起了,为什么还想再取庸?万一后代不幸出现了喜欢聚敛的臣子,庸钱不去除,差役都照旧,追究这种做法是从哪里来的,就一定有承担这种罪责的人。青苗的时候向农民放债,自古以来都是禁止的。现在却由皇上开始创立成法规,每年执行。虽然说不允许强行摊派,但几世以后,暴君污吏,皇上能保证不出现这种现象吗?估计愿意请求贷青苗钱的人家,一定是些孤苦贫弱无人接济的人家,官吏鞭挞过急,那么一定接着逃亡,如果不回来,他们的拖欠就要均摊到邻保身上,这种情况必然会出现,到那时,天下百姓怨恨这件事,国史记载这件事,说:“青苗钱是从皇上开始的。”这难道不可惜吗!再说建立常平仓的制度,应该说已经考虑得很周到了,现在却想改为青苗钱!破坏了常平仓制度,建立了青苗钱制度,丧失的只会更加多。亏损了官府,损害了人民,虽然后悔又如何来得及。

从前汉武帝因为财力枯竭,用商人桑弘羊的建议,买贱卖贵,称它为均输。在那个时候,商人们停业不干,盗贼益发猖狂,几乎要发生动乱。汉昭帝即位,霍光顺着百姓的愿望,百姓想要的,就给他们,百姓因此归心,国家于是无事。没想到今天这种论调又产生了。立法的初期,耗费已经很多了,即使稍有所获,而由国家征收的商业税的数额,损失一定很多。这就像有人为他的主人管理牲畜,用一条牛换了五只羊,一条牛失去了,就隐瞒着不说;五只羊换到了,就指为自己的功劳。现在破坏了常平仓而不谈青苗法的功劳,亏损了商业税而得到了均输法的利益，同上面所说的用一条牛换五只羊的例子又有什么两样？我私下认为它甚至比用一条牛换五只羊更蠢呀！倡议新法的人一定会说："百姓可以和他们快乐地享受成功，而难以和他们谋虑开始。"所以皇上执意不顾一切，而规定必需推行。这个恰恰是战国时代那些贪功的人所推行的冒险和侥幸的政治主张。结果必然是还没有享受到成功的喜悦，而百姓的怨声却早已四起了。我之所以希望皇上结人心的道理，就在这里呀！

国家之所以存亡的原因，在于道德的浅深，不在国力的强弱；一个朝代享国时间所以有长有短，在于社会风俗的淳厚和浅薄，不在社会的富和穷。做人主的知道了这个道理，就会知道孰轻孰重了。所以，我希望皇上务必推崇道德，看重风俗，不希望皇上急于事功，贪图富强。爱惜风俗，就像保护人的元气。圣人不是不知道严峻刻薄的方法可以齐聚众心，勇猛强悍的人士可以成就事业，忠厚的人近于迂阔，老成的人开始好像迟钝。然而圣人却始终不肯用那种人来替代这种人，是什么原因呢？这是因为圣人知道那样做的结果得到的小，失去的大啊！仁祖皇帝执法非常宽，能按照规定的等级次第和劳绩大小进用官员，专门替人掩盖过失，未曾轻易改变旧的规章。考察他事业的是否成功，应该说还没有达到最高的境界。如果说到用兵，那么十次出兵有九次必失；如果说到国家的财政，只是仅仅能够足用而没有积余。他只是把德政和恩泽施信人民，使社会风俗能知道遵守一定的道德标准，所以他去世的时候，天下终于返回到仁的局面了。评论的人看到在他晚年官吏都恪守成规而不知变更，对政事都不思奋发有为，有所创举，就想用苛察来矫正它，用智能来齐一它，他们招来了新进勇锐的人，企图使朝廷的一切措施都能很快收到功效。结果是还没有享受到它的成功，而浅薄之风气已经形成。他们又开了很多能骤然进身的门路，这样就使人们容易得到意外的侥幸收获，公卿侍从只要稍稍抬举半步就可得到好处，这样就使那些原来按照正常制度调升的人产生了非分之想，在这样的情况下，希望风俗淳厚，能做到吗？近年来朴拙的人愈来愈少，靠投机取巧而进身的读书人愈益增多。惟请皇上可怜这种情况，挽救这种情况，把简易作为治政的法则，把清静作为立国的指导思想，这样人民的道德就可以归于淳厚。我之所以希望皇上重视社会风俗的道理，就在这里啊！

祖宗委任了谏院的官员以后，就没有开罪过一个言官。即使有轻微的责备，随即也就越级提升了他们，允许他们可以根据风闻就议论朝政，而不必顾及官长。在议论中涉及到帝王，那么天子就要改变神色；议论中涉及朝廷，那么宰相就要等候处分。做台谏的人本来未必都是贤人，他们讲的话也未必都正确，然而一定要培养我们的锐气，之所以要借给他们以重权，难道是白白地这样做的吗？是想用他们的权力不让奸臣萌生啊！现在法令严密，朝廷也很清明，说有奸臣，是万万没有这个道理的。然而养猫本来是为了灭鼠，不可以因为没有老鼠就养不捕捉老鼠的猫；养狗本来是为了防盗，不能因为没有盗贼就饲养不叫的狗。皇上你能够不上念祖宗创设谏官的原意，下为子孙万世设防吗？我听那些德高望重的长老们谈论，都说谏官们的言论，常常是根据天下人的公议而发的。公众的议论是赞美的，台谏也就赞美它；公众的议论是抨击的，台谏也就抨击它。现在公众的议论沸腾,怨言交互而来,公众的意见所在,也就可以知道了。我担心从此以后,习惯成风,都成了宰相的私人,以致君上孤立。朝廷的法度一旦废弛,什么事情不会发生呢?我之所以希望皇上保存法度的道理,也就在这里啊!

苏轼看到王安石用独断专任来赞美神宗,就借考试进士策问的机会,用"晋武帝靠独断平定东吴而取得胜利,后秦苻坚用独断讨伐东晋而失败,齐桓公专任管仲而成就了霸业,燕哙专任子之而败亡,事情相同而成效不同"为问。王安石大怒,让御史谢景温劾奏苏轼的过错,搞得很凶,却一无所获。苏轼就自请外放,通判杭州。高丽(今朝鲜)来向中国进贡,使者在官吏面前打开礼物时,官吏们发现礼单上面用了甲子纪年。苏轼拒绝接受,说:"高丽对我们大宋是称臣的国家,而礼单上却不写明中国的年号,我怎么敢接受!"使者改甲子为熙宁,苏轼才接受了。

当时新政日益推行,苏轼在这中间,常常用变通的办法以方便百姓,百姓依靠这种变通才得以安定。后来调任密州(今山东诸城)。当时司农推行手实法,不按时推行的人以违背制度论处。苏轼对提举官说:"违背制度的罪名,如果是从朝廷规定下来的,谁敢不听从?现在只是司农决定的,这是擅自制定法律啊!"提举官吃惊地说:"您老姑且慢慢看着办吧!"没有多久,朝廷知道这个手实法实在是在害民,就取消了。

有个强盗的盗窃案子暴露了,安抚司派三班使臣带领着强悍的差役下乡捕捉,这些差役凶恶残暴,肆意横行,甚至用禁物来诬陷百姓,他们随便冲进老百姓家打人杀人,后来就畏罪逃跑,快要造成乱子了。百姓们奔赴官府向苏轼告状,苏轼故意把他们的诉状放置一边,看也不看地说:"一定不至于这样。"那些溃逃中的差役听到了,稍稍安定了下来,苏轼慢慢地派人把他们引出来杀了。

后来调任徐州(今属江苏)。当时正值黄河在曹村决口,泛滥到梁山泊,溢满了南清河,汇聚到了徐州城下,水势还在暴涨,如果不及时排泄,徐州城就将坍倒,城里的富户纷纷争着出城避水。苏轼说:"富户一旦出城,城里的百姓就都会动摇,我和谁来共同守城?只要我在徐州,就一定不让洪水冲倒徐州城。"于是把那些富户又赶进了城内。苏轼亲自趟水到武卫营中,唤来了卒长说:"黄河水将要败坏徐州城了,事态急了,虽然你们是禁军,也要请你们尽力帮助我。"卒长说:"太守尚且不躲避大水,我辈是小人,当然更该效命。"就带领了他的士兵拿着畚箕和铁锸奔了出去,修筑了东南的长堤,从戏马台开始,一直到徐州城为止。暴雨日夜不停,城墙不被淹没的只有三板了。苏轼住在城墙上临时搭的小屋里,就是经过自己家门也不进去,派官吏们分段堵塞洪水,保护徐州城,最后终于保全了徐州城。苏轼又请求朝廷同意征调一年中应该征发的役夫增筑徐州攻城,造木岸,以防止洪水的再次袭击。朝廷依从了他的请求。

后又徙知湖州(今属浙江),苏轼上表谢恩。又因为对朝廷那些不利于民的措施不敢大胆直言,于是用诗歌寄托讽谏,希望对国家有所补益。御史李定、舒亶、何正臣拾取苏轼表中的一些话,并且和他的诗歌联系起来,进行诬陷,说苏轼是在讪谤朝廷,把他逮捕押解到了台狱,想置他于死地,枉法诬陷,罗织罪名,拖了很长时间也无法决断。唯独宋神宗怜惜他,以团练副使的名义把他安置到了黄州。苏轼和田夫野老,一起玩于山水之间，苏轼还在东坡那里造了房子，自号为“东坡居士”。

熙宁三年（1071），宋神宗几次有意重新起用苏轼，总是被掌握大权的人阻挡了。神宗曾经对宰相王珪、蔡确说：“国朝的历史至关重要，可以任命苏轼把它写出来。”王珪面有难色。神宗说：“苏轼不行，姑且用曾巩。”曾巩进《太祖总论》，神宗感到不妥当，就写了亲笔信命令把苏轼移到汝州（今河南临汝）。其中有这样的话：“苏轼被贬黜后，闭门思过，经历的岁月很长了，人才实在难得，不忍心终身让他弃置在外。”苏轼没有去汝州，上

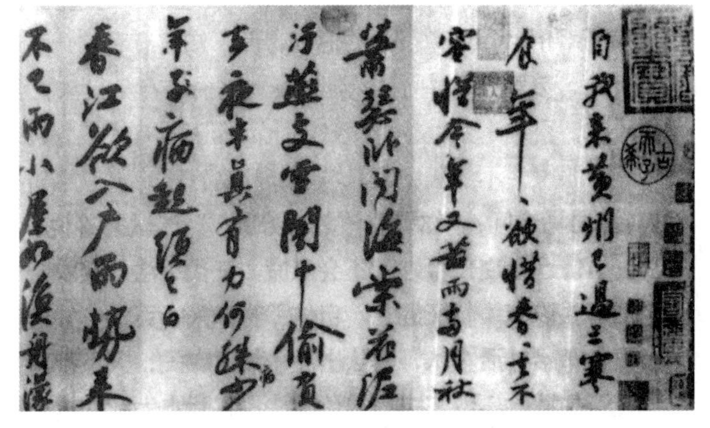

苏轼书《蓼州寒食诗》（局部）

书说自己处境饥寒，有田产在常州，希望能回常州定居。早上上的奏书，傍晚就被批准了。

路过金陵（今江苏南京），苏轼去见了王安石，他对王安石说：“大的兵灾、大的狱讼，是汉朝、唐朝灭亡的先兆。祖宗用仁厚治理天下，正是希望革除这种情况。现在对西方的用兵，连年不断，东南又屡次兴起大的狱讼，明公为什么不说一句挽救这种危局的话呢？”王安石说：“这两件事都是吕惠卿挑起的，我王安石身在外，怎敢随便说话？”苏轼说：“在朝廷就议政，在朝外就不说，这不过是侍奉君王的常礼罢了。现在皇上对待明公不用常礼，明公对待皇上惇难道可以用常礼吗？”王安石厉声地说：“王安石必须说。”又说：“话出在我王安石的嘴里，听在你苏子瞻的耳内。”又说：“一个人必须知道做一件不义的事，杀一个无罪的人，即使能得到天下也不去做，才可以同他相交。”苏轼开玩笑地说：“现在的君子，为了争着减少半年的磨勘年限，虽然叫他杀人也是肯干的。”王安石笑而不言。

苏轼回到常州，正值神宗驾崩，哲宗即位，又恢复苏轼为朝奉郎、知登州（今山东蓬莱），不久又召为礼部郎中。苏轼过去和司马光、章惇相好。当时司马光是门下侍郎，章惇知枢密院，二人意见不合，章惇常常用开玩笑的方式轻慢留难司马光，司马光很苦恼。苏轼对章惇说：“司马君实现在在人们中的声望很高。从前许靖因为徒有虚名没有实际，被蜀先主瞧不起，法正说：‘许靖的声誉，传播天下，如果不给他礼遇，你一定会因为瞧不起贤才而受到麻烦。’先主采纳了他的意见，就加封许靖为司徒。许靖尚且不可轻慢，何况君实呢？”章惇认为很对，司马光赖此得以稍安。

迁为起居舍人。苏轼经历了一番忧患，不希望骤然踏进要地，就向宰相蔡确推辞。

蔡确说："明公徊翔久了，朝中人士没有一个能比得上你的。"苏轼说："从前我和林希同在馆阁之中，而且他的年纪比我长。"蔡确说："林希一定要先于明公吗？"终于不同意苏轼的推辞。元祐元年(1086)，苏轼以七品服入侍延和，皇上即赐银绯，迁中书舍人。

当初，祖宗时，差役法实行长久后产生了流弊。编户充当役夫的人不习惯服役，役头又用暴虐的方法役使他们，造成编户大量破产，狭乡的百姓甚至有终年不得休息的。王安石做宰相后，改差役法为免役法。使编户按等级的高低出钱雇用役夫，执法的人常常超过标准索取，成为人民的祸害。司马光做了宰相，只知道免役法给人民带来的灾害，而不知道它也有有利的一面，就想恢复差役法，派遣官员去筹备设置机构，苏轼也被派参与了这个工作。苏轼说："差役法、免役法，各有利弊。免役法的流弊，在于聚敛百姓的钱财，以至十室九空，上面聚敛了很多钱财，下面给人民带来了钱荒的灾难。差役法的流弊，在于人民常在官府服役，不得专力农耕，而贪暴的官吏和奸猾的差役得以借此做坏事。这二种役法给人民带来灾难的轻重，大概是相等的。"司马光说："那么，依你看这件事情应该怎么办呢？"苏轼说："一切政策法令，前后应该互相衔接，这样事情就容易办成，做一件事情，一点一点地逐步进行，那么百姓就不会受到惊扰。夏、商、周三代的办法，是士兵和农夫合而为一，到秦王朝才开始一分为二，到了唐朝中叶，又把府兵制改成了募兵制，士兵一生都在军队里。自从那时以来，民不知道兵，兵不知晓农，农民拿出粮食和布帛来养兵，士兵拿出性命来保卫农，天下人民都感到方便。虽然圣人再出，也不能改变这个办法。今天的免役法，其实和上面所说的差不多。明公想骤然取消免役法实行差役法，就正像要取消长征的兵而恢复民兵，这是不容易的呀！"司马光不以为然。苏轼又把这些看法在政事堂上陈说，司马光很生气。苏轼说："从前韩琦指责陕西义勇，您为谏官，争论得很厉害，韩公不高兴，您也不顾。我从前听您详细地讲过这个故事，难道今天您做了宰相，就不允许我把话讲完了吗？"司马光笑了，不久任命苏轼为翰林学士。

哲宗二年(1087)，苏轼兼侍读。他每次进宫侍读，当读到治乱兴衰、邪正得失的时候，总是反复开导，希望皇上得到启发有所领悟。哲宗虽然恭默不语，但总是点头肯定了苏轼的看法。他们曾经拜读祖宗《宝训》，因而涉及时事，苏轼一个问题一个问题进行分析说；"现在是赏罚不明，善和恶没有人勉励和阻止；又黄河的水势正向北方流，却要强迫它向东流；西夏入侵镇戎(今宁夏固原)，屠杀和掳掠了几万人，统兵的主帅却不把消息报告朝廷。如果每件事情都像这样，我担心会逐渐地造成衰乱的加剧。"

苏轼经常闭门锁居禁中，有次被召入对便殿，宣仁皇后问他："你以前是做什么官？"苏轼说："臣是常州团练副使。"又问："现在是什么官？"回答说："臣现在是待罪翰林学士。"宣仁后又问："你怎么会从团练副使这样迅速就做了翰林学士呢？"苏轼说："因为受到了太皇太后和皇帝陛下的恩典啊！"宣仁后说："不是的。"苏轼便反问道："难道是大臣们的舆论推荐了我吗？"宣仁后说："也不是的。"苏轼吃惊地说："臣虽然没有规矩，但是也不敢从其他通途进身翰林。"宣仁后说："这是先帝的旨意呀！先帝每次读到你的文章，总是感慨地说：'奇才，奇才！只是没有来得及晋用您就是了。"苏轼不禁失声痛哭，宣仁后和哲宗皇帝也哭了起来，左右的人也都个个感动得流出了眼泪。随后，宣仁后和哲宗命苏轼坐下并赐茶，最后让太监取下御前的金莲烛照送苏轼归院。

哲宗三年(1088)，苏轼权知礼部贡举。恰巧大雪纷飞，天气奇冷，考生们端坐庭中，都冻得不能说话。苏轼放宽了原来那些严格的规定，让考生们能尽量发挥自己的才能。巡视考场的一些内侍们常常挑剔和侮慢考生们，还拿了意思比较暧昧的单词，以此诬蔑考生们有罪，苏轼把这种情况统统报告了宋哲宗，赶走了这些讨厌的巡场内侍们。

神宗四年(公元 1089 年)，苏轼因为议论朝政多了，被执掌大权的大臣所忌恨。苏轼担心会不被见容，要求外拜龙图阁学士、知杭州。还没有起行，谏官告发前宰相蔡确知安州时写诗借郝处俊的事件讥刺太皇太后。大臣们在议罪中认为应该迁谪到岭南。苏轼给皇帝上了一道密疏说："朝廷如果从轻处理蔡确的罪行，那么对于皇帝来说，孝治就显得不够；如果从重处置蔡确的罪行，那么对于太皇太后的仁政就会带来小小的影响。我认为应该由皇帝下令设置专案，专门处理这个案件，而由太皇太后再写一道手诏赦免他，那么于仁于孝就可两全了。"宣仁看后心里赞赏苏轼的建议，但却没有用这个办法。苏轼车马出京郊，皇上用对待前执政大臣的恩例，派遣内侍赐给苏轼龙荣、银合，慰劳非常丰厚。

苏轼回到了杭州，恰巧碰上大旱、饥荒和瘟疫等几种大灾疫同时并作。苏轼向朝廷提出请求，免除本路上供大米三分之一，又得到了朝廷赐予的度僧牒，把它换了粮食以赈济灾民。第二年的春天，又减低价格出售常平仓的粮食还煮了很多粥和药剂，派人带着医生分别到各个街坊为灾民治病，被救活的人很多。苏轼说："杭州，是水陆的交会处，因此遭疫病而死的也常常要比其他各处多。"苏轼还收集多余的钱款，一共得到了二千缗，

杭州城与西湖

又打开口袋取出五十两黄金，专门造了一个病房，稍稍蓄积了些钱粮，准备着给饥民治病之用。

杭州本来靠近海，地下水既咸又苦，居民很少。唐代刺史李泌才开始汲引西湖的水，开掘了六口井，人民的用水才丰足。白居易又疏通西湖，使湖水流入漕河，再从漕河引入农田，被灌溉的农田有千顷，人民因此富足。湖水中多茭白根，自唐朝到钱氏，每年都要

疏浚整治，宋代开国以后，不再对它整治疏浚，因此杂草丛生，湖水干涸，形成葑田，湖水没有多少了。漕河没有了湖水，就取浙江的潮水，漕船在杭州城市中心行驶，潮水中又多淤泥，每三年要淘掘一次漕河水道，成为人民的一大祸害。李泌造的六口大井，这时也几乎成了废井。苏轼看到茅山有条河专门承受浙江的潮水，而盐桥的一条河却专门容纳西湖的湖水，于是就开通了这两条河道以通漕运。又建造了堰闸，作为蓄积和疏泄湖水的闸门，使浙江的潮水不再进入市中心。还用剩余的力量修复了那六口废井。又把积在湖中的葑田，前后贯通起来，修筑了南北直径长达三十里的堤岸，方便市民的通行。吴地人民种菱，春天总是统统除去，不留寸草。苏轼就招募人在西湖中种菱，这样茭白根就生长不起来了。种菱的收入用来准备修竣湖堤，采用救济灾荒的余钱万缗、粮食万石，以及请得百僧度牒，用来招募役夫。长堤修成后，在湖中种荷花，在堤上种杨柳，远远望去就像一幅美妙的图画，杭州人命名它为苏公堤。

杭州有个和尚叫净源，过去住在海滨，和外国海客交通，海船到了高丽，众口一辞地赞美他。元丰(1078～1085)末年，高丽国王的王子义天来朝见宋王朝，净源也去拜访过他。到现在，净源死了，他的徒弟窃取了他的画像，乘了海船去高丽报告高丽王的儿子，义天也派了他的手下人来祭祀净源，并拿了他们国母的二座金塔，说是祝大宋皇帝两宫的寿辰。苏轼不收，并向哲宗上奏说："高丽已经很长时间没有向朝廷进贡了，失去了大宋朝廷恩赐给他们厚利的机会，现在又想来朝见，但是又摸不透我们对待他们态度的厚薄，所以借着祭死去的净源和尚的名义而向在宋朝廷行祝寿的礼。我们如果接受了他们的礼物而不回谢，他们一定会产生怨恨的心，如果接受了他们的礼物而又赐给他们厚礼，那么正中他们的计策。现在应该不让他们了解朝廷的态度，让州郡自己去处理这件事。那个愚蠢的和尚扰乱通高，替国家惹起事端，防微杜渐，此风不可长，应当痛加惩处。"朝廷都依从了苏轼的奏议。没有多久，高丽的贡使果然到了，按旧例，高丽使者所到的吴越七州，应该支出二万四千余缗的接待费。苏轼命令这些州郡根据具体情况酌量裁减。这样一来，七州的百姓得到了物资交易的利益，而再没有侵扰的灾害。

浙江的潮水从海门东来，势如雷霆，而浮山矗立在江中，和渔浦的各个山头犬牙交错，水流盘旋、浪花激射，每年被撞坏的公家和私人的船只无法计算。苏轼建议在浙江上游的石门，沿着山势的走向往东凿一条漕河，引浙江潮水和溪谷诸水，长二十余里，再进入浙江。再连接诸山作为堤岸，这样不到十里便能到达龙门大慈浦，又从浦北曲折抵达小岭，在小岭中凿一条长六十五丈的通道，使水流经过通道到达岭东的古河，再疏浚开掘古河数里，便可到达龙山漕河，这样就可避开浮山险隘，人们以为有利。奏书上闻朝廷，那些憎恶苏轼的人竭力阻挠，这个工程因此没有成功。

苏轼又说："三吴的水，汇聚而成太湖，太湖的水，充溢而成松江，然后流入东海。东海每天有二次潮水，潮水浊而松江清，潮水常常想淤塞松江的水道，而江水畅流，随即将潮淤清除，海口常通，因此吴中地区就少水患。从前苏州东面，公私船只都用竹篙点水而行，没有岸上拉纤的。自从庆历(1041～1048)以来，在淞江两岸大筑纤路，又修筑了长桥，因而扼塞了松江的水路，所以现在三吴多水，希望凿穿纤路，修千百座桥，以加速松江水势的畅通。”结果也没有被采用，人们都以此为憾事。苏轼二十年间二次到杭州，有恩德于人民，所以杭州人民家家有他的画像，吃饭的时候一定为他祝愿。又造了苏轼的生祠，以此报答苏轼的恩德。

哲宗六年（1091），苏轼被召为吏部尚书，人还没有到达京师，又因为弟弟苏辙被任命为右丞，所以又改授苏轼为翰林承旨。苏辙不接受右丞的官职，希望同哥哥一起充当从官，不被允许。苏轼在翰林几月，再次因为遭谗而请求外放，结果以龙图阁学士的职位而出知颍州（今安徽阜阳）。起先。开封府的许多县多水灾，官吏不研究事情的本来，就决破圩岸，使水流注入惠民河，惠民河道无法承受，导致陈州（今济南淮阳）也多水灾。又打算凿开邓艾沟，使它和颍河相通，而且准备开凿黄堆，企图把水流注入淮河。苏轼刚到颍州，就派官吏用水平器测量水位，发觉淮水涨水时的水位比将开的新沟几乎高出一丈，如果开凿黄堆，淮水倒流颍地必然造成灾患。苏轼把这情况奏闻朝廷，朝廷听从了他。

颍州郡有惯贼尹遇等，屡次抢劫杀人，又杀死了捕盗的官兵。朝廷派了有名的捕快去捕捉他们，也没有结果。被害的人家担心再次遭到贼人的毒害，就隐匿他们的行迹，不敢揭发。苏轼召来了汝阴县尉李直方，对他说：“您如果能擒获这批惯贼，我定当向朝廷尽力推荐，要求优赏；如果抓不住这批惯贼，我也用不尽职的理由禀奏朝廷，免除您的职务。”李直方有母亲且已老，就同母亲诀别，而后出发。不久，便侦缉到了这批盗贼的藏匿所在，分别捉拿了尹遇的党徒，而且同尹遇肉搏，刺伤了尹遇，抓住了这个惯贼。朝廷却因为李直方地位太低、官职太小，还不能由朝廷直接给他赏赐，所以在论功行赏时没有及于李直方。苏轼要求根据自己这几年的功劳，应当改封个朝散郎的官职，再把这个官职赏给李直方，朝廷不依。后来吏部又认为苏轼应当升迁，以符合对他的考评，苏轼提出把授予自己的官职给予李直方，吏部又不肯向上报告。

哲宗七年（1092），徙扬州。过去的发运司主持东南漕运的方法，是随便驾船的人私载货物，稽查商船、征收商税的人不得留难。所以驾船的人总是很富厚，他们以官船为家，以补他们的纰漏，而且周济船工经济上的困难，所以装载的货物都能迅速到达而不会出问题。近年来对这一切都统统禁止了，所以舟弊人困，操舟的人没有办法，就常常盗窃漕运的货物，来解救自己的饥寒，结果是给公家和私人都带来了损害。苏轼请求恢复以往的办法，朝廷依从了。不到一年，苏轼被授命为兵部尚书兼侍读。

这一年，哲宗皇帝亲自祭祀南郊，苏轼是卤簿使，引导皇驾进入太庙。当时有赭繖犊车和青盖犊车十余辆互相抢道，不回避皇帝仪仗。苏轼派御营巡检使查问，原来是皇后和大长公主。当时御史中丞李之纯是仪仗使，苏轼说：“中丞的职责是肃政，不能不把这件事报告皇上。”李之纯不敢说，苏轼就在车中奏报了皇上。哲宗派人抱了奏疏驰马奔告太皇太后，第二日，太皇太后下诏整齐仪卫，从皇后以下都不得迎接拜谒。不久，苏轼迁礼部，兼端明殿、翰林侍读两学士，为礼部尚书。高丽派使者来请求赐书，朝廷按旧例完全应允他们。苏轼说：“汉东平王请求诸子和《太史公书》，尚且不肯给他。现在高丽要求的，比当年东平王要求的高多了，难道可以给他们吗？”朝廷不听。

哲宗八年（1093），宣仁后驾崩，哲宗亲自执政。苏轼要求外调，结果，带着两学士的职务出知定州(今河北定县)。当时国事将有变化,苏轼无法进宫面辞。出发以后,上书哲宗说:“天下的治和乱,都出于下情是否畅通或阻塞。政事治理得好到极点,小民们都能自通于朝廷;等到大乱的时候,虽然是近臣也不能自达。皇上临政已九年了,除宰相、台谏外,还没有和群臣有过接触。现在你亲自听政了,在开始的时候,应该把了解下情、除去下情上达的阻碍作为当务之急。臣过去每日在皇上的左右侍奉,现在我要去戍守边疆了,尚不能再见皇上一面就只能走了,何况那些平日和皇上疏远的小臣,希望自通皇上就更难了。然而我却不敢因为我现在不再和皇上对问就不再向皇上效忠。古代的圣人们,当他们将要有所作为的时候,一定让自己先处于晦暗之处而看明亮的地方,先处于静的地位来观察动的现象,那么万物的情状,也就统统呈现在你的眼前了。皇上智慧过人,年纪很轻。我希望皇上能虚心循理,开始执政的时候,一切事情都不要去追求什么作为,默默地观察众多事物的利和害,朝廷群臣的邪和正。以三年为期,等到了解了它们的实情,然后适应事物的变化而有所动作。使事情做了以后,天下的人都无所憾恨,皇上自己也不懊悔。由此看来,皇上的有所作为只是担心太早,而不是害怕稍迟,也就可以明白了。我担心那些急进好利的人,总是劝皇上轻率地进行改变,所以才提出这个意见,希望皇上多留神,那就是社稷宗庙的大福,天下百姓就有幸了。”

定州的军事、政治都弛废败坏,许多卫兵骄横怠惰不受管束,军校像蚕一样吞食军粮,前太守不敢对他们怎么样。苏轼把那些贪污的人发配到条件十分恶劣的边远地区去做奴隶,修补整治营房,禁止饮酒赌博,待军中的衣食稍稍丰足以后,就进行军事训练,军中的士兵无不畏服。然而那些当官的却心怀畏惧,惴惴不安,有个卒史告发他的长官贪赃,苏轼说:“这些事我自己治理就可以了,如果听从你的告发,那么军中就要乱了。”就立即决定发配了这个人,众人的情绪才安定下来。

适逢春天大阅兵,将吏中上下等级的分别已经废除很久了。苏轼命令按原来的规章制度办事,主帅应该穿着常服出现在军帐中,将吏们都要穿着戎装侍从于主帅左右,执行各种命令。副总管王光祖自以为是老将,耻于这样做,就假称有病不参加阅兵。苏轼叫来书吏命令他写奏章,王光祖害怕了,就出来参加阅兵,阅兵结束,没有一个人敢懈怠。定州人说:“自从韩琦走了以后,就再也没有看见这样的阅兵了。”当时宋朝同契丹议和已经很久了,边防战士长期不出战都已疲惫衰老,不能为朝廷所用了,只有紧靠边境的弓箭社,因为和敌寇比邻,常用战射自卫,仍旧号称精锐。旧宰相庞籍守定州的时候,根据民俗而制订了法规,但是年代久了,法规也就松弛了,又被保甲法所阻挠。苏轼奏请免除保甲法,把两税法折变为临时增加的租税,结果被有关部门扣压,没有上报。

绍圣(1094~1098)初年,御史弹劾苏轼在掌管内外制的时期内所写作的词命,是用来讥斥先朝的。就以原来的官职知英州(今广东英德),不久又降了一级,人还没有到达英州,又被贬为宁远军节度副使,在惠州(今广东惠阳)安置。苏轼在惠州住了三年,对这一切他都能淡然处之,毫不为意。和他共处的人,无论贤愚,都能得到他的欢心。后来又被贬为琼州(今海南海口)别驾,住在昌化(今海南儋县)。昌化这个地方古代属儋耳国,这不是人能居住的地方,连药品和糕饼都没有。开始,苏轼租赁官舍居住,有关部门尚且不同意，苏轼就买了土地自己建造住室，儋耳地方的人民帮他运砖、畚土。苏轼就和小儿子苏过住在那里，以著书为乐，常常和那里的父老交游，似乎就将终老于此。

宋徽宗即位，苏轼被移到廉州（今广西合浦），又改为舒州团练副使，徙于永州（今湖南零陵）。历经三次大赦以后，遂为玉局观提举，恢复朝奉郎。苏轼从元祐以来，从来没有把每年的课考作为要求晋升的条件，所以一直到去世的时候，他的官职就是朝奉郎。建中靖国元年（1101），在常州去世，终年六十六岁。

三苏

苏轼和弟弟苏辙，从小以父亲苏洵为师，学习写文章，以后应该说是得之于自然了。他曾经说："写文章就好比行云流水，开始的时候没有规定的目标，常常是当自己感到有话要说的时候，就应当不停顿地写下去，到了无话可说的时候，就应当立即停止。"虽然是嬉笑怒骂的文辞，他都可以写出来、背出来。苏轼文章的格局雄浑浩涵、光芒四射、雄视百代，真是有文章以来，很少见到的啊！苏洵晚年读《易经》，作《易传》未完成，就命令苏轼完成他的遗愿。苏轼写成了《易传》，又写了《论语说》；后来住在海南，写了《书传》；又有《东坡集》四十卷、《后集》二十卷、《奏议》十五卷、《内制》十卷、《外制》三卷、《和陶诗》四卷。后来名闻一时的文人如黄庭坚、晁补之、秦观、张来、陈师道，当他们还没有被社会上的人们所了解的时候，苏轼对待他们却犹如朋辈，从来没有以师辈自居。

苏轼自从成了举人，一直到作为出入皇宫的侍从，一定把爱护君王作为为臣的根本，忠言规劝，正直敢言，挺挺大节，朝中群臣没有一个能出其上。但是被小人妒忌、中伤、排挤，使他不能安于朝廷之上。

宋高宗即位，追赠苏轼为资政殿学士，把他的孙子苏符封为礼部尚书；又把他的文章置放在御案左右，读着这些文章就整天忘记了疲倦，赞美他是文章的宗师，亲自写了集赞，赠给他的曾孙苏峤；又推崇追赠苏轼为太师谥为"文忠"。苏轼有三个儿子：苏迈、苏迨、苏过，都善于写文章。

苏迈，是驾部员外郎。苏迨是承务郎。

苏过，字叔党。在苏轼做杭州太守的时候，苏过十九岁，那年，他从两浙路发解参与诗赋考试，但经礼部考试却没被录取。等到苏轼做兵部尚书，苏过担任右承务郎。在苏轼统兵定武，贬谪英州，又贬惠州，迁儋耳，以后又不断徙移廉州、永州的这段长时间中，只有苏过独自一人侍奉苏轼。凡是白天夜晚冬天夏天生活中所需要的一切，苏过都一身百为，从不感到为难。初到海上，他写了一篇文章叫《志隐》，苏轼看了以后说："我可以在这个海岛的夷人中安定下来了。"因此让苏过写作《孔子弟子别传》。苏轼在常州去世，苏过将父亲葬在汝州（今河南临汝）郏城小峨眉山，以后在颍昌（今河南许昌）住了下来，在湖的南面种了几亩竹子，名为小斜川，自号"斜川居士"。死的时候，五十二岁。

苏过一开始是太原府税监，后来为颍昌府郾城县（今属河南）县令，都是因为法令罢了官。晚年权通判中山府。有《斜川集》二十卷。他的《思子台赋》《飓风赋》很早就在社会上流传。当时人们称苏过为"小坡"，因为时人把苏轼称为"大坡"的缘故啊！苏过的叔父苏辙经常称赞苏过能尽孝道，把他作为榜样去教导宗族中的子弟。苏辙还说："我哥哥远住在海上，就培养了这个孩子是能写文章的。"苏过有七个儿子：苏籥、苏籍、苏节、苏箪、苏笈、苏笛、苏箾。

论道：当苏轼还是孩童的时候，有个读书人把石介的《庆历圣德诗》带到了四川，苏轼列举了诗中所提到的韩琦、富弼、杜衍、范仲淹等当代的贤哲问他的教师。教师感到很惊奇，问他是怎么回事，苏轼就说："我正想认识这几个人呀！"原来就是从那时起，小小的苏轼就有同当代贤哲抗衡的愿望。刚成年，苏轼父子兄弟一同到京师，一天之内就声名显赫，轰动四方。不久苏轼就在科举考试中荣登上第，擢举词科，入宫为皇帝执掌书命，外出则主持一方政事。在器识的宏伟、议论的超绝、文辞的雄隽、政事的精明这四个方面，都能以他的卓立不群的思想为主导，而又能用勇往直前的气概辅助它。所以他意气所向，文辞足以表达他的谋略，行事足以成就他的事业。至于祸患到来的时候，则节义又足以使他能坚定地自守，这些都是高尚的志向和宏伟的气魄造成的啊！仁宗皇帝初读苏轼和苏辙两兄弟的制策，退朝后高兴地说："我今天为子孙挑选到两个宰相了。"神宗喜欢苏轼的文章，当他在宫中读苏轼文章的时候，侍从人员送来了御膳而他却忘了进食，他赞美苏轼是天下的奇才。这两个国君都很了解苏轼，但苏轼却始终没有被大用。欧阳修第一个赏识苏轼，所以苏轼的名声就和欧阳修并列，这难道不是证明了苏轼的所长是无法被遮盖和压制的吗？天下的舆论是绝对公正的啊！但是，做不做宰相是有命数的。唉！苏轼没有做到宰相，又怎可说不是他的幸运呢？有人说："苏轼如果自己能稍稍韬晦和收敛一点，虽然不一定做宰相，但也当免去那些灾祸。"这些说法虽然也有一些道理，但假如让苏轼用这个态度来改变他的所作所为，那还能成为苏轼吗？

苏颂传

【题解】

苏颂(1020~1101),字子容,泉州南安人。进士。先后历任宿州观察推官、江宁县知县、馆阁校勘、集贤馆校理、度支判官、淮南转运使、应天知府、尚书左丞、右仆射兼中书侍郎等职。苏颂是位学者型官员,博学多才,通晓经史、九流、百家学说、图纬、律吕、星官、算法、山经、本草。苏颂与韩公廉等人制成的水运仪象台,能用多种形式反映及观测天体运行。苏颂等人编纂的《图经本草》载有药草图,对于识别和使用药物很有益处,在中同医药学史上有突出的地位。

【原文】

苏颂字子容,泉州南安人。父绅,葬润州丹阳,因徙居之。第进士,历宿州观察推官,知江宁县。时建业承李氏后,税赋力籍,一皆无艺,每发敛,高下出吏手。颂因治讯他事,互问民邻里丁产,识其详,及定户籍,民或自占不悉,颂警之曰:"汝有某丁某产,何不言?"民骇惧,皆不敢隐。遂铲剔夙蠹,成赋一邑,简而易行,诸令视以为法,至领其民拜庭下以谢。凡民有忿争,颂喻以乡党宜相亲善,若以小忿而失欢心,一旦缓急,将何赖焉。民往往谢去,或半途思其言而止。时监司王鼎、王绰、杨纮于部吏少许可,及观颂施设,则曰:"非吾及也。"

调南京留守推官,留守欧阳修委以政,曰:"子容处事精审,一经阅览,则修不复省矣。"时杜衍老居睢阳,见颂,深器之,曰:"如君,真所谓不可得而亲疏者。"衍又自谓平生人罕~见其用心处,遂自小官以至为侍从、宰相所以施设出处,悉以语颂,曰:"以子相知,且知子异日必为此官,老夫非以自矜也。"故颂后历政,略似衍云。

皇祐五年,召试馆阁校勘,同知太常礼院。至和中,文彦博为相,请建家庙,事下太常。颂议以为:"礼,大夫士有田则祭,无田则荐,是有土者乃为庙祭也。有田则有爵,无土无爵,则子孙无以继承宗祀,是有庙者止于其躬,子孙无爵,祭乃废也。若参合古今之制,依约封爵之令,为之等差,锡以土田,然后庙制可议。若犹未也,即请考案唐贤寝堂祠飨仪,止用燕器常食而已。"

嘉祐中,诏礼院议立故郭太后神御殿于景灵宫,颂谓:"敕书云:'向因忿郁,偶失廉恭。'北则无可废之事。又云:'朕联念其自历长秋,仅周一纪,逮事先后,只奉寝园。'此则有不当废之悔。又云:'可追复皇后,其纮庙谥册并停。'此则有含纮庙及谥册之义。请纮郭皇后于后庙,以成追复之道。"众论未定,宰相曾公亮问曰:"郭后,上元妃,若纮庙,则事体重矣。"颂曰:"国朝三圣,贺、严、潘皆元妃,事体正相类。今止纮后庙,则岂得有同异之言。”公亮曰：“议者以谓阴逼母后，是恐万岁后配纮之意。”颂曰：“若加一‘怀’、‘哀’、‘愍’之谥，则不为逼矣。”公亮叹重。

迁集贤校理，编定书籍。颂在馆下九年，奉祖母及母，养姑姊妹与外族数十人，甘旨融怡，昏嫁以时，妻子衣食常不给，而处之晏如。富弼尝称颂为古君子，及与韩琦为相，同表其廉退，以知颍州。通判赵至忠本边徼降者，所至与守竞，颂待之以礼，具尽诚意。至忠感泣曰：“身虽夷人，然见义则服，平生诚服者，唯公与韩魏公耳。”

仁宗崩，建山陵，有司以不时难得之物厉诸郡。颂曰：“遗诏务从俭约，岂有土不产而可强赋乎？量其有无，事亦随集。”英宗即位，召提点开封府界诸县镇公事。颂言：“周制六军出于六乡，在三畿四郊之地；唐设十二卫，亦散布畿内郡县，又以关内诸府分隶之，皆所以临制四方，为国藩卫。国朝禁兵，多屯京师及畿内东南诸县，虽馈运为便，而西边武备殊阙。今中牟、长垣都门要冲，二鄙驿置皆由此，而旧不屯兵，阒无防守，请轩营益兵，以备非常。”明年，饥民果乘虚犯长垣，戕官吏，如颂虑。颂又请以获盗多寡为县令殿最法，以谓：‘巡检、县尉，但能捕盗，而不能使人不为盗；能使其不为盗者，县令也。且民罹剽劫之害，而长官不任其责，可乎？”

迁度支判官。送契丹使，宿恩州，驿舍火，左右请出避，颂不动。州兵欲入救，闭门不纳，徐使防卒扑灭之。初火时，郡人汹汹，唱使者有变，救兵亦欲因而生事，赖颂安静而止。遂闻京师，神宗疑焉，颂使还，入奏，称善久之。命为淮南转运使。召修起居注，擢知制诰、知通进银台司、知审刑院。

时知全州张仲宣坐枉法赃罪至死，法官援李希辅例，仗脊黥配海岛。颂奏曰：“希辅、仲宣均为枉法，情有轻重。希辅知台，受赇数百千，额外度僧。仲宣所部金坑，发檄巡检体究，其利甚微，土人惮兴作。以金八两属仲宣不差官比较，止系违令，可比恐喝条，视希辅有间矣。”神宗曰：“免杖而黥之，可乎？”颂曰：“古者刑不上大夫，仲宣官五品，今贷死而黥之，使与徒隶为伍，虽死人无可矜，所重者，污辱衣冠耳。”遂免杖黥，流海外，遂为定法。

又言：“提举青苗官不能体朝廷之意，邀功争利，务为烦扰，且与诸司不相临统，文移同异，州县莫知适从。乞与常平、众役一切付之监司，改提举为之属，则事有统一，而于更张之政无所损也。”不从。

大臣荐秀州判官李定，召见，擢太子中允，除监察御史里行。宋敏求知制诰，封还词头。复下，颂当制，颂奏：“祖宗朝，天下初定，故不起孤远而登显要者。真宗以来，虽有幽人异行，亦不至超越资品。今定不由铨考，擢授朝列；不缘御史，荐置宪台。虽朝廷急于用才，度越常格，然隳紊法制，所益者小，所损者大，未敢具草。”次至李大临，亦封还。神宗曰：“去年诏，台官有阙，委御史台奏举，不拘官职高下。”颂与大临对曰：“从前台官，于太常博士以上、中行员外郎以下举充。后为难得资叙相当，故朝廷特开此制。止是不限博士、员郎，非谓选人亦许奏举。若不拘官职高下，并选人在其间，则是秀州判官亦可为里行，不必更改中允也。今定改京官，已是优恩，更处之宪台，先朝以来，未有此比。倖门

一启，则士涂奔竞之人，希望不次之擢，朝廷名器有限，焉得人人满其意哉！”执奏不已，于是并落知制诰，归工部郎中班，天下谓颂及繁求、太监为“三舍人”。

岁余，知婺州。方泝桐庐，江水暴迅，舟横欲覆，母在舟中几溺矣，颂哀号赴水救之，舟忽自正。母甫及岸，舟乃覆，人以为纯孝所感。徙亳州，有豪妇罪当杖而病，每旬检之，未愈，谯簿邓元孚谓颂子曰：“尊公高明以政称，岂可为一妇所绐。但谕医如法检，自不诬矣。”颂曰：“万事付公议，何容心焉。若言语轻重，则人有观望，或致有悔。”既而妇死，元孚惭曰：“我辈狭小，岂可测公之用心也。”

加集贤院学士，知应天府。吕惠卿尝语人曰：“子容，吾乡里先进，苟一诣我，执政可得也。”颂闻之，笑而不应。凡更赦，大临还侍从，颂才授秘书监，知通进银台司。吴越饥，选知杭州。一日，出遇百余人，哀诉曰：“某以转运司责逋市易缗钱，夜囚昼系，虽死无以偿。”颂曰：“吾释汝，使汝营生，奉衣食之余，悉以偿官，期以负月而足，可乎？”皆谢不敢负，果如期而足。

颂宴客有美堂，或告将兵欲乱，颂密使捕渠领十辈，荷校付狱中，迨夕会散，坐客不知也。及修两朝正史，转右谏议大夫。使契丹，遇冬，其国历后宋历一日。北人问孰为是，颂曰：“历家算术小异，迟速不同，如亥时节气交，犹是今夕；若逾数刻，则属子时，为明日矣。或先或后，各从其历可也。”北人以为然。使还以奏，神宗嘉曰：“朕尝思之，此最难处，卿所对殊善。”因问其山川、人情向背，对曰：“彼讲和日久，颇窃中国典章礼义，以维持其政，上下相安，未有离二之意。昔汉武帝自谓：‘高皇帝遗朕平城之忧，虽久勤征讨，而匈奴终不服。’至宣帝，呼韩单于稽首称藩。唐中叶以后，河湟陷于吐蕃，宪宗每读《贞观政要》，慨然有收复意。至宣宗时，乃以三关、七州归于有司。由此观之，外国之叛服不常，不系中国盛衰也。”颂意盖有所讽，神宗然之。

元丰初，权知开封府，颇严鞭扑。谓京师浩穰，须弹压，当以柱后惠文治之，非亳、颍卧治之比。有僧犯法，事连祥符令李纯，颂置不治。御史舒亶纠其故纵，贬秘书监，知濠州。

初，颂在开封，国子博士陈世儒妻李恶世儒庶母，欲其死，语从婢曰：“博士一日持丧，当厚饷汝辈。”既而母为婢所杀，开封治狱，法吏谓李不明言使杀姑，法不至死。或潜颂欲宽世儒夫妇，帝召颂曰：“此人伦大恶，当穷竟。”对曰：“事在有司，臣固不敢言宽，亦不敢谕之使重。”狱久不决。至是，移之大理。意颂前次请求，移御史台逮颂对。御史曰：“公速自言，毋重困辱。”颂曰：“诬人死，不可为己，若自诬以获罪，何伤乎？”即手书数百言伏其咎。帝览奏牍，以为疑，反复究实，乃大理丞贾种民增减文傅致也。由是事得白。同列犹以尝因人语及世儒帷薄事，颂应曰：“然。”以是为汇狱情，罢郡。

未几，知河阳，改知沧州。入辞，帝曰：“朕知卿久，然每欲用，辄为事夺，命也夫！卿直道，久而自明。”颂顿道谢。召制尚书吏部兼详定官制。唐制，吏部主文选，兵部主武选；神宗谓三代、两汉本元文武之别，议者不知所处。颂言：“唐制吏部有铨之法，分品秩而掌选事。今欲文武一归吏部，则宜分左右曹掌之，每选更以品秩分治。”于是吏部始有四选法。

因陛对，神宗谓颂曰："欲修一书，非卿不可，契丹通好八十余年，盟誓、聘使、礼币、仪式，皆无所考据，但患修书才迁延不早成耳。然以卿度，此书何时可就?"颂曰："须一二年。"曰："果然，非卿不能如是之敏也。"及书成，帝读《序引》，喜曰："正类《序卦》之文。"赐名《鲁卫信录》。

帝尝问宗子主祭、承重之义。颂对曰："古者贵贱不同礼，诸侯、大夫世有爵禄，故有大宗、小宗、主祭、承重之义，则丧服从而异制，匹士庶人亦何预焉。近代不世爵，宗庙因而不立，尊卑示无所统，其长子孙与众子孙无以异也。今《五服敕》，嫡孙为祖、父为长子犹斩衰三年，生而情礼则一，死而丧服独异，恐非先王制礼之本意。世俗之论，乃以三年之丧为承重，不知为承大宗之重也。臣闻庆历中，朝廷议百僚应任子者，长子与长孙差优与官，余皆降杀，亦近古立宗之法。乞诏礼官、博士参议礼律，合承重者，酌古今收族主祭之礼，立为宗子继祖者，以异于众子孙之法。士庶人不当同用一律，使人知尊祖，不违礼数也。"除吏部侍郎，迁光禄大夫。遭母丧，帝遣中贵人唁劳，赐白金千两。

元祐初，拜刑部尚书，迁吏部兼侍读。奏："国朝典章，沿袭唐旧，乞诏史官采新、旧《唐书》中君臣所行，日进数事，以备圣览。"遂诏经筵官遇非讲读日，进汉、唐故事二条。颂每进可为规诫、有补时事者，必述己意，反复言之。又谓："人言聪明，不可有所向，有则偏，偏侧为患大矣。今守成之际，应之以无心，则无不诒。"每进读至弭兵息民，必援引古今，以动人主之意。

既又请别制浑仪，因命颂提举。颂即邃于律历，以吏部令吏韩公廉晓算术，有功思，奏用之。授以古法，为台三层，上设浑仪，中设浑象，下设司辰，贯以一机，激水转轮，不假人力。时至刻临，则司辰出告。星辰躔度所次，占侯则验，不差晷刻，昼夜晦明，皆可推见，前此未有也。

颂前后掌四选五年，每选人改官，吏求垢瑕，故为稽滞。颂敕吏曰："某官缘某事当会某处，仍引合用条格，具委无漏落状同上。自是吏不得逞。每诉者至，必取按牍使者自省阅，诉者服，乃退；其不服，颂必往复诘难，度可行行之，苟有疑，则为奏请，或建白都堂。故选官多感德，其不得所欲者，亦心服而去。

迁翰林学士承旨。五年，擢尚书左丞。尝行枢密事。边帅遣种朴入奏："得谍言，阿里骨已死，国人未知所立。契丹官赵纯忠者，谨信可任，愿乘其未定，以劲兵数千，拥纯忠入其国立之。"众议如其请。颂曰："事未可知，其越境立君，使彼拒而不纳，得无损威重乎？徐观其变。俟其定而抚辑之，未晚也。"已而阿里骨无恙。

七年，拜右仆射兼中书侍郎。颂为相，务在奉行故事，使百官守法遵职。量能授任，杜绝侥倖之原，深戒疆场之臣邀功生事。论议有未安者，毅然力争之。贾易除知苏州，颂言："易在御史名敢言，既为监司矣，今因赦令，反下迁为州，不可。"争论未决。谏官杨畏、来之邵谓稽留诏命，颂遂上章辞位，罢为观文殿大学士、集禧观使，继出知扬州。徙河南，辞不行，告老，以中太一宫使居京口。绍圣四年，拜太子少师致仕。

方颂执政时，见哲宗年幼，诸臣太纷纭，常曰："君长，谁任其咎耶？"每大臣奏事，但取决于宣仁后，哲宗有言，或无对者。惟颂奏宣仁后，必再禀哲宗，有宣谕，必告诸臣以听圣语。及贬元祐故臣，御史周秩刻颂。哲宗曰："颂君臣之义，无轻议此老。"徽宗立，进太子太保，爵累赵郡公。建中靖国元年夏至，自草遗表，明日卒，年八十二。诏辍视朝二日，赠司空。

颂器局闳远，不与人校短长，以礼自持。虽贵，奉养如寒士。自书契以来，经史、九流、百家之说，至于图纬、律吕、星官、算法、山经、本草，无所不通。大明典故，喜为人言，亹亹不绝。朝廷有所制作，必就而正焉。

尝议学校，欲博士分经；课试诸生，以行艺为升俊之路。议贡举，欲先行实而后文艺，去封弥、誊录之法，使有司参考其素，行之自州县始，庶几复乡贡里选之遗范。论者韪之。

【译文】

苏颂字子容，是泉州南安人。父亲苏绅，葬于润州丹阳，因而苏颂家就迁居到哪里了。他中进士第，历任宿州观察推官、江宁县知县。当时建业，自从后唐以后，有关的赋税、地图和户籍，都没有一定的标准，每到开始征敛时，多少都由官吏来定。苏颂在治理询问其他事情时，兼要问及人们邻里的人口地产，知道得很详细。到了记定户籍的时候，或者有人自报不周的，苏颂警告他说："你家有某人某些产业，为什么不呀？"人们惊讶惧怕，都不敢隐瞒。于是他剔除了这个长期为害的弊病，规赋定额，简明而容易执行，其他的县令们把它看作是法律一样，以至于带领百姓拜谢于他的堂前。凡是民间有愤怨纠争，苏颂总是开导讲理，说明乡亲之间应当相亲相善，如果因为一点小小的愤怨而彼此不高兴，以后一旦发生急迫的事情，还能依靠谁呢。人们经常感谢而去，或者在上告的途中想到他的这些话而停止下来。当时在监司王鼎、王绰、杨纮对于官吏称道的不多，看到苏颂所设，也说："这不是我们所能做到的。"

苏颂调任南京留守推官，留守欧阳修将政事相与委托，说："子容办理事物精明审慎，一旦经过他看过的东西，我就不用再去检查了。"当时杜衍辞老后居住在睢阳，看到苏颂，很是器重他，说："像你这样，真正是所说的在结交上不能多得的人。"杜衍又把自认为一生中特别用心着力的地方，从小官员到侍从、宰相的施行设置，都讲给了苏颂，并且说："告诉你这些事情，是知道以后你一定会出任这些官职，老夫我不是自己矜夸。"后来苏颂所历任的职官，大略正如杜衍所说的。

皇祐五年，召苏颂为馆阁校勘、同知太常礼院。至和年间，文彦博是宰相，他请求建立家庙，此事到了太常院。苏颂认为："讲到礼，士大夫家有田产就行祭礼，没有田产就行荐礼，这样有土地的人于是就建庙祭祀，有土地就有封爵，没有土地没有封爵的，他们的子孙就无法继承宗庙祭礼，这样有祭庙的人只限于他自己，后代没有封爵的，祭祀就废止了。如果参照合并古今的制度，根据封爵的命令，来制定等级差别，赐赏给土地田产，然后再去讨论庙的制度。如果还没有这些条件，就参考唐代贤良的寝庙祠堂祭献的礼仪，只是使用一般的器皿和食品而已。

嘉祐年间，皇帝下诏书命礼院讨论将已故的郭皇后神主牌位祔祭于景灵宫的事，苏颂说："敕书上说'一向因为忿郁忧愁，偶然地丧失了谨慎恭敬'，这是不可以废除的事。诏书又说：'我想她为皇后只有十二年，侍奉先后，警奉陵寝。'这是有不应废的后悔之义。诏书又说：'可以追认皇后，她可以祔祭于庙堂并加以追谥'，这是含有共同衬祭和追谥的意思。请将郭皇后的牌位祔祭在后庙，以此成就追认她的道理。"大家的观点不相一致，宰相曾公亮问道："郭皇后是皇帝的元妃，如果柑祭在后庙，在事体上就会重复了。"苏颂说："我朝有三圣，贺皇后、尹皇后、潘皇后都是元妃，在事体上正与之相似。今天只是在后庙中祔祭，这怎能引起相异的议论呢。"曾公亮说："议论者以为这是暗中威迫了母后，这恐怕不是万岁的祔祭相配的意思。"苏颂说："如果在追谥上加一个'怀'、'哀'、'愍'字，就不会威迫了。"曾公亮叹息敬重。

苏颂调迁力集贤馆校理，编定书籍。苏颂在集贤馆九年，侍奉他的祖母和母亲，供养他的姑母、姐妹和外族亲戚有数十人，都很融洽和谐，按时结婚出嫁。他妻小的衣食常常不足，而他却处之坦逸。富弼曾经称颂苏颂是和古代君子一样，等到和韩琦做宰相时，一起上表言称苏颂廉洁退让，所以苏颂得任颍州。通判赵至忠原本是边疆的来降者，所到之处都与职守竞争，苏颂对他以礼相待，显示出自己的诚意。赵至忠感激得流泪说："我虽然是少数民族，但也是见到义就折服，我一生中真心敬服的人，只有你和韩魏公了。"

宋仁宗驾崩，建设坟陵，有关官员向各郡苛征不在时令难以得到的物品。苏颂说："遗诏上要节俭，哪有地方不生产的东西强加征要的呢？看看有无的情况，随情办理。"英宗皇帝即位，召升他为提点开封府界诸县镇公事。苏颂说："周代制度是六军来自六乡，驻扎在三畿四郊；唐代设立十二卫，也是散布在畿内各县中，分别隶属于关内各府，都可以制约四方，作为国家的卫障。本朝禁军多屯居京师和畿内东南各县，虽然护卫馈运方便，但是西方武备特别欠缺。中牟和长垣是首都大门的要冲之地，两条边鄙驿路都由之里通过，而以前未在此屯兵驻守，没有什么防守，请在这里安置兵营增加兵力，以防非常之变。"第二年，饥民果然乘长垣空虚来犯，杀死官吏。正如同苏颂所忧虑的那样。苏颂又请按照捕获盗贼的多少来作为考核县令的标准，他说："巡检、县尉只会捕捉盗贼，但是不能够让人们不去做盗贼；能够使人们不去做盗贼的是县令。况且人民遭受剽窃劫掠的害处，当地长官没有责任，可以这样说吗？"馆失火，左右随从请苏颂出去躲避，苏颂没有动身。思州士兵想要进入相救，苏颂关门不让他们入内，徐缓派防火兵卒扑灭了火。火在初起时候，思州郡里的人涌涌汹汹，高喊契丹使者生变，救兵也要生出事变，全依靠苏颂冷静安然才止制住。这件事很快就面京师里传闻，神宗皇帝怀疑，苏颂送契丹使者回来，奏明了这件事，皇帝很长时间内都称赞他。任命苏颂为淮南转运使，召命他修撰起居住，升任主持制诰、通进银台司、审刑院工作。

当时金州知府张仲宣贪赃枉法致使人死而犯罪，法官审判时援引李希辅的案例，判为杖打脊背并刺黥放配海岛。苏颂奏说："李希辅和张仲宣都是贪赃枉法，但在情节上有轻有重。李希辅知管台州，收受贿赂达数百上千绩，定额之外又度僧免除税役。张仲宣所管有金矿场，有点金矿的檄告，检查很严厉穷究，使得金矿收利很少，当地人害怕张仲宣采取行动，交给张仲宣八两黄金以使他不派遣官员去查对，这只是违反朝命，可以参比巡检条例，和李希辅的案例有所不同。”神宗皇帝说：“免去杖打，还是黥面，可以吗？”苏颂说：“古时大夫以上不施刑具，张仲宣是五品官，现在宽免他死罪而黥面，使他和刑徒军隶为伴，虽然对他本人没有什么可怜，但要重视的，是污损耻辱了他的官衣官帽了。”于是免除了张仲宣的杖刑和黥刑，将他流放海外，成为规定的法律。

苏颂还奏说：“提举青苗官不能体谅朝廷的意思，请功夺利，公务受到扰乱。而且它与各司不能相互统一，下达文书不一样，使得各地方州县无所适从。乞请将日常平，众役的事务具交由监司管理，把提举改为它的属下，这样事务有了统一的管理，对于变更政治也没有什么损害。”皇帝没有听从他的意见。

有大臣荐举秀州判官李定，皇帝召见李定，晋升为太子中允，并拜为监察御史里行。宋敏求这时负责起草任职的制命诰令，他将那件任职命官的批语又发还回去了。皇帝又把这道批语发下，这时是苏颂负责。苏颂上奏说道：“太祖之朝，天下刚刚安定，所以不时起用单个的远臣来做显赫重要的官职。真宗以后，虽然有了一些幽居隐士和具有优异品行的人，但都没有超越他们的资格和官员。现在李定没有经过铨叙考核，就升任朝官，不是御史出身，就荐举任职于宪台，虽然朝廷使用人才急迫，而超越常规打乱了法律制度，所得到的小，所损失的大，我不敢起草这个诰命。”后来李大临负责此事，他也将批语发还回去了。神宗皇帝说：“去年曾诏令，台官有空缺，让御史台上奏荐举，可以不必拘泥于官职高低。”苏颂和李大临回答说：“以前的台官，都是由太常博士以上、中行员外郎以下的人来举荐充当。后来因为荐举人难有此相当的资格，所以朝廷才特开这个制度。这只不过是不限制具有博士、员郎的身份，并不是说候补官员也被允许举荐。如果不拘泥于官职高低，而且包括候补官员在内，那么秀州判官也可做里行，没有必要改为中允了。现在李定政做京官，这已经是特殊的恩惠了，再让他任职于宪台，祖先立朝以来，没有这样做的，宠幸之门一旦开启，仕途上竞争的人们，就寄希望于不按步就班有次序的晋升，而朝廷的官职爵号又有限，怎么能满足每个人的心愿呢！”他们坚持奏意不改，后来他们被免去起草制诰的职务，归入工部郎中班，天下的人们都称谓苏颂和宋敏求、李大临为“三舍人”。

年末，苏颂去任职于婺州府，刚要乘船沿桐庐江逆流而上时，忽然江水凶猛流急，船身横江倾斜要翻，苏颂母亲在船上几乎溺水，苏颂悲哀呼号下水救护他的母亲，船体忽然自己正位。他母亲刚到岸边，船就翻了，人们以为这时苏颂纯孝的感化。苏颂迁任于亳州，有强横妇人获罪应处杖刑，他有病在身，苏颂每十天派人去检问，他都没有痊愈。谯县主簿邓元孚对苏颂儿子说：“你父亲办理政事高明而有名，怎么被一个妇人哄骗。只要派医生按法律来检查，自然不会受欺骗的。”苏颂说：“诸事自有公论，是不必记挂在心的。如果言论有轻有重，人们会有观望评论的，或许会做出令人后悔的事。”不久妇人病死，邓元孚惭愧地说："我心胸狭窄，怎能窥测苏颂的心怀。"

苏颂被加封集贤院学士，任为应天知府。吕惠卿曾对人说："苏子容是乡里中先辈，如果到朝廷，可以得做执政大臣。"苏颂听了，笑而不答，经过三次大赦，李大临还是侍众，苏颂才授秘书监、知通进银台司。吴越地区饥荒，选苏颂为杭州知府。一天，苏颂外出遇见一百多人，他们哀诉说："我们因为转运司责备拖欠市易缗线，被夜囚昼捆，就是死了也无法偿还。"苏颂说："我放了你们，让你们回去经营，于衣食开销之处，都用来偿还官府，以一定时间为限还足，可以吗？"他们都感谢苏颂，不敢负约，果然按期还足。

苏颂在有美堂宴请客人，有告将有兵乱，苏颂暗派人捕捉其头领十人，戴上木械囚于狱中，等到晚上宴席散去，客人们还不知道。到修撰两朝正史时，苏颂转任右谏议大夫。他出使契丹，正遇冬至这天，契丹历较宋历晚一天。北方人问哪个历法准确。苏颂说："历法计算有差异，快慢不同，如果是亥时交替节气，还在今天夜晚，如过几刻，就属于子时，就是明天了。或有先后，可以分别从用各自的历法。"北方俯为正确。出使回来说及此事，神宗赞许说："我曾想过这个问题，这是最难的，你所回答得特别好。"因而问苏颂契丹的山川地理、人心向背。苏颂答道："他们讲和时间长了，很得中原典章制度礼义道德，用以维持政权，上下相安无事，没有分离二意。以前汉武帝自己说：'高皇帝留下了平城的忧虑，虽然长久地征伐，但匈奴始终不能顺服。'到汉宣帝时，呼韩单于对汉称臣为藩。唐代自中叶以后，河湟被吐蕃攻陷，唐宪宗每每读看《贞观政要》，都慨然有收复河湟的意思。到宣宗时，就把三关、七州归于有司管辖。由此看来，外国的或叛或服是常变的，与中原的盛衰无关。"苏颂的语意似有所指，神宗同意其说法。

元丰初年，苏颂暂代开封知府，严格刑罚。他说京师地广人稠，须要弹压镇服，应当用司法和武力官员来治理，不是亳、颍的卧而治之可以比较的。有个和尚犯法，事情关联祥符县令李纯，苏颂没有治理。御史舒亶追究他的过失，他被贬秘书监、濠州知府。

当初苏颂在暂代开封知府，国子博士陈儒妻李氏厌恶陈世儒的庶母，想让她死了，就对众婢女说："博士若有一天持丧，要厚赐你们。"不久陈世儒的庶母就被婢女杀死。开封府办理狱讼，法吏说李氏没有明说让婢女去杀陈的庶母，不应处死刑。有人中伤说苏颂要宽办陈世儒夫妇，皇帝召苏颂说："这是人伦的大恶，应当穷究极治。"苏颂说："此事归有关官吏管，我不敢说是宽，也不敢去说让他们加重治罪。"狱讼迟迟不决。到此，案子移到大理院审理。认定苏颂被人所请求，御史逮捕苏颂问话。御史说："你赶快自己说出，不要加重困辱。"苏颂说："诬陷人去死，不可以去做，如果是自己诬陷自己去得罪名，有什么伤害呢？"就写了几百字承认他自己的过错。皇帝看奏书时，有疑惑，经反复究查，是大理丞贾种民增删了文字才成这样的，于是事情得以清楚。同朝大臣还是因为苏颂和人说及陈世儒帷薄私事而责问他，苏颂承认说："有此事。"以泄露狱讼情况为由，罢去他的郡职。

不久，苏颂为河阳知府，又改为沧州知府。他入宫辞行，皇帝说："我知道你的才能很久了，但每次要重用你，都有事妨碍，这是命吧！你坚持正义，时间长了大家自然明白。"

苏颂叩头拜谢。皇帝召他判尚书吏部兼详定官制。唐朝制度，吏部主管选择文职官员，兵部主管选择武职官员；神宗说三代和两汉时没有文职武职的分别，议论的人不知如何办。苏颂说："唐朝吏部有三铨法，分品级来掌管选官之事。现在要使文武官员一并归吏部管理，就要分左右曹来掌理其事，每次选官还要以品级分别处理。"由这开始吏部有了四选法。

一次苏颂与皇帝对话，神宗对苏颂说："要想修撰一部书，这非你不可。契丹与我们通好八十多年了，其中的盟誓、聘使、礼币、仪式，都没有考据整理，只是怕修撰的人因职官的迁调使这部书不能早日完成。以你的揣度，这部书什么时间可以完成。"苏颂说："需要一二年时间。"神宗说："果然如此，除了你教师不能这样敏捷呀。"等到书修好，神宗读了《序引》高兴地说："正像《序卦》的文字一样。"赐此部名为《鲁卫信录》。

皇帝试问宗子主祭、承重的意思是什么。苏颂答道："古时代贵与贱使用不同礼仪，诸侯、大夫世代有爵禄，所以才有大宗、小宗、主祭、承重的含义不同，丧制一样但礼制不同，一般士人庶民与此没有什么关系。近代以后设有世袭爵位了，因而也就不立宗庙了，尊与卑也就没有法制可依据了，嫡长子长孙和其他众子众孙没有什么不同。现在的《五服敕》说，嫡孙为祖父丧、长子为父亲丧还要服丧三年，他们活着时与人在礼制上一样，只是丧期时不一样，恐怕这不是古代先王制定礼制的本意。世俗之见以为，三年的服丧是承重，不知道是承其大宗之重。我听说庆历年间，朝廷有人议论百官的任子，对长子长孙给予官职，其余的都降免，这才是接近古时立宗的方法。乞请诏令礼官、博士议论礼律，合乎承重的，酌情根据古今收获主祭的礼仪立法，规定宗子继承祖业，以区别于众子孙。士人庶民不能同用一样的礼制，使人们知道尊敬祖先，不敢违背礼教。"授苏颂吏部侍郎、迁升为光禄大夫。遇母丧，皇帝派遣中贵人去唁劳，并赐千两白金。

元祐初年，苏颂为刑部尚书、吏部兼侍读。他上奏说："我朝的典章制度，都是沿用唐朝的旧制，请乞诏令史官从《新唐书》《旧唐书》中采录君臣的行为，每天进奉几件事，供皇帝您阅览。"皇帝就诏令经筵官遇到不是讲读日时，进献二条汉唐的故事典故。苏颂每次进献可以做规诫和对时事有补益的故事时，都要阐述自己的意见，反复论述。又说："君主聪明，不能明言劝导，明言劝导会使之出偏激，偏激的祸患是很大的。现在是固守成业的时候，无心应对，就没有不治理好的。"每次进读到平弭兵甲安息百姓的故事，一定上要援引古今事例，来劝动皇帝的心思。

不久之后请另外造铸深仪，因而命苏颂提名荐举。苏颂精于律历，认为吏部令吏韩公廉通晓算术，有巧妙思路，奏请皇帝用他。授予古代方法，修造台三层，上面一层安放浑仪，中间一层安放浑象，下面安放司辰，设置一种装置，靠水力带动轮盘驱动，不必借助人力。时间到了，司辰出来告知。星辰日月运行次序，占候应验，晷所指时刻不差，白天黑夜都可以推知，这是前人所没有的。

苏颂前后掌管四选达五年之久，每每选人改官时，吏员都要纠查选人的缺点不足，所以都被延误阻滞。苏颂敕告下属官吏说："某官因为某事应当去某处任职，符合的条款，都要全部报上来。从此后吏员不能得逞。每次上诉人来,苏颂都取案牍让来诉人自己看,诉者心服,就告退了;诉者不服。苏颂一定要前去咨问盘驳,看可以做的就做了,如果确有疑问,就将其奏明皇帝,或于都堂之上陈述清楚。所以选官们大多对他感恩戴德,没有得到想要的官职的人,也都心服而去。

苏颂迁任翰林学士承旨。元祐五年,升尚书左丞,曾摄行枢密院事务。边关元帅派遣种朴进京奏说:"得到谍报说,阿里骨死了,其国内不知立谁为王,契丹官员赵纯忠,谨信可用,我们想乘契丹国不安定,用数千劲旅,拥护赵纯忠,立他为契丹国主。"大家议论结果和边帅请求一样。苏颂说:"事态还不清楚,赵过边境拥立君主,假使他们抗拒不与接纳,这要损害我们的威严庄重吧?还是再看看其事态发展,等到他们国内安定再抚辑它也不晚。"不久得知阿里骨时然健在。

元祐七年,苏颂拜为保仆射兼中书侍郎。苏颂做宰相,必定按以前成规先例办事,让百官遵法守职;量才任职,杜绝侥幸的根源,特别戒防武将抢功闹事;问题议论有不妥之处,他总是毅然据理力争。贾易被任为苏州知府,苏颂说:"贾易在御史以敢言而有名,他已在监司,现根据赦令,反而让他下任知州,这是不可以的。"此事执争不下。谏官扬畏、来之邵说苏颂滞留诏命,苏颂于是上表章辞去相位,罢相后为观文殿大学士、集禧观使,出任扬州知府。走到河南辞职不走,告老退职,因以中太一宫而住在京口。绍圣四年,拜为太子少师致仕。

在苏颂执政时期,哲宗皇帝尚且年幼,诸臣百官太多扰乱,常说:"君主长大成人时,谁来承担责任呢?"每次大臣奏事,只是取决于宣仁后的,哲宗说话,没有人来答对,只是苏颂奏明宣仁后之后,一定要再禀明哲宗;皇帝如有宣谕,一定要告诉大臣们听从哲宗的话,等到贬谪元祐旧臣时,御史周秩弹劾苏颂。哲宗说:"苏颂知晓君臣礼仪,不要轻率地谈论这个老臣。"徽宗立为皇帝,进封苏颂太子太保,授赵郡公爵。建中靖国元年夏至之日,苏颂亲自起遗表,第二天去世,享年八十二。皇帝为此诏令停朝两天,追赠他为司空。

苏颂才能强度量大,不和人计较,用礼法来约束自己。虽然身为显贵,但生活如同寒士一样,从有文字以来,经史、九流、百家的学说,以至于图纬、律吕、星官、算法、山经、本草,没有他不知道的。他尤其精于典故,喜好和人谈论,娓娓不休。朝廷如有制作,都要请他指正。

苏颂曾经谈议过国子监,想让博士分经而讲;课试诸生,看他们才能品德如何来决定升俊的道路。谈论贡举,他认为要先看品行而后看其文采,革去封弥、誊录的方法,使得有关部门可以考察他的本质,要从地方州县做起,大致恢复以前乡贡里选的规范,评论人认为这是对的。

王存传

【题解】

王存(1023~1101),字正仲,润州丹阳(今江苏丹阳县)人,庆历进士,历官秘书省著作佐郎、知太常礼院、尚书左丞。宋元丰间与曾肇、李德刍共同编修《元丰九域志》十卷。体例因袭唐《十道图》《九域图》等图经,而以消其地图部分。以元丰八年(公元1085年)为断,首列四京,次二十三路,终于省废州军及化外羁縻州;分路记载府、州、军、监、之道里、户口、土贡、领县及县所辖之镇、堡寨、山泽等项。对府、州间四至八到,叙述最详;府州土贡,又备载额数,足资考核;不失为研究我国历史地理的重要参考文献。

【原文】

王存字正仲,润州丹阳人。幼善读书,年十二,辞亲从师于江西,五年始归。时学者方尚雕篆,独为古文数十篇,乡老行政管理见之,自以为不及。

庆历六年,登进士第,调嘉兴主簿,擢上虞令。豪姓杀人,久莫敢问,存至,按以州吏受赇,豪赂他官变其狱,存反为罢去。久之,除密州推官。修洁自重,为欧阳修、吕公著、赵概所知。治平中,入为国子监直讲,迁秘书省著作佐郎,历馆阁校勘、集贤校理、史馆检讨、知太常礼院。存故与王安石厚,安石执政,数引与论事,不合,即谢不往。存在三馆历年,不少贬以干进。尝召见便殿,累上书陈时政,因及大臣,无所附丽,皆时人难言者。

元丰元年,神宗察其忠实无党,以为国史编修官、修起居注。时起居注虽日侍,而奏事必禀中书俟旨。存乞复唐贞观左右史执笔随宰相入殿故事,神宗韪其言,听直前奏事,自存始也。

明年,以右正言、知制诰、同修国史兼判太常寺。论圜丘合祭天地为非古,当亲祠北郊如《周礼》。官制行,神宗切于用人,存请自熙宁以来群臣缘论事得罪,或诖误被斥而情实纳忠非大过者,随材召擢,以备官使。语合神宗意,收拔者甚众。又言:"赦令出上恩,而比岁议法治狱者,多乞不以赦降原减。官司谒禁,本防请托,而吊死问疾,一切杜绝,皆非便也。"执政不悦。

五年,迁龙图阁直学士、知开封府。京师并河居人,盗凿汴堤以自广,或请令培筑复故,又按民庐侵官道乾使撤之。二谋出自中人,既有诏矣。存曰:"此吾职也。"入言之。即日驰其役,都人欢呼相庆。进枢密直学士,改兵部尚书,转户部。神宗崩,哲宗立,永裕陵财费,不逾时告备,宰相乘间复徙之兵部。太仆寺请内外马事得专达,毋隶驾部。存言:"如此,官制坏矣。先帝正省、台、寺、监之职,使相临制,不可徇有司自便,而隳已成之法。"元祐初,还户部,固辞不受。二年,拜中大夫、尚书右丞。三年,迁左丞。

有建议罢教畿内保甲者，存言："今京师兵籍益削，又废保甲不教，非国家根本久长之计。且先帝不惮艰难而为之，既已就绪，无故而废之，不可。"门下侍郎韩维罢，存言："去一正人，天下失望，忠党沮气，谗邪之人争进矣。"又论杜纯不当罢侍御史，王觌不当罢谏官。

四方奏谳大辟，刑部援比请贷，都省屡以无可矜恕却之。存曰："此祖宗制也。有司欲生之，而朝廷破例杀之，可乎？"又言："比废进士专经一科，参以诗赋，失先帝黜词律、崇经术之意。"河决而北几十年，水官议还故道，存争之曰："故道已高，水性趋下，徒费财力，恐无成功。"卒辍其役。蔡确以诗怨讪，存与范纯仁欲薄其罪，确再贬新州，存亦罢，以端明殿学士知蔡州。始，存之徙兵部，确力也。至是，为确罢，士大夫善其能损怨。岁余，加资政殿学士、知扬州。扬、润相去一水，用故相例，得岁时过家上冢，出赐钱给邻里，又具酒食召会父老，亲与酬酢，乡党传为美谈。

召为吏部尚书。时，在廷朋党之论寖炽，存为哲宗言："人臣朋党，诚不可长，然或不察，则滥及善人。庆历中，或指韩琦、富弼、范仲淹、欧阳修为党，赖仁宗圣明，不为所惑。今日果有进此说者，愿陛下察之。"由是复与任事者戾，除知大名府，改知杭州。

绍圣初，请老，提举崇禧观，迁右正议大夫致仕。旧制，当得东宫保傅，议者指存尝议还西夏侵地，故杀其恩典，既而降通议大夫。存尝悼近世学士贵为公卿，而祭祀其先，但循庶人之制。及归老筑居，首营家庙。建中靖国元年，卒，年七十九。赠左银青光禄大夫。

存性宽厚，平居恂恂，不为诡激之行，至其所守，确不可夺。司马光尝曰："并驰万马中，能驻足者，其王存乎！"

【译文】

王存字正仲，江苏丹阳县人。自幼年就好读书。十二岁，辞别双亲从师于江西，五年才回家。当时学者的风尚为六朝骈俪之文，而王存独为先秦两汉散文数十篇，同乡老先生看见了，自认为赶不上。

庆历六年(1046)，考中进士，调嘉兴县(今浙江嘉兴市)主簿，晋升上虞县知县。当地豪门大姓杀了人。很久没人敢过问，王存到县视事，察考案卷因为州官非法受赂，豪门又贿赂他官改变其官司，王存反而被罢官而去。过了很久，被任命为密州(治所在今山东诸城县)推官。洁身自重，被欧阳修、吕公普、赵概所知。治平中，调入京师任国子监直讲，迁秘书省著作佐郎，历馆阁校勘、集贤校理，史馆检讨、知太常礼院。王存旧与王安石友谊很厚，王安石执政以后，屡次引见王存议论政事，不合，就称谢不再去。王存在三馆多年，未曾贬低别人以营谋官职地位。曾经被宋神宗赵顼召见便殿，多次上书陈述时政，因此说到当朝大臣，而无所依附，全为当时人所难言者。

元丰元年(1078)，神宗(赵顼)考察他忠诚老实无党派，任命他为国史编修官、修起居注。当时起居郎虽然日侍皇帝，而奏事必须禀告中书省等候旨意。王存请求恢复唐贞观年间左、右史执笔随宰相入殿故事。神宗是其言，可以直接去奏事，是从王存开始的。

明年，任命他为右正言、知制诰、同修国史兼判太常寺。论证圜（圆）、丘合祭天地非古制，应当亲自祭祠北郊如《周礼》官制实行，神宗迫切需要人，王存请求自熙宁以来群臣因议论政事获罪的，或是有错误而被斥退而内情实出于忠心并非大过者，按其材质召见拟升，以备官方任用。话语合乎神宗的意思，录用提拔者很多人。又说："大堆积令出于皇上恩典，而近年来议论法律治刑狱的，多乞求不赦原来降职薪俸，官方禁止谒见，本为防止请托，而吊唁死者和问候疾病，全都杜绝了，都不是便事。"当政者不悦。

元丰五年（1082），迁龙图阁直学士，知开封府。京城沿黄河居的人，盗开黄河南岸堤防，以扩大土地面积，有人请求命令凿堤者培土恢复原形，又有人请按百姓庐舍侵占官道者令其撤出。两个谋划出自中间人，皇上已经有诏书。王存说："这是我的职责。"入大内向神宗奏明。当日即驰放修复河堤劳役的，首都人民欢呼相互庆贺。晋升枢密直学士，改兵部尚书，转户部。神宗去世，哲宗（赵煦）继位，修筑神宗（赵顼）永裕陵寝费财甚巨，不过时即准备好，宰相又复迁兵部。太仆寺请示内外马政可以专门上达。不必隶属于驾部郎中。王存说："如此，官制败坏。先帝（神宗）正省、台、寺、监之职责，使相互制约，不可使主管部门自行方便，而毁坏已成法规。"元祐初，还户部，固辞不受。二年，拜中大夫、尚书右丞。三年，迁左丞。

有人建议停止训练京畿内保甲者，王存说："今京师的兵士的减少，又废除保甲不训练，不是国家根本久长立国之计。而且先帝不怕难而实施，既然已经就绪，无故而废止，不可以"。门下侍郎韩维被罢官，王存说："罢去一正直的人，使天下人失望，忠于国家的人恐怖，说别人坏话的人争相进取高位。"又谇论杜纯不应该罢侍御史，王觌不当罢谏官。

四方奏报审判定案为死刑者，刑部援据近来判例请求宽免，尚书省屡次不能怜悯推却。王存说："这是祖宗制度。主管部门欲留其活命，而朝廷打破惯例杀害，可以吗？"又说："近年废除进士专经，参加诗赋，违背神宗减少词律、崇尚经术之意。"黄河决口改道向北流已几十年，水部建议仍还黄河故道，王存争辩说："故道河床已高，水性趋向下流，空费财力，恐怕不会成功。"最后停止了工役。蔡确作诗对朝廷有诽谤，王存与范纯仁欲减少其罪刑，蔡确再一次贬新州（今广东新兴县），王存也罢官，以端明殿学士知蔡州（今河南汝南县）。当初，王存之调兵部，是蔡确的力量。现今，为蔡确而罢官，士大夫善其能为蔡确减怨谤之罪，过一年多，又加资政殿学士、扬州知州。扬州（今江苏扬州市）、润州（今江苏镇江市）相去仅一水之隔，用故宰相之先例，可以每年到家上坟，出钱分给邻里，准备酒食召集父老，互相敬酒，乡里传以为美谈。

召为吏部尚书。当时，朝廷朋党的议论正盛。王存与哲宗说："人臣朋党营私，此风诚不助长，然而如不考察，则扩展到好人。庆历中，或指韩琦、富弼、范仲淹、欧阳修为党，靠仁宗圣明，不为指者所迷惑今天如果有进朋党之说的，愿陛下察考。"从此又与政者乖戾不和，就新官大名府（今河北大名县东）知府，改知杭州（今浙江杭州市）。

绍圣初（1094），请求告老退休，提举崇禧观，迁右正议大夫退休。旧制，当得东宫太保、太傅荣誉虚衔荣典,有人指责王存曾建议退还侵占西夏的五砦,故削减其恩典,后又降职通议大夫。王存曾伤悼近世学士跺为三公卿相,而祭祀其祖先,但按一般平民的制度。王存归老建房定居,首先营造家庙。建中靖国元年(1101),卒,年七十九。赠左银青光禄大夫。

王存性情宽缓忠厚,平日家居严谨,不为欺诈违俗立异之行,至其所守的府州,则不可夺其志。司马光曾经说:“并排奔驰于万马中,能停驻者,岂不是王存吗?”

李纲传

【题解】

李纲(1083~1140),字伯纪,邵武(今属福建)人。从其祖父开始定居无锡。政和年间进士。宣和七年(1125)为太常少卿。时金军毁盟南侵,李纲刺血上疏。请徽宗禅位太子,以号令天下。钦宗即位,任兵部侍郎,坚决主张抗战、反对迁都逃跑。以尚书右丞为亲征行营使,积极备战,捍卫京师,迫使金军撤退。不久,因主战而遭贬。高宗建炎元年(1127),拜尚书右仆射兼中书侍郎,呈上十议,谓张邦昌不能临难死节,而易性改号,僭称皇帝,应正典刑;其受伪官者当按六等论罪。推荐张所、搏亮经营河北、河东,组织抗金力量;以主战派宗泽为开封留守。在相位仅七十五天,即被解职。绍兴以后,历任湖广宣抚使、江西安抚制置大使。多次上疏议论时事,反对议和。绍兴十年(1140)去世,赠少师,谥忠定。著有《易传》内篇十卷、外篇十二卷,《论语详说》十卷,文章、诗歌和奏议一百余卷,还著有《靖康传信录》《奉迎录》《建炎时政记》《建炎进退志》《建炎制诏表札集》《宣抚荆广记》《制置江右录等书》,后辑为《梁溪集》。

【原文】

李纲字伯纪,邵武人也,自其祖始居无锡。父夔,终龙图阁待制。纲登政和二年进士第,积官至监察御史兼权殿中侍御史,以言事忤权贵,改比部员外郎,迁起居郎。

宣和元年,京师大水,纲上疏言阴气太盛,当以盗贼外患为忧。朝廷恶其言,谪监南剑州沙县税务。

七年,为太常少卿。时金人渝盟,边报狎至,朝廷议避敌之计,诏起师勤王,命皇太子为开封牧,令侍从各具所见以闻。纲上御戎五策,且语所善给事中吴敏曰:“建牧之议,岂非欲委以留守之任乎?巨敌猖獗如此,非传以位号,不足以招徕天下豪杰。东宫恭俭之德闻天下,以守宗社可也。公以献纳论思为职,曷不为上极言之。”敏曰:“监国可乎?”纲曰:“肃宗灵武之事,不建号不足以复邦,而建号之议不出于明皇,后世惜之,主上聪明仁恕,公言万一能行,将见金人悔祸,宗社底宁,天下受其赐。”

翌日，敏请对，具道所以，因言李纲之论，盖与臣同。有旨召纲入议，纲刺臂血上疏云："皇太子监国，典礼之常也。今大敌入攻，安危存亡在呼吸之间，犹守常礼可乎？名分不正而当大权，何以号召天下，期成功于万一哉？若假皇太子以位号，使为陛下守宗社，收将士心，以死捍敌，天下可保。"疏上，内禅之议乃决。

钦宗即位，纲上封事，谓："方今中国势弱，君子道消，法度纪纲，荡然无统。陛下履位之初，当上应天心，下顺人欲。攘除外患，使中国之势尊；诛锄内奸，使君子之道长，以副道君皇帝嘱付之意。"召对延和殿，上迎谓纲曰："朕顷在东宫，见卿论水灾疏，今尚能诵之。"李邺使金议割地，纲奏："祖宗疆土，当以死守，不可以尺寸与人。"钦宗嘉纳，除兵部侍郎。

靖康元年，以吴敏为行营副使，纲为参谋官。金将斡离不兵渡河，徽宗东幸，宰执议请上暂避敌锋。纲曰："道君皇帝挈宗社以授陛下，委而去之可乎？"上默然。太宰白时中谓都城不可守，纲曰："天下城池，岂有如都城者，且宗庙社稷、百官万民所在，舍此欲何之？"上顾宰执曰："策将安出？"纲进曰："今日之计，当整饬军马，固结民心，相与坚守，以待勤王之师。"上问谁可将者，纲曰："朝廷以高爵厚禄养大臣，盖将用之于有事之日。白时中、李邦彦等虽未必知兵，然藉其位号，抚将士以抗敌锋，乃其职也。"时中忿曰："李纲莫能将兵出战否？"纲曰："陛上不以臣庸懦，傥使治兵，愿以死报！"乃以纲为尚书右丞。

宰执犹守避敌之议。有旨以李纲为东京留守，纲为上力陈所以不可去之意，且言："明皇闻潼关失守，即时幸蜀，宗庙朝廷毁于贼手，范祖禹以为其失在于不能坚守以待援。今四方之兵不日云集，陛下奈何轻举以蹈明皇之覆辙乎？"上意颇悟。会内侍奏中宫已行，上色变，仓卒降御榻曰："朕不能留矣。"纲泣拜，以死邀之。上顾纲曰："朕今为卿留。治兵御敌之事，专责之卿，勿令有疏虞。"纲皇恐受命。

未几，复决意南狩，纲趋朝，则禁卫擐甲，乘舆已驾矣。纲急呼禁卫曰："尔等愿守宗社乎，愿从幸乎？"皆曰："愿死守。"纲入见曰："陛下已许臣留，复戒行何也？今六军父母妻子皆在都城，愿以死守，成一中道散归，陛下孰与为卫？敌兵已逼，知乘舆未远，以健马疾追，何以御之？"上感悟，遂命辍行。纲传旨语左右曰："敢复有言去者斩！"禁卫皆拜伏呼万岁，六军闻之，无不感泣流涕。

命纲为亲征行营使，以便宜从事。纲治守战之具，不数日而毕。敌兵攻城，纲身督战，募壮士缒城而下，斩酋长十余人，杀其众数千人。金人知有备，又闻上已内禅，乃退。求遣大臣至军中议和，纲请行，上遣李棁，纲曰："安危在此一举，臣恐李棁怯懦而误国事也。"上不听，竟使棁往。金人须金币以千万计，求割太原、河间、中山地，以亲王、宰相为质。棁受事目，不措一辞，还报。纲谓："所需金币，竭天下不足，况都城乎？三镇，国之屏蔽，割之何以立国？至于遣质，即宰相当往，亲王不当往。若遣辩士姑与之议可不可者，宿留数日，大兵四集，彼孤军深入，虽不得所欲，亦将速归。此时而与之盟，则不敢轻中国，而和可久也。"宰执议不合，纲不能夺，求去。上慰谕曰："卿第出治兵，此事当徐议之。"纲退，则誓书已行，所求皆与之，以皇弟康王、少宰张邦昌为质。

时朝廷日输金币，而金人需求不已，日肆屠掠。四方勤王之师渐有至者，种师道、姚平仲亦以泾原、秦凤兵至。纲奏言："金人贪婪无厌，凶悖已甚，其势非用师不可。且敌兵号六万，而吾勤王之师集城下者已二十余万；彼以孤军入重地，犹虎豹自投槛阱中，当以计取之，不必与角一旦之力。若扼河津，绝饟道，分兵复畿北诸邑，而以重兵临敌营，坚壁勿战，如周亚夫所以困七国者。俟其食尽力疲，然后以一檄取誓书，复三镇，纵其北归，半渡而击之，此必胜之计也。"上深以为然，约日举事。

姚平仲勇而寡谋，急于要功，先期率步骑万人，夜斫敌营，欲生擒斡离不及取康王以归。夜半，中使传旨谕纲曰："姚平仲已举事，卿速援之。"纲率诸将旦出封丘门，与金人战幕天坡，以神臂弓射金人，却之。平仲竟以袭敌营不克，惧诛亡去。金使来，宰相李邦彦语之曰："用兵乃李纲、姚平仲，非朝廷意。"遂罢纲，以蔡懋代之。太学生陈东等诣阙上书，明纲无罪。军民不期而集者数十万，呼声动地，恚不得报，至杀伤内侍。帝亟召纲，纲入见，泣拜请死。帝亦泣，命纲复为尚书右丞，充京城四壁守御使。

始，金人犯城者，蔡懋禁不得辄施矢石，将士积愤，至是，纲下令能杀敌者厚赏，众无不奋跃。金人惧，稍稍引却，且得割三镇诏及亲王为质，乃退师。除纲知枢密院事。纲奏请如澶渊故事，遣兵护送，且戒诸将，可击则击之。乃以兵十万分道并进，将士受命，踊跃以行。先是，金帅粘罕围太原，守将折可求、刘光世军皆败；平阳府义兵亦叛，导金人入南北关，取隆德府，至是，遂攻高平。宰相咎纲尽遣城下兵追敌，恐仓卒无措，急征诸将还。诸将已追及金人于邢、赵间，遽得还师之命，无不扼腕。比纲力争，复遣，而将士解体矣。

诏议迎太上皇还京。初，徽过南幸，童贯、高俅等以兵扈从。既行，闻都城受围，乃止东南邮传及勤王之师。道路籍籍，言童贯等为变。陈东上书，乞诛蔡京、蔡攸、童贯、朱勔、高俅、卢宗原等。议遣聂山为发运使往图之，纲曰："使山所图果成，震惊太上，此忧在陛下。万一不果，是数人者，挟太上于东南，求剑南一道，陛下将何以处之？莫若罢山之行，请于太上去此数人，自可不劳而定。"上从其言。

徽宗还次南都，以书问改革政事之故，且召吴敏、李纲。或虑太上意有不测，纲请行，曰："此无他，不过欲知朝廷事耳。纲至，具道皇帝圣孝思慕，欲以天下养之意，请陛下早还京师。徽宗泣下数行，问："卿顷以何故去？"纲对曰："臣昨任左史，以狂妄论列水灾，蒙恩宽斧钺之诛，然臣当时所言，以谓天地之变，各以类应，正为今日攻围之兆。夫灾异变故，譬犹一人之身，病在五脏，则发于气色，形于脉息，善医者能知之。所以圣人观变于天地，而修其在我者，故能制治保邦，而无危乱之忧。"徽宗称善。

又询近日都城攻围守御次弟，语渐浃洽。徽宗因及行宫止递角等事，曰："当时恐金人知行宫所在，非有他也。"纲奏："方艰危时，两宫隔绝，朝应副行宫，亦岂能无不至者，在圣度烛之耳。"且言："皇帝仁孝，唯恐有一不当太上皇帝意者，每得诘问之诏，辄忧惧不食。臣窃譬之，家长出而强寇至，子弟之任家事者，不得不从宜措置。长者但当以其能保田园大计而慰劳之，苟诛及细故，则为子弟者，何所逃其责哉？皇帝传位之初，陛下巡幸，适当大敌入攻，为宗社计，庶事不得不小有更革。陛下回銮，臣谓宜有以大慰安皇帝之心，勿问细故可也。”徽宗感悟，出玉带、金鱼、象简赐纲，曰：“行宫人无得卿来皆喜，以此示朕意，卿可便服之。”且曰：“卿辅助皇帝、捍卫宗社有大功，若能调和父子间，使无疑阻，当遂书青史，垂名万世。”纲感泣再拜。

纲还，具道太上意。宰执进迎奉太上仪注，耿南仲议欲屏太上左右，车驾乃进。纲言：“如此，是示之以疑也。天下之理，诚与疑、明与暗而已。自诚明而推之，可至于尧、舜；自疑暗而推之，其患有不可胜者。耿南仲不以尧、舜之道辅陛下，乃暗而多疑也。”南仲怫然曰：“臣适见左司谏陈公辅，乃为李纲结士民伏阙者，乞下御史置对。”上愕然。纲曰：“臣与南仲所论，国事也。南仲乃为此言，臣何敢复有所辩？愿以公辅事下吏，臣得乞身待罪。”章十余上，不允。

太上皇帝还，纲迎拜国门。翌日，朝龙德宫，退，复上章恳辞。上手诏谕意曰：“乃者敌在近郊，士庶伏阙，一朝仓猝，众数十万，忠愤所激，不谋同辞，此岂人力也哉？不悦者造言，致卿不自安，朕深谅卿，不足余怀。巨敌方退，正赖卿协济艰难，宜勉为朕留。”纲不得已就职，上备边御敌八事。

时北兵已去，太上还宫。上下恬然，置边事于不问。纲独以为忧，与同知枢密院事许翰议调防秋之兵。吴敏乞置详议司检详法制。以革弊岐，诏以纲为提举官，南仲沮止之。纲奏：“边患方棘，调度不给，宜稍抑冒滥，以足国用。谓如节度使至遥郡刺史，本以待勋臣，今皆以戚里泽得之；堂吏转官止于正郎，崇、观间始转至巾奉大夫，今宜皆复旧制。”执政揭其奏通衢，以纲得士民心，欲因此离之。会守御司奏补副尉二人，御批有“大臣专权，浸不可长”语。纲奏：“顷得旨给空名告敕，以便宜从事。二人有劳当补官，故具奏闻，乃遵上旨，非专权也。”

时太原围未解，种师中战没，师道病归，南仲曰：“欲援太原，非纲不可。”上以纲为河东、北宣抚使。纲言：“臣书生，实不知兵。在围城中，不得已为陛下料理兵事，今使为大帅，恐误国事。”因拜辞，不许，退而移疾，乞致仕，章十余上，不允。台谏言纲不可去朝廷，上以其为大臣游说，斥之。或谓纲曰：“公知所以遣行之意乎？此非为边事，欲缘此以去公，则都人无辞耳。公坚卧不起，谗者益肆，上怒且不测，奈何？”许翰书“杜邮”二字遗纲，纲惶恐受命。上手书《裴度传》以赐，纲言：“吴元济以区区环蔡之地抗唐室，与金人强弱固不相侔，而臣曾不足以望裴度万分之一。然寇攘外患可以扫除，小人在朝，蠹害难去。使朝廷既正，君子道长，则所以扞御外患者，有不难也。”因书裴度论元稹、魏洪简章疏要语以进，上优诏答之。

宣抚司兵仅万两千人，庶事未集，纲乞展行期。御批以为迁延拒命，纲上疏明其所以未可行者，且曰：“陛下前以臣为专权，今以臣为拒命，方遣大帅解重围，而以专权、拒命之人为之，无乃不可乎？愿乞骸骨，解枢管之任。”上趣召数四，曰：“卿为朕巡边，便可还朝。”纲曰：“臣之行，无复还之理。昔范仲淹以参政出抚西边，过郑州，见吕夷简。夷简曰：‘参政岂可复还？’其后果然。今臣以愚直不容于朝，使既行之后，进而死敌，臣之愿也。万一朝廷执议不坚，臣当求去，陛下宜察臣孤忠，以全群臣之义。”上为之感动。及陛辞，言唐恪、聂山之奸，任之不已，后必误国。

进至河阳，复上奏曰："臣总师出巩、洛，望拜陵寝，潸然出涕。恭惟祖宗创业守成，垂二百年，以至陛下。适丁艰难之秋，强敌内侵，中国势弱，此诚陛尝胆思报、励精求治之日，愿深考祖宗之法，一一推行之。进君子，退小人，益固邦本，以图中兴，上以慰安九庙之灵，下为亿兆苍生之所依赖，天下幸甚！"

行次怀州，有诏罢减所起兵，纲奏曰："太原之围未解，河东之势甚危，秋高马肥，敌必深入，宗社安危，殆未可知。使防秋之师果能足用，不可保无敌骑渡之警。况臣出使未几，朝廷尽改前诏，所团结之兵，悉罢减之。今河北、河东日告危急，未有一人一骑以副其求，甫集之兵又皆散遣，臣诚不足以伍此。且以军法勒诸路起兵，而以寸纸罢之，臣恐后时有所号召，无复应者矣。"疏上，不报。御批曰促解太原之围，而诸将承受御画，事皆专达，宣抚司徒有节制之名。纲上疏，极谏节制不专之弊。

时方议和，诏止纲进兵。未几，徐处仁、吴敏罢相而相唐恪，许翰罢同知枢密院而进聂山、陈过庭、李回等，吴敏复谪置涪州。纲闻亡，叹曰："事无可为者矣！"即上奏丐罢。乃命种师道以同知枢密院事领宣抚司事，召纲赴阙。寻除观文殿学士，知扬州，纲具奏辞免。未几，以纲专主战议，丧师费财，落职提举亳州明道宫，责授保静军节度副使，建昌军安置；再谪宁江。

金兵再至，上悟和议之非，除纲资政殿大学士，领开封府事。纲行次长沙，被命，即率湖南勤王之师入援，未至而都城失守。先是，康王至北军，为金人所惮，求遣肃王代之。至是，康王开大元帅府，承制复纲故官，且贻书曰："方今生民之命，急于倒垂，谅非不世之方，何以协济事功。阁下学穷天人，忠贯金石，当投袂而起，以副苍生之望。"

高宗即位，拜尚书右仆射兼中书侍郎，趣赴闽。中丞颜政奏曰："张邦昌为金人所喜，虽已为三公、郡王，宜更加同平章事，增重其礼；李纲为金人所恶，虽已命相，宜及其未至罢之。"章五上，上曰："如朕之立，恐已非金人所喜。"岐语塞而退。岐犹遣人封其章示纲，觊以沮其来。上闻纲且至，遣官迎劳，赐宴，趣见于内殿。纲见上，涕泗交集，上为动容。因奏曰："金人不道，专以诈谋取胜，中国不悟，一切堕其计中。赖天命未改，陛下总师于外，为天下臣民之所推戴，内修外攘，还二圣而抚万邦，责在陛下与宰相。臣自视缺然，不足以副陛下委插之意，乞追寝成命。且臣在道，颜岐曾封示论臣章，谓臣为金人所恶，不当为相。如臣愚蠢，但知有赵氏，不知有金人，宜为所恶。然谓臣材不足以任宰相则可，谓为金人所恶不当为相则不可。"因力辞。帝为出范宗尹知舒州，颜岐与祠。纲犹力辞，上曰："朕知卿忠义智略久矣，欲使敌国畏服，四方安宁，非相卿不可，卿其勿辞。"纲顿首泣谢，云：

"臣愚陋无取，荷陛下知遇，然今日扶颠持危，图中兴之功，在陛下而不在臣。臣无左右先容，陛下首加识擢，付以宰柄，顾区区何足以仰副图任责成之意？然'靡不有初，鲜克有终'。臣孤立寡与。望察管仲害霸之言，留神于君子小人之间，使得以尽志毕虑，虽死无憾。昔唐明皇欲相姚崇，崇以十事要说，皆中一时之弊。今臣亦以十事仰于天听，陛下度其可行者，赐之施行，臣乃敢受命。

一曰议国是。谓中国之御四裔，能守而后可战，能战而后能和，而靖康之末皆失之。今欲战则不足，欲和则不可，莫若先自治，专以守为策，俟吾政事修、士气振，然后可议大举。

二曰议巡幸。谓车驾不可不一到京师，见宗庙，以慰都人之心，度未可居，则为巡幸之计。以天下形势而观，长安为上，襄阳次之，建康又次之，皆当诏有司预为之备。

三曰议赦令。谓祖宗登极赦令，皆有常式。前日赦书，乃以张邦昌伪赦为法，如赦恶逆及罪废官皆复官职，皆泛滥不可行，宜悉改正以法祖宗。

四曰议僭逆。谓张邦昌为国大臣，不能临难死节，而挟金人之势易姓改号，宜正典刑，垂戒万世。

五曰议伪命。谓国家更大变，鲜仗义死节之士，而受伪官以屈膝于其庭者，不可胜数。昔肃宗平贼，汙伪命者以六等定罪，宜仿之以励士风。

六曰议战。谓军政久废，士气怯惰，宜一新纪律，信赏必罚，以作其气。

七曰议守。谓敌情狡狯，势必复来，宜于沿河、江、淮措置控御，以扼其冲。

八曰议本政。谓政出多门，纪纲紊乱，宜一归之于中书，则朝廷尊。

九曰议久任。谓靖康间进退大臣太速，功效蔑著，宜慎择而久任之，以责成功。

十曰议修德。谓上始膺天命，宜益修孝悌恭俭，以副四海之望，而致中兴。

翌日，班纲议于朝，惟僭逆、伪命二事留中不出。纲言：

"二事乃今日政刑之大者。邦昌当道君朝，在政府者十年，渊圣即位，首擢为相。方国家祸难，金人为易姓之谋，邦昌如能以死守节，推明天下戴宋之义，以感动其心，敌人未必不悔祸而存赵氏。而邦昌方自以为得计，偃然正位号，处宫禁，擅降伪诏，以止四方勤王之师。及知天下之不与，不得已而后请元祐太后垂帘听政，而议奉迎。邦昌僭逆始末如此，而议者不同，臣请备论而以《春秋》之法断之。

夫都城之人德邦昌，谓因其立而得生，且免重科金奶之扰。元帅府恕邦昌，谓其不待行政讨而遣使奉迎。若天下之愤嫉邦昌者，则谓其建号易姓，而奉迎特出于不得已。都城德之，元师府恕之，私也；天下愤嫉之，公也。《春秋》之法，人臣无将，将而必诛，赵盾不讨贼，则书以弑君。今邦昌已僭位号，敌退而止勤王之师，非特将与不讨贼而已。

刘盆子以汉宗室为赤眉所立，其后以十万众降光武，但待之以不死。邦昌以臣易君，罪大于盆子，不得已而自归，朝廷既不正其罪，又尊崇之，此何理也？陛下欲建中兴之业，而尊崇僭逆之臣，以示四方，其谁不解体？又伪命臣僚，一切置不问，何以励天下士大夫之节？"

时执政中有论不同者，上乃召黄潜善等语之。潜善主邦昌甚力，上顾吕好问曰："卿昨在围城中知其故，以为何如？"好问附潜善，持两端，曰："帮昌僭窃位号，人所共知，既已自归，惟陛下裁处。"纲言："邦昌僭逆，岂可使之在朝廷，使道路指目曰'此亦一天子'哉！"因泣拜曰："臣不可与邦昌同列，当以笏击之。陛下必欲用邦昌，第罢臣。"上颇感动。

伯彦乃曰："李纲气直，臣等所不及。"乃诏邦昌谪潭州，吴升、莫俦而下皆迁谪有差。纲又言："近世士大夫寡廉鲜耻，不知君臣之义。靖康之祸，能仗节死义者，在内惟李若水，在外惟霍安国，愿加赠恤。"上从其请，仍诏有死节者，诸路询访以闻。上谓纲曰："卿昨争张邦昌事，内侍辈皆泣涕，卿今可以受命矣。"纲拜谢。

有旨兼充御营使。入对一奏曰："今国势不逮靖康间远甚，然而可为者，陛下英断于上，群臣辑睦于下，庶几靖康之弊革，而中兴可图。然非有规模而知先后缓急之序，则不能成功。

夫外御强敌，内销盗贼，修军政，变士风，裕邦财，宽民力，改弊法，省冗官，诚号令以感人心，信赏罚以作士气，择帅臣以任方面，选监司、郡守以奉行新政，俟吾所以自治者政事已修，然后可以问罪金人，迎还二圣，此所谓规模也。至于所当急，而先者，则在于料理河北、河东。盖河北、河东者，国之屏蔽也。料理稍就，然后中原可保，而东南可安。今河东所失者忻、代、太原、泽、潞、汾、晋，余郡犹存也。河北所失者，不过真定、怀、卫、浚四州而已，其余二十余郡，皆为朝廷守。两路士民兵将，所以戴宋者，其心甚坚，皆推豪杰以为首领，多者数万，少亦不下万人。朝廷不因此时置司、遣使以大慰抚之，分兵以援其危急，臣恐粮尽力疲，坐受金人之困。虽怀忠义之心，援兵不至，危迫无告，心且愤怨朝廷，金人因得抚而用之，皆精兵也。

莫若于河北置招抚司，河东置经制司，择有材略者为之使，宣谕天子恩德、所以不忍弃两河于敌国之意。有能全一州、复一郡者，以为节度、防御、团练使、如唐方镇之制，使自为守。非惟绝其从敌之心，又可资其御敌之力，使朝廷永无北顾之忧，最今日之先务也。"

上善其言，问谁可任者，纲荐张所、傅亮。所尝为监察御史，在靖康围城中，以蜡书募河北后，士民得书，喜曰："朝廷弃我，犹有一张察院能拔而用之。"应募者凡十七万人，由是所之声震河北。故纲以为招抚河北，非所不可。傅亮者，先以边功得官，曾治兵河朔。都城受围时，亮率勤王之兵三万人，屡立战功，纲察其智略可以大用，欲因此试之。上乃以所为河北招抚使，亮为河东经制副使。

皇子生，故事当肆赦。纲奏："陛下登极，旷荡之恩独遗河北、河东，而不及勤王之师，天下缺望。夫两路为朝廷坚守，而赦令不及。人皆谓已弃之，何以慰忠臣义士之心？勤王之师在道路半年，擐甲荷戈，冒犯霜露，虽未效用，亦已劳矣。加以疾病死亡，恩恤不及，一有急难，何以使人乎？愿因今赦广示德意。"上嘉纳。于是两路知天子德意，人情翕然，间有以破敌捷书至者。金人围诸郡之兵，往往引去。而山砦之兵，应招抚、经制二司募者甚众。

有许高、许亢者，以防河而遁，至南康谋变，守倅戮之。或议其擅杀，纲曰："高、亢受任防河，寇未至而遁，沿途劫掠，甚于盗贼。朝廷不能正军法，而一守倅能行之，真健吏也，使受命捍贼而欲退走者，知郡县之吏皆得以诛之，其亦少知所戒乎！"上以为然，命转一官。开封守缺，纲以留守非宗泽不可，力荐之。泽至，抚循军民，修治楼橹，屡出师以挫敌。

纲立军法，五人为伍，伍长以牌书同伍四人姓名。二十五人为甲，甲正以牌书伍长五人姓名。百人为队，队将以牌书甲正四人姓名。五百人为部，部将以牌书队将正副十人姓名。二千五百人为军，统制官以牌书部将正副十人。命招置新军及御营司兵，并依新法团结，有所呼召、使令按牌以遣。三省、枢密院置赏功司，受赂乞取者行军法，遇敌逃溃者斩，因而为盗贼者，诛及其家属。凡军政申明改更者数十条。

又奏步不足以胜骑，骑有足以胜车，请以车制颁京东、西，制造而教阅之。又奏造战舰，募水军，及询访诸路武臣材略之可任者以备用。又进三疏：一曰募兵，二曰买马，三曰募民出财以助兵费。谏议大夫宋齐愈闻而笑之，谓虞部员外郎张浚曰："李丞相三议，无一可行者。"浚问之，齐愈曰："民财不可尽括；西北之马不可得，而东南之马不可用；至于兵数，若郡增二千，则岁用千万缗，费将安出？齐愈将极论之。"浚曰："公受祸自此始矣。"

时朝廷议遣使于金，纲奏曰："尧、舜之道，孝悌而已，孝悌之至，可以通神明。陛下以二圣远狩沙漠，食不甘味，寝不安席，思迎还两宫，致天下养，此孝悌之至，而尧、舜之用心也。今日之事，正当枕戈尝胆，内修外攘，使刑政修而中国强，则二帝不俟迎请而自归。不然，虽冠盖相望，卑辞厚礼，恐亦无益。今所遣使，但当奉表通问两宫，致思慕之意可也。上乃命纲草表，以周望、傅雱为二圣通问使，奉表以往。且乞降哀痛之诏，以感动天下，使同心协力，相与扶持，以致中兴。又乞省冗员，节浮费。上皆从其言。是时，四方溃兵为盗者十余万人，攻劫山东、淮南、襄汉之间，纲命将悉讨平之。

一日，论靖康时事，上曰："渊圣勤于政事，省览章奏，至终夜不寐，然卒致播迁，何耶？"纲曰："人主之职在知人，进君子而退小人，则大功可成，否则衡石程书，无益也。"因论靖康初朝廷应敌得失之策，极论金人两至都城，所以能守不能守之故；因勉上以明恕尽人言，以恭俭足国用，以英果断大事，上皆嘉纳。又奏："臣曾言车驾巡幸之所，关中为上，襄阳次之，建康为下。陛下纵未能行上策，犹当且适襄、邓，示不忘故都，以系天下之心。不然，中原非复我有，车驾还阙无期，天下之势遂倾不复振矣。"上为诏谕两京以还都之意，读者皆感泣。

未几，有诏欲幸东南避敌，纳极论其不可，言："自古中兴之主，起于西北，则足以据中原而有东南；起于东南，则不能复中原而有西北。盖天下精兵健马皆在西北，一旦委中原而弃之，岂惟金人将乘间以扰内地，盗贼亦将蜂起为乱，跨州连邑，陛下虽欲还阙，不可得矣，况欲治兵胜敌以归二圣哉？夫南阳光武之所兴，有高山峻岭可以控扼，有宽城平野可以屯兵；西邻关、陕，可以召将士；东达江、淮，要以运谷粟；南通荆湖、巴蜀，可能取财货；北距三都，可以遣救援。暂议驻跸，乃还汴都，策无出于此者。今乘舟顺流而适东南，固甚安便，第恐一失中原，则东南不能必其无事，虽欲退保一隅，不易得也。况曾降诏许留中原，人心悦服，奈何诏墨未干，遽失大信于天下！"上乃许幸南阳，而黄潜善、汪伯彦实阴主巡幸东南之议。客或有谓纲曰："外论汹汹，咸谓东幸已决。"纲曰："国之存亡，于是焉分，吾当以去就争之。"初，纲每有所论谏，其言虽切直，无不容纳，至是，所言常留中不报。

已而迁纲尚书左仆射兼门下侍郎，黄潜善除右仆射兼中书侍郎。张所乞且置司北京，俟措置有绪，乃渡河。北京留守张益谦，潜善党也，奏招抚司之扰，又言自置河北，盗贼益炽。纲言："所尚留京师，益谦何以知其扰？河北民无所归，聚而为盗，岂由置司乃有盗贼乎？"

有旨令留守宗泽节制傅亮，即日渡河。亮言："措置未就渡河，恐误国事。"纲言："招抚、经制，臣所建明；而张所、傅亮，又臣所荐用。今潜善，伯彦沮所及亮，所以沮臣。臣每鉴靖康大臣不和之失，事未曾不与潜善、伯彦而后行，而二人设心如此，愿陛下虚心观之。"既而诏罢经制司，召亮赴行在。纲言："圣意必欲罢亮，乞以御笔付潜善施行，臣得乞身归田。"纲退，而亮竟罢，乃再疏求去。上曰："卿所争细事，胡乃尔？"纲言："方今人材以将帅为急，恐非小事。臣昨议巡幸，与潜善、伯彦异，宜为所嫉。然臣东南人，岂不愿陛下东下为安便哉？顾一去中原，后患有不可胜言者。愿陛下以宗社为心，以生灵为意，以二圣未还为念，勿以臣去而改其议。臣虽去左右，不敢一日忘陛下。"泣辞而退。或曰："公决于进退，于义得矣，如谗者何？"纲曰："吾知尽事君之道，不可，则全进退之节，患祸非所恤也。"

初，二帝北行，金人议立异姓。吏部尚书王时雍问于吴幵、莫俦，二人微言敌意在张邦昌，进雍未以为然。适宋齐愈自敌所来，时雍又问之，齐愈取片纸书"张邦昌"三字，时雍议乃决，遂以邦昌姓名入议状。至是，齐愈论纲三事之非，不报。拟章将再上，其乡人嗛齐愈者，窃其草示纲。时方论僭逆附伪之罪，于是逮齐愈，齐愈不承，狱吏曰："王尚书辈所坐不轻，然但迁岭南，大谏第承，终不过逾岭尔。"齐愈引伏，遂戮之于市。张浚为御史，劾纲以私意杀侍从，且论其买马招兵之罪。诏罢纲为观文殿大学士、提举洞霄宫。尚书右丞许翰言纲忠义，舍之无以佐中兴。会上召见陈东，东言："潜善、伯彦不可任，纲不可去。"东坐诛。翰曰："吾与东皆争李纲者，东戮于市，吾在庙堂可乎？"遂求去。后有旨，纲落职居鄂州。

自纲罢，张所以罪去，傅亮以母病辞归，招抚、经制二司皆废。车驾遂东幸，两河郡县相继沦陷，凡纲所规画军民之政，一切废罢。金人攻京东、西，残毁关辅，面中原盗贼蜂起矣。

绍兴二年，除观文殿学士、湖广宣抚使兼知潭州。是时，荆湖江、湖之间，流民溃卒群聚为盗贼，不可胜计，多者至数万人，纲悉荡平之。上言："荆湖，国之上流，其地数千里，诸葛亮谓之用武之国。今朝廷保有东南，控驭西北。如鼎、澧、岳、鄂若荆南一带，皆当屯宿重兵，倚为形势，使四川之号令可通，而襄、汉之声援可接，乃有恢复中原之渐。"议未及行，而谏官徐俯、刘斐劾纲，罢为提举西京崇福宫。

四年冬，金人及伪齐来攻，纲具防御三策，谓："伪齐悉兵南下，境内必虚。傥出其不意，电发霆击，擣颍昌以临畿甸，彼必震惧还救，王师追蹑，必胜之理，此上策也。若驻跸江上，号召上流之兵，顺流而下，以助声势，金鼓旌旗，千里相望，则敌人虽众，不敢南渡。然后以重师进屯要害之地，设奇邀击，绝其粮道，俟彼遁归，徐议攻讨，此中策也。万一借亲征之名，为顺动之计，使卒伍溃散，控扼失守，敌得乘间深入，州县望风奔溃，则其患有不可测矣。往岁，金人利在侵掠，又方时暑，势必还师，朝廷因得以还定安集。今伪齐导之而来，势不徒还，必谋割据，奸民溃卒从而附之，声势鸱张，苟或退避，则无以为善后之策。昔苻坚以百万众侵晋，而谢安以偏师破之。使进廷措置得宜，将士用命，安知北敌不授首于我？顾一时机会所以应之者如何耳。望降臣章与二三大臣熟议之。"诏：纲所陈，今日之急务，付三省、枢密院施行。时韩世忠屡败金人于淮、楚间，有旨督刘光世、张俊统兵渡河，车驾进发至江上劳军。

五年，诏问攻战、守备、措置、绥怀之方，纲奏：

愿陛下勿以敌退为可喜，而以敌未报为可愤；勿以东南为可安，而以中原未复，赤县神州陷于敌同为可耻；勿以诸将屡捷为可贺，而以军政未修、士气未振而强敌犹得以潜逃为可虞。则中兴之期，可指日而俟。

议者或谓敌马既退，当遂用兵为大举之计，臣窃以为不然。生理未固，而欲浪战以侥幸。非制胜之术也。高祖先保关中，故能东向与项籍争。光武先保河内，故能降赤眉、铜马之属。肃宗先保灵武，故能破安、史而复两京。今朝廷以东南为根本，将士暴露之久，财用调度之烦，民力科取之困，苟不大修守备，痛自料理，先为自固之计，何以能万全而制敌？

议者又谓敌人既退，当且保据一隅，以苟目前之安，臣又以为不然。秦师三伐晋，以报殽之师；诸葛亮佐蜀，连年出师以图中原，不如是，不足以立国。高祖在汉中，谓肖何曰："吾亦欲东。"光武破隗嚣，既平陇，复望蜀。此皆以天下为度，不如是，不足以混一区宇，戡定祸乱。况祖宗境土，岂可坐视沦陷，不务恢复乎？今岁不征，明年不战，使敌势益张，而吾之所纠合精锐士马，日以损耗，何以图敌？谓宜于防守既固、军政既修之后，既议攻讨，乃为得计。此二者，守备、攻战之序也。

至于守备之宜，则当料理淮南、荆襄，以为东南屏蔽。夫六朝之所以能保有江左者，以强兵巨镇，尽在淮南、荆襄间。故以魏武之雄，苻坚、石勒之众，宇文、拓跋之盛，卒不能窥江表。后唐李氏有淮南，则可以都金陵，其后淮南为周世宗所取，遂以消弱。近年以来，大将拥重兵于江南，官吏守空城于江北，虽有天堑而无战舰水军之制，故敌人得以侵扰窥伺。今当于淮之东西及荆襄置三大帅，屯重兵以临之，分遣偏师，进守支郡，加以战舰水军，上连下接，自为防守。敌马虽多，不敢轻犯，则藩篱之势盛而无穷之利也。有守备矣，然后议攻战之利，分责诸路，因利乘便，收复京畿，以及故都。断以必为之志而勿失机会，则以弱为强，取威定乱于一胜之间，逆臣可诛，强敌可灭，攻战之利，莫大于是。

若夫万乘所居，必择形胜驻跸之所，然后能制服中外，以图事业。建康自昔时号帝王之宅，江山雄壮，地势宽博，六朝更都之。臣昔举天下形势而言，谓关中为上。今以东南形势而言，则当以建康为便。今者，銮舆未复旧都，莫若且于建康权宜驻跸。愿诏守臣治城池，修宫阙，立官府，创营壁，使粗成规模，以待巡幸。盖有城池然后人心不恐，有官府然后政事可修，有营垒然后士卒可用，此措置之所当先也。

至于西北之民，皆陛下赤子，荷祖宗涵养之深，其心未曾一日忘宋。特制于强敌，陷于涂炭，而不能以自归。天威震惊，必有结纳来归，愿为内应者。宜给之土田，予以爵赏，优加抚循，许其自新，使陷溺之民知所依怙，莫不感悦，益坚戴宋之心，此绥怀之所当先也。

臣窃观陛下有用聪明睿智之姿，有英武敢为之志，然自临御，迨今九年，国不辟而日蹙，事不举而日坏，将骄而难御，卒惰而未练，国用匮而无赢余之蓄，民力困而无休息之期。使陛下忧勤虽至，而中兴之效，邈乎无闻，则群臣误陛下之故也。

陛下观近年以来所用之臣，慨然敢以天下之重自任者几人？平居无事，小廉曲谨，似可无过，忽有扰攘，则错愕无所措手足，不过奉身以退，天下忧危之重，委之陛下而已。有臣如此，不知何补于国，而陛下亦安取此？夫用人如用医，必先知其术业可以已病，乃可使之进药而责成功，今不详究其术业而姑试之，则虽日易一医，无补于病，徒加疾而已。大概近年，闲暇则以和议为得计，而以治兵为失策；仓卒则以退避为爱君，而以进御为误国。上下偷安，不为长久之计。天步艰难，国势益弱，职此之由。

今天启宸衷，悟前日和议退避之失，亲临大敌。天威所临，使北军数十万之众，震怖不敢南渡，潜师宵奔。则和议之与治兵，退避之与进御，其效概可观矣。然敌兵虽退，未大惩创，安知其秋高马肥，不再来扰我疆埸，使疲于奔命哉？

臣夙夜为陛下思所以为善后之策，惟自昔创业、中兴之主，必躬冒矢石，履行阵而不避。故高祖既得天下，击韩王信、陈豨、黥布，未曾不亲行。光武自即位至平公孙述，十三年间，无一岁不亲征。本朝太祖、太宗，定维扬、平泽、潞，下河东，皆躬御戎辂，真宗亦有澶渊之行，措天下于大安。此所谓始忧勤而终逸乐也。

若夫退避之策，可暂而不可常，可一而不可再，退一步则失一步，退一尺则失一尺。往时自南都退而至维扬，则关陕、河北、河东失矣；自维扬退而至江、浙，则京东、西失矣，万一有敌骑南牧，复将退避，不知何所适则可乎？航海之策，万乘冒风涛不测之险，此又不可之尤者也。惟当于国家闲暇之时，明政刑，治军旅，选将帅，修车马，备器械，峙糗粮，积金帛。敌来则御，俟时而奋，以光复祖宗之大业，此最上策也。臣愿陛上自今以往，勿复为退避之计，可乎？

臣又观古者敌国善邻，则有和亲；仇雠之邦，鲜复遣使。岂不以衅隙既深，终无讲好修睦之理故耶？东晋渡江，石勒遣使于晋，元帝命焚鞭其币而却其使。彼遣使来，且犹却之，此何可往？假道僭伪之国，其自取辱，无补于事，祇伤国体。金人造衅之深，知我必报，其措意为何如？而我方且卑辞厚币，屈体以求之，其不推诚以见信，决矣。器币礼物，所费不赀，使轺往来，坐索士气，而又邀我以必不可从之事，制我以必不敢为之谋，是和卒不成，而徒为此扰扰也。非特如此，于吾自治自强之计，动辄相妨，实有所害。金人二十余年，以此策破契丹，困中国，而终莫之悔。夫辨是非利害者，人心所同，岂真不悟哉？聊复用此以侥幸万一，曾不知为吾害者甚大，此古人所谓几何侥幸而不丧人之国者也。臣愿自今以往，勿复遣和议之使，可乎？

二说既定，择所当为者，一切以至诚为之，俟吾之政事修，仓廪实，府库充，器用备，士气振，力可有为，乃议大举，则兵虽未交，而胜负之势已决矣。

抑臣闻朝廷者根本也，藩方者枝叶也，根本固则枝叶繁。朝廷者腹心也，将士者爪牙也，腹心壮而爪牙奋。今远而强敌，近而伪臣，国家所仰以为捍蔽者在藩方，所资以致攻讨者在将士，然根本腹心则在朝廷。惟陛下正心以正朝廷百官，使君子小人各得其分，则是非明、赏罚当，自然藩方协力，将士用命，虽强敌不足畏，逆臣不足忧，此特在陛下方寸之间耳。

臣昧死上条六事：一曰信任辅弼，二曰先人材，三曰变革士见，四曰爱惜日力，五曰务尽人事，六曰寅畏天威。

谓信任辅弼？夫兴衰拨乱之主，必有同心同德之臣相与有为，如元首股肱之于，父子兄弟之于一家，乃以协济。今陛下选于众以图任，遂能捍御大敌，可谓得人矣。然臣愿陛下待以至诚，无事形迹，久任以责成功，勿使小人得以间之，则君臣之美，垂于无穷矣。

何谓公先人才？夫治天下者，必资于人才，而创业，中兴之主，所资尤多。何则？继体守文，率由旧章，得中庸之才，亦足以共治；至于艰难之际，非得卓荦环伟之才，则未易有济。是以大有为之主，必有不世出之才，参赞翊佐，以成大业。然自昔抱不群之才者，多为小人所忌嫉，或中之以黯闇，或指之为党羽，或诬之以大恶，或摘之以细故。而以道事君者，不可则止，难于自进，耻于自明，虽负重谤、遭深谴，安于义命，不复之辨。苟非至明之主，深察人之情伪，安能辨其非辜哉？陛下临御以来，用人多矣，世之所许以为端人正士者，往往闲废于无用之地；则陛下寤寐侧席，有乏材之叹，盍少留意而致察焉！

何谓变革士风？夫用兵之与士风，似不相及，而实相为表里。士风厚则议正而是非明，朝廷赏罚当功罪而人心服，考之本朝嘉祐、治平以前可知矣。数十年来，奔竞日进，论议徇私，邪说利口，足以惑人主之听。元祐大臣，持正流如司马光之流，皆社稷之臣也，而群枉嫉之，指为奸党，颠倒是非，政事大坏，驯致靖康之变，非偶然也。窃观近年士风尤薄，随时好恶，以取世资，滃讹成风，岂朝廷之福哉？大抵朝廷设耳目及献纳论思之官，固许之以风闻，至于大故，必须核实而后言。使其无实，则诬人之罪，服谗搜慝，得以中害善良，皆非所以修政也。

何谓爱惜日力？夫创业，中兴，如建大厦，堂室奥序，基规模可一日而成，鸠工聚材，则积累非一日所致。陛下临御，九年于兹，境土未复，僭逆未诛，仇敌未报，尚稽中兴之业者，诚以始不为之规摹，而后不为之积累故也。边事粗定之时，朝廷所推行者，不过簿书期会不切之细务，至于攻讨防守之策，国之大计，皆未尝留意。夫天下无不可为之事，亦无不可为之时，惟失其时，则事之小者日益大，事之易者日益难矣。

何谓务尽人事？天人之道，其实一致，人之所为，亦天之所为也。人事尽于前，则天理应于后，此自然之符也。故创业中兴之主，尽其在我，而以其成功归之于天。今未曾尽人事，敌至而先自退屈，而欲责功于天，其可乎？臣愿陛下诏二三大臣，协心同力，尽人事以听天命，则恢复土宇，翦屠鲸鲵，迎还两宫，必有日矣。

何谓寅畏天威？夫天之于王者，犹父母之于子，爱之至，则所以为之戒者亦至。故人主之于天戒，必恐惧修省，以致其。寅畏之诚。比年以来，荧惑失次，太白昼见，地震水溢，或久阴不雨，或久雨不霁，或当暑而寒，乃正月之朔，日有食之。此皆天意眷佑陛下，叮咛反复，以致告诫。惟陛下推至诚之意，正厥事以应之，则变灾而为祥矣。

凡此六者，皆中兴之业所关，而陛下所当先务者。

今朝廷人才不乏，将士足用，财用有余，足为中兴之资。陛下春秋鼎盛，欲大有为，何施不可？要在改前日之辙，断而行之耳。昔唐太宗谓魏征为敢言，征谢曰："陛下导臣使言，不然，其敢批逆鳞哉？"今臣无魏征之敢言，然展尽底蕴，亦思虑之极也。惟陛下赦其愚直，而取其拳拳之忠。

疏奏，上为赐诏褒谕。除江西安抚制置大使兼知洪州。有旨，赴行在奏事毕之官。六年，纲至，引对内殿。朝廷方锐意大举，纲陛辞，言今日用兵之失者四，措置未尽善者五，宜预备者三，当善后者二。时宋师与金人、伪齐相持于淮、泗者半年，纲奏："两兵相持，非出奇不足以取胜。愿速遣骁将，自淮南约岳飞为犄角，夹击之，大功可成。"已而宋师屡捷，刘光世、张俊、杨沂中大破伪齐兵于淮、淝之上。

车驾进发幸建康。纲奏乞益饬战守之具，修筑沿淮城垒，且言："愿陛下勿以去冬骤胜而自怠，勿以目前粗定而自安。凡可以致中兴之治者无不为，凡可以害中兴之业者无不去。要以修政事，信赏罚，明是非，别邪正，招徕人材，鼓作士气，爱惜民力，顺导众心为先。数者既备，则将帅辑睦，士卒乐战，用兵其有不胜者哉？"

淮西郦琼以全军叛归刘豫，纲指陈朝廷有措置失当者，深可痛惜者及当监前失以图方来者凡十有五事，奏之。张浚引咎去相位，言者引汉武诛王恢为比。纲奏曰："臣窃见张浚罢相，言者引武帝诛王恢以为比。臣恐智谋之士卷舌而不谈兵，忠义之士扼腕而无所发愤，将士解体而不用命，州郡望风而无坚城，陛下将谁与立国哉？张浚措置失当，诚为有罪，然其区区徇国之心，有可矜者。愿少宽假，以责来效。"

时车驾将幸平江，纲以为平江去建康不远，徒有退避之名，不宜轻动。复具奏曰：

臣闻自昔用兵以成大业者，必先固人心，作士气，据地利而不肯先退，尽人事而不肯先屈。是以楚、汉相距于荥阳、成皋间，高祖虽屡败，不退尺寸之地；既割鸿沟，羽引而东，遂有垓下之亡。曹操、袁绍战于官渡，操虽兵弱粮乏，荀彧止其退避；既焚绍辎笪，绍引而归，遂丧河北。由是观之，今日之事，岂可因一叛将之故，望风怯敌，遽自退屈？果出此谋，六飞因驭之后，人情动摇，莫有固志，士气销缩，莫有斗心。我退彼进，使敌马南渡，得一邑则守一邑，得一州则守一州，得一路则守一路，乱臣贼子，黠吏奸氓，从而附之，虎踞鸱张，虽欲如前日返驾回辕，复立朝廷于荆棘瓦砾之中，不可得也。

借使敌骑冲突，不得已而权宜避之，犹为有说。今疆场未有警急之报，兵将初无不利之失，朝廷正可以惩往事，修军政，审号令，明赏刑，益务固守。则遽为此扰扰，弃前功，蹈后患，以自趋于祸败，岂不重可惜哉！

八年，王伦使北还，纲闻之，上疏曰：

臣窃见朝廷遣王伦使金国，奉迎梓宫。今伦之归，与金使偕来，乃以"诏谕江南"为名，不著国号而曰"江南"，不云"通问"而曰"诏谕"，此何礼也？臣请试为陛下言之。金人毁宗社，逼二圣，而陛下顺天应人，光复旧业。自我视彼，则仇雠也；自彼视我，则腹心之疾也，岂复有可和之理？然而朝廷遣使通问，卑辞厚币，无所爱惜者，以二圣在其域中，为亲屈己，不得已而然，犹有说也。至去年春，两宫凶问既至，遣使以迎梓宫，亟往遄返，初不得其要领。今伦使事，初以奉迎梓宫为指；而金使之来，乃以诏谕江南为名。循名责实，已自乖戾，则其所以罔朝廷而生后患者，不待诘而可知。

臣在远方，虽不足以知其曲折，然以愚意料之，金以此名遣使，其邀求大略有五：必降诏书，欲陛下屈体降礼以听受，一也。必有赦文，欲朝廷宣布，班示郡县，二也。必立约束，欲陛下奉藩称臣，禀其号令，三也。必求岁赂，广其数目，使我坐困，四也。必求割地，以江为界，淮南、荆襄、四川，尽欲得之，五也。此五者，朝廷从其一，则大事去矣。

金人变诈不测，贪婪无厌，纵使听其号令，奉藩称臣，其志犹未已也。必继有号令，或使亲迎梓宫，或使单车入觐，或使移易将相，或改革政事，或竭取租赋，或朘削土宇。从之则无有纪极，一不从则前功尽废，反为兵端。以谓权时之宜，听其邀求，可以无后悔者，非愚则诬也。使国家之势单弱，果不足以自振，不得已而为此，固犹不可；况土宇犹半天下，臣民之心戴宋不忘，与有识者谋之，尚足以有为，岂可忘祖宗之大业，生灵之属望，弗虑弗图，遽自屈服，冀延旦夕之命哉？

臣愿陛下特留圣意，且勿轻许，深诏群臣，讲明利害、可长久之策，择其善而从之。疏奏，虽与众论不合，上不以为忤，曰："大臣当如此矣。"

九年，除知潭州、荆湖南路安抚大使，纲具奏力辞，曰："臣迂疏无周身之述，动致烦言。今者罢自江西，为日未外，又蒙湔祓，畀以帅权。昔汉文帝闻季布贤，召之，既而罢归，布曰：'陛下以一人之誉召臣，一人之毁去臣，臣恐天下有以窥陛下之浅深。'顾臣区区进退，何足少多！然数年之间，亟奋亟踬，上累陛下知人任使之明，实有系于国体。"诏以纲累奏，不欲重违，遂允其请，次年薨，年五十八。讣闻，上为轸悼，遣使赠赙，抚问其家，给丧葬之费。赠少师，官其亲族十人。

纲负天下之望，以一身用舍为社稷生民安危。虽身或不用，用有不久，而其忠诚义气，凛然动乎远近。每宋使至燕山，必问李纲、赵鼎安否，其为远人所畏服如此。纲有著《易传》内篇十卷、外十二卷，《论语详说》十卷，文章、歌诗、奏议百余卷，又有《靖康传信录》《奉迎录》《建炎时政记》《建炎进退志》《建炎制诏表札集》《宣抚荆广记》《制置江右录》。

以李纲之贤，使得毕力殚虑于靖康、建炎间，莫或挠之，二帝何至于北行，而宋岂至为南渡之偏安哉？夫用君子则安，用小人则危，不易之理也。人情莫不喜安而恶危。然纲居相位仅七十日，其谋数不见用，独于黄潜善、汪伯彦、秦桧之言，信而任之，恒若不及，何高宗之见，与人殊哉？纲虽屡斥，忠诚不少贬，不以用舍为语默，若赤子之慕其母，怒呵犹嗷嗷焉挽其裾而从之。呜呼！中兴功业之不振，君子固归之天，若纲之心，其可谓非诸葛孔明之用心欤?

【译文】

李纲,字伯纪,邵武人,从他的祖父开始定居无锡。父李夔,临终前任龙图阁待制。李纲于徽宗政和二年考中进士,积累官资当到监察御史兼权殿中侍御史,因为议论时政触犯了权贵,改官为比部员外郎,升起居郎。

宣和元年,京城发生严重水灾,李纲上疏说阴气太盛,应当对盗贼和外患感到忧虑。朝廷厌恶他的话,将他贬为监南剑州沙县税务。

李纲

宣和七年,李纲任太常少卿。当时金朝人背叛盟约,边境警报交替传来,朝廷商议避敌的计策,下诏命令起兵捍卫朝廷,任命皇太子为开封府府尹,令大臣们各自进呈自己的意见。李纲上奏抵御金人的五条计策,并对好朋友给事中吴敏说:"朝廷任命皇太子为开封府府尹,难道不是要把留守的重任交付给他吗?强敌如此猖獗,非传帝位给皇太子,不足以招徕天下的豪杰。东宫太子恭敬节俭的德行闻名天下,可以守卫宗庙。您的职责是向朝廷提供意见和想法,为什么不向皇上极力进言呢?"吴敏说"让太子监国可以吗?"李纲说:"唐肃宗在灵武即位称帝,这是因为不建帝号不足以恢复邦土,而让肃宗即帝位的建议不是由唐明皇提出来的,后世为此感到可惜。徽宗皇帝贤明宽厚,正确的意见万一能被执行,将可以看到金人痛悔罪过,我宋朝的江山得以太平,天下人都受恩惠。"

第二天,吴敏请求进宫奏对,计明道理,因而谈到李纲的观点跟他相同。徽宗颁发圣旨召李纲入宫议事,李纲刺破手臂写血书上奏道:"皇太子监国,是正常的典礼,如今强敌进攻,安危存亡在于呼吸之间,还可以按照常礼吗?名分没有确立而执掌大权,怎么能号令天下而指望侥幸取得成功呢?假如能够把帝位传给皇太子,让他为陛下守卫宗庙社稷,收笼将士之心,誓死抵抗敌人,天下就可以保全。"奏疏呈上后,禅位的意见方才确定下来。

钦宗即位,李纲上封言事,说:"如今中国势力衰弱,正道不复存在,法令制度荡然无存。陛下继位之初,应该上合天意,下顺人心,排除外患,使中国势力尊崇;杀掉内奸,使君子正道增长,以符合道君皇帝(指宋徽宗)托付的心意。"召到延和殿奏对,钦宗迎接李纲,对他说道:"我以前当太子时,看到过你议论水灾的奏疏,至今还能背诵。"李邺出使金国议和割让土地,李纲上奏说:"祖宗传下来的疆土,理当以死捍卫,不能割让一尺一寸给敌人。"钦宗很赞赏,任命他为兵部侍郎。

靖康元年，钦宗任命吴敏为行营副使，李纲为参谋官。金朝将领斡离不的兵马渡过黄河，徽宗往东逃避，宰相执政讨论请钦宗也暂时躲避敌军锋芒。李纲说："道君皇帝把宗庙社稷交给陛下，抛弃离去可以吗？"钦宗默然无语。太宰白时中讲都城守卫不住，李纲说："天下的城池，哪有比得上都城的，况且是宗庙社稷、官员百姓的所在地，抛开它想去哪里呢？"钦宗对宰相执政官说道："怎么办？"李纲进言说："现在的计策，应当是整饬军马，团结民心，共同坚守都城，以等待各地前来保卫朝廷的军队。"钦宗问谁可以充当将领，李纲说："朝廷用高官厚禄来尊崇供养大臣，是为了有事时任用他们。白时中、李邦彦虽然不一定懂得领兵打仗，但凭借他们的位号，安抚将士以抵抗敌人，这是他们的职责。"白时中愤怒地说道："李纲你莫非能够领兵出战？"李纲说："陛下如果不认为我平庸怯懦，让我带兵，我愿意以死相报。"于是以李纲为尚书右丞。

宰相执政仍然坚持躲避敌人的意见。钦宗下圣旨任命李纲为东京留守，李纲向钦宗极力讲述为什么不能离开京城的道理，并说："唐明皇听说潼关失守，立即逃往四川，宗庙朝廷毁于叛贼之手，范祖禹认为他的失误就在于不能坚守都城以等待援军。如今各处军队马上就会云集京城，陛下为什么要轻易离开而重蹈唐明皇的覆辙呢？"钦宗很是醒悟。正逢内侍奏报中宫已经上路，钦宗脸色大变，从御榻上匆劝忙下来说："我不能留下了。"李纲流泪跪拜，以死相谏。钦宗对李纲说："我今天为你留下。领兵抗敌的事情，专门托付给你，不要出现疏忽和问题。"李纲慌忙受命。

不久，钦宗又决意向南出逃，李纲赶到宫中，只见禁卫的士兵已经穿上盔甲，皇帝的车驾也准备好了。李纲急忙向禁卫的士兵喊道："你们是愿意留下来守卫宗庙社稷呢？还是想跟皇上出走？"都说："愿意死守京城。"李纲进去拜见钦宗说："陛下已经同意让我留守，为什么又要下令出行呢？现在各军的父母妻子都在京城，愿以死守卫，万一中途分散回去，陛下让谁来保卫京城？敌军已经逼近，知道陛下的车驾没走远，要是派健壮的快马迅速追击，该怎么办呢？"钦宗感动醒悟，于是命令停止出行。李纲传达圣旨对左右部属说道："敢再说走的人一律斩首！"禁卫兵都伏地跪拜，高呼万岁，守城各军听到后，无不感动流泪。

钦宗任命李纲为亲征行营使，授权他随机行事。李纲修治守城作战的工具，没几天就完成了。敌军攻城，李纲亲自督战，招募壮士用绳索系下城墙，斩杀敌军头目十几人，杀敌数千人。金人知道城中已有防备，又听说徽宗已经禅位给钦宗，于是退兵。要求派遣大臣到军营中议和，李纲请求前往。钦宗派遣李棁，李纲说："国家安危在此一举，我担心李棁胆小怯懦，误了国家大事。钦宗不听他的意见，最后还是派李棁前去议和。金人索取的钱币多达千万，还要求割让太原、中山、河间三府的土地，宰相、亲王作为人质，李棁接受了金人条款，一句话也不说，回来报告。李纲说："所需要的金钱财物，即使搜尽天下也不够，何况是京城呢？太原、中山、河间三个重镇，是国家的屏障，割给敌人后如何还能立国？至于派遣人质，则宰相可以去，亲王不应当去，如果派遣能言善辩的人姑且跟他们争论可否，宿留几天，大军将从四面八方汇集而来，敌人孤军深入，即使要求得不到满足，也会迅速退兵回去。这个时候再跟他们签订盟约，则不敢轻视我国，和平也可长久保持了。"宰相执政的观点跟他不一样，李纲不能说服他们，请求退职。钦宗安慰劝说道："你只管去治理军务，这件事应该慢慢讨论。"李纲退出后，则盟誓的文书已经执行，金人的要求全部得到满足，并以皇弟康王赵构、少宰张邦昌作人质。

当时朝廷每天给金人输送金钱财物，但金人依旧不停地索取，每天大肆屠杀抢掠。各地勤王的部队逐渐有到来的，种师道、姚平仲也带领泾原、秦凤的人马到达京城。李纲上奏道："金朝人贪得无厌，凶残已极，这种情况下非用兵不可。况且敌军号称六万，而我勤王的部队汇集在城下的已有二十多万，敌人以孤立之军深入我方重地，好比虎豹自投网笼，应当凭计策战胜敌人，用不着一味地跟他们进行实力较量。假如我们控制住黄河渡口，断绝敌人粮道，分派部队收复京畿以北各个城镇，而以主力逼近敌营，稳住阵容不与敌军战斗，象周亚夫围困七国一样，等敌人粮尽疲弊，然后用讨敌檄文取代盟誓之书，收复三镇，纵敌北逃，等他们渡河到一半时出击，这是必胜的计谋啊！"钦宗认为他说很对，约定日期一起行动。

姚平仲有勇无谋，急于求功，抢先率步兵、骑兵共一万人，夜袭敌营，想生擒斡离不并救出康王而归。到半夜时，宫中使者传圣旨对李纲说："姚平仲已经行动了，你火速增援他。"李纲率领诸将在天亮时分出了封丘门，与金军战于幕天坡，用神臂弓射杀金军，将他们击退。姚平仲竟然因为偷袭敌营没有成功，害怕惩罚而逃走。金使到来，宰相李邦彦对他说："用兵的是李纲、姚平仲，并非朝廷的意思。"于是罢免李纲，以蔡懋代替他的职务。太学生陈东等人到宫门前上书，要求辨明李纲无罪。军民事先没有相约而汇集的有几十人，呐喊声震天动地，因上书得不到回音而十分气愤，以致杀伤内侍官员。钦宗立即召回李纲，李纲入宫觐见，哭泣跪拜，请求以死报国。钦宗也为之流泪，命令李纲重新担任尚书右丞，充京城四壁守御使。

开始时，金军进犯京城，蔡懋严禁不准放箭投石，将士们心中积压了一股愤恨之气，到现在，李纲下令能杀敌的给予重赏，众人无不振奋跳跃。金军害怕，稍稍向后撤退，况且已经得到钦宗割让三镇的诏书和亲王作为人质，于是退兵。朝廷任命李纲为知枢密院事。李纲上奏请求仿效澶渊之盟的故事，派兵护送金军撤退，并且告诫诸将，可以袭击的话就进行袭击。于是以十万部队分道并进，将士们接受命令后，踊跃前进。在此以前，金兵统帅粘罕围攻太原，守将折可求、刘光世的军队都战败；平阳府的义军也叛变投敌，引导金军闯入南北关，攻占隆德府，现在，又进而围攻高平。宰相指责李纲把汇集开封城下的军队全派出去追击敌人，害怕仓促之间措手不及，急忙命令诸将回京。诸将已经在刑州、赵州之间追上了金军，突然得到退兵命令，无不扼腕叹息。等到李纲竭力争取，朝廷再次遣军追敌，将士们已经人心涣散了。

钦宗下诏讨论接太上皇帝返回京城。当初，徽宗南逃，童贯、高俅等人带兵跟从，出发后，听说京城被围，于是阻止东南地区的邮政传递和勤王部队。人们议论纷纷，讲童贯等人企图发动政变。陈东上书朝廷，请求诛杀蔡京、蔡攸、童贯、朱勔、高俅、卢宗原等人。

钦宗想派聂山为发运使前去图谋此事，李纲说：“假如聂山的图谋能够成功，则会使太上皇震动惊恐，这是陛下所担心的。万一不能成功，这几个奸贼挟持太上皇前往东南地区，求取剑南一道，陛下该怎么办呢？不如取消聂山之行，请求太上皇除去这几个人，自然可以不劳而定。”钦宗听从了他的话。

徽宗归来，停驻在南京应天府，写信询问改革政事的缘故，并召吴敏、李纲二人。有人担心太上皇的意图不可捉摸，李纲请求前往，说：“这没有什么，不过是太上皇想知道朝廷里的事情罢了。”李纲到来后，详细讲述了钦宗皇帝很有孝心思念太上皇，想以天下供养他，请求徽宗早日返回京城。徽宗流下几行热泪，问李纲说：“你以前因为什么事情离开朝廷？”李纲答道：“微臣以前担任左史之职，因为狂妄地上书议论水灾，蒙太上皇恩典没有判我死罪。但我当时所讲的，是说天地之间的灾变，各有类别可以感应，正是今日金军入侵围攻京城的预兆。自然界的灾害变故，好比人的身体，内脏出现毛病，则会在脸色上表现出来，在脉络气息上有所反映，精通医道的人是能够了解到的。所以圣人观察天地自然现象的变化，而努力治理好政事，因此能够保国安邦，而没有危险动乱的忧患。”徽宗十分赞赏。

徽宗又询问近几天京城围攻守御的前后情况，谈话逐渐融洽。徽宗因而讲起行宫只传递号角等事情，李纲说：“当时怕金军知道行宫的所在地，没有其他原因。”李纲又进奏道：“现在正是危急艰难的时候，两位皇帝隔得很远，朝廷照顾太上皇宫，也难免有些疏忽不周的地方，全凭太上皇明察。”并且说：“钦宗皇帝仁厚孝顺，唯恐有一件事不能满足太上皇心愿的，每次得到太上皇责问的诏书，就忧愁惶恐吃不下饭。我私下做过比譬：家长外出而强盗来临，主持家务的孩子，不得不权宜行事。长辈只应当因为他能够保卫家园而进行慰劳，假如只考虑细小的事情，那么做孩子的，怎能逃避罪责呢？钦宗皇帝即位之初，太上皇巡幸外地，正逢强大的敌人入侵，为了宗庙社稷的考虑，对众多事情不得不进行一些细小的改革。太上皇御驾回京，我认为应该大力慰劳和安抚钦宗皇帝，不要盘问小的事情，这样就可以了。”徽宗感动醒悟，拿出玉带、金鱼袋、象牙简笏赐给李纲，说：“行宫里的人得知你来都很高兴，这些东西是我的一点心意，你可以随意穿戴。”并且说：“你辅佐钦宗皇帝，捍卫宗庙社稷有功，假如能够调和我们父子之间的关系，使之没有猜疑阻碍，必然可以写上史册，名垂万世。”李纲感激流泪，再次跪拜。

李纲回到朝廷，详细讲述了太上皇的心意。宰相执政进呈迎接太上皇的礼仪，耿南仲建议要排去太上皇的左右随从。车驾才可以进京城。李纲说：“这样的话，是向太上皇表示猜疑。天下的道理，在于诚和疑、明和暗而已。从坦诚明智推广开去，可以达到尧、舜的境界；而从猜疑昏暗推广开去，则祸患多得说不清。耿南仲不用尧、舜之道辅佐陛下，反而要让陛下昏暗多疑。”耿南仲不高兴地说道：“我刚才看到左司谏陈公辅，就是为李纲联结士人百姓伏阙上书的。请求下令御史台审问。”钦宗很吃惊。李纲说：“我跟耿南仲争论的，是国家大事，耿南仲却说出这样的话来，我哪敢再进行辩论？希望陛下将陈公辅的事情下达给法官去办，我请求退官，等候判罪。”连续上奏章十几次，钦宗没有答应。

太上皇回到京城,李纲在城门口跪拜迎接。第二天,到龙德宫朝拜,又上章恳求辞职。钦宗亲手赐给诏书说:"上次敌人攻到近郊,士人百姓太阙上书,一时仓促,人数多达几十万,这是因为被忠诚愤慨所激励,态度不谋而合,这哪里是人力所能做到的呢?不喜欢你的人制造谣言,致使你心中不安,我对你是非常体谅的,请不要把此事挂在心上,强敌刚刚退走,正要依靠你协助共度艰难,应该勉力留在我身边。"李纲不得已就任官职。向朝廷进呈守备边防、抵御敌人的八件事情。

当时金兵已经退去,太上皇回宫,朝廷上下坦然自得、满不在乎,把边防之事抛在一边不再谈论。唯独李纲对此十分担忧,与同知枢密院事许翰讨论调遣秋季防卫的士兵。吴敏请求设置详议司检查法令制度,以革除弊政,下诏任命李纲为提举官,耿南仲加以阻止。李纲上奏道:"现在边患正十分严重,钱粮调度不足,应当稍微压缩假冒泛滥的官员,以满足国家需要。比如从节度使到远郡刺史,原本是用来对待有功之臣的。现在都凭借亲戚关系的恩泽而获得;堂吏转升官职只到正郎,崇宁、大观年间才转升到中奉大夫,现在应该都恢复以前的制度。"执政官把李纲奏文张贴在街道上,以李纲深得士民人心,而想趁机离间李纲与钦宗的关系。正逢守御司上奏请求补充两名副尉。钦宗的批语中有"大臣专权,渐不可止"的话。李纲上奏道;"不久前得到圣旨,授给我空名告敕,让我权宜行事。两人有功劳应该补升官职,所以上奏请求,这是遵循陛下的旨意,不是我专权啊!"

当时太原之围还没有解除,种师中战死,种师道生病回家,耿南仲说:"要增援太原,非李纲前去不可。"钦宗任命李纲为河东、河北宣抚使。李纲说:"我是一个书生,确实不会带兵打仗。京城被围困时,不得已为陛下料理军务,如今派我担任大帅,恐怕误了国家大事。因而拜谢推辞,钦宗不许。退朝后又以生病为由,请求退休,奏章递了十几次,钦宗还是不同意。台谏官上言李纲不能离开朝廷,钦宗认为这是替大臣游说,斥责了他们。有人对李纲说:"您知道为什么要派您出去吗?这并非为了边境军务,而是想借此把您排挤掉,这样京城里的人们就无话可说。您坚持托病不去赴任,进谗言的小人就更来劲了,皇上发怒,将有不测之祸,怎么办呢?"许翰写了"杜邮"两个字给李纲(暗示李纲应杜绝朝廷对他的怨恨和不满),李纲慌忙接受任命。钦宗亲自书写《裴度传》赐给他,李剩说:"吴元济以区区蔡州之地对抗唐王朝,与强大的金人根本无法相比,而且我也比不上裴度的万分之一。但敌寇入侵的外患扫除,小人在朝则祸害难去。假使朝廷正直公平,君子之道发扬光大,那么抵御外敌并非难事。"因而书写裴度论元稹、魏洪简奏疏中的主要言论进里朝廷,钦宗赐诏答复。

宣抚司的兵力只有一万二千人,许多事情还没有准备好,李纲请求推迟赴任的日期。钦宗御批认为他拖延时间抗拒君命,李纲上疏讲明不能马上出行的原因,并说:"陛下前不久认为我专权,如今又说我抗拒命令,现在正急需派遣大帅以解太原重围,却让专权抗命之人担任此职,大概不合适吧?我请求退休,解除知枢密院的职务。"钦宗多次下诏催他赴任说:"你为我巡视边境后,就可以返回朝廷。"李纲说:"我这次赴任,断然没有返回的道理。过去范仲淹以参知政事的身份离开朝廷去安抚西北边境，过郑州见到吕夷简，吕夷简说：'参政岂可再回朝廷！'后来果真如此。现在我因为愚昧耿直不被朝廷所容，让我出发之后进而以死抗敌，这是我的心愿。万一朝廷抗战的意图不坚决，我理当请求离官，陛下应该明察我的孤立和忠诚，以保全君臣之间的道义。"钦宗为此很感动。等到李纲入宫辞别，又谈到唐恪、聂山的奸邪狡诈，若不停止对他们的任用，以后必然误国。

进军到河阳府，遥拜宋朝皇帝的陵寝，又上奏道："我率军出巩县、洛阳，遥拜帝陵，潸然泪下。想祖宗创业守成，将近二百年，传到陛下，正逢艰难岁月，强敌入侵，中国势力衰弱，这实是陛下卧薪尝胆、励精图治、报答祖宗恩德的时候，希望陛下深入探究祖宗之法，逐一推行，进用君子，罢黜小人，巩固和加强国家的根本，以图中兴，上可以告慰列祖列宗的英灵，下可以作为亿万百姓的依靠，天下就十分幸运了。"

行军到怀州，钦宗诏令罢减建立起来的部队，李纲上奏道："太原之围还没有解除，河东形势非常危急，秋高气爽军马肥壮，北方的敌人必定会再次深入，宗庙社稷的安危，恐怕不可预料。即使秋季防卫的部队已确实够用。难保敌骑不再次渡过黄河。何况我出使还没有多长时间，朝廷就全部更写了以前的诏令，集结起来的部队，又全部罢减掉了。现在河北、河东日益危急，没有一兵一马可供需求，刚刚汇集起来的部队又都被遣散，我实在没能力担当这个重任。况且朝廷以军法号令各路起兵，却又以一纸诏书加以停止，我怕以后朝廷再要号召，就没有人来响应了。"奏疏进呈，没有答复，钦宗御批每天敦促李纲解救太原之围，但各位将领却受命于皇帝的意图，有事都直接上报，宣抚司空有节制之名。李纲上疏，极力谏阻节制不专的弊端。

当时朝廷正跟金人议和，下诏命令李纲停止进兵。不久，徐处仁、吴敏罢相而任命唐恪为宰相，许翰被撤销同知枢密院的职务而进用聂山、陈过庭、李回等人，吴敏又被贬斥流放到涪州。李纲听说后，悲叹道："事情已经无可作为了！"随即上奏请求罢免他的职务。于是命令种师道以同知枢密院事兼领宣抚司事，召李纲回朝。随即任命他为观文殿学士、扬州知州，李纲上奏推辞。不久，李纲以专门主张抗战、丧失军队浪费财产的罪名被免职。提举亳州明道宫，责授保静军节度副使，建昌军安置，又贬到宁江。

金兵再次入侵，钦宗认识到议和的错误，任命李纲为资政殿大学士，领开封府事。李纲走到长沙，接受任命，立即率领湖南勤王的部队前来援救，还没有到达，京城就已经失守了。在此以前，康王作为人质来到金朝兵营，金人对他很害怕，要求派萧王代替他。现在康王设置大元帅府，命令恢复李纲以前的官职，并且送书信给他说："如今百姓的命运系于倒悬，若不是旷古绝代的奇才，怎能协助我取得成功。阁下的学识穷极天人，忠义贯于金石，应当挥袖而起，以副天下百姓的殷切期望。"

高宗即位，拜李纲为尚书右仆射兼中书侍郎，让他入朝。御史中丞颜岐上奏说："张邦昌是金人所喜欢的，已经做了三公、郡王，应该再加任同平章事，增加对他的礼遇；李纲是金人所厌的，应该在他到来之前罢免他的职务。"上了五次奏章，高宗说："像我当了皇帝，恐怕也不是金人所喜欢的。"颜岐哑口无言，退下朝去。颜岐还派人把自己的奏章密封起来给李纲看，企图阻止他的到来。高宗听说李纲即将到达，派官员迎接慰劳，赐宴，请他到内殿相见。李纲见了高宗，热泪横流，高宗十分感动。李纲因而上奏道："金人不讲道义，专门以诡计取胜，中国不知醒悟，一再上当受骗。仰赖天命没有改变，陛下在外面统帅军队，为天下臣民所推崇爱戴。内修政事，外抗敌寇，迎回徽、钦二帝而安抚天下，责任在于陛下和宰相。我自认为缺陷很多，不足以符合陛下委以重任的心意，请求取消对我的任命。而且我在路上时，颜岐曾经把他谈论我的奏章给我看，说我为金人所厌恶，不应该做宰相。像我这样愚蠢的人，只知道有赵宋，不晓得有金人，他们当然是不会喜欢的。但是讲我的才能不足以当宰相是可以的，讲我为金人所厌恶不能当宰相则是不对的。"因而极力推辞。高宗为李纲驱逐范宗尹，让他去当舒州知州，颜岐则被派走做祭祀之官。李纲还是极力谢辞，高宗说："我知道你忠义有智略已经很久了，想要使金人畏惧顺服、四方太平安宁，非让你来当宰相不可，你不要推辞。"李纲叩头谢恩说：

我愚昧粗陋没有可取之处，蒙陛下知遇之恩，但现在扶持将倾的大厦，图谋中兴的功业，全靠陛下而不在于我。我还没得到左右大臣的认可，陛下就首先加以提拔，把宰相的大任交付给我，我微不足道，怎能符合陛下重用责成的心意呢？但《诗经》上讲'无不有很好的开端，却很少有完美的结局。'我势单力薄，希望陛下考察管仲论述霸王之业的言论，明辨君子和小人，使我得以为国尽忠，出谋划策，虽死无憾。从前唐明皇想任用姚崇为宰相，姚崇进言谈论十事，都切中当时的弊端。如今我也以十事上奏陛下，陛下考虑其中切实可行的内容加以采纳，我才敢接受任命。"

一是关于国家大事。我认为中国抵御周围夷狄的入侵，能防守然后才能出战，能出战然后才能议和。然而靖康末年都没有办到。现在想与金人作战则力量不足，想议和又绝无可能，不如先治理国内的事情，专门以防御为策略，等我国政治昌明，士气大振，然后可以考虑大举反击。

二是关于皇帝巡幸之事。我认为陛下不能不去一趟京城，拜谒祖宗庙堂，以安慰京城百姓的人心，揣测不可久居，就应考虑巡幸之计。以目前天下形势而论，去长安为上策，其次是去襄阳，最后去建康，都要诏令官府事先准备好。

三是关于赦免令。我认为祖宗即位发布赦免令，都有一定的模式。前些天颁发的大赦诏书，却取法张邦昌伪政权的赦免令，例如将背叛朝廷和因罪免官的人全都赦免统统恢复官职等，都是过于泛滥、不能推行的，应当全部改正以效法祖宗旧制。

四是关于僭越叛逆之事。我认为张邦昌身为朝廷大臣，面临危难不能以死为国守节，反而凭借金人的势力建立伪政权、改称伪国号，必须予以严惩，以禁戒后世。

五是关于伪政权任命的事情。我认为国家遭逢巨大灾变，很少有人保持节气、舍生取义，而接受伪官、屈膝求生的却大有人在。过去唐肃宗平定叛乱，凡接受伪政权任命的人都按六等定罪，应该仿效这种做法来激励士大夫风气。

六是关于作战之事。我认为军政已经废坏很长时间了，士气怯懦懈怠，必须制定全新的纪律，做到赏罚分明，以振作士气。

七是关于防御之事。我认为敌人狡诈多变，必定还要前来侵扰，应当沿黄河、长江和淮河加强防备，控制战略要地。

八是关于朝廷的根本大政。我认为目前政出多门，纲纪混乱，应当把权力收归宰相机构，这样就可以巩固加强朝廷的尊严。

九是关于官员长期任职的问题。我认为靖康年间进退大臣速度太快，官员政绩很不显著，应该慎重选拔、长期任用，责成他们取得功效。

十是关于修养德行的问题。我认为皇上刚刚承受天命，应更加注意孝悌恭俭的德行修养，以符合天下百姓的期望，从而实现中兴大业。

第二天，让李纲上朝议事，只有论僭逆、伪命两件事留下没给答复。李纲说：

这两件事是当今刑法政治的大问题。张邦昌在徽宗朝当了十年执政官，钦宗继位后，首先提拔他做了宰相。正逢国家祸难之时，金朝人图谋另立皇帝，张邦昌假如能够以死守节，表明天下拥戴宋朝的大义，以感动敌人，敌人未必不痛悔罪过，而保存赵宋政权。但张邦昌反而自以为得计，安然接受皇帝称号，住在宫廷禁中，擅自发布伪诏，以阻止各地勤王的部队。等知道天下人并不拥护他做皇帝，才不得不请元祐太后垂帘听政，讨论奉迎陛下。张邦昌前后如此大逆不道，而议论的人居然还有不同意见，我请求彻底揭发他的罪行，按《春秋》之法加以审判。

京城里的人们对张邦昌感恩戴德，声称因为他当皇帝而得以生存下来，并且免除了征收金银财物的沉重负担。元帅府宽恕张邦昌，说他不等到元帅府征讨就派遣使者奉迎陛下。但天下痛恨张邦昌的人则指责他篡位称帝、建立伪国号，而奉迎陛下只不过是不得已罢了。京城里的人们对他感恩戴德，元帅府宽恕他的罪行，这是出于私心；天下的人痛恨他，是本于公议。按《春秋》之法，做臣子的不得专权自重，否则必须予以诛灭；赵盾不讨伐叛贼，则在史书上写他有弑君之罪。如今张邦昌已经大逆不道、伪称帝号，金军撤退后又阻止各地勤王的部队，并不仅仅是专权自重和不讨伐逆贼而已。”

刘盆子作为汉朝宗室被赤眉军立为皇帝，以后带着十万人马向光武帝刘秀投降，而免除了他的死罪。张邦昌以宋朝臣仆而妄称帝号，罪行比刘盆子大，后来不得已而归附陛下。朝廷不但不判他的罪，反而对他尊崇礼遇，这是什么道理呢？陛下想要实现中兴的伟业，却尊崇叛逆的大臣，在全国加以张扬，怎能不使人心瓦解呢？而且那些接受伪命的臣僚，全都不予追究，这怎么能激励天下士大夫的气节呢？

当时执政官中有意见不同的，高宗于是召黄潜善等人交谈。黄潜善支持张邦昌十分卖力，高宗对吕好问说：“你以前在金兵围城时知道详情，你的意见是什么？”吕好问依附黄潜善，态度暧昧，说，“张邦昌窃取帝位，人所共知，既然已经主动归附，全凭陛下处置。”李纲说：“张邦昌大逆不道，怎可让他在朝廷里面，使别人指指点点说‘这也是一位天子’呢？”因而哭泣跪拜道：“我不能跟张邦昌同时位列朝廷，势必用玉笏击打这个叛贼。陛下一定要任用张邦昌的话，只需将我罢免。”高宗十分感动。汪伯彦于是说道：“李纲意气刚直，我们比不上。”于是下诏将张邦昌流放到潭州，吴幵、莫俦以下都加以不同程度的贬斥。李纲又说："近年来士大夫寡廉鲜耻，不懂得君臣之间的道义。靖康之难，能够坚守节操、舍身取义的，朝廷里只有李若水，朝廷外只有霍安国，希望陛下赠封官号、加以抚恤。"高宗答应他的请求，并下诏命令各路询访为国捐躯的义士，向朝廷汇报。高宗对李纲说："你前不久争论张邦昌叛逆之事，内侍们都感动得流下热泪，现在你可以接受任命了。"李纲叩拜谢恩。

高宗又下令让李纲兼任御营使，李纲入朝奏对说：

如今国力远远比不上靖康年间，但却有所作为，其原因在于陛下英明果断，群臣团结一致，这样也许就能革除靖康时期的弊端，中兴大业也就有可能实现了。但假如没有规划谋略，不知道先后缓急的次序，那么也不能取得成功。

对外抵御强敌，对内平定盗贼，修治军政大事，改变士大夫风气，增加国家财富，减轻百姓负担，改革弊端重重的旧法，裁减泛滥臃肿的官僚，用坦诚来号令天下以激励人心，赏罚严明以振作士气，选择将帅以统领各方，选拔监司、郡守以推行新政，等我们治理好国内的事务，然后可以兴兵讨伐金人，迎回徽、钦二帝，这就是所谓总体的规划和谋略。至于现在的当务之急，是处理好河北、河东的事务。因为河北、河东地区，是国家的屏障。处理妥当后，中原才可以保存，东南地区的安全才有保证。如今河东地区失陷的地方有忻州、代州、太原府、泽州、潞州、汾州和晋州，其他州郡仍然保存着。河北失陷的地方，不过是真定、怀、卫、濬四个州府而已，其余二十多个州郡，仍然掌握在朝廷手中。两路地区的将士和人民，拥戴宋朝，意志坚定，都推举豪杰义士作为首领，部队人数多的可达几万，少的也不下一万人。朝廷如果不趁此机会设置机构，派遣使者以大力安抚慰勉他们，分派军队以援救他们的危急，我担心他们会粮尽力疲，白白遭受金人的围困。即使怀有忠义之心，但援兵不到，危急得不到解救，必将愤怒地埋怨朝廷，金人趁机安抚和利用他们，都是精锐的部队啊。

不如在河北路设置招抚司，在河东路设置经制司，选择有才能谋略的人担任长官，宣示和晓谕宋朝天子的恩德以及不忍抛弃两河地区、落入金人之手的心愿。凡是能够保全一州、收复一郡的，就任命为节度使、防御使和团练使，仿效唐代方镇的制度，让他们自己防守。不但可以断绝他们归附金人的念头，而且可以借助他们防御敌人的力量，使朝廷不再有北顾之忧，这最是当今的急务。

高宗很赞赏他的话，询问谁可以担此重任，李纲推荐张所、傅亮。张所曾经担任过监察御史，在靖康年间金人围攻京城时，他用封在蜡中的书信招募河北兵马，将士和百姓们得到书信，高兴地说道："朝廷抛弃我们，还有一位张察院能够选拔和任用我们。"应募的共有十七万人，于是张所的名声震动整个河北，所以李纲认为招抚河北，非张所不可。傅亮原先以边疆战功获得官职，曾经在河朔一带治理军务。京城被围困时，傅亮率领三万名勤王的部队，多次建立战功。李纲考察他的智慧谋略可以担当重任，想趁此机会对他进行检验。高宗于是任命张所为河北路招抚使，傅亮为河东路经制副使。

皇子降生，按以前的制度应当大赦天下。李纲上奏道："陛下即帝位时，大赦之恩唯独遗漏了河北、河东地区，也没有涉及勤王的部队，天下失望。河北、河东两路为朝廷坚决守卫、抵抗金军，而赦令却没有涉及，人们都以为朝廷已经把他们抛弃了，这怎么能够慰勉忠臣义士的人心呢？各地勤王的部队在路途中颠簸了半年，身穿盔甲，手持兵器，冒着风霜寒露，虽然没有为朝廷立下战功，但也已经很辛苦了。加上生病死亡，又得不到朝廷的恩赏抚恤，以后再有危难，怎么能利用他们呢？希望利用这次大赦的机会向他们表示朝廷的恩德和心意。"高宗加以赞赏采纳。于是河北、河东两路都知道了宋朝皇帝的恩德和厚意，人心舒畅，听说还有向朝廷进献破敌捷报的。金朝围攻各州的部队，纷纷后撤。而山寨义兵，响应招抚、经制二司招募的很多。

有许高、许亢这两个人，因防守黄河逃跑，被贬斥到岭南，走到南康军时阴谋叛乱，被守卫的副官杀死。有人想追究副官擅杀之罪，李纲说："许高、许亢受命守卫河防，敌寇还没有到来就逃跑了，沿途抢劫掠夺，比盗贼还要猖狂。朝廷不能将他们按军法处死，而一个守卫的副官能够执行军法，真是敢作敢为。让那些受命抵抗敌军但却想逃跑的人，知道郡县官吏都可以将他们正法，大概也会稍微有些收敛吧！"高宗表示同意，命令将那位副官提升一级。开封府没有长官，李纲认为留守开封非宗泽不可，极力向高宗推荐。宗泽到任后，安抚军民，整治防御器械，多次出兵挫败敌人。

李纲确立军法，以五人为一伍，队长用牌写上同伍士兵的姓名。二十五人为一甲，甲正用牌写上五位队长的姓名。一百人为一队，队长用牌写上四位甲正的姓名。五百人为一部，部将用牌写上十个正副队将的姓名。二千五百人为一军，统制官用牌写上十个正副部将的姓名。下令招募建立新军和御营司部队，一并按照新的军法集结，一有任务和命令，按照令牌派遣。三省、枢密院设置赏功司，接受贿赂求取官职的按军法处置，遇到敌人逃跑溃败的一律斩首，趁机做盗贼的诛灭其家属。重申或改革的军政法令一共有几十条。

李纲又上奏说步兵比不上骑兵，骑兵比不上小战车，请求将战车之制颁发到京东、西两路，加以制造和教练。又奏请制造战船，招募水军，交询访各路武官中有才能谋略可资任用的人以备召用。又三次进呈奏疏：一是谈招兵，二是论买马，三是讲招募百姓捐献财产以助军费。谏议大夫宋齐愈听说后加以嘲笑，对虞部员外郎张浚说："李丞相议论的三件事，没有一件行得通。"张浚询问其中原因，宋齐愈说："老百姓的财物不能搜刮上来；西北地区出产的战马得不到，而东南地区的马匹又派不上用场；至于军队人数，如果每郡增加两千人，那么每年的费用就要增加千万，这笔钱从哪里来呢？我将在朝廷上极力谈论这些事情。"张浚说："您从此就要遭祸了。"

当时朝廷讨论派使臣去金国，李纲上奏说："尧、舜之道，在于孝悌而已，孝悌做得尽善尽美，可以跟神明相沟通。陛下因为徽、钦二帝远在敌国沙漠地区，饭吃不香，觉睡不好，想迎回二圣，以天下来赡养他们，这是孝悌到了极点，也是尧、舜一样的心意。现在的事情，正应当卧薪尝胆，增强军备，内修政事，外抗敌寇，使政治昌明，国力强盛，那么二帝不等迎接就自然归来。否则的话，即使派遣很多人员，对金朝说好话、送厚礼，恐怕也是无济于事。今日派遣使节,只应当奉表联络和慰问徽、钦二帝,表达陛下思慕的心意就可以了。”高宗于是命令李纲起草表文,任命周望、傅雱为二圣通问使,奉表前往金国。李纲又请求高宗下哀痛之诏,以感动天下,使全体军民同心协力,相互支持,以实现中兴大业。又请求减省超编的官员,减少不必要的费用。高宗都听从了他的意见。此时,各地溃败的士兵做盗贼的有十多万人,在山东、淮南和襄汉一带攻扰抢掠,李纲命令将领将他们全部讨伐平定。

有一天,谈论起靖康年间的时事,高宗问道:“钦宗皇帝勤于政事,审阅奏章,至于整夜不睡,然而最后还是不免被金人俘虏,这是为什么呢?”李纲说:“皇帝的职责在于知人,进用有道的君子,罢黜奸邪的小人,这样就可以成就大业,否则只知道审阅奏章,徒劳无益。”因而论述了靖康初年朝廷对付敌人的政策得失,并且极力论述了金军两次攻到京城、本来能够守住而没有守住的原因;进而劝勉高宗以明智宽恕使人们都能充分地表明自己的意见,以谨慎节俭来充实国家的各项费用,以英明果断来决策军国大事。高宗对此都给予赞扬和采纳。李纲又上奏说:“我曾经讲陛下巡幸的去处,关中为上,襄阳次之,建康为下。陛下纵然不能采用上策,仍应当暂时先到襄阳、邓州,以示不忘旧都,维系天下人心。否则,中原不再归宋朝所有,陛下返回京城遥遥无期,天下的形势就会倾斜不振了。”高宗为此下诏,向两京地区晓谕皇帝还会回来的意图,读到诏书的人都感动得流泪。

不久,高宗下诏想巡幸东南地区以躲避金人的进攻,李纲极力表示反对,说:“自古以来实现中兴大业的皇帝,起于西北地区,那么就足以占据中原并获得东南地区;假如起于东南地区,则不可能收复中原并获得西北地区。这是因为天下精兵健马都在西北地区,一旦放弃中原,岂止金人将乘机侵扰内地,盗贼也会蜂拥而起、制造动乱、占据州县,陛下即使想回到东京也不可能了,何况还要治理兵务、战胜外敌以迎接徽、钦二帝回来呢?南阳光武帝刘秀的兴起,有高山峻岭可以控制守卫,有宽城平原可以屯驻军队;西面与关、陕为邻,可以招募将士;东面直达江、淮地区,可以运来军粮;南面与荆湖、巴蜀相通,可以取得财产物资;北边对着三都,可以派兵救援。暂时巡幸外地,仍然回到汴京,没有比这再高明的计策了。如今乘船顺流直下而去东南,固然十分方便,只怕一旦失去中原,那么东南地区难保必然无事,即使想退保一隅之地,也不容易实现了。况且陛下曾经下诏答应巡幸南阳,而黄潜善、汪伯彦实际上暗中仍然主张巡幸东南。门客中有人对李纲说:“外面人们议论纷纷,都说皇帝巡幸东南的事情已经确定。”李纲说:“国家的存亡,系于此时此刻,我要以辞职来进行抗争。”当初,李纲每次有所议论规劝,说话虽然十分刚直,但高宗无不宽容、采纳,到现在,李纲进言常常被留在宫中不予答复。不久升李纲为尚书左仆射兼门下侍郎,任命黄潜善为尚书右仆射兼中书侍郎。张所请求暂且把招抚司设在北京大定府,等到安排好各项事务后再渡黄河。北京留守张益谦是黄潜善的死党,上奏指责招抚司骚扰大定府,又声称自从河北设置招抚司,盗贼更多了。李纲说:“张所还在京城,张益谦怎么知道他会骚扰北京呢?河北的百姓无家可归,聚结为盗,怎能说是由于设置招抚司后才有盗贼的呢?”

有圣旨命令东京留守宗泽统辖傅亮，让他当天渡黄河。傅亮说：“事情还没安排好就要渡黄河，恐怕要误国事。”李纲说：“招抚、经制二司，是我建议设置的；而张所、傅亮又是我推荐的。如今黄潜善、征伯彦阻碍张所和傅亮，目的在于排挤我。我经常借鉴靖康年间大臣之间不和睦的教洲，事情从来没有不跟黄潜善、汪伯彦商量就加以执行的，但两人却用心如此，希望陛下静心明察”。不久诏令罢黜经制司，召傅亮前往行宫。李纲说：“陛下假如一定要罢免傅亮，请求把御笔交给黄潜善让他执行，我请求退休归田。”李纲退朝，而傅亮终于还是被罢，李纲于是再次上疏请求退职。高宗说：“你争论的都是小事情，何必这样呢？”李纲说：“如今最缺乏的就是将帅之才，恐怕不是小事。我前不久议论巡幸迁都之事，跟黄潜善、汪伯彦意见不一，理应遭到他们的忌恨。但我是东南人，难道不愿意让陛下去东南？只是因为一旦离开中原，将会后患无穷。希望陛下心存宗庙社稷，关怀天下百姓，时刻想到徽、钦二帝还被拘留在金朝，不要因为我离开朝廷而改变志向。我虽然走了，但不敢一日忘记陛下。”哭辞而退。有人说：“您决意要退辞官职，在道义上是正确的，但对那些谄媚之徒该怎么办呢？”李纲回答道：“我懂得竭尽全力效忠君王的道理，假如无所作为，那就保全进退的节气，不去考虑有什么祸患。”

当初，徽、钦二帝被押往北方，金人想立异姓为帝。吏部尚书王时雍向吴开、莫俦询问此事，两人悄悄说金朝对张邦昌很感兴趣，王时雍不以为然。刚好宋齐愈从敌营归来，王时雍又问他，宋齐愈取一张纸条写了“张邦昌”三个字，王时雍的意图这才确定下来，于是把张邦昌的名字写入议立皇帝的状文中。到现在，宋齐愈上书谈论李纲所议三事的错误，高宗没有答复。宋齐愈打算再次上奏。一个跟他有仇怨的同乡偷了他的奏书草稿给李纲看，当时正在追究僭越背叛、依附伪命者的罪责，于是逮捕宋齐愈，宋齐愈拒不承认有罪，狱吏对他说：“王尚书他们罪行不轻，但只是流放岭南，谏议大夫你只要承认，最多也不过是流放岭南。”宋齐愈招供服罪，于是在京城东市被处死。张浚为御史，弹劾李纲凭自己个人的意志杀害侍从大臣，并议论他招兵买马的罪过，高宗下诏罢李纲为观文殿大学士、提举洞霄宫。尚书右丞许翰讲李纲忠义，抛弃他对中兴大业没有好处。正逢高宗召见太学生陈东，陈东说：“黄潜善、汪伯彦不能重用，李纲不应该罢免。”陈东因此获罪被处死。许翰说：“我与陈东都是为李纲辩护的，陈东被杀，我还能呆在朝廷里吗？”于是请求辞职。此后高宗下旨，罢免李纲官职，让他住在鄂州。

自从李纲被罢，张所获罪被逐出朝廷，傅亮因母亲生病而辞职因家，招抚、经制二司都被撤销。高宗于是巡幸东南，两河地区的郡县相继沦陷，凡是李纲所规划确立的军政制度，全被废除。金军进攻京东、西两路，摧毁京师地区，中原盗贼蜂拥而起。

宋高宗绍兴二年，李纲任观文殿学士、湖广宣抚使兼潭州知州。此时，荆湖地区长江、湘江之间，流民和逃兵成群集结地当了盗贼，人数不可胜计，多的可达几万人。李纲将他们全部扫荡平定。他上奏说：“荆湖两路是国家的上游地区，方圆几千里，诸葛亮称之为用武之地。如今朝廷保有东南地区，控制和驾驭西北。象鼎州、澧州、岳州、鄂州及荆湖南路一带，都应该驻扎重兵，构成相互依靠的战略态势，使朝廷对四川地区的号令能够到达，而襄阳、汉水地区的声援可以连接，这样才有可能逐步收复中原。”他的建议还没来得及施行，谏官徐俯、刘斐就又对他提出弹劾，罢为提举西京崇福宫。

绍兴四年冬，金军及伪齐政权的部队前来进攻，李纲提出防御的三条计策，说：“伪齐调动全部军队南下，境内必然空虚。假如能够出其不意，以雷霆万钧之势直捣颍昌，兵临京郊，敌人必定震惊恐惧，退兵救援，我宋朝大军跟踪追击，必然获胜，这是上策。假如皇帝出巡长江防线，号召上游部队顺流而下，以壮大声势，战鼓旌旗，千里相望，则敌军虽然人数众多，必定不敢渡江。然后派重兵进驻军事要地，出奇兵拦击敌人，断绝他们的粮道，等敌军逃回去，再慢慢商议反攻讨伐的事情，这是中策。万一朝廷借亲征的名义，图谋逃避，使得军队溃散，要塞失守，敌人得以趁机深入，州县望风逃窜，那么祸患就难以预料了。前些年，金人入侵的目的在于劫掠财物，又正逢天气转热，势必退兵，朝廷因此得以卷土重来、安定局势。现在伪齐引导金兵前来，必定不会白白退兵，肯定想图谋割据。奸民溃兵趁机依附，敌军声势更为张扬，假如朝廷一味退避，则必然没有善后之策。从前苻坚率百万大军侵略东晋，而谢安却以一支偏僻弱小的军队打败了敌人。假使朝廷措施得当，将士严守军令，怎知北方的敌人不会被我们打败？只在于如何随机应变罢了。希望陛下拿我的奏章跟朝廷大臣们仔细商量。”高宗下诏：“李纲所说的，正是目前的当务之急，交付三省、枢密院贯彻推行。”当时韩世忠在淮、楚一带多次击败金军，高宗下旨督令刘光世、张俊率兵渡过长江，御驾亲临长江防线，犒劳部队。

绍兴五年，高宗下诏询问攻战、守备、措置和绥靖的方略，李纲进奏道：

希望陛下不要因为敌军撤退而沾沾自喜，而应当以大仇没报为愤恨；不要认为处在东南地区就很安全，而应当以中原得不到收复、神州大地沦陷在敌国为可耻；不要因为诸将多次取胜就庆贺，而应以军政制度不完备、士气不振作而强敌仍得以逃脱为担忧。假如能做到这样的话，则中兴的时间指日可待。

有人认为敌军兵马既已后退，应当进而考虑用兵大举反攻，我私下认为这是不对的。生存之本还没有巩固，却想轻率作战以求侥幸，这不是克敌制胜的办法。汉高祖先保有关中地区，所以才能向东与项羽争夺天下。光武帝刘秀先保有河内，因此才能迫使赤眉、铜马等军投降。唐肃宗先保有灵武，所以才能平定安史之乱、收复两京。现在朝廷以东南地区为根本，将士征战沙场已经很长时间，财物调度已很频繁，老百姓的负担已很沉重，如果不大力修整军备，彻底调理好国内的各项事务，先采取巩固自己的策略，怎能保证万无一失、战胜敌人呢？

又有人认为敌军既然已经撤退，应该姑且保持和占据东南一隅，以图目前的安全，我认为这也是不对的。秦国三次攻打晋国，以报复殽战的失败；诸葛亮辅佐蜀国，连年出兵以牟取中原，不这样就无法立国。汉高祖还在汉中时，就对萧何说：“我也想出兵东进。”光武帝打败隗嚣、平定陇西后，又牟取四川。这都是以天下为考虑对象，不这样就不足以统一全国、平定祸乱。何况是祖宗的版图，怎能坐视沦陷于金人之手而不致力收复呢？今年不征，明年不战，使敌国势力更加声张，而我们所集结的精锐兵马一天一天地损耗掉,凭什么去战胜敌人呢?我认为应当在防守已经巩固、军政已经治理好之后,立即商议攻讨之事,这才是明智的策略。这两者是守备与攻战的次序。

至于守备的事宜,则应当经营淮南和荆襄地区,作为东南地区的屏障。六朝之所以能够保持和占有江东,是因为精锐部队和军事重镇都分布在淮南、荆襄之间。所以凭借魏武帝曹操的雄才大略,苻坚、石勒军队的众多,宇文氏和拓跋氏国力的强盛,最终都没能窥视和攫取江东地区。后唐李氏拥有淮南,才可能建都金陵,以后淮南被周世宗柴荣夺取,于是国力大为削弱。近年来,大将们在江南拥有重兵,官吏们在江北独守空城,虽然有长江天堑,但却没有战舰和水军的建制,因此敌人得以窥视侵扰。现在应当在淮东、淮西和荆襄地区设置三大统帅,屯驻重兵与敌军对峙,分派小股部队,进驻和守卫次要的州郡,加上战船和水军,上下连接,自行防守。敌军战马虽多,不敢轻易进犯,那么我国的门户地区军势强盛,这对朝廷来说有无穷无尽的好处。有了守备,然后再讨论攻战的好处。分别责成各路将士,根据有利的条件,利用可乘之机,收复京畿地区和宋朝故都。树立必胜的信念,要失去机会,那么就能转弱为强,一战而平定寇乱,振作军威、国威,叛乱之臣可以杀掉,强大的敌人也能够消灭,攻战的好处,没有比这再大的了。

至于说到皇帝居住的地方,一定要选择形势险要之处作为御驾停驻的地方,然后才能制服中外、图谋大业。建康自古以来号称帝王的住宅,江山雄伟壮丽,地势宽阔博大,六朝先后在此建立都城。我过去谈论天下的地理形势时,讲关中为上,如今以东南一带的地理形势而言。则应当以建都建康最为有利。现在,皇帝御驾还不能返回故都,不如暂且停驻建康。希望陛下诏令守卫大臣修缮城池,建造宫殿,设置官府,修治壁垒和军营,使建康初具规模,以待陛下巡幸。因为有了坚固的城池人心才可以安定,有了官府然后才能治理好政事,有了营地和壁垒然后将士才能为国所用,这是首先应该经营实施的。

至于西北地区的百姓,都是陛下赤诚的子民,蒙受祖宗的恩德很深,人心没有一天忘记过宋朝。只是因为受制于强敌,陷于痛苦的灾难,而不能自由地归附大宋。陛下的威严震动天下,必定会有聚众归附、愿做内应的。朝廷应该分给他们土地,赐给他们官赏,优先加以安抚,允许他们改过自新,使陷于敌手的百姓知道有所依靠,全都感激欢畅,越发坚定拥戴大宋的信念,这是安抚招徕之事中首先应当作的。

我私下观察陛下有聪明睿智的天姿,有英武果敢的志向,但从即位以来,至今已有九年,国土不但没有开辟,反而更加缩减;政事没有确立,反而更加败坏。将帅骄横难以驾驭,士兵懈怠缺乏训练,国家财政匮乏而没有多余的积蓄,百姓负担沉重而没有休养生息的日子。致使陛下虽然极为审慎勤奋,而中兴的成效,渺小得几乎没听说过,这正是因为群臣耽误了陛下啊。

陛下看看近年来年任用的大臣,慷慨激昂地以天下为己任的能有几个?平时没什么事情,一个个还稍微有些谨慎正派,好像可以不犯错误,突然间有了变故,则一个个惶恐惊愕不知所措,充其量不过奉身引退,把天下的忧患危急抛给陛下一个人而已。这样的大臣,不知对国家有什么好处?陛下又为什么还要任用他们?用人好比是用医,必须先了解医生的本事可以治好病症,然后才可以让他开药方、治好病。如今不仔细考察大臣的本领和才能而姑且试验,那么即使每天换个医生,也对病情毫无帮助,只会加重病情而已。近年以来的大致情况是:闲暇无事时就认为议和是正确的,而治军备战则是错误的;敌军入侵时则认为退避是爱护皇帝,而进军抵抗却是损坏国家。朝廷上下苟且偷安,没有长久的打算。天下艰难,国力日益削弱,原因正在于此。

如今上天启发陛上的心智,认识到以前议和退避的失误,亲自来到前线面对强大的敌人。因为陛下的到来,使得北方敌军几十万人马震惊恐惧,不敢南渡长江,在夜里悄悄逃走。那么和议与治兵作战相比、退避与进军抵抗相比,其效果大概都可以看到了。然而敌军虽已撤退,但没有遭受大的损失,怎能知道秋高马肥时,他们不会再来骚扰边疆、使我们疲于奔命呢?

我日夜为陛下思考如何善后的计策,认为自古以来创业和中兴的君主,必定亲自冒着弓箭飞石,进入战阵而不躲避。所以汉高祖既已获得天下,攻打韩信、陈豨黥布时,没有一次不亲自到战场指挥。光武帝刘秀从即位称帝到平定公孙述叛乱,十三年时间里,没有一年不亲自征战。本朝太祖、太宗皇帝,平定维扬,削平泽、潞,攻占河东,都亲自驾驭战车指挥作战;真宗皇帝也亲临澶渊前线,使天下获得太平。这就是所谓开始时忧患勤勉而最终则安逸欢乐。

至于退避的策略,只能作为临时应急的办法而不能成为通常的措施,可以有一次而不能再有第二次,退避一步则失去一步,退避一尺则失去一尺。以前从南京退到扬州,则丢失了关陕、河北和河东地区;从扬州退以江、浙,则丢掉了京东、西两路地区。万一再有敌军南侵,还要退避,不知道应该退到什么地方?乘船航海的计策,会使皇帝冒狂风恶浪的不测之险,这是尤其不可的。只应当在国家安定无事时,明确政治法律制度,整顿和治理军务,选拔将帅之才,修战车备战马,制造武器,储存粮食,积累金帛。敌军到来就坚决抵抗,等待时机进行反击,以光复祖宗大业,这是最好的计策。我希望陛下从今以后,不要再有退避的想法,可以吗?

我又看到古代对等的国家和友善的邻邦,才有和睦亲密的关系,而彼此有仇的国家则很少派遣使者往来。难道不是因为隔阂太深、最终没有讲和修好的道理吗?

东晋渡过长江,石勒派使者前往,晋元帝命令烧毁石勒送来的礼币、拒绝其使者的来访。对方派遣使节前来,况且还要拒绝,自己怎么能派使者前往呢?借道于伪齐傀儡之国,必定自取羞辱,无补于事,只会损害国家大体。金人制造的冤仇和隔阂很深,知道我国一定会想办法报复,他们的想法能怎样呢?而我们却要用谦卑的言辞和丰厚的礼物去屈膝求和,金人绝不会以诚相待。送给金人的器币礼物,费用多得无法计算,使者的车马频繁往来,徒然使我军士气沮丧,而金人又用根本不能答应的事情来要挟我们,用我们根本不敢做的事情来制服我们,因而议和最终无法实现,徒然增加许多麻烦。不仅如此,议和还经常与我们自治自强计划相妨碍,实在有害。金人二十多年来,用这种策略消灭契丹、困扰中国,而我们却还不醒悟。辨别是非利害,是人们共同的想法,怎么会真不醒悟呢？只不过是想再用议和来侥幸求得安全，却不明白议和对我们危害很大，这就是古人所谓没有侥幸的心理不导致国家灭亡的道理。我希望从今往后不再派遣议和的使者，可以吗？

这两种看法既然已经确定，选择其中应当做的，全部以至诚之心来贯彻推行。等我国政治昌明，粮仓充实，府库丰盈，器械齐备，士气振作，可以有所作为，然后图谋大举反击，那么两军虽未交战，而胜负的形势就已经确定了。

而且我听说朝廷是国家的根本，藩镇和地方只是枝叶，根本巩固了枝叶才能茂盛。朝廷是国家的腹心，将士只是爪牙，腹心健壮则爪牙锋利。如今远方有强大的敌人，近处有叛逆的伪臣，国家仰仗用来捍卫屏蔽的力量在于藩镇和地方，用来进行征讨的力量在于将帅和士兵，但根本和腹心则在于朝廷。只要陛下正心诚意以端正朝廷百官，使君子小人判然分明、各有其所，那么是非必然分明，赏惩必然得当，自然也能使藩镇和地方同心协力，将帅和士兵听从号令，即便是强大的敌人也不足畏惧，叛逆的大臣也不足忧虑，这只在陛下的一念之间而已。

我冒死向陛下条陈六事，一是信任辅弼大臣，二是公平选拔人才，三是变革士大夫风气，四是爱惜日力，五是务尽人事，六是敬畏天威。

什么叫信任辅弼呢？凡是拨乱反正、从衰败中兴起的君主，必须有同心同德的大臣参与其中，好比是头脑腿臂集于一身，父子兄弟集于一家，才能取得成功。如今陛下在众人里面选拔辅佐大臣，因而能够抵御强敌，可以说用人得当了。但我希望陛下在以至诚之心对待辅佐大臣，不要专去追究其行动迹象，长期任用以责取成功，不让小人得以趁机离间，那么君臣的美德善行就可以传颂千古了。

什么叫公选人才呢？大凡治理天下，必须依靠有才能的人，而创业、中兴的君主，所依靠的人才尤其多。为什么呢？继承制度遵循法令条文，一切按过去的规章办事，罗致平庸的人才，也足以共同治理国家；但在艰难困苦的时候，假如得不到超越群伦的人才，那么就不容易取得成功。所以大有作为的君主，必须获得旷世奇才参与辅佐，才能成就伟大的事业。但过去怀抱超群才干的人们，大多被小人所忌妒，或者诽谤他们昏暗，或者指斥他们结为朋党，或者诬蔑他们奸佞邪恶，或者挑剔他们的细微不足。而以道义侍奉君主的人，不被认可就会停止行动，难于推荐自我，耻于表白自己，即使是背负严重的诽谤、遭受严厉的谴责，也会安于道义和天命，不再为自己辩解。假如不是非常明智的君主，深深了解人心的真伪，怎能知道他们是无辜的呢？陛下即位以来，用人可以说不少了，被世人看作是正人君子的人，常常被废弃在无用之地；而陛上睡不安稳，有缺乏人才的感叹，何不稍微留意而加以明察呢？

什么叫变革士风呢？用兵打仗与士大夫风气，好像是没有什么关系，但实际上却是互为表里的。士大夫风气醇厚则议论公正而是非分明，朝廷的赏罚跟功罪完全相符的人心必然顺服，考察本朝嘉祐、治平以前的历史就可以知道了。此后几十年来，追逐名利的风气日益猖獗，士大夫议论都出于私心，异端邪说雄辩滔滔，足以迷惑皇帝的视听。元祐年间的大臣中，议论公正如司马光等人，都是国家的重臣，而小人们对他们诬陷嫉妒，指斥为奸党，颠倒是非，朝政严重败坏，从而导致靖康年间的祸变，这并非偶然的啊。我私下观察近年来士大夫风气尤其鄙薄，往往跟随一时的好恶，以牟取进取的资本，因循苟且、诬陷诋毁的风气极为严重，这哪里是朝廷的福分呵？大致说来，朝廷设置监察检举和献议论思的官员，固然允许他们风闻言事，至于重大的事情，则必须调查核实后再发议论。假如没有事实根据，就诬陷别人有罪，制造谗言、隐藏邪恶，使忠诚善良的人遭到中伤和陷害，这些都不是用来治理政事的做法。

什么叫爱惜日力呢？大凡创业和中兴，好比是建造大厦，堂屋的结构顺序，总体的设计规划可以在一天内就完成，但纠合工匠、聚集材料；这种积累不是一天就能完成的。陛下即位至今已有九年，沦陷的国土没有收复，叛逆篡权的贼臣没有诛灭，大仇未报，中兴之业仍然停滞拖延，原因确实在于开始时不进行长远规划，以后又没有积蓄力量。边境大致安定时，朝廷所从事的不过是公文程式之类不切实际的小事，至于攻讨防守的计策和国家的总体战略，却都不曾留意。天下没有不可以做的事情，也没有不可做时候，假如浪费时间、失去机会的话，那么小事情会一天天变成大事情，容易的事情会一天天变得困难。

什么叫务尽人事呢？天人之道，实际上是一致的，人所做的，也就是上天所做的。人间的事情先做好了，天理随后就会应和，这是自然的法则。所以创业和中兴的君主，尽力做好自己的事情，而把成就归功于上天。如果没有尽力于人间的事，敌军到来而自己就先屈辱逃避，还想要求上天赐给成功，难道可能吗？我希望陛下诏令朝廷大臣，同心协力，尽力于人事而听命于上天，那么恢复国土，铲除敌寇，迎回徽、钦二帝，必然指日可待了。

什么叫敬畏天威呢？上天与君王，好比是父母与孩子，爱护到了极点，那么告诫也随之而来。所以皇帝对于上天的告诫，必然畏惧反省，以表达自己敬畏天命的诚意。近年以来，火星离开轨道，金星白天出现，地震洪水，或者久阴不雨，或者久雨不晴，或者天气应该炎热却反而寒冷，乃至正月初一发生日食。这些都是天意爱护和保佑陛下，对陛下进行反复的叮咛和告诫。只要陛下推行至诚的心意，改正国事中的缺点以对应天意，那么灾害就会变成祥瑞了。

凡是这六件事，都与中兴大业有关，是陛下首先应当致力去做的。

如今朝廷人才不缺乏，将士足够用，财富有盈余，足以用来实现中兴的目标。陛下年富力强，要想大有作为，什么事情都能够办到。关键在于改变以前的做法，英明地进行决断和实施罢了。从前唐太宗讲魏征敢于说话，魏征拜谢道："陛下引导我，使我发表议论，否则的话，我怎么敢翻逆龙鳞呢？"如今我没有魏征敢说话，但表达自己的全部想法，也可说是思虑已极了。希望陛下宽恕我的愚昧率直，接受我的赤诚忠心。奏疏进呈，高宗赐诏褒扬慰谕。任江西安抚制置大使兼洪州知州。高宗下旨，命令李纲先赴临安奏事，然后再去上任。绍兴六年，李纲来到临安，被召到内殿应对。朝廷正锐意进取、图谋大举，李纲进宫辞行，又向高宗陈述当前用兵的四项失误、五件尚未安排好的事情、三件应该预防的事情、两件应作善后处理的事情。

当时南宋军队与金人、伪齐在淮泗一线相持了半年，李纲上奏道："两军相持，不出奇兵则不足以取胜。希望迅速派遣骁勇的将领，从淮南联结岳飞构成掎角之势，夹击敌人，则可以大功告成。"随后宋军多次取得胜利，刘光世、张俊、杨沂中在淮水、淝水流域大破伪齐军队。

高宗御驾进发巡幸建康。李纲奏请进一步整治攻战守卫的器械，修筑淮河沿岸的城池堡垒，并且说："希望陛下不要因为目前战局大体平静，而就此安逸，凡是可以达成中兴之治的事情无所不为，凡是可能破坏中兴之制的事情，无不消除。必须以修治政事、赏罚有信、明辨是非、区别正邪、招徕人才、振作士气、爱惜民力、因势利导为当务之急。这几项事情做好了，就能使将帅和睦、士兵乐于征战，用兵哪有不胜的道理呢？"

淮西郦琼率全军背叛南宋归附刘豫，李纲指出朝廷安排不当、深可痛惜以及应当吸取以前失误的教训而考虑将来的事情共十五件，上奏高宗。张浚引咎辞去宰相职务，有人说应该援引汉武帝诛杀王恢的事例处置张浚。李纲上奏道："我私下见张浚罢相，有人说应当比附汉武帝杀王恢的例子来处置他。我担心有智谋的人从此会闭口不谈打仗之事，忠义之士扼腕叹息而无法发愤图强，将士人心涣散而不遵守朝廷军令，州都望风投降而使我国丧失坚固的城池，陛下将靠谁来保卫国家呢？张浚措置不当，确实有罪，但他一片赤诚的报国之心，值得同情。希望放宽对他的处理，责成他以后将功补过。"

当时高宗将巡幸平江府，李纲认为平江离建康不远，高宗此举徒有退避之名，不应该轻易离开建康。又上奏道：

我听说自古用兵打仗而成就大业的，必须先稳定人心，占据有利的地理形势而不肯先行退避，做好人为之事而不肯先自屈服。所以楚、汉两军对峙于荥阳、成皋之间，汉高祖虽然多次失败，但不肯退让尺寸之地；双方割鸿沟为界后，项羽引兵向东，于是有垓下的败亡。曹操和袁绍战于官渡，曹操虽然兵力弱小粮食缺乏，但荀彧却阻止曹军退避，等焚烧了袁绍的辎重物资后。袁绍引兵撤退，于是丧失了河北。由此可见，今天的事情，怎能因为出了一叛将的缘故，就望风惧敌、仓促退却呢？如果真是这样，那么陛下御驾退回之后，人心必然动摇。没有坚定的立场，士气必然畏缩，没有战斗的意志。我退彼进，使得敌军兵马南渡长江，攻下一县就占据一县，攻下一州就占据一州，攻下一路就占据一路；乱臣贼子，狡吏奸民，趁机依附敌人，像猛虎一样盘踞，像鸮鹰一样张狂，陛下即使想跟从前一样返驾回辕、在荆棘废墟中重建朝廷也不可得了。

假如敌骑攻势凌厉，不得已而暂且退避，这还说得过去。但如今战场上并没有紧急的警报，将士们根本没有遭到挫败，朝廷正可以借鉴以往的失误，修治军政，审察号令，明确赏罚，更加致力于巩固边防。然而却如此慌乱惊扰，抛弃前功，重蹈后患，自取祸败，岂不极为可惜？

绍兴八年，王伦出使金国返回，李纲听说后上疏道：

我私下看到，朝廷派王伦出使金国，奉迎徽宗灵柩。如今王伦归来，金国使者与他同行，却以'诏谕江南'为名，不写我国国号而称'江南'，不讲'通报问候'而称'诏谕'，哪有这样的礼制？我请求试着为陛下讲述一番。金人毁坏宗庙社稷，逼迫徽、钦二帝，而陛下顺应天命人心，光复旧业。我们视金人为仇敌，金人视我们为心腹之患，怎能再有议和的道理呢？但朝廷派遣使节通报问候，冠服车盖相望于道，言辞谦卑，礼物丰厚，在所不惜，原因在于徽、钦二帝身陷敌国，为了亲人而委屈自己，不得已而这么做，还是有道理的。到去年春天，徽宗皇帝和宁德皇后去世的噩耗传来以后，朝廷派使者前去奉迎灵柩，往返匆匆，最初无法知道金国的态度和意图。如今王伦出使，开始是以奉迎灵柩为目的；而金国使臣的到来，却以'诏谕江南'为名，循名责实，名义与事实已经背道而驰，那么金人欺骗朝廷、滋生后患的意思就不问可知了。

我身居远方，虽然未必知道其中的详细经过，但以我的想法揣测，金人以这种名义派遣使者，想达到的目的有五个：向朝廷降下诏书，企图让陛下屈膝降礼、聆听接受，这是其一；让朝廷向各郡县颁发赦令，这是其二；必定要规定约束，让陛下向他们奉藩称臣，听从金国的号令，这是其三；必定要索取岁币钱财，增加其数目，使我国渐趋困窘，这是第四；必定要求朝廷割让地盘，以长不为界，企图全部获得淮南、荆襄和四川地区，这是第五。朝廷要是答应了这五项要求中的一项，那么就大势已去了。

金人狡诈多变，贪得无厌，纵然听从它的诏令，奉藩称臣，它还是不会满足。必定继续有所号令，或者让陛下亲自去迎回两宫灵柩，或者令陛下单独前往拜见金朝皇帝，或者让陛下调换将相，或者改变我国的政治法令，或者竭力索取赋税财物，或者逼迫我们割让土地。服从他们则没完没了，一不服从则以前议和的成果全部报销，反而会成为金人再次举兵的借口，那些认为权衡时宜、答应敌人的要求就可保无事的人，不是愚蠢就是欺骗。假如国家力量单薄弱小，确实不足以自救，不得已而这样做，尚不可以；何况我们还拥有半个天下的辽阔国土，人民拥戴宋朝的心情还没有改变，陛下与有远见卓识的人共同谋划，还足以有所作为，怎么能忘记祖宗的大业和百姓的期望，不加思索，轻率地向敌人屈服，指望苟延残喘呢？

我希望陛下特别留意，暂时不要轻易许诺，诏令群臣，讨论和明确利害关系及长久之策，选择其中正确的部分加以采纳和推行。

奏疏进呈，虽然大家的观点不一致，高宗不认为李纲反对朝廷，说："大臣应当如此。"

绍兴九年，朝廷任命他为潭州知州、荆湖南路安抚大使，李纲上奏极力推辞，说："我迂腐疏阔没有保全自身的本事，动不动就说繁琐的话。如今自江西罢职，还没有多长时间，又蒙陛下推荐选拔，任以统帅之权。从前汉文帝听说季布贤明，把他召进朝廷，随后就被罢归，季布说：'陛下根据一个的赞誉召用我，又根据一人的诽谤而罢免我，我担心天下就此可以知道陛下的深浅。'我的进退何足挂齿，但几年时间里屡奋屡挫，牵累陛下善任之明，实在有害于国家的体统。"高宗下诏，因为李纲多次上奏，不想再违背他的意愿，于是答应了他的请求。第二年，李纲去世，终年五十八岁，噩耗传来，皇帝为之悲痛哀悼，遣使赐赠，慰问他的家属，提供丧葬的费用。赠李纲为少师，任用他的亲族十人为官。

李纲久负天下厚望，以自己的进用退舍为国家百姓的安危祸福，虽然有时不受重用，或者用而不久，但他的忠诚义气，威严肃然，震动远近。每当宋朝的使者到达燕山，金人必定询问李纲、赵鼎是否安康，他被外族人敬畏佩服到这种程度。李纲著有《易传》内篇十卷、外篇十二卷，《论语详说》十卷，文章、诗歌和奏议一百多卷，又著有《靖康传信录》《奉迎录》《建炎时政记》《建炎进退志》《建炎制诏表札集》《宣抚荆广记》和《制置江右录》。

以李纲的贤明，假如能使他在靖康、建炎年间尽心尽力，不加以阻挠，徽、钦二帝何至于被金人掳到北方，而宋朝又哪至于南渡长江，偏安一隅呢？任用君子可保安全，任用小人则必然危亡，这是不变的道理。人心没有不喜欢安宁不害怕危亡的。但李纲当宰相只有七十天，他的计策谋略不被采用，却唯独对黄潜善、汪伯彦、秦桧的话信任重用，生怕不够周到。为什么宋高宗的见识，跟别人不一样呢？李纲虽屡遭贬斥，忠义赤诚之心却丝毫没不减少，不因为进用退罢而发表议论或保持沉默，就像赤子爱慕自己的母亲，虽遭怒斥却仍然哭号着拉住母亲的衣角而跟随。呜呼！中兴的功业没能振举，君子固然归因于天意，但像李纲的心愿，难道可以说不是诸葛亮的用心吗？

宗泽传

【题解】

宗泽（1060~1128），北宋末、南宋初名将。字汝霖，婺州义乌人（今属浙江）。进士出身，刚直豪爽，沉毅知兵。靖康元年（1126），奉命知磁州兼河北义军都总管，屡破金军，升任东京留守兼开封府尹。他整军经武，起用岳飞等年轻将领，招集河东、河北义军，积极防守东京。先后二十多次上书高宗赵构，力主还都东京，恢复中原失地，但均为奸臣所阻，忧愤成疾，含恨而逝。临终前大呼“过河！”者三。亲泽文武双全，有《宗忠简公集》传世。

【原文】

宗泽字汝霖，婺州义乌人。母刘，梦天大雷电，光烛其身，翌日而泽生。泽自幼豪爽有大志，登元祐六年进士第。廷对极陈时弊，考官恶直，寘末甲。

调大名馆陶尉。吕惠卿帅鄜延，檄泽与邑令视河埽，檄至，泽适丧长子，奉檄遽行。惠卿闻之，曰：“可谓国尔忘家者。”适朝廷大开御河，时方隆冬，役夫僵仆于道，中使督之急。泽曰浚河细事，乃上书其帅曰：“时方凝寒，徒苦民而功未易集，少需之，至初春可不扰而办。”卒用其言上闻，从之。惠卿辟为属，辞。

调衢州龙游令。民未知学，泽为建庠序，设师儒，讲论经术，风俗一变，自此擢科者相继。

调晋州赵城令。下车，请升县为军，书闻，不尽如所请。泽曰："承平时固无虑，它日有警，当知吾言矣。"

知莱州掖县。部使者得旨市牛黄，泽报曰："方时疫疠，牛饮其毒则结为黄。今和气横流，牛安得黄？"使者怒，欲劾邑官。泽曰："此泽意也。"独衔以闻。

通判登州。境内官田数百顷，皆不毛之地，岁输万余缗，率横取于民，泽奏免之。朝廷遣使由登州结女真，盟海上，谋夹攻契丹，泽语所亲曰："天下自是多事矣。"退居东阳，结庐山谷间。

宗泽

靖康元年，中丞陈过庭等列荐，假宗正少卿，充和议使。泽曰："是行不生还矣。"或问之，泽曰："敌能悔过退师固善，否则安能屈节北庭以辱君命乎。"议者谓泽刚方不屈，恐害和议，上不遣，命知磁州。

时太原失守，官两河者率托故不行。泽曰："食禄而避难，不可也。"即日单骑就道，从羸卒十余人。磁经敌骑蹂躏之余，人民逃徙，帑廪枵然。泽至，缮城壁，浚隍池，治器械，募义勇，始为固守不移之计。上言："邢、洺、磁、赵、相五州各蓄精兵二万人，敌攻一郡则四郡皆应，是一郡之兵常有十万人。"上嘉之，除河北义兵都总管。金人破真定，引兵南取庆源，自李固渡渡河，恐泽兵蹑其后，遣数千骑直扣磁州城。泽擐甲登城，令壮士以神臂弓射走之，开门纵击，斩首数百级。所获羊马金帛，悉以赏军士。

康王再使金，行至磁，泽迎谒曰："肃王一去不反，今敌又诡辞以致大王，愿勿行。"王遂回相州。

有诏以泽为副元帅，从王起兵入援。泽言宜急会兵李固渡，断敌归路，众不从，乃自将兵趋渡，道遇北兵，遣秦光弼、张德夹击，大破之。金人既败，乃留兵分屯。泽遣壮士夜捣其军，破三十余砦。

时康王开太元帅府，檄兵会大名。泽履冰渡河见王，谓京城受围日久，入援不可缓。会签书枢密院事曹辅赍蜡封钦宗手诏，至自京师，言和议可成。泽曰："金人狡谲，是欲款我师尔。君父之望入援，何啻饥渴，宜急引军直趋澶渊，次第进垒，以解京城之围。万一敌有异谋，则吾兵已在城下。"汪伯彦等难之，劝王遣泽先行，自是泽不得预府中谋议矣。

二年正月，泽至开德，十三战皆捷，以书劝王檄诸道兵会京城。又移书北道总管赵野、河东北路宣抚范讷、知兴仁府曾楙合兵入援。三人皆以泽为狂，不答。泽以孤军进，都统陈淬言敌方炽，未可轻举。泽怒，欲斩之，诸将乞贷淬，使得效死。泽命淬进兵，遇金人，败之。金人攻开德，泽遣孔彦威与战，又败之。泽度金人必犯濮，先遣三千骑往援，金人果至，败之。金人复向开德，权邦彦、孔彦威合兵夹击，又大败之。

泽兵进至卫南，度将孤兵寡，不深入不能成功。先驱云前有敌营，泽挥众直前与战，败之。转战而东，敌益生兵至，王孝忠战死，前后皆敌垒。泽下令曰："今日进退等死，不可不从死中求生。"士卒知必死，无不一当百，斩首数千级。金人大败，退却数十余里。泽计敌众十倍于我，今一战而却，势必复来，使悉其铁骑夜袭吾军，则危矣。乃暮徙其军。金人夜至，得空营，大惊，自是惮泽，不敢复出兵。泽出其不意，遣兵过大河袭击，败之。王承制以泽为徽猷阁待制。

时金人逼二帝北行，泽闻，即提军趋滑，走黎阳，至大名，欲径渡河，据金人归路邀还二帝，而勤王之兵卒无一至者。又闻张邦昌僭位，欲先行诛讨。会得大元帅府书，约移师近都，按甲观变。泽复书于王曰："人臣岂有服赭袍、张红盖、御正殿者乎？自古奸臣皆外为恭顺而中藏祸心，未有窃据宝位、改元肆赦、恶状昭著若邦昌者。今二圣、诸王悉渡河而北，惟大王在济，天意可知。宜亟行天讨，兴复社稷。"且言："邦昌伪赦，或启奸雄之意，望遣使分谕诸路，以定民心。"

又上书言："今天下所属望者在于大王，大王行之得其道，则有以慰天下之心。所谓道者，近刚正而远柔邪，纳谏诤而拒谀佞，尚恭俭而抑骄侈，体忧勤而忘逸乐，进公实而退私伪。"因累表劝进。

王即帝位于南京，泽入见，涕泗交颐，陈兴复大计。时与李纲同入对，相见论国事，慷慨流涕，纲奇之。上欲留泽，潜善等沮之。除龙图阁学士、知襄阳府。

时金人有割地之议，泽上疏曰："天下者，太祖、太宗之天下，陛下当兢兢业业，思传之万世，奈何遽议割河之东、西，又议割陕之蒲、解乎。自金人再至，朝廷未尝命一将、出一师，但闻奸邪之臣，朝进一言以告和，暮入一说以乞盟，终致二圣北迁，宗社蒙耻。臣意陛下赫然震怒，大明黜陟，以再造王室。今即位四十日矣，未闻有大号令，但见刑部指挥云'不得誊播赦文于河之东、西，陕之蒲、解'者，是褫天下忠义之气，而自绝其民也。臣虽驽怯，当躬冒矢石为诸将先，得捐躯报国恩足矣。"上览其言壮之。改知青州，时年六十九矣。

开封尹阙，李纲言绥复旧都，非泽不可。寻徙知开封府。时敌骑留屯河上，金鼓之声，日夕相闻，而京城楼橹尽废，兵民杂居，盗贼纵横，人情恟恟。泽威望素著，既至，首捕诛舍贼者数人。下令曰："为盗者，赃无轻重，并从军法。"由是盗贼屏息，民赖以安。

王善者，河东巨寇也。拥众七十万、车万乘，欲据京城。泽单骑驰至善营，泣谓之曰："朝廷当危难之时，使有如公一二辈，岂复有敌患乎。今日乃汝立功之秋，不可失也。"善感泣曰："敢不效力。"遂解甲降。时杨进号没角牛，兵三十万，王再兴、李贵、王大郎等各拥众数万，往来京西、淮南、河南北，侵掠为患。泽遣人谕以祸福，悉招降之。上疏请上还京。俄有诏：荆、襄、江、淮悉备巡幸。泽上疏言："开封物价市肆，渐同平时。将士、农民、商旅、士大夫之怀忠义者，莫不愿陛下亟归京师，以慰人心。其唱为异议者，非为陛下忠谋，不过如张邦昌辈，阴与金人为地尔。"除延康殿学士、京城留守、兼开封尹。

时金遣人以使伪楚为名，至开封府，泽曰："此名为使，而实觇我也。"拘其人，乞斩之。有诏所拘金使延置别馆，泽曰："国家承平二百年，不识兵革，以敌国诞谩为可凭信，恬不置疑。不惟不严攻讨之计，其有实欲贾勇思敌所忾之人，士大夫不以为狂，则以为妄，致有前日之祸。张邦昌、耿南仲辈所为，陛下所亲见也。今金人假使伪楚，来觇虚实，臣愚乞斩之，以破其奸。而陛下惑于人言，令迁置别馆，优加待遇，臣愚不敢奉诏，以彰国弱。"上乃亲札谕泽，竟纵遣之。言者附潜善意，皆以泽拘留金使为非。尚书左丞许景衡抗疏力辨，且谓："泽之为尹，威名政绩，卓然过人，今之缙绅，未见其比。乞厚加任使，以成御敌治民之功。"

真定、怀、卫间，敌兵甚盛，方密修战具为入攻之计，而将相恬不为虑，不修武备，泽以为忧。乃渡河约诸将共议事宜，以图收复，而于京城四壁，各置使以领招集之兵。又据形势立坚壁二十四所于城外，沿河鳞次为连珠砦，连结河东、河北山水砦忠义民兵，于是陕西、京东西诸路人马咸愿听泽节制。有诏如淮甸。泽上表谏，不报。

秉义郎岳飞犯法将刑，泽一见奇之，曰："此将材也。"会金人攻汜水，泽以五百骑授飞，使立功赎罪。飞大败金人而还，遂升飞为统制，飞由是知名。

泽视师河北还，上疏言："陛下尚留南都，道路籍籍，咸以为陛下舍宗庙朝廷，使社稷无依，生罗失所仰戴。陛下宜亟回汴京，以慰元元之心。"不报。复抗疏言："国家结好金人，欲以息民，卒之劫掠侵欺，靡所不至，是守和议果不足以息民也。当时固有阿意顺旨以叨富贵者，亦有不相诡随以获罪戾者。陛下观之，昔富贵者为是乎？获罪戾者为是乎？今之言迁幸者，犹前之言和议为可行者也；今之言不可迁者，犹前日之言和议不可行者也。惟陛下熟思而审用之。且京师二百年积累之基业，陛下奈何轻弃以遗敌国乎。"

诏遣官迎奉六宫往金陵，泽上疏曰："京师，天下腹心也。两河虽未敉宁，特一手臂之不信尔。今遽欲去之，非惟一臂之弗瘳，且并与腹心而弃之矣。昔景德间，契丹寇澶渊，王钦若江南人，即劝幸金陵，陈尧叟蜀人，即劝幸成都，惟寇准毅然请亲征，卒用成功。臣何敢望寇准，然不敢不以章圣望陛下。"又条上五事，其一言黄潜善、汪伯彦赞南幸之非。泽前后建议，经从三省、枢密院，辄为潜善等所抑，每见泽奏疏，皆笑以为狂。

金将兀朮渡河，谋攻汴京。诸将请先断河梁，严兵自固，泽笑曰："去冬，金骑直来，正坐断河梁耳。"乃命部将刘衍趋滑，刘达趋郑，以分敌势，戒诸将极力保护河梁，以俟大兵之集。金人闻之，夜断河梁遁去。

二年，金人自郑抵白沙，去汴京密迩，都人震恐。僚属入问计，泽方对客围棋，笑曰："何事张皇，刘衍等在外必能御敌。"乃选精锐数千，使绕出敌后，伏其归路。金人方与衍战，伏兵起，前后夹击之，金人果败。

金将粘罕据西京，与泽相持。泽遣部将李景良、阎中立、郭俊民领兵趋郑，遇敌大战，中立死之，俊民降，景良遁去。泽捕得景良，谓曰："不胜，罪可恕；私自逃，是无主将也。"

斩其首以徇。既而俊民与金将史姓者及燕人何仲祖等持书来招泽，泽数俊民曰："汝失利死，尚为忠义鬼，今反为金人持书相诱，何面目见我乎。"斩之。谓史曰："我受此土，有死而已。汝为人将，不能以死敌我，乃欲以儿女子语诱我乎。"亦斩之。谓仲祖胁从，贷之。

刘衍还，金人复入滑，部将张㧑请往救，泽选兵五千付之，戒毋轻战以需援。㧑至滑迎战，敌骑十倍，诸将请少避其锋，㧑曰："避而偷生，何面目见宗公。"力战死之。泽闻㧑急，遣王宣领骑五千救之。㧑死二日。宣始至，与金人大战，破走之。泽迎㧑丧归，恤其家，以宣权知滑州，金人自是不复犯东京。

山东盗起，执政谓其多以义师为名，请下令止勤王。泽疏曰："自敌围京城，忠义之士愤懑争奋，广之东西、湖之南北、福建、江、淮，越数千里，争先勤王。当时大臣无远识大略，不能抚而用之，使之饥饿困穷，弱者填沟壑，强者为盗贼。此非勤王者之罪，乃一时措置乖谬所致耳。今河东、西不从敌国而保山砦者，不知其几；诸处节义之夫，自黥其面而争先救驾者，复不知其几。此诏一出，臣恐草泽之士一旦解体，仓卒有急，谁复有愿忠效义之心哉。"

王策者，本辽酋，为金将，往来河上。泽擒之，解其缚坐堂上，为言："契丹本宋兄弟之国，今女真辱吾主，又灭而国，义当协谋雪耻。"策感泣，愿效死。泽因问敌国虚实，尽得其详，遂决大举之计，召诸将谓曰："汝等有忠义心，当协谋剿敌，期还二圣，以立大功。"言讫泣下，诸将皆泣听命。金人战不利，悉引兵去。

泽疏谏南幸，言："臣为陛下保护京城，自去年秋冬至于今春，又三月矣。陛下不早回京城，则天下之民何所依戴。"除资政殿学士。

又遣子颖诣行阙上疏曰："天下之事，见几而为，待时而动，则事无不成。今收复伊、洛而金酋渡河，捍蔽滑台而敌国屡败，河东、河北山砦义民，引领举踵，日望官兵之至。以几以时而言之，中兴之兆可见，而金人灭亡之期可必，在陛下见机乘时而已。"又言："昔楚人城郢，史氏鄙之。今闻有旨于仪真教习水战，是规规为偏霸之谋，非可鄙之甚者乎？传闻四方，必谓中原不守，遂为江宁控扼之计耳。"

先是，泽去磁，以州事付兵马钤辖李侃，统制赵世隆杀之。至是，世隆及弟世兴以兵三万来归，众惧其变，泽曰："世隆本吾一校尔，何能为。"世隆至，责之曰："河北陷没，吾宋法令与上下之分亦陷没邪？"命斩之。时世兴佩刀侍侧，众兵露刃庭下，泽徐谓世兴曰："汝兄诛，汝能奋志立功，足以雪耻。"世兴感泣。金人攻滑州，泽遣世兴往救，世兴至，掩其不备，败之。

泽威声日著，北方闻其名，常尊惮之，对南人言，必言宗爷爷。

泽疏言："丁进数十万众愿守护京城，李成愿扈从还阙，即渡河剿敌，杨进等兵百万，亦愿渡河，同致死力。臣闻'多助之至，天下顺之'。陛下及此时还京，则众心翕然，何敌国之足忧乎？"又奏言："圣人爱其亲以及人之亲，所以教人孝；敬其兄以及人之兄，所以教人弟。陛下当与忠臣义士合谋肆讨，迎复二圣。今上皇所御龙德宫俨然如旧，惟渊圣皇帝未有宫室，望改修宝箓宫以为迎奉之所，使天下知孝于父、弟于兄，是以身教也。"上乃降诏择日还京。

泽前后请上还京二十余奏，每为潜善等所抑，忧愤成疾，疽发于背。诸将入问疾，泽矍然曰：“吾以二帝蒙尘，积愤至此。汝等能歼敌，则我死无恨。”众皆流涕曰：“敢不尽力！”诸将出，泽叹曰：“‘出师未捷身先死，长使英雄泪满襟’。”翌日，风雨昼晦。泽无一语及家事，但连呼“过河”者三而薨。都人号恸。遗表犹赞上还京。赠观文殿学士、通议大夫，谥忠简。

泽质直好义，亲故贫者多依以为活，而自奉甚薄。常曰：“君父侧身尝胆，臣子乃安居美食邪！”始，泽招集群盗，聚兵储粮，结诸路义兵，连燕、赵豪杰，自谓渡河克复可指日冀。有志弗就，识者恨之。

子颖，居戎幕，素得士心。泽薨数日，将士去者十五，都人请以颖继父任。会朝廷已命杜充留守，乃以颖为判官。充反泽所为，颇失人心，颖屡争之，不从，乃请持服归。自是豪杰不为用，群聚城下者复去为盗，而中原不守矣。颖官终兵部郎中。

【译文】

宗泽字汝霖，婺州义乌人。母亲刘氏，曾梦见天上雷电大作，光芒照亮了自己全身。第二天宗泽降生。宗泽从小为人豪爽，胸有大志，元祐六年考中进士。在朝廷上当众对答时极力陈说当时的弊端，主考官讨厌他的直率与大胆，把他放在最后一等录取，调任大名的馆陶县尉。吕惠卿担任鄜延主帅，紧急通知宗泽与县令巡视黄河堤坝。檄书到时，正值宗泽的大儿子死了，奉令立即行动。吕惠卿听说了此事，说：“他可以说是为了国家而忘记自己小家的人。”赶上朝廷大力开通御河，当时正是隆冬季节，干活的民工纷纷冻僵了倒在道路上，朝廷派来的使者监督十分严厉。宗泽说疏通河道是一件小事，就上书给他的主帅说：“眼下正是严寒天气，白白地使老百姓受苦却不容易奏效，稍微等待一下，到一开春时可以不扰民也能办得到。”主帅终于把他的话报告给皇帝，听从了他的主张。吕惠卿想把他征召为自己的属下，宗泽推辞了。

调任衢州龙游县令。当地百姓不知道学习之事，宗泽为他们建立了学校，请来了教授儒学的教师，讲解讨论经学，当地风俗为之一变。从此以后考中科举的人相继不断。

调任晋州赵县县令。到任伊始，请求朝廷把该县升格为军，朝廷看到他的信，没有听从他的请求。宗泽说：“和平时期固然没有什么可担心的，等他日一旦有警，就该知道我说的话了。”

出任莱州掖县县令。朝廷的使者奉旨前来购买牛黄，宗泽答复说：“当瘟疫流行时，牛饮服有毒的食料后才能结成牛黄，现在平和之气横空运行，牛怎么能生出牛黄？”使者大怒，想弹劾该县所有官员。宗泽说：“这是我一个人的意见。”随即单独署上他的官衔上书报告了朝廷。

担任登州通判。境内有官田数百顷，都是些不毛之地，一年却要缴纳一万多串钱，大都是从百姓中横征暴敛来的，宗泽上奏免除了这项赋税。朝廷派遣使者取道登州联系女真人，在海上结盟，计划夹攻契丹，宗泽对他亲近的人说："天下从此要多事了。"退居到东阳，在山谷之间搭盖草屋而居。

靖康元年，中丞陈过庭等人累次推荐，宗泽代理宗正少卿，担任和议使。宗泽说："这次远行就不能活着回来啦。"有人问他为什么，宗泽答道："敌人要是能够追悔过错撤回军队当然最好不过，否则，怎么能在敌人朝廷上卑躬屈膝而使皇帝的使命蒙受污辱呢？"议论的人都说宗泽刚直方正，宁死不屈，担心和议之事受到损害。皇帝没有派他出使，任命他出知磁州。

当时太原失守，被任命在两河地区做官的人全都借故不去就任。宗泽说："吃着国家俸禄却躲避国家危难，不可以这样。"当天就一个人骑着马上路了，随行的只有十几个瘦弱不堪的士兵。磁州经历了敌军铁蹄的蹂躏之后，人民四处逃散，府库空虚。宗泽到任后，修缮城墙，挖掘护城河，整治器械，招募义勇军，开始做了坚持固守决不退移的准备。向皇帝报告说："邢、洺、磁、赵、相五州各自积蓄了精兵二万人，敌人进攻一郡则其他四郡全来接应，因此每一郡的兵力能经常保持有十万人。"皇帝表扬了他，任命他为河北义兵都总管。金人攻占真定，挥师南下攻取了庆源，从李固渡渡过黄河，担心宗泽的部队跟踪在他们后面，就派遣数千名骑兵直接攻打磁州城。宗泽身披铠甲，登上城楼，命令壮士用神臂弓射跑了敌军，然后打开城门纵兵追击，斩首数百级。缴获的羊、马、金帛，全赏给了士兵们。

康王赵构再次出使金国，走到磁州，宗泽迎接拜见时进言："肃王一去就再也没有回来，现在敌人又用花言巧语骗您前往，希望您不要走了。"康王于是返回相州。

皇帝诏令宗泽担任副元帅，跟随康王发兵回师增援。宗泽说应当火速分兵去李固渡，截断敌人的归路，大家没有听从他的计策。于是自己率领部队直奔李固渡，在路上与金兵遭遇，宗泽派秦光弼、张德从两边夹击，大破金兵。金兵既然失败，就留下部队分别屯守。宗泽派遣勇士夜袭敌军，攻克三十余个军寨。

当时康王开设大元帅府，传令各路兵马汇集大名。宗泽踏着冰面渡过黄河参见康王，说京城被围日久，回师增援不能再缓慢行事。正赶上签书枢密院事曹辅携带着用蜡密封的钦宗手诏，从京师赶到，说和议可以成功。宗泽说："金人狡猾诡诈，这是想迟缓我军的行动罢了。君父盼望回援，并不亚于饥饿和干渴，应当赶快率军直趋澶渊，其他部队也分头赶赴去解救京城之围，万一敌人另有他谋，那么我军已经是兵临城下。"汪伯彦等人反驳了他的主张，劝告康王派遣宗泽先行。从这以后，宗泽无法参预康王府中的任何决策。

二年正月，宗泽进军至开德，十三次战斗连战连捷，写信力劝康王号令各道兵马会聚京城。又传递书信给北道总管赵野、河东北路宣抚范讷、知兴仁府曾楙会师赴援。三个人都以为宗泽发疯了，没有回答他。宗泽率领孤军前进，都统陈淬说敌人气势正盛，不可轻举妄动。宗泽大怒，想杀了他，部下众将乞求饶恕他，使他能将功赎罪。宗泽下令陈淬进军，与金兵遭遇，打败了他们。金人进攻开德，宗泽派孔彦威迎战，又打败了他们。宗泽估计到金兵一定会进犯濮州,事先派了三千名骑兵前往支援,金兵果然来到,击败了他们。金兵再度开向开德,权邦彦、孔彦威联合夹击,又一次大败金兵。

宗泽率军进至卫南,考虑到手下兵孤将寡,不深入敌后就不会成功。前锋报告说前面有敌人的军营,宗泽当即指挥部队抵前开战,打败了敌人。转战到东面,敌人增加的生力军赶到,王孝忠战死,前后左右都是敌人的营垒。宗泽下令说:“今天无论是进还是退都是一死,不能不从死中求生。”士兵们知道必死无疑,无不以一当百,斩首数千级,金兵大败,后退了几十里地。宗泽盘算敌人兵力是我军的十倍,刚才打了一仗就撤退,肯定还会再来,假如把他们的铁骑全部用来夜袭我军,那就十分危险了。于是天刚黑就转移了部队。金兵夜里赶到,仅仅得到了座空营,大惊失色,从此畏惧宗泽,不敢再度出兵。宗泽出其不意,派部队渡过大河袭击,又一次击败了敌军。康王秉承皇帝旨意任命宗泽为徽猷阁待制。

这时金人逼迫二帝北上,宗泽得知此讯,立即率领部队直奔滑县,路过黎阳,赶到大名,想径直渡过黄河,占据金人的归路截回二帝,但各路勤王之兵始终没有一个赶来的。同时听说张邦昌僭位,准备先去诛讨,正好收到大元帅府的文书,约定移师靠近京城,然后按兵不动,静待事态的变化。宗泽回信给康王说:“身为人臣哪里能够穿着赭色袍、打着红盖、登临正殿的?自古以来的奸臣都是外表恭顺而内藏祸心,还没有窃据皇帝宝位、改换年号、宽赦罪犯、劣迹昭著像张邦昌这样的人。现在二圣、诸王全都渡河北上了,只有康王您留在济州,上天的意思明显可知。应当紧急实行征讨,复兴大宋的江山社稷。”并且说:“张邦昌伪造赦令,此举很可能开启了各地奸雄的险恶用心,希望您派使者分别谕告各路,以安定民心。”

又上书说:“现在天下众望所归者是大王,大王的行为如能遵循一定的法则,那么就能安慰天下人的心。所谓法则就是能够接近阳刚正气而疏远阴柔邪气;采纳谏诤之言而坚拒谀佞之语;崇尚恭俭之风而抑制骄侈之习;身心处在忧勤之中而忘记安逸享乐;进用公正、实在之人而回避自私、虚伪之徒。”于是几次上表劝康王即皇帝位。

康王在南京继承了皇帝之位,宗泽进见,泪流满面地陈述复兴天下的军国大计。当时他与李纲一同进来对答,两人相见议论国事,慷慨陈词,声泪俱下,李纲十分惊奇。皇帝想留下宗泽,黄潜善等人极力阻挠,任命他为龙图阁学士,出知襄阳府。

当时金人提出了割地之议,宗泽上书说:“天下是太祖太宗的天下,陛下应当兢兢业业,思考如何将其传至万代,怎么能匆忙地商议割让黄河的东、西,又商议割让陕西的蒲、解呢?自从金人再次入侵,朝廷没有任命一员大将,发出一支部队,只听到奸臣们早晨进一言同金人告和,晚上来一说向金人乞盟,终于导致二圣被迫北上,大宋宗庙蒙受耻辱。我的意思是陛下应该赫然震怒,严明升降官吏的标准来重新建造王室。现在您即位四十天了,没听说有重大的号令,只是看见刑部指挥说:‘不得传播张邦昌的伪赦于黄河之东、西,陕西的蒲、解’。这是在削弱天下忠义之人的志气,从而使自己的人民感到绝望啊!我虽然蠢笨胆怯,甘愿身冒箭林石雨为各路将领打头阵,能够以身报国就足够了。”皇帝阅读了他的奏疏，认为十分悲壮。让他改知青州，这年他已六十九岁了。

开封府尹的职位空缺，李纲说安抚恢复旧都，非宗泽不能担任这个要职。不久调知开封府。当时敌军骑兵留驻在黄河对岸，金鼓之声早晚都能听见。然而京城中原来的瞭望台全已毁坏，士兵和百姓混杂居住，盗贼横行竞阻，人心恐慌不安。宗泽的威望历来很高，到任后首先逮捕诛杀了几个窝藏盗贼的人，下令说："从事偷盗的人，赃物不分轻重，一律按军法处置。"从此盗贼销声匿迹，人民得以安居。

王善，是河东地区的大强盗，拥有部众七十万，车一万辆，准备占据京城。宗泽独自一人骑马赶到王善的营地，哭着对他说："朝廷正当危难之时，假若有像您这样的人一两个，难道还会有敌患吗？今天是你立功的时候，不能失去这个机会啊。"王善也感动得流着泪说："哪里敢不为国家效力。"于是解甲归降。当时，杨进号称没角牛，兵力三十万，王再兴、李贵、王大郎等人各自拥众数万，出没于京西、淮南、河南北一带，到处抢掠，深为朝廷所患。宗泽派人把祸福的道理告诉了他们，全部招降了这些人。上书请皇帝返回京师。不久有一道诏令：荆、襄、江、淮等地全要准备皇帝亲临巡视。宗泽上书说："开封的物价和集市逐渐与往日一样，将士、农民、商人、士大夫中心怀忠义的人，无不希望陛下赶快返回京师，以安慰人心。那些倡导不同意见的人，并不是忠心地替陛下进行谋划，不过是像张邦昌之流勾结金人出卖土地罢了。"担任延康殿学士、京城留守、兼开封尹。

当时，金国派人以出使伪楚为借口，来到开封府。宗泽说："此人名义上是使者，实际上是来侦察我朝虚实的。"扣押了这个人，恳请皇帝批准杀了他。皇帝诏令将所扣押的金使接待住进客馆，宗泽说："国家处于太平盛世已二百年，不熟悉战争之事，把敌国荒诞不经的欺诈行为认为是可以相信的，满不在乎地毫不怀疑，不但不紧急制定攻讨敌人的计划，而且那些真正想为国出力以及想起敌人就愤恨不已的人，士大夫们不是认为他们神经错乱，就是认为他们痴心妄想，以至于发生以前的灾祸。张邦昌、耿南仲等人的所作所为是陛下所亲眼见到的，现在金人假装出使伪楚来探察我朝的虚实，我愚昧地请求您批准杀了他以粉碎敌人的奸计。但是陛下被别人的话所迷惑，下令将金使移住客馆，给他上等的待遇，我虽然愚昧，但不敢奉行诏令以显示我国的懦弱。"皇帝于是亲笔写信通知宗泽，终于把金使放走了。议论这事的人附和黄潜善的意思，都认为宗泽扣留金使不对。尚书左丞许景衡直言上书极力为宗泽辩解，说："宗泽担任开封尹，声威、名望和政绩均优异卓著，超过了任何人，当今的官员，没有谁能和他相提并论，恳求皇帝进一步相信和使用他，以促成他抵御外敌、治理百姓的功业。"

真定、怀、卫一带，敌人兵力十分强大，正在秘密修建战斗器材做进攻的打算，然而宋朝的将相们却毫不担忧，不加强戒备。宗泽忧心忡忡，就渡过黄河约集诸将共同商量御敌事宜，筹划收复失地。并且在京城四围分别设置特使率领招集来的士兵，又依据地形在城外建立了坚固的军垒二十四所，沿黄河按顺序排列成连珠寨，联系河东、河北山水大寨的忠义民军。于是陕西、京东、京西的诸路兵马都愿意听从宗泽的指挥。皇帝下诏前往淮甸，宗泽上表进谏，没有答复。

秉义郎岳飞触犯了法令将要被处罚，宗泽一见岳飞就惊奇地说："这是难得的将才啊！"正好金兵攻打汜水，宗泽把五百名骑兵交给岳飞，让他立功赎罪。岳飞大破金兵，凯旋而归，于是提升岳飞为统制，岳飞从此被世人所知。

宗泽从河北视察部队回来，上疏说："陛下还滞留在南都，道路上的人纷纷议论，都认为陛下舍弃了宗庙和朝廷，使国家失去了依恃，人民没有了信仰。陛下应当赶快返回汴京，以安慰天下百姓之心。"没有答复。再次上书直言："国家同金人结好，想以此让人民休养生息，到头来金人仍然抢劫掠夺，侵略欺侮，无所不至，这就是说遵守和议的确无法让百姓休养生息啊。当初本来有阿谀奉承、顺从旨意来捞取富贵的人。也有不像这些人那样放肆诡诈而获得罪过的人，陛下看看，是往日得到了富贵的人做得对呢？还是获罪的这些人做得对呢？今天建议迁都到别处的人，正如以前说和议可行的人，今天说不能迁都的人，正像以前那些说和议不可行的人，希望陛下深思熟虑，慎重行事。况且京师有二百年积累下来的基业，陛下怎么能轻易地放弃，把它送给敌国呢？"

皇帝下诏派遣官员迎奉六宫去金陵。宗泽上书说："京师，是天下的心脏。两河一带虽然没有安定，只不过是一只手臂不能伸展罢了，现在匆忙地要离去，不但是一只手臂不能痊愈，而且是要连同腹心一起放弃了呀。昔日景德年间，契丹进犯澶渊，王钦若是江南人，就劝说皇帝迁往金陵，陈尧叟是四川人，就劝说皇帝前去成都，只有寇准毅然决然地请皇帝亲自出征，终于取得成功。我怎么敢同寇准相比，但是却不敢不以章圣皇帝来期望陛下。"又分条上奏五件事，其中二条说黄潜善、汪伯彦赞同南迁的过错。宗泽前后所上的奏章，都经过三省、枢密院，总是被黄潜善等人扣压，每当看到宗泽的奏章，都讥笑他疯疯癫癫。

金国将领兀术渡过黄河，准备进攻汴京，众将请宗泽首先拆断河桥，严阵以待。宗泽笑着说："去年冬天，金人的骑兵长驱直入，正是因为拆断了河桥。"于是命令部将刘衍直趋滑县，刘达直奔郑州，以分散敌人的兵力，告诫众将倾全力保护河桥，等待大军集结。金兵得知这个消息，夜里自行拆断了桥逃去。

二年，金兵从郑州抵达白沙，靠近汴京，京城百姓极为震惊恐慌。手下僚属进来询问退敌之计，宗泽正与客人下围棋，笑着说："什么事这么慌张？刘衍等人在外面一定能挡住敌军"。于是挑选了精锐士兵数千名，命令他们迂回到敌军后面，埋伏于他们的退路上。金兵正与刘衍作战，伏兵冲出，前后夹击敌人，金兵果然失败。

金国将领粘罕占据西京，与宗泽相对抗。宗泽派部将李景良、阎中立、郭俊民率领部队奔赴郑州，与敌相遇展开大战，阎中立阵亡，郭俊民投降，李景良逃走。宗泽追捕到了李景良，对他说："打不赢仗，罪过可以饶恕；而私自逃脱，这就使部队没有了主将。"砍下他的头示众。不久，郭俊民与一个姓史的金将及燕州人何仲祖等人拿着信来劝降，宗泽痛斥郭俊民道："你失利战死，还可以成为忠义之鬼，现在你反倒替金人拿着信来劝诱，还有脸来见我吗？"杀了他。对姓史的金将说："我奉命守卫这块土地，只有死了才会中止我的使命，你身为他人的将领，不能用死亡战胜我，就想用小孩子的话来诱惑我吗？"也杀了他。说何仲祖是被胁从而来，饶恕了他。

刘衍率军回师，金人再次进入滑州，部将张㧑请求前往解救，宗泽挑选了五千名士兵交给他。叮嘱他不要轻易出战并等待增援。张㧑到了滑州迎击敌人，敌人的骑兵十倍于宋军，诸将劝张㧑稍稍避开敌军的锋芒，张㧑说："躲避敌人，苟且偷生，有何脸面去见宗公！"力战身亡。宗泽得知张㧑危急，派遣王宣率领五千骑兵去救援他，张㧑死了两天之后，王宣才赶到，与金兵大战，敌败走。宗泽迎接张㧑的遗体回来，抚恤他的家属，任命王宣权知滑州，金人从此不再进犯东京。

山东盗贼群起，当朝执政的人说他们多数打着义师的旗号，请皇帝下令停止各地出兵救援王室。宗泽上书说："自从敌军围困京师，忠义之士义愤填膺，奋不顾身，广之东、西，湖之南、北，福建、江、淮，横越数千里地，争先出师救援君王，当时的大臣们没有长远的见识和高明的策略，不能安抚并任用他们，使他们饥寒交迫、困顿贫乏，体弱的人死于沟壑，健壮的成为盗贼，这不是勤王者的罪过，而是一时的措施荒谬不当所引起的。现在河东、河西不屈从敌国而保卫山寨的人，不知有多少；许多以节义自勉、在脸上刺字争先恐后前来救驾的人，又不知有多少。这个诏令一宣布，我担心各地的草莽英雄一旦解散，仓促之中遇有危难，谁还会怀有倾慕忠诚、效仿正义之心呢？"

有一个叫王策的人，本来是辽国的头领，此时担任金将，出没于黄河岸边。宗泽俘获了他，亲自给他松绑并让座于堂上，对他说："契丹本来是大宋的兄弟国家，现在女真人羞辱我国皇帝，又灭亡了你们国家，我们理应共同图谋报仇雪恨。"王策感动地哭泣，愿意尽死效力。宗泽趁机询问敌国的虚实，全部得知了详细情况。于是确定了大举进攻的计划。召集诸将说："你们要是有忠义之心，应当同心协力，剿除敌寇，希望你们接回二帝以建大功。"言罢泣不成声，诸将也都哭泣着领取了军令。金人战斗失利，全都撤走了部队。

宗泽上书劝阻皇帝到南方去，说："我为陛下保护京城，从去年秋冬一直到今年春天，又是三个月啦。陛下如果不早日返回京师，那么天下的人民怎么来亲附和尊崇陛下呢？"担任资政殿学士。

又派儿子宗颖到皇帝的行宫上奏说："有关天下的大事，只有事先看准苗头去做，等待时机行动，无论做什么事没有不成功的。现在收复了伊、洛而金兵首领渡河后撤；捍守滑台而敌国屡屡失败，河东、河北山寨里的义民，正伸长脖子，踮起脚跟日夜盼望朝廷军队的到来。要说苗头与时机的话，朝廷中兴的先兆已经显现，而金人灭亡的日子为期不远，全在于陛下如何看准苗头，乘机行事而已"。又进言道："历史上的楚国人在郢建立都城，遭到史家的鄙视，现在听说皇帝有旨在仪真演习水战，这是相当浅陋的偏安计划，难道不是最应该被鄙视的吗？传闻于四方，人们一定会认为朝廷放弃了中原，而是仅仅做控制扼守江宁的打算罢了。"

在此之前，宗泽离开磁州，把州里的事务托付给兵马钤辖李侃，统制官赵世隆杀了李侃。宗泽赶回磁州，赵世隆和他弟弟赵世兴率领军兵三万前来归附，大家担心发生不测之事，宗泽说："世隆本是我的一个军校罢了，他能干什么？"赵世隆来拜见，宗泽责备他说："河北陷没，我大宋朝的法令与上下级的名分也陷没了吗？"下令杀了他。当时，赵世兴佩戴着钢刀侍立于旁，手下的众多军兵在堂下也亮出兵刃。宗泽缓缓地对赵世兴说："你哥哥虽然被杀，但是你能振奋志气，为国家立功，便足以洗刷去你哥哥的耻辱。'赵世兴感动得哭了。金人攻打磁州，宗泽派赵世兴前往援救，赵世兴赶到，乘敌不意，一举击败了敌军。

宗泽的威望名声越来越显赫，金人久闻他的大名，常常又敬又怕，对宋朝人提起他，一定称其为"宗爷爷"。

宗泽上书说："丁进的数十万人马愿意守卫京城，李成愿意随从皇帝还都，马上渡过黄河去剿灭敌人，杨进等人的人马有一百万，也愿意渡过黄河，为国尽效死力。我听说：'众多的辅佐力量会聚到一处，天下无不顺服。'陛下趁此良机返回京城，那么人心才能安定，还有什么敌国可以担忧的呢？陛下应当同忠臣义士们共同谋划全力征讨，迎接二帝回来。现在太上皇帝所居住的龙德宫依然如故，只有渊圣皇帝没有宫室，希望改建宝箓宫作为迎接的场所，使天下人知道对父亲孝敬，对兄长顺从，这是以身作则啊！"皇帝于是下诏选择日期返回京城。

宗泽前后为请求皇帝返都共上了二十余道奏章，往往被黄潜善等人扣压。忧愤成疾，背上毒疮发作。手下诸将进来探视病情，宗泽慷慨激昂地说道："我因为二帝蒙难流亡，郁积忧愤成这个样子，你们能够歼灭敌人，那么我就是死了也没有遗憾！"大家都痛哭流涕地说："不敢不尽力！"众将退出后，宗泽叹息道："'出师未捷身先死，长使英雄泪满襟。'"第二天，风雨交加，天昏地暗，宗泽没有一句话说及自己的家事，只是连声高呼"过河"三次而逝世。京城人民号啕大哭，悲痛欲绝。宗泽留下的奏章还称赞皇帝返回京师。朝廷追赠他为观文殿学士、通议大夫，谥号为忠简。

宗泽为人纯朴正直，仗义好施，亲戚故人中贫穷的人大多依仗他的帮助才得以生活下去，但是自己的生活却非常简朴。常说："君王正在卧薪尝胆，身为人臣难道能住好房子，吃美味东西吗？"起初，宗泽招集各路强盗队伍，聚集兵力，广储粮食，结交各地义兵，联系燕赵豪杰，自己说："渡过黄河克复失地，可以指日可待"。壮志未酬，有见识的人对此十分遗憾。

儿子宗颖，在军中当幕僚，平日深得人心。宗泽死后数日，军中将士离去的有一半。京城人请求皇帝任命宗颖继任他父亲的职务，正好朝廷已任命杜充为留守，于是让宗颖担任判官。杜充的所作所为与宗泽背道而驰，大失民心。宗颖屡次同他争辩，杜充不听从，于是就请假回家为父守丧。从此，豪杰之士不为朝廷所信用，群集于京城外的兵马再次离去当强盗，中原没有人来守卫了。宗颖官至兵部郎中。